1. 本书是教育部人文社会科学重点研究基地——华中师范大学中国农村研究院2016年基地重大项目“作为政策和理论依据的深度中国农村调查与研究”（16JJD810004）的成果之一。

2. 本书是华中师范大学中国农村研究院“2015版中国农村调查”的成果之一。

1. 本书是教育部人文社会科学重点研究基地——华中师范大学中国农村研究院2016年基地重大项目“作为政策和理论依据的深度中国农村调查与研究”（16JJD810004）的成果之一。

2. 本书是华中师范大学中国农村研究院“2015版中国农村调查”的成果之一。

中国农村调查

（总第28卷·口述类第10卷·农村变迁第10卷）

徐勇　邓大才　主编

华中师范大学出版社
CENTRAL CHINA NORMAL UNIVERSITY PRESS

1. 本书是教育部人文社会科学重点研究基地——华中师范大学中国农村研究院 2016 年基地重大项目“作为政策和理论依据的深度中国农村调查与研究”（16JJD810004）的成果之一。

2. 本书是华中师范大学中国农村研究院“2015 版中国农村调查”的成果之一。

总　序

2015 年是华中师范大学中国农村研究院历史上的关键一年。在这一年，本院不仅成为完全独立建制的研究机构，更重要的是进一步明确了目标，特别是进行学术整合，构建了一个全新的调查研究计划。这一计划的内容包括多个方面，其中，中国农村调查是基础性工程。从 2015 年开始出版的《中国农村调查》便是其主要成果。

学术研究是一个代际接力、不断提升的过程。农村调查是本院的立院之本，兴院之基。本院的农村调查经历了三个阶段。

第一阶段主要是基于项目调查基础上的个案调查（1985—2005 年）。

20 世纪 80 年代开启的中国改革开放，起始于农村改革。延续 20 多年的人民公社体制废除后，农村的生产功能由家庭所承担，社会管理功能则成为一个新的问题。这一问题引起我院学者的关注。1928 年出生的张厚安先生是中国政治学恢复以后较早从事政治学研究的学者之一。他与当时其他政治学者不同，比较早地关注农村政治问题，并承担了农村基层政权方面的国家研究课题。与此同时，本校其他学者也承担了有关农村政治研究的课题。1988 年，这些学者建立起以张厚安先生为主任的农村基层政权研究中心，由此形成了一个自由结合的学术共同体。

作为一个学术共同体，农村基层政权研究中心有其研究宗旨和方法。在学术共同体建立之初，张厚安先生就提出了“三个面向，理论务农”的宗旨。“三个面向”是指面向社会、面向基层、面向农村。“理论务农”是指立足于农村改革实践，服务于农村改革实践。这一宗旨对于政治学者是一个全新的使命。政治学研究政治价值、政治制度与政治行为。传统政治学更多研究的是国家制度和国家统治，以文本为主要研究方法。“三个面向”的宗旨，必然要求方法的改变，这就是进行实地调查。自学术共同体形成开始，实地调查便成为我们的主要研究方法。

自 20 世纪 80 年代中期，以张厚安先生为领头人的学者就开始进行农村调查。最初是走向农村，进行全国性的广泛调查，主要是面上了解。1995 年，在原农村基层政权研究中心的基础上，成立了农村问题研究中心，由张厚安先生担任主任，由 1955 年出生的中年学者徐勇教授担任常务副主任。新的中心的研究重点仍然是基层政权与村民自治，但领域有所扩大，并将研究方法凝练为“实际、实证、实验”，更加强调“实”。这种务实的方法开始引起了学术界的关注，并注入国际学术界的一些研究理念和方法。我们的农村调查由面上的了解走向个案调查。年届七旬的张厚安先生亲自带领和参与个案村庄调查，其代表作是《中国农村村级治理——22 个村的调查与比较》。这一项目在全国东、中、西三个地区选择了6个重点村和18个对照村进行个案调查，参与调查人员数十人，并形成了一个由全国各地相关人员参与的学术调查研究团队。

第二阶段主要是基于机构调查基础上的全面调查（2005—2015年）。

1999年，国家教育部为推动人文社会科学研究，启动了教育部人文社会科学研究重点基地建设。当年，华中师范大学农村问题研究中心更名为“华中师范大学中国农村问题研究中心”，由徐勇教授担任主任。2000年，中心成为首批教育部人文社会科学重点研究基地。在基地成立之前，以张厚安教授为首的研究人员是一个没有体制性资源保障，纯因个人兴趣而结合的学术共同体，有人坚持下来，也有人离开。成为教育部基地以后，中心仍然坚持调查这一基本方法，并试图体制化。其主要进展是在全国选择了20多家机构作为调研基地，以为全国性调查提供相应的保障，并建立相互合作关系。

作为教育部重点基地，中心是一个有一定资源保障的学术共同体，有固定的编制人员，也有固定的项目经费，条件大为改善，但也产生了新的问题。这就是农村调查根据各人承担的研究项目而开展。这不仅会造成研究人员过分关注项目资源分配，更重要的是造成调查研究的“碎片化”和“片段化”，难以形成整体和持续性的调查。同时，研究人员也会因为理念和风格不同而产生分歧，造成体制性的学术共同体动荡。为了改变调查研究项目体制引起的“碎片化”倾向，2005年，徐勇教授重新规划了基地的发展，提出“百村观察计划”，计划在全国选择100多个村进行为期10年、20年、30年以至更长时间的调查和跟踪观察。目标是如建立气象观测点一样，能够及时有效地长期观测农村的基本状况及变化走向。这一计划得到时任华中师范大学社会科学研究处处长的石挺先生的鼎力支持。2006年，计划得以试行，主要由刘金海副教授具体负责。最初的试点调查村只有6个，后有所扩展。2008年，在试点基础上，由邓大才教授主持，全面落实计划，调查团队根据严格的抽样，确定了200多个村和3000多个农户的调查样本。

“百村观察”是一项大规模和持续性的调查工程，需要更多人的参与。同时它又是一项公共性的基础工程，人们对其认识有所不同。因为它要求改变项目体制造成的调查“碎片化”和研究“个体化”的工作模式。为此，学术共同体再次发生了有人退出、有人坚持、有人加入的变化。

2009年正式启动的“百村观察计划”，取得了超出预想的成绩：一是从2009年开始，我们每年都要对样本村和户进行调查，调查内容和形式逐步完善，并形成相对稳定的调查体系。除了暑假定点调查以外，还扩展到寒假专题调查。每年参与调查的人员达500人左右，并出版《中国农村调查》等系列著作。二是因为是大规模的调查，可以进行分析，并在此基础上形成调查报告，提供给决策部门，由此也形成了“顶天立地”的理念。“顶天”就是为决策部门服务，“立地”就是立足于实地调查。这一收获，使中心得以在教育部第二次基地评估中成为优秀基地，并于2010年更名为华中师范大学中国农村研究院，由徐勇教授担任院长，邓大才教授担任执行院长。三是形成了一支专门的调查队伍并体制化。起初的调查者有相当部分是没有受到严格专业训练的志愿者。为了提高调查质量，自2012年起，研究院将原来分别归于导师名下指导的研究生进行整合，举办“重点基地班”。基地班以提高学生的调查研究能力为导向，实行开放式教学、阶梯性培养、自主性管理，形成社会大生产培养模式，改变了过往一个老师带三五个学生的小作坊培养方式。至此，农村调查完全由受到专门调查和学术训练的人员承担，走向了专业化道路。四是资料数据库得以建立并大大扩展。过往的调查因为是项目式调查，资料难以统一保管和使用。2006 年，我们启动了中国农村数据库建设。随着“百村观察计划”的正式实施，大量数据需要录入，并收集到许多第一手资料，资料数据库得以迅速扩展。

第三阶段主要是基于历史使命基础上的深度调查（2015 年至今）。

农村调查的深入和相应工作的扩展，势必与以行政方式组织科研的现行大学体制产生碰撞。但是，已经有一个良好开端的调查不可停止。适逢中国的智库建设时机，2015 年，华中师范大学中国农村研究院成为完全独立建制的研究机构，由 1970 年出生的邓大才教授担任行政负责人。

中国农村研究院独立建制，并不简单是成为一个独立的研究机构，而是克服体制障碍，进一步改变学术“碎片化”倾向，加强整合，提升调查和研究水平，目标是在高等学校中建设适应国家需要的智库。实现这一目标有五大支撑点：一是大学术，通过以政治学为主，多学科参与，协同研究；二是大服务，继续坚持“顶天立地”的宗旨，全面提高服务决策的能力，争取成为有影响力的决策咨询机构；三是大调查，在原有“百村观察计划”基础上构建内容更加丰富的农村调查体系，争取成为世界农村调查重镇；四是大数据，收集和扩充农村资料和数据，争取成为最为丰富的农村资料数据库；五是大平台，将全校、全省、全国，乃至全球的农村研究学者吸引（并使其参与）到农村研究院的工作中来，争取使这里成为世界性的调查研究平台。这显然是一个完全不同于以往的宏大计划，也标志着中国农村研究院的全新起步。

独立建制后的中国农村研究院仍然将农村调查作为自己的基础性工作，且成为体制性保障的工作。除了“百村观察计划”的持续推进以外，我们重新设计了 2015 版的农村调查体系。这一体系包括“一主三辅”：“一主”即以长期延续并重新设计的“中国农村调查”为主体；“三辅”包括“满铁农村调查”翻译、“俄国农村调查”翻译和我们团队到海外农村进行实地调查的“海外农村调查”，目的是完善农村调查体系，并为中国农村调查提供借鉴。

现代化是一个由传统农业社会向现代工业社会转变的过程，这一转变是从农村开始的。农村和农民成为现代化的起点，并规制着现代化的路径。19 世纪后期，处于历史大转变时期的俄国，数千人参与对俄国农村调查，持续时间长达 40 多年。20 世纪上半叶，日本在对华扩张中，以南满洲铁道株式会社为依托开展对中国农村的大规模调查，持续时间长达四十多年，形成著名的“满铁调查”。进入 21 世纪，中国作为一个世界农业文明最为发达的大国，正在以超出想象的速度向现代工业文明迈进。中国需要也应有能够超越前人的大规模农村调查。“2015 版中国农村调查”正是基于这一历史背景设计的。

“2015 版中国农村调查”超越过往的项目或者机构调查体制，而具有更为宏大的历史使命：一是政策目的。智库理所当然要出思想，但“思想”除了源自思考以外，更要源自可供分析的实地调查。过往的调查虽然也是实地调查，但难以对调查进行系统化的分析，并根据调查提出有预见性的结论。在这方面，19 世纪的俄国农村调查有其长处。“2015 版中国农村调查”将非常重视实地调查的可分析性和可预测性，以此提高决策服务成效。二是学术目的。调查主要在于知道“是什么”或者“发生了什么”，是事实的描述。但是，这些事实为什么发生？其中存在什么关联？这是过往调查关注比较少的。以至于大量的调查难以进行深度的学术开发，学术研究主要依靠的还是规范方法，实地调查难以为学术研究提供必要的基础，由此会大大制约调查的影响力。“2015 版中国农村调查”特别重视实地调查的深度学术开发性，调查包含着学术目的，并可以通过调查提炼学术思想。其作为一种有实地调查支撑的学术思想也可以间接影响决策。为此，“2015 版中国农村调查”在设计时，除了关注“是什么”以外，也特别重视“为什么”，试图对中国农村社会的底色及其变迁进行类似于生物学“基因测序”的调查。三是历史传承目的。在现代化进程中，传统农村正在迅速消逝。“留得住乡愁”需要对“乡愁”的记录和保存。20 世纪以来，中国农村发生了太多的变化，中国农民经历了太多的起伏，农民的历史构成了国家历史不可或缺的部分。“2015 版中国农村调查”因此特别关注历史的传承。

基于以上三个目的，“2015 版中国农村调查”由四个部分构成：

其一，口述调查。主要是通过当事人的口述，记录 20 世纪上半期以来农村的变化及其对当事人命运的影响。其主体是农民个人。在历史上，他们是微不足道的，尽管是历史的创造者，但没有历史记载他们的状况与命运。进入 20 世纪以后，这些微不足道的人物成为“政治人物”，尽管是“小人物”，但却是大历史的折射。通过他们自己的讲述，我们可以更加充分地了解历史的真实和细节，也可以更好地“以史为鉴”。口述史调查关注的是大历史下的个人行为。

其二，家户调查。主要是以家户为单位的调查，了解中国农村家户制度的基本特性及其变迁。中国在历史上创造了世界最为灿烂的农业文明，必然有其基本组织制度支撑。但长期以来，人们只知道世界上有成型的农村庄园制、部落制和村社制，而没有了解研究中国自己的农村基本组织制度。受 20 世纪以来的革命和现代化思维的影响，人们对传统一味否定，更忽视对中国农村传统制度的科学研究，以至于我们在否定自己传统的同时，发现引进和借鉴的体制并不一定更为高明，使得中国农村变迁还得在一定程度上向传统回归。实际上，中国有自己特有的农村基本组织制度，这就是延续上千年的家户制度。家户调查关注的是家户制度的原型及其变迁，目的是了解和寻求影响中国农业社会变迁的基因和特性。

其三，村庄调查。主要是以村庄为单位的调查，了解不同类型的村庄形态其变迁实态。农村社会是由一个个村庄构成的。与海洋文明、游牧文明相比，农业文明的社会联系更为丰富，“关系”在中国农村社会形成及其演变中居于重要地位。中国在某种意义上说是一个“关系国家”，但是作为一个历史悠久、人口众多、地域辽阔、文明多样的大国，关系格局在不同的地方有不同的表现，由此形成不同类型的村庄。国家政策要“因地制宜”，必须了解各个“地”的属性和差异。村庄调查以“关系”为核心，注重分区域的类型调查。通过不同区域的村庄形态和变迁的调查，了解和回答在国家“无为而治”的传统条件下，一个超大的农业社会是如何通过自我治理实现持续运转的；了解和回答在国家深度介入的现代条件下，农业社会是如何反应和变化的。

其四，专题调查。主要是以特定的专题为单位的调查，了解选定的专题领域的状况及其变化。如果说前三类调查是基本调查的话，专题调查则是专门性调查，针对某一个专题领域，从不同角度进行广泛深入的调查，以期获得对某一个专门领域的全面认识和把握。

“2015 版中国农村调查”是一项世纪性的大型工程，它是原有基础的延续，也是当下正在进行的事业，更是未来需要长期接续的事业。这一事业已有数千人参与，特别是有若干人在其中发挥了关键性作用；当下和未来将有更多的人参与。历史将会记录下他们的功绩，他们的名字将与我们的事业同辉！

2016 年 6 月，教育部公布了对人文社会科学重点研究基地的评审结果，我院排名全国第一，并再获优秀。这既是对过往的高度肯定，也是对进一步发展的有力鞭策。为此，本院再次明确自己的目标，这就是建设全球顶级农村调查机构、顶级农村资料数据机构，并在此基础上，形成自己的学术领域和学术风格。而达到这一目标，需要一代又一代人克难攻坚，不懈努力！

徐 勇

2015 年 7 月 15 日初序

2016 年 7 月 15 日补记

出版说明

作为教育部人文社会科学重点研究基地，华中师范大学中国农村研究院历来重视农村调查与研究，《中国农村调查·口述类》是该基地新版“中国农村调查”项目的重要成果，在付梓出版之际，特作以下说明。

1. 口述调查依托基地“百村观察”项目，从全国31个省（市、自治区）的300多个定点观察村庄和众多非定点观察村庄中，通过随机抽样的方式，选取最合适的对象。同时，考虑到中国地域广大，不平衡性强，根据抽样原则，对口述样本相对缺少的省份、县市进行了补充调查，口述样本基本覆盖全国各个区域。

2. 口述调查对象都是亲身经历过特定历史变迁、身体健康、头脑清晰、记忆力较好的老人，这些人都能完整地口述相关事件。但是，由于受访者基本上是80岁以上的老人，受个人经历、记忆偏差等的影响，受访者对同一历史事件的讲述会出现不一致的地方。为客观、真实展现受访者的讲述，材料中除对个别明显有误的讲述进行更正或注释外，一般都保持原样。读者在阅读时需要注意。

3. 口述调查时全部进行了录音，调查结束后由调查员将录音一字一句地转换为原始文本，包括受访者口述时的语气、神情等，均在原始文本中做了记录。之后在原始文本的基础上，按照历史事件的发展过程进行分阶段整理。本书即是分阶段整理、分地区编排形成的。材料中出现的地名、人名、单位等均为实名，文字整理基本上采用了受访者的原话，保留了大量的地方性话语，有些方言口语化明显且难以理解的做了相应注释。

4. 本书中的文字材料、照片、证件资料等，均获得了受访者的书面或口头授权。凡是从档案馆等机构获得的资料，均注明了来源。

5. 对于受访者讲述到的容易引起争议以及有待于进一步核实的内容，在不影响材料完整度和客观性的前提下，编辑组进行了部分删减，其他的则基本保持原貌。

6. 由于访谈对象提供内容的局限性，并非所有访谈的栏目都是齐全的，对此并未强求统一。

7. 由于是口述几十年前的历史，同一个村的老人对同一件事往往说法不一，对这类问题一般都会按多数人的说法统一，但少量的不一致没法处理。不过，对整体阅读没有什么影响。

8. 书稿中的受访者一般都有单人照片，但也有少量的照片是受访者与调研员及他人的合影，考虑到绝大多数照片都没必要说明，照片也就没一一介绍了。

目　录

达州市

广元市

南充市

凉山彝族自治州

泸州市

绵阳市

内江市

宜宾市

自贡市

资阳市

口述类序

口述是当事人的语言表达。口述调查是通过当事人的语言表达而获得调查依据的一种调查方法，在当下愈来愈成为社会科学研究的一种重要手段。

人类社会是一个变化的历史过程。人类不断前行，需要从走过的道路中寻求启示，于是需要记录历史。历史不仅是客观发展的事实，在一定意义上也是人们记录，甚至塑造出来的事实。人类为了顺利前行，必须全面、准确、真实地记录历史，从中汲取经验与教训。对历史的选择性塑造可以使人获得某种短期效益，但最终会受到历史的惩罚。因为，历史与自然一样，都有其规律可循。只有全面、准确、真实地记录或者还原历史，人们才能够科学地把握历史规律。

中国是一个历史悠久的大国，历史感强。在中国，历史具有宗教般的神圣。正因为如此，长期以来，中国特别重视对历史的记录。中国历史上设有专门的史官职位，民间社会也有对历史记录的特殊方法。至今，人们对历史的记录愈来愈全面，有人将国史、地方志和族谱视为记载历史的三大支柱，但这还远远不够。口述史调查因此应运而生。

过往对历史的记录有两个特点：一是以上层人物为主，二是以文字记录为主。人们经常讲，历史是人民创造的。但历史何以记录下来芸芸众生的创造活动？在历史中保留和传承下来的仍然是少数大人物。即便是芸芸众生也热衷于大人物的活动，从而放弃了历史本身。造成这一现象的重要原因之一，是记录历史的方法主要是文字。在相当长的时间里，文字还只是少数人的专利，只有读书人才能记录历史。读书人读什么书、记录什么历史则受到人为的约束。因此，由读书人记录下来的历史总有一定限度。许多历史事实因此可能被舍弃、遮蔽，甚至被塑造。

口述历史的出现是对历史记录的一场革命。随着社会的进步，对历史的记录不再被垄断，而是发展为一门科学。对历史的记录也不再为大人物主导，那些过去根本不可能进入历史的小人物也可以因为口述而进入历史。特别是口述历史可以反映历史的丰富性、复杂性、生动性和隐秘性，大大丰富了以文字记录的历史，从而有利于促进全面、准确、客观、真实地记录历史。中国是一个农业文明古国，无数的农民是农业文明的创造者。但长期以来，农民作为一个群体并没有进入历史记录之中。即使是在口述被广泛运用于社会科学研究的当今时代，也很少以农民的口述历史为对象。这不能不说是一个历史的巨大遗憾！更重要的是，随着工业化和城镇化，传统农民正在迅速消逝，成为“最后的农民”。尽管这是一个历史的进步，但历史进步中人的生命和活动则是需要给予充分记录的。如果没有对这些“最后的农民”的历史记载，也许这将成为历史永远的、无法挽回的巨大遗憾。

作为一个农村研究机构，除了与其他机构一样，要匆匆往前赶，完成各种任务，我们在农村的实地调查中也深深感受到抢救农民历史的紧迫性。历史责任感驱使我们记录农民的历史，进行口述调查则为我们提供了最为合适的方法。因为，对于农民的文字记录太少了。

农民是以土地为生的人。农民对待土地，不仅仅把它作为一种可以利用的生产资料，而且在长期的历史中产生了深深的感情，直至崇拜。如许多乡村田野都供奉有土地神。因此我们所做的农民口述调查首先围绕农民与土地的关系展开。

在世界现代化进程中，中国有着独特性。一则中国是在一个传统农业文明保持相对完整的状态下一步跨入现代化门槛的；二则中国跨入现代化门槛之后的变迁特别迅速。这使得农民与土地的关系发生着深刻而急剧的变革。这种变革的深度、烈度、广度、宽度都是世界上少有的，对农民的生活及国家政治的影响也是世界少有的。

如果从现代化进程看，中国的农民与土地的关系变迁经历了四个阶段：土地改革、土地集体化、土地承包、土地流转。

土地改革是迈向现代化大门的起点。现代化不是凭空产生的，它是传统社会向现代社会转变的过程。农民是传统社会的主要因子。就中国而言，农民的命运对于现代化具有特殊意义。一则中国农民在进入现代化之前，没有如英国一样发生内部演变过程；二则中国传统农民人数太多，直到20世纪80年代还占全国人口总数的80%以上。这一状况使得农民与土地的关系在中国政治关系中具有基础性地位。中国共产党一诞生，就将解决农民与土地的关系问题作为基础性议题。在中国，土地问题不仅仅是产权问题，而且是政权问题，土地问题承载着大量的政治、文化和社会因子。因此，到20世纪中叶，土地产权改革一直伴随政权的变革，并带来了全面、深入的社会变革。这一变革是历史性的，它将变革引向中国的基础性部分。而这一部分在历史的王朝变更中是从来没有被触及的，因此它改变了整个中国的政治基础，也改变了无数人的命运。如今，经历过土地改革的当事人正在走向人生的终点，他们的口述可以让我们对这样一场历史大变革有更多的认识和理解。

对于中国而言，20世纪中叶是狂风骤雨的年代。土地改革完成不久，中国就开展了农业集体化。集体化对于中国农民而言，特别新奇。因为数千年以来，中国农民都是以一家一户的方式进行农业生产经营的，而在推动集体化的主政者看来，正是这种一家一户的生产方式造成了农民的贫穷。土地改革让农民有了土地，但一家一户的生产方式有可能再次造成农民的贫穷，于是以国家的力量推动农业集体化，从此农民的土地、农民的生产，甚至生命活动都以农村集体的方式加以组织。集体因此成为中国农民生产和生活的基础，其影响一直延续到当下，“大集体”成为当事人难以遗忘的历史记忆。

在土地集体化进程中形成的人民公社，其兴也勃，其废也忽。20世纪80年代初，人民公社体制得以废除，以家庭为单位的土地承包经营得以兴起，并被确立为农村基本制度。土地承包实行以家庭为单位的经营，在形式上与传统的家庭经营相似，以致有人一度认为是“辛辛苦苦三十年，一夜回到解放前”。但历史不会，也难以简单回归。土地承包毕竟是土地集体所有基础上的一种新的经营方式，这种承包关系使得土地具有了所有、承包、经营、收益等多重性。这种多重性的产权关系是世界上很少有的，它既促进了农业发展和农民保护，也给农民与土地的关系带来许多复杂性。当事人的叙说也许与土地关系一样有不少复杂元素。

土地给农民带来生存和希望，也可能造成对农民的束缚。不断增长的人口使土地负载过重更是农民贫困的基本原因。农民与土地关系的调整和变革，有可能解决农民一时的生存问题，但难以从根本上避免重回贫困的状况，而走出土地或许会获得一片新的空间，20 世纪 80 年代，世世代代视土地为生命的农民开始离开土地，寻求新的产业和发展空间，土地流转因此得以启动。流转必须建立在产权明晰的基础上。进入 21 世纪，国家主导进行了土地确权，并第一次全面深度介入农村产权领域并担负起保护产权的功能，其深刻意义也许还要很多年才能显现，但它对农民的生活和意识的改变则是无疑的。

农民与土地的关系是农村的基础性关系，但并非全部。中国农村已经并将继续发生深刻的变化。这一变化不仅仅体现在不同领域，不同人群在其中也有不同的状况。我们还将从不同领域、以不同人群作为特定的口述对象，更全面、充分、广泛地记录大历史中农民小人物的生活与命运。比如，我们稍后启动的农村妇女口述史调查，就是围绕“关系·惯行视角中的农村妇女”主题，记录农村妇女与家庭、家族、宗族、村庄、市场、国家、政党等的互动、互构关系以及农村妇女自身的发展变迁历程。

当下，口述调查愈来愈多，我们的口述调查除了特定对象以外，还有以下特点。一是专业性。尽管我们的口述主体主要是农民，但我们的目的是用于学术研究，因此特别注意客观性，以口述事实为依据，避免主观倾向性。二是可分析性。我们的口述调查不是一般的描述事实，更不是讲故事，而是要从事实中获得发现，其事实具有可分析和二次、多次开发的价值，因此我们设计了结构化的基本调查提纲。三是规模性。学术性开发需要一定的样本数量，我们的口述调查注意规模和比例。考虑到中国地域广大、不平衡性强，我们的调查尽可能照顾到全国各个区域，如关于农民与土地的关系口述调查力求全国农村每个县级单位都能够有所反映。

我们的口述调查从土地改革开始。为此，我们特别对本院（中国农村研究院）初创人张厚安教授做了口述调查，并将之作为口述类第 1 卷导语。一则在于张先生作为土地改革工作队员，亲身参与了土地改革，有丰富的实践经验；二则在于张先生长期从事政治学和农村研究，具有专业功力和学术眼光，他的真知灼见具有启发意义。

历史的生命在于真实，但历史的真实与真实的历史总是有距离。与其他方法一样，口述历史也有局限。口述者同样会产生对事实的选择、加工，甚至塑造。小人物与大人物一样，都希望在青史上留下好名。我们在进行口述调查的过程中，力求客观、准确、真实、具体，只是所希望的与所能达到的还是会有一定距离。但无论如何，农民口述历史可以为农村农民史保留一份珍贵的记忆，也是我们正在进行的大规模中国农村调查的重要组成部分！

徐　勇

2016 年 1 月 8 日

阿坝藏族羌族自治州

茂　县

BJX20160721LJJ@Z　李加驹

一　受访者基本信息表

<table>
<tr><td>调研点</td><td colspan="5">四川省阿坝州茂县石鼓村</td><td colspan="2">调研员姓名</td><td colspan="2">拜杰欣</td></tr>
<tr><td>调研员单位</td><td colspan="9">华中师范大学人文社会科学高等研究院</td></tr>
<tr><td>受访者编号</td><td colspan="5">BJX20160721LJJ@Z</td><td colspan="2">受访者姓名</td><td colspan="2">李加驹</td></tr>
<tr><td>受访者性别</td><td>男</td><td colspan="2">首次采访时间</td><td colspan="2">20160721</td><td colspan="2">首访时受访者年龄</td><td colspan="2">83</td></tr>
<tr><td>受访者成分</td><td>中农</td><td colspan="5">土改时是否土改干部或土改工作队队员</td><td>否</td><td>是否党员</td><td>是</td></tr>
<tr><td>干部经历</td><td>有</td><td colspan="5">曾担任的干部具体职务</td><td colspan="3">居民组长、司务长等</td></tr>
<tr><td>现家庭人口</td><td>2</td><td>现承包地面积（亩）</td><td colspan="2">4</td><td colspan="2">现承包林地面积（亩）</td><td>0</td><td>现承包水塘面积（亩）</td><td>0</td></tr>
<tr><td>受访者基本情况</td><td colspan="9">老人1933年出生，四川省阿坝州茂县石鼓村人。老人听力不好，膝下有三个子女，大儿子58岁，二儿子53岁，三儿子50岁。老人和三个孩子已经分家，现在和老伴（第二任，第一任多年前去世）一起生活，有六个孙子，都已经工作。老人还有四亩多地交给子女在种。老人的生活开销就靠高龄补贴和养老金，吃穿都很节俭。</td></tr>
<tr><td>受访者职业简历或个人经历</td><td colspan="9">老人1951年参加农会；1952年当居民组长、戒烟小组长；1953年作为民工在理县运粮；1954年到1955年修灌茂公路；1956年去黑水当民兵、平叛乱；1957年到1960年在食堂当司务长；1961年的时候司务长被撤掉，去水墨修路；1962年到1970年在家里搞生产，当记工员；1972年入党，任生产队长，一直当到1983年；后来就一直在种地了。</td></tr>
<tr><td>受访者所在社区基本情况</td><td colspan="9">石鼓村隶属于四川省阿坝州茂县，面积229.7平方公里，人口0.5万，位于茂县凤仪镇岷江河谷，距离县城7公里，交通方便，属于旱河谷地带，有三个村民小组，分别为石鼓组、半坡组、坝学组，全村有耕地594亩，园林300亩，林地1291亩，农户主要经济来源为种植业、养殖业、农牧业，主要农作物为蔬菜（白菜、萝卜、番茄、莴苣）、水果（青脆李、红富士）。</td></tr>
</table>

二 分阶段整理

（一）土改的基础和背景

1. 土改前的家庭基本情况

（1）人口情况

我叫李加驹，我是 1933 年出生的。在土改之前，我的家里有我、我的爸爸和妈妈，还有我的妹妹，一共四口人。

（2）劳动力情况

当时家里四口人都是农民，都是种地的，但是劳动力就只有我父亲一个人，我母亲是小脚，走不动，只能做做家务。那会我还在读书，不能帮家里做农活。当时家里我爸爸一个人也是忙不过来的，特别是农忙的时候，但是通过换工什么的就可以忙过来，换工就是农忙的时候大家互相帮着干活。

2. 土改前的家庭经济情况

土改前我家没有什么经济条件，生活挺困难的，除了种地，根本就没有什么收入，庄稼也不好，只知道种地。当时和整个村子里面的人相比，我们家的生活水平就是很一般的水平。除了种地，也没有其他收入，也不知道去外面打工挣钱。其实那个时候也根本没有人出去打工挣钱，也没有什么工厂。

那个时候家里有养一些鸡，一年有一头猪，但是这些都是自己吃的，不会拿出去卖的。那个时候有的家庭还纺点布出去卖，但是我家里没有棉花，就不能纺线，不能织布。那个时候家里也没有多少钱，粮食倒是不用买，自己种的差不多够吃了，即使粮食不够吃可以去借，等以后有了再还。我们要去劳动，挖野菜充饥是不行的，所以没有怎么挖野菜，钱就拿来买点儿花椒和油盐，扯点布做衣裳。土改以前，家里也没有欠别人的债，别人也没有借我们的钱，大家都过得苦。

3．土改前的土地经营情况

我们家的地大概有个二斗半，就相当于现在的十五亩左右，是在1948年的时候买的。当时买的王国志的，他不算大户人家，是个中户，但是他抽大烟，为了抽这个，才把地卖给我们了。所以我们家地倒是有，但是收成不好，不怎么出粮食。

当时的地里主要就种点玉米、黄豆、土豆。有时会种一些青稞、麦子。当时土地的收成也很一般。如果遇到天气好，收成也会好；如果遇到天气不好，那么收成也不会好。以前住在高山上，受天气影响很大。那个时候的收成的话，也不算多，玉米大概一千三百斤左右，黄豆两百斤左右，青稞、小麦也差不多两百斤。

那个时候我们也是要交公粮的，两斗粮要交一石四。一石四相当于六百斤的粮，意思是我们家一千三百斤的粮要交五百斤。当时是交到乡公所，不能交钱，只能交粮食，交粮是直接把玉米背过去，几乎都是我爸爸自己背过去。我那会儿还小，背不动。交粮也有固定的时间，就是冬天，十二月份或者一月份。

当时家里也没有牛马这些牲口帮着犁地什么的，都是靠人力，农忙的时候就去别人家借牛，跟人家还换工。一头牛八个工，借一头牛就要给别人还八天的工。换工的话就不单独收租金了。当时大家这样做都是口头约定好了的，没有签过什么协议，而且他们也管饭，一天三顿饭，但是农具自己带去，如果挖地挖坏了算自己的，他不会给你赔，当时家里的锄头、铧头、犁等这些农具都有。

因为自己的地大部分时候还是种得过来的，所以没有请过工，也不太清楚别人家请工是什么价位。

4．土改前的社会交往情况

土改前，我们家和换工的那几家关系挺好的，和那些生活比较好的人就没有打过交道。对于村长、保长的话就是每年春节都会去给他们拜年，每家人三把面、一包糖、一瓶酒就去拜年了。保长会给我们吃一顿饭。

土改前，那些富裕点的农民的生活水平和我们相比差距也很大的，所以大家都不怎么来往。土改之前我们这边也没有宗族之说，也没有祠堂这些，大家都是各过各的。那个时候觉得人家地主和大户人家地多生活好，收入高，我们地少，收入少。即使羡慕人家也不会把地分给你，所以也不羡慕。但是当时村里也有完全没有地的农民，王金河就没有土地，他租别人的地来种，交了租子之后剩下的就是他的收入了，我们有点儿地肯定要好一些，地位也要比他高一点了。

5. 土改前的土地观念

（1）对土改的反应

当时也听说了要土改，我是自耕农，我又没有犯法，所以没有怎么关注和担心，但是有些地主知道要土改了，会分田地，他们就提前把那些牛和马都卖了。不知道的后来就全分了。但是还是有一些顾虑的，担心自己还有没有地。后来消息来了，自耕农可以种自己的地，如果是你种不了的，你再分给其他人。我们家就不怎么担心了。

（2）对共产党的看法

我是后来才入党的，土改前知道共产党，但是了解得不多，只是知道大家都说共产党好。

（二）土改的过程和经历

1. 访贫问苦，扎根串连

（1）工作队进村

1952年，我们这里就成立了工作组，也是县政府派来的，当时他们来了是住在贫下中农家里，我家里都住过。吃饭是在哪家住就在哪家吃。他们吃饭也要交钱或者粮票，他们是不能乱吃的。他们大概在村里耽误了半个多月。

（2）土改宣传

那个时候工作组开了很多宣传土改、宣传土改政策的会议，主要的内容就是要打土豪，分田地，斗争地主。总的就是宣传政策，让农民齐心协力地斗地主。当时大家开会都是很积极的，我还在会上发过几次言。当时他们讲这些政策的时候讲得很清楚，农民都听得懂，很明白。

（3）扎根串连

当时我们这里没有贫雇农的串连。那会儿村里有土改积极分子，像我们就是积极分子了。积极分子就是帮着跑路，那会儿年轻又比较跑得快，很乐意干。

（4）成立农会

农会是1950年在我们这里成立的，那个时候是工作队来协助我们成立的。那会儿我们农会主要是组织农民开会，暗地里想怎么斗地主之类的。我们这里的农会在土改前就成立了，尚群英、蒋玉茹是来协助土改的，是县上派来的，他们后来在1952年就成立了工作组。当时这个农会有多少成员我已经记不住了。

2. 划分阶级成分

（1）土改成分

我家的成分是中农，对于我家被划成中农这个成分，满意也得满意，不满意也得满意，我们也不敢不同意。村上也有人不满意的，不满意的人也没有去找工作组争论，那个说什么就是什么，是不敢改的。

（2）成分划分

土改成分是评议出来的，划分成分的标准就是要根据你的收入每人平均多少钱，多少年份折合成多少钱，每人平均好像七百元。还要看你有多少土地，没有地的就是贫农，有点儿地的或者自耕农就是中农。成分划分也是工作队划分的。这些都是上面决定的，都有一个条件。那会儿我们有多少财产，有多少土地，是我们自己去上报的，我们上报之后，他们会去调查是不是真的，有没有错误。如果是假的，你还会犯错误。村里也有人少报，有的地主、富农就会少报一些，但是农协会都知道你到底有多少土地，因此报错的也会有惩罚。当时我们姓李的家族没有被划成地主的，也没有死地主这种情况。

（3）划分结果

当时我们村只有一家地主，一家富农，两家贫农，其余的都是中农。中农大概十五家。成分出来之后有给我们贴过榜，在广场上贴着的。一共贴过一次榜，一次就解决了。

3．挖苦根，斗地主

（1）挖苦根

在学校院子里面有开过三次诉苦大会，我当时还是发了言的，就是要揭发地主，公审大会是要开全乡大会的时候才去。当时副乡长就是1951年的时候被枪毙的，因为他是国民党的乡长。我们私下也没有什么同情的，同情就等于在包庇地主，那就属于更大的犯罪了。

（2）斗地主

村里的地主当时有被批斗，大概批斗了五次。每家地主都差不多被批斗了五次，有的人还会被扇耳光、扯胡子。这个就说不一定了，要看个人的思想状况。批斗他们的时候也没有人帮他们说好话，也不敢，如果说了那就是你阶级立场不清，你是要犯错误的。

4．没收和分配土地、财产

（1）没收土地和财产

当时是工作队开群众大会，然后一起去没收财产，没收之后就分给那些没有的人。没收地主财产的时候我有时候去，有时候不去。大家去没收财产的时候，地主还是很服从。其实你服从也得服从，不服从也得服从。当时富农没有什么东西，只是没收了一些地主的东西。富农其实是劳动富农，只是能够维持自己的生活，比其他人好一点儿而已。

（2）分配土地和财产

分配也是有标准的，就比如说贫农没有地就会分给贫农，如果你家有五个人，每人两亩地，应该有十亩地，不够就会直接分给你。

我家当时没有分到土地，自耕农有土地就不会分。牛、马这些牲口我们也没有分到，农具也是我们家的，那些胜利果实我们家什么都没有分到。我们家多的土地什么的也没有被分出去。

分完土地之后，全村人的土地差不多都是一样的。分地的时候是土地的肥瘦程度搭配起来分的，还是要好坏搭配一下的那样才比较公平。不同成分之间分到的土地情况也一样，都差不多。房子我们也没有分到，是我自己家的房子，当时地主的房子也没有分出来。当时村里公共的地是有的，最后还是被分了。

(3) 分配土地的过程

那会儿要分什么东西就拿到会台上来，等地主走了之后，再分他的胜利果实。哪家贫农该分什么就在会场上直接分了，你该分什么就分什么，不依你家里需要什么来划分。比如分椅子的话，不是我家没有才给，而是分到什么就是什么。当时分地的时候有组织我们去插标，分界线，丈量土地，每家每户都会去的，工作队是要去记录的。分配土地的时候也没有分配不均，或者干部给自己多分一些这种情况。那时分配土地和财物的时候农民之间也没有吵过架，吵架也没有用。

5. 土改复查

土改是1952年开始的，也是1952年结束的，还发过土地证。后来有清查过漏网地主，但是我们这里没有漏网地主，漏网的富农有。其他划错成分的情况也就没有了。

那会儿有查田定产，那会儿我们家定的产量有两千斤，我家有那么多地，一等地产五斗，二等地产三斗，三等地产两斗，这些结合起来产多少就是多少，合理也是这么多，不合理也是这么多。土改之后要给国家交七百斤的粮。根据查田定产的那个产量来交，也不依你自己合不合理。合理也得交，不合理也得交。

（三）土改的结果和影响

1. 土改后的土地经营情况

土改之后我们家的地还是十五亩，没有变过。那会儿的地刚刚够一家人生活。那个时候家里的劳动力就是我和我爸爸了，我还是可以帮着家里干一些活的，毕竟也是十八九岁的小伙子了。土改之后家里种的东西还是原来那些，产量也还是那样的，多也多不了多少，少也少不了多少。没有增加也没有减少，主要是因为那会儿地不好，加上我们那会儿没有农药这些。

土改之后我们加入了一些组织，先成立便工组，再成立互助组，再成立初级社，最后才成立高级社。便工组就是方便几家人联合在一起劳动，其实和互助组差不多，便工组是1955年成立的。便工组之后是互助组，互助组等于是哪几家人比较合适就联合在一起。互助组之后是初级社，只有贫农、中农、下中农才可以入初级社，上中农、富农、地主是不可以入初级社的。然后等到了高级社，富农和地主就在里面干活，只是单纯地在里面干活，不可以说话，更不能乱说。

土改之后我们没有租别人的地，别人也没有租我们家的地。那个时候土地也没有进行买卖，那个是不敢的，那是国家的土地，是不可以进行买卖的。如果你进行了买卖，那是犯错误的。土地证只是表明你有土地使用权，但是没有所有权，土地还是国家的，是不能随意进行买卖的，也没有人私底下进行土地买卖。

2. 土改后的家庭生活情况

(1) 自家生活变化

土改之后，成立了互助组，劳动力变多了，而且我也可以劳动了，生活比以前好一些了。其实种地的时候还是有困难的，但是困难还是得自己克服，那会儿国家也没有什么照顾。种子、农药、农具这些都是自己想办法，国家那会儿也处于过渡时期，无法帮助农民。

那个时候交公粮也是自己背过去。交公粮的时候，互助组就会联合起来，有些人有马就会借来用，然后再帮他们干活换工。借了四五匹马把粮食运到县上仓库里，就可以直接交了。交了之后，一年的收成我们家还是能够吃几个月，还是不怎么够吃，不够的话只有借别人家的粮食。借别人家的粮食还的时候要给利息，借一斗要还两斗。我们家大概要借四五斗粮食，来年还就要还一石。借的时候是向有粮食的人借，也是口头约定的，你说借几斗，他就给你几斗，以后照样还就行了。对于种地这件事，不管自己高不高兴都是要劳动的。土改之后的生活压力也不是太大了。

(2) 地主家生活变化

(土改以后) 地主和富农也还是要劳动才可以生活。

(3) 收入变化

土改之后我们村里面的农民之间的差距不是太大，中农之间的比较小。

3. 土改后的社会交往情况

(1) 农户关系

土改之后我们家与其他农户的关系也没有什么变化，但是我们和地主富农就要割断联系了，和他们没有关系。当时如果谁的成分不好就少和他来往，你如果帮他们说一句好话，你就会被抓起来。我们会根据所划分的成分来决定和谁走得比较近。那会儿我们同一阶级的农民都还是比较团结。

(2) 村户关系

土改后，我们和村干部的关系还是不错的。

4. 土改后的观念变化情况

(1) 土地观

土改后每户的地都差不多了，基本上都平衡了，和村里的平均数没什么差别。

(2) 人际观

土改之后我也没有觉得自己的地位增高了，没有比地主高，也没有比贫农低，只是还好。土改之后贫下中农都可以说得上话了，就没有他们（地主）的天下了，（地主）见到人就像（老鼠见到）猫一样了。

(3) 社会观

那会儿我发家致富的信心是比以前大了，劳动了就可以发家致富，就可以往前进了。

土改之后村里的风气是要比土改之前好一些，土改之后大家都听党的话，都在劳动了，不说坏话，也不做坏事，大家都能和平相处，走共同富裕的道路了。

村里有什么修路的活动，我也会积极参加。我们这边有修沟，国家照顾一点儿水泥，其他材料我们自己准备，一天会背两趟到山上。每家每户都要劳动。比如这次来了三千斤水泥，平均每家多少水泥，每家就要自己完成这么多的任务。那个上面是急需用的，所以必须把任务完成。

土改后对共产党只是崇敬，没有其他的看法。

（4）土改观

我觉得土改挺好的，地都有人种了，粮食也有人收了。以前没有地还会去租别人的地来种，等到你把粮食种好之后，你把租交给了地的主人，结果别人不劳动还可以得到粮食，你劳动了还得不到多少粮食。土改之后，大家都有了土地，你种多少都是你的了。土地承包是在八几年了，和土改还是有一定差别的，下到户之后，就由领导给你指地，指到好的就是好的，指到不好的就是不好的。土改使农民都分到土地了，生活也有了一定的改善，大家都富裕起来了。土改是维护我们人民群众的。

5．土改对农业集体化的影响

（1）生产资料入社

1954 年建立的互助组，大概持续了一两年。1956 年开始的初级社，高级社是 1959 年的时候开始，成立集体化之后，自己不能单独去种地，所以必须交过去。不交的话就没有人管你了，那这样你本身就不服从组织，就没有原则了。

（2）对集体化的认识

最开始我觉得是集体好，后来还是觉得自己种好。因为懒人太多了，他们不做。集体化入社对于农业发展没有什么用，也没有怎么促进农业发展。

口述调查小记

我在村庄做问卷的时候，偶然敲开了李加驹爷爷的大门，这位 83 岁的老爷爷安详地坐在他的饭桌前，岁月已经让他直不起腰了，桌上只有一个酸菜。李加驹爷爷对于我这个陌生人的到访不排斥，反而自然地让我坐下，亲切地问我的来历。说也奇怪，虽然他不是我的问卷访谈对象，我却神奇地和面前这位老爷爷交谈起来，也正是这个机缘巧合，让我找到了一位合适的土地改革运动的受访者，而且，他还是一位老党员。李加驹爷爷对于土改运动的事情历历在目，他的声音虽然有些低沉，但是却详细又耐心地解答了我的疑问。其间，我拿出了我的录音笔，面对我的录音笔，爷爷有些害怕，他不停地用手指拨弄我的录音笔，说话也变得不太顺畅，我察觉到后，赶快将录音笔收到身边的包里，在保证可以收录爷爷的话语的同时，也消除了他的紧张。李加驹爷爷给我还原了一个中农家庭在土地改革运动中的故事，讲述期间，他时而激动，时而惆怅。在土地改革运动中，李加驹爷爷积极参与，协助工作队开展相关事宜，并积极向党组织靠拢，很快，他的能力得到了党组织的认可，成为一名光荣的共产党员。我看见毛主席的画像还挂在爷爷的床前，即使这幅画像已经被家里的煤烟熏黑了，它的完整得益于李加驹爷爷对它的珍惜。在访谈中，李加驹爷爷没有一丝不耐烦，没有一点不高兴，他一点一点地给我讲述，他说：“我慢慢说，仔细想，你们是做学问的，我不能乱说。”结束后，我离开了李家，我没有想到一次偶然拜访会让我和李加驹爷爷结下缘分，祝愿李爷爷幸福安康。

最后，感谢学院给我提供的调研机会，让我深入农村、深入老人中，去挖掘那一个个“小人物”的故事，正是众多“小人物”的故事，才推动了我们“大历史”的前行。

松潘县

DFY20170813ZWZ@S　张文左

一　受访者基本信息表

<table>
<tr><td>调研点</td><td colspan="5">四川省阿坝州松潘县岷江乡北定村</td><td colspan="2">调研员姓名</td><td colspan="2">杜飞燕</td></tr>
<tr><td>调研员单位</td><td colspan="9">西华师范大学政治与行政学院</td></tr>
<tr><td>受访者编号</td><td colspan="5">DFY20170813ZWZ@S</td><td colspan="2">受访者姓名</td><td colspan="2">张文左</td></tr>
<tr><td>受访者性别</td><td>男</td><td colspan="2">首次采访时间</td><td colspan="2">20170813</td><td colspan="2">首访时受访者年龄</td><td colspan="2">87</td></tr>
<tr><td>受访者成分</td><td>中农</td><td colspan="5">土改时是否土改干部或土改工作队队员</td><td>否</td><td>是否党员</td><td>否</td></tr>
<tr><td>干部经历</td><td>无</td><td colspan="5">曾担任的干部具体职务</td><td colspan="3">无</td></tr>
<tr><td>现家庭人口</td><td>6</td><td>现承包地
面积（亩）</td><td colspan="2">12</td><td colspan="2">现承包林地
面积（亩）</td><td>3</td><td>现承包水塘
面积（亩）</td><td>0</td></tr>
<tr><td>受访者
基本情况</td><td colspan="9">老人出生于1930年，虽已八十多，但身体十分硬朗，一生勤劳朴实。由于晚辈忙于工作很少在家，老人每日不停歇地收拾家务，看管农田，并以此为每日生活的目标，自立、自强、自信。目前，老人相较于同龄人来说记忆力较好，表达清晰。</td></tr>
<tr><td>受访者
职业简历
或个人经历</td><td colspan="9">老人为家中长子，自小便开始驮脚[1]、挖药等以谋生活。1953年在南坪县即今九寨沟县的土改工作中帮土改工作队队员驮运东西或人。1954年参加松潘县土改工作团的运输工作。人民公社期间参加过修路等工作。1960年左右在北定村给丧夫的老伴做了上门女婿，夫妻感情很好。</td></tr>
<tr><td>受访者
所在社区
基本情况</td><td colspan="9">北定村坐落于四川省阿坝藏族羌族自治州松潘县岷江乡，临岷江，四面环山。下至镇江关镇，上至岷江乡，村内范围较广，分为银地、老街、建崖、青冈嘴、王登，其中，王登是一个高山上的山寨，房屋依河流而建，多种麦子、青稞、玉米、土豆、豌豆等。</td></tr>
</table>

---

〔1〕 这里指从事脚力活，用家里的牲口去驮货挣钱。

续表

受访者所在社区基本情况	解放之前，村上种鸦片并抽大烟者众多，在国民党执政期间就多次开展戒烟活动，解放以后，本村也有众多男女因抽大烟被关进戒毒所。解放以前，本村曾因流行病导致大规模的人员死亡，之后大量外来人员因生活所迫入住本村，其中安岳、遂宁人居多。 近十年以来，本村从原本的务农为主，转到以从事运输业为主，有人开大货车、大客车等等，故经济状况较好。

二　分阶段整理

（一）土改的基础和背景

1. 土改前的家庭基本情况

我叫张文左，今年八十七岁，出生于1930年的川主寺镇黄胜关村[1]。土改前家中一共有八个人，年近五十的父母和我们六个姊妹，我在家里排行老大。我家的八口人在当时都可以劳动，劳动力基本足够，农忙的时候会选择兑工。我的父母和我的弟弟妹妹大多都

〔1〕 位于四川省阿坝藏族羌族自治州松潘县。

在家里做农活，有时候挖药，而我的任务就是用家里的牲口去驮脚挣钱。

2. 土改前的家庭经济情况

土改前，我们家的经济情况比较困难，辛辛苦苦一年下来也只能解决温饱问题。当时主要是种地，因为地很少，光靠地里的收成不够一家人吃喝，自家地产的粮食最多能吃半年，所以也会选择去挖药，比如挖贝母、挖羌和，也会选择去烧炭或者驮脚挣钱。炭烧好了就驮到松潘去卖，一百斤烧好的炭卖一两块钱。驮脚在土改以前没有挣到什么钱，只能混口饭吃，土改的时候挣得比较多。一个牲口把草料钱除过，一年的话，可以挣到一百多块钱，就像现在的两千块钱的样子。

所以在土改前，家里生活压力还是很大，如果平时不勤快点去挣点钱，生活还是很困难。花钱主要是在吃喝方面，买粮食是最主要的花钱原因。土改前也没有借过款。

3. 土改前的土地经营情况

土改前，我家有二石多地，我们那儿就是种的青稞，一亩地只产得到一二百斤。一亩地是一石二，我家那时候的地就是一亩多快两亩的样子。而且那时候我们家要一年种一半，歇一半，这是我们那里祖祖辈辈留下来的规矩。解放以前，我们不管做什么都要给国民党上税，去运输的人要上税，这做生意的人也要上税，这农民还是要上粮。我们家上粮的话，这一石地要上五斗粮食，小斗三十斤。三十斤一斗，五斗粮食，要一百五、两百斤粮食。其他的税收算成钱交上去。

我家当时有一个骡子、一个马、三头牛，都是后面家里自己买的，当时有草原上做这种生意的人过来卖。马和骡子是用来驮脚挣钱的，牛是耕地的。村里农忙时有些人会来借我家的牛，也不能让别人把生产落在了后面，都是要互相帮助的。借牛的人如果有空了就可以在我们家割麦子的时候来帮帮忙，如果没空也就算了，没有强行要求还工回来。

我家在割麦子的时候有时候需要别人兑工，牛工兑人工，或者人工兑人工都可以，都是和本村的人兑工，男工女工一样，有时我帮他做了，他没空帮我做也就算了，没有强行要求，但一般都会来。那时候找人帮忙的都要供三顿饭，一般就是喝点酥油茶，（吃）青稞面糕片或者青稞面馍那些。

4. 土改前的社会交往情况

我们那时候农户之间的关系都比较好，大家都一样，不会蹭吃蹭喝，关系都比较好。不管你有钱还是没钱，都跟现在一样，没有高低之分。在我印象中最开始的时候叫的是团总，后来就变成了甲长和保长。那时候管得很严，当然有钱人犯法就会比我们这些好很多。一般甲长保长只处理那些偷牛盗马的行为，偷一个牛要赔五个，我没做过那些事情。

村子里面特别富的人和特别穷的人生活上的差别还是大，有些连饭都吃不起，就比如这些雇农和贫农，吃饭是有早上没下午的，才到地主那里去打工混口饭吃。地主他是有粮食的，足够他一家吃很久。除了经济上的区别，之外也就没有什么区别了。

5. 土改前的土地观念

我老家黄胜关那里全都是霜打的地方，又在高山上，所以没有什么买地的必要。我来北定关上门的时候，一个村才一百六十多个人，也就才三十多家人，人也少。一个村有些人地少的、没有地的还是有的。所以有些人去借去租，也有些人庄稼不想种了就跟现在一样去打工，去挖点药或者去做生意，那各自的安排都是不一定的。人家有多的地就应该人家种，买地和卖地就是你情我愿的。我把地看得贵重，土地对我来说就是保险，我有保险地位就变高了。

当时听说要土改了，也没有什么看法，那时候把这些东西看得很淡，你要让土改就土改，毕竟国家政策在那里。对于共产党和国家也没有啥认识，就相当于以前换个朝代了就没啥事了一样。当然，共产党这样的是少有的，因为他为国家为我们做了好多实事。

（二）土改的过程和经历

1. 访贫问苦，扎根串连

我记得1954年冬天的时候工作队进村，当时来黄胜关的人还是多，有七八个，其中有一半都是女的，名字那些我都不记得了，从哪里来我也没有问过。有一个是陈区委，一个是李后向，因为后来没按照政策上执行一百家子只能划四家子，他因为划多了就犯了错误，就被调走了；后来又来了两个部队上的来帮助土改。

当时我也去开会了，那些人都是按照政策说话的。有几个女的把文件拿出来，说土改是怎么样进行的，哪样是征收，哪样是没收之类的，说得很清楚，我也能听得懂。村子上有代表发言，代表主要就是土改团的人，之后就是选出来的队长，选出来的村长之类的发言。选村长的标准就是看这个人是否度量大，做事是否大公无私。我们村选的齐家的老婆子，她的两个儿子都在州上工作，当大官。

2. 划分阶级成分

我家当时被划成了中中农，因为当时地不多，但有五个牲口。家里人的成分都是一样的，我还是认可这个划分的。也没听谁说过有不同意见，毕竟是工作队来划分的，都是有标准的，不会乱来。划分地主的原因是不一定的，那要看这家人请的长工和短工多不多。还有就是这家人有没有放高利贷，是怎么放的，比如你放一百块钱出去，你就要收一百五、一百六，甚至有些还要两百，那就要被划成地主。也有地方是按地算，比如章腊的郭家就是有十多石地，光是割粮食都要雇一百多人，最后就成了地主。

当时跟我家有亲戚关系的地主叫张三霸，最后去劳改了，他劳改回来得快，也没吃什么苦。他的丫头还嫁给个军人，这个军人还是个长征干部。虽说和他是亲戚，也只是姓氏上的，没有很大的关系。黄胜关当时只有三个地主、一个富农、一个小土地经营，中农有十几家，贫农有五六家，没有雇农。只划过一次，没有调整过。我只听说大屯那边有人因为成分争吵过，我们这里没有这种事情发生。

3．挖苦根，斗地主

我们也要斗地主，就是说这些地主以前怎么剥削人，就让那些积极分子去训话，训话都是时间不长的，只是十几二十分钟就完了。要开诉苦大会，还有公审会，但是时间不长，一般都只审一次。开村民大会的时候，地主不能去，就只能自己去劳动，除此之外，一般劳动还是大家都要去。三家地主都被斗，富农也要斗，小土地经营就不斗，那些人就当流民看，被当作不务正业。剥削账会算，也只是算，家里都被没收完了，也还不了账。

当时我们家的人没去揭发过任何人，其他人也没来揭发过我们。那时候都不敢说地主好话，有人要检查。政策很严，两个熟人之间都不敢随意聊天，稍微说多了就很有可能会被举报，给你戴上帽子，紧接着就是棍子来找你。

4．没收和分配土地、财产

我们那里当时是工作队的来没收地主财产和土地的，有些地主还是很开放的，要给地主留的就留着，不给留就全部拿去。那时候讲究的是要一律平等的，有钱人还是看得明白。我家没有分到地和任何其他物件，贫农和下中农才会分地，是按人口分，标准就是一个人两亩地，工作队的人把土地没收了把数量算好，需要分地的人的数量算好，就可以分地了。也开过分配大会，会议上说每个人都会分到地，之后还是要入社。

5．土改复查

松潘土改，冬天开始，冬天就结束了，当年就结束，没搞到多久。没有听说土改复查之类，没有清过漏网的地主以及是否划错成分之类的。土改结束后没有发放土地证，土地证都是后面分田单干才有的。定产就是当时有人就问我们的地能产到好多斤，不是他自己算的，是问我们，一石地看能产到几斗，那时候不是按斤算的，也就是算交粮的标准。土改过后，是合作社一起交粮，黄胜关要交一万多两万斤。说起黄胜关税重，这北定关更重，听说有十二万斤左右。

（三）土改的结果和影响

1．土改后的土地经营情况

土改后，我们家的土地没有变化，依旧只够半年的，后面就入社了，当时都是公社统一交粮。那时候就开始种麦子，说来也奇怪，以前说这里种不了麦子，结果种了产量还高，比起青稞要高一点，只是没有青稞那个饱满。

土改后还是家里几个人天天都要干活，那就是在合作社，女人种庄稼，男人找副业，比如我就一直在驮脚。那就成立起了互助小组。就我们这个就是一个副业队，全村分的一个一个小组，搞粮食包产，都是临时的。我们村那就合作社一起交粮，交了一万多两万多斤。那时候分粮分不到好多，就是基本口粮。以前说的国家安排的是三百六十斤，结果一个人才一百多二百斤。

2．土改后的家庭生活情况

对我家来说变化还是大，公社化那一段时间比较痛苦，后面分到个人了就好多了。当时家里除了种地，还有我去运输队参加运输就没有干过其他的，土改过后就入食堂。农户之间的差距变小了，本来政策也是这样安排的。我参加过南坪土改、松潘土改，都是在运输队里面，每天都能挣两块钱，一年就是六百块钱左右。

3．土改后的社会交往情况

土改过后，一个村里的人也没有什么高低之分。以前就说地主和他的子女不能入党之类的，过了十六年就什么都可以了。跟以前富裕点的人关系还是好，跟村干部的关系还是好。那时候的村里干部就是社长和队长。

4．土改后的观念变化情况

我家的土地没有变过，也没听到过国民党反攻之类的，只知道他们已经到台湾去了。土改后大家都有土地了，这是政策，我也没有什么看法。土改和后面的分田单干那就有差别，一个结果穷了，一个结果富了，两个的结果都不一样。

我参加过修路，修的是新塘关那一段路，是1963年还是1962年的时候去修的，那时候还在公社里。村子上派人下来的，上面的就把我们村划在新塘关，就在那儿修过路。那时候每一个村子划一段，喊人们去修。我们修路的人来了十几个，没修到好长，花费了两个月。修路是把钱给公社，私人没有。最后公社把粮食给我们，那就是在评工分，不去不行，油盐那些会对我们照顾点。对于党和国家最大的感触就是领导关心，其他倒没啥。

5．土改对农业集体化的影响

我们这里土改结束就开始搞互助组，土改的时候，别人还是宣传了。互助组过了是初级社跟高级社，两个社说到底都是差不多的。土改过后一年就入社了。那时候我去运输了，需要马和骡子，只有家里的牛被我们牵着送到公社去了。

我就觉得自己种地好，你想怎么来就怎么来。集体那会儿有些人就偷懒，什么也不干，现在就好了，劳动就好好劳动，你劳动得多吃得就多拿得就多，你有个车子你就自己开着，钱你自己得了，没有谁去要你的。以前你挣一分钱都要交给公社，不交给公社的话你就是资本主义，自己不能存一点。

但是在那种情况下，那个时候公社还是好。国家做事是不会乱来的，他是有层次的，比如土改他就是照文件来的，这入社也是一样，那时候生育没有计划，都是合作社帮他们把四五个娃娃养大的。合作社成立起来还是救济了一些人，还让孩子们去读书。土改没白搞，不搞土改他就收不到地，收不到地就入不了社。就先要做那一步才能把地收得到，然后就才能做公社。如果不土改的话，就不能划一批人出来，这个事情上就做不好，那些有钱人就把人收买到，事情就办不成，也就永远平等不了。

口述调查小记

2017年8月13日，在已经访问了三位老人的情况下，我去采访第四位老人张文左爷爷还是很紧张。之前一回村就打听到了这位老爷爷，他的生平什么的都听别人提起过。老人的记忆力和身体各方面现在都特别好，所以我特地做了一个上午的准备，顶着烈日去张文左爷爷家，但是赶上了快吃饭的点，我只得又回去等会儿再来，同时我们已经约好下午两点访谈。快到两点的时候，我在爷爷家门口前坐着，等待他开门。一走近他家就听见他家楼上一直砰砰地响着，我正疑惑着，这时候爷爷打开了门让我进去，打开手机一看时间刚好两点，不早一分钟，不晚一分钟。一进门就看见他家窗户上放着个牌子，上面写的"党员户"，爷爷见我看着那个牌子得意地解释道，我家里有三个党员，我女儿还有我的孙子和孙女（这里说的女儿实际上是张文左爷爷的儿媳妇），这是别人发的，之前一直挂在门上，结果前几天掉下来我就放进来了，我等会儿就挂出去。看老人的神情像极了当年我考上大学之后我父母和别人聊天时的情形。上了楼，看见爷爷将桌椅什么的摆放得整整齐齐，还给我倒好了水放在桌上，看到这些以后，我也终于明白为什么刚刚会从楼上传来砰砰的声音了。

经过一番访谈之后，我慢慢地了解了这位老人，他祖籍并非我们这个村子，1930年出生在黄胜关村。他是家里的老大，驮脚挣钱的任务是他来做的。特别值得注意的是，他不同于一般的农民，他参加过两次土改，还是跨县的。第一次参加土改是在南坪，那时候土改团找了很多驮运的人员，他家里有可以驮运的牲口，他自己也有相关的经验，所以也被带过去参加土改。老人回忆说："那时候的南坪，还是好耍的很，县城里面人们跳的跳，唱的唱，现在的南坪都没有这么好玩。"对他来说，那时候每天的生活就是搞驮运，计算粮草等这种花费，攒下钱给家里用来买吃买穿。老人的记忆力特别好，对那时候一个牲口寄宿会花多少钱，草钱多少，买吃的胡豆是多少钱一斤，自己住宿多少钱一夜都记得清清楚楚。第二次土改是在松潘，那时候也在运输队上工作，不过还是对自己村里面的情况很了解。

也就是说老人的前三四十年基本上都是在搞运输，在驮脚挣钱养家。在60年代的时候到北定关村做了倒插门的女婿，当时他的老婆是离过婚的而且还带着两个孩子，但是通过谈话我发现，老人对他的妻子充满了爱与宠溺，一提到就说"我老婆子""我家老婆子"这种很平凡但却很有归属感的称呼。在没来访谈前，我就向其他人询问过他们之间的感情，那些知道的老人们都会抿嘴笑一笑，说他们之间的关系特别好……

目前，爷爷的五个兄弟姐妹都还健在，只是没有和爷爷在一个地方，有些在老家，有些在本县，有一个小妹妹已经去了外县。老伴几年前去世，爷爷当时把自己关在屋子里好久，后来时间长了也慢慢地缓过来，现在的心态好多了。张文左爷爷现在与儿子儿媳住在一起，最近几年儿子外出开大车挣钱，儿媳妇跟着一起，基本除了过年很少有时间相处，平时每次回来不久都会匆忙出去挣钱，孙子孙女两个人都已经工作，都在外县工作，所以基本都不在家中。老人一个人在家中，倒是显得格外清闲与说不出的孤独，可是爷爷自己却不愿意让自己闲下来，快90岁高龄的他每天会给自己安排农活，时不时地去看看自己的庄稼，种的小菜，定时清洗自己的衣物，定时打扫家里的卫生。在我离开的时候，路上遇见一位老婆婆，她看见我从爷爷家里出来，就笑着问我，你去找那个勤快人啦。那个老奶奶说，他这个人一辈子都那么忙，像我比他小那么多岁我都快走不动了，耳朵也不好，每天就吊着一条命。他却每天忙前忙后，家里又没人住还收拾得那么干净，还动不动就去地里干农活，一会儿放水，一会儿打农药的。回到家以后，老爷爷一生的经历对我的激励作用很大，无论是人生的价值意义，还是对爱情的诠释都有很大的借鉴意义。

今天的收获不仅于此，我更意外于爷爷对事情思考的不一样的角度，在他看来任何政策都是按照一定的规矩来的，颁布政策也是有一定的原因的。就比如爷爷认为，只有通过土改才可以把那些有钱有势的人打压下来，让每个人都有地，这个地不是重点，让每个人都感到平等才是重点，如果不打压这些人，他们就会造成基层的不稳定，从而导致后续的政策难以执行。还有一个关于地主应占比例的问题，他很明确地告诉我上面有文件下来，一百家中只能有四家是地主，不能划多了，如果划多了那就是在给自己找麻烦，自己作死。地主是被打压的那一面，如果被打压者占的比例太大，最终能不能打压，或者会不会反抗这些都是问题。这些都是政治性的问题，却被基本不怎么识字的爷爷解释得十分清楚。说实话，采访结束后，我内心对张文左爷爷充满了敬佩！

巴中市

平昌县

LRF20160116ZBH@S　周碧华

一　受访者基本信息表

<table>
<tr><td>调研点</td><td colspan="5">四川省巴中市平昌县鹿鸣镇鹿山村</td><td colspan="2">调研员姓名</td><td colspan="2">刘蓉芳</td></tr>
<tr><td>调研员单位</td><td colspan="9">华中师范大学中国农村研究院</td></tr>
<tr><td>受访者编号</td><td colspan="5">LRF20160116ZBH@S</td><td colspan="2">受访者姓名</td><td colspan="2">周碧华</td></tr>
<tr><td>受访者性别</td><td>男</td><td colspan="2">首次采访时间</td><td colspan="2">20160116</td><td colspan="2">首访时受访者年龄</td><td colspan="2">88</td></tr>
<tr><td>受访者成分</td><td>贫农</td><td colspan="5">土改时是否土改干部或土改工作队队员</td><td>否</td><td>是否党员</td><td>否</td></tr>
<tr><td>干部经历</td><td>有</td><td colspan="5">曾担任的干部具体职务</td><td colspan="3">小组长、互助组组长</td></tr>
<tr><td>现家庭人口</td><td>3</td><td>现承包地面积（亩）</td><td colspan="2">2</td><td colspan="2">现承包林地面积（亩）</td><td>0</td><td>现承包水塘面积（亩）</td><td>0</td></tr>
<tr><td>受访者基本情况</td><td colspan="9">老人1928年出生，1946年结婚，祖籍平昌县鹿鸣镇鹿山村何家湾。现在家里就夫妻二人和大儿子，其余的子女均在外地工作。老人目前身体还好，但妻子已卧床两年，医药费已花上百万，家里专门请了保姆照料，生活压力有点大。</td></tr>
<tr><td>受访者职业简历或个人经历</td><td colspan="9">老人是1946年结的婚，1947年就去了老丈人家住，1951年才回到老家何家湾。1949年解放后当了小组长，1955年互助组成立后就当了互助组组长，其间还当过作业组长，1955年下半年建社后，当了两三年社主任。集体建设时期去修路，修完后回来在食堂当司务长，食堂垮了后又去养猪，之后又开作坊酿酒，后来还去修过铁路。</td></tr>
<tr><td>受访者所在社区基本情况</td><td colspan="9">鹿鸣镇鹿山村隶属于平昌县——全国扶贫开发工作重点县和国家司法部、省发改委、省路桥集团定点帮扶县，位于秦巴山地南麓，东与达州市相邻，居于镇政府的中心地带，距平昌县城47公里。该村下辖8个村民小组，有村民352户，共1450人，其中男性825人，女性625人。
该行政村面积2.7平方公里，海拔800～1000米，属山地地形，梯田分布，村内广泛种植水稻、小麦、玉米、红薯等粮食作物。全村耕地面积886亩，人均耕地0.6亩，草场132亩，林地270亩，森林覆盖率较高。</td></tr>
</table>

续表

受访者所在社区基本情况	经考察，该村土地中含有丰富的硒，适合发展茶产业，多个村民小组已广泛种植茶叶，并已加入乡镇茶产业合作社。 该村公路里程共8公里，其中硬化公路5公里，砂石公路3公里，现硬化公路已实现“村村通”，3个小组实现“组组通”，75户村民实现“户户通”。村庄现有小汽车3辆、货车2辆。该村现有灌溉、饮水井或堰塘或河流14条（口），基本能保证农户的正常生产生活。 该村村民年收入共150万元，其中种植业收入78万元，占总收入的52%；外出务工收入72万元，占总收入的48%。农民收入主要以种植业、家禽业为主，人均年收入为1040元。 该村村民主要发展种植业，其中水稻、小麦、玉米、红薯、土豆种植面积广，并套种有黄豆、蚕豆等豆类作物，长势均好，年产量颇高。另外，响应省市、县政府的号召，该村于2013年年底开始组织村民种茶，并鼓励村民加入镇茶叶专业合作社，统一领导、监管、维护，村民也可从中获得资金援助。目前茶树长势良好，若加强管理、细心维护，几年后可见成效。 村庄拥有医疗卫生室，配有医务人员3名、病床2张。此外，村庄有2家私人诊所。村庄现有1人清扫村庄卫生，村庄环境卫生较好。

二 分阶段整理

（一）土改的基础和背景

1. 土改前的家庭基本情况

我叫周碧华，生于 1928 年。土改前我们家里有四个人，分别是我母亲、我和妻子，还有我的大儿子。父亲在我三岁的时候就去世了，我母亲土改时都六十多岁了。我和妻子是 1946 年结的婚，她比我大两岁，我们大儿子是 1949 年出生的。那个时候我们夫妻和母亲都在务农。

2. 土改前的家庭经济情况

（1）经济情况

除了生产，家里还做生意买卖。那时的生活穷苦，没有吃的，全是粗粮、杂粮。村上那个时候大家情况都差不多，富的富，穷的也跟我们一样穷。

（2）生活来源

土改前我家做生意买卖，那个时候就买谷子来弄成米，然后背到梓桐去卖，卖了回来又去买点谷子，又来做这个生意，反复这样。那时主要是想能顺便藏一两碗碎米子〔1〕，藏这点来吃，想赚好多钱不得〔2〕行。除了这些，我母亲一年去帮别人家干活，弄点粮食回来吃。另外，土改前我家里还养鸡、养猪、养牛，但是没养鸭子，其实也没有多大的收入。

（3）生活压力

土改前生活压力有点大，收的粮食不够家里吃，只能糊口。不够吃的话，我们就只能去借，就到发财人那里去借，到了第二年新谷子收了后就又还他。他还要加点利息，不加利息他就不得借给我们，计量单位不是以斤，是以斗数。借一斗的话，要加一升到两升的利息。

3. 土改前的土地经营情况

（1）自有土地

土改前我家里土地不多，我们才三四个田，就是三四背谷子的田，但是一年的收成还没有三四背谷子。这些田就是前辈人一辈传一辈，一辈留一点，那一辈人老了，又该我们当儿女的种，这样一辈一辈传下来的。

那时田里只是栽秧，地就是栽洋芋、种麦子、栽红苕，其他就是务〔3〕那个杂粮食，绿、黄、小豆这些。那时产量不好，反正讲增产就不得行的。那个时候只有农家肥，就是牛粪，挑点稀粪、水粪，就是弄那点肥料，起不到啥作用。一年的收成也不多，只能糊

---

〔1〕 碎米子：磨碎了的稻米。

〔2〕 得：四川方言，是语气助词，无实义。

〔3〕 务：种植的意思。

嘴，不够就只有去借。

那个时候要派款，派款还很高，我们那点粮食也还要给上头交，交好多那是讲[1]好多吊[2]数，依田地税的多少来派款[3]。

（2）租佃情况与牲畜农具

我家那时田地不够一家人种，所以还租种了向裕仁的田地，他是个发财人。我们田少，只有两三个田儿，供不住吃，供不住穿，人家有田我们就去租来种。我家那个时候没租那个发财人的地，只是租的他的三四亩田。种他的田还得给他称谷子。我们种出来，谷子割回来，打谷子要给他称谷子，那个时候就是四六分成。反正打上一百斤谷子，我们得六成，他得四成，就像一百斤谷子，我们得六十斤，他就得四十斤。

我们家有养牛，所以耕田犁地这些不担心，简单的农具自己家里也有，像锄头、犁头这些都还齐全。

（3）生产合作与族田

土改前我们家没和哪个换工，人家发财人请的是长工、短工，我们只种自己家里的。

我们家族没有族田，那时村上也没有公田。

4. 土改前的社会交往情况

（1）租佃关系

土改前我们种的向裕仁的田地，我们跟他关系还算好，不然他也不愿意租给我们，反正一年要给他交租。但是像遇到灾荒年，他不得给我们整粮食[4]，我们也不得找他要。

（2）农户关系与宗族关系

土改前我们跟村上其他人关系都差不多。我们鹿山村那个时候条件差，过去是穷的穷、富的富，穷的他就过得不好，富的他有田有地，地多他就发财。我们又不跟他打交道，又不能够吵嘴、结怨，没有什么来往。

土改前我们家族关系还是多好，那些亲戚都还在认，还是很亲。

5. 土改前的土地观念

（1）对土地的愿望和看法

土改前家里田地不够，想买是想买，但是不得行。一个是因为没有钱，买不起；二个就是有钱也买不到手，那个时候都在买，我们这些人根本抢不过那些发财人。

那时我们种别人的田地，没有感觉不好意思。只要有人把田地交给我们种，我们就高兴，我们只是要给他称粮，四六分成。我们自己的田地少，糊不住，没办法，只能去种别人的田地。

---

[1] 讲：按照、依据的意思。

[2] 吊：当时计量钱币的一种单位。

[3] 派款：上面事先定好了田地税的数额。

[4] 整粮食：这里指乱要粮食。

(2) 对土改的反应

土改前我们还没有听说要土改，也不晓得那个政策是怎样的，那时我们只是担心还活不活得过来。

(二) 土改的过程和经历

1. 访贫问苦，扎根串连

(1) 工作队进村与土改宣传

我们村上当时分的三个土改工作队员，一个女的、两个男的，女的姓蔡，叫蔡组长，这两个男的一个姓李，一个姓霍，我记得他们是1952年来我们这里的。

工作组的同志下来过后，要先给群众交代政策。这个政策就说的是哪些人为贫农，哪些人为地主，贫农、中农、上中农、下中农、富裕中农、富农，都是怎么回事。

(2) 扎根串连与成立农会

土改团有调查，调查哪些人吃得起饭，哪些人吃不起。他要算这家人究竟有好多田地，占得住个啥子成分。每个人一生一世搞的什么事情，就要自己说出来。

我们这里当时也有农协会，里面成立了主席团，村长、文化[1]这些都在里面。我那个时候只是在里头当小组长。小组长那个时期就只是引导群众，一天白天晚些就给群众开会，交代政策。

2. 划分阶级成分

(1) 土改成分

土改的时候给我划了个贫农，我们家里其他人也都是划的贫农。我这个成分划得对，没有什么不满意的，未必[2]我是个贫下中农他还敢给我划个老中农、上中农？大家都是一样，够得上啥子[3]成分就给划个啥子。

(2) 成分划分

当时划成分是工作组的在划，1952年就开始划分成分。划的时候要开大会，在学校边上，就是在向仕凯那地坝里，工作组的交代完政策，基本上我们自己就晓得该是个啥子成分了。

那些当地主的为啥子是地主？是这几方面来加起，就是请人、剥削、不劳而获，没有搞生产，田地完全是请人给种了的，就光要着，就要划成地主。那个时候还有无产阶级，就直接莫[4]田莫地、莫房子住。贫农多多少少还有点田地种，有个房子住。

---

[1] 文化：会计。

[2] 未必：难道的意思。

[3] 啥子：四川方言，表示什么。

[4] 莫：四川方言，表示没有。

（3）划分结果

我们这一村就有几个地主。瓦庙子向景仁、向先军、向跃凡、向泽清、向保长、向云亭，转过来向跃风、向吕仁、向裕仁，我们一村就划了这几个地主。富农有个张克尚，有个向珍仁，只有这两个富农。中农那就多，除开中农就光贫农，那就是一般贫农。雇农是莫田莫地，莫房梁屋脊，啥子都莫得，那我们一村没划得有。划成分也只是划一遍，那时自己村上基本晓得哪些人划的什么成分，也就没有张榜的必要。

3．挖苦根，斗地主

批斗地主要进行，还要诉他的苦。比如说，他那个人从过去没解放就经常把我们欺负到，我们就受他的欺压，受他的气，解放了他划成地主，我就要诉他的苦。我就说，你从前是怎样在欺负我们，我们受你的欺压是如何，当着他的面诉他的苦。他也不敢张嘴说话，武装队在旁边站着的，他说话就要捶他，就要打他耳巴子，他还要跪着说才行。

那时不打不骂地主是不得行的，该枪毙的就枪毙他，该管的就要管，该去劳改就要劳改。我们这里划的地主都是当时还在的，没有把死了的人划为地主的情况。

4．没收和分配土地、财产

（1）没收土地和财产

当时要收地主的五大财产，村上另外有个保管室，是把地主的房子拿一间房子用作保管室，收集好了，就把地主的五大财产，连他的筛筛簸簸都是给他收了的，收起就保管在那个屋里。我当时有参加，因为是小组长，但总体上那还是工作组在负责。没有哪个地主不拿出来的，武装队在一路〔1〕，他不拿出来就要挨打。

（2）分配土地和财产

把地主的土地、财产收拢后，给群众分下户，分胜利果实，群众领就是了。具体标准没有，就是啥子都要分，那桌椅板凳、屋头的锄镰涮刀、筛簸、箱柜，这些完全是收了的，给贫下中农分。哪个该分啥子，就抽一天的时间来给群众分胜利果实。

分田地就是按人口分，家里几个人，要分好多田，要分几石谷子的田，就按几个人口那样来分。他能进田的就分，不能够进田的就不能分，中农那些直接不能进田就没给他分，分只是分给贫下中农，家里有好多人，莫得田地，或者不够吃、不够种，就按照你的人口来分。

我家里分了张大桌子、四条高板凳、一个皮箱、一个铜盆，就没别的什么了。农具我们自己家里有，比如锄镰涮刀。没有分牛，因为我们都有。我们家分的田地有三个人的，那时兴〔2〕谷石，就不是兴斤头，一大斗就为一石，十升为一斗，一斗就为一石。我分那几个田都是好田，就在屋前这沟里。我们对这些都没有什么意见，还是很拥护、赞成的。

（3）分配土地的过程

分田的时候没有丈，分田只是按原来是多少来分的，就那样给你估，给你来进。工作

〔1〕 一路：跟着一起的。

〔2〕 兴：流行、盛行的意思。

组给他指哪块地就是他的，也没有发生啥子争吵。

5．土改复查

我们这里土改就是1952年正式土改，1953年就结束了，把田地、猪牛、五大财产、胜利果实完全分给群众和贫下中农，分了土改团就走了。没有搞土地复查，也莫得错划了成分的和漏网地主，那都是整好了的。

土改结束还给我们发了土地证，这个田叫啥名字，跟哪个抵界，上与哪个抵界、下与哪个抵界、左与哪个抵界、右与哪个抵界，土地证上面写得明明白白的。

（三）土改的结果和影响

1．土改后的土地经营情况

（1）生产情况

土改过后，我家里还是四个人吃饭，一个人打两三石谷子，差不多十几石谷子，依斤头，打一千斤谷子，十几背谷子。土改把田地分到手，生活还不错，很满意了。但是田地产量跟土改前相比那产量莫好大增加，因为那个时期肥料不行，一亩很难整到两三百斤谷子。

（2）生产合作

土改后，家里的劳力也只是我们夫妻两个人加上我母亲，大儿子还是个小娃儿，但劳力也还算够。土改后我们也没有加入啥子互助小组，那个时候没有这些。

（3）收成情况

土改过后我们还要给国家还粮，名字叫还粮。种田种地要还粮、完税。给国家交粮那只是还点粮，那问题不大，只是背谷子去上粮。我们还要背到云台的仓库里去交粮。我们家三四个人差不多要背一百多斤谷子去还粮。

（4）生产热情与土地买卖

土改过后，田和地都有了，我们种田、种地是要更加积极些，反正是自己种来自己吃。土地买卖（的想法）还是有，但是莫人卖，有的还是想买，不敢卖，说这个是国家的土地，国家的土地分给你只是你种的权，莫得你卖的权，你还不能够动买卖的心思。

2．土改后的家庭生活情况

土改过后生活就不错，就糊得到了，够吃了。那压力也不大，就只是我们屋里老婆光闹病，所以那个时候也是用钱很艰难，我们那个娃儿在学堂读书，他说，“爸爸，我不读书了，母亲还病着”，后来读了几年就没读了。那时村上大家都差不多，莫好大个差别。土改过后我们也没干其他的，就只是种地，也没有做什么小生意。

3．土改后的社会交往情况

（1）农户关系

土改前后我的身份地位莫得好大个变化，跟其他村民关系也差不多，和土改前一样，没有什么问题。那个时候也没有哪个还去跟地主打交道，地主看到贫农他也要怄，贫农看到那地主也有的不满意，不得打沾惹，地主就是那贫下中农斗争的对象，不得跟地主来往。

（2）村户关系

土改过后，就是我们这里向居仁的爸爸当村长，那湾里何仕坤当村长，我们白天晚些开会，都团结，莫得啥子问题，自己家族里头关系也好。

4. 土改后的观念变化情况

（1）土地观

土改过后，有那么多土地了，我们的心情也挺高兴。没有听说过国民党“反攻大陆”的传言。分土地大家没有什么疑问，田地都是照每家人口来分的，不该他进田、进地的就不分，莫田莫地的才能够进田、进地。

（2）人际观与社会观

土改过后家族关系重要也还是重要，贫农阶级都是一家，反正地主是我们的斗争对象。

那时国家还兴修水库、修路，这些我都是参加的。这儿的鹿山水库我们天天都去修，那年差点把我都饿死了。修水利这些的时候，上面他们有人负责来领导修，我们一天吃了饭就只是在里头去做，没有意见。

（3）土改观

土改这么多年了，我记得最清楚的还是分田、分胜利果实那些，我觉得土改还是好，农民有田地种，能吃上饭了，很好。

5. 土改对农业集体化的影响

（1）生产资料入社

土改后没多久我们这里就搞互助组了，我记得是1955年，但是互助组也没搞好久，搞了差不多一年，1955年的下半年就建初级社了，我记得我还当了两三年社主任。初级社搞了，还搞了两三年的高级社，具体的我也记不清楚了，可能1958年就建高级社。

建初级社时，所有东西都要入社，高级社就不得收那些东西了。初级社就是完全集体，犁头、牛一起就入社，田地都是入了的，连人都是。1957年搞“大鸣大放”，1958年、1959年那就年头不好，饿死了人的。

（2）对集体化的认识

跟集体相比，我觉得还是要自己种地好些。集体的时候，人又多，种又种不好，一年到头人没空过、没耍过，还不够吃。但是那入社也有好处，好玩好耍的，三个打群、五个打闹，一天倒还好耍，但是那个生产搞不好。

LRF20160117XYH@S　徐永和

一　受访者基本信息表

<table>
<tr><td>调研点</td><td colspan="5">四川省巴中市平昌县鹿鸣镇鹿山村</td><td colspan="2">调研员姓名</td><td colspan="2">刘蓉芳</td></tr>
<tr><td>调研员单位</td><td colspan="9">华中师范大学中国农村研究院</td></tr>
<tr><td>受访者编号</td><td colspan="5">LRF20160117XYH@S</td><td colspan="2">受访者姓名</td><td colspan="2">徐永和</td></tr>
<tr><td>受访者性别</td><td>男</td><td colspan="2">首次采访时间</td><td colspan="2">20160117</td><td colspan="2">首访时受访者年龄</td><td colspan="2">78</td></tr>
<tr><td>受访者成分</td><td>贫农</td><td colspan="5">土改时是否土改干部或土改工作队队员</td><td>否</td><td>是否党员</td><td>否</td></tr>
<tr><td>干部经历</td><td>有</td><td colspan="5">曾担任的干部具体职务</td><td colspan="3">生产队出纳</td></tr>
<tr><td>现家庭人口</td><td>2</td><td>现承包地
面积（亩）</td><td colspan="2">1</td><td colspan="2">现承包林地
面积（亩）</td><td>0</td><td>现承包水塘
面积（亩）</td><td>0</td></tr>
<tr><td>受访者
基本情况</td><td colspan="9">老人1938年出生，祖籍平昌县鹿鸣镇鹿山村徐家湾，小学毕业文化程度，现在夫妻二人单独住，两个儿子每年一人拿一千五百元的养老费，另外一个月有九十几元低保费，农村养老保险一个月七十五元。夫妻二人还在种地，种有苞谷，收成大概一千斤，家里还养有四头猪以及家禽。</td></tr>
<tr><td>受访者
职业简历
或个人经历</td><td colspan="9">老人上学至1954年，辍学后就在生产队管现金，当出纳，从1954年一直当到1982年田地下户。1959年开始学打石头，在当出纳期间，生产队没事干就出门做手艺即打石头。</td></tr>
</table>

二　分阶段整理

（一）土改的基础和背景

1. 土改前的家庭基本情况

（1）人口情况

我叫徐永和，1938年出生。土改前家里有六个人，分别是我的父亲、母亲和我们弟兄姐妹四人。土改时父母亲五十几岁，快到六十了。我有两个哥哥和一个妹妹。

（2）劳动力与负担情况

那时我和妹妹都在读书，父亲和大哥在当背老二[1]，他们三天赶[2]一个罗江口，背点米去卖，完了之后又背点盐回来卖。母亲在搞农业生产，所以家里就只有他们三个劳动力，生活勉强过得去，负担也还不太重。

2．土改前的家庭经济情况

土改前我家里条件一般，说好大的压力也没得，好富裕也没得，反正维持得拢。我们家没有帮别人干活，全靠自己维持生活。父亲和大哥当背老二，从我们这儿背一石米到达县去，那时路差，要背两三天才能到，赚两个钱买些盐背回来卖，卖了盐又买谷子碾成米又往达县背。当时想的就是宁愿自己做这个活路赚钱，也不愿去给发财人做活路。

那个时候家里没吃的就去借，那时兴斗数，借一斗最低要还他一斗四五，父亲和大哥当背老二做生意也赚了两个钱，除了供应一家人的吃穿，还要供我和妹妹读书，不过那时学费便宜，压力不大。

3．土改前的土地经营情况

（1）自有土地

土改前我们家里有一两亩土地的样子，那是祖产，前辈人留下来的。田里面栽点水稻，其余地栽红苕、洋芋，那时没有肥料，像稻谷一亩产五六百斤就算高了。说实话，光靠自己家的田地根本不够吃，不够就要去当背老二。上面还要派款，一年要交个几十块钱给保甲。

［1］背老二：当地方言，指靠背东西出售赚取差价的一种谋生手段。

［2］赶：赶集、赶场的意思。

(2) 租佃情况

我家那时田地不够种，我们就租别人的田地，为了生活不租不得行。一般都是种的大户人家的，那时还要给地租，地租少了他还不得租给你。我记得我们家里种了两三年就没种了，像遇到灾荒年，他也不得少粮食，跟正常年份是一样的。这些事情是大人手上的事，具体情况我们后辈人记不到了。

(3) 牲畜和农具

农具那些我们家里还算齐全，基本的都有，锄头、犁头这些都有，过去耕地反正就是牛耕，牛我们也是自己养，但是养的别人的牛，只是农忙的时候可以用，不用去别人那里借。

(4) 生产合作与族田

过去农忙起来要跟别个换工，都是你给我做、我给你做。换工的人反正就是同一个院户，或者你这一个姓的，你给我做一两天，我给你做一两天，就是那么一个情况。互助小组那时还没有，我们村上也没有公田。

4. 土改前的社会交往情况

(1) 租佃关系

土改前我们和大户没有啥子关系，反正地租讲得好就租点地儿，讲得不好就不种他的，也不会因为什么事情发生争吵。遇到灾荒年没粮食，农民可以到他那儿去借，借了第二年粮食出来了再连本带利还给他就是了。

(2) 农户关系与宗族关系

土改前我们跟其他农民关系一般。富裕的，我不沾惹他、他不沾惹我就算了。那穷富难得说，你跟他两个有气的你就要遭[1]，你莫得气你就不得遭，我们家里跟这些人都合得起，没有什么矛盾。家族里面，我们徐家湾姓徐的就只有几户人，那个时候都是穷人，只能自己顾自己，关系也只是一般。

5. 土改前的土地观念

土改前土地不够，但是买也不得行，那个年代哪个农民买得起田地？那些大户人家的田就是买的，那些穷人莫钱就卖田，然后他就买了。那个时候家家户户多少都有点土地，一点儿田土没得的没得。

土改前我们也没有听见过要土改，那是解放了共产党领导才有的土改。

(二) 土改的过程和经历

1. 访贫问苦，扎根串连

(1) 工作队进村与土改宣传

---

[1] 遭：遭殃、中招的意思，表示不好的结果。

我们村 1951 年在搞清匪反霸，1952 年正式土改。我记得当时我们一村土改团来的两个人，不晓得他们从哪里来的，反正就是国家安排的人来，只记得有两个，组长是个女的，姓蔡，我们喊她蔡组长。

我们那时是个小娃儿，参加会议都是我们的大人去的。我的父亲那个时候还在当贫协代表，一般都是他在参加。

（2）扎根串连

那时有访贫问苦，但是那些人没到我们家里来，因为我父亲就在贫协那里头。当时也有土改积极分子，那都是武装队的那些人，像向奇仁，他就是民兵，民兵就是晚上到大地主屋里去转，看他有没有说啥子反动话那些。

（3）成立农会

土改的时候村里也成立了贫农协会，那是土改团到了就成立起来了的，我父亲也在里面。协会由五个人组成，贫协的作用就是方便土改，那是为了摸地主的底。工作组组织这帮人天天开会，哪个地主家有好大的家产、有没有血债、有没有霸占别人的土地那些，天天就在讨论这些。总而言之，成立贫农协会主要是为了整地主的五大财产。

2．划分阶级成分

（1）土改成分

土改时，我们家被划了贫农，那是根据家里发不发财来划的。土改团给我们划的，我们家当时就只有那个样子，其他人对这个也没有啥子意见。

（2）成分划分和划分结果

划成分的具体标准我们不晓得，党中央有个政策管着的，我们徐家的人中没有被划为地主的，当时村里面也不存在把死了的人划为地主的情况。我记得土改的时候我们村上一共划了五个地主，富农只有两个，中岭上一个，石河子一个。那时划成分只划一次，划了就在大会上公布，也没有张榜。

3．挖苦根，斗地主

（1）挖苦根

地主都是整来斗了的，四五个地主就枪毙了三个，那两个有一个是开明地主，直接就没斗他。开明地主就是他一开始就向工作组交代了的，他愿意把五大财产拿出来，直接就算了的。

那时还要诉苦，但是我们家里没有诉。枪毙那一天就有诉苦，在台子上斗。诉苦，诉他的苦，那大地主向泽清的胡子都是被扯完了的，他把别人丈夫杀了。算那剥削账，再算也就是反正把他五大财产收完了就算了，房屋、田地、钱都是一扫空，整完了的。

（2）斗地主

当时也要批斗地主，批斗就是数出他所为的事情，他的所作所为，杀过人的、打过人的，都要弄来斗。还有人揭发地主，一般是他两个有私（怨）才得揭发，其他很少。当时打骂地主也有，那有些顽固地主就要捶、打，有些还吊起来打，也没有哪个怜悯他，他整别个、打别个都打得，别个打他当然也得行。

4. 没收和分配土地、财产

（1）没收土地和财产

土改的时候没收地主的财产那是工作组带着武装队去的，武装队里面都是年轻人，他们要把地主家屋里谷米全部背完，背到村上去集中，然后才来给贫苦农民分。当时只是给地主留了点口粮，其余全部收完了的，他的家产每一样给他留点就好了，剩了的全部拿走。比如收他的粮食，屋里有几个人吃饭，估计吃得拢、够得上，那反正不得一下子扫空、背光，地主屋里人也要生活的。

当时工作组去收地主的土地财产时，没有哪个地主敢不拿出来的，今天把成分定了，马上拿封条把屋子封了，也不要人在屋里住，把地主是全部撵出来了的，他进去都不敢进去。

（2）分配土地和财产

分配土地是按家里人口来的，该进才给分，那个实在莫得田地的就分，粮食也是分给那些没吃的，其他这些人有粮食的就没有分。

我们家里那时分了一两分地，肥瘦那是碰运气，反正是混着来的，不分好坏。我家分的那个田是六大队的地主的，当时就分到我们队上来了的。分田分地那都是一样，一般都是分给贫农，中农他本身就有土地，不需要分。

那个时候我们和别人共养牛，没有单独分，一个地主屋里只有一条牛，也没法每家都分得有。开始给我们分得一间房子，但是我们没要，杂七杂八的不能住，后来交给别人了。我们分到这些还是都满意了，田地分了就是自己种自己的，那就很好了。

（3）分配土地的过程

我们这里分土地没有丈量，哪一块地你去种、哪一块地他去种，就这样指给贫农就结束了。田地大小不同也就算了，因为又没有出钱，基本都没有啥子意见。

5. 土改复查

我们村土改 1952 年下半年就结束了，没有进行复查，错划了成分、漏网的地主那都没有。土地分了还给我们发了土地证，这都五六十年了，早就失了。那时还要给国家还公粮，具体标准我记不得了，只记得交几十斤谷子，还要背到云台仓上。

（三）土改的结果和影响

1. 土改后的土地经营情况

（1）生产情况

土改过后我家里一共有三四亩田地，差不多够一家人种了。田地种的粮食还是和土改前种的一样，田里种的谷子，地就种麦子、红苕、洋芋这些，但是那产量也低，与土改前没多大增加。

（2）生产合作

土改过后我家里劳力都足，因为家里小孩子都长大了，两个哥哥都在做生产了。就算劳力不够，土改后村里也有互助小组了，你给我做、我给你做，我们家当时是跟柳树湾王家的换工，那是农活忙才是你给我做、我给你做，闲时就各种各的。农业生产基本过得去，那也没有好大困难了，自己家有牛，还是多方便的。

（3）收成情况、生产热情与土地买卖

土改过后要给国家交粮，但只需要交几十斤，剩下了的就全是自己的，并且只是交的谷子。那时种田种地大家也更加积极了，因为全是自己种来自己吃。买卖田地的情况也没有了，都是自己种自己的。

2．土改后的家庭生活情况

土改过后我家里生活就不错了，压力也不大。村子里面普通农民之间生活差距并不大，都差不多了，大家都在积极种田，发家致富。我们家里那时也没有其他的收入来源，完全是靠种地。

3．土改后的社会交往情况

土改后我的身份地位和以前一样，没变化。和其他农民关系也是一般的，那时都是自己吃自己的饭，自己做自己的活儿。跟地主富农那些人也没有多少来往，反正看到说个话就是了。我们家里人和村上干部关系那也是一般的，跟土改前没有多大变化，家族关系也还和以前一样，同样的家族团结。

4．土改后的观念变化情况

（1）土地观

土改给我们分到田地，那我们当然就高兴了。农民自己就是使劲种，反正种来是自己的，又不得给别人。

当时我也听说过国民党“反攻大陆”这个事情，但是那蒋介石没动手，我也不相信他反攻得过来，解放时不费一枪一炮都把他赶走了，现在他还攻得过来呀。

（2）人际观

土改后大家都是一样的身份地位，说自己比富农地主地位高些，我们莫得哪个认为。只是贫下中农这些都是一家，除开地富反才是隔离了的，对他那些人我们才没有接触过，像中农、富农占个农字，都是我们的团结对象。

（3）社会观

刚土改的时候，我没参加修路那些，但是我们大人在修，背堰塘、修公路。那个时候的想法就是，修路反正是为了自己走路方便，修水库是为了给田里抽水，只有好处莫得坏处的。那时村上劳力全部都要去背水库，后来长大了我也就去了，街上那水库就是我们修的，那时我已经没有读书了。

在我们心里，对共产党还是很拥护的，不是共产党的话我们这些穷人还穷得不得了，共产党历来是最好的。

（4）土改观

现在过了这么多年了，对于土改我记得最清楚的只是打土豪、分田地，整体看来土改就整得好，不是那样的话，地富反坏右这些人还找不出来，穷人也翻不了身。

5. 土改对农业集体化的影响

（1）生产资料入社

土改过后就是搞互助组了，你给我做、我给你做。互助组过后就开始建社，先是初级社，初级社是1952、1953年建的，准确时间我记不得了，初级社搞了一年多就到高级社，高级社就是建立食堂了。那时大家是一起在劳动，农具这些全是自备。

（2）对集体化的认识和对土改的再认识

我个人觉得还是自己耕种效率要高些，集体干莫得啥收成，有些人就只晓得在里面偷奸耍滑，不干实事。入社了土地就收上去了，但是收了还是村上的，只是干活在一起、吃饭在一起。后来集体化之后土地下户那就按人口分的了，所以我也没觉得土改分田是白搞了，那是国家的政策，对农民还是好的。

LRF20160121XSG@Z　向仕贵

一　受访者基本信息表

<table>
<tr><td>调研点</td><td colspan="5">四川省巴中市平昌县鹿鸣镇鹿山村</td><td colspan="2">调研员姓名</td><td colspan="2">刘蓉芳</td></tr>
<tr><td>调研员单位</td><td colspan="9">华中师范大学中国农村研究院</td></tr>
<tr><td>受访者编号</td><td colspan="5">LRF20160121XSG@Z</td><td colspan="2">受访者姓名</td><td colspan="2">向仕贵</td></tr>
<tr><td>受访者性别</td><td>男</td><td colspan="2">首次采访时间</td><td colspan="2">20160121</td><td colspan="2">首访时受访者年龄</td><td colspan="2">90</td></tr>
<tr><td>受访者成分</td><td>贫农</td><td colspan="5">土改时是否土改干部或土改工作队队员</td><td>否</td><td>是否党员</td><td>否</td></tr>
<tr><td>干部经历</td><td>有</td><td colspan="5">曾担任的干部具体职务</td><td colspan="3">会计</td></tr>
<tr><td>现家庭人口</td><td>1</td><td>现承包地面积（亩）</td><td colspan="2">0</td><td colspan="2">现承包林地面积（亩）</td><td>0</td><td>现承包水塘面积（亩）</td><td>0</td></tr>
<tr><td>受访者基本情况</td><td colspan="9">老人1926年出生，祖籍平昌县鹿鸣镇鹿山村向家坪。有三个女儿、四个儿子，现在自己一人居住。老人身体健朗，年岁大但耳聪目明，手脚灵活，记忆力好，写得一手好字，是个文化人。年轻时是裁缝，在场镇街上做小生意，老人还精通八卦易经，早年曾在县城摆摊卜卦。</td></tr>
<tr><td>受访者职业简历或个人经历</td><td colspan="9">老人在土改时任村上会计，当时也叫文化，是土改积极分子，一生是以手艺为生。土改后参加工作，人民食堂、供销社、粮管所等等都干过。退休后便在街上摆摊做手艺活儿，当裁缝，大约十年前才休业。早年在县城摆摊替人卜卦，口碑较好。</td></tr>
</table>

二　分阶段整理

（一）土改的基础和背景

1．土改前的家庭基本情况

（1）人口情况

我叫向仕贵，今年九十岁了。土改前，家里有我的父母亲、哥哥，还有我家属和我们大儿子，哥哥比我大四岁，那时一家人都是劳动人民。

（2）劳动力与负担情况

土改前我家里主要以务农为主，劳动力就是父母亲、哥哥和我们夫妻两个，干完自家的农活，父母亲还会去帮别人干活，当长工。那时家里负担也不大，没有老人，小孩子就只有我的大儿子。

2．土改前的家庭经济情况

土改前，家里田地不够种，种来也不够吃，只是勉强维持得了，每年都要差一点才接得拢，没有余粮可言。那时父母亲做长年，工钱是算好多钱一年，按现在来算的话差不多五百块一年那个样子。那时的劳动苦，但是劳动人民不怕苦、不怕累，那是个吃苦的时代，家里有劳力各方面都好说。我那时除了干农活还在做手艺，当裁缝，十斤米一天。

3. 土改前的土地经营情况

(1) 自有土地

土改前我们自己家里有田地，但是很少，收成不够一家人吃。那时种的作物和现在都是一样，田里也是谷子，绿、黄、小豆那是一样，玉米这些都在种。那时还要给上面交税、派款，公、税、钱、粮，那个时候交的依据土地多少决定，我记得我家那时一年交三斗谷子。

(2) 牲畜和农具

土改前，农民的差别就在有没有耕牛、农具，我们家的耕牛、农具都有，只是土地不齐，莫得好多土地。

4. 土改前的社会交往情况

土改前我们和别人关系都好，那时农户之间差别也不是太大，只有那些大户特别富，当时我们跟他们没有来往，其他村民都差不多。就家族关系来看，我们向家一直是村上的大家族，大家关系都是一般的。

5. 土改前的土地观念

土改前我们家没有土地，也都想买地，但是没钱，买不起，如果买得起地又不叫小户了。对于土改，真正的贫下中农没有什么疑问，都在盼望土改，分田、分地、分房屋，什么分齐，都在盼望，都在愤恨地主。有人带领我们，我们就非要把那些地主打倒，把他压下去，要吃饭都吃饭，原来是他一个人吃饭，我们这些帮长年。土改前我们想的就是和平解放，早些解放。

（二）土改的过程和经历

1. 访贫问苦，扎根串连

(1) 工作队进村

土改的时候，我们二村土改工作队的人来了四个，我跟他们关系很好。他们是1951年来的，其中组长是蔡云芬，是个女娃儿，湖南人，离我们这里很远，那年她才十九岁，本事大，最后土改结束了，她就在南充当妇女主任。李润成是云南人，霍兴中是河南开封的。

(2) 土改宣传

土改队首先开群众会，贯彻政策，交代共产党的政策，为啥子解放，解放的目的在哪里，土改是土改的政策，反霸是反霸的政策，减租退押是减租退押的政策，土改后搞复查，又是复查的政策，就要讲这些问题。

土改的政策现在我都还明白。当时划成分就是我们在研究，工作组一交代，我们村上干部就自己在办。具体就是说，有劳动但是不劳动是地主；有劳动而且在劳动是富农；莫得劳动，比如说在教学，这叫小土地出租，经营自由职业，这个是好的。那些流氓兵痞、坏家伙、不正常的人才划为流氓兵痞。

（3）扎根串连与成立农会

土改的时候，工作组还来我家里访贫问苦了的，那时我在当干部，我们是一起的。真正要土改，他们要找真正的贫下中农、真正的骨干分子，革命工作非要骨干分子，就要找我们这些人才得行。我那个时候就算是个积极分子，开会那些样样都要去。我们村上那时都没有贫农团、农会这些组织，土改后才有这些的。

2. 划分阶级成分

（1）土改成分

土改时，我们家被划了贫农。当时是这样，工作组一下来，政策贯彻后，我们自己基本上就晓得自己是什么成分了。我对这个成分也没有什么意见，这是划对了的，其他人更是没有什么看法了。

（2）成分划分

我们村的工作队来了只是掌握政策、贯彻政策，具体划成分就是下面老百姓自己在划，把政策听懂了才能划，所以首先要把政策闹懂。

当时具体标准主要就是看你劳动不劳动。有劳动但不劳动为地主，有劳动且参加劳动为富农，这就是土改的政策，没有一点儿误差的。家具、农具齐，土地基本够种，就该是中农，中农还有三个等级，上中农、下中农、中中农分三个类型；土地不够种，家、农具不齐称为贫农，上贫农、下贫农、中贫农，这就是土改的原则。

当时划的五类分子，反说的就是反革命；右，又想搞革命工作，又站不稳，要去参加国民党，两派性，思想不正常，一句话不稳定，这就叫右派分子。“左”倾就是搞革命的急先锋，右派就是搞国民党那一派，那是两派，思想是浮的。流氓兵痞、坏家伙，干偷盗这些事情的。另外还有个自由职业，打个比喻，我一生是个教学的，我土地多，但是我请人在种，这个就叫小土地经营自由职业，也叫小土地出租经营，这种不叫地主，也不叫富农，因为教书是个正常职业，没有劳动力那只能请人。这些就是土改的政策，我长期记得多清楚。

中农和贫农中，中农有上中农、下中农、中中农，贫农有上贫农、下贫农、中贫农。我们家里是上贫农，上贫农就是说，田地有，但是不多，不够种，解决不了生活，那就全靠自己跑得快、种田积极，那就可以解决自己生活。中贫农稍微好些，那就像个帮长年，白天给别人做，晚些给自己回来做。下贫农那就直接是什么都莫得，莫田莫地，那就是雇农，也叫无产阶级。

我们向家划的地主多，那是政策，是个啥子就是啥子，该划的就划，我们对此没有什么意见。但也不存在把死了的祖宗、祖先划为地主的情况。

（3）划分结果

划成分要开群众会，群众自己认成分。张贴出来那用不着，把划成分的政策交代过后，开会地富反坏右，那就是我们今天来自己认识自己。我们今天开群众会，哪个愿意认地主，哪个愿意认富农，自己来认识，政策早已贯彻了的。

我们村地主划了十四五个。富农只有石河子张克尚才划的富农。除开少数的地主、富农以外，其他全是贫下中农、贫农。那划成分也只是一次。

3．挖苦根，斗地主

当时村里的地主都要弄来斗，斗他的违法，比如有些地主不愿上交赔罚款，思想有矛盾，就要斗他的违法，进行长期辩论，十几个地主都弄了斗了的，都是一个整法。有些不讲理的还要挨打，武装队专门管地主的。农民这些给地主说好话那就少，他划成地主了，哪个敢说，那个时候强调阶级路线要分清。

4．没收和分配土地、财产

（1）没收土地和财产

成分划过后才来摸地主的财产，哪个地主富裕，哪个穷，就要摸他的底，把财产、田地、房屋、耕牛、农具、多余的粮食都给他摸了，然后就摸他的赔罚款，看他的经济状况，经济多（就）多拿，经济少（就）少拿。那就是收他的财产，还把他的股子留起，多余的就给他收了，你想多还不行。分土地也是那样，老百姓是八分，他也是八分，也不会少分。家具粮食这些问题，多余的耕牛要给地主没收，但是要保证生产，共产党讲人道主义。

没收他的他不敢不拿出来，他不可能，他没有权，是几百人上路，他动都不敢动。最后看他屋里几个人，给他留点口粮，那是工作组的主张，看他几个人，口粮给他留起，还有锄镰涮刀，他家里有几个人还给他留着，剩余的我们扛走，扛到保管室。那时保管也是我，堆在一地坝，在我这儿登记，登记一样就入一样。然后，我把账拿出来，完全相合，再按人按户才来分这个。

（2）分配土地和财产

分财产的时候就是按家庭条件，缺牛补牛，缺家具补家具，缺农具补农具，生活上粮食问题就按人按户分，贫下中农搞得成，中农都搞不成。当时还要开分配大会，开了过后通知某天到这儿领东西就是了。

从土改后就开始分胜利的果实，分田分地分农具，基本家里一切就齐整了。胜利果实就是给老百姓分，缺啥补啥，以前差，土改后大家胜利果实一分就基本上有了，耕牛、农具啥都有。不同成分之间也分的一样，把地主的征收好多出来，要保证他各家种，给他留起。老百姓五分他也五分，老百姓八分他也八分，多了的不得行。

我家里分的四亩田地，那时不叫亩数，叫四背的谷子，我就分了四背谷子的田。那田地也是肥瘦搭配。房子我有，就没有分得。

（3）分配土地的过程

分土地的时候没有丈量，那都是已经丈好了的，土改第一是贯彻政策，第二是划成分，然后就查田定产，所有的土地全部重新印[1]一道，一人给八分，最后分就是了。但是分土地是公平在分，分了心服，没有人闹，干部也不得贪占，完全由工作组统管负责。

5. 土改复查

（1）土改复查

我们这里土改1952年上季度结束，下半年就开始搞复查，1953年我们还去邱家搞复查的。复查土改就是怕有错，有漏网。我们这几个村，都晓得哪个人是哪个成分，政策贯彻就明白了，政策贯彻下来就晓得哪些是啥子成分。那没有划错了的，也没有漏网地主。其实复查只是一个过程，通过那个过程，没有发现错划、漏划。

土改结束了还给农民发了土地证，分土地、填土地证，那上面就是盖的公章。

（2）查田定产

土地一年种来自己吃，自己开支，没有哪个给我们田地定产量。那时交公粮，叫捐献不叫公粮，搞捐献。捐好多那看自己，一百斤也有，几十斤也有。我们当时只是交了一百斤谷子。

（三）土改的结果和影响

1. 土改后的土地经营情况

（1）生产情况

土改后我家里田地就多了，种的作物都是一样，谷子，绿、黄、小豆那是一样，还有苞谷，都还是原来的种子，那产量土改前土改后都是四五百斤的亩产，没有好大的变化。

（2）生产合作和土地买卖

土改后土地分下户，有些没在家的，就搞互助合作，先互助后合作，先是互助组搞过后才建立合作社，那时喊的生产合作社。我们这里从土改过后就成立了互助组，你帮我做、我帮你做。那个时候土地不准买卖，国家分了给你，买也不敢买，卖也不敢卖。

2. 土改后的家庭生活情况

土改过后日子相对好过了，没有什么压力，压力就是地主阶级有，老百姓没有，老百姓幸福，地主被打垮了，长期思想也搞不通，贫下中农就欢喜忙了。那时村民之间差距也不大，都是一样搞农业生产。但是土改后我家里除了搞生产，我还在做手艺活儿，和土改前差不多。

3. 土改后的社会交往情况

土改过后，那群众都是平等的，不过地主的政治地位是老百姓管着的，其他村民关系还是一般，没有太大的变化，也不会专门去和地主打交道，贫下中农要站稳立场。

---

[1]　印：这里是丈量的意思。

家族关系那就打乱完了，土改过后就没有族籍关系了，像刘家岭姓刘的和大营里是一个族，没有什么族籍。这都是封建社会的东西，要打倒。

4. 土改后的观念变化情况

我对土改的认识，一句话，那就是整得好，真正是为农民就好，反正五类分子这就是敌人。土改，这是最明显的，凡是农民都是拥护的。真正的贫下中农哪个不想分土地？早已在盼望土改了。农民翻了身，田地还分到了手，我们对共产党这个政策就是拥护的，没有什么意见，土地基本的都平均了。

5. 土改对农业集体化的影响

（1）生产资料入社

我们这里是1957年建的食堂，那就是生活集体了。时间上，1952年上半年土改结束，下半年搞复查，1953年、1954年就搞互助合作。在1954年、1955年搞互助，莫得劳力的，老弱残病，我们搞互助，互相给他做，有劳力莫劳力，栽秧一句话。1956年开始建社，土地全部集体，那就是初级社。

在1956年建初级社，初级社就是初步建社，1957年、1958年就建高级社了，高级社是几个组并成一个，大队掌握粮权，每个食堂吃饭就是大队分粮食，高级社其实是一个名讳，跟初级社没有什么差别。当时初级社结束了就转高级社，五大队转了高级社的，但是我们这里没转。最后就建公共食堂，1961年食堂下放，1962年土地下户，土地分下户又是农民个体进行生产。

（2）对集体化的认识

总体来看，我个人觉得还是集体劳动效率高一些，集体的优越性，集体劳动、省力加工、战胜自然灾害，这些都是单家独户做不到的。

口述调查小记

自寒假接到十个口述史的繁重任务，我心中便忧虑不已，因为口述史本就要求被访者参与事件，要求其亲历、亲闻与亲见，加之我们所做主题为“土地革命”，故而对老人的年龄、身体条件等要求甚多。经过暑假的培训与调研，我也深知口述史调研的重要价值所在，此乃挽救历史、葆中华文明之举，所以更希望自己能找到最符合条件的老人，做出高质量的口述史，如此，不免压力甚大。但有压力更有动力，中农学子一贯吃苦耐劳、甘与历史赛跑的精神深深打动着我，也激励着我在调研之路上迎难前行。

笔者此次的调研时间为2016年1月14日至2016年1月24日，调研点为自己家乡——四川省巴中市平昌县鹿鸣镇鹿山村，除去中间间歇，一共调研了8天，时间虽短，但也算收获良多了。

1月14日，调研第一天，早早吃过饭，便迎着冬日暖阳，怀着忐忑之心前往村委会了解本村的老人情况。到达村委会，房门紧锁，遂向周边人打听书记的住所。到书记家已是上午10点了，不巧的是书记刚出门，而幸运的是，书记家对面便是鹿鸣镇镇政府，故而打算去镇民政部门碰碰运气。敲开门，工作人员态度极好地邀我进屋，待我说明来意后，便二话不说地给我打印好本村及居委会高龄（80～89岁）老人名单，还给我推荐了几位能说会道的老人。得到高龄老人名单，心里十分开心，趁着午饭时间还未到，便准备再去找村支书、会计详细了解一下老人们的情况，向书记和会计照着名单细致给我说明每位老人的情况，经过一番排查，我暂时确定了13位老人。

1月15日，早起便见小雨淅沥。由于村子较大，而笔者年龄与诸老人相差甚大，担心就算有幸找着了老人住处也是相看两不识，更担心老人不愿提及往事。好在我外公担任小组长多年，年轻时交往也广，故叫上了外公一起按着名单寻老人。当天，我们来到了外婆的娘家——向家湾，有了外公引路，我们很快找到了向奇仁老人家，本打算先约好下午再做的，但老人兴致极好，开口便说起当年的情形，这样便顺利地做好了第一个访谈。美中不足的是，老奶奶也在一旁，加上老人耳朵不甚灵敏，其间我外公多次"转译"我和老人的对话，所以可称之为群聊模式了。访谈中，老人回忆当年记忆犹新，称我们村斗地主斗得特别厉害，他自己还是武装队的成员，是一名积极分子和老党员，在土改中敢于和地主作斗争，精神可钦。

吃过午饭，下午我和外公继续出门找老人，经过多方询问，发现最先确定的13人中，女性老人不管事，不清楚当年情形，只得排除，另有好几位老人耳朵听不清，也只得去除，这样一来找足十个老人颇为不易。但第一天运气真不错，一下午的工夫没有白费，和外公一路"刷脸"，一共约到了3位老人，打算明后天去做。

1月16日，仍是小雨纷纷，早起去何家湾访谈昨天约好的老人。因为天时尚早，路上杳无人迹，前不着村、后不着店，道路两旁不是坟墓就是树林、竹林，一路上胆战心惊。近一小时的路程后到达周碧华老人家，到时老人正在烤火，于是访谈理所当然在火炉旁进行。一进门就看到床上躺着一位老奶奶，之前听外公说起过这位瘫痪在床几年、请专人照料的奶奶，看到其人时不免更添心酸。爷爷挺健谈的，我俩语速都很快，节奏比较紧凑，虽然时间不足两小时，但信息量很大、很全，算是访谈比较成功的了。访谈中，老人先大概叙述了土改前一直到现在的历史，随后由我提问，帮助老人回忆。老人当过基层干部，对共产党甚是拥护，十分珍惜现今的幸福生活，并提醒年轻人珍惜，着实难得。下午去昨天约好的余下两位老人家中都扑了个空，只得原路返回。

1月17日，"藏匿"两天的太阳现身了，吃过午饭之后准备去昨日"失约"的两位老人家瞧瞧。到达徐永和老人家，房门依然紧锁，幸而对面人家告知其儿子住处。老人虽已找到，但此次访谈并不甚理想。这位前日约好的老人一开始竟然拒谈，好言宽慰才令其放下戒心。然而"祸"不单行，访谈进行到二十分钟左右时，老人儿媳突然闯入，且恶言相向，称笔者为骗子，并试图"驱使"我离开，一阵心寒。幸而老人还愿意受访，不过不知是因其本身经历、记忆所限还是受其儿媳的影响，老人并不善谈，访谈时间勉强撑到一小时，这是很失败的一次访谈！

所谓上帝给你关了一扇门的同时也会给你打开一扇窗。正打算去寻另一约好的老人，途中遇一大叔，问及是否认识一向姓老奶奶，大叔好心相告，本着试一试的态度，我敲开了向先珍奶奶的家门，进门便见一幅儿孙满堂、欢乐祥和之景。向老奶奶的儿孙说明来意，他们很爽快地答应了我的访谈。老奶奶极其和蔼，身体也算健朗，耳朵虽不太好但并不太影响访谈，心中大喜。访谈进行得很顺利，老人记忆虽不全且有误，但耐心引导之下收获也颇丰。

1 月 21 日，经过连日休整，决定要奋发了。早早收拾妥当，便出门寻老人了。今日的任务主要还是想去回访徐永和老人。步行近四十分钟后到达老人家，路上还一直担心又扑空，所幸奶奶在家，一个电话便请回了徐爷爷。向爷爷说明了再次造访的缘故后，爷爷欣然答应受访，万幸！回访的效果超乎我的想象，爷爷的记忆竟明显比上次清晰，为我提供了更多有效的信息，诸如他以前的工作、家里的情况等等，十分欣慰与感激！

下午去了此前约好的向仕贵老人家。老人 90 岁高龄，身体硬朗，耳聪目明，吐字清晰，手脚利索，而且还是土改时我村的干部——会计（当时还称“文化”），即是土改明白人，实乃绝佳访谈对象！老人对土改相关政策十分了解，先为我大概叙述了一遍土改的缘起、政策、效果及意义，着实可敬可佩！接下来便由我引导老人回忆，其对各项活动开始的时间及开展记忆犹新，可以说为我再现了当时的场景，从老人的话语中，我甚至可以梳理出我县的土改经历，着实不易！

1 月 22 日，起床便见漫天飞舞的雪花，这是今年的第一场雪，大喜！和外公一起前往杜家一带，打算先去杜修德老人的老家寻访，不出所料扑了空，就连四周都是一片寂寥。接着前往他儿子们住的地方瞧瞧，十点左右到达老人大儿子家，说明来意后，老人欣然接受了我的访谈。

结束访谈已接近中午一点钟了，我和外公顺路前往杜修奇老人家，途中路过另一老人——张伦仁家门口，问及老人年龄，并说明调研任务，喜从天降，又幸遇一位访谈对象！当然，也顺利地约到了杜修奇老人。趁着时日尚早，与雪花为伴，再次启程，前往住在学校附近的向居仁老人家，进门见其一大家子正准备吃饭，简要说明来意后获得老人同意，甚好！打算明日去访谈这三位老人，希望别出意外。

小伙伴说，雪花是老天爷打喷嚏时的花絮，啊，多么诗意的比喻。我想说，漫天飞舞着的雪花，美丽“冻”人，然而，它却阻挡不住前行者那颗奋进的心！1 月 23 日，冒着凛冽的寒风前往昨日约好的向居仁老人家。到达时已近十时，老人一家正好刚吃过早饭，讲明相关的“请求”之后，便和老人在火堆旁开始了访谈。老人记忆尚好，时间也能大致记得，再加上老人的父亲是当时的村长，耳濡目染之下，对于土改也多了一分了解和认识。很庆幸能找到这样一位土改相对明白人，访谈进行了两小时，很顺利、也很成功。

下午和外公一起去杜修奇老人家。说实话，这个访谈实在欠佳，时长不够不说，内容也并不全面，忧伤！然而接下来遇到的事情更令我忧伤，今天的第三位老人，昨日邀约时，老人说大致记得相关事实，访谈中才发现，老人几乎是一问三不知，访谈半小时后实在进行不下去了，只得放弃。这时才下午五点，趁着天时尚早，我和外公打算去向仕凯老人家瞧瞧，凭着一丝丝的亲戚关系，我们顺利约到老人。

1 月 24 日，走在乡间小路上，迎着朝阳，耳畔却劲风吹拂，脚步也忍不住要停下。然而告诉自己，再冷再苦也得坚持，好在今天就可结束访谈了，思及此，脚步越发加快了。

今日先去的向世凯老人家。老人是一位知识分子，当过村干部，其人生经历十分丰富，是一位难得的村庄明白人，虽然年龄才 78 岁。和老人的访谈进行得很顺利，时长足够，内容也相对比较全面。在访谈中，接触到两个新的成分——小土地经营和小土地出租。问及二者的区别，老人解释道，像他们家，父亲行医，是自由职业者，家里土地不多但劳动力不够，只能雇用长工，这样的情况就划为小土地经营；与之相反，家里田地不多，但自家人完全不劳动，全部出租的就属小土地出租。老人年岁不大，却将土改的大致经过记得很清楚，实属难得！

吃过午饭便赶往刘明武老人家。老人心情有点急切，后来才得知，老人儿子生病了。一开始访谈时，老人似乎不健谈，好在后面耐心引导，老人也愿“和盘托出”。老人的经历也很丰富，土改时任会计（除前面称的“文化”外，还称“文书”），后来在供销社当值，再后面还在乡镇企业中当会计，退休之后务农，等等。作为一名老党员，老人对共产党的评价十分中肯，也敢于发表自己的意见、见解，令人敬佩！

此次调研能顺利完成，仰赖于镇民政部门的支持、村干部的帮助及外公的帮扶，还有诸位老人的热心受访与坦言相告，真诚感谢他们！

通江县

ZQH20170824WHC@D　王海潮

一　受访者基本信息表

<table>
<tr><td>调研点</td><td colspan="5">四川省巴中市通江县洪口镇</td><td colspan="2">调研员姓名</td><td colspan="2">曾庆华</td></tr>
<tr><td>调研员单位</td><td colspan="9">华中师范大学中国农村研究院</td></tr>
<tr><td>受访者编号</td><td colspan="5">ZQH20170824WHC@D</td><td colspan="2">受访者姓名</td><td colspan="2">王海潮</td></tr>
<tr><td>受访者性别</td><td>男</td><td colspan="2">首次采访时间</td><td colspan="2">20170824</td><td colspan="2">首访时受访者年龄</td><td colspan="2">81</td></tr>
<tr><td>受访者成分</td><td>富农</td><td colspan="5">土改时是否土改干部或土改工作队队员</td><td>否</td><td>是否党员</td><td>否</td></tr>
<tr><td>干部经历</td><td>无</td><td colspan="5">曾担任的干部具体职务</td><td colspan="3">无</td></tr>
<tr><td>现家庭人口</td><td>7</td><td>现承包地
面积（亩）</td><td colspan="2">6</td><td colspan="2">现承包林地
面积（亩）</td><td>5</td><td>现承包水塘
面积（亩）</td><td>0</td></tr>
<tr><td>受访者
基本情况</td><td colspan="9">老人1936年出生，今年81岁，祖籍四川省巴中市通江县至诚镇。1942年开始读书，念过三年私塾，上过四年初小。老人育有两个儿子、一个女儿。大儿子和媳妇在上海打工，二儿子和媳妇在巴中市定居，女儿嫁到了九层乡，儿孙们过年才回来一次。老人现在和老伴一起生活，老伴今年77岁，身体还很健朗，但王海潮老人身体差，年轻时太过劳累，导致年老时腰椎疾病严重，现在已直不起腰。两个老人种有水稻、玉米、红薯、洋芋，玉米、红薯、洋芋用来喂猪，也可换点钱补贴家用。王海潮老人现在无法做重体力活，只放牛和做些手头上的农活，耕田耕地就靠妹夫帮忙，收割时就请临工。老两口自己种点粮食，种有蔬菜，也喂有鸡鸭，闲时也在山里挖点药材换钱，日子还是过得挺惬意，只是儿孙们常年不在身边，常常会感到孤独。大儿子有一子一女，现在面临成家买房的难题，小儿子也有一子一女，现在都在上高中。两个儿子负担非常重，能花在老人身上的精力不多，访谈时，王海潮老人开玩笑道："他们能把自己顾着就不错了，不用考虑我们两个老家伙，我们死了埋了就是了。"</td></tr>
<tr><td>受访者
职业简历
或个人经历</td><td colspan="9">老人祖籍本在至诚镇，父辈时迁居到洪口镇铺丝坪村。老人1936年出生，6岁时在王安仁家里念书，当时王安仁是个地主，家里请有教书先生，两年后老人大舅家也请了教书先生，于是又到大舅家念了一年，此后就没有念书了。解放后政府办了学校，又上了四年初小，</td></tr>
</table>

续表

受访者职业简历或个人经历	此后家里劳力吃紧，便辍学在家。1951 年土改时，老人一家被划成富农，此后的几十年，这顶帽子压得老人喘不过气来。因为成分问题，老人入互助组、入社都被限制。大集体生产那段时期是老人一生中最苦的日子，因为是富农成分，老人经常被派去背公粮、背酒、背糖，从洪口背到通江县，经常背到脚水肿。老人清楚记得，生产队从漸波乡借的粮食，老人自己和父亲在背粮之列，当时父亲年纪大了，也病了，但因为成分问题，仍然要去。回来半路上，父亲就快不行了，老人把自己和父亲的粮食背回来，然后又去把父亲背回来，没几天父亲就去世了，老人一生都对这件事耿耿于怀。当年大炼钢铁，老人因为是富农，所以被生产队派去背炭、背铁，有时从河底背到山顶，有时从山顶背到河底，山高路陡，稍不注意便会丧命。任务紧迫的时候，几天几夜都不能睡觉，有时站着都能睡着。老人被派到其他生产队帮工期间，学会了木匠活和石匠活，所以老人一辈子都是和土地、石头、木头打交道，没有做过其他事情。
受访者所在社区基本情况	铺丝坪村村委会所在地是大片的台地，光照充足，土壤肥沃，民国时期该地广种桑树，家家户户养蚕，缫丝产业发达，每逢天晴日，家家户户都将织好的蚕丝和布料拿出来晾晒，太阳一照，耀人眼目，该地便被人们叫做铺丝坪。王海潮老人所在的张家河是铺丝坪村的一个村民小组，包括张家河、王家湾两个自然村，该小组有五十余户人家，二百五十余人，张姓是第一大姓，王姓次之，此外还有谢、朱、闫等诸多杂姓。 民国时期，洪口为乡，铺丝坪村属洪口乡管辖，此时的张家河归九层乡袁家庙村管辖。1958 年洪口乡改为公社，铺丝坪村改为大队，不久政府进行土地划区，调整大队规模，张家河划归铺丝坪大队，为其一个生产队。1984 年洪口公社复乡，1989 年建镇，铺丝坪复村下属的七个生产队改为七个社，亦即现在的七个村民小组，张家河为第七社。 铺丝坪村有一所公办小学，此外还有一所私人创办的学校，从小学到初中，各个年级均有，但人数不多。近年来铺丝坪村有了较大的发展，大部分村民小组都通了水泥公路，途经该地的高速公路也于 2017 年正式动工。

二　分阶段整理

（一）土改的基础和背景

1. 土改前的家庭基本情况

我叫王海潮，土地改革之前我们家中有父母、兄弟、妹妹，加上我一共五口人。当时父母都是三十多岁，我十来岁，兄弟和妹妹才几岁，因此家中只有父母两个劳动力。我当时在念书，谁家有教书先生我就跑到谁家去念书，放学回家只能扫地放牛，没法下地干活，半个劳动力都算不上，因此家中劳动力还是比较紧缺的。不过劳动力紧缺也只是农忙

的时候，比如栽秧、捉水[1]、割谷子，农忙时也兴换工做活，所以都能把地种上。我还记得我们的地在山顶上，路途遥远，开始干农活的时候很麻烦。第二天要换工做活的话，头一天就要去把地耕好，第二天下地就可以干活，非常节约时间。当时没有其他职业，农村人主要就是在家种地。当时孩子不多，也没有残疾人、丧失劳动力的老年人以及重病人，所以家庭负担并不重。

2．土改前的家庭经济情况

土地改革前我们家主要就是依靠种地谋生，此外家中也做点小生意。父亲会织布，刚织出来的布是白色的，不好卖，需要染成青色和蓝色，我经常看见父亲拿着一匹布去油坊里染色，当时的油坊不仅榨油，还有染池。父亲织布快，而且质量非常好，因此父亲织的布非常好卖，收入还是比较可观的。

家里也有副业，养有猪牛、鸡鸭，过年时杀一头猪，剩余的肉做成腊肉，吃一年，多余的猪就可以出售，鸡和鸡蛋也卖，收入用来补贴家用。我们家不缺吃穿，还能供孩子念书，因此就我们张家河来看，我们家的经济状况算是中等偏上的水平。当时家中主要的开支是在吃穿方面，家庭人口多，生活压力还是挺大的。土地改革前我们家是自种自吃，没有借债，也没有向外放债。

3．土改前的土地经营情况

土地改革之前我们家有四百多石土地，当时是用石作为计量单位，换算成亩数大概就是二十多亩，大部分土地是祖上留下来，小部分是父亲开荒得来的。当时虽然家中土地

[1] 捉水：春季把水屯在田里以备栽秧用。

多，但我们自己也参加劳动，就算是地主，他也亲自参加劳动。那会儿种的农作物和现在并无二致，大体就是麦子、苞谷、谷子、豌豆、胡豆、红苕、洋芋这一类的农作物，此外还有苦荞和花荞，现在已不种了。由于没有化肥，只有人畜粪便，所以粮食产量非常低。雨水充足，没有虫病，粪肥足，一亩水稻能产四百至五百斤，如若不然，只能产三百多斤。整年的粮食，再配点其他东西，还是勉强能够维持一家人的生活。

我们家没有租种别人家的土地，反而还租了三十二石土地出去。当时买卖土地要写契约文书，租种土地不写契约文书，也不需请中人，双方协商好即可。当时都穷，租地的家庭一般都没有钱，因此地租是交粮食，但不是任何粮食都可以，按惯例都是交谷子，每年十月份碾场时，老板儿〔1〕就去收粮食，老板儿背一背，客户子〔2〕背一背，轮流来，最终各分一半。

那个时代，牛是最重要的生产工具，没有牛就没法耕田耕地，正是因为牛重要，所以牛价高，牛不好置。老话说“四角难置，四脚难置”，四角指铺盖，四脚就是指耕牛。我们家有牛，是父亲花了大力气才买来的。当时也有很多家庭没有牛，没有就借，但是要等主人家用完了才能借到，加之当时大家把牛看得非常重要，而且牛不多，所以借牛始终不方便。没有牛的话，也可以几家人共同买一头牛，共同养，共同使用，这种现象叫做绷牛。绷牛就相当于是入股，如果是两户人共同买一头牛，一人绷〔3〕一半，那就叫关牛，两户人各占一半股份。有一方没有那么多钱，那就可以绷一只腿，占三分之一的股份。拥有的股份决定了所能喂养的时间长短。当时没有化肥，种地全靠农家肥，而牛粪又是农家肥的主要来源，因此大家都争着喂牛。用牛时轮着来，如果某一方情况紧急，那就可以先用。当时田地不多，基本也不存在牛不够用的情况。

家中农具，比如犁头、锄头、镰刀、弯刀、耙，基本都是齐全的。当农民，无论是土地多，还是土地少，犁铧耙钎〔4〕都离不了，因此大多数家庭都有农具，只是耙可能要少一些，没有耙，一般也能借到。

那时候没有打工的，大家都在农村，闲在家里面，不相互帮忙也无事可做，所以当时也有换工的现象。换工都是在近处的邻居间进行，外村太远，不划算而且互相也不熟悉，没有和外村换工的现象。换工不区分技术工和普通工，都是种地，祖祖辈辈都是用同样的方式，没有多少技术含量。换工也不讲究男工和女工，今天我家来一个男的，明天你家来一个女的也行，农村不可能那么见尽〔5〕，而且对于有些农活，妇女还干得好一些。换工主要是农忙时节才换，比如栽秧捉水、收割水稻，平时没有太忙的农活，不需要换工。换工要管饭，可以管三顿，也可以管两顿，生活水平还看家庭情况，有些家庭伙食好，有些家庭伙食非常难吃。换工工具一般都是镰刀、锄头，需用时自己带上即可。当时除了自发的换工，没有形成类似于互助组的组织。我们家里没有请过工，一是请不起，二是土地太

〔1〕老板儿：出租土地者，即佃主。

〔2〕客户子：租种土地者，即佃户。

〔3〕绷：养育的意思。

〔4〕犁铧耙钎：农具的统称。

〔5〕见尽：斤斤计较。

少，用不着请工。

这里虽然叫做张家河，但是除了张姓，杂姓也较多，因此没有族田、祠堂田这一类的公产。

4. 土改前的社会交往情况

当时客户子和主人家[1]的关系处得不错。主人家有红白喜事，或者过年过节，客户子都要上门拜访。借粮食、租田地都要有求于主人家，所以要搞好关系。客户子家里有事，主人家也要到场的，遇到好的主人家，过年过节还会给客户子拿些好一点的东西，比如拿点酒肉，主人家也需要讨好客户子，客户子把庄稼种得好，自己也就分得多。我们老百姓和保长甲长打交道不多。

村里富裕农户和普通农户的生活差距还是挺大的，发财人家不愁吃穿，日子过得好。有些家庭孩子多，要吃要穿，家里没有多少土地，也没有其他收入来源，还要被抓壮丁，要交各种款，日子过得挺可怜的。

我们在张家河住，我爷爷在蛭螳坝住，那是我们老家，我也在那里住过很长时间。我们王姓是一个大家族，我爷爷就是族长，他会看病，而且看病不要钱，平时到处玩牌，外交好，非常善于沟通关系，所以我们这个家族非常团结。既然是一个家族，族内有些家庭有困难，族人还是要帮助的，比如有些家庭没有收获足够的粮食，日子过不下去，就可以从族人家里借到粮食，今年借，明年收获后就还，明年还不了就后年还。

5. 土改前的土地观念

地主家土地多，有些穷苦人家纯粹没有土地，完全靠写[2]地主的田地谋生，收上来的粮食只能分得一半，这肯定是不公平的。我们普通老百姓很羡慕地主拥有那么多土地。但换个想法，地主家庭也有难处，地主家人口多，而且他们的土地分布比较远，实际上是难以实现有效管理的。

我们家有一些土地，自耕自吃，当时说要进行土改，我年龄小，没有什么反应。我幺老子[3]在土改团工作，他写了一封信回来，说我们家里这种情况，可能要被划为富农，让我们自己想想办法，所以爷爷和父亲非常忧虑。

（二）土改的过程和经历

1. 访贫问苦，扎根串连

在1950年、1951年左右，县里也派了工作组到我们村里，领导主持土改工作。组里有两个干部，一位姓罗，我们喊他罗同志，还有一位姓杜，他们都是外地人，但他们

[1] 主人家：佃主。
[2] 写：租。
[3] 幺老子：年龄最小的叔叔。

讲话、宣传政策，我们还是能听懂。我当时年龄小，没有参加过宣传土地政策的会议。开会都是大人去，开完回来，大人们要相互讲，我们也就能从中听到些许风声。宣传就是说地主富农欺负贫苦老百姓太久，现在轮到贫苦人民当家作主，要把地主富农摁下去，搞土地改革就是划清阶级成分，平分土地，让大家都能过上好日子。干部到贫苦人民的家里访贫问苦，有些人就实话实说，有些人胡乱添油加醋，我们家是富农，工作组没有理会我们。

当时贫雇农还搞串连，贫下中农联合起来，商量如何斗争地主富农，如何分他们的财产和土地。我们是富农，肯定轮不到我们的。那会儿积极分子也多，这些人很活跃，又非常听话，干部叫干什么，他们就干什么。当时还有农协会，由工作组牵头成立，贫下中农有参加的资格，我们不能参加的，里面也有几个干部。农协会的主要作用就是组织会议，团结贫下中农，执行工作组交办的一些事情。

2. 划分阶级成分

由工作组领导，农协会主持划分成分。我是划分的富农成分，我们家里人也全是富农成分。本来我们应该是中农成分，划成富农成分有一段渊源。我们老家在蛭螳坝，父亲成年之后到张家河来当上门女婿，从此就在这里定居。爷爷家有三十二个萝卜箱箱[1]，租给别人种。土改时幺老子在土改团工作，他写信告知家里，说这种情况会划为富农。爷爷非常害怕，于是想了一个办法，让父亲背皮[2]，把这三十二个萝卜箱箱移到父亲名下，量土地时就不算在他们头上，父亲这边的干部也不知道有这么回事，以为能将两边的干部都蒙过去，结果事情还是败露。在爷爷那边，幺爷爷和我们家有仇，土改时他是会计，量土地时非常见尽，三十二个萝卜箱箱就硬是丈量成三十二石，算在爷爷一家名下，爷爷家被划成了富农成分。我们这边，三十二个萝卜箱箱确实是转到了父亲名下，因此这三十二石田地就算是小土地出租。我们家在张家河本来只有二十石自耕面积，只够中农成分，但是加上三十二石，土地数量一下子就上去了，且出租面积超过自耕面积，因此我们家也被划成了富农。成分划定后，我们不同意也没有办法，当时贫下中农当家，我们没有说话的份儿，不然就要挨斗。

当时划分阶级有具体的标准，一是看田地面积，二是看家庭情况，三是看是否为非作歹。田地少、没有多少家财就是贫农，中农有土地，自耕自吃，不出租，不剥削别人。中农又可以分为下中农和上中农。富农比中农家境好，土地较多，自己劳动，同时有土地出租，存在剥削情况。土地特别多，家里发财的就是地主。除田地和家财外，还看作恶情况，如果无故生冤[3]欺负别人，抢别人，也要划为地主。

我们张家河只划了两个地主，分别是闫栾生、王文光。有四个富农，我们家、王文炳、王安仁、王登河。中农也少，有张俊德、王登明、王文焕，剩下的全是贫农。我们这

〔1〕 三十二个萝卜箱箱：三十二块种萝卜的田地。

〔2〕 背皮：假装承担，有名无实。

〔3〕 无故生冤：平白无故。

里还有“一人地主”和“破产地主”。一人地主就是个人好吃好耍，田地多，也为非作歹，家里只有他一个人划的地主，其他人不是，王文光就是一人地主，家里人是富农。以前土地多，土改时候，这些土地或抛荒，或卖掉，这种地主就叫“破产地主”。当年只划分了一次成分，划分过后就张榜公布，此后未进行调整。

3. 挖苦根，斗地主

诉苦大会由干部提前安排好，找一些受苦受难的人家，给他们讲明第二天要斗争谁，自己有什么意见就提出来。我也参加过诉苦大会，并不是所有人都要去诉苦，一般都是之前和地主有仇的，或者被地主欺负的，或者是那些长期受苦受难的贫苦人家。诉说的内容大都差不多，就是讲地主如何剥削自己，把自己整得很惨，说到伤心处就会哭，说到气愤处也会打地主几巴掌。其他不诉苦的人，都抱着“人不犯我，我不犯人”的心态。

斗地主是由干部提前安排好。村里哪些人恶毒，干部提前一天挑出来，第二天开大会，让地主跪在台子上，让其自行讲述是如何欺负老百姓的，自己有什么罪行。有些地主讲不出来，或者自己不认罪，老百姓就讲述，说他们心中恶毒，落得现在这个下场纯属活该。

我们这里没有人给地主说好话，私下表达同情的现象还是存在。我们旁边的村子闫家坝有保地主的现象。当时有个大地主，人称闫大老爷，由于闫大老爷平日里并不坏，对很多人有恩情，所以打他的时候，有人爬到他背上护着他。除了村上斗地主，区上也斗地主。我们这里都是在洪口区上开公审大会，各个村都要去，人山人海，锣鼓齐鸣，阵势非常大。一般枪毙人时才开公审大会，公审大会大部分是针对恶霸地主、大地主，一般的地主不会被公审枪毙。开会时区政府专门搭一个台子，还砍些柏树枝装饰成彩门，干部就在台子上坐着，台子下面被斗的人站成一排，由武装队看着，先申诉事实，然后干部定罪，之后武装队直接拉去枪毙，群众就呼号子。

4. 没收和分配土地、财产

地主富农的土地和家财是被搜出来均分了的，这项工作也是由工作组领导的。收家财的时候，武装队把地主富农看管起来，积极分子就进门将盆盆罐罐、家具、其他值钱的东西搬出来，然后由贫下中农搬到一个地方集中起来。当时地主富农还挺配合，大形势摆在眼前，他们不敢反抗，让他们坐下，他们不敢站着。当时也有地主富农将自己财产藏起来的情况，有些地主将自己的家财藏在山洞里，但只有这么大一个地方，他们又是被整治的对象，总会有人盯着他们，一发现有情况，立马就会举报，因此藏不住的。

地主的财产收上来之后就给大家分。工作组有文件，分配原则、分配标准，文件上都有一个大体的方向。具体分配时根据当地的实际情况，提前列一个名单，开大会分配时，念到谁的名字，应该分得什么东西，他带走就是。土地是这样分配的，先丈量村里的土地总面积，统计出总人口，算出人均应分得的土地面积，然后根据已有的土地面积，多的就退出来，不够的就补足。当时也不管田地的肥瘦，能分到田地就很感激了，还会有谁管田地的好坏呢。地主富农也是人，也要给他们留一份田地和生产生活用品。搞土改工作，工作组一直没有脱离，因此干部不敢贪污乱来，分土地和财产，老百姓也不敢争抢。

5．土改复查

土地改革大概是1952年结束的，结束之后也进行了土改复查，看看划分成分是否正确，是否有漏网的地主，土地财产分配是否公平，当时也没有查出问题。复查结束后就颁发了土地证，我现在都还记得清楚，是一张很大的硬壳纸，上面写着财产、房子、土地的数量以及四至[1]，上面还有一些绘图，和现在的林地产权证很像。

（三）土改的结果和影响

1．土改后的土地经营情况

土地改革之后我们家分了一部分田地出去，只剩下四至五亩田地，但剩下的田地还是勉强能维持一家人的生存。田地里还是种与之前一样的庄稼，比如水稻、苞谷、红苕、洋芋、黄小豆，由于没有肥料，产量还是很低。

土地改革之后家中劳力勉强够用，农忙时节还兴换工做活，我们也加入了互助组，所以能把地种完。当时公粮负担不重，一年交五百斤，主要交苞谷和稻谷，可以是三百斤苞谷，两百斤稻谷，也可以是三百斤稻谷，两百斤苞谷，大体均衡，凑够总数就行。土地改革之后，很多家庭都分到了土地，种得再多，种得再好都是自己的，因此搞农业生产的积极性非常高。土地改革之后没有租种土地的现象，政策上不允许土地买卖，因此也没有土地买卖的现象。

2．土改后的家庭生活情况

土地改革之后生活水平没有明显的变化，生活压力不太重。老百姓之间的生活水平还是有差距，这个差距不是因为土地、家财的多寡，而是根源于勤劳与否。有些人疏懒，日子过得很差，有些人勤奋，种地非常用心，收的粮食多，日子就过得不错。我会石匠活和木匠活，我们家除了种地，有人请工时，我也出门做点木匠活儿和石匠活儿，能挣点油盐钱。当时人们过日子比较朴实，能吃饱穿暖就行，不像现在，一切都向钱看。

3．土改后的社会交往情况

我们家虽然是富农成分，但是按道理我们应该是中农成分，大家也都知道。土地改革之前我们家和其他老百姓就相处得很好，土地改革之后，我们家并没有因为是富农成分就感觉低人一等。和其他老百姓的关系还是很好，大家也乐于和我们打交道。其实地主富农同样会做农活，只不过土地多之后，慢慢产生了剥削思想。土地改革之前地主都请长工和短工，土地被分之后，他们之间还是有一些联系的，平时还是会交往。我们家和干部的关

[1] 四至：东南西北的界限。

系也不差，干部也不会故意欺负我们。

4. 土改后的观念变化情况

土地改革之后，我们家的土地被分了一些出去，心里肯定是不愿意的，但这是大形势，我们也要接受，当时大家都比较听话，不像现在的人，动不动就那么多抱怨。没有听过国民党要“反攻大陆”的传言。土地改革之后我参加过大炼钢铁、修沙河子水库、修沙溪公路。我对土地改革没有非常特别的印象，只是觉得田地、财产重新分配。虽然对我们家的改变不大，但对整个村庄还是有非常大的影响。

5. 土改对农业集体化的影响

土地改革之后，隔了两年就开始搞互助组，互助组只是过渡性的，为后面入社打基础。1955 年左右开始入初级社，初级搞了一至两年的时候就转成高级社，再往后就是人民公社。入社时，耕牛、土地、农具都交给集体，我们家是富农，隔了一段时间才入的，当时心里没有不愿意，让我们入，我们还得搞快点。土地各自耕种的效率比集体耕种效率高，个体耕种时，种得好就收得多，收得再多都是自己的，因此老百姓种地积极性非常高，不会偷懒。集体耕种相当于是给集体干活，收成都是集体的，只要有一个人偷懒，会带动很多人偷懒，所以大集体生产时，磨洋工、藏着耍是普遍的现象。

和土改相比，我觉得农业集体化对农业生产的帮助不大，无法调动老百姓的积极性，农业生产搞得很差，粮食产量始终上不去。

ZQH20170823JXZ@S　景修周

一　受访者基本信息表

<table>
<tr><td>调研点</td><td colspan="5">四川省巴中市通江县九层乡苟家寨村</td><td colspan="2">调研员姓名</td><td colspan="2">曾庆华</td></tr>
<tr><td>调研员单位</td><td colspan="9">华中师范大学中国农村研究院</td></tr>
<tr><td>受访者编号</td><td colspan="5">ZQH20170823JXZ@ S</td><td colspan="2">受访者姓名</td><td colspan="2">景修周</td></tr>
<tr><td>受访者性别</td><td>男</td><td colspan="2">首次采访时间</td><td colspan="2">20170823</td><td colspan="2">首访时受访者年龄</td><td colspan="2">86</td></tr>
<tr><td>受访者成分</td><td>贫农</td><td colspan="5">土改时是否土改干部或土改工作队队员</td><td>否</td><td>是否党员</td><td>否</td></tr>
<tr><td>干部经历</td><td>无</td><td colspan="5">曾担任的干部具体职务</td><td colspan="3">无</td></tr>
<tr><td>现家庭人口</td><td>7</td><td>现承包地面积（亩）</td><td colspan="2">6</td><td colspan="2">现承包林地面积（亩）</td><td>5</td><td>现承包水塘面积（亩）</td><td>0</td></tr>
</table>

续表

受访者 基本情况	景修周老人1931年出生，今年86岁，祖籍四川省通江县沙溪镇。老人育有四个儿子、两个女儿，四个儿子均在家务农，一个女儿嫁到洪口镇，一个女儿远嫁他乡。老人和老伴儿现在与三儿子住在一所院子里，但是和儿子媳妇分开吃住，四个儿子按月轮流给老人称粮食。老伴儿今年也84岁了，但总的来说老两口的身体还算健朗，老伴儿还能做些简单的家务，比如煮饭、扫地、洗衣。虽然老两口的吃穿住用由儿子们轮流供奉，但是自己闲不住，还喂有鸡鸭，种菜园子。老人有两个孙子孙女都已结婚成家，现在老两口儿孙满堂，也没有什么事需要自己操心，日子过得和睦融洽。
受访者 职业简历 或个人经历	老人生在旧社会，父母都是客户子（佃农），老人年轻时也做过客户子。老人祖辈本定居于通江县沙溪镇马山垭，给地主种地，后来天旱，发生灾荒，加上地主苛刻，于是老人的爷爷便用箩筐挑着他逃难，先是逃到了九层乡王家营，替当时的地主王正业当客户子，后来王正业家败，于是老人一家又搬至苟家寨村，为当时的地主王文良当客户子，此后便在此定居下来，景家在此开枝散叶，该地也就被称为景家梁。 1952年土地改革时，景修周老人就已成家，当时老人也是积极分子，一家人都划为贫农成分，分得了一些土地、家产。老人成分好，种地也特别出色，因此大集体生产时期被选进队委会。老人一辈子低眉顺眼，心眼实在，没有做过出格、出头的事情，深得大家的敬佩。大集体生产时候，经常往通江、至诚等地背公粮、背统购，也参加过大炼钢铁，修过公路水库，此后就没有去过其他地方，就是在家种地，一直至今。
受访者 所在社区 基本情况	九层乡隶属于四川省通江县，位于通江县东北部，距县城86公里。东与万源市丝螺乡、新店乡，南与龙凤场乡，西与洪口镇，北与万源市溪口乡接界。九层乡下辖兆园山、袁家庙、向家寨、苟家寨、阎家垭、冯家坝、马鞍山7个行政村，29个村民小组，共有1113户，总人口4248（农业人口）。 土改时期苟家寨村为村级建制，合作化时期九层乡为公社，苟家寨村为大队建制，下辖七个生产小队，此建制一直持续到1984年九层复乡，苟家寨恢复村级建制，下辖的七个生产小队变为现在的七个村民小组。 九层乡苟家寨村地形为山地，坡度较小，从山地到山顶均适宜居住和种植。当地的气候类型为亚热带季风气候，春夏秋冬四季分明，降雨集中在六月份至次年一月份之间，大暴雨多集中在七八月份，九十月份多雨天，高温集中在七八九月份，最低气温在一月份，气温在0℃上下。

二　分阶段整理

（一）土改的基础和背景

1. 土改前的家庭基本情况

我叫景修周，出生于1931年。我们本来不是这里的人，爷爷和父亲用箩筐挑着我们

到处奔走。最开始在马山垭当客户子，后来又在王家营为王正业当客户子，过了几年又在景家梁找了一个老板儿，从此就在此定居。

当时家中有六个劳动力，父亲和我们五个兄弟，母亲和小弟主要在家做家务活，父亲就给人家当长工、放马，年龄稍大的几个兄弟也跟着父亲当长年[1]，给发财人家干活，有时候给我们一点粮食，有时候给我们一点钱，同时保我们不被抓壮丁。

土地改革前，父母亲四十多岁，我也十六七岁了，几个兄弟也和我差不多大。当时主要就是种地，有时也做点手艺活。家里人口多，又没有土地，六个孩子还面临成家的问题，所以当时家里的负担还是挺重的。

2. 土改前的家庭经济情况

土改前主要就是靠种地谋生，有时租种田地，有时当长年，此外也揽些活儿干。我跟着父亲学会了泥水工，给人家糊墙壁、盖房子，一天挣四角至五角钱，或者半升苞谷，一年下来能挣几十块钱。我还有过给大老板背力[2]的经历，我们到通江背盐，路途遥远，还要攒大劲儿[3]，背一次才二十至三十块钱；往平昌背棉花，一次背一百六十斤，走四天，去来九天，背一次也才几十块钱。背力不是固定工作，运气好才能碰上，所以一年到头我们家只能挣八十至九十块钱，但家里的差揽门户[4]、看病吃药、孩子念书、日常开支都是靠这八九十块钱周转，根本不够家里开销。

在整个苟家寨村，我们家的经济状况算是非常糟糕的，穿的衣服烂了又烂，补了又

[1] 长年：长工。
[2] 背力：远距离的运输工作。
[3] 形容费力。
[4] 差揽门户：礼尚往来。

补，但就是没有钱做新衣服。当时家里面没有副业，没有养鸡鸭，但养了一头猪，由于没有粮食喂养，猪长不大，而且年年杀猪，年年没有吃过猪腿猪排骨，全是砍膀[1]、砍活菜[2]。当时生活压力特别大，吃的都是苞谷、洋芋、红苕，野菜里面放一点米，那个年代生活水平普遍差，都是菜菜茎茎[3]的。

土地改革之前我们家里面还欠有外债，当时我们借了地主家的粮食，利息非常重，一百斤加三十斤或四十斤的利，新谷子出来就还，还得起就还，还不起就利上加利，今年二十斤，明年就是四十斤，后年就是八十斤。

3. 土改前的土地经营情况

土地改革之前我们家里一点土地都没有，最开始在沙溪景家湾当写田户，后来就在大地主王正业家里当长年。当时租种地主的土地不需要中人介绍，也不需要写协议和文书，他家的田在什么地方，他指给我们就是。买卖土地才写文书和契约，写清楚土地四至、所属关系、如何转让、土地价格。当时除了种地主家的地，也住地主家的庄房，但不是免费住，要拿钱。

当时田地里也是种稻谷、苞谷、麦子、胡豆这一类的作物。当时没有化肥，全是用自然肥料，有时可以挑些稀粪浇灌，有时连稀粪都没有，因此粮食产量非常低，一亩水稻能产三百至四百斤，种得非常好时能产五百斤。现在有肥料，有杂交品种，亩产能达到一千斤，放在那个时候，没有人会相信的。租地主家的田地，租金是粮食，田地种得好，收成就对半分，如果种得不好，地主就要多分一些。粮食收上来就要交租，比如到碾场的那一天，谷子对半分，当时不用过秤，他背一背，我们自己背一背，轮着背，分完为止。遇到天旱，粮食减产，交租就因人而定，如果地主是个好人，不见尽，分粮食时就会给写田户多分一些；如果地主苛刻或者与他关系不好，他就会埋怨写田户没有将庄稼种好，分粮食时还要故意多分。地种得好，交完地租，自己还能剩下一些粮食，如若不然，家庭生计就成问题，没有粮食吃就只有吃野菜。

当时我们家里没耕牛，牛是老板儿家的，我们负责养，种地可以使用，大牛生下的小牛还是归老板儿所有。那会儿牛不好置办，过去常说“四脚难置，四角难置”，四角就是指被子，那会没有几个人盖过被子，晚上睡觉就是盖衣服裤子和蓑衣。四脚就是指耕牛，那会儿牛贵，一般家庭买不起。犁头、耙、锄头、镰刀这些农具都是齐全的，不需要跟老板借。

土地改革之前也各自搞各自的生产，也存在换工的现象，比如今天你帮我家栽秧，明天我就帮你家栽秧，都是脚换脚，手换手，不会平白无故给谁干活。一般大忙季节才换工，换工对象一般都是近团转[4]的人，就和现在的一个生产队一样，你相信我，我

---

〔1〕 膀：猪后腿连同臀部整体切割下来的部分，一般用来送礼。

〔2〕 活菜：红白喜事等重要仪式上用的猪肉。

〔3〕 菜菜茎茎：形容生活水平差。

〔4〕 近团转：近处。

相信你，干什么就互相帮忙，没有和外村换工的现象。换工不讲究男女，比如今天我家来一个男劳力给你家做活，明天你家来一个女劳力给我家做活也可以。换工要管饭，管早上和中午两顿，晚饭自己回家吃，但生活始终很差，有的家庭擀面，有的家庭推磨，要是坡上[1]有十多个人薅秧，屋里就要几个人擀面，还焢[2]洋芋。我们本身就是租种地主的土地，家里很穷，肯定不会雇工也不会请工。村里没有公田，也没有族田。

4. 土改前的社会交往情况

土地改革之前我们家和老板儿的关系还是比较好的。我们种地非常用心，粮食收得多，所以老板儿非常相信我们。最开始我们住王正业的庄房，种王正业的地，后来卖给谭华章，再卖给陈开杰，庄房和田地的主人换了好几个，但客户子一直没换过，一直都是我们，从爷爷那一辈开始，我们就深得老板儿的信任。爷爷最开始是给王正业家当长年，住他家中，数年后，王正业给爷爷相了一位罗姓妇女，即我的婆婆，后来生了几个孩子，他家住不上，就在景家梁给爷爷指一个庄子，种那一块地，爷爷就从长年变成了客户子，我们景家也就在这里开枝散叶。老板儿家有红白喜事，有需要帮忙的地方，我们这些客户子要去拜访的。我们客户子家里有红白喜事，老板儿会来还情的，过年过节还会送一两斤肉和其他吃的东西。

保长相当于现在的书记，甲长相当于现在的社长，甲长保长不是好东西，经常作恶。我们老百姓把他们当自己的爹娘服侍，巴心巴肝的，他们让干什么我们就干什么，稍不合意，马上绑了抓走。为保壮丁，我们这些穷苦人家专门去给他们拜年、砍膀、砍礼吊子[3]，他们要是看得上就收了，要是看不上当面就扔了。老板有钱有势，和保长甲长关系非常好，好好种地，老板儿可以保壮丁，要是偷奸耍滑，老板儿就会伙同甲长保长抓你的壮丁。

我们和大老板关系好，他一直保着我们，所以我们家中六兄弟没有被抓壮丁。我亲眼见过抓壮丁，我们村里有个人在地里薅秧，甲长带着几十个自卫队的人，都穿着短衣服，戴着兵帽子，一群人把田团团围住，人站在田里面动也不敢动，吓得两眼外鼓，面如土色，自卫队的人先把他揪住打一顿，然后双手反剪到背后，拉走就是。抓走后老板儿就做中间人，让拿钱去取人，说是壮丁款，没有钱就把猪牛牵去抵壮丁款。我妻子的哥哥也被抓过壮丁。当时她还小，她哥哥在家里睡觉，自卫队就来了，就问她哥哥在何处，她年龄小不懂事，就说哥哥在屋里睡觉，他哥哥听到立马就躲到床下面，自卫队的人就拿枪戳，戳得大腿血流如注，然后捆绑押到甲长住处，当时闫佐培是甲长，他就让家里拿钱取人，家里没有钱，他就把猪圈拆了，把猪全部牵走。当时除了壮丁款，还有草鞋钱，名目繁多，抓壮丁是假，套取钱财才是真。儿子多的家庭经常担惊受怕，怕被抓壮丁，为了躲

[1] 坡上：田地里。
[2] 焢：焖。
[3] 礼吊子：猪脊背上的好肉。

避，晚上不敢在家睡觉，藏在火匣子岩[1]里睡，白天干活也不得安生，干一会儿活就要四处望一下。

家中有红白喜事一般不会请甲长保长，身份不够，请不动。和普通村民的关系就看自己的处事能力，自己合众，大家都融洽，有事都相互帮助；如果不合众，就会被大家搁起[2]。当时的生活差距还是挺大的，那些发财人家，比如地主富农，甲长保长，他们有吃有穿，贫苦人家生活水平就非常差，一小块肉要吃十多天，怎么吃？一次切一小块下来，在锅里煎得噼里啪啦，煎出油就炒菜。家里没有好饮食，干酸菜稀饭都是待客的上品。

5. 土改前的土地观念

土地改革之前那些老板拥有那么多土地，我们家里几乎没有土地，心里肯定觉得不公平，租种别人的土地始终要低人一等，要受别人安排，所以当时还是想买一些土地，但想也是白想，吃穿都成问题，根本就没有钱买地。当时听说要搞土地改革，要给我们贫苦人家分田，我们可欢喜了，家里有田地可种，出去有钱可挣。我们老百姓没有担忧，那些地主恶霸才该担心。

（二）土改的过程和经历

1. 访贫问苦，扎根串连

（1）工作队进村

我们这里是1952年进行土地改革，由土改工作组主持全局。每个村有一至两个工作组，大村有四个工作组。当时我们村也派驻了工作组，由两个人组成，人挺年轻的，听口音像是外地人，他们当时就住在我们家里，住了很长时间。当时他们住的那个地方叫瓮金楼，他们在地上铺一层柴块子[3]，然后在上面铺床，吃也在我们家，但给我们拿钱。他俩走的时候还给我幺兄弟脱了一件棉袄。我们的一间房子被烧了，他俩就说："景修周啊，你就像一个灯影儿一样，把自己家都给烧了。"从此"灯影儿"就成了我的诨名，大家都叫我灯影儿。当时工作组掌握总体政策，具体政策还是由我们本地人实施。

（2）土改宣传

工作组来我们村以后先进行土改宣传，宣传主要是通过开会进行。那会儿天天开会，持续了一百多天。开会时专门搭一个比洗脸架还高的台子，台子前面还有一个拱门，上面镶嵌着用篾条编织成的花朵，干部就站在台子上讲话。他们说话还挺实在，我们也都能听懂，大体意思就是说我们贫苦农民翻身的机会来了，大家要团结一心，听工作组指挥，打倒地主富农，搞好土改工作。

---

[1] 火匣子岩：未成年的小孩子死了后，不入棺，镶一个小木匣子，放在河边的岩缝里，这就叫做火匣子岩。

[2] 搁起：扔到一边。

[3] 柴块子：劈成块状的木柴。

（3）扎根串连

工作组安定下来就四处走访，不是所有家庭都走访，一般只走访贫苦人家。访问的内容就是谁干过什么坏事，村里的关系是怎么样的，土地财产情况，贫苦老百姓的真实想法。访问实际上就是摸底，访问两三次之后，整个村的境况基本上就摸清楚了。当时也有贫雇农的串连，但是我没有参加过。我是土改积极分子，一般贫苦人家才能当积极分子，而且积极分子不是想当就能当的，而是由大家选出来的。我虽然是积极分子，但我不害人，开会我也不开腔[1]。

（4）成立农会

农协会不是我们老百姓单方面成立的，是由工作组牵头组织成立的。成立时，哪些人有资格入选农协会，工作组就整理出一个名单，大家再在这个名单里面推选。推选时要考虑个人能力、文化水平，要保证能替大家把事情办好。农协会一共由七个人组成，里面有会长、会计和武装队长，剩下的就是农民代表。我当初也是农协会的一员。农协会没有实权，作用不大，主要就是搞宣传，发动老百姓斗地主，开会时整理记录各类条目。后来整治新富农帮时，农协会发挥了很大的作用。

2. 划分阶级成分

（1）土改成分

我当时是贫农成分，我们家里其他人与我一样，也均为贫农成分。土地改革之前，我们家几乎没有土地，住的地主家的庄房，家中也没有牲口，家庭条件非常差，因此划为贫农成分。那会儿成分越低越好，对于这个结果，我们当然非常高兴。

（2）成分划分

划分成分由工作组领头，他们带有文件，结合具体情况，制定有划分的具体标准。田地多，有庄房，有土地出租，好吃懒做而又欺负人的基本上就是地主富农。有一定土地，不出租，自己耕种，不剥削人，家庭境况比地主富农差的就是中农。一无所有的就是贫农。当时摆开文件划分，非常公正，没有人敢说不同意其成分。我们这里没有死地主的说法，但是有一人地主，所谓“一人地主”就是本人作恶多端，被划为地主，而其家里人没有作恶，按田地和财产够不上地主，划的是富农成分。王家湾王文光作恶多，被划分为地主，他家人划分的富农。闫铎丕过去是个甲长，有很多恶性，被划为地主，他的家人不是地主。

（3）划分结果

我们苟家寨村只划分了一次成分，成分划定就没有再调整过。当时划分了两个地主，分别是王登第、王文良。富农有五个，分别是王许朝、王清朝、王正相、张通学、王圣朝。成分划出来之后，用一张大红纸将每个人的成分写出来，贴在村里显眼的地方。

---

[1] 开腔：表达自己的意见。

3. 挖苦根，斗地主

（1）挖苦根

斗地主之前先开诉苦大会。诉苦大会其实是老百姓给地主提意见。当时工作组给贫下中农撑腰，叫他们不要害怕，老百姓就挨个提意见，讲述这个地主是如何欺负自己的，讲到伤心处就哭，讲着讲着就打地主一巴掌或一棍子，打人时工作组就拦住，说打几巴掌，出出气是可以的，但不能打得太狠。当时也算剥削账，贫下中农给地主富农干了活，没有得到应有报酬，或者被地主富农收了高利贷，或者收了太多的地租，现在要求地主还回来。

（2）斗地主

斗地主时也有殴打地主的情况。地主富农脸上被画得花花绿绿的，各自手里拿根细棍子，相互抽打。有些地主不懂事，批斗他，他还要顶嘴，顶嘴的话就没有好日子过，吊起来用铁棍打。王许朝是个富农，土改前他经常作怪，嘲讽贫下中农，土改后不服管教，乱说话，于是在村上斗他，他知道后提前穿了皮翎甲子，结果皮翎甲子都被打破。当初张家梁的张心建也挨了不少打。有些地主平日里为人处世好，不欺负贫苦人家，饥荒年份还救济穷人，这些人土改时候也没有遭殃，群众都说他好，没有人说他肚子害疮脑壳流脓[1]。干部里面也有好人，我妻子当年在何家梁时是武装队长，王许朝的孩儿才生了十多天，就斗孩子他娘，往脖子上挂石头，我妻子看她撑不住了，就说："走，回去给孩子喂奶，这是新儿童了，虽然是你生的，但是国家养的。"让她躲过一劫。

当时除了村里斗地主之外，洪口区上还开公审大会，开公审大会时就要枪毙人。大坝子里搭一个高台子，台子上有用柏树枝做成的彩门，彩门上边拉有横幅。工作组在台子上坐着，地主在下面站着，老百姓在前面坝子里站着。高台下面还有三个小台子，第一个台子是申诉台，申诉事实。第二个台子是法律台，给地主定罪。第三个台子就是执行台。地主被定罪之后，武装队就把他押到第三个台子，由解放军枪毙，武装队不敢枪毙人。后来区上一只眼的张登华学会了枪毙人，后来枪毙就由他来执行。被枪毙的大多是豪绅地主和恶霸地主。有些恶霸顽固，到死都不投降。董溪乡有个恶霸叫林治勋，土改前作恶多端，无所不为。枪毙他的时候，他大闹现场，由于他个子高，把两边押他的武装队员都摔倒在地，他大喊老子二十年后又行家[2]。

4. 没收和分配土地、财产

（1）没收土地和财产

地主富农的房子、土地、家财全部被没收，没收工作是由工作组来主持进行的。没收过后保管在村上的办公室，然后分给大家。地主富农非常配合，要是不听话他们小命就没了。没收是他们自己把门打开，武装队就进屋将东西搜出来，集中放在地坝里，然后积极

[1] 肚子害疮脑壳流脓：咒骂人的话。

[2] 行家：厉害。

分子运到村上去。有些地主富农有金银财宝，可是挖不出来。当初王正第说王许朝家里有金娃娃，积极分子就斗王许朝，王许朝就说在家里什么地方，可是去取时又没有，积极分子就打他，他又说家中是有金娃娃，但是几年前就卖掉了，积极分子不信，又打他，为这事前前后后忙活了一个月，最终也没有挖出金娃娃。

（2）分配土地和财产

分配土地和财产时，谁家缺什么东西，谁家该分什么东西，会先整理一个名单出来，然后召开分配大会，根据之前的名单进行分配。金钱归政府，土地、家具、盆盆罐罐、牲口就分给老百姓。我们家分了八个人的田地，一个人一亩一至一亩二左右，总面积大概是九亩多。此外我们还分到了一个大瓷缸、一个大坐缸、一个大盐水缸、一个大柜子。我家虽然是客户子家庭，但我们自己喂有猪，因此没有分到猪牛。分配时也要给地主富农留一份，比如地主家里四个人，有男有女，要给他留两间房，一个铁罐，一个边锅，两床铺盖，两架床，好床是一律收走，留下的都是较差的柴床。

（3）分配土地的过程

分配土地之前工作组讲明分配土地的政策，然后农协会的人先丈量出土地总面积和每家每户的土地面积，算出每人应得的平均面积，然后根据已有土地，多退少补。当时分配土地和财物没有出现贪污的现象，有人监督，而且搜东西、分东西，大家都看在眼里，不公正是行不通的。有的家庭可能稍微多分一点，但都是有事实依据，大家也都知道。

5. 土改复查

土地改革结束后，我们村也进行了土改复查工作。复查就是看有没有贪污、有没有多分和少分、有没有把成分划错，当时基本上没有查出问题，复查过后就给每家每户发了土地证。当时也进行了查田定产，有人专门拿着皮尺测量田地的面积。

（三）土改的结果和影响

1. 土改后的土地经营情况

土地改革之后，家里八口人分得了九亩多土地，有六个劳动力，同时我们也加入了互助组，农忙时可以相互换工，因此完全能满足生产需要。田地里还是种谷子、苞谷、小麦、红苕、洋芋，产量还是低。土地改革时我们家没有分到牛，所以那几年都是借别人家的牛，后来自家慢慢置了耕牛。

土地改革之后还是要交公粮，负担也还是特别重的，人均六十斤至一百斤，还要自己背到粮站。

土地改革之后，我们老百姓搞生产的热情肯定提高了，毕竟种的是自家的地，收的粮食都是自家的，只要发狠[1]，那就不愁吃穿。土地改革后我们种自己家的地，不需要再租种别人家的土地了。当时好不容易分到了土地，没有谁想愿意将土地卖出去，政策也不

---

〔1〕 发狠：努力。

允许土地买卖，因此没有土地买卖的现象。

2. 土改后的家庭生活情况

土地改革之后，家里有八张嘴吃饭，家底薄，且众多孩子面临成家，因此生活压力还是挺大的。那个时候都穷，因此农户间的生活差距并不大，但总体而言，生活水平要比土地改革之前好一些。我们除了种地，家里面还养有一头猪，农闲时也出去做一些手艺活，比如给人家糊墙壁、盖房子，但挣钱很有限，难以维持家庭开支。

3. 土改后的社会交往情况

土地改革之后，地主富农被摁下去，我们贫下中农也算是翻身了，要不是土改好政策，我们这些贫苦人民还是要蹲在他们的胯下过日子。翻身后我们的地位就要比地主富农高很多。当时阶级成分对人际交往还是有很大影响。地主和富农是整治对象，谁也不敢和他们走得太近，一般都不会和他们搅在一起。当时干部也把贫下中农喊到一起，说我们不要和地主富农搅到一起，贫下中农和贫下中农倒在一槽[1]，地主富农和地主富农倒在一槽。和村里其他人的关系，那就看自己的处事能力，关系处得好的话，关系就会越来越好，要是平时不怎么走动的话，关系只能是一般的关系。当时和干部的关系也还可以，干部从来没有说过我半点不对。

4. 土改后的观念变化情况

土地改革后，我们从没有土地的人变成拥有土地的人，心情肯定非常激动。土地改革后没有听过国民党“反攻大陆”、还乡团要报复这类的传言。当时我也参加过一些公共活动，当年修沙河子水库，修了好几年。土改留给我最深的印象就是我们这些贫苦人家终于翻身了。以前都是在地主和富农的脚底下过日子，都是租种别人家的田地，现在我们不用再受他们欺负，也都有了田地，收上来的粮食归我们自己，心里面就特别踏实。

5. 土改对农业集体化的影响

土地改革是1952年结束的，间隔了大概三四年时间，就开始搞互助组。互助组搞了一年就入社。入社时把土地、耕牛、农具都给收上去，当时心里还舍不得，但也没有办法，大趋势是那样的，要跟着潮流走。对比土地的耕作效率，我觉得土地还是我们自己种比较好，因为我们自己耕种，地里收上来的粮食都是我们自己的，种得好就收得多，种得差就要饿肚子，因此大家种地的积极性都很高，在地里面干活非常卖力气。在集体里面干活儿的话，收的粮食不是自己的，搞生产时大家到处躲着要，一天到晚净磨洋工，种不出好庄稼。地里面的活儿要是干不好，我们老百姓就没有活路，因此那几年饿死了不少人。

---

〔1〕 倒在一槽：搅和在一起。

ZQH20170823CYC@S 蔡应臣

一 受访者基本信息表

<table>
<tr><td>调研点</td><td colspan="3">四川省巴中市通江县九层乡苟家寨村</td><td colspan="2">调研员姓名</td><td colspan="2">曾庆华</td></tr>
<tr><td>调研员单位</td><td colspan="7">华中师范大学中国农村研究院</td></tr>
<tr><td>受访者编号</td><td colspan="3">ZQH20170823CYC@S</td><td colspan="2">受访者姓名</td><td colspan="2">蔡应臣</td></tr>
<tr><td>受访者性别</td><td>男</td><td>首次采访时间</td><td>20170823</td><td colspan="2">首访时受访者年龄</td><td colspan="2">85</td></tr>
<tr><td>受访者成分</td><td>贫农</td><td colspan="3">土改时是否土改干部或土改工作队队员</td><td>否</td><td>是否党员</td><td>否</td></tr>
<tr><td>干部经历</td><td>有</td><td colspan="3">曾担任的干部具体职务</td><td colspan="3">生产队保管员、队长等</td></tr>
<tr><td>现家庭人口</td><td>5</td><td>现承包地面积（亩）</td><td>6.3</td><td>现承包林地面积（亩）</td><td>1.2</td><td>现承包水塘面积（亩）</td><td>0</td></tr>
<tr><td>受访者基本情况</td><td colspan="7">蔡应臣老人1932年初出生，现年85岁，祖籍四川省通江县。当年老人家中五兄弟，负担重，念书少，文化程度较低。老人育有五子一女，大儿子曾是部队一团长，后因意外去世，二儿子和四儿子在家务农，三儿子在南充市电力公司工作，女儿远嫁达州。老人现和小儿子一家人生活，家中共五口人。老人和老伴儿身体健朗，头脑清晰，平时也能干农活，还经常走两小时山路去赶集，笔者访谈当天，老人还曾去集市买铁丝网，自己在家做鸡栅栏。小儿子在外务工，老人和老伴儿、媳妇在家操持农活，看管孙子上学。务农是老人当前主要的生活来源，也是老人放不下的事情，今年家中还种了两亩水稻、三亩玉米，此外还种了不少红薯、土豆、油菜，家里吃的油全部来自自己种的油菜，蔬菜瓜果也是自己家种。老人喂有七只羊、几十只鸡，平时也能换点钱用。</td></tr>
<tr><td>受访者职业简历或个人经历</td><td colspan="7">老人生在旧社会，父母是客户子（佃农），因此老人自己也跟着父母做过几年客户子。老人父辈最开始在张家河定居，给当时的地主王安仁当客户子，住王安仁的庄房，后不满王安仁的苛刻与斤斤计较，遂借债在苟家寨村买了一块土地，举家搬至此，并取名为蔡家梁，从此在此开枝散叶。1952年土改时，老人十七岁，当时已是家里的顶梁柱。土改期间老人也是积极分子，积极响应国家号召，分田分地。当时老人一家划分的是贫农成分。互助组时候带领大家干活，聪明且肯出力，深得大家赞赏，在合作化期间被派到通江县学习了一个月，回来后担任社里的会计，此后的十年间先后当过保管员、记分员、生产队队长。大集体生产期间，曾参加过大炼钢铁、修公路、修水库，实行家庭联产承包责任制后，不再担任干部，此后就一直在家务农。老人年轻时会手艺活，会做木匠活儿，会做泥匠活儿，也会给人家糊墙壁。</td></tr>
</table>

二　分阶段整理

（一）土改的基础和背景

1．土改前的家庭基本情况

我叫蔡应臣，出生于1932年。我们那个年代普遍结婚早，我十六岁就结婚成家，土地改革之前我就有两个儿子，上面有父母双亲，加上我们夫妻二人，家庭人口共计六人。当时主要就是从事农业生产，闲暇时间我也跟随父亲外出学木匠活儿。当时家中只有两个劳动力，一个男劳动力，一个女劳动力，我结婚成家后不久，父亲就把我们开生[1]了。我们家的土地不多，平时种地，两个劳动力完全够用，农忙时候就有些紧缺。当时家中有两个孩子，年龄都很小，才两三岁的样子，家里没有丧失劳动力的老年人、残疾人和重病人，因此无须养闲人。虽说如此，但我们刚分家，没有家底，很多东西都要置办打理，所以当时的家庭负担还是挺重的。

2．土改前的家庭经济情况

土地改革之前我主要就是种地，家中也是依靠种地谋生。除此之外，我也会到外面做

〔1〕 开生：子女结婚成家之后，分离出去另成一个家庭。

木匠活，比如装房子，当时的房子都是木架结构，我们做房子必须要用到木匠。当时的工价便宜，做一天才几毛钱，而且修房子不像买米买盐，时常都有需求，做房子的需求量非常小，一般的家庭修不起，地主富农才有钱修，因此一年到头也没有多少木匠活儿，这方面的收入非常少。

在苟家寨村，我们家里的经济状况算是一般水平，当时大部分人家的经济状况都不好，只有地主富农这类发财人家好一些。土地改革之前我们自己也喂有少量的鸡和猪，那会儿人都缺粮食吃，没有多少东西可以用来喂牲畜，因此鸡和猪的个头非常小，鸡和鸡蛋大部分是卖掉的，过年的时候杀年猪，然后做成腊肉，吃一年。

当时家中的生活压力还是挺大的，家庭开销的重点就是孩子念书和孩子病患，那会儿没有疫苗、预防针，什么病都有，最恼人的就是风麻痘疮[1]，为了抓药，我跑遍了洪口、杨家湾、兆园山、李家湾。虽说孩子念书看病要花钱，但是我们家里还是能维持，没有欠债。

3. 土改前的土地经营情况

土地改革之前，我们家本没有土地，在下边庄房梁那里给王安仁家当客户子，田边有一小块台地，我们种了一点苞谷，收了二十多个，就这么点东西，他硬给我们分了，父亲气不过，就寻思着搬到其他地方去。现在住的这个地方原本是王家营一位地主的庄房，后经王安良介绍，父亲将庄房买下来，同时买下了这里的田地，此后就定居于此。由于我们兄弟多，我成家后，父亲就按家庭人口分了土地，一个人大概七八分地。

当时地里主要就是种红苕、洋芋、黄豆、小豆、棉花、水稻、苞谷，当时没有肥料，产量很低，一亩水稻只能产四百到五百斤。生活水平差，各种细粮、粗粮、杂粮都吃，所以收的粮食还是能吃一年，但没有多余的可供出售的。

土地改革之前也要交税的，我记不清楚具体交多少，但是知道大春和小春都要交。我们也种过王安仁的地，当时不需要请中人，也不需要写契约文书[2]，自己口头商量就行。当时租种的还不少，古猫石[3]那一块全是他的，全部由我们家种。我们家租地主的田地没有固定的期限，客户子爱种多长时间就种多长时间，种一年是一年，不再种的话，把土地交出来，自然会有其他客户子去租他的地。收成对半分，种地成本也是一样，该他负担的，他负担，该我们负担的，我们负担。一般收粮食的时候就交租，比如十月份收稻谷，碾场的那一天他就到场，碾完后，他背一背，我们背一背，这样轮流背，平均分。如果遇到天旱或者雨水特别多的年份，收成不好，粮食还是按当年的收成平均分，比如收了一千斤，不管粮食的好歹，各五百斤。家里要是粮食不够吃的话，一般也能从地主富农手里借到粮食，有些要利息，有些则不要，完全看个人关系。

租老板儿的土地，老板儿有牛，可以借用老板儿的牛，老板儿没有牛的话，客户子自

---

〔1〕 风麻痘疮：水痘一类的疾病。

〔2〕 当时租种田地无需契约文书，买卖土地需要写契约文书。

〔3〕 古猫石：地名。

己买，就一般情况而言，都会自己喂一头牛，没有牛没法搞生产的。当时我们家喂了一头大水牛，种地完全够用，每年还能生一头小牛。生产工具，比如犁铧耙钎、镰刀锄头，我们家里都有，要是没有的话就要向老板儿借，借一两次还行，次数多了就不好借了，老板儿一般都不会管，客户子完全自力更生。会木匠活儿，自己就可制农具，不会的就请别人做，请别人做要给钱，没有以工抵钱的说法。

土地改革之前也有换工的现象，换工过程与现在是一样的，你帮我做，我帮你做，换工的对象主要是相互之间特别熟悉、关系都是特别好的人家，一般而言都是周围的邻居，太远了不方便。换工不分男工和女工，比如我家干活，你家来的男劳力，轮到你家干活，我家去女劳力，都是可以的，不刻意计较男女。换工也没有普通工和技术工的区别，种地都是固定的程序，无需太多技术。

换工时间主要集中在大忙季节，比如栽秧捉水，收割碾场，平时有需要的话也可以换工，但相对较少。换工是要管饭的，一般管早上和中午两顿，晚饭视具体情况而定，生活水平要比平时好一些。换工的工具一般都是锄头镰刀，自己带上就可以了。我们家没有请工的现象，地少，家贫，无须请工，也没有条件请工。但是换工都是私人自发的行为，谁家与谁家换工都是看平时的关系，没有形成互助小组类似的组织。那会儿也没有公田，也没有族田，都是各家维持各家生计。

4. 土改前的社会交往情况

土地改革之前，我们客户子和主人家的关系还是很不错的，关系都是靠自己处的，你对别人好，别人自然就对你好，主要地种得好，主人家对我们就好，过年过节，主人家也会给客户子送些吃的东西。主人家要是有红白喜事，我们一般不去，也不会请我们，体面人才去，我们这些贫下中农根本就沾不了边儿。客户子家里要是办什么事情的话，一般也不会请他们。起初我们和王安仁的关系还不错，后来他太过分，我们才闹僵了。客户子和主人家的关系要好一些，和保长、甲长的关系就很一般，保长、甲长老是要拉壮丁，牵老百姓的猪牛，相互之间关系很差。当时老百姓之间的生活差距还是挺大的，地主富农这些发财人家，生活就过得好，不愁吃穿，有些贫下中农生活水平就差，能当客户子的人家，可以住老板儿的庄房，有些人家则只能住岩洞，很多年份要借粮吃饭，那个年代，不管是好还是差，都要往前走。

5. 土改前的土地观念

我家也没有想过再买点土地，一是没有钱，二是土地也不好买。当时有的家庭一点土地都没有，而地主富农有那么多土地，肯定是不公平的。但要说公平，任何时候都不公平，现在也是这样。他们土地多，有些是他们前辈人流传下来的，有些是自己买的，难以讲清楚公平还是不公平。当时听说要进行土地改革，我们老百姓肯定还是非常高兴的，尤其是那些没有土地或者土地很少的家庭，听说要给他们分土地，他们可欢喜了。

（二）土改的过程和经历

1. 访贫问苦，扎根串连

（1）工作队进村

进行土地改革时，每个地方都有工作队。我们苟家寨村是1951年或者1952年左右进驻的土改工作组。当时有两个组员，一位姓杜，名叫杜忠发，此人非常厉害，开会讲话吊儿郎当，把地主富农吓惨了，他在台子上面讲，地主富农在台子下面不停发抖。还有一位姓萧，具体名字记不清楚了。工作组不是我们本地人，听口音是外省人，但是他们讲话我们还是能够听懂。

（2）土改宣传

进行土地改革前，上级花了大力气进行宣传，那段时间几乎天天晚上开会，我记得开大会是在王家坪五村祠堂前面，干部通知开会，老百姓匆匆忙忙就赶去了，没有人敢不去。开会时搭一个台子，工作组的干部就在上面讲，我们老百姓就在下面听。讲话的大概意思就是说地主富农过去吃农民的血汗，老是欺负老百姓，只有打倒他们，贫下中农才能翻身，现在有共产党给大家做主，大家起来打倒他们就能翻身。开会时该发言还是要发言，自己有什么想说的或者是干部做得不对的地方都可以提出来。当时老百姓发言的大概意思就是说，不管是地主富农，还是恶霸地主，都要实事求是，他们有三背〔1〕谷子的地，不能定他们有三十背或者五十背谷子的地。我当时也二十来岁了，干部讲的政策，老百姓反映的意见，我都能够听懂。

（3）扎根串连

当时搞过串连，所谓串连，就是把居住在一块儿的人串起来去整地主富农，但我没有参加过。土改工作组下来后先是安排一切，当时定了文书，还有妇女主任、武装队长、民兵，这些干部都要走访调查，在调查过程中，有些人实事求是，有些人则添油加醋。当时没有到我家走访，一般工作组都是走访大院子，大院子里人居住集中，一天能访问很多情况，同时宣传效果也更好。

我当时不是土改积极分子，当积极分子的首要条件就是要听话，干部说要干什么事，他立马就去把那件事干了，这种人就叫积极分子。那会儿积极分子非常听话，自己没主见，干部让他钻水他都去〔2〕。我始终是个好人，不得罪谁，也尽量给其他人出主意。当时有个当副队长的积极分子，他说他家田地可能会多（分）一点，我把他一阵骂，说有田就有娘，有儿就有娘，你说田地多，当心吃哑巴亏。我一直觉得人还是要善良一些，当初那些积极分子最后都没有好下场，我们村王登卫是个积极分子，整人非常狠，现在家里都断香火了。

---

〔1〕 背：当地旧时计量单位。

〔2〕 形容非常听话，让其送死都毫不犹豫。

（4）成立农会

我们苟家寨村没有贫农团，但是有一个农协会。农协会是由工作组组织成立的，里面有三个主要负责人，此外农协会还有组长、支部委员，组长就是组织管理农协会成员，贯彻思想方针政策，支部委员起执事作用。此外还有其他一些贫下中农，但并不是所有贫下中农都可以参加农协会，积极分子才有资格参加农协会，思想不端正的就不能参加。我没有参加过农协会，我比较老实，不喜欢多事。农协会的作用在于，开会时整理一些条目，比如人口清单、土地情况等，除此之外没有太大的作用。就当时看来，还是土改工作组的权力最大，土改的方方面面都是它统筹，农协会只是一个名义上的组织，实际上发挥不了太大的作用。

2．划分阶级成分

（1）土改成分

我被划分的贫农成分，家里人和我一样，也都是贫农成分。我土地改革前当过客户子，家里土地少，经济条件也差，因此划分的贫农成分。

（2）成分划分

家里有土地出租，雇人干活的就是地主。有田有粮，家里东西齐全，但总体情况要比地主差一些，这就为富农。家里很穷，但是有一些土地，这就为干富农。中农又分上中农和下中农，上中农就是富农够不上，但比下中农强，下中农又要比上中农差一点，但是比贫农强。贫农就是什么都没有，完全赤贫。每个村都有各自的数量标准，比如整个村人均八分地的话，占有一亩地，就可以划为上中农，占有一亩半，则可以划为富农，只有几分地或者没有地就可以划为贫农，每个村根据实际情况制定划分标准。

划分阶级成分时，工作组严格按照标准卡，同时又开会，积极分子对划分结果进行评议。我们苟家寨村六十背面积[1]以上是地主，五十背面积则算一个富农，四十背面积是一个上中农，三十背面积是下中农，家中只有丁点土地或者一无所有的就是贫农。当初工作组就是按这个标准硬卡的。

我们这里没有死地主的说法，有一人地主——王家湾王文炳当过保长，作恶多端，划分为地主，家里人没有作恶，划分为富农。

（3）划分结果

当时划了两次成分，第一次主要是进行一个大概的划分，给每个人一个成分，第二次划分主要就是针对富农的问题。当初划分了一个大地主、一个富农、三个中农，剩余的都是贫农，成分划出来就定死了，没有人敢争辩。划成分时要开会，划分结果会上就公布，没有再张榜公布。

3．挖苦根，斗地主

（1）挖苦根

斗地主之前先开诉苦大会。开会前干部安排好诉苦人员，排好次序，然后这些人指着

[1] 六十背面积：当时计量面积的说法，意为产六十背稻谷的田地面积。

地主，倾诉该地主过去是如何欺负我们老百姓的，具体过程讲出来。诉苦一般都是男人，女人很少，因为女人没文采，诉不了什么苦。我们这里没有算剥削账。

（2）斗地主

村上斗地主非常简单。邻近的几个村聚到一起，地主挨个站好，他们存在什么问题，老百姓指出来，然后干部就宣布他们的罪状，让他们认罪，他们态度都比较好，一般都不会随便打他们。不老实的，实在该挨打的地主，提前都要研究商量，该打才打。区上斗地主时就要开公审大会，开公审大会就要枪毙人。我们这里开公审大会是在洪口区拦秧田那个大坝子里，搭有台子，还有彩门横幅，锣鼓喧天，阵势很大。地主富农在台子下面站成一排，挨个靠着，要公审谁，谁就站在排头，背上插一个标签，公审时干部数落他们的恶性，下面的百姓就呼号子，公审过后，把标签去掉，拖出去枪毙就是了。

当时打地主，只打了刘仁俞，当时还专门请徐眼镜儿去打的，他是个枪手。此外就没有杀过其他地主，但是恶霸地主杀得多。我记得当时积极分子开会，说要杀现行分子，把我们这里王安良提出来，准备杀他。我说要杀现行分子就不能杀王安良，他不是现行分子，人也不坏，他们同意了，结果第二天在学校开会确认，王安良的名字又出来了，我就问乡长，到底是杀现行分子还是原有分子，他说是现行分子。我说反正王安良的名字出来了，那郭家坝把闫从培拉出来，我们苟家寨杀王安良，郭家坝就杀闫从培，不管他是地主还是恶霸地主，都要实事求是，不能乱来，结果他们都躲过了。当时没有人敢在背地里给地主说好话，都怕惹麻烦。

4. 没收和分配土地、财产

（1）没收土地和财产

地主富农的土地和财产不是全部没收，按照当时的标准，该没收多少则没收多少，要给他们留一部分，剩余的才收到村里，当时叫做把果实。把果实也是由工作组统筹，没收谁家的，没收多少，怎么没收，提前都会商议好。没收当天，武装队走在最前面，一是为了防止其他人乱来，二是将地主富农清场。积极分子跟在武装队后面，到地点后做好登记，有多少桌子，多少椅子，然后统一搬到村上去。

（2）分配土地和财产

将困难户的名单开出来，然后拿到村上开会讨论审核，审核过后就开大会分东西，比如张三该得一个柜子，李四该得一张桌子，大会上宣布后搬走就是。我们家分到了一个柜子和一个洗脸架，没有分到猪牛等牲畜。当时没有人争，也没有人敢争。地主多余的房子按照就近原则分配，比如我们这个生产队有地主的房子，房子旁边有一困难户，就将地主的房子分给他一间。田地也是将地主富农多余的部分剔出来，然后平均分配。此外，地主没有什么钱财，也没有听说悄悄藏起来，因此没有分财宝。

（3）分配土地的过程

分配土地时先给田地插上签，签上面写明田地面积，具体分配的时候将签子抽出来就可以看到具体的面积。当时分到的土地还是很有限。量出村中土地总面积，除以总人口，然后得出每个人应得土地面积，再结合已有土地，多退差补。差田地的人家，为其补田地时根据就近原则，他原来的田地在什么地方，尽量将土地补在这个地方，比如他的田在田坝里，补的田地就分在田坝里，他的田地在大梁上，补的土地就分在大梁上，尽量与其原先的土地分配到一起。分配田地时没有考虑质量问题，田地肥瘦不好搭配，也难以均衡，只要面积均匀就可以。当初分财产分田地的时候，无贪污情况发生，大不了就是村上认为干部吃苦熬夜，他们本身又没有工资，在条件允许的情况下，给他们多分一点。

5. 土改复查

1952 年土地改革结束，1953 年或是 1954 年左右进行的土改复查。所谓土改复查就是看看整个村子，没收分配问题是否都做到位，做到位就算了，没做到位再补充。当时复查没有查出问题。分完土地后，每家每户都发放了土地证，硬纸壳材质，上面写着所属土地的具体情况，比如田地的数量，相互挨着谁家的田地，四至于何处。土改后没有进行查田定产。

（三）土改的结果和影响

1. 土改后的土地经营情况

土地改革时候，我们家几乎没有分到土地。虽然我们是贫农成分，但土地改革之前，父亲给我们家每人分了八分地，土地改革时大概也就是每人分八分地，因此我们没有分到土地。当时生活水平差，什么都吃，一年的收成还是能够糊口，劳动力也够用。土改后田地里还是种水稻、苞谷、红苕、洋芋，由于没有肥料，没有改良品种，产量仍然很低。

土改过后还是兴换工做活，后来上级还组织成立了互助组。分田分地之后，因为种的是自家的地，种得再多都是归自家所有，所以老百姓搞农业生产的积极性很高。

土地改革过后还是要给国家交公粮，具体数量按土地面积而定，干部填一个公粮的通知单，上面写着大春和小春需交的粮食种类和具体数量，发到每家每户，收公粮时，带上通知单，背去就行。当时不用过秤，用升斗计量，比如说两升，将粮食倒在升子里面，收粮的干部拿一个趟耙子〔1〕，对齐升口，用力一刮，升子里面就是两升粮食，收起来往上面交，多余的就掉到了地上，地上的就是收粮者中饱私囊的部分。那会儿大春就交稻谷，小春交麦子，不要苞谷、红苕、洋芋。

土地改革之后没有租种土地的现象，也不允许买卖土地。

2. 土改后的家庭生活情况

土地改革之后家里生活压力反正还是大，没有感觉到生活有所改观。当时主要还是以种地为主，偶尔出门做点木匠活儿。生活差距仍然存在，生活来源普遍靠种地，种地又全靠自己一双手，种得好就吃得好，种得差就吃得差。

〔1〕 趟耙子：翻晒粮食的工具。

3. 土改后的社会交往情况

土改过后贫下中农是一家，打交道也要看成分，政策上要求孤立地主富农，所以与地主富农交往不多。我们苟家寨村地主富农很少，大部分都是贫下中农，所以大家相处得比较融洽。

4. 土改后的观念变化情况

土地改革过后没有听说过国民党要“反攻大陆”，也没有听说过还乡团。当时有兴修水利和道路，阵势很大，群众热火朝天，我印象最深的就是修沙河子水库，聚集了周围好几个乡镇的人参加，全靠人背，修了好几年。土地改革之前是国民党当政，国民党税多，土地改革是共产党领导的，把土地平均，财产平均，让我们老百姓过上了好日子。

5. 土改对农业集体化的影响

土地改革是1952年结束的，1953年、1954年左右搞互助组，互助组是过渡性的组织，只持续了两年左右。互助组结束就是初级社，初级社是1955年，初级社过后就是高级社，高级社过后就是大食堂、人民公社。入初级社时，家中的土地、耕牛、农具都交给集体了，集体算成股金，当时肯定舍不得，但也没有办法。初级社没有入的家庭，高级社时也全部入了。各自耕种的效率远远高于集体耕种的效率，各自耕种，收成都是自家的，种得多、干得好才收得多。集体生产收成归集体，难以调动社员的积极性，磨洋工、藏着偷懒是普遍现象。搞农业合作化那几年，生产始终搞不好，饿死很多人，因此集体化对农业生产的帮助不大。土地改革把土地分给我们老百姓，土地归私人所有，后来搞集体生产又把土地收归集体，心里还是舍不得，但也没有感觉土改分地是白费工夫，地主富农没有那么多土地，也不再欺负我们老百姓，土地收归集体，我们老百姓还是有份额。此外，国家要推行它的政策，我们老百姓又能如何呢，只有随政策，国家说怎么办，我们就怎么办。

口述调查小记

又到一年暑假季，开心又忐忑！开心的是可以回家，忐忑的是不知老人是否好找，不知是否能保质保量完成调研任务。按照学院原来的计划，我们2016级的同学这个暑假的调研任务要转向，开始做家户制度调查。但因为有部分同学要做村庄调查，女同学需要人陪同入村，陪同的同学则可以继续选择做百村观察和口述史。有幸的是我搭上了村调陪同的末班车，暑假除陪同之外，调研任务还是自己非常熟悉的口述史。放假之前，我的任务便定了下来，完成四位老人的土地改革口述史调查，四位老人的合作化口述史调查，以及四川省蓬安县金刚村的问卷调查。整个七月都在外面跑，先陪同村调的同学找村，然后去做百村点的问卷，七月底才回家。口述史还是回家做，找自家周围的老人，毕竟熟悉，老人的防备心理要小一些，同时访问起来也较为方便。整个口述史的时间安排在8月23日至8月24日之间。在此之前，父母帮着寻找，最终确定了王海潮、蔡应臣、景修周三位老人，加上之前的“存货”，暑假的任务便能完成。

8 月 23 日早晨去访问蔡应臣老人，由父亲带我前去，一来大人好说话，二来我们两家人虽有渊源，但我们小辈与其不熟，我不好意思独自前去。很不凑巧，到蔡应臣爷爷家时，蔡应臣爷爷到洪口赶场去了，下午时分才回来。无奈，只得与其儿媳妇说好，我下午再去访问他。蔡应臣爷爷与景修周爷爷家离得很近，之后父亲便带我去景修周爷爷家。景修周爷爷 1931 年出生，今年 86 岁，但身体健康，记忆清晰，两老还种些菜园子。我之前只听说过有这么一人，但未曾见过。到景家时，景修周爷爷正在挑粪灌菜园子，看到父亲，便热情地打招呼，知道我是谁之后，显得异常兴奋。一阵寒暄后，父亲讲明来意，然后留我在此访问，自己则先行回家。景修周爷爷及其老伴李婆婆非常热情，也非常愿意讲过去的事情，一上午的时间很快就过去了。在访谈中，我知道景家本不是此地的人，景修周的爷爷一辈因给当时的大地主王正业当客户子（佃农）而来到此地，土地改革之后，分到土地，然后在此定居下来，因而此地也被叫作景家梁。景修周爷爷和李婆婆还讲到了解放之前的很多事情，比如当时的五艺匠人、背力这项活计、地主如何租地收租、保甲长抓壮丁等。土地改革的具体过程是这次访谈的重点，对照着提纲，景修周爷爷将斗地主、分土地的前前后后讲得清清楚楚。中午时分，王表叔（父亲的表弟）来叫我去吃中午饭，他家就在景修周爷爷房子下面，走几步路就到了。告别了景修周爷爷，便去吃午饭，饭后没有停歇，直接去蔡应臣爷爷家。

到蔡应臣爷爷家还不到一点钟，蔡应臣爷爷也刚赶场回家。蔡应臣老人 1932 年出生，今年 85 岁，土地改革之前已经成家。土地改革时候是村里的一个队长，大集体生产时，当过保管员、记工员、队长，还会多种手艺活，可谓全才。我家与他家亦颇有渊源。我的爷爷尚在人世时便与其交好，加之两家人住得近，小孩子经常在一起放牛、玩耍，非常熟识，我家修房子时，蔡应臣爷爷还曾帮着做瓦，待到我这一辈时，多在外求学或务工，关系才渐远。蔡应臣爷爷虽然年纪较大，但身体健康，头脑清晰，对过去的事情记得较为清楚。土地改革之前，蔡应臣爷爷已结婚，从父亲家分离出来，住着一间茅草房，家中有七八分土地，自己还会一些木匠手艺，日子过得很辛苦。土地改革时，自己头脑聪明，当上了队长。土地改革之前的事情，蔡应臣爷爷娓娓道来，但是土地改革时候的事情，则不太愿意讲。后来，在我反复劝导下，蔡应臣爷爷才放下戒心，将所有事情一一道来。当时村里来了两个工作队员领导土地改革运动，当时的积极分子表现得非常积极，用蔡应臣爷爷的话就是“你叫他钻水他都去”。工作队下来之后先四处走访摸底，然后再成立农协会，制定相应的措施。此后，斗地主、分土地、分家财的过程，蔡应臣爷爷也讲得很清楚，比如整个洪口镇开公审大会的情况、他自己如何保住地主王安良的一条命、当时如何划分成分，等等。问完土地改革的事情已是下午四点多，蔡应臣爷爷还要趁着凉快搭建鸡圈子，于是约定好，一天后再来问合作化的事情。

8 月 24 日下午前去访问王海潮爷爷。同在一片山，我打小就认识王海潮爷爷，因此不需要父亲带我去。吃过午饭，我骑上摩托车就去王海潮爷爷家。到他家时，他也刚吃完午饭。我先敬上一根烟，讲明来意后，海潮爷爷便欣然答应。按照当时的土地面积，海潮爷爷一家应该是中农成分，但由于海潮爷爷的父亲是从至诚镇蛭螳坝村何家抱养而来，何家留给了海潮爷爷家三十二个萝卜箱箱，量了三十二石，但是这三十二石是海潮爷爷的二爷爷在种。因此划分成分的时候，就给海潮爷爷家算成了小土地出租。只要有出租情况，那就不能是低成分，因此王海潮爷爷家被划成了富农。其间，海潮爷爷的幺爷爷在土改团工作，知道家中的情况，便写信回来，要家里好好处理此事，但也没有将这三十二石土地处理好。一开始说土改，海潮爷爷便将这件事讲给我听，我一听就知道后面好访谈，海潮爷爷没有什么担忧。事实也是如此。土地改革前的社会情况，土地改革运动的具体进程、具体的一些实例，海潮爷爷都毫无保留，一一讲与我听。

这次暑假调研已经是我第三次做访谈，经过这三次的访谈，我收获很多，我变得乐于聊天，甚至喜欢上听老人们讲过去的故事。其实调研不单单是一个完成任务的过程，更是一个挖掘学问的过程，还是一个锻炼自己的过程。

成都市

邛崃市

ZXM20160807YCN@Z　杨昌楠

一　受访者基本信息表

<table>
<tr><td>调研点</td><td colspan="5">四川省邛崃市平乐镇东乐村</td><td colspan="2">调研员姓名</td><td colspan="2">张小梅</td></tr>
<tr><td>调研员单位</td><td colspan="9">华中师范大学中国农村研究院</td></tr>
<tr><td>受访者编号</td><td colspan="5">ZXM20160807YCN@Z</td><td colspan="2">受访者姓名</td><td colspan="2">杨昌楠</td></tr>
<tr><td>受访者性别</td><td>男</td><td colspan="2">首次采访时间</td><td colspan="2">20160807</td><td colspan="2">首访时受访者年龄</td><td colspan="2">79</td></tr>
<tr><td>受访者成分</td><td>中农</td><td colspan="5">土改时是否土改干部或土改工作队队员</td><td>否</td><td>是否党员</td><td>否</td></tr>
<tr><td>干部经历</td><td>有</td><td colspan="5">曾担任的干部具体职务</td><td colspan="3">出纳、会计、村长</td></tr>
<tr><td>现家庭人口</td><td>2</td><td>现承包地
面积（亩）</td><td colspan="2">0</td><td colspan="2">现承包林地
面积（亩）</td><td>0</td><td>现承包水塘
面积（亩）</td><td>0</td></tr>
<tr><td>受访者
基本情况</td><td colspan="9">杨昌楠老人1937年出生于四川省邛崃市平乐镇东乐村，今年79岁。他的老伴孙良英今年也是79岁，他们有三个儿子和三个女儿。目前杨爷爷没有和自己的儿女住在一起，但是他的儿女都住在离他家不远的地方，经常来看他们。
老人因为年龄大了，身体不是很好，已经没有务农了，目前主要靠退休金和国家的补助生活，儿女也很孝敬，每个月都会给赡养费。</td></tr>
<tr><td>受访者
职业简历
或个人经历</td><td colspan="9">老人土改后读过几年书，没有读书了就在村里当干部，刚开始是大队的干部，后面又担任了生产队的会计，一共担任三十几年的会计，改革开放以后又担任了六年的村长。</td></tr>
<tr><td>受访者
所在社区
基本情况</td><td colspan="9">现在的东乐村毗邻美丽的平乐古镇镇中心，人杰地灵，风景优美，全村辖区面积1.867平方公里，共有6个村民小组，农户340户，村民1131人，共有房屋约1500间。全村耕地面积1011亩，人均耕地0.89亩。从2008年开始，部分村民开始靠种植和加工茶叶来增加经济收入。
据史料记载和民间传说，张献忠剿四川以后，“湖广填四川”政策颁布，湖北、湖南、江西、</td></tr>
</table>

续表

受访者所在社区基本情况	广东、浙江等地百姓，被“一条绳”捆绑着迁至四川。在巴蜀大地，移民经历一次或数次的搬迁、安置、繁衍、扩散，成为战乱之后的开荒者和定居者。位于成都平原西部边缘，直通滇藏门户，立于茶马古道（南丝绸之路）之端的平乐镇东乐村，原名万寿村（50年代），因为村庄西南部的万寿寺闻名远近，故得此名。80年代，万寿村更名为宝镜村，缘于万寿寺前面的宝镜寺。2005年，宝镜村合并到东乐村，始称东乐村。 1949年前，东乐村多为“天公堰”，水网水系并不发达。但是，江、河、溪、沟、堰、湾、谷、渡、桥、井等都有不少，有白沫江穿流、阴（殷）沟水倾流、爬蟹沟顺流和古井水自流等。

二　分阶段整理

（一）土改的基础和背景

1．土改前的家庭基本情况

（1）人口情况

我叫杨昌楠，出生于1937年。土改前我家里面有五口人，我父亲在土改前就死了，家里就有我的母亲，还有两个姐姐，一个妹妹。土改前我的母亲陈世珍就有四十多岁了，我的大姐有二十几岁，但是因为脑袋的问题，就一直没有嫁人。我二姐当时已经嫁人了，还有一个四岁的妹妹。

（2）劳动力情况

在土改前，二姐已经嫁人了，大姐的脑袋有问题，我和妹妹又比较小，因此家里的劳动力就只有我的母亲，但是她劳动力特别强，经常在农忙的时候晚上打夜工。

2. 土改前的家庭经济情况

在土改前，我们家有十亩的田地，又租了十多亩的田来种，那个时候租佃主的土地就要交租子的，一亩土地是一石谷子或者是两石谷子，具体交多少，是可以和佃主商量的。每年当谷子收了起来以后，佃主就请人把风波机抬到你的家来，把谷子吹干净，然后就搬起走。那个时候，你和佃主商定好了租子以后，你就必须要交，如果不交，他下年不仅不会把田租给你了，还要去告你的。如果你不想租了，就要提前给佃主说，栽秧子的时候就不准退了，都说的“正月不退田，二月不退地”。遇到灾荒年间佃主也会少收租子的。

土改前我家有犁头、耙子、拌桶等这些基本的农具，耕牛我们也有，还养了猪和鸡鸭。种田的人就离不开养猪，那个时候要用那个粪，其他人要把田洗给你，都是要看你的粪有多少，没有粪人家都不会洗田给你的，那个时候用肥料全部是用自然肥料的，没有化学肥料的。

3. 土改前的土地经营情况

在土改前，我们自家有十亩田地，向佃主租了十亩田，因为家里就只有我母亲一个主要的劳动力，因此在农忙的时候，家里的劳动力就不够，母亲就只有和别人换工，那个时候的换工就是今天你有什么农事我就来帮你，我有农事你就来帮我，比如今天我要栽秧子，就有两三个一个村的人，商量好今天谁家栽，明天谁家栽，就这样相互帮忙。换工就是自己带上工具，比如锄头，工具坏了也是自己来修。如果你还不起工，就可以给工钱。男的工钱和女的工钱是不一样的，男的是一升半米一天，女的就是一升米一天，比如我妈去帮人就是一升米一天，男的过来帮我们就是一升半米一天，多半升米。除了换工，我家还请工，那个时候雇工按时间，把雇工分为几种类型，如果你雇人家一个月，就叫月工，如果你是只雇人家两三天，就叫天天工，如果你是雇人家一年的工，就叫长工，一般长工的工钱是两石或者三石米。一般只有佃主才能请得起长工，除了在佃主家吃住和给工钱以外，佃主在夏天要给长工做一件衣服，冬天也要做一件衣服。

4. 土改前的社会交往情况

土改前我家是有牛的，很多贫农他们是没有耕牛的，因此他们会向我们借牛的，在你不用的时候，他就把牛牵过去，用完了就牵回来，一般是耕一亩给你多少米，有些时候，因为关系比较好就不会要你的米，就互帮互助。当时村里村户之间都是互帮互助的，如果你不和村里的其他人处好关系，你借一个东西都借不到的。

村里发生了矛盾，就找保长和甲长，他们都要处理，但是处理这些都不公平的，在遇到什么事情的时候，找了甲长，有钱人就给甲长塞点钱，他就会维护有钱人的。为了与保长和甲长搞好关系，每到过年，都要提一个肘子去给他拜年，然后有事就会维护你。

那个时候，还要交粮的，按照土地来的，出榜公布名单，先是保长派下来，然后甲长来分，甲长如果不喜欢你，就要给你多摊派，你不交还要收拾你的，打官司你是打不赢的。

我们宗族没有祠堂，但是我们村里有两个祠堂，一个是在狮子上那边是姓黄的祠堂，另一个是姓孙的祠堂，祠堂里是不准外姓的人参加的，但是外村的同姓人是可以参加的。祠堂里有长辈，他们都是选出来的。那个时候族里处理事情是很公正，如果是族里的人违规了，是非处理你不可的。比如你的娃娃不讲孝道了，或者不供养大人了，祠堂里的老辈子就要处理的。

5．土改前的土地观念

（1）对土地的愿望

那个时候有卖土地的，那些吃鸦片的把家里的钱都花完了，就只有卖土地。那个时候农民把挣来的钱都是存起来，听说哪里有卖土地，他们就会去买。土地的买卖也比较复杂，要找一个中人，中人是买卖双方比较信任的人。然后大家一起商量好，那个时候还要写邀约，要办酒席，办酒都是买方办，你参加了酒宴，以后打官司你就要当证人。比如说你卖土地，你的娃娃画字，买主都还要给画字的钱，卖家把字签了，这样如果你以后想反悔，就是你打官司都打不过的。

除了有土地买卖，还有当土地的。比如我把土地当给你三年，你就先给我一半的钱，比如我的田管三石米，你就只给我一石五的米，如果三年以后我赎不起，你就给我买了，就扣除你原来给我的米。

（2）对土改的反应

当时村里知道解放军来了，一些恶霸还组织成立了“反共救国军”，还就是你住的那河的那边，有一个小台湾，位于金鸡谷的坝坝里，专门打解放军。那个时候黄家中就当过几年的保长，人家有些当过几十年的保长都没有被枪毙，就是因为他打过解放军。在土改前他们逮住了三个解放军，然后就把他们打到了风洞里。三个中一个是当官的，当时三个人都被黄家中打到洞里，那个洞是很深的，落下去就落到了一个石头上，其他的人都死了，但是那个当官的就没有死，他就慢慢地爬了起来，就爬到了孙坝的草棚棚里，到了贫下中农的家里，他就把衣服和裤子全部都换了，才跑掉的。后来解放军一到我们村里，那个当官的就亲自出面就把黄家中给抓了。

当时说要土改也没有什么担心的，看了清匪反霸，都把地主东西全部收了，比如衣服那些全部被收了，然后就分了。雇农要分得多一点，贫农也要分，中农分得最少。下来就土改，就把土地分给你，没有顾虑的。

（3）对共产党的看法

在国民党统治时期，村民叫解放军“霉老二”，那是国民党造的谣，说共产党要杀人吃的，杀人来喂马，所以当时是很怕解放军的。

1949年就解放，1950年2月份部队就来了，开始贯彻四大任务，你原来是乡长就还是乡长，不会动你的，你原来是保长就还是保长，因为共产党要利用乡长和保长他们帮着来宣传，就宣传共产党的政策，后来他把下面的群众说服了，就开始了四大任务，就是清匪反霸、减租退押，比如减租退押，佃户向地主洗的田就不用交租。后面就清匪，保长就被逮，不管是谁，只要作了恶，都被逮，比如你打死过人和整过人，没有一个跑得掉的。

（二）土改的过程和经历

1. 访贫问苦，扎根串连

（1）工作队进村

1951年就来了四个工作队的，不是我们村的，都是外地的，住在乡政府里的，都是二十几岁的人。

（2）土改宣传

那个时候是要开会，每次开会的时候有通信员敲锣，转一圈，就知道要开会了，就是半夜听到敲锣都知道是要开会了。

（3）扎根串连

工作队没有每家每户地走，而是选一些成分比较好的，一般都是贫雇农，也比较积极的人当代表。

（4）成立农会

1950年下半年的时候就成立农会。农会主要就是宣传国家的政策，农会的干部都是村里面选的，只要你不是四类分子，不管你有没有文化，都可以参选，因此这些干部都没有什么能力的，上台去也就浑说的，但是浑说也要与政策相关，比如宣传妇女的权利，宣传自由婚姻，或者就是不准地主富农乱说乱动。农会一般开会是不准地富反坏参加的，只有斗争大会他们才参加。

2. 划分阶级成分

（1）土改成分

在土改划成分中，我家有十多亩的田，还租了别人的田种，所以按照政策来，我们家就被划成了下中农，我们也没有什么不满意，都是按照政策来，大家一起评的。

（2）成分划分

划成分的时候就开大会，地主和富农都是参加了的，每个人自己报自己有多少的田，自己种了多少田地，租出去多少田地，家里面有多少的人，那个时候都不敢瞒报的。

划分成分的标准是有的，比如说你有五十亩田，你自己种多少田地，家里有多少人口，你雇工有多少，你租出去多少田地，一共凑起来看你剥削性的比例，占百分之五十，你就是地主，富农是百分之三十。又比如说你有钱，或者你就只有一两亩田，但你又没有劳动力，就租给人家种了，就把你划成小土地出租。中农也是这样划的，但是也分为下中农、中中农、富裕中农。下中农的农具不是很齐全。富裕中农就什么都不缺。贫农有点土地，但是不多。雇农就一点都没有，也叫赤贫。那个时候划分成分的时候，人口还是一个关键的因素，我们村里有一个黄先任，他本来应该划成富裕中农的，但是他就把他的后娘接过来供养，就成了中农。

（3）划分结果

那个时候划了三次，先是把中农贫农雇农划好，然后再划的地主和富农。当时地主有五户，富农有三户，中农比较多，贫农雇农就是大部分了。

3．挖苦根，斗地主

（1）挖苦根

那个时候开了诉苦大会的，一般是一家出来一个，男的女的都有，就说地主是怎么剥削他的，地主又怎么整过他，当时地主都不敢反对的，贫农中农说打哪个就打哪个，当时打人的时候，本身是不应该枪毙的，群众一提，今晚上提到你的名字都马上把你抓起来的，抓起来就五花大绑，问群众，群众说就打脑袋[1]。

（2）斗地主

斗地主都是斗了半年的，刚开始地主的东西全部是被没收，并被赶到祠堂或者贫农和雇农的草屋里，贫农和雇农就住他们的房子。斗争的时候，就是随时通知就随时到。那个时候是农会组织斗地主，一般是台子搭起或者没有台子，就在坝坝里，地主站在中间，其他的人把他围着，然后贫下中农就发言，说你又怎么了我，如果说得不对，地主都不敢反对，因为有小娃娃儿用鞭子打你。当时也有说地主的好话的，我们村里的王玉书以前就是打游击战的，他的妈那段时候就在帮地主，后面斗争地主的时候，就说地主没有亏待她，叫她的儿子不要去打地主，人家打不关你的事。

当时为了让地主交金银，就把衣服给脱了，然后睡在霍麻[2]铺的床上。斗地主也是斗当家人，如果是和你有气的，没有什么事情都要给你说得很大的；如果是和地主的关系比较好，一般不会发言。有些地主刚开始还说谎，就没有挖到（金银），然后又打他，他就只有说了。当时还有地主把金银放在亲戚家被斗出来的。有个地主，把银圆藏在他的亲戚家，然后这个人被打了，三天后就死了。

那个时候出村的岗上有很多的人守着，但是也有地主实在受不住就逃跑了，我们村地主申让田就是逃跑了。

4．没收和分配土地、财产

（1）没收土地和财产

那时是地主的房屋、土地和金银是全部被没收了的，但是富农是征收，不是没收。

---

[1] 打脑袋：枪毙。

[2] 霍麻：一种皮肤碰到就会被伤到的植物。

（2）分配土地和财产

地主的金银是全部交给政府了的，只有其他东西是分给贫下中农的。分配物品是按成分来的，雇农因为什么都没有，分物品的时候就要多分，比如说是衣服，别人只分三件，他就要分五件，而中农分得就少，我们家就分到一条凳子。

那段时间政策是比较严的，平乐乡的乡长易明洲就得到过一口锅，就是这口锅把乡长的职务都丢了。

（3）分配土地的过程

那个时候土地是评了产量的，根据产量来衡量的。甲等是七百二十，乙等是六百五十，丙等是四百几，比如说你分甲等田，一亩就是七百二十，不好的就是三亩或者四亩才能抵得上一亩，这样不好的就可以分三四亩。要分土地给地主的，破房子还是要分给他的。都是按照产量来分的，分东西的时候没有发生争执的。当时村里也不是平均分土地的，要看你是进田户还是退田户，比如你是退田户，每个人的标准，退田户是要达到的，而进田户就达不到平均的标准，村里有多余的田，进田户就分那个田。

5. 土改复查

1953 年（土改）就结束了，后面又复查，也没有复查出什么，后面还发了土地证的，土地左右前后界限和土地有多大，这些土地证上都是有的。土改以后就开始统购统销，就是卖余粮。

（三）土改的结果和影响

1. 土改后的土地经营情况

（1）生产合作

把农民的积极性提高了，原来就是那些一点土地都没有的人，在土改后分到了土地，高兴得不得了，因为不管是什么分给了我，就是我的了。

土改以后我家的劳动力不足，还是换工，就是相互帮忙，比如说人家来帮了你，你还不了工，自己就要出粮食的，那个时候还是计件制的，担粪每天就要担十五担。

（2）土地买卖

土改后都没有土地买卖了，经过这个运动哪个还敢买卖土地。那个时候是不敢积累粮食，粮食积得多都要被收的，那个时候的粮油茶都是不流通的，有些人把茶拿到少数民族地区卖，都怕被检查到，检查到就会给你没收了。

2. 土改后的家庭生活情况

（1）自家生活变化

那个时候水田里就是种谷子，土里就种苞谷、玉米和红薯。

（2）地主家生活变化

土改后，地主说话都没有人听，还是分了点土地和破房子给地主，有些地主有点病，都说他是装的。

（3）收入变化

村里原来地主和富农是最富裕的，土改后都被打击了，尤其是贫农和雇农的收入变化最大，原来都主要是以卖工为生，现在就变成了自耕农了。

3. 土改后的社会交往情况

村里面就是要和四类分子划清界限，不和他们有来往，其他农户间的关系还好。

4. 土改后的观念变化情况

（1）土地观

当时土改的时候，贫农和雇农是最积极的，因为他们能分到土地，他们都不管能分到多少，只要能分到就很满意。

（2）人际观

当时的政策就是要和四类分子划清界限，不要和他们有来往，贫下中农要团结，我们就和地主富农交往得就比较少了。那个时候地主说话都是没有人听的，分土地的时候，本来应该分一点土地给地主的，但是有些蛮横的人，不讲道理，就没有分土地给地主，地主生病了，还说地主是装病，我们这里的申家壤就是，他本来就有鼻炎，别人就说他是装病的。

（3）社会观

土改以后，我们这里就修了顺江堰，那个时候就是全民出力，我都是参加了的。每个生产队要规定出多少的劳力、粮食、蔬菜。

（4）土改观

土改把农民的积极性提高了，就是那些一点土地都没有的，把土地分给了他，不管分到多少都开心得很，就是耕者有其田了。

5. 土改对农业集体化的影响

（1）生产资料入社

土改后就成立了互助组，政府号召才成立的，就是你们十户或者是八户就成立一个互助组。地富反坏都是不可以加入互助组的。

（2）对集体化的认识

土改后就成立了互助组，后面就是集体了，在低标准的时候饿死了好多的人，那个时候就乱搞，带着去烧火土，一天到晚都是在搞，晚上就把火把点起，把那个土堆起，用人家办好的柴来烧，烧过烟子熏过，然后就是弄开来栽秧子，好带着社员去挖深耕，把土挖三尺深，挖了几天。

口述调查小记

2016年8月1日至8日，我带着一腔热情来到成都邛崃市平乐镇东乐村进行口述史调研。虽然我是一个四川人，但是到成都的次数屈指可数，更没有机会到成都农村，借此机会可以深入了解成都农村，感受成都农村的民风。选择平乐镇东乐村作为调研点也是一个机缘巧合，因为在这里有我们院的博士师兄姜胜辉，他已经在这里进行了一个多月的调研，与本村的村民建立了良好的关系，对于我开展调研有很大的帮助。

2016年8月1日，星期一。邛崃与成都相距不远，三个多小时的车程就到了邛崃平乐镇，中途在邛崃市转了一次车。车子停靠在平乐镇旅游中心，下车就看到很多人向旅游中心走去，在来之前就了解到平乐镇是一个旅游镇，有著名的古镇和金鸡谷旅游景点。大概是古镇的缘故，街道两旁的房屋都比较复古。站在约定的地点等到姜师兄，在师兄的带领下来到了调研的村，住在了师兄帮我订的旅馆里。

午睡过后，我就跟着师兄来到了孙良玉老人家。老爷爷今年84岁，现在和他的小儿子住在一起，妻子在不久前去世。孙爷爷在土改前家里有9口人，有8亩地，还向地主租了8亩地。在土地改革中他被划成了中农成分，他先后担任过生产队队长和生产大队的会计。孙爷爷虽然现在有八十几岁，但头脑清晰，讲话很有逻辑，而且记忆力也特别强，关于土改的很多事情都记得比较清楚。在了解了基本情况以后，就开始了此次的调研。

2016年8月2日，今天早早地我就起了床，按照师兄的安排，采访住家的主人黄爷爷。黄爷爷叫黄培成，1937年出生，今年79岁，身体硬朗，还在做农活。昨天到黄爷爷家的时候，就看到爷爷在弄自己种的苞谷。黄爷爷只有四个女儿，没有儿子。现在和小女儿一起居住，其他女儿也居住在这个村里。因为他家离金鸡谷旅游景区近，所以就开了旅馆，小女儿还在外边跑三轮车。黄爷爷在土改前家里有8亩地，有7口人。收入主要来源于两个方面，一个是靠种地，另一个靠父亲做厨子，家庭的经济状况较好。黄爷爷在土改前读过十年的私塾，解放后，又读了八年的书，在村里可以算得上知识分子，而且在集体化时期当过出纳。在土改中，爷爷一家人被划为中农成分。我虽然是住客，但是黄爷爷对我很好，也很支持我做的调研，还帮我介绍村里的合适访谈老人。

2016年8月3日，今天早上师兄八点钟就到我住的地方来接我，带着我到镇上找了李家奎爷爷。李爷爷今年84岁，身体很好，但就是听力不行了，只有很高的声音他才能听得见。李爷爷就只有一个儿子，现在在外面打工，爷爷和他的孙女住在一起，爷爷的孙女今年考上了西华师范大学的数学专业，爷爷讲到这些都特别开心。在土改前，李爷爷家就只有他的父亲和他两个人，一共有十三亩田地，土地都租给别人耕种。在土改中，李爷爷家被定为富农成分，虽没有被批斗，但家里除了房屋、土地和农具没有被没收，其他东西都交出去了。土改后因为自己身份是富农，还受到过集体的排斥。中午的时候，因为在镇上，爷爷就留我们在他家吃，吃过午饭以后，爷爷就要求继续访谈。在整个访谈过程中，爷爷不仅给我讲了土改时期的历史，还一直给我传授人生经验，虽然访谈了一整天，但是到结束的时候，却一点都不感觉到累。

2016年8月4日，今天准备去采访一个卖东西的黄爷爷。前几天的访谈对象都是师兄帮我联系的，所以都比较顺利，而当要自己一个人去找黄爷爷访谈时，还是挺忐忑不安的，没有熟人的引导，黄爷爷会相信我吗？会接受我的访谈吗？我带着忐忑不安的心情来到黄爷爷平时摆摊的地方等他。但等了好长时间，黄爷爷都没有来，我就向坐在河边玩手机的叔叔打听了一下黄爷爷的情况，才知道黄爷爷就住在不远处，叔叔建议我到黄爷爷的家里去找他。顺着叔叔指的方向找到了黄爷爷家，看门开着，就直接进去了。黄爷爷刚开始有一点抵触心理，仔细给他讲了我的来意以后，信任就慢慢建立起来了。由于黄爷爷要摆摊，所以调研就只能到摆摊点进行。我帮忙把他的东西推到固定位置摆好以后，就开始了今天的访谈。因为位于河边开放的场地，所以有很多的杂音，偶尔还有顾客来购买东西，访谈不时被打断，但是黄爷爷还是很耐心地给我讲以前的事情。从访谈中得知，黄爷爷有六个子女，一个儿子、五个女儿，儿子在外工作，但收入不高，家里经济条件不好。虽然黄爷爷有八十多岁了，但还是希望能够赚钱，为儿子减轻负担。

2016 年 8 月 7 日，今天去杨昌楠老爷爷家里访谈，因为爷爷家离我住的地方比较远，需要四十多分钟的路程，因此我很早就起了床。来到杨爷爷家时，杨爷爷正坐在屋门口，奶奶在家里做家务。杨爷爷见了我，就热情地站起来迎接我。进屋以后，就开始了访谈。杨爷爷今年 79 岁，在集体化时期，杨爷爷担任过出纳，大公社时期担任过会计，再后来还担任过村长。杨爷爷家有三个儿子、三个女儿，虽然都没有和他们住在一起，但听奶奶讲他们的儿子女儿都很孝顺，经常回家来看望他们。杨爷爷有糖尿病，奶奶的身体也不是很好，他们平时都待在家里，不敢出门，怕出现意外。土地改革前，杨爷爷家里有五口人，他的父亲已经过世，他的母亲一人撑起了整个家，他的母亲很能干。从访谈中可以知道杨爷爷是一个刚正不阿的人，在“大跃进”时期，因为说了一句“没有那么多粮食”而被关了 7 天。在一天的访谈结束准备告别回旅馆时，爷爷和奶奶盛情留我在他们家里吃饭，实在无法拒绝，就在爷爷家把晚饭吃完后才走的。最后走的时候，奶奶一把抓住我的手，坚决要把两把牙刷送给我，还嘱咐我以后一定要来邛崃玩。走在回去的路上，满满的都是感动。在调研以前，我一直认为担任过干部的人都对外来的人有戒备心，尤其是涉及国家和党的历史事件时，可爷爷和奶奶对我这个认识不到一天的人投以信任和关心，我更像他们的孙女，备感温馨。

经过 8 天的调研，终于把调研的任务完成了。回忆这 8 天，虽然很辛苦，但是更多的是感动和收获。师兄为了帮我找访谈对象，放下自己手中的调研任务，顶着烈日带着我到处奔波。村里的人热情地帮我带路，向我介绍合适的访谈对象。每一个访谈对象对我这个“不速之客”都没有排斥，而是耐心地给我讲以前的故事。他们的讲述，加深了我对以往历史的了解，收获了很多在书本上学不到的知识。

达州市

达川区

LHP20160116WBB@S　王邦碧

一　受访者基本信息表

调研点	四川省达州市达川区堡子镇				调研员姓名	刘海萍	
调研员单位	华中师范大学中国农村研究院						
受访者编号	LHP20160116WBB@S				受访者姓名	王邦碧	
受访者性别	女	首次采访时间	20160116	首访时受访者年龄		84	
受访者成分	贫农	土改时是否土改干部或土改工作队队员			否	是否党员	否
干部经历	无	曾担任的干部具体职务			无		
现家庭人口	4	现承包地面积（亩）	0	现承包林地面积（亩）	0	现承包水塘面积（亩）	0
受访者基本情况	老人1932年出生，江陵镇五大队人。有三个女儿、一个儿子，有两个女儿住在县城里，一个女儿在堡子学校里当保安。老人现在和儿子、儿媳、孙子居住在堡子镇上。儿子在堡子街上做副食生意，十分能干。老人身体不错，平常就在儿子店里帮忙看下店。由于老人是妇女，关于土改的有些活动没有参加，访谈中便请了表弟温礼仁进行补充。						
受访者职业简历或个人经历	土改以前，老人作为未婚女性，一直在家做家务，没怎么出过门。1950年9月嫁到堡子镇。老人的公婆由于做生意和出租土地被划成地主。老人和她老公在土改后就一直在家务农。由于其老公是地主子女，老人在土改和“文革”时期生活十分艰苦。						
受访者所在社区基本情况	堡子镇位于达州主城西北，距达州主城64公里，与虎让乡、江陵镇、金石乡、龙滩乡、米城乡、赵固乡、桥湾乡接壤。 全镇辖18个行政村，2个居委会，148个村民小组，6030户，21939人。全镇有34个党支部，943名党员；面积66.7平方公里，耕地面积19483.3亩，其中田14193亩，地5290.3亩；最高海拔901.7米，最低海拔380米。 根据在上场头古庙挖掘出的一块石碑上记载：“此地原是一坡刺岭，岭上有一寨，名曰‘清平寨’，寨中筑有堡，场镇居于山寨之下，山岭之上，故名堡子岭。”嘉庆元年（1796年）						

续表

受访者所在社区基本情况	堡子岭属宝芝乡管辖，民国元年，堡子岭设团参分局，民国十九年改场为镇，改团保为团甲公所。1950 年，成立堡子乡农民协会，改乡公所为乡人民政府。1958 年成立堡子人民公社，后又几经更名，到 1992 年撤乡建镇，改为堡子镇。

二 分阶段整理

（一）土改的基础和背景

1. 土改前的家庭基本情况

（1）人口情况

我叫王邦碧，出生于 1932 年，出生在达州市达县江陵镇。土改前我老公家里只有三个人，他和他爸妈。1950 年 9 月，我嫁过来之后，一共就有四个人。我老公当时没有做事情，我公公是杀猪匠，我婆婆酿酒卖。

（2）劳动力情况

土改前，我们家有四个劳动力，我公公是杀猪匠，在卖肉。我婆婆就在集市上卖点酒，一个大场能卖一升米，小场只能卖半升米。那个时候称粮食是用升子，不用秤。我老公平时就去坡上捡柴回来烧。

2. 土改前的家庭经济情况

土改以前，我还没开始做事情。我们家主要是公公婆婆做生意赚钱。公公婆婆卖猪肉卖的钱就用来买烟酒、柴米油盐。我公公有一小块地，我公公没时间种，就租给别人。我们家生活压力不大，家里人口少。

3. 土改前的土地经营情况

我公公自己有点田地，是祖业。公公是杀猪匠，平时和别人搭伙一起卖猪肉，一个人卖半边猪。公公平时没时间，就把土地租给别人在种。土改前租地，一般收成都是五五分，给主人家交一半，自己留一半。我公公的土地只有一点，收也没收多少。我们家自己没有种地，家里也没有牛、锄头、镰刀这些东西。

解放前我们村里有公田，那个时候作为庙田庙地，用来供菩萨。我们队上也有公田。庙里的和尚不种地，我们帮他们种地，收了粮食就和他们分成。

4. 土改前的社会交往情况

土改前，这街上住的人少，大家住得比较分散，所以周围邻居的关系也是一般。土改前，大家的生活差距比较大，大地主生活就比较好，像陈雪峰、王岩、刘志山，我嫁过来的时候他们就被关起了，一般的农户生活就差。

5. 土改前的土地观念

（1）对土地的愿望

土改前，我们家没有想过买地，都是在街上做生意，也没有时间种地。

（2）对土地的看法

我认为地主有那么多地，很难说公不公平。土改之前，没有土地的人比较多，“上无丁角瓦片，下无歇鸟之地”。没有土地的人要么当乞丐讨饭，要么就帮地主家里收粮收款，当狗腿子。我们家当时做生意还是可以，至少还是可以吃饱饭的。

（3）对土改的反应

听说要土改了，我们也不知道是做什么的。土改前我们还是姑娘，我妈就怕国民党欺负小媳妇、小姑娘，所以我十八岁就嫁到堡子镇了。

（二）土改的过程和经历

1. 访贫问苦，扎根串连

工作队是新中国成立之后来我们这里的，也就是 1950 年来的。工作队男男女女，一共有十几个人。我们没有参加过土改宣传会，因为我公公被划成是地主，村里的人就不让我们去参加。只记得要分田地的时候，工作队给我们指田在哪里，地在哪里。工作队也没有来过我们家里。我们这里没有贫雇农串连[1]。

贫农协会主要就是带领大家分田地，划界限。我们这里的贫农协会主席是周桂书。分田地是贫农协会主席、区长、书记、村长、各个生产组长他们一起决定的。生产组长就相当于现在的生产队队长。

2. 划分阶级成分

（1）土改成分

我公公婆婆的成分最开始是地主。别人说他不劳而获，不种地，把地租给别个做，剥削别人。其实我公公只有一点田地。当时有人冤枉他，又被划成地主。公公的朋友有几十根树，问我们要不要。那个时候我们家里都是捡柴烧，所以我们第二天就去砍树，砍了三天，绑了三十几捆。结果有人偷了我们几捆柴，我公公很生气就骂了几句脏话，有人就去给民兵队长打报告，说他今天骂人，要把他划成地主。所以，我公公婆婆就被划成地主。我老公是地主子女，我是贫农，我是按照我娘家那边的成分划的。

（2）成分划分

当时是工作队和贫协会在划成分。地主就是把田租给别个，一年就只收租，收谷子。富农就是他剥削别个的粮食量占粮食总量的百分之三十以下，超过百分之三十就划成地主。我们家被划成小量地主的时候，就把谷子、铺床被子都交过一次。后面划成地主成分的时候，领导看我们家也没有什么东西了，就没让我们赔，只给我们划个成分。

（3）划分结果

我们这边的大地主就是陈雪峰、王岩、刘志山他们。富农有几个。大部分还是贫农、雇农。大地主我没有看见过，我过来的时候他们就关起来了。

3. 挖苦根，斗地主

（1）挖苦根

挖苦根就是诉苦，讲地主怎么剥削，怎么收租，怎么折磨人，就是讲这些。我记得我还是小孩的时候，我妈也租了一个田。每年打谷子的时候地主就来收租。地主就坐在旁边，不让风车的进粮口开很大，担心有秕谷，就几颗几颗地慢慢打。其实来收谷子的狗腿子比地主还霸道些，真正的地主反而没怎么打过交道。

（2）斗地主

开批斗大会的时候，就是地主一句话说得不对就要挨打，能怎么把地主打痛就怎么打。我们这边的大地主最后都是被枪毙了的，但是王岩是不该枪毙的。王岩表面是地主，私底下他是共产党。文件送下来的时候，他已经被枪毙了。我们家也经常被批斗，只要开会就要被批斗。

[1] 老人或许不知道。

4. 没收和分配土地、财产

(1) 没收土地和财产

我们那个时候把地主叫的发财主。开会的时候，让他总结这一生做的错事，比如故意敲诈百姓，拉兵派款，乱收费，害死人等等。通过总结，就把地主的成分划出来。只要划出来是地主，就被关起来。武装队队长就领导几个民兵就去地主家没收东西交到村上，把家里东西收光了，只给地主留锅碗瓢盆和一床铺盖。没收财产工作队、村长、各小组的小组长也去了的。

(2) 分配土地和财产

村上先是分地主的财产，最后再分土地。土地是按人口分。财产的话，就是家里穷的就多分点东西，家里条件稍微好点的就少分点东西。当时是开大会分的东西。那个时候开大会是小组长组织大家在村子上开。那个时候一个小组大会规模比较大，现在四个生产队相当于那个时候的一个小组。我们家赔了几斗谷子。我是贫农，我的东西就不动，只动了我公公的几床被子。我们家也没有什么东西，赔的谷子都是别人借给我们的。我们姑爷借了几斗谷子给我们，别个就说他走地主路线，开大会小会都批斗他，说他走地主路线，给地主借谷子。后来我们种庄稼收了粮食才还给他的。

分土地是直接估的产量，没有量土地大小。分土地依人口，一人分十一石。我们两个年轻人一人分了十一石，共二十二石。每石产两三百斤，大概只有几分田。当时我们干部没有贪污，也不敢贪污，东西只有一点点，大家都清楚。村上也有因为分东西不满意吵过架，不过很少，一般都是干部说了算。

5. 土改复查

我们村 1952 年土改结束。我们村进行了复查，复查就是看有没有漏网的地主。我们这边有好几个划错了，说是成分被划低了。其实都是被冤枉的，按最开始那样划都有点多。我们表弟家就从中农划成了富农的。土改结束后就给我们发了土地证，四四方方的，很大一张。

我们当时土地定了产量，就是估计的通产。我们家是二十二石通产，每担产两三百斤。公粮就是按通产算的，我们家要交两三百斤公粮，国家要给我们折成钱。

(三) 土改的结果和影响

1. 土改后的土地经营情况

(1) 生产情况

土改后，我和我老公分了二十二石土地。我们分的田在双河口，那个田又长又窄。我们家分的是差田。每天天一亮就去地里干活，天黑了才回来。土改后，我们家有两个人干活，生活还是基本满足。

（2）生产合作

土改后，我们家里劳动力还是够。农忙的时候还是要请人帮忙。找别人帮我们，就要管三顿饭，还要把伙食开好一点，不然别人会笑话我们。我们家当时没有（油），还去舅舅家借的油来炒菜。这种帮忙都是临时的，只有几天，平时自己忙得过来。我们给国家交两三百斤公粮，一般还剩一千多斤谷子，就够全家吃。土改之后，我们村上没有买卖土地的情况，大家也不敢买地。

2. 土改后的家庭生活情况

（1）自家生活变化

土改之后，我们土地就是自己种，生活就可以了，压力也不大。村民之间的生活差距相比以前要好些。以前土地是地主的，要交租，现在虽然要交统购，但土地证上写的是我的名字。

（2）收入变化

我们家以前就是公公婆婆做生意，现在主要是种地，自己种来自己收。我老公他不愿意做生意，他说做生意苛捐杂税太多。

3. 土改后的社会交往情况

我们和村上其他人关系还是好。我们没有和谁争吵过。我们和干部关系也还是可以，比较支持干部的工作。

4. 土改后的观念变化情况

土改的时候，分土地都是按人口分的，家里人口多就多分，人少就少分。我认为这是对的，土地分多了还忙不过来。

刚土改结束的时候，一般的人还是有点介意和富农地主打交道，他们都不从我们家门口过。村上有些人说我们是地主成分，还经常欺负我们。那些年我们还是吃过很多苦，受过很多罪。

5. 土改对农业集体化的影响

（1）生产资料入社

1953 年我们村成立的互助组，就是几户人一起合作。当时地主富农还不准入互助组，只有贫下中农才可以。我们家没入成互助组，因为我们家里是地主。我记得我婆婆会做鞋，就在屋外头搓麻绳。我们队上的人收工经过我们门口，还笑话我们不用干活。

后面初级社、高级社，大家都入社了，就要把家里的东西交给集体。风车要交，犁头要交，耙要交，耕牛要交。交给集体，集体给你折成钱，你什么都没有的就给集体补钱。初级社的时候，在自己家吃饭，只是集体干活。在初级社的时候有的人被退出初级社的，就说他调皮不听话，就让他分出来单干。单干户的田就不是最开始入社的田，是边边角角的差田。最后高级社的时候，吃饭也在集体，干活也在集体，锅碗瓢盆都是交给集体了的。

（2）对集体化的认识

最开始，集体生产和个人生产都搞得好，集体化是后面搞差了。1958 年的下半年，全民大办钢铁，大家都炼钢去了，没人种庄稼，1959 年天干，结果地里就没收成，才开始闹饥荒的。大办钢铁误了庄稼，家里只剩老人、妇女、孩子，庄稼就种不好。

LHP20160117SDM@Z 盛大明

一 受访者基本信息表

<table>
<tr><td>调研点</td><td colspan="5">四川省达州市达川区堡子镇</td><td colspan="2">调研员姓名</td><td colspan="2">刘海萍</td></tr>
<tr><td>调研员单位</td><td colspan="9">华中师范大学中国农村研究院</td></tr>
<tr><td>受访者编号</td><td colspan="5">LHP20160117SDM@Z</td><td colspan="2">受访者姓名</td><td colspan="2">盛大明</td></tr>
<tr><td>受访者性别</td><td>男</td><td colspan="2">首次采访时间</td><td colspan="2">20160117</td><td colspan="2">首访时受访者年龄</td><td colspan="2">81</td></tr>
<tr><td>受访者成分</td><td>贫农</td><td colspan="5">土改时是否土改干部或土改工作队队员</td><td>否</td><td>是否党员</td><td>否</td></tr>
<tr><td>干部经历</td><td>无</td><td colspan="5">曾担任的干部具体职务</td><td colspan="3">无</td></tr>
<tr><td>现家庭人口</td><td>5</td><td>现承包地
面积（亩）</td><td colspan="2">0</td><td colspan="2">现承包林地
面积（亩）</td><td>0</td><td>现承包水塘
面积（亩）</td><td>0</td></tr>
<tr><td>受访者
基本情况</td><td colspan="9">老人 1935 年出生，是堡子镇二大队盛家坪村四组人。老人有一儿一女，女儿现在五十多岁，儿子四十多岁。孙子、孙媳妇都在北京打工。老人现在和儿子、媳妇住在一起，儿子儿媳十分孝顺。老人性格开朗，喜欢热闹，经常一个人出来赶集。老人爱背个收音机听听歌曲、新闻。</td></tr>
<tr><td>受访者
职业简历
或个人经历</td><td colspan="9">土改以前，老人家里有七八亩地，老人在家种地。土改的时候，老人积极参加武装队当民兵，白天主要负责看押地主，晚上就去地主家偷听，去调查他的财产藏在什么地方。土改之后，老人就一直在家种地。最近几年老人因患有风湿无法种地，闲在家中。</td></tr>
</table>

二 分阶段整理

（一）土改的基础和背景

1. 土改前的家庭基本情况

我叫盛大明，生于 1935 年，出生在达州市堡子镇二大队盛家坪村。土改前，我们家有五个人，有我父亲，我母亲，我，我老婆，我女儿。土改以前，我们家主要就是父母在

种地，我当时只有十几岁。

我们家主要是我父亲、母亲劳动，我和我老婆也可以做一点。家里的劳动力还是比较充足。家里只有一个小孩，没有老人。

2. 土改前的家庭经济情况

土改以前，我们家主要就是种自己的七八亩地。我们的经济条件在村里算差的。父亲没有钱买肥料，所以当时就是广种薄收。家里养了十几只鸡，有一头牛，还养了猪，都是养来自己吃，没有拿出去卖。那个时候生活压力一般，我们没有借钱借粮，种的粮食勉强够全家吃。但是土改之前父母很受气，拉兵派款比较多，动不动就要给保甲长交钱，不给还不行，那个时候政府很腐败。

3. 土改前的土地经营情况

土改以前我们家有七八亩地。一部分土地是老一辈留的，一部分是我爸爸把收来的谷子拿出去卖，卖的钱就拿来买的。我们的田里一般种麦子，种苞谷，种谷子这些。一般分春冬两季种。当时没有肥料，只有自己搓麻叶弄成灰，做土肥料。一亩地只产两三百斤。我们交公粮交得不多，一亩地交二三十斤，最多不超过一百斤。

我们家有犁头、镰刀这一套生产工具，还有一头牛，农忙的时候就帮忙耕田。有人找我们借，我们直接借给他就是。他愿意给我们拿点东西就拿，不拿就算了。一般借去耕了地，给牛喂点草就是了。

我们家农忙的时候要和别人换工，比如我帮你干活，不给钱的话就要还工。比如我今天栽秧需要两个人，你来帮我栽了，以后你需要人帮忙，我就来。换工、拿钱都可以，这个需要协商。换工都是临时的。

4. 土改前的社会交往情况

土改以前，我们和其他户的关系一般，但没有和别人吵过架。我们和保甲长没有关系，不同他们打交道。村里有钱的和没钱的差距很大。有钱的就喜欢欺负没钱的，我们也没有办法。

5. 土改前的土地观念

（1）对土地的愿望

我肯定想买土地，但是没钱就没有办法。比如我们几个人都想买土地，他有钱他就要买，我没钱就买不了，他的家产就越来越大，我的家产就越来越小，他就越搞越发财，我就越搞越差。

（2）对土地的看法

我觉得大地主有那么多地当然不公平。没地的人只有跑到巴中、平昌这些地方去种土地，去写田、租地来种。偶尔有钱有地的人请你去种地，就让你当长工。我觉得自己还是比那些没地的人好得多，我有地种我就不着急，他没地种就着急。

（3）对土改的反应

以前共产党来过我们这里，那一年没搞成功，后来国民党打回来了，就复辟了，我们又种了几年的地才解放。所以听到土改，还是怕反共，怕国民党打回来了，国民党那时候很坏。我当时不了解土改政策，只晓得跟着政策走就是了。

（二）土改的过程和经历

1. 访贫问苦，扎根串连

（1）工作队进村

工作队具体多久来的我不清楚。1951 年清匪反霸，1952 年就开始土改。我们一个小组就来了三个工作队员。一个生产队有三四个点，我们小组就是一个点。生产队就有十个工作队员，都是从远处来的。

（2）土改宣传

我去参加了土改的会议的。我十几岁时就当了民兵，我跟着他们觉得好耍，我没有发言。开会要讲秩序，只要第二天要开会，鸡一叫，就开始打锣，我们就起来去开会。还不能去迟了，去迟了工作队还要教训你，还要惩罚。惩罚的话，最流行刮胡子、打手板。

开会主要就是讲划田划地。工作队说，要把地主的威风灭下来，土地是他掌握的，财产也是他掌握的。我们怎么才能把他那里的财产拿得出来呀，非要敲锣打鼓地把他压下去。压下去过后，把他的财产、土地没收，等于他的经济来源没有了，就把他控制了，他的生活就不行了。

（3）扎根串连

我们村有串连，就是工作队摸索情况，摸索家庭的经济条件这些。工作开展需要有打先锋的先锋队员，我当时就是积极分子。我觉得积极分子有好有坏，有的是先锋的，有的是假积极的，不懂装懂，浮夸不切实际。我们村还成立了贫农协会的，就是贫下中农参加。

2．划分阶级成分

（1）土改成分

土改的时候，我们家被划的是贫农。虽然我们家有七八亩地，当时没有化肥，亩产才一两百斤，只是刚好够生活。我觉得我成分划得对，我们家没钱，比不上其他有钱的。大家都同意我的成分。

（2）成分划分

工作队带头划成分，开大会的时候划的成分。大家都不干活，都去听。划成分就是举手表决，一致通过了，工作队记录下来就往上交。地主就是有钱有势的，凡是枪毙的都是地主，平时欺压农民。财产最多的就是地主，稍微差一点的就是富农、小量，再次就是中农、佃中农，佃中农下面就是老贫农、雇农，就是这样划分的。

（3）划分结果

我们公社有好几个大地主，有王岩、刘志山、周叶宝、陈雪峰。陈雪峰是个大地主，最坏就是他，人们吃油、吃盐都是他说了算。最后枪毙的时候，他被打了七枪。划成富农的就比较多了。我们村就只划了一次。

3．挖苦根，斗地主

（1）挖苦根

挖苦根就是村民上去说地主怎么欺负他，他把苦情在大家面前表现出来。不能说空话，是怎样就是怎样。我当时没有说，我们年轻，也没有受过他们的苦。

（2）斗地主

斗地主就是讲地主的剥削事实。斗的都是恶霸地主，好的地主我们就走个形式。我记得陈幼虎是个大地主，开大会就把事实摆在他面前。说完了大家就打他，用皮带打他的脸，打他的头，把他打得血肉模糊。

我当时十八九岁，挎着把刀跟着他们开会。当时没人敢为地主说好话，你帮地主说话，就说你是在徇私，在顺从地主。

4．没收和分配土地、财产

（1）没收土地和财产

工作组领我们去搜地主的五大财产。地主家所有东西都搬完，只剩个房子，锅碗都要搬完。收来就把东西搁村上，就是河那边那栋房子。隔了几天就通知开会，大家就分财产。没收的时候，是我父亲去参加的。

（2）分配土地和财产

分的东西样式很多，什么都有，桌子、凳子、坛子。标准就是需要什么，就分你什么。家里穷的就分的衣裳、夹袄，分铺盖、桌椅板凳。家里实在太困难的就是分猪、牛，还有分钱。连地主家墙上的钉子都是拔出来分了的。当时开大会分东西的时候我去参加的，很热闹，我们家分到桌椅板凳的。我们家的土地刚好够我们几个人，就没有给我们分土地。

（3）分配土地的过程

分土地就是估产量，然后家里有几个人就分几份地。也是你需要地才给你分地，不需要地就不得给你分。分东西的时候，干部还是会给自己分好一点。我们村分财产的时候，还是有人不满意，不过没有争执。

5. 土改复查

我们村土改五二年就结束了。后面复查的情况我记不清了。土改之后，没有发土地证，土地就在那里，自己知道就行了。查田定产的时候，一亩产量定了三百斤。我们家七八亩，也有两千斤左右。我们还要给国家交公粮，按家里土地的多少来交，我们交六七百斤，剩的粮食够吃，负担还是不大。只是要把粮食背到石梯、罗车这些很远的地方交，走一天才走到。

（三）土改的结果和影响

1. 土改后的土地经营情况

土改之后，我们家还是原来的土地，七八亩。交了公粮还剩一千多斤谷子，就够全家生活了。地里种的还是和以前一样，谷子、麦子这些，产量和以前差不多。土改之后我们这里就没有土地买卖了。

土改之后，我们家劳动力够，家里人少，在生产方面没有什么困难。农忙的时候大家互相帮助，都是临时的。生产积极性比以前高了很多。

2. 土改后的家庭生活情况

我们的生活比土改以前变好了。交六七百斤的公粮，剩的粮够全家吃，生活压力就不大了，大家生产积极性可以，大家生活就越来越好了。村民的生活比以前好很多，大家生活更有信心，都不挨饿了。我们一直就在家种地，也没有做生意，后面就开始修堰塘、修路。

3. 土改后的社会交往情况

土改以前我们受地主压迫，现在地位提高了，可以随意走动了。我们和村民关系一般，和村干部关系也一般。大家都没什么冲突。我对地主也没有意见了，大家都重新为人。土改才结束，大家还是不会和地主富农接触。村里面风气比起以前还是好多了。

4. 土改后的观念变化情况

土改就是一个人有一份土地。我觉得是对的，家里人手不够，去争土地也做不完。我觉得土改分地跟土地下户是一样的。

贫农和地主富农还是不一样，最开始还是不得接触富农地主。那以前划分阶级，后来不论阶级，（这种情况）就不存在了。

土改之后，我们就积极挖堰塘、修路，一个月有十二个工分，可以折成钱。我认为共产党政策还是可以，我一直是支持。党和国家都是为人民。

我认为土改还是应该的。（土改前）富的富，穷的穷，有钱的要欺负我们穷人。

5．土改对农业集体化的影响

（1）生产资料入社

土改之后是互助组，然后是初级社。你给我做，我给你做，然后就记工分。我一月挣得到三百多工分，有时有四百工分。有多少工分就分多少粮食，工分多的就收钱，工分少的就补钱。有劳力的家庭生活就可以。集体化的时候，我们的粮食、土地都交给生产队，牛就折合成钱，家里什么东西都交了，只剩农具。

（2）对集体化的认识

集体和个人效率差不多，生产队的粮食平均下来和自己种的产量都差不多。我觉得集体还是对农业生产有帮助，每年有一个标准，根据往年下的肥料，心中有个数。我没有觉得集体化之后土改分的地是白分了，当时都是这样的情况。

LHP20160114ZHD@S　朱洪弟

一　受访者基本信息表

<table>
<tr><td>调研点</td><td colspan="5">四川省达州市达川区堡子镇郭家坪村</td><td colspan="2">调研员姓名</td><td colspan="2">刘海萍</td></tr>
<tr><td>调研员单位</td><td colspan="9">华中师范大学中国农村研究院</td></tr>
<tr><td>受访者编号</td><td colspan="5">LHP20160114ZHD@S</td><td colspan="2">受访者姓名</td><td colspan="2">朱洪弟</td></tr>
<tr><td>受访者性别</td><td>男</td><td colspan="2">首次采访时间</td><td colspan="2">20160114</td><td colspan="2">首访时受访者年龄</td><td colspan="2">86</td></tr>
<tr><td>受访者成分</td><td>雇农</td><td colspan="5">土改时是否土改干部或土改工作队队员</td><td>否</td><td>是否党员</td><td>是</td></tr>
<tr><td>干部经历</td><td>有</td><td colspan="5">曾担任的干部具体职务</td><td colspan="3">武装队队长、生产队队长</td></tr>
<tr><td>现家庭人口</td><td>2</td><td>现承包地面积（亩）</td><td colspan="2">0</td><td colspan="2">现承包林地面积（亩）</td><td>0</td><td>现承包水塘面积（亩）</td><td>0</td></tr>
<tr><td>受访者基本情况</td><td colspan="9">老人1930年出生，四川省达州市堡子镇郭家坪村人。老人有四个儿子，三个女儿。有两个儿子在镇上居住，有两个儿子在外面打工。老人和老伴居住在老家。老人和老伴年迈多病，闲在家中。儿子女儿的家隔得较近，经常回来看望老人。女儿在开油坊，经常给老人送油送米。儿子女儿都十分孝顺。老人很健谈，喜欢串门聊天。</td></tr>
</table>

续表

受访者 职业简历 或个人经历	土改以前，老人一直在地主家当帮工，签了六年的契约。土改的时候，老人当武装队队长，主要负责训练民兵，关押地主。1952年，老人参加集体修路、修水库。1958年大办钢铁，老人去钢铁厂炼钢。回来之后，老人一直在五队当生产队队长。老人和老伴主要靠种地维生，近几年老人体弱多病，就闲在家中养老。

二　分阶段整理

（一）土改的基础和背景

1．土改前的家庭基本情况

我叫朱洪弟，1930年出生在达州市堡子镇郭家坪村。土改前我们家有八个人，有父亲、母亲、我和弟弟妹妹。父亲母亲主要是种地，还经常给别人打短工。

土改前，我们家里只有两个劳动力，只有我父母亲可以种地，我们四个还很小。家里只有两亩土地，所以劳动力够。父母两个人劳动，家里负担还是重。解放前六年，我和地主签了六年的契约，在他家当六年的帮工，他管吃管住。在地主家帮工不用被国民党拉兵。

2．土改前的家庭经济情况

土改前我在地主家当帮工。我们家主要靠种地维生。家里两亩地不够全家生活，所以父亲母亲经常去给别人打零工，帮别人的忙，就管三顿饭，有时候还给点米。

我们家经济条件在村里算差的，我们生活压力很大，家里粮食不够吃，只能吃红苕，喝麦糊。家里钱也不够，衣服也不够穿，我们只能穿烂衣裳。家里养了几个鸡鸭。我们家太穷了，也借不到钱和米。

3．土改前的土地经营情况

我们家只有两亩土地，都是祖辈留下来的。地里都是种谷子、麦子、红苕这些。过去没有肥料，收不到好多粮食。我们自己的土地不用交税。两亩土地收的粮食根本不够吃，父亲母亲就要出去给别人打短工补贴生活。我们家太穷，租不到地主的土地。农忙的时候，只有我们帮别人的忙，帮忙的时候他就要管饭。帮忙的时候，用主人家的农具，我们家什么农具都没有，只有犁头。

4．土改前的社会交往情况

我们和村上其他人关系还是可以。土改前，村上有钱的和没钱的家庭差距还是大。我们和家庭富裕的没什么关系，我帮佃主干活，他就不会欺负我们。

5．土改前的土地观念

我们没想过要多买地，我们家没得钱。地主有那么多地，是因为他给农民派款。收了钱他就买土地，土地就越来越多，家产就越来越大。有的地主有能力挣钱的，他节约的钱就去买这土地。像我们没得土地的人，就只有给他打工。当时没有完全没有土地的人，至少都会有一点土地。我觉得耕种别人的土地，肯定低人一等，但是要吃饭，没办法。

6．对土改的反应

我记得要土改的时候，我还在地主家里干活。我父亲背个马刀来把我接回家。然后就开始反霸、土改。听说土改，我肯定很高兴，不用给地主干活了。我记得毛主席来土改，农民很欢迎。我们感觉共产党、国家他们很好。

（二）土改的过程和经历

1．访贫问苦，扎根串连

（1）工作队进村

1950年反霸，1951年土改。反霸的时候，工作队就来了我们村。工作队有十几个人，他们都是从乡上、县上来的。土改搞了半年多。

（2）土改宣传

土改的时候，我有二十岁了，当了武装队队长。我当时参加了土改宣传会议的。开土改大会，工作队说要给农民分土地，农民都很欢迎。群众的积极性很高，开会的时候，大家都来齐了。工作队给讲土改的好处，讲更正、翻新。开会的时候，村上的村长、主席会发言，我们武装队不发言。

（3）扎根串连

工作队串连就是发动乡亲，给他们讲政策。一般大家都愿意土改。工作队要去贫困的家里了解情况，没有来过我们家。我是武装队队长，就是积极分子。要表现积极，工作好的才能被评成积极分子。积极分子直接当村长，工作队提拔，不需要大家投票。

（4）成立贫农团

我们一个村有一个贫农团，贫农团的干部是从几个大队里选出来的人组织的。贫协主席是大家推荐的。贫农团的人数很多，只要是贫农就可以参加。贫农团的主要工作就是研究地主的材料，搜集地主剥削农民的证据，然后发动群众土改。

2．划分阶级成分

（1）土改成分

我们家里划的雇农。雇农就是家里面什么都没有，给地主打工。我对我们家的成分比较满意，其他人也没有反对，都了解我们家情况。

（2）成分划分

工作队掌握政策，贫农、贫协主席和村上干部一起研究怎么划成分。划分贫农、中农、雇农、富农、地主这几个等级，最贫困的是贫农。地主就是把他的土地租给农民，收谷子的时候四六分，他得六成，做庄稼的农民得四成。一般招了长工的人都是地主。富农家里要比一般的农民富裕点，自己有田地、耕牛。

（3）划分结果

我们村贴了三次榜，才定下来成分的。堡子镇有九个地主，我们村有四五户地主，富农就有陈慧斌、蒋辉。中农、贫雇农人数很多。

3．挖苦根，斗地主

挖苦根就说地主怎么欺他，怎么整他。一般工作队找比较典型的人上去说，有的说着还哭。

斗地主，就是听地主自己交代怎么剥削农民。开批斗会的次数很多，大家开会情绪很好，都很安静，听地主自己讲。地主一句话没说好，大家就会打他，有些地主就是被打死了的。江河的王子雄就是被打死的。杨碧琼家里打死了一个地主。我印象最深的是地主福包干，大家用削尖的木棒把打他出血。我们村里有个开明地主，他明白政策，交了财产，就没有被斗。我当帮工的地主很坏，他是保长，就经常收各种费，然后放高利贷，农民还不起钱的话，他就把农民的土地强占了。

我当时是武装队的队长，主要是训练年轻的民兵，集体操练。还要负责关押地主。因为有的地主乱造谣，我们就要关押地主，不准他们乱说乱动。当时没有人敢帮地主说好话。

4．没收和分配土地、财产

（1）没收土地和财产

生产队当时组织大家去地主家里去收地主的财产，把全部财产背到村上来。我们武装队也去没收财产了。没有地主敢反抗，地主都被关押起来了。

（2）分配土地和财产

分地主的土地和财产是开大会分的。我们雇农分了很多东西，田地、房子、家具、生产工具。我们分了七八亩田地，都是中田。当时分财产的标准就是穷的多分，不穷的少分。你家里需要什么，就给你分什么。地主、富农不分。

（3）分配土地的过程

分土地的时候，我们没有丈量土地。每块土地有多少产量都知道，按平均每个人几石通产来分的。工作队监督着，没有干部敢贪污。分东西还是分得比较公平、合理，我们村没有争执的情况。

5．土改复查

土改结束是 1951 年 12 月。我记得土改是冬天才结束的。后来我们村还进行复查了的。复查就是把漏网的富农地主清出来。我们村复查没有划错了成分的。后面组织查田定产，一亩地只有几百斤的产量，我们家七八亩地，就有两千多斤的产量，公粮交五六百斤。比起土改之前，交公粮的负担就不怎么大了。

（三）土改的结果和影响

1．土改后的土地经营情况

（1）生产情况

土改后，我们家比之前多了五六亩土地。土改后我就结婚了，我们家就有我、老婆、我父母，分的田地就够全家生活。地里种的谷子、麦子、红苕这些，一亩只收几百斤粮食，产量比较低。一年给国家交几百斤谷子，自己还能剩一千多斤，够全家吃了。

（2）生产合作

土改后，我们家只有四个人。我们四个都可以劳动，劳动力比较够。农忙的时候大家会互相帮忙，你帮我干几天活，我帮你干几天活，都是临时帮忙。土改之后，大家的种地热情更高了。土改以前是帮地主种，自己拿不到一点，现在是自己的土地，自己种来自己收。分了土地后就没有土地买卖了，我们那里不准。

2．土改后的家庭生活情况

土改后，我们家生活好起来了，生产更有积极性了，生活压力比起以前就不大了。土改后，大家都分的有土地，生活差距就不大了。土改后，我们就一直在家种地，没有出去打工、做生意。

3．土改后的社会交往情况

以前给地主打工，我没有身份，现在大家身份地位都是一样的。土改后，大家关系比以前更好了，大家生活都好起来了。我们和村上其他人关系还可以，和干部关系也可以。

村里面风气也比以前更好了，大家更团结了。

4. 土改后的观念变化情况

（1）土地观

土改之后，我有更多的地，肯定很高兴。土改之后，大家分的土地都差不多了，我觉得这样可以，大家生活都好起来了。我觉得土改时分土地和多年后的土地承包是一样的。

（2）社会观

我是贫农成分，还是觉得比地主富农要好一些，心里还是要高兴些。土改之后，我们就开始积极修堰坝，一个大队一百多人在修，修一天，挣一天工分。因为当时缺水，所以要修堰坝蓄水，才有水灌溉农田。我觉得党、国家，还有政策都很好。我是党员，1954 年入的党。

（3）土改观

土改是应该的，这个政策好，大家都欢喜。以前地主剥削我们，给我们派款，拉兵拉夫，欺负我们。土改之后，我们就不（受）剥削了。

5. 土改对农业集体化的影响

（1）生产资料入社

1952 年开始搞互助组。1954 年开始进入初级社、高级社，土地、猪、马、风车这些都要交，集体要给你折成钱。我当时是自愿交的财产，交了之后我们家里就只留了锄镰蒜刀。

（2）对集体化的认识

我觉得集体比自己种地产量高些，因为集体劳动力充足，土地种得更好。集体化对农业生产也有帮助。我没有觉得集体化把土地交上去土改分田白分了。因为当时大家都要交，比我们土地多的人也要交，所以没有不公平。

LHP20160115ZMQ@S　朱明琼

一　受访者基本信息表

<table>
<tr><td>调研点</td><td colspan="3">四川省达州市达川区堡子镇郭家坪村</td><td colspan="2">调研员姓名</td><td colspan="2">刘海萍</td></tr>
<tr><td>调研员单位</td><td colspan="7">华中师范大学中国农村研究院</td></tr>
<tr><td>受访者编号</td><td colspan="3">LHP20160115ZMQ@S</td><td colspan="2">受访者姓名</td><td colspan="2">朱明琼</td></tr>
<tr><td>受访者性别</td><td>女</td><td>首次采访时间</td><td>20160115</td><td colspan="2">首访时受访者年龄</td><td colspan="2">82</td></tr>
<tr><td>受访者成分</td><td>贫农</td><td colspan="2">土改时是否土改干部或土改工作队队员</td><td>否</td><td colspan="2">是否党员</td><td>否</td></tr>
</table>

续表

干部经历	无	曾担任的干部具体职务			无		
现家庭人口	3	现承包地面积（亩）	0	现承包林地面积（亩）	0	现承包水塘面积（亩）	0
受访者基本情况	老人1934年出生，四川省达州市堡子镇郭家坪村人。老人有三个儿子，一个女儿，两个孙女，一个孙子，一个曾孙。老人的孙辈都在外面打工。老人现在和小儿子住。老人喜欢串门聊天。从访谈中可以了解到老人是一个乐于助人、心地善良的人。						
受访者职业简历或个人经历	土改以前，老人在娘家生活。父母在家种地以及打零工补贴家用。土改的时候，老人代表父亲去参加过一次会议，也看押过年迈的女性地主。土改之后，老人就嫁到婆家。土改分到土地之后，老人就一直在家务农。						

二　分阶段整理

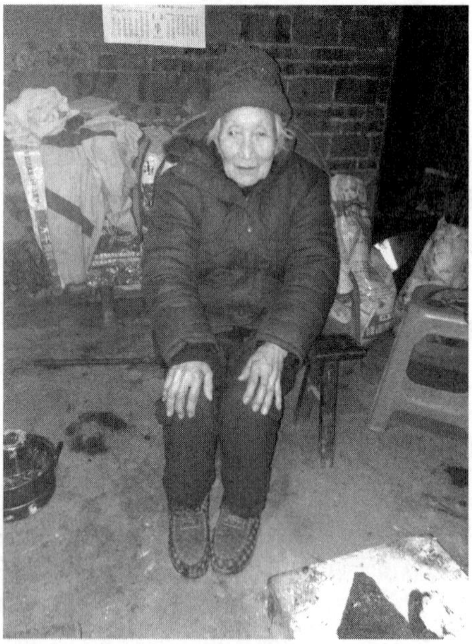

（一）土改的基础和背景

1. 土改前的家庭基本情况

我叫朱明琼，1934年出生在达州市堡子镇郭家坪村。土改前我家有父亲、母亲、哥哥、嫂嫂、姐姐，还有两个妹妹，一共八个人。我父母亲已经六十多岁了，我还在家当姑娘。家里主要是父母亲和哥哥嫂嫂务农，有四个人可以劳动，我们四个都还小。

2. 土改前的家庭经济情况

土改以前我们家主要是种地。除此之外就是我父亲在山上去砍树回来熏，熏成柴，去集市上卖柴，换来的粮食就补贴一家老小的开支。我母亲偶尔出去换工，换点粮食。我们家经济条件是我们村里最差的，生活压力大，就只有靠自己种地，在山上挖野菜来补贴生活。我们当姑娘的，衣服都是破破烂烂的，没穿过好的。我们家没有借过钱，也借不到钱。我们家也没有养鸡鸭，好不容易养个猪，还拿去给保甲长送人情。

3. 土改前的土地经营情况

土改前我们家可能有个两三亩田。地是家里老人留下的，我们没有租地。地里一般栽秧，栽点红苕，种点苞谷。土地一年产量很低，一般第一季粮食要节约着吃到第二季粮食出来。我们要交公粮，用斗印，不交还要被地主、保甲长收拾。

我们就自己种自己那点地。我们太穷了，别人还不让我们去帮工。农忙的时候我妈要去给别人帮忙。土改前只有你有能力才能换工。我妈那个时候能干，就去给别个栽秧，别人就管三顿饭，或者给点粮食，有的户主知道我们家孩子多，就给我们小孩也拿点零食。

4. 土改前的社会交往情况

土改以前，我们家和村上其他人关系很好。我母亲很能干，人也爽快，村上人都喜欢她。村里贫富差距还是很大。不过我们附近的家庭都差不多，大家关系挺好的。我们的叔爸是保长，当时来我们家派款，我母亲就觉得不合理，就和我叔爸吵，后面我们家派款就少些。

5. 土改前的土地观念

我想买土地，但是没有钱。只有开荒才有土地，不过也得是自己的山。我觉得地主那么多地是不公平，不过我们也不敢说啥子。他有钱有势，没人敢说。过去那些狗腿子把我们农民不当人看，我们还多怕他。土改前也有完全没得土地的人，就是叫花子。他很穷，一点土地都是被地主占了，他自己种不成。有的人嫌他可怜，就给他拿点吃的。有的人觉得他懒，就不得给他拿。

6. 对土改的反应

听说要土改的时候，我们还小，不晓得什么，就很害怕被抓走，就在家藏起。当时到处全是兵。那个时候还不晓得土改是怎么回事。最后，陆陆续续才晓得是解放了，毛主席过来了，我们才有点好日子过。那个时候世道乱，我妈她思想封建，想赶紧把我嫁出去，所以我 1951 年下半年嫁到郭家坪的。

（二）土改的过程和经历

1. 访贫问苦，扎根串连

工作队是1951年来的，他们是从平昌上来的。我爸爸是贫农协会的委员。我没去参加过土改会议，大人不准我去。土改的政策我大概知道。工作队没有来过我们家，他们一般在会议室开会。我记得我们村有很多积极分子，就是斗地主的时候很积极，扯地主的衣服，抽地主，打地主。

我们村有贫协会，说的是贫农要帮贫农。我爸是贫协委员，因为大家说我父亲说老实话，我父亲很正直。贫协那个时候主要就是了解贫农家里的情况，了解生活，了解吃穿。

2. 划分阶级成分

我们全家都是贫农成分，除了两三亩地，家里什么都没有。我比较同意给我家划的成分，村里的人也都同意。

划成分是依靠群众，工作组带头。工作队要来了解情况，看你家土地是否出租，牛有没有租出去。你家里田地很多、房子又很好的就是地主，像桂家边有几个。还有富农，富农就是比贫农中农好些，他有田地，但不多。略微有点土地的，有个十几二十亩的，就划成中农。有的出租过牛的就要划成上中农。我们家里就是贫农，贫农就是家里只有几亩土地，不够吃，不够穿的。

我们村划成分就只划了一次。划成地主的有三个，桂林书、桂疤儿、桂朴厚，还有一个富农。

3. 挖苦根，斗地主

（1）挖苦根

开诉苦大会在很远的地方开，我们没去过，我父亲去的。诉苦就是代表上去说地主怎么欺骗他，欺负他。开诉苦大会，上台诉苦的人很多。

（2）斗地主

斗地主的时候，有的积极分子斗得太过分了。有的年轻姑娘把七十多岁的地主婆的衣裳裤子都掀了。男地主是男生在管，女地主是姑娘在管。那时候，把男女地主关在一个屋，衣服都脱了的。我看不下去，但又不敢说，说了就是和地主一条线。开批斗大会，动不动就要打地主，地主桂疤儿还被枪毙了，尸体都是一块一块地捡回来的。

4. 没收和分配土地、财产

（1）没收土地和财产

地主最开始就被关在办公室，民兵把他本人带回家，没收他的财产，然后交到村上办公室。工作组带头没收地主的财产，地主家的箱子柜子都是没收了的。我们当时也参加了的，其他人在地主家里搜，我们女的就把地主守到，不准他跑。搜出来的东西，大家就背到村上保管室。当时没有地主不配合，都不会让他回家的。

（2）分配土地和财产

我们分东西是开大会的时候分的，每个人分一点东西。需要什么分什么。我们家只分了个柜子。农具没有分到，还分了几分地。我们还分到地主桂林书的房子，房子还不错。

分配土地的时候，我们村只是估计通产，没有丈量土地。当时分财产的时候，没有干部贪污，有工作队监督，干部也不敢。分财产的时候，大家没有什么争执，分到东西都开心。

5. 土改复查

我们村土改搞了三四个月才结束的。我们后来好像没有复查。（老人记不清）土改之后我们发了管业证的。后面组织产田定产，我们家具体定的好多我就记不清了。

（三）土改的结果和影响

1. 土改后的土地经营情况

（1）生产情况

土改之后，我就嫁到婆家这边来了。婆家这边有三个妹妹，四个兄弟，公公婆婆。我婆家是上中农成分，过来这边之后，我分了九分田。婆家分了两亩田、四五亩地，一共六七亩田地。分的田地就够全家生活了。田地里一般栽秧，栽苕，种苞谷，种绿豆。当时没有肥料，一亩田一年产得到五六百斤谷子，还算不错。

（2）生产合作

土改之后，我们家劳动力就够了。我婆家这边有四兄弟，平时生产上就没有什么困难。农忙的时候住在附近的人会互相帮忙，都是临时的。一年能收两三千斤粮食，多的时候要卖一千斤左右给国家，少的时候卖几百斤，剩下的粮食够全家吃了。我们村土改时分了土地，就没人去买卖土地了。

2. 土改后的家庭生活情况

我是贫农，婆家是上中农，因为婆家租牛给别人，就被划成上中农。土改之后，开会也不要我们参加。那个时候村里的人认为我们是个上中农，就是欺负我公公婆婆，但是不敢欺负我们年轻人。虽然我婆家是上中农，但我是贫农，他不要我参加开会，我就不同意。我说“我虽然生在旧社会，但我长在红旗下”，后面大队就让我去开会了。

土改之后，我们家就一直在家种地，也没有人做生意，就没有其他收入。

3. 土改后的社会交往情况

我们和村民关系还是可以。一般农户只是和有些地主不打交道，和一般的地主还有我们家还是要来往的。我们和村干部关系还是可以的。婆家这边划出来的地主是我们亲戚，所以关系还和以前一样，没有区别。土改后，村里的风气明显比以前好多了，没有人敢作威作福了。

4．土改后的观念变化情况

（1）土地观

土改后，分到更多的土地，我还是多高兴。有了土地生活就可以了，土地都是按照人口数量分的。大家种地的热情都高了。农户都有土地了，大家生活差距就小了。我觉得土改是公平的，大家都可以过上好生活，不然穷的穷，富的富。我感觉分到土地和土地承包是一样的。

（2）人际观

虽然土改我们是贫农，但我们不会去欺压地主富农。我们和他们的性格是不一样的。我觉得天下农民是一家亲。土改之后，对待地主富农和贫雇农一样的。只是个别农民对他们有很大的仇恨，对他们有意见，我们还是没什么大的意见。

（3）社会观

土改之后，我们积极修路，修堰塘。修堰塘在其他大队，修路都修到米城去了。那个时候大家都很积极，不去也不行。

我听说过国民党“反攻大陆”，那个时候还是到处乱说，就觉得又要打仗还是多害怕。我认为还是共产党好，不想国民党打过来。共产党政府还是可以，对人还是多好的，社会也是一团和气。

（4）土改观

我感觉土改了日子就好过了，农民有吃有穿有土地种。土改运动还是来得及时，来得好，来得对。土改过后，除了地主生活要差点，我们农民生活还是很可以。

5．土改对农业集体化的影响

（1）生产资料入社

1951 年下半年，这边就开始搞互助组，互助组搞了一年。我公公当时不同意参加互助组，还跑去投井。1952 年 6 月才成立了初级社，后面就是集体挣工分。挣工分就是你劳动多，你工分就多。集体化的时候，生产资料全部要入社，我们家里的土地、粮食都交给集体的，大家都要交，不交没办法。

（2）对集体化的认识

我觉得还是自己种地效率高些，集体的时候，有的人种地认真，有的人在耍。那个时候一亩地有五六百斤都算产量高的。集体化的时候我们还是有点背思想包袱。土改把土地分给你，后面又要交上去，还是有点想不通的，集体哪里赶得上自己生产。

LHP20160115ZYS@Z 周义胜

一 受访者基本信息表

<table>
<tr><td>调研点</td><td colspan="3">四川省达州市达川区堡子镇郭家坪村</td><td colspan="2">调研员姓名</td><td colspan="2">刘海萍</td></tr>
<tr><td>调研员单位</td><td colspan="7">华中师范大学中国农村研究院</td></tr>
<tr><td>受访者编号</td><td colspan="3">LHP20160115ZYS@Z</td><td colspan="2">受访者姓名</td><td colspan="2">周义胜</td></tr>
<tr><td>受访者性别</td><td>男</td><td>首次采访时间</td><td>20160115</td><td colspan="2">首访时受访者年龄</td><td colspan="2">96</td></tr>
<tr><td>受访者成分</td><td>贫农</td><td colspan="3">土改时是否土改干部或土改工作队队员</td><td>否</td><td>是否党员</td><td>是</td></tr>
<tr><td>干部经历</td><td>有</td><td colspan="3">曾担任的干部具体职务</td><td colspan="3">生产队队长</td></tr>
<tr><td>现家庭人口</td><td>4</td><td>现承包地面积（亩）</td><td>0</td><td>现承包林地面积（亩）</td><td>0</td><td>现承包水塘面积（亩）</td><td>0</td></tr>
<tr><td>受访者基本情况</td><td colspan="7">老人1920年出生，堡子镇周家河九队人。有六个女儿、两个儿子。目前只有三个女儿、一个儿子在世，有一个女儿在城里，有两个住在乡里，儿子在外面打工。子女很少回家，一般都是电话联系。老人现在九十六岁高龄，住在女儿女婿家里。女儿女婿对老人还是比较孝顺。老人身体一般，谈吐清楚，只是年事已高，记忆有些模糊。</td></tr>
<tr><td>受访者职业简历或个人经历</td><td colspan="7">土改之前，老人一直在家务农，自己有八亩庄稼。家里有六个女儿、两个儿子。国民党统治时期，生活艰苦，饱受地主和保甲长压迫，不得不认保甲长当大哥，以避免拉兵。土改的时候，老人被评为贫农，分了六分地。土改之后，老人一直当生产队队长，和群众关系较好，当了二十几年干部。如今老人在女儿家中养老。儿子过年的时候会回家看望老人。</td></tr>
</table>

二 分阶段整理

（一）土改的基础和背景

1. 土改前的家庭基本情况

我叫周义胜，生于1920年，是达州市堡子镇郭家坪村人。土改前，我们家有十个人。我有六个女儿和两个儿子，其中有一个儿子死了。我当时三十多岁，我最大的女儿也才十二岁。土改前我的父亲还在，年龄比较大了。土改前我们就在家里种地。我们家里人都可以干活，主要是我和我老婆种地，孩子们可以帮忙了。

2. 土改前的家庭经济情况

土改前，我们家里主要是做庄稼的，家里有八亩地，不多也不少，足够家里面的人吃

了。经济在村上算可以的，我们没有借过钱。我们家里有养牛和鸡，不养牛的话庄稼就没办法种。

家里面最主要的开销就是招待过往的兵，有次我还是卖了耕牛招待他们。一年从我们家旁边要过几次兵，来了兵我们就要去招待他，给他们煮吃的喝的。上面政府还要给我们派款，交这样费，那样费，比如交过道费。

3．土改前的土地经营情况

我们有八亩地，是老一辈他们自己挣的，然后留给我们的。我们没有去租别人的地。我们的田主要种稻谷，还有胡豆和麦子。一年可以收二十多背的谷子，一背篓有两斗半谷子。我们要交税，每年费用特别多。

农忙的时候我们会换工。我们都要一二十个人一起做，自己忙不过来的就要和别人换着做。他栽秧的时候，你帮他做，你栽秧的时候，他就帮你做。我们家当时买了一头牛的，要种庄稼，没有牛不行的。

4．土改前的社会交往情况

我和村里的其他人关系都是可以的。我记得我给村里面的村长拿了两包谷子，就没让我去当兵。当时为了不被拉兵，就要认佃主、保长、甲长当大哥。你要给他拿钱，送情拿礼，送礼要送猪蹄、花酒。

村里面贫富差距还是很大。有的人一到收谷子的时候，交了租子就什么都没有了。你借佃主的谷子，借一斗还两斗，还了之后你收的谷子就没有了。

5．土改前的土地观念

（1）对土地的愿望

我土改前还是想买土地，但那个时候田地还不好买，有钱的那些人就把土地给贪了，所以也买不到。

我认为地主那么多土地就不公平。比如你是地主，你有田我没有，我来你这里借田耕种，也是需要家里有资本才行。像太穷的农民，地主还不会租田给你。没得土地的那些农民可怜了，有的是饿死了的，有的背白泥巴来吃。三年自然灾害的时候，就去背那些白泥巴吃。我们比那些没有土地的好多了，有的人一亩地都没有，只能去给地主写田耕种。收了谷子，别个得多半，你得少半。

（2）对土改的反应

我听到土改的时候当然高兴了。听说那个时候共产党平均分田，分地，分房子，那些没钱的要分房子，要分地，不然的话怎么把那地主整垮。当时我们家里有八亩地，当时我心里其实还是有点担心把田分出去了。但担心又能怎么办，担心也起不到作用。

当时我只晓得共产党来了，我们分点田，没房子的分房子，就是指望他来。共产党来了，第一个不拉我的兵，我就能想走哪里走哪里。那国民党管的那个时候，我们不敢到哪儿去，一天就只有藏起来，或者是跟到大地主做活，跟他打长工，一年保你一坨肉[1]。当时只晓得共产党领导好，把地主的钱就是拿出来分。

（二）土改的过程和经历

1．访贫问苦，扎根串连

（1）工作队进村

我记得工作队是解放后五几年的时候，一个大队有一个工作组，像我们村一个村一共大概几十个人。他们都是宣汉来的。工作队有两个组长，一个正组长一个副组长，都是大学生。

（2）土改宣传

我也去参加了大会的。开政策宣传会的时候，贫下中农都可以参加，表现不好的不让参加。开会就是讲土改政策，讲分田分地。开会的时候，一个大队里面每家每户人去参加的。

（3）扎根串连

工作组串连，工作组要住贫下中农家里。工作组经常要来我们家里吃饭、了解情况。工作组经常到贫农家里面宣传政策，说毛主席好，劫富济贫，共产党给穷人分房子，分田分地。有的人在中间搞破坏，就要被处分。我当时是积极分子，积极分子就要积极宣传口号，斗地主，比较活跃。

（4）成立农会

村上有贫协会，大队上也有贫协会。贫协会是一个村一个。一个生产队一个贫协，一个副贫协（主席），一个正贫协（主席），两个人。只要是贫农就是贫协会的成员。只有选贫协主席，需要我们贫下中农举手投票选。我们大队的贫协主席就是杨国兴，很老实的

---

[1] 保你一坨肉：保你一条命。

一个人。我记得当时学生读书都要经过贫下中农推荐，只有老师同意都不行。我家里当时学生读书，该考试了，我们队上有个老师，他要推荐我儿子，他通过了，这儿（贫协）通不过，也不得行，就读不成。

2. 划分阶级成分

（1）土改成分

我们当时全家都是贫农。成分是根据标准划的，贫农就是家里土地不够，按家里人口算的。我们家里当时十个人，我们还分了六分田。大家都同意我们的成分。

（2）成分划分

当时是工作组来划的成分。地主就是他土地多，家庭富裕，房子也有，长工有好几个。那大地主还请的有走狗。富农就是他有一部分土地出租，他有时候招人帮他种地，这就是富农。还有佃富农，他有的把土地租来，自己做一部分，还租出去一部分土地，那就是佃富农。中农就是土地不进不出，你也不出租土地，也不租进土地。自耕中农就是不出田也不进田。还有小量地主，土地出了租的，是因为家里没有劳力，全是小孩子。

（3）划分结果

当时我们大队划成地主的有刘双汉、刘少汉、刘双渠、冯作兄。富农有董高、许长氏。许长氏是个妇女，没得劳力，就请人帮工。雇农就多，像杨国兴这些没有钱没有地，像陈天六家里也是雇农，很多的。贫农就更不用说了。

3. 挖苦根，斗地主

（1）挖苦根

挖苦根就是准备地主的材料。他是怎么剥削你的，你具备哪些条件，是克扣你的粮，还是拉你的兵，在大会上要说清楚。比如说你在他那里借的钱，借的谷子，一斗还好多，结果你要还几斗，然后就拿钱还，没钱就拿自己家的田去抵，把田卖给他。（他说）他给你借的是陈谷子，你给他还的是新谷子，你还的新谷子多便宜，你借的时候陈谷子多贵。所以，他就是这样剥削的。

（2）斗地主

斗地主就斗了无数次。我记得刘兴国的爸爸是枪毙了的，刘志山就是在这儿上面被枪毙了的。所有地主都要批斗，该枪毙的就枪毙。开大会的时候你就说他大力剥削你，你又是借好多还好多，他是加了好多利，是怎么压迫你的。那个时候有的人还要打地主，反正把他打痛。没人敢去同情地主，该斗的就斗，该打的就打。我们要是不去斗地主还脱不了身。

4. 没收和分配土地、财产

没收财产就是大家先去他家，去收地主的财产，把铺盖、家具背到村上保管室来。村上有的支部书记就悄悄把东西贪了。分东西的时候是开大会分的。分东西是依产量，家里土地产量多的就少分点，家里土地产量少的就多分点。我就分了套床和杂七杂八的小东西。分土地是分了几回哟，不是只分了一回。分土地是按照人口分过，我们家里进了六分田。

分土地的时候，工作队用绳绳、竹竿去量田有好深，定出田的产量。把地主的田拿出来，没田没地的农民就把田分给他，田地是按照人口分的。工作队当时找我们分的时候，土地的产量就是算好了的，直接分给我们。分东西的时候，大家没有什么意见，有的话也只是悄悄说，没有纠纷。

5. 土改复查

1951 年年底土改就结束了。我们村复查的时候，划错了的很少，成分划错了的我们都晓得，都纠正过来的。我们家里土地定了三四百斤的亩产，有一两千斤粮食，还发了管业证的。公粮都是上面定的，我记不清了。

（三）土改的结果和影响

1. 土改后的土地经营情况

（1）生产情况

土改后，我们家的土地和土改前差不多，连田连地一共八亩多，比土改前多了六分地。土改后的土地就够我们一家人生活了。地里主要种的就是谷子，产量比起土改前还是要好一些。

（2）生产合作

土改后，我六个女子都嫁出去了，家里面只有我和我老婆还有我儿子。农忙的时候我们和周围的人会互相帮忙，就是我忙，你就帮我做，你忙，我就帮你做，都是自己自愿结对，这是临时的。土改后我们就没有什么困难了，交了公粮，还剩的粮食就够吃了。土改之后，大家工作的热情积极性就更高了。土改过后，我们这里就没有土地买卖了，也不容易买到土地。

2. 土改后的家庭生活情况

土改之后，生活就好起来了，粮食就够吃了，也不用拉兵了，家里生活压力就不大了。农户之间的差距也就不大了，大家都有土地，生活也更有干劲了。土改之后，我们就一直在家种地，卖了公粮，家里就有钱了，生活越来越好了。

3. 土改后的社会交往情况

整体说来，社会风气比土改前好得多。大家关系都还是可以。土改后我就是生产队的队长了。我和大家关系好，大家选举我当生产队队长。我和村干部的关系还是要的，都合得来，大家和和气气的。土改后，我们和地主、富农还是不接触，还是会介意成分。如果你和那些地主富农打交道，其他人会说闲话，说你阶级不分之类的，其他人就不会跟你打交道了。

4. 土改后的观念变化情况

（1）土地观

大家生活就差不多了，都有几亩田。大家的土地数量差距不大，这样比较合理。大家都满意，积极性就高了。我认为土改时分土地和后面的土地承包不一样，时间不同，分的土地是自己的，承包的土地是国家的。

（2）人际观

我们一般不得和地主富农打交道的，只是打个招呼，不和他打交道，他们都不怎么帮我们这些老百姓。就是感情再好，也不得打交道，阶级要分清，同一阶级的才是一家人。我贫农成分当然更好一些。就不像土改前，别个地主田多地多，你比不过人家。

（3）社会观

土改后，我去修过堰塘这些，在村里面修过，还有张家沟下来那个堰塘，我们也去搞了好几个月。当时大家都积极，人人都要去的。

我认为土改后的社会肯定要比之前好十成，之前蒋介石的国家，只要没钱，其他人就来欺负你。我觉得还是共产党好，为人民服务的。我是1959年10月13日入的党。

（4）土改观

土改的时候，没钱的是最高兴，有钱的就可怜。没钱的穷人能分地分房。有钱的地主富农，家里面的东西都要交出来。我认为土改运动还是好，分田分地，不受压迫。

5. 土改对农业集体化的影响

（1）生产资料入社

土改之后就开始搞互助组，搞了两三年。之后就是初级社、高级社。集体化的时候，我们家里什么东西都交了。当时制度是这样，别人都在交，你也必须交了，也没有什么自不自愿的。

（2）对集体化的认识

才开始集体化的时候，那群众的积极性多高涨的，尤其是五几年的时候。集体种地还是产量要高些，但高不到好多。后来，食堂越办越差，集体化就不行了。我认为集体化之后，土改时分的土地还是感觉白分了，分下来又要交上去。

LHP20160115CJH@W　陈均洪

一　受访者基本信息表

调研点	四川省达州市达川区堡子镇郭家坪村			调研员姓名	刘海萍
调研员单位	华中师范大学中国农村研究院				
受访者编号	LHP20160115CJH@W			受访者姓名	陈均洪
受访者性别	男	首次采访时间	20160115	首访时受访者年龄	81

续表

受访者成分	雇农	土改时是否土改干部或土改工作队队员			否	是否党员	是
干部经历	有	曾担任的干部具体职务			村支部书记等		
现家庭人口	1	现承包地面积（亩）	0	现承包林地面积（亩）	0	现承包水塘面积（亩）	0
受访者基本情况	老人1935年出生，堡子镇郭家坪村四社人。有一个儿子，三个女儿。一个女儿居住在本大队，另两个分别在米城和堡子。儿子在达州买了房子，目前儿子和孙子都在重庆打工。老人当了二十几年干部，现在退休了，一人居住在老家，老人十分希望孩子们能常回家看看。我去采访老人的时候，他正在地里干农活，身体十分硬朗。从访谈中了解到老人十分关注新闻时事，对党和国家评价很高。						
受访者职业简历或个人经历	老人在解放初期当过记管员（保管员），后来当副队长。1958年老人在钢铁厂炼钢，1959年当农协委员，1963年入党，1964年当村长。老人当了21年村干部，1988年因病退休。之后老人就一直在家种庄稼。近两年体力不支，将土地转给别人种。						

二　分阶段整理

（一）土改的基础和背景

1. 土改前的家庭基本情况

我叫陈均洪，1935年出生在达州市堡子镇郭家坪村。土改以前，我家里有父母、我、兄弟、妹妹一共六个。土改之前就我要大些，有十几岁，弟弟妹妹都还小。我们家只有两个大人在劳动。家里有四个小孩，负担还是比较重。我们自己家里没有地，爸爸每天给别人帮工糊口，我妈就做点零工。

2. 土改前的家庭经济情况

土改以前，我爸爸给别人帮工，妈妈就在家里照顾我们。妈妈有时就给别人采猪草，别人就给我妈一斗米。我们几个小孩也经常背个棒棒去采猪草。我妈一般给别个帮忙时，就把我们带到他家里去吃一顿饭。到后来我们四个越来越大，爸爸就在清明河上去挖了一点地来种。清明河上的地是公家的，姓陈的家族有一块田。我们没有房子，住在陈家祠堂里。我们家的条件在我们村里属于最差的了。

土改前我们家生活压力比较大，主要是全家人要吃饭。吃不起饭的时候，爸爸还找富农陈少军借了粮食，借了一升粮就要还三升，一般都是一年之后粮食收了还。

3. 土改前的土地经营情况

我们家没得土地，是最后在清明河边上分了一两亩公田。公田就是自己收成好就多收，收成不好就少收，看天说话，公田不用交租。公田种不到多少粮食，种点谷子、红苕。那时候公田就是坏田，就是山上的地，水域条件也差。公田的这点粮食，根本不够吃，我爸爸妈妈要出去帮工才能糊口。

我们家只有镰刀、锄头，没有耕牛。那个年代家里有了耕牛，生活就算可以了。我们要换工，一般我们只是帮别个做，我们自己也没有什么。给别人帮忙就是做一天吃一天饭，给一升或半升米。我们村没有互助组。

4. 土改前的社会交往情况

我们一般交往的都是住在近处的。我们和地主关系一般，穷人和穷人的关系要好些。有钱的和我们没有什么关系，他看不起我们，只有做工的时候叫我们。我们那个时候村叫保，国民党管，经常拉兵拉夫。年轻的就被拉去当兵，老的就拉去当夫，给兵挑东西。每次有拉兵的来，我就在坡上吼一声，家里的大人赶紧跑出去藏起来。

我们村陈家祠堂是姓陈的修的，是一个家族。陈学甫他有钱，他就管我们。他很霸道，每次碰到他不打招呼，就会被骂。遇到困难也是自己想办法，陈家人也不会帮忙。

5. 土改前的土地观念

(1) 对土地的看法

我们当然想买地，可是没钱买。地主有钱他就可以买，你没钱可以去当地。当了地，等你有钱就去取，没钱只能算了。那个时候他有钱，可以霸占，也可以买，没钱的人没法，只能卖。完全没地的农民还是少。我们自己没得地，他们有土地，我帮他们种，还是觉得他们更优越些。

（2）对土改的反应

1948 年就有人说要解放。在 1949 年解放的时候，地主就造谣"朱毛"吃人。实际上"朱毛"就是朱德和毛主席两个人。那时候就说"朱毛"杀人很凶残。其实就是地主坏家伙在造谣，农民不晓得到底怎么回事。结果解放过后，五〇年清匪反霸，五一年土改。土改就分田分地，哪个不欢喜，哪个不希望？

（二）土改的过程和经历

1．访贫问苦，扎根串连

（1）土改宣传

我们村是 1950 年的时候工作队来的。他们是县上来的，有十几个人，因为那个时候一个村很大。

大家开会很积极，虽然没有报酬。只要通知开会我们就去，开会就给我们讲政策。说起开会，三队那个大院子和我们这个院子，开群众大会的时候都是坐满了。我不是积极分子，我还在读书。只要读书放了学回来，村上一开会，我就去听。越听越高兴，回来我就给大人讲。我父亲当时是农协委员，天天跟农协会主席他们一起开会。那个时候雇农很积极。我们就是雇农，没有土地。

（2）扎根串连

工作队要来农户家里面串连，要串家走户。串连就是问情况，了解哪些人是什么成分了，有没田地，家里生活如何，有没有恶债。工作队要了解情况，要给大家讲政策。

（3）成立农会

我们村里有贫农协会。三队贫协委员是李汉，刘民信是贫协主席。五队有个陈俊喜。贫协委员就像现在干部一样，了解大致情况，家里什么情况。我们队的贫协主席年纪大些，人很积极，大家就选他。土改的时候你只要积极，大家就拥护你。贫协会和现在干部是一样，开会的时候跟群众讲政策。

2．划分阶级成分

（1）土改成分

我们家被划的成分是雇农。雇农就是家里没有土地，"上无丁角瓦片，下无立脚之土"。雇农就是长期当帮工的人。当时都是按标准划的成分，大家都同意我的成分。

（2）成分划分

我们村是工作队带头划分成分，工作队跟贫农协会一起。工作队只是掌握政策，要靠贫农协会了解情况。成分有中农、富农、地主、小量地主。自己种地，生活能满足，租点田地给别人，家里有耕牛，这就叫富农。小量地主就是自己不种地，做其他行业，土地租给别人。地主就是买很多土地，有耕牛，请长工。恶霸大地主，就是有血债，害死过人的地主。我们陈家就是陈学甫这个地主，只要有罪行，该抓就抓，不讲其他的。

（3）划分结果

我们村划成分就只划了一次，公布了两三次。我们岳家岩，地主有五个，陈学甫、陈英典、陈英斗、陈华谊、陈新。三队的地主有李大老爷、李二老爷、李国琪、李新义。我们四队的地主就是李保冬。我们二队在河对面，地主叫刘什么的。一共都有十多个地主。我们村的陈学甫，他是大地主。富农有蒋正鑫、蒋正源，我们乡有陈少君、罗家岩、罗正德是富农。富农也划出来四五个。

3. 挖苦根，斗地主

（1）挖苦根

挖苦根就是自己讲，我哪年做什么，家里面人口如何，给哪个地主做农活，哪个对我好，哪个对我不好，就是诉苦。像有的地主罪行太大，说着说着，大家还要去打他。工作组叫我们打地主，说是把他的威风拍下去。但确实打得太狠了，（后来）就不准打，也不准乱打。开会的时候人很多，院子都站不下。

（2）斗地主

我们村经常斗地主，动不动就打他、骂他。被批斗的人（后来）大部分都是枪毙了的。陈学甫家枪毙两父子，李群龙家里枪毙两父子，也就是我们这个村，因为政策下来了，李久荣就没被枪毙。他自己交粮赔偿农民的损失，他对农民要好一些，大家愿意借钱给他交赔款。当时地主的家人亲戚还是想求情，但是不敢给地主说好话，给地主说好话，就和他穿一条裤子了。

4. 没收和分配土地、财产

（1）没收土地和财产

没收地主家财产的时候，工作队、农协都去组织了的。什么工作都离不了工作队。地主家里的财产都没收了交到保管室，那个时候也没人敢去拿。如果有地主不配合的话，就是顽固地主了，就要被批斗。我们村没有地主不配合。

（2）分配土地和财产

分财产是开大会的时候分的，按家里有几口人了，家里有什么东西，缺哪样补哪样。我们家分了七个人的田，好田坏田都有。我们还分到房子。有的家里分到牛，我们家没有。

（3）分配土地的过程

我们家里分了七个人的田。国家关于分田是有政策的，那个时候不讲亩分，依土地产的石数，十升谷子为一石。一个人分几石，按家里人口分。干部没有贪污的，财产有多少，大家都看得见。分的时候，难免有争吵，觉得他分到的好些，我分到的坏些。大家还是有点意见，工作队就来给群众解释，做思想工作。

5. 土改复查

我们村是1952年土改结束的。我们后来进行了复查。复查就是看哪里有漏洞，或是哪个界限不清。划错了的很少，划错了就把名分划回来，土地就不给他分了，土地都分完了的。还给我们发了管业证的。后面组织查田定产，我们家就是七个人的通产，有两千多斤粮食。公粮标准就是按家里人口来算的。我们家当时定的一百多斤公粮，交公粮负担还是重。后来有化肥，产量提高了，公粮负担就不重了。

（三）土改的结果和影响

1. 土改后的土地经营情况

（1）生产情况

1951年土改之后，生活就慢慢可以了，生产积极性比以前高了。我们家分了四亩多田，三亩多地。产量比起以前增加了，就够全家生活了。田里主产就是种水稻，地里主要就是苞谷、红苕、油菜。交了一百多斤公粮，我们家还能剩一两千斤谷子，够全家吃了。

（2）生产合作

家里人口越来越多，弟弟妹妹也长大了，劳动力就够了。有的家里人口多的，劳力少，就要找人帮忙。大家会互相帮忙，你做完帮我做，我做完帮你做，帮忙都是临时的。最后就开始搞互助组。土改后就不存在租地、买卖土地的情况了。

2. 土改后的家庭生活情况

（1）自家生活变化

土改后，我觉得最大的变化就是生活越来越好了，生活压力也小了。农户之间的差距还是有，想一下拉平，那不可能。不过这个差距比以前又要小很多。地主也和大家是一样的，也要种地。

（2）收入变化

家里人口越来越多。最开始谷子几角一斤，后来涨到一块一斤，粮食越收越多，家里面就越渐富裕了。我们家里还养了牛、猪。牛还生了小牛，就卖牛折成钱。

3. 土改后的社会交往情况

群众之间的关系越搞越亲密。我当干部的，就要经常下队，走群众路线，要贯彻上面的政策，要开大会就开大会，不开大会就开干部会，就派我下去走访。我们讲生产，队里有什么纠纷了，大的化小，小的化了，免得发生矛盾。我们和村里面农户的关系比较好，和大队干部的关系也比较好。最开始大家还是不和富农地主打交道，别人会说你走地主路线，界限还是要划清的。之后入社都是集体了就不存在了，大家都是一起劳动。

4. 土改后的观念变化情况

（1）土地观

我认为土地平分好。按照人口来分，有一个人就有一份土地。土地承包和土改不一样，自留地六十年不变，土地是长期稳定。以前增加人口土地就有调整，现在又不能动土地，所以就存在着不公平。有的家里添了人口却没有田，有的家里有田却少了人口。比如有的嫁出去了，有的死了，这土地也不退，这就不公平了。

后来我们听到国民党“反攻大陆”，我认为国民党不行，蒋介石有那么多兵力，共产党都把他打垮了，他还敢“反攻大陆”？

（2）人际观

我觉得我是雇农还是好些，心里面有保障些。土改之后要划清界限，还是觉得同一阶级是一家。

（3）社会观

我觉得共产党好。我 1963 年入党的，对共产党的恩情我说不尽，要是没有共产党，我这一家人早就饿的饿死，或者被拉去当兵了。六几年的时候修水库，我是村长，陈绍贵的书记。修水库的时候大家都很积极，都想当无名英雄。十月天气特别冷，大家就开始挖坑，挑泥巴，我记得指挥部当时就设在我家。

（4）土改观

我认为土改意义大，过去几千年都没有这个土改政策。第一是这个政策好，第二是这个政策为农民，把农民的吃穿住的问题都解决了。

5．土改对农业集体化的影响

（1）生产资料入社

五几年的时候就开始搞互助组，互助组就发工牌记工。一年下来看你做了多少工，不够的就要补起。互助组之后就成立了农业合作社，也是发工牌。成立农业合作社，一年该收好多粮食就收，不够的话该补就补。农业合作社之后就成立高级社，高级社过后就是人民公社。高级社的时候，就成立三大合作，有信用社、供销社、农业合作社。农业合作社，就是要把财产交给集体，家里有耕牛、风车的话，集体就折成钱。合作社给我们发了社员证，大家都愿意上交生产资料，集体一起干活。交了之后，我们家里面只有锄头、镰刀。

（2）对集体化的认识

土改的时候，集体生产效率比各自耕种效率高些。现在肯定还是自己耕种的效率高些。集体生产对农业的发展肯定是有帮助的。集体的时候，大家干活都有工分，所以也没觉得土改时分的土地是白分了。

LHP20160203LGN@S　李国能

一　受访者基本信息表

<table>
<tr><td>调研点</td><td colspan="3">四川省达州市达川区堡子镇龙咀村</td><td>调研员姓名</td><td>刘海萍</td></tr>
<tr><td>调研员单位</td><td colspan="5">华中师范大学中国农村研究院</td></tr>
<tr><td>受访者编号</td><td colspan="3">LHP20160203LGN@S</td><td>受访者姓名</td><td>李国能</td></tr>
<tr><td>受访者性别</td><td>男</td><td>首次采访时间</td><td>20160203</td><td>首访时受访者年龄</td><td>85</td></tr>
</table>

续表

<table>
<tr><td>受访者成分</td><td>小量地主</td><td colspan="3">土改时是否土改干部或土改工作队队员</td><td>否</td><td>是否党员</td><td>是</td></tr>
<tr><td>干部经历</td><td>无</td><td colspan="3">曾担任的干部具体职务</td><td colspan="3">无</td></tr>
<tr><td>现家庭人口</td><td>6</td><td>现承包地面积（亩）</td><td>0</td><td>现承包林地面积（亩）</td><td>0</td><td>现承包水塘面积（亩）</td><td>0</td></tr>
<tr><td>受访者基本情况</td><td colspan="7">老人1931年出生，堡子镇龙咀村六队人。老人有五个儿子。大儿子、二儿子去世了，小儿子是老师，住在城里。老人和老伴现住在老家三儿子家中。老人有两个兄弟，土改时都划成了中农，兄弟三人都是教师。老人是一名小学语文老师，关于土改的历史记忆和描述都非常清楚。老人身体十分硬朗，侃侃而谈了三个多小时。老人十分热情，看待事物也很乐观。去采访老人的时候，老人和老伴在城里居住，准备和小儿子过完年再回老家。</td></tr>
<tr><td>受访者职业简历或个人经历</td><td colspan="7">土改前，老人跟周志山学医。周志山是大地主，跟他学医既可以谋生，又可以不被拉兵。学医的时候，读了一些书。土改以后，老人就一直当小学语文老师，直至1991年退休。土改的时候老人参加了劝降组，主要负责给地主做思想工作，劝地主主动承认错误，交出隐藏财产。</td></tr>
</table>

二　分阶段整理

（一）土改的基础和背景

1. 土改前的家庭基本情况

我叫李国能，生于1931年，出生在达州市堡子镇龙咀村。土改前我们家有四口人，父亲、大哥、二哥、我。我是1946年冬天结的婚，结婚没多久，我父亲就去世了，我们三兄弟就分家了。我们家里就只有我和我老婆两个人。我孩子是1950年出生的。

分家之后，我老婆就在家里种点地。多的土地一部分给我哥哥种，一部分土地就租给别人种。我跟到大地主周志山学医。跟着他学医是有原因的，一是学医谋生，二是我们家里有三兄弟，怕被国民党拉兵。我跟到他学医，可以不被拉兵。解放之后，他写信让我再去跟他学医，我就没去了。

2. 土改前的家庭经济情况

我们家里经济条件一般。我们家主要是靠我学医挣钱，我老婆就种点平时吃的粮食、菜。家里养了几只鸡和一头牛。出租土地有一点收入，和别人是五五分，比如一石谷子，就各分五斗。出租土地只有一两年的时间，后面就土改了。家里的开销主要是吃饭。我们家生活压力一般，不大，也没有借过钱。

3. 土改前的土地经营情况

我们家有二十多石通产的土地，都是父亲分给我们的。我在外面学医，我老婆种不完，就给大哥二哥给了一些，租出去了一些。家里一般都是种谷子。我们要交农业税，根据土地多少交。

农忙的时候我们要和附近的人换工，就是住在附近的几户互相帮忙。我栽秧你来帮忙，你栽秧我去帮忙。我们家有一头牛，有锄、镰、蒜刀、耙等农具。我们村上没有公田。

4. 土改前的社会交往情况

我们和村上的有些人关系好，有些人关系不好。我们和贫农这些关系一般。村上穷的家庭和有钱的家庭差距大。比如我是富农，我有田地，家里就有粮食。贫下中农，自己种的土地不够生活，只有去给别人下力。有的中农有手艺，再种点地，生活就够了。

5. 土改前的土地观念

土改之前，大家都想买土地，不过没钱买。像地主，他霸占很多田地，我们也没办法。我学医，有一门手艺，家里要稍微好一点。完全没有土地的人就只有做苦力。国民党执政的时候，天干饿死了很多人。

听说要土改的时候，我就在小学教书了。当时没有什么想法，只是去了解政策。我觉得共产党很好，我1953年就入了党。国民党统治的时候，老百姓生活很苦。农民当然渴望共产党来，因为1933年红军来过堡子镇，大家晓得共产党的主张、政策，只是后来国民党打回来了。

（二）土改的过程和经历

1．访贫问苦，扎根串连

（1）工作队进村

我们这里1951年开始土改。土改的时候，工作队有几十个人，大部分是外县来的。工作队员数量主要是看村子的大小和人口的多少，看村里情况复不复杂。工作队员里也有能力强的和能力弱的。能力强、能说会道的工作队员就去情况比较复杂的村。我们堡子镇情况就比较复杂，姓李的和姓陈的分两派，就要派工作能力强的队员来工作。之前工作队的队长就是高中生。

达县土改的工作队百分之八十都是外县过来的，县与县之间交换进行工作。土改之前，先组织工作队员学习，才组成工作队。

（2）土改宣传

我白天都在教书，只有晚上去参加土改政策宣传会。开会给我们讲土改。土改的步骤是先学习，学习过后就讲土改的意义内容，讲土改的政策。过后就是划地主的标准。

（3）扎根串连

工作队要进行串连，他经常到农民家里了解情况。他做工作经常在一个生产组，他把大家的家庭情况搞得一清二楚。工作队要发展土改积极分子。土改积极分子负责宣传政策，让大家按政策去做事。工作队一般只有两三个人，还有两个是积极分子。大部分积极分子是本地方的人，去其他地方参观学习，学习了就回来参加土改。

（4）成立农会

贫协会大多数是贫农，下中农有一部分，那是极少的。按比例来算，贫农要占百分之八十。贫协的工作第一个是宣传上面政策，第二个就是组织开展土改工作。

2．划分阶级成分

（1）土改成分

我们家被划的成分是小量土地出租，就是小量地主，对待我按中农成分。我大哥、二哥是中农。我比较认同我的成分，标准一出来，自己都会划。大家都同意我的成分。小量地主就我有点土地，我自己不种，拿给别个种。划成小量的主要是因为从事其他正当职业，主要是教书、学医。但是土地出租太多了也不行，比如平均一个人是五石，就给小量地主划十石。如果你出租的土地超过十石就是地主。

（2）成分划分

地主就是不管你家里的田地多少，只要是不劳而获，不参加劳动，横行霸道就是地主。地主中还分大地主、二地主。其中，地主的狗腿子也是靠帮地主收租不劳而获，要划成二地主。他们去农民家里收租，要用轿子抬他来，请他吃饭，请他烧鸦片。还有一部分人，把财政所的田地租过来，自己不种，以他的名义又去租给别个，从中加租。这种也叫做从中剥削，不劳而获。

富农就是自己有大量的土地，自己种，但自己种不过来，要出租一小部分。富农有牛，有猪。富农里面还分佃富农，去佃地主的土地，租了大量的土地，自己又种不完，他又出租给别个一部分，从中加租。富裕中农就是自己占了大量土地，自己种田，有时候忙不过来，会请人帮忙。

中农就是自己有土地，自己耕种，不租别个的土地，也不出租土地，一年的收成刚好够全家吃。

贫农就是自己没有土地，去租别个的土地。或者自己有少量土地，不够生活，就去帮别人种地或者做点小生意。

雇农就是自己家里房子土地都没有，在地主家当长工。

(3) 划分结果

我们这里只划了一次成分，贴了三次榜，就是看成分有没有划错，可以调整。地主划了三个，富农划了三个，中农也少，贫农占多数。

3. 挖苦根，斗地主

(1) 挖苦根

开诉苦大会主要就是说地主怎么顽固，怎么欺压人民。开会之后，如果地主承认了错误，还要交罚款。地主自己钱不够，就出去找亲戚借钱交罚款。当时专门有会计登记。

(2) 斗地主

我们斗地主斗了无数次。开会的时候，就要扇地主耳光，让他跪在地上。罪行比较重的地主，还要绑起来。我当时在劝降组，就是在开公审大会以前去劝地主，劝他们自己把钱交了，承认错误，免得被批斗。

当时没有人敢当面去帮地主说好话。背后肯定有人帮他出点子。斗地主的主要目的就是没收他们的财产。如果有地主不交的，民兵组织就悄悄去打听地主的银子、财产藏到哪里。土改的口号就是“一人顽固镇压一人，全家顽固镇压全家”。

4. 没收和分配土地、财产

(1) 没收土地和财产

工作队带头去没收地主的一切财产。我们家十二石通产，三个人，交出去五石土地。当时地主也不敢反抗，反抗就要被批斗。

(2) 分配土地和财产

分财产是先给雇农分全套，再是贫农，留一小部分奖励中农。我们是小量地主，没有分东西。二哥参加的工作队，比较积极，工作队奖励出过力的中农，就给他分几个碗。

土地是按人口，一个人几石通产，分的田好坏都有。村的总土地面积除以村的人口数，每个人平均好多通产。比如平均每个人分两石，给地主就要分四石。地主大部分不是住原来那个房子，迁到最差的房子住。富农自己种的田地不动，出租的那一部分田地和耕牛就被没收了。富农还要罚点款，房子不动。贫农就是一个人两石通产，贫农只有往家里进土地。小量土地出租，根据你家里人口，平均一个人两石，要给他加一倍，两石就算四石。两个人就是八石，超过八石就要征收。雇农就是一个人四石，翻一倍。雇农分的是地主的座上房（最好的房子）。地主的耕牛、农具、家里的家具都要先分给雇农。还是会给地主剩点锅碗瓢盆。

（3）分配土地的过程

分配土地，主要是估计产量，依土地的通产。当时没有干部贪污，有工作队监督。分配财产、土地都是有标准的，没有人有争执。

5. 土改复查

我们村进行复查了的。工作队走了，留了一个复查工作队征求群众意见，看群众反映如何。调查是否有漏划了的，或者划错了的。我们村只有一个漏划的地主。土改后我们家发了管业证。管业证上面统一盖了印章，还调了大量的人去乡上填名字。

我们有组织查田定产，我们家有二十石谷子的通产，我大哥、二哥家有三十石通产。交公粮是按通产来算的，一般一百斤谷子交五斤谷子。

（三）土改的结果和影响

1. 土改后的土地经营情况

土改后，我们家的土地交了五石，还剩二十石。我们家只有三个人，分的土地够全家生活了。我还是在教书，我老婆在家种地。我们家种的谷子、麦子、红苕这些，产量比起土改前还是要高些。

我们家劳动力比较够。农忙的时候会互相帮忙。我们一年收得到两千斤左右，交一百多斤的公粮，剩下的粮食就够全家吃了。土改之后，我们村就没有土地买卖的情况了。

2. 土改后的家庭生活情况

土改之后，我们家生活逐渐好起来了，我当老师有工资，老婆种点土地。变化最大的就是贫农，基本有吃有穿，生活压力就不大，家里田地比较充足。后面大家的生活差距就不大了，生活都好起来了。大家生活的信心更足了。

3. 土改后的社会交往情况

我土改前在村里教书，土改后还在村里教书。我的地位没有什么变化。我和我们附近住的都是同姓的，大家关系一直都可以。我们周围没得地主富农。村干部和农户之间关系也可以，村干部他们都是按上面政策办事。村上的风气比以前好很多，没有地主、狗腿子的压迫了。自己种自己的地，也没有偷盗行为了。

4. 土改后的观念变化情况

（1）土地观

我觉得人人有一样多的土地挺好的，自己种自己的土地。当时我们在广播里听到国民党“反攻大陆”，我觉得不可能。

（2）人际观

我们还是要和地主富农划清界限。我小量地主是被当成中农看待，所以不存在什么。我们附近没得地主富农。那在地主富农附近住的村民会划清界限。土改后，地主富农还很积极，他也不会和贫雇农争吵，他有时还要去帮他们的忙。

（3）社会观

土改后，我们村积极兴修水利，修路，这是公益劳动，大家都要参加。我教书走不开，我家属去参加的。我觉得共产党跟国民党的政府就是两个样子。共产党就是发扬民主，关心生产，让人民有吃有穿。

（4）土改观

土改给我最深的印象就是划个成分，组织生产，其他没有什么。它的意义就是改变几千年历史，从奴隶社会到现在，都是地主霸占这么多地，农民向地主交租。共产党来了，土地才分给人民了，收入就是自己的收入，地主也要劳动，以前他是不劳而获。

5. 土改对农业集体化的影响

（1）生产资料入社

我记得互助组搞了两年左右。后面五七年集体化就开始土地入股，进入初级社、高级社。集体化的时候只有土地才上交，其他的不用交。我是自愿交的土地，大家都要交，不交不行。

（2）对集体化的认识

集体是记工分，根据你的劳力大小来定的。有多少工分，就分多少粮食。最开始集体化对农业生产还是有帮助，后面就不行了。集体化后来越搞越差。我觉得还是自己生产的效率高一些。集体化是当时形势发展的需要，也不能说土改分田是白搞了，全国性的都是这个政策。

LHP20160130LBQ@S　罗本清

一　受访者基本信息表

调研点	四川省达州市达川区堡子镇杨家岩村			调研员姓名	刘海萍
调研员单位	华中师范大学中国农村研究院				
受访者编号	LHP20160130LBQ@S			受访者姓名	罗本清
受访者性别	男	首次采访时间	20160130	首访时受访者年龄	80

续表

<table>
<tr><td>受访者成分</td><td>贫农</td><td colspan="3">土改时是否土改干部或土改工作队队员</td><td>否</td><td>是否党员</td><td>是</td></tr>
<tr><td>干部经历</td><td>有</td><td colspan="3">曾担任的干部具体职务</td><td colspan="3">村支部书记等</td></tr>
<tr><td>现家庭人口</td><td>2</td><td>现承包地面积（亩）</td><td>0</td><td>现承包林地面积（亩）</td><td>0</td><td>现承包水塘面积（亩）</td><td>0</td></tr>
<tr><td>受访者基本情况</td><td colspan="7">老人1936年出生，堡子镇杨家岩村人。老人有两个儿子、两个女儿和孙子、曾孙。曾孙已有四五岁了。儿子、孙子们都在外面打工，老人和老伴两人在家。两位老人身体都十分硬朗。去采访老人的时候，老人正在山上砍柴。老人是前任村支部书记，和村民关系都比较好，采访当天，隔壁邻居杀了猪，还请老人去吃了午饭。</td></tr>
<tr><td>受访者职业简历或个人经历</td><td colspan="7">土改以前，老人主要是租地主的地维生。土改的时候，老人是青年代表。1956年、1957年，老人是大队保管员。1958年集体化，保管员撤了，老人就进了钢铁厂炼钢。1960年开始，老人就在大队当主任。1965年之后，老人开始当村支部书记，当了二十几年的村支书。老人退休后一直在家务农。</td></tr>
</table>

二　分阶段整理

（一）土改的基础和背景

1. 土改前的家庭基本情况

我叫罗本清，生于 1936 年，出生在达州市堡子镇杨家岩村。土改前那个时候我们家有三个人，有我父亲、母亲和我。我们当时主要是在家种地。我们三个人都可以劳动，家里面劳动力够，没有什么负担。

2. 土改前的家庭经济情况

土改前，我们家主要是种地。我们家很穷，吃不饱，生活压力很大。刚打出谷子的时候，还有粮食吃。下次谷子出来之前，中间这个时候家里就没有吃的，就只有去借，等新米出来再还。我们一般向上中农、地主富农借粮食。借一升米还一升半，或者借一升还两升。借钱也是，借钱也要加利，借一块钱要交五角钱的利息。

我们家的开销主要是买盐。土改之前，盐很贵，一斗谷子换一斤盐。除了种地，我还打点临工。我给地主富农背钢炭，背一趟他给我几毛钱。我们家没有养鸡鸭，只有一头猪，后来有一头牛。家里有锄头、镰刀、犁耙、板车这些工具。

3. 土改前的土地经营情况

土改前，我们家有八担的通产，都是家里老人留的。我们也买不起田，只有地主买田。我们的粮食不够吃，还要去借粮。我们还要交税，一石粮食只交一升，八石就有八升。保甲长来收税，他们很霸道。

我们还租了地主的地，我们租的是罗春芬的，租了四五亩田，在小河沟。地主把土地拿给我们种，收谷子的时候，四六分。我们占四成，他占六成。五亩地产一千五百斤谷子，交了九百斤，剩的六百斤不够吃。我父亲在任家岩也租了几年地的，谷子就分得比较多，生活就稍微可以。

在任家岩租了两年土地，土改那一年我们就回来了，工作组命令我们回来的。如果有人不想租地主的地，给地主说一声就可以了。像我们租地主的地，他就保护我们，就没人欺负我们。像长工的话，就是地主给一年的工钱，吃穿住都在地主家，过年可以回去和家人团年。长工每天都在干活，没有休息，吃的伙食一般。

我们农忙的时候要换工。换工就是你给我做一天，我给你做一天。你帮我栽一天秧，我给你栽一天，都是临时帮忙。

4. 土改前的社会交往情况

我们和地主关系一般，他也不会欺负我们，“一肩膀挑水平肩人”，你不欺负我我不欺负你。灾荒年和平时也是一样，粮食收多收少，都是四六分。他不会给我们救济，都是借粮食，要还利息。

我们和其他村民关系也是一般。平时他们对我们还是很关心的。村上富裕的和没钱的

（人家）生活差距还是比较大。

5. 土改前的土地观念

（1）对土地的愿望

我们只有给别人干活的，自己吃都吃不饱，更别说想要田和地。我们没有钱去买，也没有想过买地。

（2）对土地的看法

地主就是地多，自己做不完，就租出去，最后和农民分红。像完全没有土地的农民很少。不管你租哪个的土地，都是一样要交租。所以没有感觉自己比别人差，大家都是一样的，大家都是要交租。

（3）对土改的反应

我当时不怕，土改就是家里条件好点的就少分点财产，穷的就多分点财产。国民党的时候日子多苦，大家都跑到山里面去藏起，怕被拉兵。那个时候村长叫保甲长，保甲长也坏，经常收税，欺负我们。

（二）土改的过程和经历

1. 访贫问苦，扎根串连

（1）工作队进村

我们这里的工作队来得比较早。1950 年清匪反霸的时候就有工作队。反霸期间，工作队员很少，一个村只有一个，就把恶霸的五大财产没收。工作队都是县上派下来的。土改的时候就增加了工作队员，一个组有两三个。我们土改的时候，工作队员是宣汉过来的，有个姓刘，有个姓赵。我们堡子镇也有一个工作队员。

（2）土改宣传

我参加了土改政策宣传大会的。土改政策宣传会很多人都来参加了。土改的时候有很多代表。“打倒地主分田地，地主自己靠边站。”开会给我们讲成分，有贫民、中农、上中农、小量、富农、地主。

开群众大会，十六岁以上的都要参加，村上都参加了的。土改的时候，我十几岁，我是青年代表。代表就要发言，发言就讲地主怎么坏，要到台上去表明自己的态度。当时就是看你有没得胆子，敢不敢上台说，敢不敢打地主。

（3）扎根串连

工作队要去每家每户了解情况，看你家里究竟条件如何，生活好坏。工作做得扎实。主要是看你家有哪些农具，了解你家有没得猪、牛，还有平时伙食怎么样。不了解情况怎么土改，怎么把群众发动得起来？

串连就是工作队分别找我们谈话，做思想工作。开会的时候，就让我们上去发言表态。你要是有意见，当时就要批评你，私下来还是要找你谈话。问你当时怎么想的，为什么不同意。

我是青年代表，就是积极分子。当时年轻人都比较积极。村上的积极分子比较多。干工作就是要发动积极分子，不然自己单干，工作做不了。

（4）成立农会

我们村成立了贫农协会，都是贫农参加。我是青年代表，我父母亲是贫农协会会员。贫农协会就是你愿意参加就参加，你不愿意参加（就不参加），思想不好表现不好的不能参加。贫协会工作和现在的党员是一样的，就是起带头作用，拥护共产党的政策。分土地的时候贫协会也要帮忙。

2．划分阶级成分

（1）土改成分

我们家都是贫农成分。当时是根据一个人占多少土地来划分的，超过了就是地主富农。我的成分是根据标准划的，大家都同意，没有不同意的。

（2）成分划分

工作队当着群众的面来划成分，主要是看一个人占好多亩地，占好多通产，就是依土地多少评的。划地主很明显，就是家里有钱有粮。贫农、中农、上中农、小量、富农都是开群众大会一起评。地主就是完全剥削，不劳动，富农占百分之六十的剥削，按通产来计算的。富农土地比地主的少，请的长工也少些。剩下家里穷的就是贫雇农。

（3）划分结果

我们土改就划了一次（成分）。我们这里划出来（地主）有刘少汉、罗春芬两个。富农有三个，冯少清、冯少辞、杜英高。杜英高是国民党时候的副保长，刘少汉是正保长。剩下的就是中农、贫雇农。

3．挖苦根，斗地主

（1）挖苦根

我们要开诉苦大会，诉苦就是斗争地主。斗争就是说他的破坏事实，就是说他怎样欺负你、整你。诉苦的人要站起来讲给大家听。

（2）斗地主

土改的时候，我们这里斗地主斗得很厉害。地主的五大财产都没收了，房子、家产都要没收。地主还要交赔款，交不起的要出去借钱来抵罚款。交了钱，待遇要稍微好点，不交的话就要被斗，就要骂地主，打地主，扇他耳光。土改的时候没人敢帮地主说好话，就是要说他的破坏事实，仇恨他就是好的，不仇恨他你就不是好人，别人还要说你和他有什么关系。

4．没收和分配土地、财产

（1）没收土地和财产

收地主的五大财产，家里金银财宝一律被没收。五大财产就是指耕牛、农具、家产、经济、粮食这些。工作队带着大家去收地主的财产，收来就放在大队的办公室。地主也不敢反抗，反抗就要被斗。

（2）分配土地和财产

分土地和财产的标准就是，家里穷的就多分点，家里条件好些的就少分点，不穷的就不分。分财产是全村开大会的时候分的。

开会的时候，工作队都提前和贫协会商量好了，已经定了哪些人该分哪些东西。我觉得这种分法是对的，比较公平。我们家只分得房子，是地主罗春芬的房子。耕牛、农具是雇农才能分得到，我们没分到。我对分到的东西还是比较满意。

（3）分配土地的过程

我们家本来就有八石（土地），分了土地之后一共就有十三石，增加了五石通产，都是一般的田。分土地就是按通产，就是估计田地的产量，一个人平均四石或五石。我们家三个人十三石，一个人就是四石多一点。当时没有干部贪污，也不敢贪污。分东西的时候没有纠纷，工作队提前就决定好了的，需要什么给你发什么。

5. 土改复查

我们这里土改是1952年结束的。复查时县上派了工作队，专门搞复查。复查就是土改搞得合不合理。我们村没得划错成分的。土改之后我们还发了管业证，就是明确土地的范围。

我们组织了查田定产，就是依据通产来定的，比较合理。我们有十三石通产，大概三亩多地，产一千多斤粮食。公粮的标准好像是产量的百分之十，比起以前，公粮负担就不大了。

（三）土改的结果和影响

1. 土改后的土地经营情况

土改后，我们家比之前多了五石通产，分的土地就够全家生活了。田地里就是栽谷子、栽红苕、栽油菜这些。亩产没有什么变化，那个时候没有肥料，产量很低。土改后，我们家劳动力够用。大家都很团结，农忙的时候都会互相帮忙。土改之后，我们这里就没有土地买卖。一年交几百斤粮食给国家，主要是交谷子，自己家还剩一千多斤，就够全家吃了。土改之后，大家生产都很积极。

2. 土改后的家庭生活情况

土改后，我们多了五石谷子，产的粮食就够吃了，生活好起来了，土改之后生活压力就不大了。农户之间生活还是存在差距，要一下子拉平是不可能的，但是生活悬殊不大。土改之后，大家生活更有信心，干劲也大。劳动模范上面还要奖励粮食。土改后我们家就一直在种地，没有其他收入。

3. 土改后的社会交往情况

土改后，我就开始工作了，在生产队当保管员，白天读书，晚上做账。地位比土改之前提高了很多。村民之间关系一般，你不欺负我，我不欺负你。土改之后大家不怎么和地主富农打交道。到后面我们都是群众，你给我做工，我给你做工，大家都是一样的。我们和村干部关系还是可以。土改之后我就一直在大队工作。我们和干部走得比较近，关系还可以。

4. 土改后的观念变化情况

(1) 土地观

土改之后，我们分到土地，肯定很欢喜。当时也听说国民党“反攻大陆”的谣言，这是公开的，大家都知道。我当时没想法，只是跟着政策走。

土地按照人口来分，每个人的土地是一样多，土地是平均的。我觉得这个政策还是好，有一个人就有一个人的土地。我觉得土改分地和承包不一样。承包土地十亩二十亩都包给你的，除开你生活所需以外，剩余的谷子都交给国家。要交统购粮给国家，国家折钱给我们。

(2) 社会观

土改之后，贫农的地位要高一些，土改之后大家都不怎么和地主富农打交道。

土改之后，大家生活更有信心，干劲也大。五七年、五八年的时候，我们都积极修堰塘、修路。修了我们自己可以有水、有路，大家都积极。共产党带领大家一起修，全大队一起干活。我觉得现在这个国家好，党好，我后面也入了党。

(3) 土改观

土改大家都拥护，我们都拥护党的政策。我认为土改还是有作用，给我们穷人分田分地分家业，生活改善了，大家就富裕起来了。

5. 土改对农业集体化的影响

(1) 生产资料入社

土改之后，先是互助组，然后是初级社、高级社。生产资料都要上交集体，交的东西，集体要折成钱给你。比如说，你的牛值几十块钱，集体给你钱之后，牛就归集体。农业社有社长，社长掌握全村家务。集体化的时候，只交牛、耙、风车这些，生产农具不用交。我当时是自愿交上去的，大家都要交。

(2) 对集体化的认识

我觉得自己种的效率比集体高。集体虽然土地多，但做得不好。别看大路边的土地种得好，边边角角的土地就种得坏。那个时候政策规定的，大家都要参加集体，不参加不行。你愿意参加集体就参加，你不愿意参加你就是单干户，就要被批斗。你如果单干，集体就把你孤立起来。我觉得集体化之后，土改分地还是有点白分了的感觉，才分下来就交上去了。不过当时政策是这样的，我们也没办法。

LHP20160203ZHY@Z 曾汉扬

一 受访者基本信息表

<table>
<tr><td>调研点</td><td colspan="5">四川省达州市达川区江陵镇新溪乡</td><td colspan="2">调研员姓名</td><td colspan="2">刘海萍</td></tr>
<tr><td>调研员单位</td><td colspan="9">华中师范大学中国农村研究院</td></tr>
<tr><td>受访者编号</td><td colspan="5">LHP20160203ZHY@Z</td><td colspan="2">受访者姓名</td><td colspan="2">曾汉扬</td></tr>
<tr><td>受访者性别</td><td>男</td><td colspan="2">首次采访时间</td><td colspan="2">20160203</td><td colspan="2">首访时受访者年龄</td><td colspan="2">84</td></tr>
<tr><td>受访者成分</td><td>中农</td><td colspan="5">土改时是否土改干部或土改工作队队员</td><td>否</td><td>是否党员</td><td>是</td></tr>
<tr><td>干部经历</td><td>有</td><td colspan="5">曾担任的干部具体职务</td><td colspan="3">生产队队长等</td></tr>
<tr><td>现家庭人口</td><td>6</td><td>现承包地
面积（亩）</td><td colspan="2">0</td><td colspan="2">现承包林地
面积（亩）</td><td>0</td><td>现承包水塘
面积（亩）</td><td>0</td></tr>
<tr><td>受访者
基本情况</td><td colspan="9">老人1932年出生，江陵镇新溪乡人。老人有两个儿子、两个女儿。大儿子患有神精病，在去河北途中走失，至今未归。现和小儿子一家住在新溪街上。其本人是农村户口，老伴已经去世。老人的家庭关系很和睦，访谈期间，儿媳妇一直在旁边做饭洗衣，孙子和孙女在附近嬉戏打闹。老人身体十分好，特别有精气神，看不出已上八十。老人爱笑，很乐观。访谈期间，小女儿回来看望老人，给老人拿了两百块钱。</td></tr>
<tr><td>受访者
职业简历
或个人经历</td><td colspan="9">1951年土改时老人当民兵，在民兵队做后勤，晚上在村里巡逻。1952年老人当互助组组长，1952年下半年去巴中的伐木场挣钱，当伐木工人。集体化时期，老人回村上当保管员。1955年土地入股，老人当生产队队长。1977年老人因为要照料患有精神病的大儿子，辞去生产队队长职务。后来老人就一直在家务农，近几年闲在家中。</td></tr>
<tr><td>受访者
所在社区
基本情况</td><td colspan="9">江陵镇历史悠久，水运交通方便，巴河、碑庙河、长滩河、洞滩河、关门石河纵横交错，与通川区北山乡相连，与巴中市平昌县白衣镇、元石乡、青凤乡毗邻，与达川区堡子镇、虎让乡、道让乡接壤，距通川区38公里，面积87平方公里，辖19个行政村，2个社区居委会，约31000人口，场镇居民近7000人，2001年8月26日撤乡建镇。</td></tr>
</table>

二 分阶段整理

（一）土改的基础和背景

1. 土改前的家庭基本情况

（1）人口情况

我叫曾汉扬，今年八十四岁，1932 年出生于达州市堡子镇新溪乡。土改前我们家有四个人，分别是我父亲、我、我二哥和嫂嫂。土改前大姐、二姐、三姐都已经嫁出去了。大哥被国民党拉兵，再没回来。我才两岁的时候，我母亲就去世了，我父亲后面也没有再娶。

（2）劳动力情况

土改前我父亲、我、二哥还有嫂嫂都可以劳动。当时我年龄偏小，我会打篾条，一般打锅盖、簸箕，削筷子，就拿到集市去卖，也到堡子、赶高坪、龙滩、江陵的集市去卖。土改前，家里的人口负担还是不重。

2. 土改前的家庭经济情况

（1）经济情况

我们家里主要靠种田地，我们家有十几亩。一亩只产几十斤，偶尔百来斤。当时也没有化肥，产的粮食不够吃。我们家的经济在村上只能算一般。

除了平时种地，父亲偶尔去“撵水”，就是涨大水的时候往渠县放水。我主要就是去集市上卖锅盖、簸箕、筷子来补贴家用。一个簸箕可以换两升半米，一个锅盖换四升米，大锅盖换五升米。我们那个时候不缺吃的粮食，每场集市我都要去卖篾器，每次都能拿几包粮食回来。

（2）生活压力

土改以前，我们家生活压力很大，自家吃的粮食都不够。但是我会打篾器，补贴家里的开支，生活也算过得去。我们家的开支主要就是吃饭、喂猪牛。粮食不够吃的时候，我们在刘家边借过谷子，借一斗谷子就要还两斗谷子。刘家边有好几个地主，像刘志山、刘汉山。借来的谷子都没办法吃，都是放了很多年的陈谷子，但我们必须还新打出来的谷子。

3. 土改前的土地经营情况

（1）自有土地

我们家有十几亩地，没有租地主的地。有几亩地是祖业，是我们婆婆爷爷买的。还有几亩地是我的叔爸的。我叔爸是个孤人，他两个儿子在国民党时期都被恶霸打死了。我们给他养老，他就把土地给我们种了。所以我们才有这么多田地。

我们的地一般都是种谷子，栽红苕。土改之前我们这里还没有种玉米，只有种高粱、种绿豆、种豆角这些。光吃自家产的粮，一年肯定不够吃。土改之前，产量很低，一亩只有几十斤，偶尔百来斤。当时也没有化肥，全部是农家肥。

当时我们土地还要交税，交的税还比较多。主要看你家庭贫不贫困，有没有钱，如果家里有钱就交得多，没钱就交得少些。像没钱的家庭交得很少，交一块多钱。国民党的时候，不兴交粮，都是交钱。要是交不起税，保甲长就到家里来把锅都端走。

（2）牲畜和农具

土改前，我们家还养了一只大黄牛。那时候关金票涨得很快，我父亲就把牛卖了，卖了一万块钱。我父亲用那钱又买了两头牛，买一条猪，五石谷子。到后来，关金票就没用了。买盐买米都是用粮食去换，钱都不能用了。我们家养了鸡，鸭子要少些。农具就有锄、镰、薅刀，还有风车，风车是请专门的人做。我们家就只有这些农具，犁头都是自己做的。

（3）生产合作

土改前，我们要和别人换工。我记得我十几岁的时候就帮别个挑粪，挑粪就是每天都挑。一般挑三四天，肩膀都很痛。我们主要是和本村生活一般的农户换工。我们年龄小了，地主家不要我们帮忙。我们给别人帮忙，一般只是管一天三顿饭，偶尔一天吃四顿。换工就只是吃个饭，一般都不得给钱。我们家没有请人帮忙，别人家里条件好些，都是我们帮别人。我们村里没有成立互助小组。

4. 土改前的社会交往情况

土改之前，国民党管的时候，我们村里都没有几个人，也不存在关系怎么样，和现在是一样的，想找一个年轻人都没有，年轻人全部都去藏起来，怕国民党来拉兵拉夫。有的就藏在亲戚家，有的就藏在山里面。像我老丈人家里的几个叔爸，在庙里读书，长期都藏在那里的。我老丈人当时被拉兵后跑回来，跑回来的时候就解放了。我们村里面富裕农户和普通农户生活差距不大。那个时候大家都穷。我们这里地主都比不上其他地方的贫农，我们这儿的地主没有好多钱。

5. 土改前的土地观念

(1) 对土地的愿望

土改前我肯定想买地，但是买不起。那个时候土地很贵。我记得那个时候有块地大家都想买，大家就争，最后是一个校长买了的。那个时候是买通产，不讲亩数。

(2) 对土地的看法

地主他自己不种地，都是把地租给别人。穷人向地主借了钱，没钱还就把土地抵了。给国家交税没钱拿的话，也要收土地，收的全部都是穷人的土地。雇农就是一点土地都没有，没得地田，只有给地主种庄稼，没得手艺的人最可怜，有手艺的人就好一点点。

(3) 对土改的反应

听说土改，我还是比较高兴。因为我们那个时候吃了很多苦，特别是大哥被国民党拉去了，所以痛恨国民党。土改之前就晓得共产党好。那个时候就在宣传共产党，说共产党不拉兵抓夫。

(二) 土改的过程和经历

1. 访贫问苦，扎根串连

(1) 工作队进村

工作队在土改之前来的，也就是 1951 年 3 月。我记得工作队的队长姓张，他还是一个大地主，但是解放过后，他就把财产所有的都交给国家，所以他成了开明地主。土改的时候，他就出来工作。正式土改的时候，我们这里有二十几个工作队员，因为一个村有好几个工作队成员，我们堡子镇有很多个村。工作队的队员都是从远处调来的。工作队都有枪。我们民兵发的是长杆枪。

(2) 土改宣传

我们民兵要去参加土改宣传会。每天都要开会。开会就是给我们传达一些政策，比如说，让我们去巡逻要注意安全。那个年代没得电筒，晚上只有摸黑走路。我们当民兵，晚上不去巡逻还不行。开会的时候，大家都要参加，有贫农协会的干部，还有村上选的贫农都要参加。我们村土改的时候没有串连，红卫兵的时候才有串连。我们民兵就是积极分子，积极分子就要积极，按工作队说的那样办事，按他的部署完成。

(3) 成立贫农团

贫农团就是贫下中农参加。贫农就当农协会的组长。一般贫农团就给贫农做思想工作。

2. 划分阶级成分

(1) 土改成分

我们家都是划的中中农。土改的时候，一个人只有三石通产，超过了三石就是中农，超出很多就是上中农，再往上就是富农、地主。如果当时我把婚结了，我们家多一个人，也就不会划成中农，就是个贫农。因为标准是按通产除以人口数。所以我对我的成分没有什么意见，大家都同意我的成分，因为都是按标准划出来的。

（2）成分划分

划成分是按家里的经济条件和土地面积。家里有几十亩、一百多亩，租出去，就算剥削出租。富农也是一样的标准。土地自己种和租给别人是不一样的。

划成分的时候是工作队和群众一起划的，开大会的时候一起商量。开会的时候给我们传达政策，说清标准，怎么划成分。像划地主就要分有无剥削，只要有剥削，几十石都要算成地主。我们村里面的赵家有几千石，他是大地主。我们家只有二爸被划成富农。我们村没有死地主，只有马云被民兵押着去找赔款的时候，自己跳下河淹死了。

当时村里只划了一次成分。地主有马云、李玉泉，刘家边有几个，比如罗春芬。富农只有几个。大部分都是贫雇农。

3. 挖苦根，斗地主

（1）挖苦根

我们村诉苦大会开过很多次，每隔几天又开一次。开会就是群众讲苦情。民兵站岗，工作组领导就先传达政策，群众有材料的就说。一般诉苦大会要开两个小时。群众就是说地主怎么整自己家里的人，把有的人整死了，或者放高利贷，要说全面了。诉苦都是要讲出依据，不是平白无故地乱斗地主。

（2）斗地主

我们村当时斗了地主，不斗地主赔款从哪里来，斗地主就是要找赔款。要是地主的赔款找不齐，就要被关起，还要被打。白天就跟到他们出去找赔款，晚上回去工作组又给我们民兵布置任务，一天都没在家里待过。开批斗大会的时候，全乡一起开，又斗又打。大地主陈雪峰在双河口上面被枪毙的，几千人去看，他血债多，第一个被枪毙了。其他地主，就是在大会上斗一下，就放回去。斗地主的时候，把那些地主乱踹、乱扯。要枪毙的那些地主根本没有被当人看。

我没有揭发地主的罪行，那个时候我们年轻，没怎么受地主的压迫。我还小，像地主马云还喜欢我们这些小孩子，吃酒的时候让我们坐他旁边。当时也没人敢为地主说好话。

4. 没收和分配土地、财产

我们村先进行登记，把经济来源、通产等记录下来，按标准划地主成分。确定地主成分之后，就组织民兵和贫协会去没收他的财产，进行反复的巡查，调查清楚他家的财产有没隐藏。没有地主不配合的，他不敢威风。

分土地和财产的时候，先分雇农，再分贫农，再分下中农。地主的财产在村上保管，依次序分。土地是按照通产分，一个人最多四石通产。我们家那个时候什么都没分到，就只分了一个夜壶。我们年轻人当时觉得无所谓，也没有什么不满意的。分土地的时候，没有丈量土地，就是大概估计土地的产量。贫协会、工作组一起估的产量和分的土地。分财产的时候，大家没有什么纠纷，也不敢有意见。

5. 土改复查

我们土改1951年6月底就结束了，土改复查没有查出什么错误。土地证是六几年土地下户才发的。查田定产的时候，工作队组织的，把土地分为上等、中等、下等。我们家有上等田、中等田、下等田。我们家当时定的产量是六百斤，那时候土地的产量低。交公粮的压力比起以前就不大。我们这里还不能交，要把粮食交到江陵镇、虎让镇。

（三）土改的结果和影响

1. 土改后的土地经营情况

我们土地和以前差不多，还是十几亩。我们中农没有分土地。土改之后自己种自己吃，不交公粮，粮食就够吃。种的粮食和土改前是一样的。

土改后，我们家劳动力够用，生产也没啥困难了，只有父亲上七十了。农忙的时候，我们附近关系好的几户会互相帮忙，你帮我，我帮你，都是长期帮忙。帮忙的时候不要报酬，只管一天三顿饭。我记不清一年收多少了，公粮也交得不多，剩的粮食够全家吃了。种地的热情也比以前高了。

我们这里没得土地买卖。像我们土地都没动，没出租的农户的土地就没动，出了租的农户的土地才动了的。

2. 土改后的家庭生活情况

（1）自家生活变化

土改之后生活当然有变化，不拉兵拉夫了，大家可以出去挣钱了。土改之后田多了嘛，种自己的地，生活更有信心了。土改之后生活压力也不怎么大了。村里农户之间差距也不大。

（2）收入变化

平时除了种地，我还卖筷子、锅盖、簸箕、筛子。1952年，我还去巴中伐木场干过。钱大地主大资本家办木料厂，我们去挣钱。土改后，都挣得到一点小钱，大钱挣不到。

3. 土改后的社会交往情况

土改后我就开始当干部，和村民关系还可以。后面“大跃进”的时候，小田改大田，小地改大地，都是我们组织改的。村里农户关系没什么变化。只是入了社，才有变化。土改刚结束的时候，贫农和雇农、中农才打交道，不会和地主富农打交道。当然，相比土改前，村里就是团结一致，搞好生产，走毛主席的道路。土改之后，我们和村干部关系也好，不然怎么被提拔上去当干部。

4. 土改后的观念变化情况

（1）土地观

土改时分土地是好坏兼搭，该进该出，这种分法我认为还是合理。我认为土改和土地承包不一样，土地承包国家还要补贴，到后来还不用交公粮了，农民生活越来越好了，积极性就高了。

（2）人际观

才土改结束的时候，我觉得自己比划成地主富农（的人）地位高些，还是觉得同一阶级的农民是一家人。以前讲阶级斗争，后面就没得阶级斗争了，就不分这些了，进入集体，大家都是一样的。

（3）社会观

土改之后，觉得共产党确实是好的，毛主席过雪山草地都是为人民。我们年轻的时候很积极，就在堡子修水库，还在任家岩修尖山水库。我们那个时候修了很多水库，没有钱，只有在队上领工分。

（4）土改观

我对土改的印象就是，一是贫下中农分了田，分了胜利果实；二是没有地主剥削，没有高利贷了。土改后不受资本家、大地主的压迫。大家都积极支持土改。

5．土改对农业集体化的影响

（1）生产资料入社

我们是1953年开始搞互助组的，搞了一年。后面就要入股，把财产、土地、耕牛入股。入股之后，每家每户就加入信用社、合作社，家里的猪牛都交给集体，集体给你折成钱，当时折得便宜。我们家东西都交了，家里只有锄、镰、蒜刀。当时干部来给你讲政策，来发动我们，我是自愿交的。

（2）对集体化的认识

我认为还是集体好一些。第一是自己家里没化肥，全靠农家肥，那时候土地产量低，只有一两百斤。第二是集体劳动力多些，人多力量大。像有的家里，老人小孩比较多，就只能依靠集体了。我没有觉得土地上交集体土改分的地就是白分了，当时大家都想走共产主义这条路。毛主席说的走集体化道路，要过社会主义，达到共产主义。

LHP20160131ZGY@S　张光英

一　受访者基本信息表

调研点	四川省达州市达川区江陵镇新溪乡			调研员姓名	刘海萍
调研员单位	华中师范大学中国农村研究院				
受访者编号	LHP20160131ZGY@S			受访者姓名	张光英
受访者性别	女	首次采访时间	20160131	首访时受访者年龄	83

续表

受访者成分	贫农	土改时是否土改干部或土改工作队队员			否	是否党员	否
干部经历	无	曾担任的干部具体职务			无		
现家庭人口	5	现承包地面积（亩）	0	现承包林地面积（亩）	0	现承包水塘面积（亩）	0
受访者基本情况	老人1933年出生，江陵镇新溪乡人。老人现和孙子、孙媳妇、曾孙住在新溪镇街上。老人身体很好，十分健谈，声音洪亮，语速很快。老人很喜欢抽烟，平时没事就去附近转转路、赶场，或者在家看电视剧。孙媳妇对老人很好，每顿饭都事先征求老人的意见，问老人想吃什么。老人十分乐观，心态很好。						
受访者职业简历或个人经历	土改以前老人作为未出嫁的姑娘一直待在家中。土改的时候，老人比较积极，是青年代表，在大会上带头发言，说毛主席好，给我们分田地。土改之后，老人1952年嫁到婆家，之后老人就一直在家务农。近年来，老人就住在孙媳妇家中养老。						

二　分阶段整理

（一）土改的基础和背景

1．土改前的家庭基本情况

我叫张光英，生于1933年，是达州市江陵镇新溪乡人。土改前我们有两个大人，我父亲母亲，有三个弟，还有三个妹。我弟弟妹妹都还小，我大弟才十来岁。当时我们家就我父亲母亲在种地，我们几个都还小。我们只有一块田，所以劳动力还是够用。

2. 土改前的家庭经济情况

土改前，我们家主要就是种地，田很小。我们家生活压力大。我们家经济条件在村里算差的，但是我父亲会盖房子，会给别个打墙壁，打灶，就挣点工钱，补贴家里的生活。给别人修房子，十天就可以背一斗米回来。我们家没有养鸡鸭，只是喂了猪和牛。我们没有租别人的田地。我爹他有手艺，可以出去挣点钱。我们家就只有一间房子。我爷爷是四弟兄，一个分了一间房子。我们不敢借钱，你到地主家里去借钱，借就要翻利息，借谷子借钱都有利息。借谷子的话，借一斗，你就要还他一斗五，你借钱都是这样的。

3. 土改前的土地经营情况

土改前我们家就一块田，只收得到一升谷子，产的粮食不够吃。田头栽谷子，地里种红苕、红豆、苞谷、豆子等杂粮。土地不用交税，只要出公股，公股就是进庙拜佛烧香的钱。当时还要交各种派款。

我们家有头牛。我们帮别人把牛喂大，然后人家就把大牛生下的小牛给了我们。我们做庄稼的人，家里有犁耙、风车，还有铁耙、锄、镰、蒜刀。农忙的时候，我们要和别人换工。那个时候换工是私下换，我帮你做，你帮我做，你给别个做一天，别个就还你一天。别人帮你做的话，你要管人家三顿饭，都是把平时舍不得吃的拿出来招待客人，不能让别人说闲话。换工只是临时的，就只有栽秧、打谷子的那几天。

4. 土改前的社会交往情况

我们和村上的村民关系都好，都能很好相处。土改前地主富农才有钱，贫下中农没得钱，所以大家差距还是比较大。我们和地主没什么联系，他也不理我们这些没钱的。

5. 土改前的土地观念

土改前，我倒是很想买地，只是没有钱。我认为地主有那么多地就不公平。因为租他的田，就要四六分，做庄稼的农民才分四成，地主得六成。你和他说话，他都不理你。没地的人就只有去给地主当帮工。

听到土改那个时候，说要分到田地，心里面就欢喜。土改之前我们这里是国民党，没有共产党。过去保长要拉兵拉夫。村里姑娘长大了，国民党的兵也要把她们拉走。家里有钱的就给旧乡保长塞钱，就不被拉走。

（二）土改的过程和经历

1. 访贫问苦，扎根串连

（1）工作队进村

清匪反霸的时候，工作队就进村了。土改也有工作队。根据大队面积好宽，给你分几个工作队员。工作队员都是远处调过来的，有宣汉的、蒙双的、达县的。

（2）土改宣传

开会的时候我们去参加了的。开会就是说要反霸，打倒地主，分财产，或是我们要跟到毛主席政策。总之就是说土改的政策好。我当时是青年代表，就要带头发言，就说毛主席好，给我们分田地。

（3）扎根串连

工作队员在我们家里吃住，还要给我们钱，后来还发展我成青年代表。工作队要去农民家里面看看，才能了解家庭情况。我们当时积极分子比较多，我当时也是积极分子，积极分子还有奖，工作队要奖励积极分子，分财产的时候，要奖励钱，或者其他小东西。

2. 划分阶级成分

我们家被划的成分是贫农。成分是工作队来划的。大家都同意我的成分。划成分是根据政策，工作队也是跟着政策走。贫农就是没田地，家里面什么都没有。生活好一点的，条件好一点的就是上中农、下中农。地主就是有田地，请长工，出租土地给农民。有的富农是正富农，有的是佃富农。佃富农就是租别个的田地种，正富农就是自己家里有钱，就是真正的富农。我们划成分就只划了一次。大队划出来有一个上中农，有一个中中农，有两个富农，有三家地主。

3. 挖苦根，斗地主

我们队上两三天就要开会斗地主。斗地主就是群众准备材料去斗他，说他拉兵、干的坏事，群众上台去说自己过去受的苦难。地主自己也要说他自己的缺点，说他做的错事。群众还要让他交代自己家里家具家产有好多，都要交出来。土改结束的时候，该枪毙的地主都枪毙了的，该劳动改造的地主就劳动，像杨芳国、唐一生、唐朱凤大地主全部是镇压了的，他们的子女全部被撵下乡。我思想还是过不去，不会去整地主，看到地主可怜，我下不了狠心，其他人斗地主，还要给地主灌尿。其实有的地主生活也不好，有些地主也只是吃咸菜、胡豆瓣，节约生活买的田地，也被划成地主。当时没有人敢帮地主说话，只有斗地主才是正确的，不然就说你走的地主富农路线。

4. 没收和分配土地、财产

（1）没收土地和财产

没收地主财产的时候，地主集体被关在大队的屋子里面。他的子女每天就送饭给他们吃。没收财产是工作队带领大家去没收的。收上来的金银财宝就上交国家，其他的衣服、柜子、家具这些就交到村上保管室。在杨方国家里，去搜出来很大一箱银子和首饰、嫁衣。

（2）分配土地和财产

分财产是开村民大会的时候分的。按成分来，贫雇农就多分点，中农少分点，地主富农不分。我是青年代表，给我分了一张桌子，一个皮箱，一副罩钩。地主的房子被贫下中农分了，他自己就去住茅草房。

（3）分配土地的过程

土地是按照人口分的，家里有几个人就分好多田。一个人分五分田，或是分一亩啊。村上土地多，一个人就分一亩，土地少就分五分、六七分田。分土地的时候，工作队带人用杆杆去丈土地的尺寸数。我们家七个人一共分了四亩多的田地。当时干部不敢贪污，有人监督。大家也没有产生什么纠纷。

复查的时候我就结婚嫁到婆家这边。我们这里土改是1952年结束的。土改复查一般都没有查出什么错误。后来组织查田定产。当时还不用交公粮。

（三）土改的结果和影响

1. 土改后的土地经营情况

（1）生产情况

土改后，我们家多分了四亩多田地，都是好田坏田兼搭。土改后分的田地就够全家生活了。四亩田地产两千斤谷子。种的和以前是一样的，也是谷子、红豆、玉米、豆子，加起来一年有三四千斤。

（2）生产合作

我们家劳动力还是够。农忙大家还是会互相帮助。土改之后我们这里没有土地买卖。像我们土地都没动，没出租的农户的土地就没动，出了租的地主的土地才动了的。

2. 土改后的家庭生活情况

我们家生活好起来了，生产积极性就高了。土改之后，生活压力就不大了。大家都有土地，就没有什么差距了。我们家主要就是种地，一年总的产量有三四千斤粮食。把粮食卖给国家，换了钱就买油盐。除了种地，我们有时候就是帮别人干活挣钱，像搬东西、修房子。我们给别人帮忙，别人就给我们粮食。

3. 土改后的社会交往情况

土改之后，我们和其他农户关系都好，村干部也不敢作威作福，和大家关系也可以。土改之后，大家比以前更加团结，大家都是一样，就不分地主富农成分。我们和我们院子里的富农关系还和以前一样的。

4. 土改后的观念变化情况

我认为土地每个人分得一样多就很好，就平衡差距了。土改后，我们家分到土地，我们肯定很欢喜。我觉得土改分地和家庭承包感觉是一样的。

土改我们是贫农，肯定还是觉得自己比地主富农成分好一点，不过后来集体，大家就都是一样劳动了。

土改之后，我们就积极参加修路、修堰塘，大家都很积极。八队修了一个水库，张家湾也修堰塘，刘家湾也修堰塘，五队修堰塘。我认为共产党很好，政策好，为百姓服务。

我认为土改就很好。土改就是分了田地，贫农得胜利果实，这些证明土改好。

5. 土改对农业集体化的影响

1952年，我们村就成立了互助组，互助组之后就是合作社，最后就收回食堂。集体化的时候，我们家什么东西都交了的。你家里有犁耙风车、猪牛这些，上交之后，集体都会折成钱给你。我不想交东西，上面有这个政策，别人都交了，我哪个敢犟。要是我犟，大家就来斗我。我们家的石磨都被封了，怕你偷麦子回来磨。当时吃饭都是去食堂吃，家里不能煮饭。

我觉得自己种地的效率当然高些。集体种得到什么？最后大家差点饿死。大办钢铁，劳动力全部走了，家里只剩下妇女种地，产量自然不行。我觉得土改时分了地，集体的时候又交上去，肯定还是有点想不通，觉得白分了。

口述调查小记

第一次进行口述史调研，我选择了自己的老家。在做好前期准备工作后，我于2016年1月14日早上9点左右找到村支书刘明义，在向他讲明来意之后，他表示了极大的支持，告诉我村里6位80岁以上老年人的姓名，并答应介绍他们和我见面。下午2点，前往郭家坪村拜访住在女婿家的周依胜老人。途中遇到亲戚，告诉我86岁的朱洪第老人十分符合我调研的条件，且老人在家。我认为机会十分难得，临时改变了计划。

来到朱洪第老人家中，看到老人身体硬朗，精神状态不错。老人是四川省达州市达川区堡子镇郭家坪村四社人，1930年出生。老人有四个儿子，三个女儿。女儿都嫁了出去，有两个儿子在堡子，有两个在外面打工。老人和老伴现在已经不务农了，闲在家中。儿子女儿相隔老人家不是很远，所以经常回来看望老人。老人土改时是民兵队队长。但和老人聊土改时，发现老人只是大概记得当时发生的事情，对于具体发生的事情老人则印象模糊，所以深度挖掘的东西不是太多。

1月15日上午9点左右，在亲戚的指引下，来到了81岁的陈均洪老人家里。老人1935年出生，堡子镇郭家坪村四社人。有四个孩子，一个儿子，三个女儿。本大队有一个女儿，在成都买的房子。米城一个女儿，她儿子在北京，孙子都得了。幺女在街上，儿子在达州买的房子，在重庆打工。孙子跟着爸妈打工，孙女成家了。老人当了二十几年干部，现在退休了，一人在老家居住。我去采访老人的时候，他正在栽洋芋，可见身体十分硬朗。当我说明来意后，老人表示积极支持。在访问过程中，老人思维清楚，十分关注新闻时事，由于当过几十年干部，老人对党、国家的政策都十分了解和支持。和老人的聊天十分顺利，收获颇丰。

下午吃完饭，便去找周义胜老人。老人是达州市达川区杨家岩村九队人。老人今年96岁的高龄，住在女婿家中。土改时，老人30多岁，参加了当时大部分土改过程。但由于时隔久远，对于具体的时间和细节记忆模糊。考虑到老人体力的问题，采访大约进行了两个小时。

4点过后，亲戚告诉我，前院住了一个82岁的老人，叫朱明琼，1934年出生在四川省达州市堡子镇郭家坪村。考虑到离天黑还有一段时间，便去了老人家里。老人有三个儿子，一个女儿，有两个孙女，一个孙子，还有曾孙。他们都在外面打工，老人现在跟小儿子住。老人平时没事，就是邻里之间走动，聊天喝茶。从访谈中可以了解到老人是一个爱做好事、心地善良的人。老人意识清楚，言语流利，在采访老人的过程中，让我印象最深的便是对待女地主婆的方式，以及老人对待地主的态度。老人从不同的角度讲述了土改的历史。

1月16日早上，在亲戚的介绍下，知道镇上住了一位84岁的王邦碧老人，是江陵五大队的，1932年出生，有三个女儿，一个儿子。有两个女儿在达县城里，有一个在堡子学校里当保安。老人现在和儿子、儿媳、孙子居住在堡子镇上。儿子在堡子街上做副食生意，十分能干。老人身体不错，平常就在儿子店里帮忙看下店。

下午去了老人家，由于老人记忆有点迷糊，又是妇女，关于土改的有些事情不清楚，访谈中便请了表弟温礼仁（堡子镇鞍山村六社人）进行补充。两位老人一起回忆当时的情景，一对二的方式更有利于激发老人对当时具体事件的回忆。由于老人夫家是地主，更多地了解到当时划地主、斗地主的场景。75岁的温礼仁老人对土改后期的事情也记忆清楚，提供了不少有价值的参考资料。

1月17日早上，去拜访了88岁的李仕瑞老人。老人是新溪五组的人。老人身体不错，但在采访中发现，老人土改时是民兵，并未参加当时的大部分会议，对土改记忆不深，于是只能作罢。

下午，遇上赶集天，街上人特别多，便在路边找到了一位81岁的老人。老人叫盛大明，1935年出生，堡子镇二大队盛家坪村四组人。有一儿一女，女儿五十几岁了，儿子四十几岁了。现在和儿子、儿媳住在一起，儿子、儿媳十分孝顺。老人喜欢热闹，经常赶场。老人爱背个收音机听听歌曲和新闻。孙媳妇也十分孝顺，每天都是把饭做好送到老人手中。我拉着老人到附近刘书记开的店里聊天。老人特别健谈，思路清晰，访谈了两个多小时，获取的信息比较多。

1月18日早上，去找了朱洪英老人，但由于老人记忆不太清楚，采访了半个小时后，就放弃了。

接下来的几天，一直没找到合适的访谈对象，不便继续打扰哥哥嫂嫂，我便回家了。趁着30号回老家吃表哥的喜酒，开始继续寻找合适的老人。刘书记忙完年前的领导检查工作，如约带我去杨家岩的罗本清老人家。老人是上一任村支部书记。1936年出生，堡子镇杨家岩村人。有两个儿子，两个女儿，都四五十岁了。孙子、曾孙都有了。他们都在外面打工。只有老人和老伴两人在家，身体都十分硬朗。去采访老人的时候，老人还在山上砍柴。我和刘书记便上山找老人，山路特别不好走，荆棘丛生。八十岁老人的身体如此好，确实让我感到惊讶。老人和附近的村民关系都比较好，采访的那一天，旁边邻居正杀猪，很热闹，还叫老人去吃午饭。

1月31日，哥哥嫂嫂去新溪赶集卖鱼，我便在市场上找合适的对象，遇到了张光英老人。老人1933年出生，江陵镇新溪乡人。老人现和孙子、孙媳妇、曾孙住在新溪镇街上。

老人十分健谈，声音洪亮，语速很快。访谈期间，老人还抽了几支烟。老人没事就去附近转转路、赶场，或者在家看电视剧。孙媳妇对老人很好，每顿饭都事先征求老人的意见，问老人想吃什么。老人的心态十分乐观。老人思维清晰，对过去的事情记忆比较清楚。老人当时是青年代表，了解比较多土改的事情，了解到的信息特别多。

2月3日，在新溪街头小卖部老板的介绍下，我来到了曾汉扬老人的家中。老人1932年出生，江陵镇新溪乡人，有两个儿子、两个女儿。大儿子患有精神病，在去河北途中走失，至今未归。现和小儿子一家住在新溪街上。其本人是农村户口，老伴已经去世。老人的家庭关系很和睦，访谈期间，儿媳妇一直在旁边做饭洗衣，孙子和孙女在附近嬉戏打闹。老人身体十分好，特别有精气神，看不出已上八十。老人爱笑，很乐观。访谈期间，小女儿回来看望老人，给老人拿了两百块钱。去采访老人的时候，老人正坐在炉子边烤火，当我问到土改的时候，老人滔滔不绝。老人的儿媳妇也很支持我的访谈。

下午，回到堡子，姐姐告诉我李国能老人以前是教师，应该比较了解土改的情况。老人1931年出生，堡子镇龙咀村六队人，有五个儿子，老大和老二已去世，最小的儿子在教书。老人本人是农村户口，和老伴现住在小儿子家中。老人有两个兄弟，土改时都划成了小量地主，按中农成分对待，都教过书。当天回城后，联系到老人。老人十分健谈，说了三个小时，毫无疲惫的感觉。老人思维逻辑性强，从解放到反霸、土改的过程，说得十分生动有趣。

此次调研，让我对土地改革运动有了更深的认识，也对土改运动大背景下，农民当时的心理和行为有了更深的认识和理解。十分感谢热情的村干部和慈祥的受访老人们。

LSM20180202DYG@D 丁玉谷

一 受访者基本信息表

<table>
<tr><td>调研点</td><td colspan="4">四川省达州市达川区南外镇仙鹤路10号</td><td colspan="2">调研员姓名</td><td colspan="2">刘思敏</td></tr>
<tr><td>调研员单位</td><td colspan="8">华中师范大学中国农村研究院</td></tr>
<tr><td>受访者编号</td><td colspan="4">LSM20180202DYG@D</td><td colspan="2">受访者姓名</td><td colspan="2">丁玉谷</td></tr>
<tr><td>受访者性别</td><td>女</td><td colspan="2">首次采访时间</td><td>20180202</td><td colspan="2">首访时受访者年龄</td><td colspan="2">83</td></tr>
<tr><td>受访者成分</td><td>地主</td><td colspan="4">土改时是否土改干部或土改工作队队员</td><td>否</td><td>是否党员</td><td>否</td></tr>
<tr><td>干部经历</td><td>无</td><td colspan="4">曾担任的干部具体职务</td><td colspan="3">无</td></tr>
<tr><td>现家庭人口</td><td>4</td><td>现承包地面积（亩）</td><td>0</td><td colspan="2">现承包林地面积（亩）</td><td>0</td><td>现承包水塘面积（亩）</td><td>0</td></tr>
</table>

续表

受访者基本情况	老人于1935年出生在重庆市合川区。老人出身于地主家庭，父亲做生意赚了钱，买了土地。老人土改以后便进城读书，之后分配到达州市工作。家中孩子较多，都比较有出息，大儿子是上世纪八十年代重庆大学的毕业生。老人的子女多为教育工作者，现在生活较为富足。老人一直在家带着孩子，偶尔出去玩，买买菜，跳跳舞什么的，较为悠闲。
受访者职业简历或个人经历	老人出身于地主家庭，土改时家庭成员有父亲、母亲、姐姐、妹妹、哥哥、嫂子和侄女，其父亲是一名开明地主，哥哥在抗美援朝期间参军，家中劳动力就只有父亲一人，母亲和子女都没有参与劳动。1949年之前，老人一直在家干活，解放后才读书。在1951年土地改革时，老人在家待着，家中土地、房子、存款和用以抵抗土匪的枪等被收。虽经历过土改，但因是开明地主家庭，其父亲未被批斗。1953年时，老人在重庆市内读书，随后分配到达州市工作，一直到退休。
受访者所在社区基本情况	南外镇位于达川区中部，北与通川区隔州河相望，是县政府驻地，全县政治、经济、文化中心。该镇面积60.32平方公里，人口15万余，辖11个社区、15个行政村。镇政府驻民乐路555号。该镇属丘陵地区，海拔300~650米。矿产有天然气、石灰石、石英砂等。达万铁路、G65达渝高速、210国道、202省道过境，距河市机场8公里、火车站7公里。景点有雷音山、雷音铺溶洞。 南外镇清至民国初属清风乡，民国末年置南外乡，1958年改公社，1984年改乡，1988年建镇。1996年，面积62.5平方公里，人口5.6万，辖新桥、杨柳、堰坝、石河、蔡坪、火烽、长田、临江、亚云、三坪、板凳、高岩、七里、千丘、雷音15个行政村和金华、南坝、梧桐梁、叶家湾、草街子5个居委会。南外镇属于达州市的主城区，经济较为发达。山地地形，亚热带季风性气候。受访者居住在南外镇仙鹤路。

二　分阶段整理

（一）土改的基础和背景

1. 土改前的家庭基本情况

（1）人口情况

我叫丁玉谷，土地改革之前，我家有我爸爸、妈妈、姐姐、妹妹，还有哥哥嫂子和侄女。哥哥抗美援朝的时候参军去了。哥哥比我大九岁，那时也是二十多岁了，他已经结了婚，连孩子都有了。我姐姐是三几年出生的，土地改革的时候差不多十八岁。我是1935年的七月份出生的，我妹妹是1937年的十一月份出生的，那时我的侄女还很小。

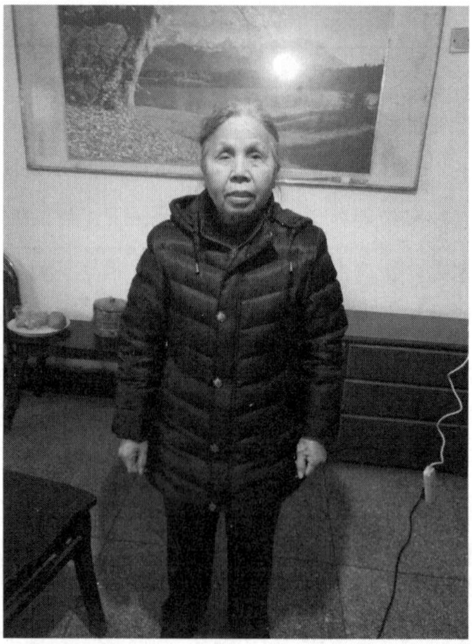

土地改革以前我爸爸主要的工作就是卖布。他最早的时候卖的是盐，等到有了一点积蓄我家就开了钱庄。我家里虽然条件很好，但是我爸爸十分辛苦。我爸爸出身穷苦，小时候也穿着破烂衣服下地干活。后来我家挣了一点点钱就买了土地。我大爸是个读书人，他很会写文章，他家也很有钱。

（2）劳动力情况

土地改革之前我家只有爸爸一个人挣钱，妈妈嫂子都是家庭妇女。劳动力就是我爸爸一个人，我们家请了一个人帮忙。

（3）负担情况

我家那个时候负担不是很大。我家里面没有什么老年人，没有病人，因此生活负担不重。我爸爸做生意，我家条件算一般。

2．土改前的家庭经济情况

（1）经济情况

我土改之前就是一直在家待着。在家的时候还织麻纺线，我很快就能织好一匹布，但是质量不好。家里面当时只有我爸爸挣钱，我哥哥不挣钱。我哥哥出生的时候，我家的条件就比较好了，他不需要再拼命去赚钱。我爷爷他们也是好几间房子，也比较富裕。我家在我们那个地方只能算一般，我们那里普遍经济条件都比较好。

（2）生活来源

我家的佃户给我家交谷子，佃户说交多少就交多少。因为我爸爸跟那些佃主不一样，他不是很计较每一年收的粮食，而且我家的土地是租给自己亲戚在种，所以更不好开口说收租的事情。我家的粮食非常多，每年我家吃不完的粮食还要拿到市场上去卖掉。爸爸自己做生意挣钱，粮食也可以卖一部分钱，我家的收入来源主要是依靠这个。那时我家养鸡，但是养的鸡都是自己家吃，不会到集市上去出售。

（3）生活压力

我家生活压力不大。爸爸为了存钱，平日里很节约。我们小时候想吃红薯饭，我爸爸都舍不得给我们买。我爸爸都想着把钱省下来去买地，我哥哥特别想吃炒鸡蛋，因为炒鸡蛋下饭很香，但是我爸爸都不答应给他做。有一次我爸妈没在家，我哥就把我妹妹和我从厨房轰出来把门关上了，我们再怎么喊，他就不开。我们只看到土灶的烟囱在冒烟。等我们进去的时候，里面打扫得干干净净，什么都没有。我们后来问他，他说他煎了个鸡蛋，下了个面吃掉了。我爸爸是刚发展起来的地主，所以他根本就没想着花钱，就是想把钱存起来买地，他什么都舍不得买。有时候我们想吃个包子，我爸爸都舍不得。我妈妈就偷偷买来藏在袖子里，爸爸不在的时候，我妈妈就从袖子里面拿出包子给我们尝一点。我妈妈还让我们趁爸爸不在抓紧时间吃。那时我们的生活是很简单的，我家人和长工同吃同住，所以人家也不说我们剥削人。

3. 土改前的土地经营情况

（1）自有土地

我家的土地都是我爸爸赚了钱之后买的，我家里人什么事情都要自己做。农忙的时候，我家的人也要上山捡红薯。那时没有换工这一情况，我家请了一个人在帮忙种地。

我家有四五亩土地，一共三块田。实际上最开始我们家只有两块田，最后一个田是因为我三爷爷的儿子被土匪抓了，绑匪要赎金，我三爷爷家急需钱，就把田卖给了我们。那时地里面主要是种的稻谷和麦子，还有一些小菜。那时具体收多少税我不太清楚。家里面有一个像小木屋一样的粮仓。我家里人吃饭的时候就去粮仓里面拿粮食。家里佃户和我们一起吃饭。

（2）租佃情况

佃户和我家是亲戚，地租他们想多交点就多交点。我爸爸自己是从穷人家出来的，也过了很长一段时间的苦日子。但是其他佃主就不同了，我们对面那个王佃主对农民要求很严苛。农户如果自己没有足够的粮食交税，自己去集市上买了都要给佃主上交。

当时年龄很小，地租怎么确定的我实在记不清。交租的时间是阴历的八月份。有时候我们直接把粮食卖掉。我爸爸也会卖粮食，买家和我爸爸说好要购买多少粮食，我爸爸就会让他去地里找佃户提取。卖粮食挣的钱也不多。我们家的地一直都是我家亲戚在租种。如果佃户交不起租，就不租了。如果佃主提的条件太过严苛，佃户感觉满足不了，也可以不租。不租地的话佃户直接将土地退给佃主就好了，佃主家也可以自己另外找一个人做就可以了。如果那一年气候不好，我家就少收一点粮食，我爸爸说他之前也吃过苦，也不想为难农民，所以就根据实际情况来。今年的收成好不好，大家都能看见。有些佃主就不愿意减租，如果佃户没有足够的粮食，自己不吃都要给佃主上交粮食。

（3）牲畜和农具

我们当时没有喂牛，我们只喂了猪，我们家人比较少。没有两家合买牛的情况。只要两家人关系好就可以互相借牛，农忙的时候两家商量着来，关系好的人可以互相借。如果两个人关系比较好，借牛不花钱也是可以的，两个人关系不好，给钱都不会互相借牛。那时耕牛一般都是租，每家每户农具都还是有。

（4）请工、雇工

我们请的工人是我家的亲戚，那时一般请人做事都是请的本村人，我家里面管吃管住。我家那个佃客是一个光棍，自己没有一点点财产，他自己没有什么农具，农具都是我家里面的。农具弄坏了就修，我们都是亲戚，不会发生农具弄丢了还要赔的情况。

4. 土改前的社会交往情况

（1）租佃关系

我们家会对农民进行帮助，因为说到底都是亲戚。过年过节我们也都会来往。我家对于租金比较随意，如果当年收成不好，我家会灵活变通。佃客在我家住着，过年过节事情多，他肯定会帮我们，但是这算不上干活。

（2）农户关系

当时大家关系还是挺好的。我们跟家境不好的人关系也一样，只是来往不多。我们没有和村长相处。我那里的保长姓董，董保长我们真的没有接触过，因为两家距离隔得本来就远，我家的家风也不主张我们嫌贫爱富，我也不会去攀附保长。当时村子里面有贫富差距，但是村庄里贫富差距没有太大。我们那块地方比较富裕，土地质量都不差，大家都还是都吃的稀饭，没有那种特别穷的。

（3）宗族关系

我们这个姓氏的人也不多也不少。当时有清明会，村子里面的人一年只去参加一次清明会。清明会的人喊我们吃饭，我们就去吃饭，平时清明会是怎么运转的我也不太清楚。我当时没有觉得一个姓氏的就亲近一些，当时和谁都玩得比较好。清明会只管吃饭，我们只记得当时大家喜欢吃清明会的饭，因为不要钱。

5. 土改前的土地观念

（1）对土地的愿望

我家当时特别想买土地。我爸爸之所以这么节约就是为了省下钱财来买土地。买土地只是我对我爸爸行为的猜测，我那时候太小了，我爸爸什么也不和我说，我也不知道我爸爸的真实意图。但是应该八九不离十，我爸爸买土地的愿望还是很强烈的。

（2）对土地的看法

我不知道我家的土地多不多，我对土地数量没有概念。我从来没有看不起家里没土地的人过。那个时候年纪比较小，只要合得来就可以在一起玩耍，没有想到因为地位来决定亲近谁或者疏远谁，我根本没有关注过自己的地位问题。

（3）对土改的反应

当时我们年纪太小，对于土地改革什么都不知道，根本不了解土地改革。我爸爸曾经帮助过解放军，也没有过多地剥削别人，我家的成分是开明地主。我哥哥后来也参军了，我家算是军属，有政策保护。我家里人一点也不担心土改。土地改革的时候我家的土地和房子都分出去了。当时分我们房子的人，一个姓董，一个姓邓。当时乡政府派了一个同志下来给我们讲政策，讲的内容大概是人人平等之类的，我们当时都觉得他说的还是有点对。那时我根本不知道党是什么。大家都是各过各的，都没有政府、国家观念，没有一点政治意识，大家都只晓得吃饭。

（二）土改的过程和经历

1．访贫问苦，扎根串连

（1）工作队进村

土改工作队是1952年进入村庄的，他们进入村庄之后土地改革就开始了。土改工作队有几个人我记不清楚了，当时只有一个工作队的干部来发动群众，然后再选了农民，他们就在一起处理土地改革的事情了。工作队的队员都是外地人，不了解情况，所以他们需要通过本村人来了解村子里面的情况。虽然他们不是我们当地的人，但都是重庆人。

（2）土改宣传

土改工作队的队员在土地改革之前要开会宣传。那时去参加会议的人很多，工作队的人说什么我们就听什么，他们让我们怎么做我们就怎么做，其实那时心里面并不是很明白为什么要这样做。因为我们那时没有读多少书，对于政策性的东西不了解。很多人都会在会议上发言，但是我没有发过言。

（3）扎根串连

我根本对土改积极分子没有什么想法，也没有觉得他们烦。我爸爸很开通，解放军来的时候，他也没跑。我爸爸在重庆的时候，感觉到解放军还是比较好的。那时年龄比较小，也没有太多文化，我评判事情只看对不对，从来不多想。那时我根本没有政治意识。

（4）成立农会

土地改革之后就成立农会了。进农会的程序比较复杂，首先是负责人在最开始讲一段时间的话，然后就是大家选举。农会主要负责组织开会一类的事务，跟现在的村主任差不多。那时一般都是要贫农、中农才有资格加农会，进农会有名额限制，还得比拼人缘。能够进农会的都是工作积极的、思想好的、文化好的人。

2．划分阶级成分

（1）土改成分

土改之后就成立农会了，农会来主持领头划分成分，就是大家评。其实工作队来了以后，他自己就知道大概情况了。他也掌握执行政策的，组织开会一类的。当时加入农会有条件，一般都是要贫农、中农才有资格，还要看你的人缘，农会就是个领导小组，有名额限制住的，要工作积极的、思想好的、文化好的。我对于成分没得啥子意见。

（2）成分划分

土地改革的时候，我家请的长工就和土改工作队的人说我爸爸虽然是个地主，但是他和其他地主不同，他是一个劳动地主。土改工作队的人就马上说：“你这个人说话没有立场，地主怎么可能是劳动地主？地主都是不劳而获的。”我家长工就继续辩解，说“我说的并不是假话，我和他一起住，吃住都是和他在一起，他是什么样的人我知道，我说的是真话”。我爸爸虽然成分不是很好，但我爸爸还是想得开，那时我爸爸在重庆市内做生意，重庆市内比我们家那边先解放，他对解放军就比较了解，而且我爸爸也帮助过解放军。解放军来我老家的时候，村民都争抢着逃跑。我爸爸不跑，他说共产党对人挺好的，不像国民党的兵那么欺负百姓。解放军进了村子以后，他们找我家要米做饭吃，我爸爸都给了他们的，所以共产党给我们家评了一个开明地主的成分。开明地主就是解放的时候主动把东西拿出来的地主。

我们只能说是地主子女，不能说是地主分子。只有我爸和我妈是地主，小侄女反正没咋管。因为有土地，所以那样划成分，他们只看三年以前的财产情况，解放前三年有什么财产，然后他再来划。一来是雇农，上无片瓦下无立锥之地的那种。贫农就是租种的别人的土地，没房子。中农就是自己有一点土地，就是他自己种的那种。小量土地出租，就是说他自己有地。再多一点就地主了，还有什么大地主恶霸地主一类的。

(3) 划分结果

我们对于成分的结果没有觉得有什么，因为我们觉得我们就是有那么多土地。搞土地改革的那个人，他其实就是我的一个老表，我妈妈姓赵，他也姓赵，其实是亲戚。他和我们说一些事情，所以我们也想得通。我们家就是一下就把财产交出去了，所以我们家就是开明地主。

划分成分是工作队主要会参与，但是工作队不了解这边的情况，主要是靠农会了解，农会过来调查我们的真实情况。成分必须要评得我们心服口服，对于自己成分有疑义的甚至会去找土改工作队的队员闹。我家有一个表哥，他专门来给我们做土改工作，我家没有抵触情绪。

我们家那边是不会斗死地主的，评地主主要还是看他的财产够不够。村子里面成分划分就一次，就是土改的时候划分的。地主主要有四五家，富农我就搞不清楚了，贫农最多，中农也多。

3. 挖苦根，斗地主

(1) 挖苦根

挖苦根是有的。一般就是贫下中农去揭发地主。他们一般都当着大家的面去讲地主是如何剥削他们。当时我家没有参与诉苦，我家没有资格。别人家不说我们我就觉得万幸了。

(2) 斗地主

斗地主我们村是斗得相当多的。地主都在上面站着，把手举着，反正除了我爸爸以外，其余地主都被批斗了，当时也会打地主。村民肯定明着不敢同情地主，我不知道有没有人私底下同情地主。我想同情也是悄悄的，他并不敢公开。就像我们家请的那个人，帮我爸爸说话，他就被其余人教育了。公审的情况很少，我们那个保长就是公审的时候枪毙了的。保长是做了很多坏事，比如说抓壮丁以及收粮收税的。我参加过批斗公审大会的，就是在一个坝子里，把这些所有人都叫起来。当时有算剥削账，工作队的人就是教育农民，教他们算剥削账。

4. 没收和分配土地财产

(1) 没收土地和财产

我家房子、地都是被收了的，存款、枪都被收了的。我们家还有枪，主要是用来防土匪。山上有土匪，我家就准备了两把枪，还有几个手榴弹。我们的财产都是农会在收，至于如何分配的这个我们就不了解了，我们也没有资格去了解。我们家还是比较配合的。因为我爸爸看见了的，共产党军队比国民党军队好太多，所以解放军来了，其余的村民都逃跑，但是我家就不跑。共产党的军队吃饭，要粮食啥子的我们都给。地主反正就跟群众一样，人家分多少我们就分多少。

(2) 分配土地的过程

分配土地是开了会的。具体怎么实施我们就不太清楚，这些都是工作组的事情。工作队队员最后把哪块土地划给我们，我们就耕种哪块土地。我家的土地分给谁了我也不清楚，反正就是挨着我们的那些人。我们分的土地就在我们家附近。我家之前的土地质量比较好，但是离我家很远，工作队队员就把我家的土地分走了。我们分了新地，但是新地离我家也不近，我们也要走二里路去耕种。肯定有的人土地分得好，有的人分得不好。我们这边分土地是只看面积，他并不看质量，没分农具。工作队没有分清明会的土地。清明会主要就是每年吃顿饭，别的都还好。我们家族没有宗祠。土改时干部做事都很公平。以前没有土地，现在有土地了，大家都还是比较高兴。我记不太清土改结束的具体时间，土改持续的时间很短。成分划错的情况存在，如果划错了，工作队队员会更改的。

5. 土改复查

有人来进行土地复查。当时要交公粮。我哥牺牲以后，我们家就是四个人。当时交了公粮以后，剩下的粮食勉强够家里人吃，但也不是很多。公粮上交的数量主要还是和土地数量相关。土地数量多，公粮上交的量就多。

（三）土改的结果和影响

1. 土改后的土地经营情况

(1) 生产情况

土改以后，土地还是种稻谷、麦子、豌豆。产量依旧不高，但是当时我们还是够吃。我家的劳动力除了我爸爸以外，就是我们三个姊妹。虽然我们都是女儿，但是栽秧打谷等农活我们都要做。

(2) 生产合作

当时都没有互助组，互助组都是土改结束几年才有的。我记得是先有了合作社，然后才有互助组。互助组兴起的时候，生产经营还是有困难，但是困难不大，我们勉强能够克服。

（3）收成情况

当时还是要交公粮。上交公粮的时候并不是上面的干部下来收，而是我们背到一个固定的地方，他们在那里收。公粮上交之后，我家的粮食还是勉强够吃，生活依旧能过下去。

（4）生产热情

土地改革之后，大家的生产热情比较高。在之前，贫农雇农都没有自己的土地，他们的生活情况还是比较糟糕。土地改革之后，贫农雇农就有了自己的土地，他们的生产热情得到了很大的提升。

（5）土地买卖

我们不敢进行土地买卖。我觉得我家的生活水平在土改前后没有什么变化。解放以后，我爸还是在重庆做生意，他就自己卖盐。我们村子里盐只能卖到两毛钱，我爸爸就知道重庆市内能够卖到四毛钱，我爸爸就把盐背到重庆市去卖，就这样赚一点点差价。

2．土改后的家庭生活情况

（1）自家生活变化

我爸爸在土地改革之前就比较节约，我家的日子那个时候也过得一般。土改之后，我家就自己种一点地，我爸爸还是在外面做一点点生意，我家的生活水平跟土改之前差不多。

（2）收入变化

我家之前几乎不种地，在土地改革之后，我家会自己耕种一点土地了。我爸爸就不能全心全意去做生意，他只能用一部分的精力去打理他的生意。我家收入上会有一些减少。

3．土改后的社会交往情况

（1）农户关系

我家和村子里面其他人关系都比较好。我家虽然有钱，但是我爸爸从不欺负别人，所以大家对我家里面的人印象都比较好。即便是土改之后，他们也没有特别针对我们。但那时人们交往或多或少会看一下成分，我们家多多少少被疏远了一点。

（2）村户关系

土改的时候我年龄很小，我根本没想过社会地位的问题。我哥哥抗美援朝的时候参军了，所以我们家是军属。我哥哥在朝鲜战场上牺牲之后，我们又成为了烈属，政府对我们采取了优待政策。我家的成分是开明地主，在土改的时候就没有受到批斗。我家和官员几乎没有联系。

4．土改后的观念变化情况

（1）土地观

那个时候都不敢进行土地买卖了。土地改革之后，土地买卖是禁止的。我家是地主成分，土改之后，没有多余的土地参与买卖了。贫农雇农有了自己的土地，只想好好耕种，他们应该也没有想过买卖土地。

（2）人际观

我家很少剥削人，所以大家对我们也比较友好。即便土改之后，我家失去了那些财产，大家对我们也没有特别不好。但是那时对成分比较敏感，大家交往多多少少会看成分，这对我家或多或少有一点影响。

（3）社会观

我听说过国民党要打回来这个传言，我们自己不是很相信。人们听到这些传言还是很害怕，我们当时根本不了解外面的情况。解放战争的时候，日本人开飞机来炸我们，我什么都不知道，还觉得看到飞机很好玩。我初中以后才慢慢对国家有些了解。我家里面虽然条件不差，但是我妈妈不支持我读书。新社会建立之后，女性都能够读书了。我读了书才走出农村。虽然我家的土地财产被分了，但是我觉得共产党的政策是对的。

（4）土改观

共产党革命的目的就是大家要有饭吃，有衣服穿。土地改革就是把这些任务都实现了。我家虽然那个时候比较有钱，生活也过得去，但是我知道当时的穷人日子不好过。土地改革之后，他们的日子就好过了很多。

5. 土改对农业集体化的影响

（1）对集体化的认识

每个人对于集体化的认识不一样。有些人说是自己种好，有些人说是集体好。我觉得这个要看地形，如果在丘陵地区，肯定是自己种比较好。但是如果是平原地区，那是应该集体化优先。

（2）对土改的再认识

我认为土改还是很有意义的。这是一个历史进程，是历史上必须经历的过程，不能够说土改就是白整了。土地改革使得穷人都有了自己的土地，都有粮食可以吃，这一举措非常有意义。

LSM20180202CDY@Z 陈敦煜

一 受访者基本信息表

调研点	四川省达州市达川区南外新达小区10号楼	调研员姓名	刘思敏
调研员单位	华中师范大学中国农村研究院		
受访者编号	LSM20180202CDY@Z	受访者姓名	陈敦煜

续表

<table>
<tr><td>受访者性别</td><td>男</td><td colspan="2">首次采访时间</td><td colspan="2">20180202</td><td colspan="2">首访时受访者年龄</td><td colspan="2">83</td></tr>
<tr><td>受访者成分</td><td>中农</td><td colspan="5">土改时是否土改干部或土改工作队队员</td><td>否</td><td>是否党员</td><td>是</td></tr>
<tr><td>干部经历</td><td>无</td><td colspan="5">曾担任的干部具体职务</td><td colspan="3">无</td></tr>
<tr><td>现家庭人口</td><td>4</td><td>现承包地
面积（亩）</td><td colspan="2">0</td><td colspan="2">现承包林地
面积（亩）</td><td>0</td><td>现承包水塘
面积（亩）</td><td>0</td></tr>
<tr><td>受访者
基本情况</td><td colspan="9">老人于1935年出生，出身于中农家庭。老人受到过良好的教育，有着一定的文化基础，经历过土改，如今生活安定，子女很孝顺老人，每月都会寄给老人一定的生活费，和老伴一般在家中，偶尔去村里参加一些老年人的活动，享受温暖的老年生活。</td></tr>
<tr><td>受访者
职业简历
或个人经历</td><td colspan="9">土改以前，老人主要在读书，家里的收入来源主要是依靠亲人干活，家庭经济情况在村子里一般。老人1949年读中学，后因交不起学费，学业暂停了一段时间，解放后回家种地，1954年哥哥去世后就不再读书了。哥哥去世后，老人承担家庭生活重任，家里主要是种地，养鸡鸭供家里自己吃，还有养猪。老人1962年申请入党，1982年正式入党。1959年在水电厂做检验直到1974年任检验科科长。老人退休后同老伴一起相互扶持，快乐地生活。</td></tr>
</table>

二　分阶段整理

（一）土改的基础和背景

1. 土改前的家庭基本情况

（1）人口情况

我叫陈敦煜，解放前我们家有我哥哥、嫂子、父母还有我。当时我家还有一个小侄女，一共六口人。我姐姐在1949年的时候已经结婚了，解放的时候就不在家了。我家干活主要靠我哥和嫂子、父亲，我那阵子在读书。我哥不是我亲生的哥，我母亲生了很多个孩子都没活下来，我哥是我舅舅和舅娘的儿子，是我母亲抱养过来的，土地改革那时候他已经二十几岁了。解放的时候，我哥大概二十七八岁，嫂子是二十三四岁，我当时十三四岁，我妈那时四十几岁。我家就是种田为生，没人做生意。我父母都是农村人，没有其他收入来源。

（2）劳动力情况

我家里面劳动力多。哥哥嫂嫂都是主要劳动力，父亲母亲也是劳动力。母亲身体好也能干，只要不是水田里面的活，母亲基本上天天都要去劳作。我家四个劳动力，包括两男两女。

（3）负担情况

我哥有一个女儿，那时我家里没有老年人，也没有病人。父母身体都好，两人都没有大病。

2. 土改前的家庭经济情况

（1）经济情况

土地改革以前，我在外面读书，家里面的收入来源主要就是依靠亲人干活。我家的条件在村里算一般的。我的父母除了种地外就没做别的。我家的人比较重视我，他们不让我操心别的事情，只让我认真读书。

（2）生活来源

我家当时鸡鸭都养了，养的数量不是很多，主要就是自己家吃。有时鸡下的蛋我们也会拿到市场上去卖，用卖鸡蛋的钱换一点盐。妈妈一直在地里劳作。因为我家里面养了猪，需要做猪饲料，所以当时我家土地里面主要是种的青菜、芋头，这些东西都可以用来做猪饲料。

（3）生活压力

当时我不清楚家里面有没有找别人借钱。我们家是我父亲在当家，我就在外面读书。土改时我也埋头学习，好多事我都不清楚。我只知道当时我家每年要给地主交地租。每年谷子要成熟时，我父亲会请人来看庄稼，让他们看看今年粮食的收成好坏，是否受灾，地主当时就坐着滑竿打着伞在田边转。我不清楚我家到底要给地主交多少地租。

3. 土改前的土地经营情况

（1）自有土地

我们自己只有两亩地，我家里面租了地主二十几亩。我们家自己的地就用来种菜。地主家的地就种水稻、麦子、油菜、胡豆、土豆，有时也种红薯，差一点的红薯就拿去喂猪，好一点的红薯就自己吃。当时收成普遍不好。我记得当时是要交公粮。

（2）牲畜和农具

当时我家有一头牛。我家里面没有马。养牛主要是因为牛可以耕地。那时牛是每家每户种田必需的牲口，几乎家家户户都有，所以村子里不存在互相借耕牛的现象。我们周围中农都养了牛，贫农没有地，也没有牛。

（3）生产合作

村子里面存在换工现象。换工的意思就是农忙的时候大家互相帮忙。村子里面姓氏为陈的就只有我们一家，我们没有亲戚。换工主要是和亲戚，男女换工现象也存在，只是频率不高，农忙时才会出现男女换工的情况。农忙时主要是做体力活。换工的时候主家要招待前来换工的亲戚朋友吃饭，午饭、晚饭都要管，不管早饭，前来帮工的人在自己家吃了早饭再去帮忙。前来换工的人是否需要带农具要根据实际情况来定，如果主家家里缺少某样农具而前来帮忙的人家里面又有，换工的人就需要携带农具，反之则不需要。我们家农忙时会请七八个人来插秧，等到农活做完之后我家要给他们付工钱。当时普通农户也会请人帮工，请的人一般家里面都没有多少土地，他们经常外出帮别人干农活换工钱，所以大家都知道这些人是谁，请工的时候直接喊他们就可以了。

请人时不会着重考虑邻居，也不用考虑距离远近问题，只要请的人能干就可以。所有请的人每天的工钱都是一样的，比如打谷子是四个人一组，两组可以换着来，主家会规定一天需要做完多少活，完成之后主家就会给工钱。如果请的人把农具用坏了，我家的人也不会说什么，自己请人修就是了。村子中只有缺乏劳动力的家庭在农忙的时候才会换工。

4. 土改前的社会交往情况

（1）农户关系

当时我们和村子里面其他人关系还可以，我们周围有富农也有地主。我们家没有势力，但是也没得罪过人。解放以前我最害怕的就是拉壮丁，为了避免被征召入伍，我哥在其他地方藏了很多次，所以解放后我们觉得生活安全很多。当时我家和地主家往来很少，中农往来比较多。我家和村长、保长关系一般，保长一般都是地主，当时村庄之中的贫富差距是比较大的。

（2）宗族关系

当时我们村庄之中姓王、张的人多，姓陈的人很少，所以我家在村庄之中没有亲戚。村庄之中没有家族，也没有族长。

5. 土改前的土地观念

（1）对土地的愿望

我那时只想着维持生活，其余的都不十分在意。我甚至连我家最初那两亩土地的来源都不清楚。我觉得土地只要够维持生活就可以了，那个时候应该很少有人想到要买地。

（2）对土地的看法

那时我没有因为别人土地多就羡慕。只想着地主能够让我们少交一点地租。那时候我思想还没有解放，我没有觉得自己被地主剥削压迫，也没觉得不公，但是我觉得那些没有土地的人很可怜。我没觉得自己地位比贫苦人家高，只是觉得自己家生活好过一点。

（3）对土改的反应

我们家没有剥削人，所以我听说村子里面要进行土地改革之后，我没有什么特别的反应。我只感觉解放后社会安定了很多，幸福感也比以前增强了。我那时一点也不了解共产党，心里面也没有国家的概念。

（二）土改的过程和经历

1. 访贫问苦，扎根串连

（1）工作队进村

当时我没有见过土改工作队，但我听说过他们。土改工作队队员也不会到我们家里来。我不知道他们是什么时候来到我们村子的，我也不知道他们是哪里人，我估计土改工作队队员应该是上面派下来的。

（2）土改宣传

当时土改工作队有事情会提前开会宣传。会议都是我父亲去，我们一般不会被通知。当时的人不知道土地改革是怎么一回事，也不知道土地改革要怎么进行。我们只知道工作队队员说什么就是什么。我父亲参加这些会一般也不会告诉我们。我父亲很老实，做事一板一眼的。我感觉大家当时都是处于一种糊里糊涂的状态，懵懵懂懂地就把土地改革工作做完了。

（3）成立贫农团

我没接触过贫农团的人，那时候我在读书。我只是听说过他们，但我不知道他们的具体工作。我甚至不知道我家里面是不是贫农团的人。当时我家都是中农。成分的划分主要是根据家庭财产情况来的。我只是知道家庭之中没有请长工的，有少量土地的，自己劳动耕种土地的农民就是中农，请了长工的家庭就是富农了。反正我家稀里糊涂就是中农了。但是当时我觉得是合适的，因为我们没请长工，自己有少量土地，我们就是凭自己家庭劳动力种田的，这符合中农的条件。

2. 划分阶级成分

（1）土改成分

我记得中农的条件是以自己的劳动力为主，不请长工。没有土地的农户就是贫农。富农就是自己有土地，租了地请长工耕种，自己没有参与劳动的人。划分成分主要是看家里面的人劳动与否。当时主要是工作队的人在划分成分。土改工作队的队员是依据他们上级部门确定的标准来划分的。村子里地主不多。我也不清楚划分成地主大概是要多少土地。

(2) 成分划分

成分划分的标准我记不清楚了。我只记得中农的条件是以自己的劳动力为主，没请长工。当时还有少量土地出租的情况。少量土地出租对于出租的土地数量有一定的要求。

(3) 划分结果

工作队他们依据上面的标准来划分的。我们村地主不多，只有几个，地主都是在外面的。我不知道土地有多少才会被划为地主。

3. 挖苦根，斗地主

(1) 挖苦根

当时我们村庄有诉苦会，诉苦会就是受过欺压的农民面向大家说，就是说自己受过的苦。

(2) 斗地主

村庄之中有斗地主的事情，但是我没参加过。我听说斗地主的时候贫农、中农要当场揭发地主的罪行，人们最后再对地主进行审判。我们村子里面当时斗地主的现象不严重，本来村子里面地主就少。当时村子里面的人都很老实。因为村子里面没有恶霸地主，我们斗地主次数比较少。我感觉地主也不是很可恶。我不了解斗地主时那些贫农、中农私下的感受。我们那里剥削不是很严重，农民对于地主的憎恨情绪都有限。

4. 没收和分配土地、财产

(1) 没收土地和财产

土地改革前后我家的土地没有变化，还是只有两亩地。当时地主家的土地是被没收了的。地主的土地是工作队来没收的，没收以后就直接给贫农雇农分了。分配工作也是工作队主导的，我不清楚有没有地主不配合。如果有，那都是狡猾得不得了的地主，那种地主往往被批斗得很惨。

(2) 分配土地和财产

我也不清楚分配的过程，这些事情都是土改工作队掌握的。

5. 土改复查

我没听说过复查，把地主划漏的情况我不知道，划错成分的现象我也不知道。当时成分对人的影响很大，工作队在进行成分划分工作的时候也是十分慎重。如果成分划低了还好说，但是如果把成分划高了，事情就比较严重了。

我家当时没有土地证。土地改革以后我家交公粮，我不清楚具体交多少，我不知道按什么标准交的，家里情况不一样交的粮食也不一样。交了公粮后我家吃饭的粮食还是有的。

（三）土改的结果和影响

1. 土改后的土地经营情况

(1) 生产情况

当时给我家定的公粮数目还是比较合理的。土地改革后我家的地主要种谷子、小麦等粮食作物。土地改革前后产量变化不大。我家土地改革以后劳动力够用。

(2) 生产合作

土地改革以后村子里面就有互助组了。我家加了互助组之后就比较轻松。互助组就是农忙的时候大家互相帮忙。再过一段时间合作社就出现了。合作社与互助组不一样，合作社是挣工分。土地改革之后我家没有生产经营困难。

(3) 收成情况

土地改革前后收成没有发生太大变化。我家的土地人口都没有变化，也没有新增副业，所以经济上我家和土地改革之前是差不多的。

(4) 生产热情

土地改革以后大家的种地热情要高一些，因为种的是自己家的地。土地改革以后我们也没买过地。

(5) 土地买卖

土地改革之后我家没有买卖土地。当时买卖土地是禁止的，而且我家人口有限，再多买土地也耕种不了，我家里面也没有买土地的钱，所以我没想过买地。

2. 土改后的家庭生活情况

(1) 自家生活变化

土地改革以后我家生活变化不大，几乎和土地改革之前没有差别。土地改革之前我家种着地主家的土地，多少会有压力。但是土地改革运动之后，我家种的是自己家的土地，压力是小一些。

(2) 收入变化

土地改革以后，我家没有增加副业，还是主要以耕种土地为生。我家的土地和人口没有太大变化，因此收入也没有变化。

3. 土改后的社会交往情况

(1) 农户关系

土地改革以后村里人生活差距比以前要小些了，村民的精神状态相较于以前都有所好转。后来发展到高级社的时候，入社的居民数量就多了，管理也就相应差了很多，大家那时都没有积极性。那时人们都是挣工分吃饭。

(2) 村户关系

土改以后大家的关系几乎不会受到成分的影响。因为我们村子里面压迫没有那么严重，大家对于地主的意见也没有那么大，所以土改之后大家还是正常相处。当时我父亲在群众中信任度还是很高的，他比较老实，种地经验也丰富，他还是劳动模范。

4. 土改后的观念变化情况

(1) 土地观

土地改革之后，土地都是自己的，我们都觉得很幸福。

（2）人际观

土地改革以后村子里面人的生活压力小了很多，人与人之间的差距也小了很多。我感觉人与人之间关系没有什么变化。我们跟地主来往得比较少，跟其他人来往比较多。我跟村干部关系也很一般。

（3）社会观

土地改革以后我们村里风气没有明显感觉比以前好点。土地改革之后不是每家每户的土地一样多，是平均算下来每一个人拥有的土地一样多。我觉得按人头划分土地很合理。

（4）土改观

我觉得土地改革是很必要的。在土地改革之前，不一定每个人都有自己的土地。虽然我家生活并不十分拮据，但是当时确实有连饭都吃不饱的可怜人。土地改革保证了每一个人都拥有一定的土地，这意味着起码每一个人都能吃上一口饭，这是很有意义的。

5．土改对农业集体化的影响

（1）生产资料入社

我们当时是都要把生产工具交给集体，当时我们是凭工分吃饭。当时我对生产资料交公没有太大感觉。我印象中没有那种不太愿意上交生产工具的情况。大家那时都是凭工分吃饭，以劳力吃饭。有劳力的家庭日子就好过一些，没有劳力的家庭日子就过得十分惨淡。

（2）对集体化的认识

我觉得土地自己耕种好一些，自己耕种自己的土地就会使得大家有责任感。吃大锅饭有时候管理不好，会出现很多不必要的问题。自己种自己的田，收成不好就自己总结经验。大家一起耕种田地就得靠管理的人员管理，管理人员一旦出现问题，生产就会乱成一锅粥。但是有些特殊情况也可以由国家在后面做支撑，国家毕竟力量比较大，作用也比较强。

（3）对土改的再认识

我觉得土地改革影响深远。每个人都有土地，每个人都能吃饱饭，这带来的社会效应是非常大的。

通川区

LSM20180203FDZ@S　符德珍

一　受访者基本信息表

<table>
<tr><td>调研点</td><td colspan="5">四川省达州市通川区西外镇金兰小区</td><td colspan="2">调研员姓名</td><td colspan="2">刘思敏</td></tr>
<tr><td>调研员单位</td><td colspan="9">华中师范大学中国农村研究院</td></tr>
<tr><td>受访者编号</td><td colspan="5">LSM20180203FDZ@S</td><td colspan="2">受访者姓名</td><td colspan="2">符德珍</td></tr>
<tr><td>受访者性别</td><td>女</td><td colspan="2">首次采访时间</td><td colspan="2">20180203</td><td colspan="2">首访时受访者年龄</td><td colspan="2">85</td></tr>
<tr><td>受访者成分</td><td>贫农</td><td colspan="5">土改时是否土改干部或土改工作队队员</td><td>否</td><td>是否党员</td><td>否</td></tr>
<tr><td>干部经历</td><td>有</td><td colspan="5">曾担任的干部具体职务</td><td colspan="3">武装队队长</td></tr>
<tr><td>现家庭人口</td><td>4</td><td>现承包地
面积（亩）</td><td colspan="2">0</td><td colspan="2">现承包林地
面积（亩）</td><td>0</td><td>现承包水塘
面积（亩）</td><td>0</td></tr>
<tr><td>受访者
基本情况</td><td colspan="9">老人于1933年生，祖籍四川省宣汉县。老人家中孩子较多，都比较有出息，子女多为教育工作者。老人现在生活较为富足。老人一直在家待着，偶尔出去玩儿，买买菜，跳跳舞，生活悠闲。</td></tr>
<tr><td>受访者
职业简历
或个人经历</td><td colspan="9">老人出身于地主家庭，父亲过世较早，母亲改嫁，早年跟随母亲生活。六岁时从亲生母亲身边回到地主家庭，跟着婶婶居住，地主出身的婶婶对待老人不好，老人受尽了不公正的待遇。1949年老人十六岁，曾当过村里的宣传队队员，每天教大家唱歌、跳舞。老人曾是农会的一员，解放后，在村子里教女孩子学习，宣传党的政策，教女民兵打靶。1951年土地改革时，家中分到了土地、房子和一些农具。老人还曾担任武装队队长，主要负责地主的看守工作。1963年时，老人在当地创办幼儿园，随后便在家相夫教子，于2000年左右跟随儿子前往达州市居住。</td></tr>
<tr><td>受访者
所在社区
基本情况</td><td colspan="9">西外镇位于通川区西南部，州河北岸，东邻市中心，南接达县河市镇，西靠复兴镇，北连莲花湖旅游风景区，人口2.1万，其中农业人口1.2万。辖8个社区（不包括由莲花湖管委会代管的邱家店、石莲花、长岭）、2个行政村、50个村（居）民小组。达巴公路，机场公路，东西、南北市区主干道及襄渝、达成、达万铁路贯穿全境。</td></tr>
</table>

续表

受访者所在社区基本情况	西外镇清属清风乡，民国元年始建镇。1950 年为西外乡，1953 年分为西外、邱家、阁溪 3 个乡，1958 年改西外公社，1984 年改乡，1988 年建镇。1996 年，面积 42.1 平方公里，人口 6.1 万，辖廖家湾、柏林口、皂角垭、凤凰、新作坊、邱家店、石莲花、高峰洞、五里店、白庙、塔沱、龙罐、长岭、蒲家嘴、金山寺、西河、龙家庙 17 个行政村和马房坝、团包梁、龙爪塔、金山路、西兴路、南江路、四合头 7 个居委会。2002 年 11 月划出部分区域设立朝阳街道。 西外镇属于山地地形，耕地较少，人地矛盾比较大。气候属于亚热带季风气候。受访者所在的金兰小区便位于西外镇。

二　分阶段整理

（一）土改的基础和背景

1. 土改前的家庭基本情况

（1）人口情况

我叫符德珍。我丈夫家是小户，当时一家人种的自己的土地，我家地比较少。土改前我家里面有四口人，奶奶、婆婆、我丈夫和我，公公很早就当红军去了。那个时候人们普遍结婚结得早，我很早就结婚了。1949 年的时候，我已经十六岁了。土地改革的时候我差不多已经十八九岁了。当时家里的奶奶已经五六十岁了。我奶奶眼睛看不太清，她平时就给别人搓麻绳赚点钱。

（2）劳动力情况

土改前我家里没有劳动力。我老公在家乡教书，学生会给我们交一些粮食，这样我家就有了生活来源。我和我丈夫差不多是1949年的时候结的婚，但是1949年之后，这种教书赚钱的方式就被禁止了。我和奶奶会给人家绣一些花，赚点钱养家。家中主要就是依靠几个女人。

（3）负担情况

我家当时有老人，奶奶年纪比较大，她已经是一个老年人了。我什么都不会管，就像一个小孩子一样，整天就想着玩。家里人身体都不算差，土改以前是没有小孩子的。

2. 土改前的家庭经济情况

（1）经济情况

土改以前，我家有自己的土地，自家人会在土地上种一点粮食。当时的粮食勉强够一家人吃。如果日子实在过不下去了我们就去别人家借。当时我家里没有别的收入，生活也勉强能过。那些有土地的人也会给我们送一点点吃的，我们自己也可以到处去挖一点东西。别的人家也不会喊我们这种年轻人去做工，年轻人毛毛躁躁的，没有经验。他们主要都是喊老年人去做工。

除了种地，我家那个时候会养鸡。我们家只有两只鸡，一般都是自己吃。有时候鸡蛋也会卖，不过根本卖不了多少钱。家里有钱的时候我们就买一只猪，过年的时候就把猪杀掉吃掉，一般我家好几年才会养一头猪。我婆家的经济状况在村庄中属于很差的了。

（2）生活来源

土改前我家的生活还是依靠老公教书、家里的女人给人绣花赚补贴这两种方式赚一点生活费。我家很少去帮工。我们家自己有房子住。在困难的时候我们也会借钱，家中的长辈一般不会出面去借钱。

（3）生活压力

那个时候我家的生活压力还是比较大。我家会去找别人借钱，但具体借多少我不清楚，我记得后面解放军把我们之前欠别人的借条都收走了的，这样做的意思就是之前借的钱一笔勾销。那个时候借钱是要还利息的，借了钱但是不能如期归还是有代价的。借钱主要是因为吃饭有问题。

3. 土改前的土地经营情况

（1）自有土地

土改之前，我家里面只有一亩多地。当时我家地里苞谷种得很少，产量也低，大概只有四百斤。我们那个时候主要种谷子，但是谷子产量也不高，产量只有四百五十斤，最多五百斤。当时我家粮食倒是差不了多少，因为家里面只有四个人，又有四五百斤谷子，算下来每个人是够吃的。加上我们有时候也会去别人家做点事情，人家也会留我们吃饭，甚至有些人家会给我们一点米，因此我家的粮食算不上短缺。那时家中粮食大概可以吃八九个月吧。粮食除了自己吃，有一部分也需要交税。

（2）租佃情况

当时交租是比较严苛的，农户自己不吃也必须上交。我家牲畜不多，当时我家没有马，当时家里穷，没有钱，我们也用不着马。牲畜主要是耕种土地，我们就是一亩多田，没必要多养牲畜去耕作。我家没有犁头，家中只有一把锄头。

（3）牲畜和农具

我们家那个时候有牛，牛基本上每家每户都有，所以当时大家耕作都是用自家的牛，不会互相之间借牛。农具也是每家每户都有，那个时候家家户户一般不会怎么借农具。

（4）生产合作

当时我们村有男女换工。在我们山上，女娃儿帮别人挖洋芋，我们年轻人就是帮别人往田里丢粪。换工的一般都是亲戚，只有亲戚或者是邻居才会互相帮工。帮工就是去帮别人做一天或者做两天活，但是两家不会长期换着帮工。换工会管饭，我们去给别人家换工就是看中那一顿饭，换工就是为了改善伙食。换工一天邻居家就管一天饭。换工的时候，我可以在他家吃早饭、午饭、晚饭还有休息。换工的时候锄头自己带。老年人体力有限，干不了什么，他们就去帮别人切洋芋，把洋芋切成块块。换工的意思就是农活忙的时候，你帮我做一天，我帮你做一天，你帮我做两天，我就帮你做两天。换工一般不会找外村人，换工的人不是亲就是戚。换工的两家人各有各的长处，比如人家的女娃儿心灵手巧，擅长的东西很多，另一家男同志不会做事情，他就需要女同志去他家里做。

当时佃主有钱，他们直接雇一个人去他家做一年或者一个月。农活不忙的时候，大家都是玩。有些地方的田少，但是人多，当地人就会去别家干活，就像打工一样，可能一年的报酬就是五十石谷子那个样子。有些家里面的雇工做到大年三十才会放，佃主的老婆也会给男性帮工做一双鞋。在农村的话，佃主的老婆会给工人包一点豆腐，让他们过一个年。等过了（正月）十五，工人们再来上工。雇用工人考虑不多，谁都可以干活，即便是外村人也行。一般主人还是客气，雇工一般是在佃主家吃饭，但是穿衣服是穿自己的。雇工去帮佃主做活，自己不用带工具。一般的雇工都是临时的，长工才是长期的。雇工在佃主家干活的时间一般是一年，但有些十二个月中只做两三个月也是有的。

我们这个地方所有人都姓符，也有清明会。但是我当时很小，不是很了解清明会。

（5）族田

当时符家有清明会，清明会负责人会办清明会酒。每年清明节时，清明会的会首会组织戏班子唱几天戏，让村子中姓符的人都去吃一顿饭。祠堂是有的，但是我不太清楚在哪里，也不清楚是什么样。清明会有自己的土地，也就是我们说的族田。但是具体内部是如何划分、耕作的，没人知道。普通人不会给清明会交粮食。

4. 土改前的社会交往情况

（1）租佃关系

佃户不会给佃主拜年，但是地主什么都需要佃户给他做。我们那的佃主的妻子需要一个丫鬟，地主就随便让一个佃户家的女儿去给他老婆当丫鬟。佃主家牛羊多，佃主就随便找了个佃户给他放羊。农民要是敢和佃主起冲突，那就只有死路一条。佃主家有红白喜事的时候，佃户要去佃主家帮忙，而且他们要给佃主送人情。有些佃主也会去农民家的红白喜事。一般来说，只有少部分佃主才会对农民不好，其实大部分佃主对农民还是比较客气。不好的佃主才不会管有困难的农民，佃主们不跟农民提条件都算好的了。

（2）农户关系

我们跟周围农户关系都好。我婆家村子之中各种姓氏的人都有，不存在同姓的人走得近的现象，大家关系都好。我爸读过一点书，村民家办事就让我爸去写点什么东西，比如写对子、记红白喜事的人情账。我家跟村长保长的关系就不行，保长那个时候经常让大家开会，我老公有天去晚了，还挨了保长、甲长的打。土改之后保长、甲长还来给我们道歉。当时官员根本不搭理我们，我们没有钱，也没有能力，人家也看不上我们。官员主要管的是钱和壮丁，他们只会找有钱的人要钱，找没钱的人拉壮丁。村子里面贫富差别是很大的，就比如说我们那有一户人家，男主人姓宋，会缝衣服，他的妻子姓李，李氏别的事情都不能做，只能一直给别人（的孩子）喂奶赚钱。这些人家的日子都是非常难过的，解放前他们的苦楚也是很多的。

（3）宗族关系

我丈夫家姓汤，村子里面没有几户姓汤。村子里面也有其他的大姓，一般来讲，同一个姓氏的人关系比较好。因为一个姓氏的人或多或少都有一点亲属关系，亲戚之间关系都好。

5. 土改前的土地观念

（1）对土地的愿望

当时我们没有想过买土地。我年纪很小，什么都不会过多地考虑。我家人口也不多，虽然每年的收入也不多，但是算下来每个人也够吃。我家也没多余的劳动力，所以我们从来没有想过买土地。

（2）对土地的看法

那个时候我们都还是年轻人，一天到晚就只顾着玩，根本不会去想土地多少的问题。但是后来懂事了之后想起来确实觉得佃主地多不公平，佃主人那么少，土地却那么多，所以说共产党才要共产。当时大家很遭业，雇农几乎没有土地，只能给人家干活。因为我家不富裕，也要去给别人家干活，所以我们也觉得比人家要低一等。有钱人家找人干活只要经验丰富的，像我们这种年轻人他们还不一定找。

（3）对土改的反应

解放军进村的时候，土改就开始了，我们那个时候只有十几岁，就是小孩子，啥也不懂。我们那个时候真的不害怕土改，只觉得特别好玩。我们一听说什么斗地主、杀人，就觉得有趣，但是我不敢去打地主。共产党对我的帮助很大，解放以前穷苦人家的日子是非常难过的。有些农民的家属或者女儿人品好，比较漂亮，地主就会要求农民第二天给他送过去做小老婆。人家大姑娘十几岁，地主有几十岁，这摆明就是糟蹋人家。我记得有些人在那诉说地主的苦的时候，真的是又说又哭又打，没有真的受过那些苦，就是表达不出来的，我就能表达出来。当时我就晓得共产党。以前国民党部队进村的时候，士兵都会调戏妇女，但是当时共产党战士真的不是这样的，他们都很规矩，所以他们进村我们就不怕。我们那个时候根本不知道什么是国家。我现在就是永远跟着共产党，共产党的政策真的好，我当小孩子的时候真的是很遭业的。

（二）土改的过程和经历

1. 访贫问苦，扎根串连

（1）工作队进村

当时村子里的土改工作队的队长姓周。土改工作队队员都是在县城里进行专门的学习之后再奔赴各个村子。工作队队员宣传政策的时候很注重方法，工作队员把大家召集起来，接着他就开始演讲。他们往往会说自己的亲身经历，讲述地主是如何剥削他们的。工作队的人经常一边说一边掉眼泪。我记得有个工作队队员说他爹给地主做活，经常是天没亮就上坡种田，天黑才回来。他爸爸回来的时候头发上都是露水，他爸爸就这样天天给地主干活，后来就活活累死了。工作队队员一边哭一边说，我一听到这些就觉得特别伤心。土改工作队有自己的体系，我们这边当时工作队是有正副队长，正副队长都是积极分子。

（2）土改宣传

我当时去参加了宣传会，很多贫苦人家出身的人都是积极分子。当时去参加会的人很多，几乎全村的人都会去参加会议。只要是受过苦的人就能听懂工作队队员在说什么，没有受过苦的人就听不懂。土改工作队没有去我家，他们是去民兵连长、村长家里面。

（3）扎根串连

土改工作队没有来过我家。我们当时都是年轻人，政治不算坚定，组织也不会相信我们。我是积极分子，后来我就是武装队队长。武装队的职责就是站岗以及看守地主，因为当时地主会逃跑，甚至寻短见。武装队必须要保障他们的安全。

（4）成立农会

我的爸爸就是农会主席，我们村有十个小组，每一个小组就有一个小组长。农协会的主要职责就是去没收地主的五大财产。我也是农会里面的成员。加入农会的程序和现在入党一样，最开始要群众进行投票。农会也有一些规定，农会要求我们不能背叛组织，不拿地主富农的东西。我当时的主要工作就是教那些女孩子学习一点点知识，教女民兵打靶。我还要宣传党的政策。农会有一个正主席，一个副主席，还有会计等职务。

2. 划分阶级成分

（1）土改成分

当时成分的划分主要看群众的意见。成分划分之后就可以对地主富农没收财产，对贫农中农进行减租退押。划分成分有几个原则：有钱的人家就是地主，如果将少部分土地出租出去，就划为一个小量土地出租的成分。我家财产比较少，就是贫农成分。评地主主要还是看有没有地和看家中人劳不劳动，成分主要是农会在划分。

（2）成分划分

村子里地主不是很多，他们被划分成地主的原因主要是他们地多，而且家中成员不劳动。当时过世的人是不会被划成分的，村子里没有“死地主”这一说。

（3）划分结果

村子之中地主只有一个，富农大概有五六户，中农数量少一点，贫农很多。雇农也少，没有“死地主”。那时有大量土地的是少数，家中一点土地都没有的也是少数。多数人家中只有一点土地，日子都不好过。

3. 挖苦根，斗地主

（1）挖苦根

土地改革的时候天天斗地主，斗地主都是积极分子去。乡里面的干部会把恶霸地主押到区上去公审。一般来说，手上没有人命的地主都不会被公审。村子里面有个女地主下场很惨。她家里请了一个长工，女地主和长工来往不清，女地主的后人觉得没有脸面，就合力把长工给杀死了，他们对外说长工是自己上吊身亡的。女地主因为身上有了人命案子就被枪毙了。女地主家都是大知识分子，虽然当时被批斗，但是因为后人有文化，很快她家又发达起来。

土地改革的时候干部会找人来诉苦，诉苦的人往往会说“万恶的旧社会，穷人的血泪账”，甚至有些人会说“我没吃饭，地主家过年吃好喝好，我们家连水都没有”。当时也会算剥削账，那些干部就会讲农民干了多少，地主只给一点点工钱，这就是剥削。

（2）斗地主

那时没有人帮助地主说好话，有些人最多暗中这样想一下。我觉得这些人是觉悟不够。当时如果有人有这种想法，干部就会去帮他们，通过讲道理的方式让他把这个想法改过来。有些人会说虽然某人家有地，但是他家也劳动，他们是劳动地主，这话一听就是错的。

4. 没收和分配土地、财产

当时主要就是武装队在收土地。武装队会把收到的财产集中起来，农会那边有保管舍，所有的财物会放在那里。地主一般都会配合，如果地主不配合，他就会受到一定的惩罚。

土地改革的时候分东西有顺序，一般先照顾贫农。贫农之前的家里面条件太差了，他们缺的东西很多，所以他们需要的东西最多。中农条件稍微好一点，他们分不到什么东西。地主富农都是被批斗的对象。

土地要插签作为标记，插好标签之后农民还要填一个表。等到一切都落实之后，工作队队员才去确认新的土地边界。在土地的分配过程之中人们争执很少。工作队的人一般都是事先做好工作安排，群众会议开好之后才进行土地分配的工作。那时的干部还是比较公平，做出来的决定大家都能接受。

5. 土改复查

(1) 土改复查

土改1951年开始，没过多久就结束了。土地改革完成之后进行了土地复查，我不知道有没有漏网地主。土地改革之后我们有土地证，改革之后也要交公粮。

(2) 查田定产

土地改革之后负担不是很重，改革之后大家生产积极性也提高了不少，产量就比较多了。当时我们都是上交一百多斤粮食。国家征收粮食的数量是根据每家每户有多少土地来确定的。当时上交了赋税之后，家里面的粮食都够吃。

(三) 土改的结果和影响

1. 土改后的土地经营情况

(1) 生产情况

土地改革之后家里面的粮食够全家人吃。土地改革之后，春天的时候田里面就是种的玉米，冬天就种麦子。土地改革之后大家都有了自己的田地，家中的人勤劳一点，土地产量就高一点；如果家里面的人懒惰又不懂生产技术，粮食产量就会变低。那时土地最好的产量是六七百斤，最差就是两三百斤。当时几乎没有肥料，生产全靠自己。

(2) 生产合作

因为我家人口太少了，即便是在土地改革以后，我们家劳动力还是不够用。不过我公公很早就参军了，当时政策规定军属可以享受一定的优待。因为公公的原因，我家一年有三十次帮工的优待，我把需要做的事情给来帮忙的人一说就可以了。那时没有互助小组，代工的代工队来帮助我们，我家生产就不是问题了。

(3) 收成情况

土地改革以后收成还是可以。我们当时除了自己吃粮食，也要交公粮。我们要背一两百石公粮去指定地点上交。当时每家每户上交多少国家都有规定。即便上交了公粮以后，我家的粮食依然够吃，我们吃完了甚至都还有剩余的粮食。

(4) 生产热情

土地改革之后，大家的生产热情还是比较高。毕竟自己耕种的是自己的土地，收获的粮食除了上交国家之外剩下的都是自己的。和土地改革之前相比，大家对于生产的积极性明显提高了。

(5) 土地买卖

土地改革之后，大家基本上都有土地。每家每户都忙着耕种自己家的土地，没有买卖土地的想法。而且土地买卖在当时是被禁止的，农民只有使用权，没有买卖权。

2. 土改后的家庭生活情况

(1) 生活变化

土地改革前后变化大。土地改革以后，人们吃的穿的都有了，肥猪也有了，大家生活压力都小了。土地改革以后，那些做事情有规划、生产搞得好的家庭日子就越来越好过。有些脑子没有那么灵活，搞生产没有那么有规划的家庭，日子反而越过越差，贫富差距反而变大了。有时候群众对这个挺有意见的。

(2) 收入变化

土地改革以后，我家还是没有其他的收入，主要还是依靠种地。自己种多少就吃多少，我家人口不多，吃的粮食也少，加上土地改革以后粮食产量都有所增加，我家的生活是可以满足的。

3. 土改后的社会交往情况

(1) 农户关系

我们那里地主少，所以土改之后也不存在疏远地主这种情况。那时村子里面大家关系都挺好，我们都挺团结。那时人没有那么多心眼，大家相处过程都很真诚，我们处得像亲人一样。

(2) 村户关系

土地改革之后，我们和干部关系很好。村子里面的书记姓汤，和我丈夫一个姓氏。那时的干部做事也比较公允，大家都很信服他，干部和老百姓的关系不错。土地改革前后风气没有什么变化。

4. 土改后的观念变化情况

(1) 土地观

大家有了土地之后，心情都很好。我当时没有听说国民党要“反攻大陆”，反正即便有人私下说这些话，我们也不知道。我觉得土改和承包是不一样的。承包更偏向于私有，承包地上所有的产出都是农民自己赶出来的。承包后的产量也会高很多，可惜那时土地下户[1]是个错误的思想。

(2) 人际观

土改之后我觉得每个人都是一样的，虽然大家成分是有差异，但是很少因为成分去确定关系。那时我不会因为谁和我是一样的成分就刻意去和谁交往，也不会因为成分原因刻

---

〔1〕 土地下户：指分田到户。

意疏远谁。

（3）社会观

土地改革之后，大家对于修路这种公共事务都很积极。我文化程度不高，所以我对于党和国家不是很了解。

（4）土改观

我对土地改革最深的印象就是，土地改革运动是穷人最拥护的。土地改革运动开始的时候，贫苦的农民根本不害怕，反而很开心。土地改革之前的日子实在是太苦了，他们整天就盼着分地。但是地主老财就不高兴，他们对于土地改革是非常畏惧的。

5. 土改对农业集体化的影响

（1）生产资料入社

互助组和土改隔的时间我记不太清了，反正中间隔了一段时间。后面搞集体化的时候大家都比较配合，不敢不上交土地。我们拥护党，所以我特别积极地上交了我的东西。

（2）对集体化的认识

其实那个时候搞集体化的话就没有好处，但是现在搞的话就是有好处的，那时农民缺乏技术，也不懂如何耕种土地。集体化的时候有一些人就说谷子种得越密集越好，每两株稻谷之间不能放下一个鸡蛋才合格。现在看来那就是在乱整，那个时候可能单干会好一些。

（3）对土改的再认识

有人会觉得土地改革白做了，但是说这种话的人很少，因为他们也不是很懂。土地改革使得大家每一个人都有了土地。我之前在地主家受了很多苦，我知道那个时候生活的不易，所以土改绝对不可能是白整了的。

LSM20180130WXJ@Z 王星佳

一 受访者基本信息表

<table>
<tr><td>调研点</td><td colspan="5">四川省达州市通川区西外镇莲花湖</td><td colspan="2">调研员姓名</td><td colspan="2">刘思敏</td></tr>
<tr><td>调研员单位</td><td colspan="9">华中师范大学中国农村研究院</td></tr>
<tr><td>受访者编号</td><td colspan="5">LSM20180130WXJ@Z</td><td colspan="2">受访者姓名</td><td colspan="2">王星佳</td></tr>
<tr><td>受访者性别</td><td>男</td><td colspan="2">首次采访时间</td><td colspan="2">20180130</td><td colspan="2">首访时受访者年龄</td><td colspan="2">88</td></tr>
<tr><td>受访者成分</td><td>中农</td><td colspan="5">土改时是否土改干部或土改工作队队员</td><td>否</td><td>是否党员</td><td>否</td></tr>
<tr><td>干部经历</td><td>无</td><td colspan="5">曾担任的干部具体职务</td><td colspan="3">无</td></tr>
<tr><td>现家庭人口</td><td>4</td><td>现承包地面积（亩）</td><td colspan="2">0</td><td colspan="2">现承包林地面积（亩）</td><td>0</td><td>现承包水塘面积（亩）</td><td>0</td></tr>
</table>

续表

受访者 基本情况	老人1931年生，祖籍重庆市合川区。老人出身于农民家庭，土改的时候，老人只有十六岁，家庭成员有父亲、母亲、自己以及一个妹妹，妹妹当时只有一两岁，家里栽秧、打谷子都需要别人帮忙。老人从小学习耕田，小学五年级没有读满就帮家里耕种，妹妹帮忙放牛。家里条件一般，老人家没找人借过钱，负担较轻，靠土地谋收入，喂养了八只猪。现在的生活也不错。老人和家人一起生活，经常和老伴出去玩儿，练练太极拳，和老伴跳跳舞，日子过得很舒服。
受访者 职业简历 或个人经历	老人有一定的文化水平，家里情况还可以，平时在家栽秧、种田、卖谷子等。土改之前，家里就是在种地，而且家里基本没有其他收入，只有靠土地，生活水平在村子里算中等。土改后家里包了地，每天就是种地、养牛，土地的产出交了公粮后基本能维持一家人的生活。后来老人还参加了村里的修路、修水利等活动。随着日子一天天过去，家庭生活渐渐稳定，老人现在生活在达州市西外镇莲花湖景区，和儿孙们一起生活。

二　分阶段整理

（一）土改的基础和背景

1. 土改前的家庭基本情况

（1）人口情况

我叫王星佳，土改的时候我家只有四个人，分别是我的爸爸妈妈、我的小妹妹和我。

我才十六岁，爸爸妈妈都是四十多岁，我们家所有人都在劳作。

（2）劳动力情况

我们家没有特别多的劳动力。我读书只读到了五年级，后来就辍学了。在辍学之后我就在家学习耕种土地。我爸爸不耕田，家里面的田都是我在耕种。我家里是四个劳动力。小妹妹已经在放牛了。我家中是两个男劳动力，两个女劳动力。家里面劳动力不够用，栽秧、打谷子都需要别人帮忙。我们租种的田数量有二十几亩，接近三十亩。

（3）负担情况

我家没有病人，但是有小孩子。我们的日子虽然不是特别好过，但是也没有什么负担，就是劳动力有点少。我家的土地上只有种稻谷，一年收入不了多少钱。我爸爸是医生，他经常外出去给人看病，我家里面条件还是可以。

2．土改前的家庭经济情况

（1）经济情况

我们家主要就是在种地。我们家是基本上没有其他收入，主要靠土地吃饭。我整天在家栽秧、打谷子，根本忙不过来。没到农忙的时候，我家里面就要请人来地里帮忙。我爸爸是一个医生，可以赚一点点钱。我们家喂养了八只猪。我家的条件在村子里最多算个中等，不好也不差。我家最大的问题就是劳动力不足，我整天都在干活，一天没多少休息的时间。

（2）生活来源

我家里除了打理自己家的土地，还要管理地主家的土地。我连地主家的事情都做不完，没有余力去做别的行业。我家里没有家庭副业。父亲当医生基本上也赚不了多少钱。

（3）生活压力

土改之前，我家的生活压力不大。我们没有找别人借过钱。我家土地产出的粮食我家人自己吃，父亲外出给人看病也能有一点点收入。我家虽然生活说不上特别好，但是压力确实不大。

3．土改前的土地经营情况

（1）自有土地

当时我家耕种的土地可能有三十来亩。这些土地都连在一块。我家土地绝大多数都是从地主那里租的。土地里面都是种的水稻。我家收入不高。我家的劳力耕种田都很困难，地更是无暇兼顾，地里面只能种一点绿豆，产量也非常低，最多三四百斤。那时交税主要是交粮食。

（2）牲畜和农具

我家人少，只喂了一头牛，也有几只鸡，鸡一般都是拿到市场上去卖。那个时候两个人买一头牛这种情况很少，种庄稼必须要喂头牛。村子里没有牛的人很少。因为生产力比较低下，大家都只能管好自己。即便有人找我家借牛，我家也不一定借。锄头也是每家每户必备之物。

(3) 生产合作

解放之前村子里没有换工，我家主要的工作就是给地主家种地。别人偶尔来帮我们栽秧、打谷子，其他都是我自己弄。我家劳动力不足，不可能和别人去换工。别人过来给我们干活，我就给他们钱。其实雇佣和剥削没有什么关系。土地少的人会组成一个团体，团体里面有一个负责人，他们专门去给别人帮忙干活赚钱。我家缺人的时候就去找负责人，负责人就能给我们介绍相应的劳动力。

4. 土改前的社会交往情况

(1) 农户关系

我跟村子里面的人关系都好。村民还喊我爸爸去当保长，我爸爸很不愿意，他认为当保长就是在得罪人，我爸爸就藏起来，不愿意别人再怂恿他当官。邻居吃饭、过生日都会喊上我爸爸。村子里贫富差距大，(比如) 向天成没有土地，万西岸有大量土地。

(2) 宗族关系

村子里家族很少。我们那里主要是杂姓，没有特别大的姓氏，所以家族很难形成。村民之间关系比较好，只要合得来就可以在一起玩耍。我当时不会过多凭血缘上的关系去界定亲疏关系。

5. 土改前的土地观念

(1) 对土地的愿望

我家租种的是别人的土地，租种的土地已经够多了，我从来没有想过买土地。我家当时的生活水平不算差，我也比较知足。而且我家劳动力不够，地多了也没有办法耕种。

(2) 对土改的看法

我会感觉自己比地主地位低。不过我家这个地主没有克扣我们。我家的地主叫任大军，土改的时候他逃到了外面，改了名字悄悄生活。他把他老婆留在家里面，他老婆就被工作队管制了。我没有见过任大军，但是见过他老婆，他老婆待人很客气。

我对土改没有任何想法。我家里人一直老实本分，没有太多可以担心的。对待佃户过于严苛的地主土改的时候基本上都被枪毙了。我家没有太多钱，也没欺负别人，我不害怕土改。

(二) 土改的过程和经历

1. 访贫问苦，扎根串连

(1) 工作队进村

我们村庄土地改革的时候好像是 1951 年。土改工作队队长叫大老蒋，还有一个细老蒋，一个烂老李，加上一个老寨。大老蒋和细老蒋他们并不是两弟兄，只是都姓蒋。大老蒋说话说不通他就会打人。工作队还有两个解放军，我记不得他们的名字了，土改工作队一共就是六个人。工作队的上面还有组长、巡回干部、督导等人。土改工作队的队员都是来自四面八方，老寨是黑龙江的人，大老蒋好像是江西人。

（2）土改宣传

土地改革有宣传的环节。工作队队员会选贫下中农去办事。开会的时候人很多，但是大家普遍没文化，我没发过言。我当时听懂了会议所讲的内容，那个时候的人特别积极，只要一说开会，大家都来了。会议的主题是分钱，大家都很乐意参加，而且参加会议的都是本地方的人，语言也没有障碍。

（3）成立农会

村庄之中有农会，而且还有妇女会。加入协会有年龄限制，只有达到了一定的年龄才可以去。那时我没去参加农会。我爸爸是农会里面的成员。进入农会最重要的一条标准是所有加入的人必须是贫农。中农是团结对象，地主、富农就是批判对象。

2. 划分阶级成分

（1）土改成分

我家就是中农。成分是根据我家土地数量决定的。当时我们和村子里一户人家土地数量是一样的，他们是两个人种一份地，我们是一个人种一份地，其实我认为这也说明不了什么，但是结果就是我们的成分要比他家高一点。他家评的是下中农，我们就是中农。评成分的时候会召开会议，大家一起评成分，主要还是根据每个人拥有的土地数量来划分。土地少一点的就是中农，几乎没有土地的就是贫农。干部不会随便乱划成分，成分是开会大家决定。

（2）成分划分

关于地主的划分主要是看是否不劳而获。如果一户人家家里有田地，家中的人也都拥有劳动能力，但是家中人都不劳动，只雇用别人为自己做工，这户人家就会被划为地主成分。有些家庭有土地，但是家里没有劳动力，只能把他们划为少量土地出租，并不能把他划为地主。那时划分出来的成分相当多，还有一种成分叫二地主。有些人在地主那里租种了很多地，转身就把这些地租给别人，这其中也存在剥削，这些人就是二地主。村子之中没有“死地主”。

（3）划分结果

我们村划分的地主不多，只有曹明红、曹明明、曹明成是地主。村子里没有富农。教书为生的曹晟源是唯一的上中农。按比例来算中农不多，我是中农，还有一个人是中农。我们这个队只有四个中农。贫农是相当多的，杨文泉、杨文勇、杨幼斌、杨天河、杨天、陈佳贵、刘天少等十几人是贫农。只有袁亮程一点东西都没有，一点地都没有。

3. 挖苦根，斗地主

（1）挖苦根

土改时会挖苦根。当过保长的杨宗富就被批斗。村民们也要算剥削账。我们租地的时候会向地主交押金，押金本来是需要退还给我们的，但是地主从来不退给我们。那时还搞过减租退押，工作队队员会给农民退还押金。

（2）斗地主

土改时会斗地主。只有民兵才有资格参加批斗，我没有参加民兵，所以我没有资格去参加批斗。达县这边斗地主斗得很少，斗地主一般都要去西圣寺。民兵把地主们拉出集合。斗地主的时候很热闹，人都是一个个挨着站着的。地主王文珍的妈妈是个很大的胖子，她妈妈很喜欢让人给她捶背。土改的时候，农民就把她的帽子抛到尿水里边，然后问她："陈老太婆，你是不是想戴帽子呀？"其余的人再把这帽子弄到她头上。王文珍妈妈平时累的时候，喜欢让丫头跟她这儿捶一下那儿捶一下，土改的时候有人就用板子去打她，一边打一边说："姑婆，我在给你捶背。"王文珍的妈妈就一直哭。我们那个时候小，没有辨别能力，我只知道别人怎么做我就怎么做。但是其实我觉得地主挺好的，他们也没有对我怎么样，那些苛待农户的地主就会被批斗。我们不能帮地主说话。如果有人说地主可怜，别人听见就会觉得这个人立场不坚定。如果你不去斗他，你不去打他，你还帮他说话，你就只有死路一条。

4. 没收和分配土地、财产

（1）没收土地和财产

我家的成分属于中农，所以基本上没有没收我们的东西，也没有给我们发什么东西。我家经济水平在土改前后都差不多。当时主要是武装队在负责财产没收的各种事务。

（2）分配土地和财产

土改的时候我家只有一两亩地了。地主的土地被没收之后，工作队会组织农民来分土地。挑选土地有先后顺序，贫农和雇农最先挑选，他们一般就把肥沃的土地挑走了。土地是根据人数来平均划分的，我们是中农就是三亩七分土地，贫农是三到五亩。我家有自己的牛，组织就没有给我分牛。农具家家户户都有，当时没有重新分农具。挑选东西都是雇农先来，秦满泰是雇农，村子里面其余人拿的东西都是他挑剩下的。当时我们家分了一个瓷做的罗汉摆件。我觉得分的土地好不好无所谓，当时我们觉得只要有地就可以了。那时成分不一样，分的地就不一样。

（3）分配土地的过程

土改以后没有土地的人都有土地了，大家就高兴得不得了，根本不会因为土地分配吵架。那时大家就觉得只要有一点点土地，不管质量好差都值得高兴。土地没有记号，只有一个土地证，土地证上面会写明自家土地的数量。关于土地的一切信息土地证上面都写得很清楚，相应的工作人员自己也建了档案。又过了一段时间国家就建了合作社。

5. 土改复查

（1）土改复查

土改持续的时间最多就一年。那时的人特别积极，一听说要分土地都很积极。土地有季节性，土地分配一定要快，分了之后农户好耕种，拖的时间长了会影响耕种。主要是农协会在划分成分，农协会对于划成分这件事十分上心，不可能划分错。我们大队没有划分错误的农户，干部也没有对成分划分复查过。农户都觉得没花钱就拿了土地是一件很好的事情，不会再心怀不满。

（2）查田定产

土改以后我们也要交公粮，主要还是以土地数量为准，具体交多少我不太清楚，交公粮的事情都是我爸爸在处理。公粮对于我家也是一个负担，但是负担不重。

（三）土改的结果和影响

1. 土改后的土地经营情况

（1）生产情况

土改以后我家土地就少了很多。田地里面都是种麦子、谷子、红苕，土豆栽得很少。我们这边很少吃土豆，以前是有个外地姑娘嫁到我们这边来了，姑娘就开始栽洋芋，我们才跟着她一起种的。大家对自己的地会尽心一点，所以土改以后产量是好一点。

（2）生产合作

当时没有互助小组，互助组持续了五年。加不加入互助组主要还是自己看。互助组就是大家互相帮忙，共同劳作。我家加入了互助组，平时大家一起劳作，感觉也很好。

（3）收成情况

我们家的谷子质量很好，除去交公粮，剩下的都差不多是自己的。当时交公粮有一个约定，土地数量是多少，给国家就交多少粮食，这个有具体数额。因为大家有了生产热情，收成就好了很多。

（4）土地买卖

我们村很少存在土地买卖现象。大家都有自己的土地，每天辛勤劳作把自己的土地打理好，收获的粮食够自己吃就好了，大家都没有闲心去多耕种土地。当时也不允许土地买卖。

2. 土改后的家庭生活情况

（1）自家生活变化

土改以后生活变化不大，压力是小一些。以前的土地是别人的，土地改革之后有了属于自己的土地，想种什么都由自己来，我感觉自由了很多。

（2）收入变化

土地改革前后收入与原来相比也没有太大变化。我家的日子还是和以前一样，还是自己劳作自己吃。

3. 土改后的社会交往情况

（1）农户关系

人际关系会受一点成分影响，我家跟地主关系会被这个稍微影响一点，但是和其他人还不至于。

（2）村户关系

我们当时跟村干部关系一般。我们那里杂姓多，所以宗族势力并不大。我跟一个姓的人关系会好一点点。一个姓氏的人多多少少有一点血缘关系，所以关系会近一点。

4. 土改后的观念变化情况

（1）土地观

我觉得（土改分地和后来分田单干）还是不一样的，土改时分地是让每家每户拥有土地，而分田单干只是将土地的暂时使用权分出去了，这两个在我看来存在本质上的差距。这两种生产方式无所谓好坏，都很好。

（2）人际观

土改之后，我感觉自己的社会地位有提升。之前大家在身份上有所差别，我和身份不同的人在打交道方面都必须要时刻注意。土改之后，我觉得大家彼此之间没有太大的顾忌，关系自然而然就会变得亲近一些。

（3）社会观

土改后，我会觉得自己比那些划为地主富农的农户地位更高一些，当时这种感觉不明显。地主在土改以前生活很好过，但是土改以后地位连我们都不如。我以前给人家种地，肯定会觉得自己低人一等。

5. 土改对农业集体化的影响

（1）生产资料入社

我觉得合作社比分田单干好。合作社把大家的土地收到一起，大家劳动都是在一起。我们那个合作社人比较齐心，农业发展还是比较好，大家都很乐意把生产资料交到集体，没有人有反抗情绪。

（2）对集体化的认识

我没有觉得集体化不好，只是觉得入社之后好多人不会像自己拥有土地时那么积极地干活了，感觉人们的积极性又没有土改分田那会那么高了。但是当时进行集体化其实是可以被理解的。

（3）对土改的再认识

我认为土地改革是历史发展的必然趋势。我赞成集体制，但是我也不认为土改白开展了。当时没有土地的人生活真的很惨，土地改革时分配了土地才能使农民安心。但是后面搞集体生产制度，大家也干得很好。

LSM20180206CHF@S　陈会芳

一　受访者基本信息表

<table>
<tr><td>调研点</td><td colspan="5">四川省达州市通川区西外镇金兰小区</td><td colspan="2">调研员姓名</td><td colspan="2">刘思敏</td></tr>
<tr><td>调研员单位</td><td colspan="9">华中师范大学中国农村研究院</td></tr>
<tr><td>受访者编号</td><td colspan="5">LSM20180206CHF@S</td><td colspan="2">受访者姓名</td><td colspan="2">陈会芳</td></tr>
<tr><td>受访者性别</td><td>女</td><td colspan="2">首次采访时间</td><td colspan="2">20180206</td><td colspan="2">首访时受访者年龄</td><td colspan="2">80</td></tr>
<tr><td>受访者成分</td><td>贫农</td><td colspan="5">土改时是否土改干部或土改工作队队员</td><td>否</td><td>是否党员</td><td>是</td></tr>
<tr><td>干部经历</td><td>无</td><td colspan="5">曾担任的干部具体职务</td><td colspan="3">无</td></tr>
<tr><td>现家庭人口</td><td>4</td><td>现承包地面积（亩）</td><td colspan="2">0</td><td colspan="2">现承包林地面积（亩）</td><td>0</td><td>现承包水塘面积（亩）</td><td>0</td></tr>
<tr><td>受访者基本情况</td><td colspan="9">老人1938年生，祖籍四川省巴中市平昌县江口镇。老人出身于贫农家庭，现在生活较悠闲，和家人一起居住，待在家里照顾儿孙，偶尔和社区内其他老人一起聊天休闲。</td></tr>
<tr><td>受访者职业简历或个人经历</td><td colspan="9">自幼出身于贫苦家庭，有一定的文化，家中人口少，老人自己和母亲在家做小工。土改前，老人一家是村子里过得最差的，家里生活都是靠她母亲一人擀面做生意，解放后才分到一些地，家里没有养鸡养鸭，也没有其他收入，只靠卖茶水来维持日常生活。</td></tr>
</table>

二　分阶段整理

（一）土改的基础和背景

1. 土改前的家庭基本情况

（1）人口情况

我叫陈会芳，解放的时候我家里有四个兄弟，但是他们经常不在家，我和我妈妈在家里面生活。当时我才十四岁，母亲可能才三四十岁。我和我妈妈两个人主要是做生意，有时候给别人缝衣服赚钱。父亲离开家的时候我才开始读书，也只是读了几年。我和我妈妈两个人相依为命，常年在一起生活。

（2）劳动力情况

那时我家里人少，劳动力严重不足。平时土地只有靠邻居帮忙劳作才可以勉强耕种。邻居帮了我们，我和我妈妈不忙的时候也会去帮他们做一些力所能及的事情。我没有听说过换工这一说法。

(3) 负担情况

家里只有我和母亲两人，因此没有多少负担。两个女性虽然挣得比较少，但是花销也不多，所以日子勉勉强强过得去。我家里面没有老人，小孩子也没有。我和妈妈身体都很健康，都没有生病。

2. 土改前的家庭经济情况

(1) 经济情况

我家是村里经济条件最差的，家里面所有物品都是靠我母亲一人擀面做生意做出来的。我家只有解放的时候才分到一些地。家里面没有男人，只有两个女人，很多时候生活不是很方便。我偶尔会感觉村子里面的其他人欺负我和我妈妈。因为家里面人少，消耗不多，所以日子绝对不会过得特别凄惨，但是也绝对说不上好。

(2) 生活来源

我家里没有地方养鸡养鸭，没有其他收入。我家的全部收入只靠妈妈卖面条、卖炒菜来维持日常生活。当时家里面是不会买别的东西的，我跟我妈妈都比较节约。因为家里面房子比较小，而且我家里也没有多余的钱，所以我们没有养畜生。

(3) 生活压力

我和我妈妈没有向他人借过钱财，我们母女俩赚的钱都拿来维持生活了。我和我妈虽然挣得少，但是两个女人花销也不大，我们又很节约，所以压力不是很大。

3. 土改前的土地经营情况

(1) 自有土地

我家土地很少，只有几分地，基本上可以算没有。我和我妈妈两个女人在家，女人力气小，不能做需要劳力的事情，所以我家干脆就没有种地。

（2）租佃情况

当时我家中没有租别人的地，我家自己的土地都种不完，不可能再去租种别人家的土地了。我家就两个女人，即便有土地，我们也没有劳动力去耕种。我家只做一点小生意。

（3）牲畜和农具

我家没有地方养鸡养鸭。我家的日子过得紧巴巴的，赚的钱都只够吃饭。我们没有多余的经费来购买农具。当时我家里面劳动力不够，所以就没耕种土地，农具也就自然不需要了。

（4）生产合作

我家没有换工，也没有和村里的人一起生产合作。当时换工这种现象是存在的。换工和帮忙的性质很像，农忙的时候大家就互相帮忙，一起把事情做了。男女之间也可以进行换工。我家只有两个女人，不能做太多重活，所以也没有人提出和我们换工的想法。

（5）族田（村田或公田）

村里有族长，家族也有田地。但是我不清楚族田具体如何耕种，分给谁耕。村子里面也有清明会，但是我不知道清明会具体是怎么操作的。我只记得每一年清明会都要办清明酒，每年清明节一个姓氏的人都要去吃清明酒。

4. 土改前的社会交往情况

（1）租佃关系

我家没有租种佃主家的土地。我觉得佃主和农户的关系没有十分恶劣。佃主家的地太多了，他自己不想劳动，就雇几个人来给他耕地。这种关系很正常，就是劳动力与土地的交换。佃主和佃户关系并非那么僵。

（2）农户关系

我一家和村里其他农户的关系还可以。我们跟村里面比较有钱的家庭关系也不错。因为我一家在街上住，同村子里面的人来往还是挺多的。我家在村子里面开茶馆，佃主富农就到我家这里来喝开水。村子里面有钱的人挺少。我家做生意，有钱的人来店里喝茶我们要招待，贫穷的人来店里喝水我们也要招待，所以关系都不差。

（3）宗族关系

那个时候我家在街上住，不管是谁都关系挺好的，来往还是很多。收地这些事情都是族长管的。宗族之间还是说有帮助的。宗族里面有的给钱，如果是需要劳力的话就帮劳力。如果你土地多一点，那我就来帮你做，换工这种意思。族长虽然说有时候会帮助不怎么好过的人，但是他还是不会看你可怜就给你分地。清明会的土地也是被分了的。

5. 土改前的土地观念

（1）对土地的愿望

我家没有想过买土地。我家的钱只够我和我妈妈吃饭，没有钱买地，而且我家人也比较少，劳动力不足，买了地也没办法耕种。我妈妈也没有想过买土地，我们两个人把日子过下去就好了。

(2) 对土地的看法

我认为土地多收入就会多，一家人的日子就好过一些。我家人少，只有两个人，那一点点地都是依靠别人帮忙才能租种，我们自己不会耕。土改之后自己有了土地，我特别有安全感。我做事情都会比以前有底气。因为我觉得只要有了土地，再不济自己不会被饿死。

(3) 对土改的反应

因为我家是贫农，我家分到了一些东西。我当时觉得只要吃得起饭就好。我那时还小，没有什么想法。有土地就好了，别的什么也没有想过。土改之后，我和我妈妈有了自己的土地，我们还是比较高兴。

(二) 土改的过程和经历

1. 访贫问苦，扎根串连

(1) 工作队进村

土改工作队很早就进村了，他们在县城里学习之后就进村了。工作队队员来了之后就主要是开会，他们会在会上宣传政策。会议上主要是讲地主是怎么剥削农民的。大家积极性很高，都会去开会。

(2) 土改宣传

当时是要开会宣传的，我也去参加了会议。那时在会上发言的都是积极分子，能说会道的人一般都会去开会。我年纪不大，懂的东西也不多，我从来没有发过言。

(3) 扎根串连

工作队没有到我家去过，他们是去民兵连长、村长家里面去，他不会到我家来。我当时是年轻人，什么都不懂。工作队一般都只是去比较重要的人家，像我们这种无足轻重的，他们一般也是不怎么注意的。

(4) 成立农会

村子里面有农会。农会主要是贫农才可以加入，我家本来有资格加入，但是我和妈妈两个女性对于政治上的事情不感兴趣，所以我们就都没有去。农会有时候会组织我们开会。

2. 划分阶级成分

(1) 土改成分

土改成分是经过群众的意见，然后是要划成分，再没收地主的财产。我们家土地很少，我和妈妈都在劳动，所以当时的人很好，也没有为难我们，我家的成分就是贫农。

(2) 成分划分

当时成分划分主要是看家中土地有多少。我家土地数量很少，所以我家就是贫农成分。对于成分划分，我当时没有怨言，我觉得我家就是那个成分。大家对于成分划分似乎都没有意见。

(3) 划分结果

我家由于人口少，没有分到多少土地。划分土地是按照家中人数来。我家人少，土地也少。我家的劳动力在土改之后也没有增多，所以即便工作队给我们多划（土地），我们也没有劳动力去耕种。

3. 挖苦根，斗地主

(1) 挖苦根

村子里面经常去斗地主，我印象之中是天天斗。斗地主的时候要讲求足够的证据。一般来说，乡里面会把需要公审的人押到区上去。如果地主没有沾上人命，一般也不会公审。

(2) 斗地主

斗地主那时候都有诉苦活动，偶尔会有农民殴打地主的情况。我们也会算剥削账。请长工是剥削，地主不退土地押金也是剥削。地主的这些情况被了解清楚以后就会被处理。一些地主存在很严重的剥削历史，他们就会被那些曾经受过他们剥削的人指指点点，甚至是被集体殴打批斗。当时没有人替地主求情，最多有人暗中这样想一下。当时环境比较严，如果有人同情了地主，很可能自己也要惹祸上身。

4. 没收和分配土地、财产

(1) 没收土地和财产

专门有武装队队员去没收地主财产。武装队的要求很严格，他们对待地主比较严苛，地主在他们手里日子不好过。当时地主的土地都是被收干净了的。富农的土地也被收了。

(2) 分配土地和财产

分配土地主要是按照成分来。当时的政策是越贫穷的人拿的东西就越多。有钱的人家里面的财产都被没收了。家中没有财产的人对于土改十分支持，觉得土改的时候翻身了。

(3) 分配土地的过程

我也不是很清楚土地分配的过程。我只记得当时土地分配之前土改工作队队员要号召大家去开会。在会上他们会讲话，主要就是讲土地是如何分配一类的内容。

5. 土改复查

(1) 土改复查

村子里面没有展开土改复查，但是我记得有土地证。土改持续的时间很短，我记得没有多久就结束了。之前我们村子进行土改的时候，干部们就比较认真，我觉得也没有必要再复查。

(2) 查田定产

当时需要交公粮，但是具体数目我不是很清楚。上交公粮的数量与自家土地的数量关系比较大。土地越多，上交的粮食也就越多。相同，土地越少，上交的粮食也就越少。上交公粮之后我家的负担也不重。

（三）土改的结果和影响

1．土改后的土地经营情况

（1）生产情况

土改后，如果家中的人有种地的经验，土地的产量就高一点。那时没有肥料，种地全靠自己劳动。我家土地数量变化不大，劳动力也没有增加，所以产量没有太大变化。

（2）生产合作

我家的土地在土地改革以后几乎没有变化。我和我妈妈还是不能够耕种。我家的土地耕种主要还是依靠外面的人的帮助。我妈妈还是在卖东西，我也就是在店里面帮忙。

（3）收成情况

当时的土地收成足够我一家人吃。土改之后也要交公粮，公粮上交有着严格的规定，它是和家中土地数量息息相关的。

（4）生产热情

土改后，大家种地热情的确比以前更高了，因为毕竟是自己家的地。虽然我妈妈和我两个人几乎不种地，但是我们母女俩心里面感觉踏实了很多。周围的人对于粮食的种植热情就更高了。

（5）土地买卖

当时我家没有买别人家的地。那时大家基本上都有了自己的土地，村子里面不存在买卖土地的现象。土地买卖在那个时候也是禁止的，大家只有土地的使用权，没有买卖权。

2．土改后的家庭生活情况

（1）自家生活变化

土改后，家里的生活变化真的大。我家吃穿都有了，还养了猪，生活压力也小了很多。我家里面的土地别人帮着在耕种，粮食也就有了。但是我家的生意还是照旧在做，所以我家的生活变化从这一方面来讲也不是很大。

（2）收入变化

土改之后，我妈妈还是在开店。我妈卖水已经比较费心思了，没有余力再去做别的行业。我家的地是别人在帮忙种，收成也仅仅是拿来自己吃，收入并没有什么增加。

3．土改后的社会交往情况

（1）农户关系

那时村子里面人的关系好像一家人一样，人与人之间相处不会因为成分而受到影响了。我家土改以后还是在做生意，来来往往的都是客，地主贫农我家都接待。土改前后人际关系变化不大。

（2）村户关系

村子里人关系都很好。我家跟村干部关系还行，村里整体氛围都比较活跃。成分划分对于人际关系的影响没有那么大，大家还是和以前一样自然相处。即便有些人对成分有些敏感，但也不会明显表达出来。

4．土改后的观念变化情况

（1）土地观

土改之后，我心里比较开心，因为自己也有了可以支配的土地。虽然我家因为人口不足，没有自己耕种，但我心里总是会觉得踏实很多，有了土地就意味着肯定有粮食吃。

（2）人际观

成分对人际关系影响不大，但是多多少少会有一点影响。一个成分的人关系会稍稍好一点点。我感觉大家都是一样。成分对于人际关系的影响不是很明显，大家都是一样的，这种影响比较小。

（3）社会观

通过土改，我对党和政府的认识有了增加。我之前是真的一点都不了解党，但是土改之中来来往往的工作队队员都是共产党员，所以我也慢慢了解了他们。虽然那个时候土改工作队队员从来没有来过我家里面，但是我们还是可以经常看到他们，慢慢地就熟悉起来了。

（4）土改观

我认为土改是一场轰轰烈烈的运动，穷人对此最拥护。大家土地都一样了，每个人都会感觉到踏实。之前土地分配不均，有些人特别多，有些人又少得可怜。虽然这种感觉上的差距并不是很大，但是高人一等、低人一等的感觉存在。我觉得大家土地一样比较好的，起码我感觉到了大家是平等的。

5．土改对农业集体化的影响

（1）生产资料入社

我记不清楚土改以后是多久才搞的互助小组，只是记得中间隔了一段时间。互助小组搞了两三年的，之后就有了高级社，当时也没有人不愿意把生产资料交给集体。

（2）对集体化的认识

我觉得土地还是自己有好一些。土地之前都是地主的，大家都没有土地，总觉得自己是在给别人干活。但是土地改革之后，大家有了自己的土地，做什么事情都会上心一些。

（3）对土改的再认识

我从来没有觉得土地改革白整了，因为土改使得大家都有了自己的土地。大家对于自己的土地都很珍惜，也很认真地在耕种。土改之前，穷人的日子很难过，他们也没有粮食，土改之后就是翻身做主人了。

LSM20180128SFH@Z　石福华

一　受访者基本信息表

<table>
<tr><td>调研点</td><td colspan="5">四川省达州市通川区西外镇金兰小区</td><td colspan="2">调研员姓名</td><td colspan="2">刘思敏</td></tr>
<tr><td>调研员单位</td><td colspan="9">华中师范大学中国农村研究院</td></tr>
<tr><td>受访者编号</td><td colspan="5">LSM20180128SFH@ Z</td><td colspan="2">受访者姓名</td><td colspan="2">石福华</td></tr>
<tr><td>受访者性别</td><td>女</td><td colspan="2">首次采访时间</td><td colspan="2">20180128</td><td colspan="2">首访时受访者年龄</td><td colspan="2">82</td></tr>
<tr><td>受访者成分</td><td>中农</td><td colspan="5">土改时是否土改干部或土改工作队队员</td><td>否</td><td>是否党员</td><td>否</td></tr>
<tr><td>干部经历</td><td>无</td><td colspan="5">曾担任的干部具体职务</td><td colspan="3">无</td></tr>
<tr><td>现家庭人口</td><td>5</td><td>现承包地
面积（亩）</td><td colspan="2">0</td><td colspan="2">现承包林地
面积（亩）</td><td>0</td><td>现承包水塘
面积（亩）</td><td>0</td></tr>
<tr><td>受访者
基本情况</td><td colspan="9">老人于1936年生，祖籍四川省巴中市平昌江口镇。老人现在跟随儿子居住，生活较为富足，每天在家待着，有时出去买点菜，或者出去玩之类的。</td></tr>
<tr><td>受访者
职业简历
或个人经历</td><td colspan="9">老人从小帮家里干活、种地、卖柴、卖盐等，结婚后，老人一直在家相夫教子。老人一直在乡下生活，经历过土改。后来进城读书后，留在城市发展。老人的丈夫是教师，老人现在在达州市内生活。</td></tr>
</table>

二　分阶段整理

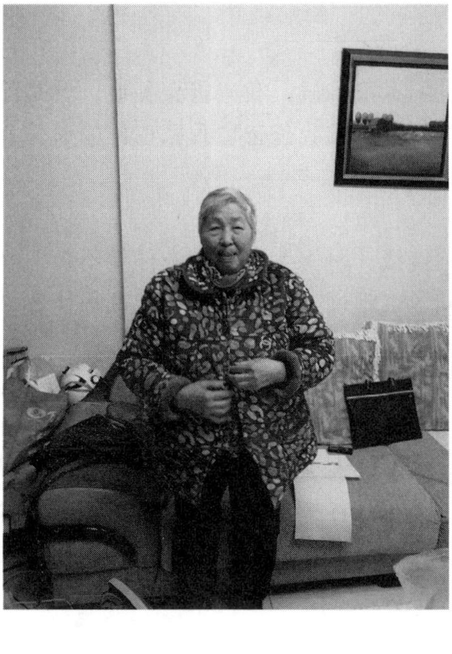

（一）土改的基础和背景

1. 土改前的家庭基本情况

（1）人口情况

我叫石福华，土地改革以前，我家里面有六个人，婆婆、爸爸、妈妈、弟弟、妹妹和我。我的爸爸妈妈三四十岁，我那时只有十几岁。那时我弟弟妹妹都很小，都没有劳动力，只有我爸爸妈妈参与劳动。

（2）劳动力情况

我家只有两个劳动力，就是爸爸和妈妈。我家里面劳动力不够用，以前我们大家会互相帮助。如果邻居家里面有事，而我家里面又没有事的话，我家里面的人就会去帮忙。邻居家闲的时候，他们也会来帮我们家。

（3）负担情况

我家当时负担重。虽然没有病人，但是有个婆婆要我们养，我弟弟妹妹都还小。家里面既有老年人也有小孩子。老人小孩子不能劳动，所有事情都是我爸爸妈妈做，所以我家的负担还是比较重。

2. 土改前的家庭经济情况

（1）经济情况

我家里面除了种地没有其他的副业。有时候我爸爸也会去卖柴、卖盐。我家种棉花，家里面的女人有时候也会织布。佃主家里面有个染房，我就在那借了一个机器染布。我把自己家里面织的白布染成蓝颜色，这样我就能穿衣服。我们当时真的一点钱都没有。我家情况在村子里面属于一般的情况，虽然没有钱但是可以自立。爸爸把盐和菜籽油卖了，我家还能勉强度日。

（2）生活来源

我家条件一般，日子也不算很难过。我爸爸会种地，但是除了种地，偶尔他也会做一些小生意。我们家的收入主要就是靠我爸爸。我家也比较节俭，日子虽然不算红火，但是压力也算不上很大。

（3）生活压力

我们没有办法去找别人借钱，因为大家经济条件差不多。大家经济条件都不好，我家日子难过的时候，别人的日子也难过。大家那个时候都很辛苦。我家压力算一般。

3. 土改前的土改经营情况

（1）自有土地

当时我家只有几分地，土地特别少，也没有什么肥料，所以收成很不好。一亩地一千斤谷子都没有办法产出来，只有几百斤谷子。粮食不够吃，最多够吃大半年，不能坚持一年。我们有时候吃点红薯，再吃一点酸菜，就按照这样的方式来度日。

(2) 牲畜和农具

我家有牛。牛对于农户来说是生活必需品，耕种需要牛，肥料也是靠牛。我们有时候会喂养一只猪，过年的时候就杀了吃掉，我家没有养其他的畜生。我妈妈不擅长养猪，我妈喂了五只猪，一天之内就死完了。她第二天还想继续买新的小猪仔来喂，我劝她不要喂了。没过多久第二批猪又死了，我妈再也没有喂猪了。村子里面牛都是自己家的。那时畜生不能养太多，养得多也没有足够的饲料喂养。村子里面会存在借牛的现象，大家都是住在一起的，有人找我们借我们不借也不好。借牛不用收钱，我们都是关系很好的人。我家农具也有。村子里没有水车，我们不用水车，用水都是从上面的水井里面抬。

(3) 生产合作

我们村子里面存在换工的现象，但是没有说去外村换的说法，一般就是在院子里面换，住得近的人之间互相帮忙也很方便。我们家一个院子，上面有个院子，这些院子里面居住的人都是我们的邻居，其实大家都是远亲。如果是我家栽秧忙不过来，邻居就来帮我栽秧。如果他家栽秧忙不过来，我每天帮他栽秧，我们就这样换工。那个时候的人挺淳朴的，换工不会涉及到钱财。那时有和互助小组差不多的组织，但是我记不清具体叫什么名字了。

4. 土改前的社会交往情况

(1) 农户关系

我们和村民的关系都挺好的，有钱没钱的我家都是一样对待。我家跟干部的关系一般。村子里面生活差距挺大，差距主要是体现在生活方面。我们家不会主动去和家庭经济条件好的人搞好关系，所以大家关系就是一般。

(2) 宗族关系

我们村有宗族。当时大姓主要是姓杨，我后来就出去上学，我们那个时候都是小孩子，关于宗族记不太清楚了。村里面德高望重的人是大院子里面的老人，他说什么话大家还会稍微听一下。那个时候我很小，根本不知道清明会在我们遇到困难的时候会不会帮助我们，清明会不会管村子里面有困难的同姓之人。村子里面有一个老人，条件很差，住在山上，清明会很少管他，他一个人在山上独自生活，自生自灭。其实我们父亲那辈关系都是非常好的，之后那些人就开始钩心斗角了。

5. 土改前的土地观念

(1) 对土地的愿望

我们没有想过买土地，因为家里面人就那么多，劳动力有限。生活虽然有压力，但是不至于压力特别大，所以没有想过土地问题。购买土地的话也需要很多钱，我们没有太多钱，所以也就没有说买土地的事情了。

(2) 对土地的看法

我没有想过土地多少的问题，我也没觉得自己地位高，更没有觉得说谁土地多，就觉得别人地位很高。我家不会去践踏家里面没有钱的人，也不会刻意去和有钱人搞好关系。

(3) 对土改的反应

我不害怕土改。土改之后我家没有多一亩土地，也并没有少一亩土地，我们一点变化都没有，没有出也没有进。我那时还小，对于土改了解得并不多。我对于党和国家更是一无所知。

（二）土改的过程和经历

1. 访贫问苦，扎根串连

(1) 工作队进村

我记不太清土改工作队是什么时候进村的，我印象中好像是1951年。我们当时不了解土地改革工作队。工作队全部是住在山上，他们居住条件很好，还带个院子。土改工作队队员都不是本地人，但是都是四川人。他们都是上面单位派下来的。

(2) 土改宣传

土改的时候每天都开会，我那时比较小，没有参与过土改工作队的会议。大人们经常开会，他们经常开到深夜，晚上就举着个火把回来。开会的地点是土改工作队队员居住的那个小院子。

(3) 扎根串连

村民对于分土地都不是很积极，因为是分地主富农的财产，他们肯定不乐意。贫农的积极性也不高。因为当时大家心里都清楚分到最后大家都会有土地，所以他们也没有很积极。

(4) 成立贫农团

当时有贫农团，贫下中农就是里面的成员。加入贫农团需要条件，一般只有贫下中农才可以，地主富农是没有资格加入的。我家条件没有那么差，所以没有加入贫农会。

2. 划分阶级成分

(1) 土改成分

划成分的时候，我们全家都是中农。我也不知道成分是按照哪种标准划分出来的。农会对于成分划分会给一些意见，但是主要是工作队队员说了算。当时我们都没有过多参与其中，反正就是工作队通知家庭是什么成分，人们一般就接受自己的成分。

(2) 成分划分

我不清楚成分划分的标准，我只知道即便是家庭里面有地，但是没有劳力的话，工作队队员不会把这个家庭划成地主家庭。地主划分应该是有两个标准，第一个是家中有地，第二家中人有劳动能力但是不劳动。我们村子里面没有死地主。

(3) 划分结果

村子里只有两户人是地主，富农只有一个，雇农也不多，当时贫农最多。我们（中农）那只有那么几户人，人数很少。贫农数量大概在五十户左右。一般来说地主和雇农数量都不多，中间的贫农比较多。

3. 挖苦根，斗地主

（1）挖苦根

斗地主的时候我没有去。我只去过一次，我被斗地主的场面吓得不轻。1952 年的时候我才十几岁，胆子很小。大人们会去参加斗地主，但是我不去。开诉苦大会的时候我也不去。我是小女娃儿就待在家，那时女孩子不允许在外面耍。

（2）斗地主

当时村子里面会斗地主。我那个时候很小，什么都不晓得。我嫂子土改的时候还没有孩子，她经常去参加那些活动。当时也有人揭发地主。当时人人都恨地主，没有人私下同情地主，明面上更不准。

4. 没收和分配土地、财产

（1）没收土地和财产

分配土地和东西的时候要开分配大会。工作队的人会在分配大会上说清楚如何分配，大家那时差不多都能听懂。分配的时候就按着工作队的人说的做。那时不配合的人还是少。

（2）分配土地和财产

我们家刚刚六个人，土改的时候我家土地数量没有变化。当时分配土地数量和质量都是一样，土改工作队划分哪里就是哪里。土地肥瘦就是搭配着来。当时不分牲口，不分农具。我家里在村子里面属于一般水平。当时没收的土地只会在一个姓氏的人中间分配，不会分到外姓人那里。清明会的土地没有划分。

（3）分配土地的过程

土地划分之后，每家每户都有了自己的土地。每家的土地之间都会用一个树枝作为边界。我不知道土地是如何分配的，因为当时土改工作队住得离我们很远，我根本不知道他们是如何工作的。

5. 土改复查

（1）土改复查

土改之后土地要复查，但是我不知道是如何操作的。

（2）查田定产

土地改革之后要上交公粮，当时的标准是地有多少就交多少粮食。土地改革没多久就结束了。村子里有成分划分高了这种情况。土改的时候把别人家庭划分高了一些就相当于在收拾别人。那时有人公报私仇，到处乱说，害得别人成分被划分高。我不知道这些人（后来）有没有平反了。

（三）土改的结果和影响

1．土改后的土地经营情况

（1）生产情况

土改之后我家的产量跟以前差不多，够家里人吃喝了。当时土地上什么都种，绿豆芽之类的我们都会种，只是产量不高。当时人们只会把一些人和畜生的粪便拿去做肥料，其余的肥料没有。

（2）生产合作

土改之后就有了互助小组，我家也有参加互助组，互助组是长期的。

（3）收成情况

我们家的谷子是好的，（交完公粮）剩下的都差不多是自己的。当时上交公粮的数量和土地的数量有关系。土改之后大家有生产热情。后来到了高级社的时候，大家生产积极性就很差了，只想着挣工分吃饭。

（4）生产热情

土改之后，大家都有了属于自己的土地，农民的生产积极性得到了很大的提高，很热情于农业生产。大家对于自己的土地比较上心。之前迫于地主的压力，也会好好种地，但是对待自己的土地更为用心。

2．土改后的家庭生活情况

（1）自家生活变化

当时我家是中农，土改的时候没有分到什么，也没有失去什么。生活还是一般的，和土地改革之前一样没有变化。我家的经济压力和之前一样。中农受土改影响不大，因为生活本身就没有发生变化。

（2）收入变化

我家收入与原来相比也没有太大变化。我家主要还是依靠务农生活。土地改革之后我家的土地数量还是那么多，劳动力数量也差不多。所以我家的收入和之前一样，没有太大的变化。

3．土改后的社会交往情况

（1）农户关系

我们村庄的人际关系很少受成分的影响，和地主的关系也好处。那时大家处关系主要还是看人品。我们跟其他人关系也可以。大家都是种地的，靠自己的劳动吃饭，大家都是平等的。

（2）村户关系

土改以后我跟村干部关系还可以。土地改革之后宗族关系也一般。土地改革之前，一个姓氏的人更亲近一点，土地改革之后这种亲近关系变淡了。但是大家总归是一个姓氏的，关系肯定要近一点。

4. 土改后的观念变化情况

（1）土地观

我觉得大家当时土地一样多是比较好的。土改时分地是让每家每户拥有土地，而分田单干只是将土地拿给农民用，这两个存在本质上的差别。土地改革让大家都拥有了土地，大家的生产热情就被提起来了。

（2）人际观

当时土改之后我觉得大家彼此之间相处就没有什么太大的顾忌，关系自然而然就会变得亲密一些。家族在土改之后已经影响不大了。其实我们那个时候的人都还是相对而言特别淳朴的。土改以后，虽然有些人被划为了地主，但是我们大家也不会说是故意去贬低他，伤害他，大家的关系都还是处得比较好的。

（3）社会观

我当时有修路，那个时候大家都还是比较高兴的，觉得修路是一件值得高兴的事情。通过土地改革，我对党和国家的认识更深刻了，之前从来没有想过党和国家。因为土改的整个过程都是党员在其中参与，所以我对于共产党的了解就增多了。

（4）土改观

我对土改的疑问已经得到了解决。我觉得人人都有土地是很好的，这是我对土改最深的印象。之前土地都是属于地主的，现在属于自己，大家积极性都高了，幸福感也更高。

5. 土改对农业集体化的影响

（1）生产资料入社

我记不清楚互助组、初级社、高级社是什么时候开始的了。我们还是比较自愿地上交了土地的。互助组、初级社、高级社我都记得，但是如果说是具体时间，我就不是很清楚了。

（2）对集体化的认识

我感觉土地归私人所有要好一些。我只是觉得入社之后好多人不会像自己拥有土地时那么积极地干活了，感觉人们的积极性又没有土改分田那会那么高了，但是当时进行集体化还是有一定合理性的。

（3）对土改的再认识

我觉得土改是时代发展必经阶段。土改改变了原来存在的村民之间的阶级关系，它的存在还是比较必要，感觉土改之后，整个社会还是发生了很大的变化。我也认为土改彻底改变了我国社会。

LSM20180207HHY@D　黄会英

一　受访者基本信息表

<table>
<tr><td>调研点</td><td colspan="5">四川省达州市通川区西外镇金兰小区</td><td colspan="2">调研员姓名</td><td colspan="2">刘思敏</td></tr>
<tr><td>调研员单位</td><td colspan="9">华中师范大学中国农村研究院</td></tr>
<tr><td>受访者编号</td><td colspan="5">LSM20180207HHY@D</td><td colspan="2">受访者姓名</td><td colspan="2">黄会英</td></tr>
<tr><td>受访者性别</td><td>女</td><td colspan="2">首次采访时间</td><td colspan="2">20180207</td><td colspan="2">首访时受访者年龄</td><td colspan="2">86</td></tr>
<tr><td>受访者成分</td><td>富农</td><td colspan="5">土改时是否土改干部或土改工作队队员</td><td>否</td><td>是否党员</td><td>否</td></tr>
<tr><td>干部经历</td><td>无</td><td colspan="5">曾担任的干部具体职务</td><td colspan="3">无</td></tr>
<tr><td>现家庭人口</td><td>5</td><td>现承包地面积（亩）</td><td colspan="2">0</td><td colspan="2">现承包林地面积（亩）</td><td>0</td><td>现承包水塘面积（亩）</td><td>0</td></tr>
<tr><td>受访者基本情况</td><td colspan="9">老人出生于1932年，祖籍四川省巴中市平昌江口镇。老人现在生活较为富足，每天在家待着，有时出去买点菜，或者出去玩。</td></tr>
<tr><td>受访者职业简历或个人经历</td><td colspan="9">老人文化水平不高，主要待在家里干活。结婚后，老人一直在家相夫教子，二十年前同丈夫一起到达州市生活。</td></tr>
</table>

二　分阶段整理

（一）土改的基础和背景

1．土改前的家庭基本情况

（1）人口情况

我叫黄会英，我家土改的时候有六个人，当时爸爸已经不在了，家里就是我、弟弟、两个妹妹，还有我妈妈。我妈妈后来嫁给了我的继父，我继父就是一个富农。土改的时候我妈妈四十多岁，那个时候我才十四岁，当时那几个小娃儿都是很小的，弟弟妹妹是我妈改嫁以后生的，土改时大概就两三岁，大妹妹只有七八岁。我家里的人主要就是种地，小孩子就是帮忙，弟弟那时没有读书。

（2）劳动力情况

我家就是一个男劳动力，一个女劳动力。当时我家就请人了，劳动力就是不够用。劳动力不够，田里面的很多事情就只能拖着做。我土改的时候比较小，算不上一个劳动力，但是基本的挑水浇地都还是可以干的。

（3）负担情况

当时我的家里面没有老人，也没有病人，但是有几个小孩子。以前家里的生活就靠种地。我家劳动力没有很多，收入也说不上有很多。我家负担还是比较重的。

2．土改前的家庭经济情况

（1）经济情况

我们家就是靠种地，我们家庭情况算一般，不算好也不算差，反正够吃够用。我们家是找清明会要了一点土地自己在种。清明会的土地比较多，所以就直接请了一个人帮忙，因为我们家没有劳动力。

我们用的是清明会上的地，我们弄了四十挑谷子来种，但是我家里面忙不过来，就找了几个人在做这个事情。除了种地以外，我家没有别的收入来源。我们一般会养殖几只鸡鸭，一两头猪。有时候也会拿去卖，如果卖的话就是一两毛钱这个价格，养一个猪就养一年，明年冬天才能杀。一般猪都是自己家里面来吃，如果卖的话只能卖几十块钱。那时猪肉的价格是几毛钱一斤。

（2）生活压力

土改之前，我家压力一般的，压力也不是说很大，自己够吃够用。开销基本很小，那个时候都没有多少钱。因为我家里钱不多，所以我们用钱的时候也比较少。

3．土改前的土地经营情况

（1）自有土地

土改之前我家就四十挑谷子的土地，大概有七八亩的样子。那个时候没有换工这一说法，如果忙不过来就只能请人帮忙种地。土地里面就是种苞谷、麦子一类的作物，水稻也要种，黄豆、五谷杂粮、红苕也会种一些。那时粮食还没有熟，一个风吹来就给吹没了，那些人就是这么饿着的。土改以前一亩田只能产三百多斤谷子，四百多斤都算特别好的。当时要交公粮。当时地租不是很清楚，好像是三七开，也有四六开。我们家主要是三七开，贫下中农交了地租之后就没有吃的了，因为佃主要拿走太多。

（2）租佃情况

当时地租好像是三七开也有四六开，三七开较为普遍，所以说贫下中农没有吃的，因为佃主要拿走太多。地租是有规定的，不能够拿来商量的，当时主要是交粮食。那个时候没有钱。粮食一般是收获了之后，大概九月份给佃主交过去。当时是农民自己交过去，一般让你卖了谷子，有钱你就交钱，交不起的话，农民自己不吃都要交，农民不吃一般都会交得起。当时租地都是可以退租的。

（3）牲畜和农具

牛是有的，要种庄稼肯定要有牛。没有骡子，牛是我们家自己买的。两家合买一头牛是没有的，土改以前反正是没有这种情况的，到土改以后才有。你买不起牛，你就自己种地，不要去种田，因为牛只会在田里面发挥作用。要是认识有牛的人或者是亲戚的话，也是可以借牛。农具是必须有的，种田是必须要农具的。有人借农具，借了农具的话，最多给你买点盐吃。如果不小心弄坏了，那肯定是要收拾〔1〕的，肯定是要还给人家的。

（4）请工、雇工

土改之前，在我们这个村子里面是没有人口流动的。那个时候不会走来走去，死都要死在本地。没有说请人请外村人。当时长工就是做年数，叫长工来的时候长工就必须要过来。长工是一直都在家里面的，那个时候钱比较少，工钱也是几块钱，他们主要就是管饭。一年最多给一点点钱就行了，都是管三顿饭，就像现在请保姆一样。其实那个时候更多的不是说工钱，更多是粮食，只要有饭吃就可以。当时是不会请外村子人来做长工的。如果农民把农具弄坏了，那肯定是要自己赔的。租我家土地的人干了差不多两三年，解放了以后，他才没有租。他在我家吃，在我家住，你再给他给点钱就行。因为他是我们家亲戚，他只是来帮忙的，就相当于我们家的一个人，没有说给我们家做事，就是给钱那种，那个时候不说工钱这些话，反正我们是一起住一起吃。因为本身我们就是亲戚，所以不用请中人的。更不要说我是地主，你是农民，我们俩就有地位上的差别。他是我们家爸的干儿子，不咋给钱，那个时候的人只要有一碗饭吃就可以，根本不会说这些。我们平时都把他喊着哥哥，他如果有什么困难的话，会帮他。

4．土改前的社会交往情况

（1）租佃关系

土改之前，我们那边佃主有红白喜事，农民一般都会参加。那个时候农民有什么红白喜事，他根本做不起酒。如果说收成不好，佃主肯定会减地租，佃主其实还是会主动减的。佃户会给地主拜年的，像过年就会给他们送鸡送肉什么的，佃户帮我家干活这个是不会的。

---

〔1〕 收拾，指修理。

（2）农户关系

我们和农民关系还是很好，只要你不去欺负人家，关系都还是能处的。我们那个时候是不欺穷的。那个时候人与人之间是没有太多交往的，我也不是很喜欢和人家交往。村子里面贫富差距还是比较大。

（3）宗族关系

我们那个村杂姓比较多，没有什么（大）的姓氏，有那么一两个姓氏的人稍微多一点。每个姓氏都有清明会。当时跟一个姓的人肯定有好的，有不好的，肯定不可能跟所有人都好。其实我那个时候和谁都不来往，就是过年过节才来。我们那个时候没有族长，但是我们有会首。清明会上有土地，承包了土地的人就在里面住，说死了以后就埋在清明会。承包了清明会的土地就必须要办酒，让每个人出钱。如果一个姓氏的人有困难的话，清明会是可以帮忙的，因为毕竟都是一个姓，还有人扔到清明会上去打屁股，比如说小偷呀什么的。

5．土改前的土地观念

（1）对土地的愿望

当时我家没有想过买土地。我家之所以被评为富农就是因为我家请了一个人，那是因为我家在清明会那儿要的土地太多了，所以根本不会说去买地。

（2）对土地的看法

其实我们家地并不多，够用而已。我们也没有什么别的想法，就是想过个生活而已。那个时候哪像现在，你是你，我是我的。没有觉得自己地位比别人高，那个时候我不是很喜欢跟别人交往，说句不好听的，那个时候你死了，都不会有人多看你一眼。

（3）对土改的反应

土改最开始的时候，我还是有一点害怕。因为开始其他人说解放了之后要怎么怎么样，还是很害怕的。结果完全不知道消息，就解放了。土改的时候肯定怕，但是真的不敢说什么，我们这种身份，什么都不敢说，也不敢私藏什么。那个时候大家都在，你根本没办法去私藏财产什么的。而且村子里面的人知道你的底细，藏着人家也会发现。我们那个地方是最先土改的。我那个时候对党根本什么想法都没有，我们小孩子懂什么？我们都是自己做自己的活，真的什么都不知道，也没有听到什么消息。像党什么的，我们从来没有想过这些问题，大家都真的很笨，真的没想过这些问题。

（二）土改的过程和经历

1．访贫问苦，扎根串连

（1）工作队进村

1949年清匪反霸，清土匪反恶霸，减租退押。1951年就土改了。土改是派的工作队来，一个村子最多三四人。工作队的人都是上面派下来，应该不是本地人。他们都是从这个县城那个县城过来的，都是本省的。

（2）土改宣传

土改之前是要进行宣传的，宣传的人主要都是工作队自己培养的人。我当时心里面也不是很清楚土改到底会怎么弄，反正你说怎么改就怎么改，大家心里面也不是很明白。整的时候就是他们说怎么整就怎么整，我们并不是很了解，反正他们天天开会。

（3）扎根串连

土改的时候，工作队天天开会。那个时候评富农和地主都有那种得罪人的原因在里面，比如我得罪了你，你就要出面，开始说我怎么不对了，就给你把成分升上去了。我们对于土改没有什么看法，政策来了该怎么整就怎么整。那个时候心里面也根本不敢有什么别的不好的想法。对于那些天天盼着土改的人，那个时候有些人也许也会觉得他们是不劳而获，一天天就等着那种。

（4）成立农会

当时有农会，就是他们去组织斗地主，以及指挥指挥怎么做，还有划田地。他们都是当地人，一般都会反映情况，谁的情况是什么。他们有时会乱说，公报私仇那种。这种人说多不多，说少也不少。只要是穷人就可以参加农会，上中农参加不了的。

2. 划分阶级成分

（1）土改成分

土改的时候把我家划分成富农了。其实我们家没有那么好，但是评成富农也就没有办法了。我们那个时候就不敢说话了，已经没有说话的资格了。我们心里面其实觉得不是很正确，但是也没有说什么话。当时就是工作队以及贫下中农一起做的这件事情。我们反正就直接被划为富农了，因为我们家的土地就在那儿摆着，多长多宽，一看就知道，我们也不会问，反正就直接被划为富农。工作队要给你评成分，肯定就不会让你参与其中，你就不知道他这个具体是怎么整出来的了。

（2）成分划分

当时具体多少人划分为地主、贫农，这些我是不清楚的，只记得大概的数字。富农、地主都不多，但是像其他成分还是比较多的。当时应该就是划分了一次。

（3）划分结果

土改时候划成分的时候，地主大概是十几户，富农也有十来户，中农大概还是有二百多人的。

3. 挖苦根，斗地主

（1）挖苦根

土改的时候会斗地主，斗得还是比较狠的。其实斗的主要是那些解放的时候做了坏事做了恶事的人，一般那些小地主都没有怎么被批斗。（斗地主）一年差不多还是有三四次。

那个时候运动是相当多的，差不多是二月份就开始搞运动，但是四五月份农忙，就不运动了，运动就停了，等我们把谷子弄好了，运动就又来了，凡是不老实的，就又要来斗，顽固的也会被斗。

（2）斗地主

当时就是把那些地主弄到坝里面去，开始宣读罪行，然后批斗。我家主要是把财产上交了之后，就没有再管过其他的东西了。我们家没有被批斗过。当时不会有人帮我们说好话的。我们家本来不是富农，但是因为得罪人，就被划分为富农了，所以不可能有人帮我们说好话的。

4. 没收和分配土地、财产

（1）没收土地和财产

我家房子和地都被收了，是武装队过来直接收了的。我们当时根本不敢私藏东西，就害怕被告。他说要交，我们就直接交了。

（2）分配土地和财产

我们村子分配土地的标准主要是看人头。我家的土地被分了，但是有没有被分给一个姓氏的人，我并不是很清楚。其余的东西也有被分的。

（3）分配土地的过程

分配土地是开了会的，但是具体怎么分配这个我们就不太清楚，这些都是工作组的事情。相当于什么情况都不知道就把我家的土地收了，然后他说什么土地是我们的，那一块就是我家的了。我家的土地主要分给周围的人，我们家就是分了新的土地，那个挺远的，我们还得走一两里路，都还是好田好地，就是距离有点远。最后分到每家每户基本上都是那个样子，都是照人头在分。当时肯定有的人分得好，有的人分得不好，我们这边是只看面积，并不看质量。我们村子没有宗祠。当时没有干部就是说不公平，一般来说都不会有这种情况，那个时候的人一般不会这样。土改的时间比较短，其实它就是几个月。划错的还是有的，主要还是看人际关系，如果说得罪的人多了，成分就会被划上去。

5. 土改复查

（1）土改复查

土改是 1951 年结束的。当时有人来检查，有些划错也没有改正。

（2）查田定产

当时是看你土地多少，然后定你上交公粮的数量。我已经忘记具体定的多少，但是负担并不是很重。

（三）土改的结果和影响

1. 土改后的土地经营情况

土改以后我家土地减少了，勉强够一家人生活。我家主要还是种植水稻、小麦。土改以后，劳动力勉强够用。因为划分土地主要是按照人头，所以这样算下来，劳动力不存在不足。我们家劳动力当时只够耕家里的地，没有余力再去耕种别的土地了。当时也是交公粮，我们给专门的单位送过去，送了以后勉强够吃。当时不允许土地买卖。

2. 土改后的家庭生活情况

（1）自家生活变化

土改以后，我家的生活有变化。因为当时我们家是富农成分，所以感受到了别人对我们的态度的变化。生活压力并不是很大，但是这种待遇还是很影响我们的生活的。

（2）收入变化

主要的收入来源还是依靠种地，但是由于土地少了，所以收入自然会减少。

3. 土改后的社会交往情况

（1）农户关系

我家的社会关系因为土改受到了一定的影响。在土改以前，大家都是正常相处，并没有觉得有什么。但是土改以后，我家的成分就变了，周围人对我家的态度也是有变化的。我那个时候不喜欢和别人交往，都是一般的关系。人际关系受到了成分的影响。

（2）村户关系

我们当时对于村庄中的村干部没有什么感觉，关系也只是一般，和同一个姓氏的人关系也一般。村庄风气也有了新的变化。

4. 土改后的观念变化情况

（1）土地观

我们当时心情还是有一定的影响。对于人情的变化，我最开始有一点点难过，但是后来就习惯了。对于国民党“反攻大陆”这种说法我也是听过的。那个时候都不敢进行土地买卖了。

（2）人际观

土改之后，我觉得宗族关系也就一般。我们还是能感觉到自己身份比其他人低一点。

（3）社会观

土改以后，我也参加了道路修建。通过土地改革对于党和政府也有了新的了解，我觉得党和政府挺好的。当时可能还是因为得罪了人，所以成分划得不好。

（4）土改观

当时我们对土改并没有什么疑惑，也没得啥子特别的印象。对于这场运动，我还是比较想得通的。

5. 土改对农业集体化的影响

（1）生产资料入社

那个时候没有互助组，初级社高级社我就不太清楚，那都是后面的事情了。那个时候肯定要交生产资料，但是具体交多少，我还不是很了解。

（2）对集体化的认识

我个人觉得土地还是自己种效率比较高，因为自己种他会有积极性。如果说是集体所有的话，难免会有一些人偷懒。集体化对于农业发展还是有一定的帮助的。

（3）对土改的再认识

我没有觉得后来把土地交上去就意味着土改白弄了，这个是一个很正常的东西。有些事情，我还是比较想得通。

LSM20180128ZGF@S　曾广福

一　受访者基本信息表

<table>
<tr><td>调研点</td><td colspan="5">四川省达州市通川区西外镇金兰小区</td><td colspan="2">调研员姓名</td><td colspan="2">刘思敏</td></tr>
<tr><td>调研员单位</td><td colspan="9">华中师范大学中国农村研究院</td></tr>
<tr><td>受访者编号</td><td colspan="5">LSM20180128ZGF@S</td><td colspan="2">受访者姓名</td><td colspan="2">曾广福</td></tr>
<tr><td>受访者性别</td><td>男</td><td colspan="2">首次采访时间</td><td colspan="2">20180128</td><td colspan="2">首访时受访者年龄</td><td colspan="2">85</td></tr>
<tr><td>受访者成分</td><td>贫农</td><td colspan="5">土改时是否土改干部或土改工作队队员</td><td>否</td><td>是否党员</td><td>否</td></tr>
<tr><td>干部经历</td><td>有</td><td colspan="5">曾担任的干部具体职务</td><td colspan="3">武装队队长</td></tr>
<tr><td>现家庭人口</td><td>4</td><td>现承包地
面积（亩）</td><td colspan="2">0</td><td colspan="2">现承包林地
面积（亩）</td><td>0</td><td>现承包水塘
面积（亩）</td><td>0</td></tr>
<tr><td>受访者
基本情况</td><td colspan="9">老人1933年出生，祖籍四川省达州市。老人家中姊妹较多，都是务农。如今老人儿孙满堂，生活较为富足。老人现在和儿子儿媳一起住在达州市，家中还有一个正在上大学的孙女。</td></tr>
<tr><td>受访者
职业简历
或个人经历</td><td colspan="9">老人在1951年土地改革时担任了武装队队长，主要负责地主的看管工作。后来一直在家种地，偶尔卖鸡鸭赚点生活收入。</td></tr>
</table>

二　分阶段整理

（一）土改的基础和背景

1. 土改前的家庭基本情况

（1）人口情况

我叫曾广福，土改前的时候，我家里有十个人，七个兄弟，一个妹妹，还有父母亲。我的父母亲都六十几了，兄弟姐妹那时大概十几岁，最小的弟弟妹妹只有两三岁。家里面可以劳动的人都在劳动。家里的收入来源主要依靠种地。

（2）劳动力情况

我家劳动力比较充足，爸爸妈妈加上三个兄弟，我家里有五个劳动力，他们都是可以做的。家里不存在劳动力不够用的情况，只是我家里土地很少，存在土地不够生活的情况。

（3）负担情况

家里当时有五个人不能劳动，家里面年纪小的娃都在上学。当时我们的婆婆老人他们也有田地，我们会一起帮他们种地，老年人还是供得起。当时还有五个小孩，虽然养小孩子是一个比较大的负担，但是我爸爸妈妈还是在用心照顾我的弟弟妹妹。我家里没有残疾人，但是婆婆老人身体不太好，家里面负担还是比较重。

2. 土改前的家庭经济情况

（1）经济情况

当时我们家的条件算是一般，除了种地之外也没有资金做买卖。家里面人比较多，负担比较重。家里面主要就是依靠务农。我家的经济状况在村子里面绝对算不上好。

（2）生活来源

当时我家的生活来源主要就是依靠种地。在别人家租的地，种了粮食之后对半开。我帮他们种地，粮食给他们一半。当时的劳动强度也不算大，相当于自己种地，然后顺便把他们的地种了。家里面养鸡，鸡也卖也吃，但那时鸡很便宜，卖鸡也赚不了多少钱。除此之外，我们也会养猪和牛。

（3）生活压力

当时我家生活压力大。一家人吃都很困难，父母亲的压力相当大。解放之前我家里人都穿得很破烂，夏天我们都是穿的草鞋。我们家是瓦房，当时一家人十口住一个房子里，我家的房子面积也很小。家里面也没有积蓄，有点钱都拿去买吃的了。我家没有找别人借过钱，那时都是借粮食。谁家的土地多，种出来的粮食多，我们就去那家借粮食，我们是向管寨上的一个贫农借了很多粮食，一次借一二十斤。没有解放的时候，一天三顿都不够吃。当时借东西没有利息，借多少还多少。

3. 土改前的土地经营情况

（1）自有土地

我们自己的和租别人的地加起来可能有七八亩地。我们家的地种的是玉米、绿豆、豆子。田里面就是插秧。当时一亩田最多收获四百斤谷子。种出来的粮食充其量吃三个月。土改以前交公粮，充其量交几十斤。

（2）租佃情况

我们家和当时租地的那家是邻居，还是有点交情。我们名义上是租种他家的土地，但是实际上有点相互帮忙的性质。当时租地没有中介，租地这件事情是我们互相协商的。当时有写文书契约，地租也不算高。在他们那租了大概有六亩地左右，当时我们是五五分，只交粮食，不交现金。我们把谷子割回来放在家里，放在地上拿碾子碾，先让他们拿，剩下的米拿背篓我家里人就往家里背。我们一共租了七八年，上交地租是按百分比来的，无论我们收多少，只要将收成的一半给佃主就可以了，所以不存在交不上的情况。一亩田最好可以收六七百斤粮食，我家交了租之后还不够吃。把所有的粮食，包括租地的粮食算在一起差不多能吃大半年，开了年二三月间还要去借粮吃。

（3）牲畜和农具

土改之前，我家有一头牛，没有马，骡子也没有。村子里两家人会合起来买一头牛，一般是两兄弟或者两家关系比较好才会一起买牛。没有和外村的人一起合买一头牛的情况。如果牛属于两个人共同所有，用牛是轮着来。尤其是农忙的时候，用牛的顺序一定要商量好。村子里有家庭情况特别差的，这种家庭牛都买不起，他们就只能找别人借牛耕。但是只有等别人用完牛之后，才有可能借给他。借牛不需要钱，但是要用劳动力去换。如果一户人家借了别人的牛，那么这户人家就必须去帮人家做两天活。当时我们家有农具，犁、耙都有。但有的人太穷了，他们都没有基本的农具，他们只有找别人去租借农具。如果借别人东西弄坏了就要赔，但一般不会弄坏的，农具都很结实。

（4）生产合作

土改之前，我们家主要是和邻居换工。农忙的时候大家都会换工。换工不论男女，男女都可以换工。那时帮谁家的忙就到谁的家里吃饭，有时候吃三顿两顿，有时候只吃一顿，早饭一般都在家里吃了再去，有些时候事情多就到主人家那边去吃。干活的时候工具都是自己带。

（5）族田

我们有族田。家族里面的人都可以租种族田，租种族田的人需要给家族交租金。租金一般都是交一斗两斗，这个没有定数的，只能说大概是那么多数量。

4. 土改前的社会交往情况

(1) 租佃关系

我们租的邻居家的地，我和邻居关系挺好的。那时佃户有些年份会去给地主拜年，但是这种情况不普遍。旧社会大家都住一个院子里，拜年这种事情不存在。因为毕竟租的是他们家的地，所以我们也会去他们家帮帮忙。红白喜事对于农村人来说都是大事，我们会互相帮忙。

(2) 农户关系

土改以前，我家同大部分人关系都不错，只是和极少数人关系不好。当时我家和村里家庭条件稍微好一点的人的关系也还可以，来往还是挺多的。我们和保长的关系都一般，和他们打交道不多。但后来都是一个生产队，关系再不好，你还是得求着他们。没解放之前，农村家庭之间生活差距大得很，有的家庭每天喝稀饭都不够吃，有的家顿顿吃白米饭。有的有钱，有的没钱。土改的时候，有的划为贫农，有的划为中农。

(3) 宗族关系

我们这边几乎没有宗族关系。我家跟同姓氏的人关系都还是比较好的，如果说谁有困难，大家肯定还是会互相帮助的。那个时候大家都比较淳朴，关系都很好，谁有了困难，大家都会去帮助。

5. 土改前的土地观念

(1) 对土地的愿望

土改之前我们家没想过买地。因为我家都是租种的别人的地，所以劳动力也用完了，没有想过再去买地。我家也没有多余的闲钱，另外我家的劳动力也已经用完了，所以我那时没有想过买土地。

(2) 对土地的看法

当时有些人家庭条件好点，地多一点，但他还是得找劳动力给他耕种。我们经常去给我们的邻居帮忙，他们有时候还是适当地给我们一点粮食。当时对于我们租别人家的地，我没有觉得比别人家低一等。当时我们并没有想过土地占有量与地位之间的关系。

(3) 对土改的反应

我们听说要土改了也没什么反应。土改之前我们是租种地主的田地，土改以后我们就种自己的田地。土改就是平均分的田。当时穷人都不怕土改，但是那些地主、富农就怕土改。我在土改之前基本上不了解共产党，那时候就只有个别地方有地下党员，地下党员会做一些地下工作，有时候他们会说服地主和他们一起工作。有些地主家庭虽然有钱、有田地，但他还是愿意和这些地下党员串连。在土改的时候，曾经帮助过地下党员的地主就不怎么会被批斗。土改之后部分农民也会害怕共产党又被国民党打垮了，到时翻身的农民又会被清算。

（二）土改的过程和经历

1. 访贫问苦，扎根串连

（1）工作队进村

土改工作队是1951年到我们这边来的，他们二月份进村。当时我们一个村土改工作队有七个人，这七个人都不是本地人，他们是由达县的土地工作团召集的人，当时土改工作队还有两个大学生。土改工作队队员当时就住在我家附近。那两个工作队的大学生就说，虽然他们在我们村子做土改工作，但是他们的家乡还没有开始土改，主要就是宣汉、平昌、巴南那些地方，他们连自己即将被划分什么成分都不知道。

（2）土改宣传

土改之前要开宣传的工作会，我有参加过这种会议。当时那个会议穷人多得很，工作队成员喊谁去就谁去。有时候干部也会召开干部会、武装会。当时那些骨干都是从穷苦农民里选出来的。当时我对于那些政策还是听得懂。

（3）扎根串连

当时土改工作队有时候到我们家里来。他们有什么问题都会说一下，他怎么说我就照着他们说的话办。工作队队员主要就是讲一讲如何提高思想、提高认识，还要收集地主富农的材料。当时我有听说过贫农雇农有一个串连。土改工作队怎么交代，我就怎么做。我当时对于土改工作是比较积极的。

（4）成立农会

我印象之中村里面没有贫农团，有农会。那些真正的贫下中农就参加农会，农会就是大家之间互相选，如果有人想加入农会，就要创造条件，要响应党的号召。就算一开始没有成功加入农会，后来由大家审查，通过了就可以加入。农会里面的每一个人都是大家选出来的。当时我在农会里面主要是协助工作队进行土改工作。农会成员的职责主要就是传达工作队的指示，促使土改工作顺利进行。农会主要是管人，管那些造谣破坏土改工作的、思想不好的、跟着地主一伙的人。有人不服从的话，我们就要进行说服教育了。当时地位最高的人就是农会主席，下面就是队员。村农会主席就管生产队农会主席，生产队农会主席就管这些社员，一层管一层，村农会主席就相当于现在一个大队的干部一样。以前最小的就是农会组长，最上的就是村农会主席，村农会主席就管农会组长，我是组长就管下面的社员。

2. 划分阶级成分

（1）土改成分

土改之前就是收集各家的材料，地主富农的成分报上去之后，上面再划分成分。批了之后是个地主就是地主，是个富农就是富农。贫农是没有田地的、田地不多的都是贫农了，不需要上报。贫农那个成分很好定的，没有田地，没有房子或者房子很少，自然就是贫农了。我们当时对自己的成分没有什么意见。

(2) 成分划分

当时我们村里面划成分的标准是村长在群众这里收集材料，再把材料递交上去，地主富农都是工作队报上去批的，穷人就都是贫下中农。农会成员只是一个了解村子信息的组织，成分的划分主要还是看工作队的意思。

(3) 划分结果

地主富农都是一二十多家，中农有很多，贫农人数最多。划分为雇农的要求是家里面一点土地都没有，这种情况也是少数。当时划成分在我们那个村就划了一个多月。有时候报上去没有批下来，有时候材料依据没弄好，工作队队员就会要求我们重新收集资料。但是成分一旦定了，就不会再做改动了。

3. 挖苦根，斗地主

(1) 挖苦根

当时村里面斗地主是很普遍的现象，有的地主批斗过后直接关起来，有的地主不大不小的，被斗了无数次的都有。有些地主比较倔，死活都不低头，工作队的队员为了杀他的威风，会一直批斗他。我们村十多个地主都被斗了。

公审大会由乡土改工作团组织。公审大会第一项是先把罪状说一下，该枪毙的就枪毙了。全区六个乡的公审大会都在我们碑庙开，在我们这儿就枪毙了五六十个人。那时也有诉苦大会，诉苦那些人就会说红军走了之后，地主怎么开始收拾穷人的。

(2) 斗地主

当时是要斗地主的。有很多人去打地主，有些人打耳光，有些人直接拿鞋子打，有些人把狗槽直接盖在地主的头上。那时没有人同情那些地主，如果同情地主，农会的人就会马上就把这些人抓出来和地主站到一起。我们当时的主要工作是看管地主，我当时没有时间去举报地主。就算有人心里觉得地主还没有那么坏或者感觉地主被冤枉的，他们也不敢提，说了会被群众反对的。

4. 没收和分配土地、财产

(1) 没收土地和财产

当时地主的土地、财产要被没收，就是由村农会主席、农会组长去完成这一任务。只要某人被定为地主，他的那些地就会直接分给贫下中农。负责分这些土地的是村长以及农会主席组成的工作队。我当时没有参加这个工作。

(2) 分配土地和财产

当时分土地的时候标准是先登记上去，每个穷人自己的地有多少，全村收的土地有多少，这样来算每个人补进补出的有多少。分到最后每个人大概有差不多三亩多地。大家分的地都差不多，当时没有开过分配大会，分配完了之后开了一个胜利大会，土改工作就结束了。我们家分了差不多十多亩地。分的都是地主的好地，不好的都没有人要。分到的地都差不多一样多的，质量这个就不好说了。我们这个生产队的土地不够由其他生产队补，其他生产队都是先分给我们再自己分配。成分一样的人分得的土地差别大得很。我们家当时有耕牛和农具，所以就没有给我们分，那些没有农具的才登记上去给他分。我们村都没有分马、驴。当时我们对于分的地是很满意的。当时也有分房子，我们那边地主的房子就分给我们了，大概有一间半。当时我们没有分水塘和祖屋。

（3）分配土地的过程

当时分地没有立界，就是用锄头铲了个分界线。当时也没有干部贪污，土改的时候都不敢。我们也不会因为分地吵架，因为当时我们去其他生产队分地，都是我们先去挑了，他们再自己分配给自己生产队的人，本队分那些差一点的地。生产队的人有意见也不行，那是工作队提出的，拿出去的地都是好的，毕竟别人要去他们那儿种。

5. 土改复查

（1）土改复查

土改是 1951 年开始，也是在 1951 年结束的。当时有漏划成分的地主和富农，这些人在土改之后搞运动又被找出来了。当时只针对划低了的人纠错，划高了就不管。当时也有土地证，现在有的家庭土地证都保存起来的。我家没有田地的日子都过了，分了田地之后更不会觉得负担重。我们还是觉得挺合理的，也不过分。

（2）查田定产

土改之前我们有几亩地，土改之后我们有二十多亩地。当时交公粮都是依照土地数量划分的，土地数量多，交的公粮数量就多。

（三）土改的结果和影响

1. 土改后的土地经营情况

（1）生产情况

土改之后种了些玉米、红薯，田里面就插秧、收谷子。产量当时都很低，是在国家制种整改之后，肥料足够了之后，产量才提高的。当时虽然地多了一些，但是产量还是低。

（2）生产合作

当时土改之后劳动力是够用的，因为当时家里有几个儿子。当时就是几家成立一个互助组，几个互助组再成立一个联组，联组之后再建社。互助组就是我们几个院子、几家人比较合得来，我们就成立一个临时互助组。土改之后我们家的劳动力多，没什么困难。

（3）收成情况

当时土改之后要上交公粮，上交的粮食是按斗计算。我们要交差不多二百多斤粮食。当时把那些公粮叫公粮统购，我们要背着粮食走六十里路去上交。交了公粮之后的粮食也够自己一家人吃。

（4）生产热情

土改以后，我们种地的热情就高了一些。因为之前是在别人家里种地，现在是自己的地，积极性肯定要高一点。自己的土地自己说了算，只要家里面人勤劳一点，一家人就不会挨饿。

（5）土地买卖

土改以后，我家就没有租种别人的土地了，当时也是不准买卖的。所以我们就种着自己的地，别的什么也没想。土改以后我家的日子好过了很多，但是我家也没有太多钱买地。

2．土改后的家庭生活情况

（1）自家生活变化

土改之后比土改之前生活还是要好得多的。土改以后不需要找别人借了，有吃有穿，自己在生产上也努力，产的粮食就多了。土改之后，我们家的生活压力也就不大。

（2）收入变化

土改前后，我家收入变化不大。在生活来源方面，我们还是主要依靠种地，变化也不是很大。我们收的粮食上交公粮以后都属于我们自己，家里面的余粮比之前更多。

3．土改后的社会交往情况

（1）农户关系

土改之后，我在村里面的地位没变化。我只想着怎么耕种好自己名下的土地。我们那个时候关系都一般，对于人与人之间的关系，我们是抱着无所谓的思想，你对我好，我对你更好。土改之后，我对于人际关系更不在意。我对地主、贫下中农持一个看法。因为土改之后地主被打垮，他们的财产也被分了，大家在经济上又是一样的了。

（2）村户关系

土改之后我们跟干部的关系相当好，虽然我们土改之后没当大的干部，也当了小的干部。当时按照党的政策，干部怎么安排我们就怎么做。不管村子里面的人是不是和我一个姓氏，只要他没有乱来，没有违法乱纪，没有违反党的政策，我和他们的关系都好。土改之后，大家自己耕种土地，有些人懒惰，日子反而不如一些落魄地主，那些人大家心里面或多或少有点看不起。

4．土改后的观念变化情况

（1）土地观

共产党的政策很好，土改之后贫下中农就分到了地主的田地，农民的心情当然还是好的，自己有田地做生活当然就好了。当时土改之后，有个别人说国民党要“反攻”回来。我想的是，国民党那么大一个力量，共产党都把他打垮了，他们肯定不能卷土重来。我觉得大家拥有相同数量的土地也很好。土地改革是共产党的政策，不管它的效果如何，共产党的初衷都是改善大家的生活。

（2）人际观

当时土改之后大家要一起去干活、修路、修桥。这些事情虽然有些累，但是那时大家都觉得共产党的政策好，土改之后他们都是为穷人办事，为农民着想，这样一想大家就都想通了。

（3）社会观

在土改之前，我对党和政府一无所知；但是在土改之后，我对党和国家有了更多的了解。政府和国家不管是什么事情，都在为农民着想。我们很难报答共产党对我们的恩情。

（4）土改观

土改给我留下最深的印象是有房子住，有田地种。我对土改本身没有什么看法，那些年，如果不是共产党、毛主席解放我们全中国，我们穷人不可能过上好日子。上面都是为穷人着想，为穷人办事，打倒地主富农都是为了农民更好地生活。

5. 土改对农业集体化的影响

（1）生产资料入社

1951年、1952年两年成立互助组，然后再成立联组。当时干部还让我们来达州学习如何建农业合作社。互助组才搞了一年多，1955年我们就开始搞初级社了。

（2）对集体化的认识

我觉得还是集体的时候好，人多力量大，大家团结在一起才可以修公路。集体化也把大家绑在了一起。那时人与人关系很好，有了困难大家合作，共渡难关。而现在就会因为私心而不愿意付出。

（3）对土改的再认识

土改是不会白弄的。土改是打垮了地主，分了地主的田，地主的日子从那个时候开始就不好过了。我们有了自己的土地，真的心里面很高兴，心里边踏实了不少。虽然后面国家又把土地收上去了，但是绝对不能说土地是白整了的。

LSM20180130ZGC@S　张桂昌

一　受访者基本信息表

<table>
<tr><td>调研点</td><td colspan="5">四川省达州市通川区西外镇莲花湖</td><td colspan="2">调研员姓名</td><td colspan="2">刘思敏</td></tr>
<tr><td>调研员单位</td><td colspan="9">华中师范大学中国农村研究院</td></tr>
<tr><td>受访者编号</td><td colspan="5">LSM20180130ZGC@S</td><td colspan="2">受访者姓名</td><td colspan="2">张桂昌</td></tr>
<tr><td>受访者性别</td><td>女</td><td colspan="2">首次采访时间</td><td colspan="2">20180130</td><td colspan="2">首访时受访者年龄</td><td colspan="2">86</td></tr>
<tr><td>受访者成分</td><td>贫农</td><td colspan="5">土改时是否土改干部或土改工作队队员</td><td>否</td><td>是否党员</td><td>否</td></tr>
<tr><td>干部经历</td><td>无</td><td colspan="5">曾担任的干部具体职务</td><td colspan="3">无</td></tr>
<tr><td>现家庭人口</td><td>8</td><td>现承包地面积（亩）</td><td colspan="2">0</td><td colspan="2">现承包林地面积（亩）</td><td>0</td><td>现承包水塘面积（亩）</td><td>0</td></tr>
</table>

续表

受访者基本情况	老人于1932年出生，祖籍四川省达州市通川区。老人出身于贫农家庭，现在居住在莲花湖旁，生活较为悠闲，老人和丈夫的身体都比较好，精神生活也比较充实。
受访者职业简历或个人经历	老人出身于贫农家庭，旧社会家中劳动力严重不足，日子也不好过。土改之后，分得一点地，生活逐渐好转。老人后来学会了打算盘，在土改工作队里面担任过一段时间的财务工作。后来老人主要在家中相夫教子。

二　分阶段整理

（一）土改的基础和背景

1．土改前的家庭基本情况

（1）人口情况

我叫张桂昌，土改以前，我家里有外公、外婆、爸爸、妈妈、大哥、二哥、三哥、我、妹妹、弟弟，还有一个嫂嫂，我家一共有十一个人，人相当多。我这一辈最大的就是大哥，那个时候应该只有十一二岁。当时爸爸一个人挣钱养活全家。我们家自己有土地，但是劳动力不够，没有办法耕种，所以只能请人帮我们种地。

（2）劳动力情况

我家缺乏劳动力。我外公因为年龄大了就不能劳动了，他以前的时候给别人做一点小活还能挣一点钱，后来年龄大了就什么事都做不了了，只能在家里养着，所以家里面就爸爸一个劳动力。

（3）负担情况

我家负担还是比较重的。我比较小，也就在家待着，没有干什么。家里主要的收入就是依靠种地。那时种地几乎赚不了什么钱，我家里面人口多，需要的粮食多，家里面的负担很重。

2．土改前的家庭经济情况

（1）经济情况

土改之前，我家的条件在村子里面算是很差的。因为虽然有土地，但是劳动力不够，我家种地必须得依靠别人，自己没有耕种，自己家里面根本没有劳动力，所以我家的成分就是少量土地出租。就现在而言的话也是这样。但现在不讲成分，以前什么东西都要讲究一个成分的，人与人之间的关系什么的都要看成分。家里也没有其他收入来源，在村庄之中属于情况很不好的。

（2）生活来源

我家没有多少可靠的生活来源，就是我爸爸种地，通过他种地，我们家赚取一点点生活费，也没有什么别的来源了。而且我家负担比较重，人口多，需要的粮食也多。

（3）生活压力

土改以前，我家生活压力相当大。当时我家有借钱，但是具体借了多少，我不是很清楚。因为我当时也还是一个很小的孩子，对于家里面的事情我也不是特别清楚。借了钱之后必须还，我爸爸就卖叶子烟赚钱，赚了钱之后就马上给人家还钱。我家会找有钱的人家借钱，一般来说也是找亲戚。张家大家族里面有个老人，他姓张，名叫宗和。他在朱仕街开杂货铺，我的爸爸其实就是在给他打工，我家困难的时候也就是找他家借钱。因为我爸爸是他的侄子，所以我家借钱不需要还利息，但是对外面的人还是要说需要利息。当时家族内部的人做什么事情都比较方便，一家人之间也不会互相为难。

3．土改前的土地经营情况

（1）自有土地

土改以前我家也就是一两亩地，没有多少。土地都是外面转来的。那个时候土地产量很低，两亩地的话只能收八百来斤。土地的产量低，大家的日子就更难过了。

（2）租佃情况

当时家中没有租别人的地，只是在种自家的地。当时租地，需要一个中间人买家卖家两边联系着，然后土地就可以出租了，租地也必须要凭证。当时把地租给了那家人很多年，我家土地数量也不多，所以只能租给一个人，不能像大地主一样租给好几十户人家。地里的庄稼收成都是看天，如果那一年地里的收成不好的话，他家就给我家少交一点粮食，他们是按照比例给我们交粮食。毕竟收成好不好每个人都能看见，不是谁自己说了算的。

(3) 牲畜和农具

那个时候人都没有什么吃的，根本就养不起畜生，因为没有足够的东西喂养。当时人都忙着干活，也没有那个精力以及时间去养。我家里没有种地，牛主要是用来耕地的，我家也就没有牛。

(4) 生产合作

生产合作的这种情况肯定是存在的。当时两个人合买一头牛也是有的，无论是亲戚还是邻居都可以一起买。比如说两个人住在一起，共用牛也比较方便，他们就可以合买一头牛。如果一家人有牛，其他人也可以借来用用。借牛等事情都是看两家人的关系。如果关系很好，主家免费将牛借出去也可以，或者说要收一点钱，让他们帮忙几天的情况都是有的。主要就是看两家人的关系，就是只要关系近了，什么都好说，两家人关系近了也就不好再说收钱的事情了。

(5) 族田

我们当时是没有族田的，因为村里的一个姓的族人是比较少。一个姓氏的人都在外面做事情，很少有耕地的。我家居住的地方距离城市很近，周围的人都会去城边边上讨点生活。

4. 土改前的社会交往情况

(1) 租佃关系

我家的租佃关系还是挺好的，我家如果有红白喜事，租户肯定会来。他们也经常串门儿。如果那个时候我家在吃饭，我们就会喊他们一起吃，关系其实并不坏。租我家土地的那户人家的家庭条件也不好，他们经济很差，只够吃饭。他们没有钱给我们送礼，就算送我家也不会要。当时两家的关系真的是挺好，那家男主人的媳妇还要跟我家嫂嫂结亲家。

(2) 农户关系

我们跟别的农户的关系虽然说不上多好，但也还是可以的，我们从来不会欺负人的。其实大家都住得挺近的，一般不会说欺负谁，只要不欺负，关系也就还是比较好。人不犯我，我不犯人嘛。其实在我们眼中，有钱人也就是普通人而已，不会说要去刻意结交。

(3) 宗族关系

宗族里贫富差距非常大。穷人基本上就是上顿不接下顿，连饭都吃不起。富人就跟电视剧里面一样，拥有无数妻妾以及长工和短工。对于有钱人来说他们想干什么就干什么。

5. 土改前的土地观念

(1) 对土地的愿望

土改前我家是想过买地，因为大家全都有，自己没有太多。土地还是比较重要，大家都还是比较想买。解放后根本没有买卖土地这个说法了。土改之后每个人都拥有了自己的土地，也没有人想买土地了。

(2) 对土改的看法

我认为，当时就是家里越有钱的人越害怕。因为当时就是提倡有钱的要拿出来大家一起分。那时候的政策很暴力，一不配合干部就要打人，他们又设计了很多东西来折磨大家。那时的一些东西真的很过分。大家对于土改或多或少都有点害怕。

（3）对土改的反应

我家不会紧张，但是害怕。我家当时家里又不富裕，又没有什么东西，害怕的人主要是那些有钱的人，因为他们的土地要分，房子也要分。大哥二哥都是参加了土改的，大哥后来当了人民教师，二哥小时候去学过算盘的，所以后来进了工商局，妹妹当时还是可以去念大学的，只是后来通知书被那种家里面不缺钱的压着了，她就没有去成。妹妹因为这个事非常怄气，天天都在哭，精神出了一点问题。

（二）土改的过程和经历

1. 访贫问苦，扎根串连

（1）工作队进村

我知道土改工作队，他们就是1950年过来的。当时多少个人，我也不清楚了，但是应该不是很多。

（2）土改宣传

当时是有宣传的，主要是通过开会来的。每个人都要去听政策的，当时有开会，然后我家里是父母去的。因为我比较小，别人也不会通知我去开会，但是家里面那些长辈都还是要去。当时听没听懂都必须要学，因为那是大流，必须要随着政策走。如果有人表示听不懂，工作队队员就会反复讲，讲到懂为止。开会就是讲的土地改革是什么意思。所谓土地改革，就是所有的土地收到一起，然后再分配给贫下中农。他们也会和我们讲成分是怎么划分的。

（3）扎根串连

当时工作队没有去我家宣传。他们一般都会去积极分子家里，我们这种人家是不会来的。对于扎根串连，我印象不深刻。土改积极分子经常参与其中，他们在土改之中出了很多力。

（4）成立农会

当时我们村是有贫农会的。贫农会的成员就是问每个人的情况，再划分成分。当时家里面有划成分的，大哥二哥都会打算盘，就被人推荐去算账了。贫下中农才可以加入，地主富农被禁止加入农会。

2. 划分阶级成分

（1）土改成分

我土改的时候是贫农成分，和家里人一样，我家都是贫农。如果家庭之中有耕牛、农具的话，就会被评为富农，没有的话就是贫农。

（2）成分划分

当时成分划分主要是根据土地数量和家庭人口情况。如果平均下来，家里人均土地拥有量没有超过一石，那就是贫农，超过了一石就叫下中农，超过了一石五就叫上中农，再超过的话，就是富农、地主了。

（3）划分结果

当时具体的划分结果我并不是很清楚。划错的应该也是有的，但是这个我不清楚是怎么处理的了。

3. 挖苦根，斗地主

（1）挖苦根

当时村子里面是会斗地主的。斗地主需要实在的证据，不能够空口说白话。我只经历了一两次。那一两次斗地主并不是很残酷，斗完大家就散了。但是如果是比较残暴的地主，在批斗会上他们可能会挨打。

（2）斗地主

斗地主是有的，农民还会打地主。当时有一个十分顽固的地主挨打挨得最多，这个地主还敢在家里藏鸦片和钱。最开始他还拒不承认，不愿意把这些东西交出来，最后挨打挨得受不了就只能自己坦白了。当时的政策就是不坦白的就会被一直批。贫农要去诉苦。那时我们也会算剥削账。其实那个时候的地主也真的没有特别坏，恶霸毕竟还是少数，大部分地主都不会苛待佃户，只是佃户要向他交租。我家也没有资格去打别人。我们家都已经是少量土地出租这个成分了，没有资格去批斗别人。我们根本不敢同情地主。我不知道大家会不会私下同情地主，但是我觉得应该是不敢的，那个时候和地主走得近有后果。

4. 没收和分配土地、财产

（1）没收土地和财产

当时会专门有武装队去的，就是把财产收起来。主要还是武装队在负责。地主当时都是比较配合的。如果地主不配合，他们只会被批斗得更惨，所以他们一般不会怎么反抗。

（2）分配土地和财产

分配土地和财产主要是看成分。地主的土地会被没收，但是他们也会分到土地。地主分到的土地比较少，贫农雇农分到的土地就比较多。土地分配和家庭的成分有着比较重要的关系。

（3）分配土地的过程

分配的具体过程什么的我都不是很清楚，不过我家有分到农具。我当时对于分配结果比较满意。那时即便大家心里面有意见，也不敢说什么。土改之后，大哥就被安排了教书。二哥最开始也在教书，后来被调到了公社当财粮干事，然后又调到了供销社，然后再调到了商业局。

5. 土改复查

（1）土改复查

当时是有土地复查的，但是具体情况我并不是记得特别清楚。

（2）查田定产

当时公粮是每一年都要交的。只要家里有土地，就会有相应的公粮，交多少全部都是按政府说了算。不过公粮也有一些人少交，甚至不交赖掉了的。家里面土地多的，交的公粮也多。土改以后虽然要交公粮，但是公粮的负担不重。土改之后我家土地耕种主要依靠换工，因为我爸爸不擅长耕地。

（三）土改的结果和影响

1．土改后的土地经营情况

（1）生产情况

土改以后种地的人更用心了，产量提高了很多。但是毕竟还是按照以前的老办法在种地，还是存在经验不足等问题。当时我家劳动力基本上够用，如果忙不过来，别人也会帮助我们。

（2）生产合作

我家在1954年以前基本上就还是换工。因为我爸爸不擅长耕种土地，而且我家里面就一个男人，如果没有邻居的帮助，我家就不能耕种土地。我觉得互助组是一种很好的社会组织形式。

（3）收成情况

我家当时收成一般。土地一般就种麦子、谷子，还可以种红苕。当时交公粮也是交粮食。一般来说，收公粮的干部只认谷子和麦子，但是如果家庭只有红薯的话，干部也会接收，只是会进行一些折算，五斤红薯算一斤谷子。

（4）生产热情

土改之后，我们的生产热情增加了不少，因为自己种地必须要养活自己一家人，而且加上土地现在是自己的，基本都上心一些。贫农雇农从来没有过自己的土地，他们往往更加上心。

（5）土地买卖

土地改革之后，根本就不敢再说什么土地买卖。我家里面没有多余的钱去买土地。贫农雇农只想着把自己名下的土地种好，也没有想过买卖土地。

2．土改后的家庭生活情况

（1）自家生活变化

土改以后，贫富差距变小了一点。土改之前，我家孩子多，孩子不能耕地但是却要吃饭，所以日子不好过。但是土改之后，孩子都变成劳动力了，我家的地能够很好地被耕种。

（2）收入变化

我们家主要还是依靠种地，所以没有太大的收入变化。但是小孩子长大了，劳动力多了，收入就会好一点。我家土改以后收的粮食多了很多。虽然这些粮食换不成钱，但是我们家的生活却好了很多。

3. 土改后的社会交往情况

（1）农户关系

土改以后成分比较重要，人与人之间的关系成分为主。我们跟地主、富农的来往就很少了，我们都不怎么和地主说话。跟其他人关系好了很多。那时人际关系会受到成分的影响。

（2）村户关系

我家跟村干部关系一般。土改以后村庄风气变好一点。土改的时候干部都很公正，没有为难过我们。我们虽然和他们关系一般，但是他们确实把村子里面的风气都带好了。

4. 土改后的观念变化情况

（1）土地观

我认为土地承包好像是只有使用权分的地，是没有所有权的，所以土改和以后的土地承包完全不是一回事。土改时土地归农民自己所有，大家拥有对土地的所有权。

（2）人际观

土改以后，我家的人际关系其实也挺好的。我主要不跟地主富农在一起处关系，跟其他人的关系还好。我家平时就是耕种土地，比较本分，大家也都喜欢和我们交往。

（3）社会观

我觉得土改之后大家都一样，这样也挺好的。我家是贫农，土改之后日子好过了很多。以前贫农雇农没有土地，总觉得自己低别人一等。有了土地之后，大家就翻身了，这样很好。

（4）土改观

我认为土地改革是绝对正确的选择。因为土改是让每个人都有地，这是一件特别好的事情，这是个必须经历的过程。最开始大家没有土地，日子很难过。有了土地以后，大家的积极性就高了，这是一件很好的事情。

5. 土改对农业集体化的影响

（1）生产资料入社

人民公社要比互助组高级得多了。集体化很好，大家集体化的时候心很齐，都想着好好把土地耕种好。那时大家也没有多少私心，整个组织都很温暖。

（2）对集体化的认识

当然是集体化比较好，因为人多力量大，大家心往一处想，劲往一处使，什么问题都能解决。虽然有一些人也会偷懒，不干活，但是不能否认集体化比较好。

（3）对土改的再认识

有些人是会说土改白弄了，但是其实这两者是不一样的。土改是一个过程，土改使得大家拥有了土地，这激起了大家的积极性。如果没有土改这一环节，农民都不能翻身，就更不能说后面的事情了。

宣汉县

LSM20180205GHB@Z　郭会碧

一　受访者基本信息表

<table>
<tr><td>调研点</td><td colspan="5">四川省达州市宣汉县黄石乡</td><td colspan="2">调研员姓名</td><td colspan="2">刘思敏</td></tr>
<tr><td>调研员单位</td><td colspan="9">华中师范大学中国农村研究院</td></tr>
<tr><td>受访者编号</td><td colspan="5">LSM20180205GHB@Z</td><td colspan="2">受访者姓名</td><td colspan="2">郭会碧</td></tr>
<tr><td>受访者性别</td><td>女</td><td colspan="2">首次采访时间</td><td colspan="2">20180205</td><td colspan="2">首访时受访者年龄</td><td colspan="2">81</td></tr>
<tr><td>受访者成分</td><td>中农</td><td colspan="5">土改时是否土改干部或土改工作队队员</td><td>否</td><td>是否党员</td><td>否</td></tr>
<tr><td>干部经历</td><td>无</td><td colspan="5">曾担任的干部具体职务</td><td colspan="3">无</td></tr>
<tr><td>现家庭人口</td><td>7</td><td>现承包地
面积（亩）</td><td colspan="2">0</td><td colspan="2">现承包林地
面积（亩）</td><td>0</td><td>现承包水塘
面积（亩）</td><td>0</td></tr>
<tr><td>受访者
基本情况</td><td colspan="9">老人于1937年出生，结婚后自己在家种田、织布，再后来便来到宣汉县和子女一起生活。</td></tr>
<tr><td>受访者
职业简历
或个人经历</td><td colspan="9">老人不识字，是一位普通的家庭妇女，在1951年土地改革时，她每天的工作是操持家务、养猪、种田、织布，还兼代养牛，牛并不是老人家自己的牛，是与其他人一起搭伙、集资养的牛，牛一人用一天，名义和实质上都是与合伙人共有的。老人主要在家织布，织布三天上一次街，卖布的钱可以用来买米、买肉、买豆腐。土改前老人家中只有几分地，主要种谷子和麦子，兼种土豆、红薯和一些菜，收成不是很好。当时村子里没有互助组，农忙时会和村子里其他村民换工。老人一家人的成分都是中农。土改后，老人家里依旧是种地、卖布，家庭收入变化不大，家里田地的产量也一如往常，但是压力小了很多，再后来老人来到宣汉县和子女一起生活。</td></tr>
<tr><td>受访者
所在社区
基本情况</td><td colspan="9">黄石乡隶属于四川省达州市宣汉县，清乾隆初建场，1932年设黄石乡，1958年改黄石公社，1984年恢复黄石乡。黄石乡位于县境南部，前河中游，距县城15.5公里，面积45.8平方公里，自然环境并不优越，主要是山地地形，亚热带季风性气候。社区内杨氏较多，宗族情况并不突出，只有清明会，但清明会也已经解散。按照民间习俗，清明节这天，同</td></tr>
</table>

续表

受访者所在社区基本情况	姓同宗的族人聚集在宗祠里，由族长或威望较高的族人主持会议，这种在宗祠里召开的会议就是“清明会”。清明会的经费来源有几个渠道：一是本宗族的公田租金，由驻守宗祠的族人负责耕种或收租，存放于宗祠，用于宗祠公费开销，如奖励有功族人，为贫困子弟助学等，自然也包括每年清明会的开销；二是宗族中富商名流自愿捐助的费用；三是按各房（即宗族支系）分摊，也称“打平伙”。

二　分阶段整理

（一）土改的基础和背景

1．土改前的家庭基本情况

（1）人口情况

我叫郭会碧，土地改革之前的时候，我家里有我的老公、公公婆婆和两个兄弟，总共是六口人。当时我的公公婆婆已经六十几岁了。我和我丈夫那时才十几岁。我们十八岁就结婚了，结婚之后我就跟着我老公去了他们村庄。我那两个兄弟当时已经十几岁了，都是家里面的劳动力，都已经在种田了。

（2）劳动力情况

土地改革之前，我家里的人全部都在劳动。我家一共有四个男劳力，两个女劳力，劳动力刚刚够用。家里面的男性只要能耕田的都在耕田，劳动力是比较充足的。

（3）负担情况

土地改革之前我家没有小孩，家里面老年人身体比较好，家里面当时没有病人。家里面的人都没有太多文化，但是都能做体力活。我的娘家因为劳动力不足所以负担有一点重，婆家的人都劳动，所以负担真的不重。婆家人口不多，吃的粮食不多，又几乎都是劳动力，粮食收成也还过得去，所以生活维持得过去。

2. 土改前的家庭经济情况

（1）经济情况

土地改革之前我在家织布，有时候也上山种田。我家庭的收入主要依靠种地。家里面条件也不算好，一年的收成能够供养得起一家人。如果碰上收成不好的时候，我家的人就去买米、买红薯，把苦日子捱过去。一般来说一年所收获的粮食是够吃的，如果说不够就只有想别的办法了。

（2）生活来源

土地改革以前，我家除了种地，还有织布。我织的布有时候也会拿出去卖，卖布所得的钱也算家庭的一点收入。我有时候也会贩卖粮食，我在一个地方买了米，接着用背篓背到另一个地方去卖。我买成五分钱一斤，挑到别的地方就可以卖到一毛钱，我就可以从中赚取一点差价。可是这一点钱根本就不够生活。我家当时只养了两头猪，其中一头猪用来自己家吃，另一只就拉到集市上去卖掉。猪从年头养到年尾，过年的时候就吃了。卖猪的钱也就五六十块钱，这一点钱也不能很好地改善生活。

（3）生活压力

土地改革之前我娘家的生活压力是比较大的。那时娘家根本没有钱花。我家即便是嫁女儿、接媳妇这种大事都操办不起来。我结婚的时候，我妈妈也只给了我一对枕头还有一些烂箱子。我家里面没有借过别人钱，我觉得钱不够就少买一点东西。

3. 土改前的土改经营情况

（1）自有土地

土地改革之前我家没有太多土地，只有几分田。地虽然比较少但是都是自己的。那时土地里面主要是种谷子和麦子，土豆和红薯也多少会种一点。当时土地收成不好，一挑谷子大概只能打六十斤粮食。麦子成熟期比较短，六七十天左右就可以收麦子了。一百二十天生长周期的谷子产量高。当时我们要上交公粮，负担比较重。

（2）牲畜和农具

当时村子里面的人可以合买一头牛。只要两家人各出一半的钱，他们就可以合买一头牛。合伙买牛的两家人不一定有亲戚关系，只要两家人愿意平摊费用就可以。比如你出五十，我出五十，各自出一半的钱。一般来说，本村人是不会找外村人合伙买牛的。如果两家人合买一头牛，农忙的时候牛就一家人耕一天。如果两家人一起养一头猪，到年末杀猪的时候，猪肉也是对半分。共用的耕牛如何使用都是两家人商量着来。借牛必须要给钱，相当于租人家的牛。租一天牛的费用和雇请一个人的费用是一样的。干农活是每个农民最主要的事情，所以农户家里面的工具基本上都是齐全的，铁锹、铲子都有。熟悉的人之间可以互相借农具。熟人之间也可以借牛，牛用完了赶紧还回来就可以了，但是不熟悉的人之间不存在借牛一说，只能租借。

（3）生产合作

土地改革之前有换工。换工的意思就是农忙的时候两家人之间互相帮忙。一般熟人之间才会换工。换工的时候是要管饭的，做一天就管一天。去别人家帮忙的人要自己带农具。主家要给前来换工的人准备吃的。当时换工的规矩就是做一天就管一天的饭。换工一般只在村子内部进行，外村距离太远，换工也不方便。那时没有互助组。

4．土改前的社会交往情况

（1）农户关系

当时村子里面农户之间关系不好。村子里面的争端都是由保长来解决。村庄中的人都是一个姓氏，没有其他姓氏的人。我家里当时和保长会打交道，但是一般都是公事。保长在村子里面也做了很多坏事，他们那时候拉了很多壮丁。土改之前，村子里面贫富差距不大，贫富差距也不会影响人们的生活。村子里俗话说“有钱的量大，没钱的气大”。不管家境如何，每个家庭都是自己过自己的生活。有钱人也不会欺负家境不好的人。

（2）宗族关系

当时我们一个村的人都是同一个姓氏，我这个姓氏有清明会，清明会有自己的土地，家族里面如果有人想耕种清明会的土地，就必须要和会首说一声，只要会首答应，提出要求的人就可以耕种。清明会的土地所生产出来的粮食归承包清明会的土地的人所有。那时村子里面有很多大家都很佩服的人。一个家族的人也会互相帮助，我记得有一个女孩父亲过世了没葬礼费，都是家族里面的人帮她张罗的，女孩还得了一些礼钱。

5．土改前的土地观念

（1）对土地的愿望

土改以前我家里很穷，因为没有钱财，我也就没有想过买土地。我家劳动力虽然比较富足，但是也只够耕种自己家的土地，没有余力再去耕种更多的土地了，所以我从来没有想过购置土地。

（2）对土改的看法

当时我没有意识到土改的意义。因为我从生下来就知道地主土地多，我家土地少。我也很认命。那时我们那里有一句土话：“板门对板门，竹门对竹门”，我对于地主家的生活不羡慕，所以土改的时候我也没有太多的激动。

（3）对土改的反应

土地改革的时候，我对于土地改革没有太多的感想。我也不担心土地改革。土地改革的时候组织给我们分了很多田地、房子。土地改革的时候不分昼夜天天开会，会议上工作队队员什么都说。

（二）土改的过程和经历

1. 访贫问苦，扎根串连

（1）工作队进村

土改工作队是1951年来我们村的。我记得土改工作队主要有四五个人，他们从宣汉县城过来的。

（2）土改宣传

土地改革时经常开会宣传，干部的要求是每个人都要去。我虽然去了，但是因为没有文化，还是什么都听不懂。那些会议只有识字的才听得懂。以前家里大人就没让我读书，说我一个女孩子家读书没有用处。我小时候就是在家里干活，做饭、喂猪等。当时开会大家都比较积极，只要组织者一喊，大家就都去了。会议上想发言的人都可以发言，但是我没有发过言。我能听懂一些简单的东西，但是现在我一点印象都没有了。

（3）扎根串连

当时有农会，农会里面主要是积极分子。村庄之中有特别积极的人，我对那些积极分子没有太多的想法。我那时从来不多说什么，只做自己的事情，也很少议论别人。

（4）成立农会

村子里面有农会，有意愿参加农会的人都可以去参加。村子里面的干部没有说必须要积极的人才能参加，只要有意愿就可以。加入农会的具体过程我不是很清楚。我很少参与这些活动，所以都不太了解。

2. 划分阶级成分

（1）土改成分

当时我家划分的成分是中农，我们一家人都是同一个成分。村子里划分成分的方法比较特殊。村子里的干部没有定具体的财产数量作为划分成分的标准，干部是通过比较的方法来（划）分（成分），如果一家人财富是村庄中最多的，不管这家的家里有多少钱，这家就是地主成分。我比较认同对我的成分的划分，也没有觉得有什么太大的不对。

（2）成分划分

当时划成分主要还是依照家庭情况、土地的多少来的。但是也看家里面有没有在村里说得上话的人，有的话就好点，要是没有的话，人家想怎么划，就怎么划分了。划成分主要还是工作队在划分。那时是没人敢同情地主的。“死地主”是不会划分的，结婚嫁出去了的女孩，成分是和丈夫家一样。

（3）划分结果

村子里富农只有四五户，贫农、中农都很多。中农的数量占到了村子之中农户总数量的百分之三十。贫农数量差不多有一半。成分只划分了一次。

3. 挖苦根，斗地主

我们那个村庄没有诉苦的，但是我们村会批斗地主，但是批斗的频率不是非常高。富农土改时候不好过。我没有参与过批斗。其实我觉得地主也算不上特别可恶，他们也并没有欺负我。当时没有人诉苦，宣汉县那边时不时也会举行公审。当时我们会算剥削账，具体算法大概就是农户给地主家做了很多事情，地主只给了农户一点点钱。工作队的人会告诉我们地主应该给我们多少钱。

4. 没收土地和财产

(1) 没收土地和财产

土改的时候会没收财产，这些财产都是专门的武装队队员去收的。至于怎么收的，具体我不清楚。当时没有不配合共产党工作的地主，大家都很配合，地主也没有胆子和干部对着干。

(2) 分配土地和财产

土地分到最后大家都差不多，地主也被平等对待了，他们也分了地。干部分配东西的时候不会看是否和自己有亲戚关系。我家在土地改革以前就有房子，干部给我们分了地。我没有听说过分地不公平的传闻。当时在分地之前会开会，工作队队员会把地主家没收出来的东西摆在桌子上，贫苦的农民去挑选自己需要的，登记好之后就可以带走。当时划分土地是质量与数量兼顾的，如果土地质量好数量就少一点，如果质量差数量就多一点，质量和数量都会兼顾。房子也会划分给没有房子住的人。清明会的地不会分出去，一直放在原地没有动过。土地改革以后，清明会名义上还存在，但是它的建筑已经倒了，所以也就相当于不存在了。

(3) 分配土地的过程

土地划分持续了几个月。当时只要是地主就抓出来了的，也有人成分被划错了，但是最后都会改过来。当时要交公粮，具体怎么交都有专门的算法，公粮交了自己就很难再吃饱了。

5. 土改复查

(1) 土改复查

我印象之中土地改革没有过多久就结束了，那时进行了复查工作。村子里的土地没有那么多，整个土地处理的过程花费不了多少时间。

(2) 查田定产

当时有查田定产，定产的数量是根据土地数量所决定的，主要是看土地多少来决定上交的量。

(三) 土改的结果和影响

1. 土改后的土地经营情况

土改以后，我家和以前一样还是织布、种地，没有什么变动。土地上面还是种土豆。虽然大家有了自己的土地，家家户户都会更认真地耕种，但是土地肥力和土改之前没有变化，所以产量没有明显的变化。

(1) 生产合作

土地改革之后，我家的压力是小些了。我家也没有加入互助组，生产经营困难也会有，但是还能咬着牙挨过去，日子肯定比土地改革以前好过。

(2) 收成情况

土地改革之后我家还是会交公粮，交多少我已经记不太清。我只记得上交公粮后，剩下的粮食不够自己家的人吃。

(3) 生产热情

土地改革之后大家的生产热情相较于以前确实有所提高。之前土地都不是自己的，大家肯定不会十分尽心尽力。现在无论如何，土地是自己的了。

(4) 土地买卖

土改之后，我家也没有租种别人的地。我家劳动力就那么多，再租入土地我们也没有精力了。土地买卖在当时是被禁止的。

2. 土改后的家庭生活情况

(1) 自家生活变化

土地改革之后生活变化非常大，主要体现在吃饭方面，以前虽然吃饭问题不是很大，但总归日子是紧巴巴的。土地改革之后我家的生活来源并没有什么变化，但是压力小了很多。

(2) 收入变化

我家的成分是中农，中农生活虽然不富裕，但是基本的生活用品该有的都有，所以我们分到的东西很少。土地改革前后，我家土地数量没有变化，我家人口也没有变化，所以整个家庭收入变化比较小。

3. 土改后的社会交往情况

(1) 农户关系

土地改革之后的人际关系不受成分影响。大家都把土地平分了，所以人与人之间相对而言还是比较平等的，之前那些不愉快就不多了，加上那时的人都还是比较淳朴，所以没有什么处不好的关系。之前大家关系不好主要还是因为土地多的人自我感觉不一样，土地越多的人自我感觉良好，一般也比较高傲一点，有钱人这种特质就特别影响邻居之间的关系。但是土地改革之后，土地数量一样，关系反而很好相处。

(2) 村户关系

土地改革之后，整个村子风气比较好。我家里的人和干部关系比较好。村庄之中同一个姓氏的人关系也比较好。关系好不好处，主要还是看个人的素质。我家人品比较好，所以大家都愿意和我们交往。

4. 土改后的观念变化情况

(1) 土地观

土地改革以后大家的土地数量都差不多了，我觉得挺好的。土地数量大体相同也使得人和人的地位处于比较平等的地位。土地改革之前大家的土地不是一样多的，村庄中的人虽说不是很在意这种差别，但是人与人之间的关系或多或少会因为贫富差距而受影响。土地改革之后，大家的土地都是一样的了，之前土地多的人说话也没有那么多的傲气了，土地少的人家说话也理直气壮了。我觉得土地一样多没有什么明显的不好。

(2) 人际观

土地改革之后宗族内部成员的关系也渐渐受到了影响，大家的关系逐渐没有那么亲密，但是还是不错的，一个姓氏的人关系都比较好处，大家无论如何都是亲戚，亲戚之间比较好说话，有了矛盾也不会像外面的人那样真的计较。

(3) 社会观

土地改革以后我对党和国家就有了认识，因为当时主导土改的就是共产党的人。当时大家都会去修水利。土地改革之前，村庄之中政府的人都很少，对于党和政府基本上没有什么了解。

(4) 土改观

土地改革之后大家土地都一样了，我觉得挺好的，因为土地数量的相同会导致人们地位的平等。土地改革之后我家的生活压力小了很多，我就觉得负担没有那么重了，也没有想过再去买土地。

5. 土改对农业集体化的影响

(1) 生产资料入社

土地改革之后，村子里面出现了互助组，但是互助组出现的具体时间我记不太清了，互助组搞了一段时间，我当时还是比较自愿把生产资料交给集体的。

(2) 对集体化的认识

我觉得集体化和单干都有好处。集体化把大家的力量都集中在一起，我们当时生产也觉得有热情，但是村子里面也有偷懒的现象。有一些人只有在耕种自己土地的时候才会格外上心，这样的人就适合单干。

(3) 对土改的再认识

有人说土改白整了，但是我不这样认为，我觉得土改使得每个人都有了自己的土地，大家都翻身了。对于自己的土地，大家都很认真地在耕种，这对于产量的提升有着很大的作用。

口述调查小记

2018 年 1 月 30 日，我前往莲花湖社区访问王爷爷。老人其实记性很好，但是他耳朵不太好，说话听不太清，我已经扯着嗓子在说了，但是老人还是听不太懂，后来他女儿回来了，就把我说的话转述给他听，结果老人家一下子就听懂了。访谈的过程还是比较顺利，但是基本上处于我问一句，她女儿转一句，老人家再回答的状态。其实我自己并没有觉得我说得有多书面化，但是老人就是听不懂；我觉得她女儿也没有说特别土的方言，但是老人就能听懂。感觉就是那么几个字的差异，但是效果却截然不同。访谈是一门学问，需要不断钻研学习。老人家对我也很热情，其实他一家人对我都很热情，一大家子人，七八口人坐在一起，听我问老人家，还时不时补充两句。有时候老人家说的我听不懂，他们还会帮我解释一下。我们一块儿围着火炉坐着，感觉氛围很好，虽然老爷爷是我的第一个访谈对象，我问的时候也有很多不足之处，但是总体上还是较为顺利。中间休息的时候，老人家的猫蹲到了我先前坐的板凳上，结果老人家的儿子就把它抱下来，说，你虽然只是一只猫，但是你也是主人，凳子是要让给客人坐的，然后就把小猫抱走了。感觉我们那边的村庄虽然真的不是很富裕，但是民风真的很淳朴。我也不知道怎么的，看着那些老人，就想把他们的生活经历记录下来，人生苦短，能记录他们的一段经历也是我的荣幸。

2018 年 2 月 3 日，我要访问的对象是符德珍婆婆，婆婆的儿媳妇是我妈妈单位的同事，加上也住在我们小区，所以调研显得较为方便。下午两点许，我就去到婆婆家，婆婆当时出去玩了，我在门口等了差不多半个小时。婆婆年纪比较大，已经八十多岁了，但是精神十分好，加上又是熟人，所以访谈开展得较为顺利。婆婆十分和蔼，怕我冷，所以专门给了我一个暖水袋，让我暖着手，还给了我核桃，让我边吃边问。

婆婆的人生经历较为曲折，婆婆出身于地主家庭，父亲过世得很早，家里面其他亲戚较为凶恶，就把母亲逼走了。婆婆跟着改嫁的母亲在继父家生活了几年，六岁的时候会自己穿衣服了，就被送回了家，但是家中婶娘极其凶恶，婆婆自己和家里的狗吃一个锅。婶娘是小脚，一天到晚使唤婆婆，婆婆小时候连一双鞋子都没有，天热了就只有光着脚在草地里站一会儿，这样才会凉快一点。在地主家里，她见识了地主的为富不仁，不说对待租户，就是对待自己家里人也很苛刻，婆婆生病躺在床上，不能动弹，婶娘却连一杯红糖水都不肯给她。自己明明那么小，婶娘却把自己当丫鬟。后来婆婆长大了，嫁到普通农民家庭，开始了新的生活。婆婆的婆家历史就比较光荣了，家里面还出过红军。婆婆曾担任干部，帮助宣传共产党的政策。婆婆的孩子也都比较有出息，都接受过教育，现在也都有体面的工作。

婆婆是目前我所做的口述史的老人之中讲得最好的，婆婆出身于地主家庭，但是她对地主真的是深恶痛绝，婆婆说，那些不恨地主的都是没有受过地主剥削的，如果你家的闺女因为长得漂亮就要去给老地主做小老婆，给地主婆做丫鬟，你就会恨地主了。

婆婆给我最深的印象就是她的乐观。婆婆说到年轻时候的事情，会流下伤心的泪水，坦言不好意思，告诉我她自己和狗吃一个锅里的饭，但是婆婆也说她小时候就在我们那山上跑来跑去，自由自在的。这种乐观的精神真的值得学习。

2018 年 2 月 2 日，我访问的是我舅妈的妈妈，丁婆婆。中午出发，坐了大半个小时的公交车，从我们市区的西边跑到了南边，见到了丁婆婆。丁婆婆的名字很好听，叫丁玉谷。她出身于地主家庭，但是她家属于开明地主。她的父亲做生意出身，攒了一点钱，买了土地，她的父亲在重庆做生意时，看到过解放军，知道解放军的素质。所以村子里面的人听说红军要来了，纷纷逃亡的时候，婆婆的父亲反而留了下来，并且将房子、粮食都拿来招待解放军，后来评上了开明地主。

从对婆婆的访谈之中，我深切地感受到了旧社会的腐朽之处。婆婆家里面相对而言条件好一点，所以读了一点点书，但是她的母亲并不是很愿意将她送去读书。一次婆婆放假在家，帮忙看小鸡，因为分神，小鸡被老鹰抓走了，婆婆的母亲就说，“让你去读书，结果读到现在连一个小鸡娃都看不住，不让你念书了”，然后婆婆就辍学了。所以婆婆虽然出身于地主家庭，但是她经常说如果没有共产党，那她就会一直是一个农村妇女。

虽然婆婆出身于地主家庭，但是她家的生活也不是那么好过，婆婆的父亲为了买土地，就一直很省钱，孩子们连鸡蛋都吃不上，婆婆的哥哥有一天把她和妹妹赶出来，自己在厨房里面做鸡蛋，吃完了才出来，出来的时候嘴角还有一点点油。他们兄妹几人想吃一个包子，都是妈妈悄悄从外面买，不敢让爸爸看见。虽然是地主，生活还是很清贫。

土改作为一个历史事件，不同的人看到的东西是有所不同的，婆婆作为一个地主，虽然家里面的土地被没收了，但是她对土地改革却有着较高的评价。婆婆说人人平等其实没有错，土地一分，人人都一样也没有什么不好。如果说没有共产党，那婆婆就永远不可能读书，更不可能有自己的事业，这一辈子也许就是一个没有出过村庄的农村妇女。

HX20160120XZW@S　修宗文

一　受访者基本信息表

调研点	四川省达州市宣汉县黄石乡九龙村			调研员姓名		何霞	
调研员单位	华中师范大学中国农村研究院						
受访者编号	HX20160120XZW@S			受访者姓名		修宗文	
受访者性别	男	首次采访时间	20160120	首访时受访者年龄		86	
受访者成分	贫农	土改时是否土改干部或土改工作队队员		否		是否党员	是
干部经历	无	曾担任的干部具体职务		无			
现家庭人口	1	现承包地面积（亩）	2	现承包林地面积（亩）	0	现承包水塘面积（亩）	0

续表

受访者 基本情况	老人1930年生，小时候上过几年学，十一岁开始在家务农，1947年结婚，有三儿一女，老伴已去世，因不想拖累子女，老人坚持一个人居住，在家养了鸡鸭，两亩承包地大多数分给了子女，自己种了点蔬菜。
受访者 职业经历 或个人简历	老人1930年生于四川省宣汉县黄石乡九龙村，1937年至1941年在校读书，1942年辍学在家务农，1947年结婚，土改期间加入武装队，集体化入社期间当过水利工程管理员，1958年到樊哙镇参加大炼钢铁，1960年入党，目前在家安度晚年。
受访者 所在社区 基本情况	黄石乡隶属四川省达州市宣汉县，清乾隆初建场，1932年设黄石乡，1958年改黄石公社，1984年恢复黄石乡。 黄石乡位于县境南部，前河中游，距县城15.5公里，面积45.8平方公里，人口约1.7万(2012年)。宣（汉）南（坝）公路过境。前河已于2013年停止通航。辖墩坎、金竹寨、千丘、铜鼓、太平、三湾、五梁、铜岗、界包、马泥爪、九龙、白花、阳雀13个村委会和1个居委会。 黄石乡乡镇企业有农机修配、粮油加工等厂。农业主产水稻、玉米、小麦、油菜籽，产桐油，养殖山羊、生猪、牛。

二　分阶段整理

（一）土改的基础和背景

1．土改前的家庭基本情况

我叫修宗文，生于1930年，1947年结婚之后就和大人分家了，分家时大人跟我们分了四分土地，1950年我们有了第一个小孩，也就是说，土改之前家里就我们三个人，我和妻子当时有二十来岁，两个人种几分地，再找点其他生计维持生活。

2．土改前的家庭经济情况

土改前家里主要以种地为生，那时候大家都穷，我家的经济条件在村里处于中等位置，土改划成分时我家是贫农成分，反正家里人有吃的。农闲时我和妻子在家纺点线，那时三天赶一次集，三天我们能纺一斤棉线，每次赶集卖掉后能买一斤斗[1]大米。除了种地、纺线，有时我出去找点活干，我们这附近的修正秉家当时有二十来挑谷产量的土地，他本人在外地工作，家里缺劳力，我就去他家干活，干一天给我一升大米，那时一升大米两角钱，干一天的劳动强度对于我来说比较轻松，我那时二十出头，有的是力气。刚开始家里人口少，种好土地，帮别人干点活，家里再养点鸡鸭，生活还算凑合，后来人越来越多，生活压力也越来越大，有时候经济特别困难就去向亲戚借点粮食或者借点钱，借钱的次数不多，偶尔借一两块，还的时候也不给利息。

3．土改前的土地经营情况

土改前，家里有四分田、四分地，是分家时父母分给我们的。那时旱地里主要种绿豆、高粱等作物，田里种油菜和水稻，一分田的油菜只收得到二三十斤菜籽，那时没有化肥，全靠家里那点农家肥，家里牲畜又少，农家肥也不多，因此庄稼的产量不高，所以光靠这七八分田地生活远远不够。那时候还要跟国家交粮食，一年交四五十斤粮食，不交现金税款。两个人种八分土地，勉强维持生活，也没再租土地种，租多了劳动力不够，那时候租金也高。

土改前我们就和大人分家了，分家后农具都缺乏，全靠后来自己慢慢置，农业生产上需要用牛和农具时，去父母家借。虽然分了家，有时候还要帮父母干农活，一家人一起干活，不需要跟其他人换工。那时候还没有互助组之类的组织，互助组是土改后才建立的，几家几户成立一个互助组，土地一起种。

4．土改前的社会交往情况

土改前，我家和其他村民关系都挺好，跟谁都合得来，我们也不受别人欺压，和那些富裕农户的关系也不差，我大爷就是个富农。在我看来，当时村里户与户之间生活差距很大，地主、富农家田地多，分得的粮食既可以卖又可以借出去，借出去一斗粮要收一斗五

---

〔1〕 斤斗：是当时的一种衡量重量的器具。

的粮回来，多余的半斗作为利息，不管是卖出去还是借出去都可以赚钱，他们的生活是我们这些穷人没法比的，土地少甚至一分土地都没有的穷人生活很恼火，像我们这种家庭，日子过得紧巴巴的，平时还要努力干活，不努力干吃穿都维持不了。

我记得当时村里有宗族，我们姓修的是一个大家族，族里有两个族长，一个正的和一个副的，我父母和他们关系还不错。那时候族里各家的生活都不怎么样，如果某家遇到经济上的困难也不会得到救济，只是在处理纠纷矛盾上，家族能帮忙调解。

5. 土改前的土地观念

那些地主和大户人家有这么多土地，我们能怎么样呢？那是他们的，我们这些少地或无地农户只有向他们租田地种。像我们这种没有猪牛和农具的，他们还不愿意租给我们，担心我们土地种不好粮食收成少，我们就只有少种点土地，再到别人家打打杂或去挑点煤炭卖，挣点打杂钱维持生活。那时没有土地的人很多，租种田地要跟老板交租金，没有牛的犁地时借用别人家的牛也要给租金，还是挺可怜的。后来听说要解放了，大家都欢喜，解放了不拉壮丁了，还要土改给大家分田地。

（二）土改的过程和经历

1. 访贫问苦，扎根串连

1949 年解放。1950 年就实行减租退押，搞清匪反霸。1952 年土改工作队进村开始正式土改，当时来了三个工作队员，是县上组织到公社，公社再分到各大队来的。

工作队来了就开会搞土改宣传，组织农民，发动群众。那时在李家湾的李正如那里成立了一个办公室，开会时就集中在那里开，每次去参加会议的人很多，主要是贫下中农，大家在一起发言讨论，讨论内容主要是解放前后的社会对比，使农民了解到解放后新社会的好处，工作同志跟大家讲要找地主、富农，要分清哪些是阶级敌人，哪些是贫农，哪些是中农，大家都能听懂那些政策。

工作队还经常到贫苦农民家里开会，访贫问苦，也到我们家来过，主要问家庭基本情况，包括国民党拉壮丁的情况、家庭收入情况、受剥削情况、家庭借债情况等。贫雇农串连是工作队鼓励小组长去串连大家的，小组长和贫农代表在农民中开会串连。我那时比较积极，经常去参加各种宣传会，工作同志看我在会上发言积极，人又比较年轻，就动员我加入了武装队。

当时村里有农协会，所有人选举出能说会道、能干的穷人成为农协会成员，农协会里有主席、正村长、副村长、小组长，我们这里当时是龙先力当了农协会主席。农协会的主要工作和任务就是查田评产、划分阶级，在工作队的指导下召集村民开各种会议。

2. 划分阶级成分

土改中，我和我哥家里评定的贫农成分，我父母是中农成分。划成分之前先对各户的土地查田评产，再根据土地拥有情况来确定成分。我家田地少，维持不了生活就评了个贫农。成分的评定是要经过大家开会讨论的，先根据他的家庭情况评定成分，再看他本人对评定的成分服不服，不服的话又开会，大家再讨论他家的实际情况再评，直到他认同所划的成分。我家本来就穷，划贫农成分是应该的，我们没有不同意见，再说那时候成分越低越好。

各成分的具体评定标准：地主是大量地出租土地，自己不干活，不劳而获，只靠收取租金、剥削他人为生的人，这个没有固定的土地亩数，起码有几十挑谷子产量的土地，主要看他有无出租和剥削；富农有少量田地出租，自己种了点；自己的田自己种，不租给别人，就算出租也很少的就是中农；像我们家这种情况，有少量土地，生活困难的就是贫农；雇农一无所有。

划了一次成分，只是划成分之前讨论了几回，跟你划出来之后看你对这个成分认不认同，不认同的可以反映，工作队的同志调查你的实际情况再重新划，直到划出正确的成分。我们村划了三户地主、四户富农，中农多些，最多的是贫农，雇农很少，可能只有三户。

3. 挖苦根，斗地主

划好成分后，只要被划为地主、富农的都要批斗，斗的次数很多。当时还要开诉苦大会，诉苦大会就是贫下中农在会上诉苦，诉说自己家庭贫穷、受过谁的欺压，诉苦的要到台上去讲。我们这里符必正在诉苦会上诉过苦，他说他家租的田收的粮食，自己得了多少，给老板又交了多少，他说辛辛苦苦种一年土地，收的粮食全跟老板挑去了，自己使劲种却没有吃的。

斗地主时有人还骂地主、打地主，很多受过地主压迫的人骂着骂着就去打地主，把他们打得口鼻出血。我当时是武装队的，要看押地主上台挨斗，没有揭发过地主的罪行。斗地主时不会有人跟地主说好话，也没人觉得他们可怜，贫下中农把地主当敌人看待，因为土改前他们对贫下中农剥削太大了。

4. 没收和分配土地、财产

斗地主时，武装队把地主拉到台上去斗争，要他坦白家里所有的财产，坦白之后武装队就去地主家里看有多少财产，然后找一些贫下中农去地主家收，收来的五大财产先统一放在大队，最后来统一分配。当时地主都是心甘情愿把财产拿出来的，没有不配合的。

土地是在土改快结束时分的，先搞查田定产，把全村所有的土地丈量清楚，算出平均每人能分多少田地，再根据各家的土地拥有情况，差的就补上，多余的就分给其他人。分配之前要开分配大会，会上讲清土地怎么分，怎么调整，会议结束后，贫农代表和各小组长再下去给各家各户分土地。当时是每人分四分地，我家三个人，应该分得一亩二分地，我家自有八分地，所以只需再补上四分地就可以。分配时工作队带着大家去，差多少就跟你指多少，没有好田和差田之分。当时都是按每人四分来分的，不同成分之间没有差异。分财产时我家分到一个耙，那都是几户人用这一个耙，父母家有牛，我们自己也有房住，因此没分到牛和房屋。对于分到的土地和农具我们还是很满意的，在那个时期，只要不拉壮丁农民就很高兴了。分配工作干部都很公平公正，那时也没有贪污的，大家对分到的财产和土地都很满意，没有争执。

5. 土改复查

1953年土改结束，结束后给大家发了土地证，之后再没有土地复查。后来清查过漏网地主，那是“四清”运动期间。那时候我们一家三个人每年跟国家交七八十斤的公粮，交到宣汉东年仓库去，负担不大。

（三）土改的结果和影响

1. 土改后的土地经营情况

土改后我家比土改前多了四分土地，一年的粮食收成勉强够一家人生活。田地里还是种的之前那些农作物，产量没有提高，那时不像现在科学种田。两个年轻人种一亩二分田，劳动力完全够用，一亩二分不多，我们这个大队耕地面积本就不多。当时没有互助组之类的组织，平时干农活和父母家不分你我，牛可以共用犁地，后来土地下户后才全靠自己。土改后农民的种地热情都比较高，分到了田地大家都高兴，村里也再无土地买卖的情况，那时候国家就规定不准买卖土地了。

2. 土改后的家庭生活情况

土改之后生活一年比一年好，无论后来怎么变化，都比伪政府时期好很多，农民每年既要躲避拉壮丁，又要交皇粮国税；土改后不一样，没有大地主压迫贫苦农民，无地户都有自己的土地种，不焦虑吃穿，生活压力逐渐减轻，大家生活都差不多，村民与村民之间生活差距越来越小。和土改前一样，除了种地，我们还是会纺线，土地多一点了，种的粮食够一家人生活了，再没有其他收入来源。

3. 土改后的社会交往情况

土改后一步一步搞集体化大生产，我父亲后来当了小组长，我哥当上社长，我也当了个水利员，到处去开会学习，感觉自己在村里的身份地位越来越高。平时我家和村里其他人的关系都相处挺好的，但很少和地主、富农说话，因为他们是阶级敌人，走得太近要受牵连，不过我们这个队没多少地主、富农。

还是毛主席领导得好，贫下中农翻身作主人，每家每户都有田地种，有饭吃，有衣穿，每个人脸上都洋溢着欢喜，村庄风气也越来越好，邻里之间矛盾减少了，大家和和睦睦的，都很好。

4. 土改后的观念变化情况

土改给大家都分到了土地，每个人的心里当然是高兴的，在后来听说国民党要“反攻大陆”，因为和土改后对比，大家受够了过去国民党统治的生活，都痛恨国民党，也坚信

“反攻大陆”只是传言。土改后宗族就不重要了，国家要搞集体统一化，同一阶级的农民是一家人了，在政治上地主、富农阶级要受限制，贫下中农比地主、富农的地位要高一些，地主、富农被镇压下去，我们就翻了身作了主人。

那时候国家大搞修水利等活动，村民都积极参加，我们这里地势崎岖，耕地集中在山坡上，农业生产用水全靠水库、水塘蓄水提供灌溉。

土改前，家里缺少田地种，国民党还要拉兵派款；土改后既不出款也不强拉去当兵，我还在村里当了个小干部，所以我对共产党和政府的政策百分之百支持，共产党是无产阶级，全靠毛泽东领导土改，我们才翻了身，所以土地改革运动还是好！

5. 土改对农业集体化的影响

1949 年解放，1952 年土改，应该是 1953 年或者 1954 年成立的互助组，互助组的时间只有一年左右，1955 年就进入初级社，1957 年左右进入高级社，五七年“整风运动”那时就是高级社了。入社的时候土地收归集体统一耕种，我记得入社时我父母家的犁头、耙等都交给集体了，风车等大型农具给农民折价，这都是自愿的。

我觉得土地还是分给私人种效率高些，集体生产越整越不好，后来分给私人种个个都积极，生产越搞越好。集体生产那时干活要记工分，很多人出人不出力，男同志偷奸耍滑，妇女同志也偷奸耍滑，很多人拿着锄头不干活也要评工分，我当过队长记过工分，分记少了还会得罪人。即使这样，我觉得集体生产对农业生产还是有帮助的，挖堰塘的时候人多力量大，堰塘修好大家都有利，单家独户修水利很困难，再怎么说集体化时期偷奸耍滑的是少数人，多数人还是很勤奋的。

土改时给大家分了土地，虽然后来又收归集体耕种了，但我觉得土改也不是白搞了的，那是正确的运动，是毛主席的政策，土改后搞集体生产是想一步一步地走向集体化，达到电灯电话，这是一个必经的阶段和过程。

HX20160115LZY@Z 罗芝云

一 受访者基本信息表

调研点	四川省宣汉县下八镇石盘村		调研员姓名	何霞	
调研员单位	华中师范大学中国农村研究院				
受访者编号	HX20160115LZY@Z		受访者姓名	罗芝云	
受访者性别	女	首次采访时间	20160115	首访时受访者年龄	84
受访者成分	中农	土改时是否土改干部或土改工作队队员	否	是否党员	否
干部经历	无	曾担任的干部具体职务	无		

续表

现家庭人口	5	现承包地面积（亩）	0	现承包林地面积（亩）	0	现承包水塘面积（亩）	0
受访者基本情况	老人 1932 年出身于一个地主家庭，8 岁时读过三个月的书，18 岁嫁给当时石盘村保长的儿子，土改中被划为中农成分。丈夫在 1976 年去世，因其生前在县城种子站工作，因此老人目前享有国家相关生活补贴。老人有三个儿子、两个女儿，大儿子之前在乡上蚕茧站工作，后来任石盘村支书，现在退休在家务农；二儿子在另一个镇上农场工作，孙子在县建设局工作；三儿子之前在县医院上班，现一家人定居贵阳；大女儿和小女儿在家务农。目前，老人和小女儿居住，其他四个子女每年给予赡养费，老人的生活悠闲自得。						
受访者职业经历或个人简历	老人 1932 年生于四川省宣汉县上峡乡一个地主家庭，1950 年嫁到下八镇石盘村。土改期间，当过武装队队员，丈夫于 1976 年去世，老人一个人拉扯五个孩子长大成人。						
受访者所在社区基本情况	石盘村位于四川省宣汉县下八镇西南方向，距镇政府 1.5 公里，面积 2 平方公里，辖 4 个村民小组，全村 436 户，总人口 1770，耕地面积 967 亩，森林面积 216 亩。全村村道公路 10.7 公里，其中已硬化村道 6 公里，产业方面以种养殖为主。目前有村主任、计生专干、村文书 3 名村干部，村支书由镇上计生办主任代任。						

二 分阶段整理

（一）土改的基础和背景

1．土改前的家庭基本情况

土改前，家里有我、丈夫、公公、婆婆、爷爷、大哥、大嫂、侄女、弟弟和两个妹妹，总共十一个人。爷爷那时有八十几岁，公公婆婆也有五十几岁了，我和丈夫有十七八岁，弟弟妹妹还很小。爷爷年龄太大了，已经丧失劳动力，家里就公公婆婆、哥哥嫂嫂和我们夫妻俩下田种地，总共六个劳动力，男性劳动力三个，女性劳动力三个。当时我公公是村里的保长，自家有点土地，该下田种地的时候就种地，农闲时我们就都在家纺线。

2．土改前的家庭经济情况

土改前我们还没分家，十一个人吃住在一起，是一个大家庭，主要以种地为生。我们家的经济条件在村里算是一般的，我公公在村里当保长，那时候当保长还是很威风的，相当于现在的村长和村支书。后来我丈夫在南坝镇（另一个镇）农场工作，有点工资补贴家里的生活开支。

那时农村兴纺线，我们家也干这个，纺一次线就需要几天，积累起来的棉线等到赶集的时候上街卖掉，但收入微薄。那时村里三天赶一次集，家里纺线拿去卖的钱都是公公婆婆在掌管，具体有多少我不太清楚。除了种地、纺线，家里没有在外面去做小买卖、揽活做。

土改前家里生活压力不算大，但也不小，主要是人太多了，大大小小总共十一个人，僧多粥少，家里的生活消费、开销主要用于吃穿。那时候生活条件不像现在这么好，人们追求也低，有吃有穿就满足了。当时是公公婆婆在当家，家里条件也不是最差的，能自给自足，没有向别人借过钱什么的，所以我也不清楚当时的借贷情况或行情。

3．土改前的土地经营情况

土改前，家里有祖祖辈辈分下来的十亩土地，主要是田，地加起来可能有一亩。田里春季种水稻，夏秋季收割，冬天就种菜籽，地里主要种小麦和棉花，我当时还小，也不当家，亩产情况就不清楚了。那时要向国家交税，每年都有规定，家里应该征购多少谷子，干部都写清楚了的，农民自己把谷子晒干上交到下八镇上的仓库去，那时农民种土地每年的收成跟国家上交的粮食叫做征购粮（老人记忆有误，土改前交的粮食叫公粮，征购粮是土改之后集体化时期开始交的），交了粮食就算交了税。

那时候家里养了一头牛，犁头、耙、锄头等农具都有。当时还没有类似于互助组的组织，所以农忙时我们会和周围的农户相互换工，比如今天你家帮我家插秧，明天我们家再帮你家插秧，现在也有这种相互帮忙换工的情况。

4．土改前的社会交往情况

土改前，我没有和其他人吵过架。我和我丈夫结婚的时候二十岁都不到，在现在看来还是不懂事的孩子，又没有分家独立出去，家里都是公公婆婆管事。我公公在解放之前是村里的保长，免不了要和村民打交道，我公公为人忠厚，在土改的时候都没有人骂他、斗他。

我们家和其他农户关系还是很好的，和那些有钱人来往很少。那时富裕农户和普通农户的生活差距也不大，在吃穿上大家都差不多，整个社会条件都不好，农村里基本都是贫苦农民，条件稍好的也好不到哪里去。

5. 土改前的土地观念

土改前家里有十亩田地，六个劳动力种，十一口人吃饭，再干点其他的能维持一家老小生活了，因此，家里也不想再买土地。那些地主和大户人家有很多土地，但都是他们自己花钱买来的，其他人也不好评论。而那些一点土地都没有的农民只有到外面下苦力，跟别人干活，干一天得一升粮食。国民党的政府好与不好，没有人评论，对于农民来说，有了钱和土地就好，没有钱大家都一样。

（二）土改的过程和经历

1. 访贫问苦，扎根串连

我记不清工作队是哪一年进村的了，我只记得当时来了三个工作同志，是上面派下来的，和现在这些当兵的一样，这个地方派一支工作队，那个地方派一支工作队，他们不是本村的。工作队来了之后首先开土改宣传大会，动员群众搞土改运动，斗地主，分田地。我个人性格是比较外向积极的，那时我才十七八岁，村里面兴起这种大规模的运动，我当然会积极参加，土改宣传会议我也参加过，但没有发过言。当时如果确定要在哪里开会，工作队就会提前召集一些人把会场布置好，我记得那时是在寨上（当时村里有个寨，地势较高，寨上比较平坦）开会，去参加会议的人很多，但主要是贫下中农（刚开始还没有划成分，后来才划了成分）参会。对于我来说，工作同志讲的多数内容都能听懂，有些政策听不懂。

除了开宣传会，工作同志还会到农户家里访贫问苦，了解村民的家庭基本情况，但不是所有农户都去。去农户家里除了了解农民的基本情况，还鼓励大家积极参与土改，动员村民齐心把地主整垮，分田地。我当时是武装队里的队员，经常和其他队员一起在村里跑来跑去，但我也不是很积极，毕竟我公公以前在旧政府时期当过保长，我也不敢过于表现，反正他们喊我去哪儿我就去哪儿，当时的武装队队员要挎一把大刀的，他们喊我拿刀我就拿刀，一起在村里巡逻，或者看守地主。

村里成立了农协会，农协会召集大家去寨上开会，那些参会的人回来向没去的传达会议精神。农协会里面有主席，还有其他干部，和现在的村委会是一样的，但农协会里选的穷人当主席，农协会的主要任务就是通知大家开各种会议，它的名字就叫农协会。

2. 划分阶级成分

土改划分成分时，我们全家人都划的中农成分，因为我们家有十亩田地，那时的土地是按谷挑[1]计算的，比如说家里种了多少土地，收成达到几挑（受访者记不清具体数字）就会划为中农。我们的成分是村里按照国家政策来划的，再说我公公在旧政府时期当过保长，他没挨斗就算好的了，家里人对这个成分都比较认同，没有其他意见。

关于具体的成分划分标准我不是很清楚，大概是这样的：划为地主的是因为他有钱，粮食收成多，再加上自己种不了的田地租给别人种，每年从佃户家里收一定数量的粮食作为租金。地主把收来的粮食卖掉，再去买更多的田地，然后再把田地租出去。富农家的土地要比地主家的少，这些农户的土地有一部分是租给别人种，有一部分是自己种的。像我们这样的就是中农，也叫自耕中农，自耕中农就是自己有土地，但没有租给别人，全都是自家种着，土地较多，但家里的人口也多，中农又有上中农、下中农之分。贫雇农就是一点土地都没有的，有些贫农家里有很少的土地。

成分是工作队划的，好像划了几次，每种成分划一次，划完之后没有张榜（老人记忆有误，据村里其他老人讲，划好成分要张榜公示）。整个村总共划了几个地主我记不清了，我只记得我们这附近有三个地主，有多少富农、中农也不太清楚，毕竟我们当时也不管这些事。

3. 挖苦根，斗地主

村里批斗了两次地主，第一次不激烈，第二次就很吓人，我们附近的三个地主都被批斗了。诉苦大会也开过，不过时间太久了，我都忘了具体内容了。我记得在下八（受访者所在的村是下八镇下辖村）街上还开过公审大会，去参加的人特别多，围观者也很多，场面人山人海。开公审大会主要是枪毙恶霸和地主的，比如上面安排了在某个地方开公审大会，各区的、各乡镇的就集中到那个地方去，把那些恶霸势力和顽固地主绑起来，枪毙的时候一枪倒几个。我们这些群众站在一边围观，在靠近河边的另一边枪毙地主和恶霸分子，他们被枪毙之后，没人领尸的就倒在河沟里，有人认领的就抬回家了，那场面还是有点吓人，我们村没有被枪毙的地主。

村里开诉苦大会和斗地主的时候要算剥削账，就是一些贫下中农诉苦，诉说地主在之前是怎么剥削压迫他们的，说到愤怒之处还要打骂地主。刘家坝刘万波家当时是村里有财有势的大户人家，土改中他没有挨过打，但挨过骂。龚家院子龚远才的爷爷当时是个地主，他挨过打的，被吊起来打过好几次，当时的农协会主席是他的干儿子，在这之前他对他干儿子不好，两人之间矛盾较深，因此，在斗地主的时候他干儿子故意整他，有一次他被逼得去跳崖，结果真跳了，所幸被下面的灌木丛挡住，没有掉下去，大家伙用竹竿把他拉上来的。这是第二次斗地主，还是很激烈的。像这种情况也没有人站出来为地主说好话，谁敢呢？

4. 没收和分配土地、财产

没收地主的五大财产是工作队带队去的，我们武装队也一起去了。到地主家去搜查，

---

[1] 谷挑：指田地的产量。

值钱的就收走拿到大队上去。我当时是武装队队员，也跟着去了，但一般都是男的去收财产，我是去凑人数的。去地主家里没收财产时，他们都不敢出声或者反抗，都比较配合。我刚刚说的龚家院子那个地主，当时别人揭发他家里有很多粮食和银两等财产，我们到他家去没收的时候，到处找遍了都没找到，大家认为他把银两埋起来了，在他家到处挖，结果什么都没挖到，还把地主和他老婆都吊起来审问，哪里有什么金银财宝呢。

把地主的财产、土地没收之后就召开分配大会，依据家庭人口来分财产，大队分给小队，小队再分给每家每户。分土地也是按人口划分，每人分多少，分配土地的时候，工作队带队去田间指认划分给各户，每户都有人跟去分田地，那些土地面积都是分之前计算好了的，只需要现场指划给农户。土地主要是分给贫雇农，有的农户家里人口多就分得多，所以各户分的土地数量是不一样的，不同成分之间分到的土地情况也有差异，富农和地主也是按人口分给他们土地，但分到的土地是较偏远和贫瘠的。我家是中农成分，虽然有十亩土地，但家里人口多，所以没有没收我们的土地，也没再分土地给我们，分地主财产的时候我家分到一个盆，其他再没分到什么。我们这个组姓杨的比较多，也有本姓地主家的财产被没收和分配的，我家分到的那个盆就是本姓地主家的。我们这里当时没有族田、公田。分财产和土地的时候我都去了，但我当时还小，只是跟着大家跑来跑去凑热闹，总的来说，分配土地和财产还是比较公平的，大家相互之间没有争执，也不敢争执，至于干部贪污问题不是很清楚。

5．土改复查

土改搞了一年左右就结束了，后来又有人来搞土地复查，清查漏网地主，但我们村没查出来有漏网的，也没有划错成分的情况。我记得当时在分地的过程中，各户所得的土地都是口头上指划的，没有给大家发土地证。在工作队刚来村里不久就搞了查田评产工作，各农户家里的土地有多少亩，每年收多少粮食，方方面面都查清楚了的，后来又定了向国家交公粮的标准，那时候交公粮叫“上粮”，交多少是依据农户家的土地和收成来定的，我们家每年具体交多少公粮我忘了，但交公粮的负担不大。

（三）土改的结果和影响

1．土改后的土地经营情况

土改后，我家土地数量没有变动，该种什么还是种什么，没多大变化，那时在农业生产技术上没有提升，粮食产量也没啥提高，但每样作物都能收点。土改后第二年我们这个大家庭就分家了，公公婆婆也没分土地给我们，十亩地都分散了，我和丈夫两人自力更生，种的土地都是向邻居要的一点边角地，勉强能维持生活。后来我丈夫上南坝镇农场去工作了，家里就我一个人种土地，光种那点边角地完全不费力，有时我还要帮公公婆婆干活。我记得当时还没有互助组，都是自家种自家的土地，农忙实在忙不过来了，就两家三家相互帮忙干农活。后来有了孩子，丈夫一直在外地工作，我一个人在家种土地、带孩子，一年到头也没多少粮食收成，还要向国家交公粮，我记得当时每年跟国家交两口袋粮食，也就一百多斤，交完之后剩下的粮食还是够吃的。土改时大家都分到了田地，村里也不再有买土地卖土地的情况存在。

2. 土改后的家庭生活情况

土改前我们没有分家，上面有公公婆婆当家，土改后第二年我和丈夫就从大家庭独立出来，自己当家为人了。分家时大人没有分土地给我们，我俩就靠种点边角地为生，生活也算艰辛的，后来我丈夫去农场工作了，每月还有点工资收入，生活有所好转，渐渐地家里也添了小孩，人口越来越多，日子过得紧巴巴的，不能和现在的生活比。反正要自己努力，自己不努力就要挨饿，不过那时我们年轻，有干劲，生活还算过得去。那时受社会条件限制，村民与村民之间的生活差距不大，反正好也不见好，差也不见差，该吃稀点就吃稀点，能吃干点就吃干点。

3. 土改后的社会交往情况

土改后，自己在村里的地位是一般的，不高也不低。和现在一样，大家都有土地种了，各种各的地，各过各的日子，相互之间没有多少往来，需要帮忙的时候大家也会相互帮助。贫下中农和那些地主、富农也没啥来往，因为他们是成分人，不敢有过于亲密的往来，那时候成分很重要的，做什么都要看成分，小孩读书都要填家庭成分。土改之前，我公公是村里的保长，算是村干部，那时还挺威风的；解放后不再有保甲长，只有农协会。我们和村干部没什么往来，那时我一个人在家种地带孩子，过好自己的日子就好了。

4. 土改后的观念变化情况

土改中我们是中农成分，分田地的时候没分到别人的土地，别人也没分我家的土地，对于我们来说，土改前后都差不多。后来搞集体化，土地收归集体耕种，再后来又搞土地下户，土地分给单家独户耕种，对于我来说，土改时的分地和土地承包时的分地是不一样的，土地下户的时候是整个村按人口来分土地，不像土改那时，中农土地不没收，也不会分得土地。

土改后，我们普通村民的地位、身份和（原先的）地主是一样的，地主、富农没有土改之前的威风，大家都分到了土地，人人都平等了，天下农民是一家。那时村里还开展了集体修水库的活动，我也参加了，村上统一安排，到十一大队挖堰塘，后来又到中心去挖水库，我虽然是个妇女，但哪里的活动我都参加了。

土改中，给我留下最深刻印象的事就是斗地主、分田地。我觉得土改运动对于农民来说是好的，土改后农民有吃的、有穿的，对于咱们农民来说，有饭吃有衣穿就好，在旧社会贫富差距很大，富的很富有，穷的什么都没有。

5. 土改对农业集体化的影响

土改后没多久就建立了互助组，好像搞了一年，后来又进入初级社阶段，具体是什么时候进入初级社的我记不清了。集体入社后土地是集体在耕种，农具留着自己用。我觉得土地还是单家独户种比较好，这样农民生产积极性要高一点，粮食收成要多一点，农民吃得饱一点；集体化也有集体化的好处，但是集体种地粮食收成少，那时是吃大锅饭，大家在公共食堂吃饭，去打饭的时候遇到人好点的或者关系较好的炊事员就多跟你盛点，遇到不好的就少盛点，都吃不饱。后来还闹饥荒，饿死很多人。最难过的就是五八年、五九年那段时间，那时吃的都是野菜野草，现在连猪都不吃那些，想想那时生活很苦。土改还是好，不是白搞了的，应该是一个必经的过程吧，总之还是现在的生活好。

HX20160116FZZ@S　费钟珍

一　受访者基本信息表

<table>
<tr><td>调研点</td><td colspan="5">四川省宣汉县下八镇石盘村</td><td colspan="2">调研员姓名</td><td colspan="2">何霞</td></tr>
<tr><td>调研员单位</td><td colspan="9">华中师范大学中国农村研究院</td></tr>
<tr><td>受访者编号</td><td colspan="5">HX20160116FZZ@S</td><td colspan="2">受访者姓名</td><td colspan="2">费钟珍</td></tr>
<tr><td>受访者性别</td><td>女</td><td colspan="2">首次采访时间</td><td colspan="2">20160116</td><td colspan="2">首访时受访者年龄</td><td colspan="2">89</td></tr>
<tr><td>受访者成分</td><td>贫农</td><td colspan="5">土改时是否土改干部或土改工作队队员</td><td>否</td><td>是否党员</td><td>否</td></tr>
<tr><td>干部经历</td><td>无</td><td colspan="5">曾担任的干部具体职务</td><td colspan="3">无</td></tr>
<tr><td>现家庭人口</td><td>1</td><td>现承包地面积（亩）</td><td colspan="2">1.6</td><td colspan="2">现承包林地面积（亩）</td><td>0</td><td>现承包水塘面积（亩）</td><td>0</td></tr>
<tr><td>受访者基本情况</td><td colspan="9">老人1927年出生，1947年结婚，1983年丈夫去世，丈夫在世时当过村里的队长，有四个女儿，大女儿已经去世，二女儿在家务农，三女儿在镇上打工，四女儿在外打工，2015年四女婿去世。目前老人一个人居住在村里，身体强健，还种了1.6亩的承包地，经常给女儿家里送粮送菜。</td></tr>
<tr><td>受访者职业经历或个人简历</td><td colspan="9">老人1927年出生，1947年嫁到石盘村。老人一辈子都在和土地打交道，没有其他特别的经历，老伴已经去世三十多年，目前老人一个人居住，还在坚持种地。</td></tr>
</table>

二　分阶段整理

（一）土改的基础和背景

1. 土改前的家庭基本情况

土改前，家里总共四个人，因为我丈夫是家里最小的孩子，其他几个哥哥在我嫁到这里之前就分家独立出去了，我们俩是在1947年结的婚，婚后头几年没和大人分家，那时还没生小孩，因此家里就只有父母和我们夫妻两人，一共四口人。当时父母都六十多了，我们两人有二十岁左右，公公婆婆年纪大了就在家闲着，我们有了小孩之后就跟我们带孩子，我和丈夫就种田地，干农活。

2. 土改前的家庭经济情况

我的命不好，土改前家里很穷，我们的第一个孩子都是病死的，因为没钱看病，后来连续生了几个女儿，想要个男孩，要是那时家里条件好点，也不至于儿子病死，现在想起来都心痛。那时家里就靠种土地、纺线为生。纺线也没多大收入，纺几天的线等到赶集就去卖掉，只能换点盐钱。那时是旧社会，不像现在这么开放，当时不兴打工或者到外面揽活干，全家老小只靠种那点土地维持生活，生活很是紧张，有时候连吃的都没有。条件好一点的时候家里会喂一头猪，养几只鸡鸭，过年过节的时候可以杀来吃，改善一下生活。那时还没有分家，虽然生活琐事都是公公婆婆在操心，但生活压力非常大，家里没有其他经济来源，糊口都难，不要谈其他开支了，很可怜。即使这样，我们也没有借过债，因为借了还不上。

3. 土改前的土地经营情况

我和丈夫于1947年结婚，在1949年就和公公婆婆分家，另起炉灶。老人年龄大了，没有精力经营农田，就把土地分给我们种了，分了大概有十挑谷产量的田，那时我已经有两个女儿了，所以家里还是有四个人。分给我们的基本上都是田，水田就种水稻，冬季干田就种油菜籽，亩产我不太清楚。光靠种这点田的粮食收成，勉强糊口，反正没有再买过粮食吃，也没有另外租种别人家的土地。记得当时每户每人每年还要向国家交一定量的粮食，交粮食的季节自己担到指定的地方去交。分家之后，我们自己养了头牛，种庄稼没有耕牛农具很恼火的，分家时大人只分了我们一个锄头，其他农具比如犁头、耙等都是后来自己慢慢买的。两个二十出头的年轻人，种那点土地完全不费力，不存在劳动力不足的情况，也没有和其他农户换工干农活，村里其他农户之间有相互换工的情况，农忙时节相互帮忙，和现在一样。

4. 土改前的社会交往情况

我们这里张姓是大姓氏，整个湾里大多数都姓张，所以这里叫张家湾，基本上都是一个祖先下来的，是一家人，那时候大家都穷，平时邻里之间相处的都是一个大家族的人，有钱人和外姓人住得比较远，因此邻里关系非常好。不过当时这附近有一户姓符的，他家后来划为富农了，平时做点生意，生活条件稍微好点，但也好不到哪里去，很节俭，把钱省下来买土地，和我们这些人户的生活差距也不是很大，差不多。

5. 土改前的土地观念

土地是农民的生存来源，如果当时我们家里有钱，应该会买土地，关键是家里没钱，那时候村里也没多少人卖地。那些发财人家土地较多，都是他们自己挣钱买来的，我们这些土地少的或者没有土地的农户只有去租他们的土地种。当时村里很多人都没有土地，有的人甚至一无所有，靠乞讨要饭为生，非常可怜。在旧社会读书的女性很少，我没读过书，没有文化，嫁过来之后基本上围着孩子灶台转，外界发生的很多事情都不清楚，那时没听说要土改的消息，也没啥其他想法，只想着把土地种好，把孩子带好。在旧社会时期，国民党政府不会管农民的死活，反正我们农民自己种地收粮生活，让我们交粮食我们就交，交不上的要遭殃，没办法，生到那个年代去了。

（二）土改的过程和经历

1. 访贫问苦，扎根串连

后来土改工作队进村，一步一步开始土改。我年纪大了，再加上那时是男主外的社会，对土改的具体情况不是很清楚，不记得土改工作队是哪一年进村的，来了几个工作同志也不太清楚。反正工作队来了以后首先就在村里开土改宣传会，那时是上面通知我们干什么我们就干什么，通知我们去开会我们就去，开会时工作队说的那些政策还是能听懂，不过后来就忘了。好像工作队同志去了某些农户家，应该是去了解情况吧，我们家条件很差，他们没有到我们家来。我一个农村妇女，当时对这些不太了解，平时对这些事不太关心，干农活倒是很积极。当时听说过有农协会，但是它怎么成立的以及其组织构成都不清楚，它主要是召集大家开会，协作工作队一起搞土改工作。

2. 划分阶级成分

后来划成分我们一家人都是贫农，因为我家土地少，工作队同志根据国家规章制度划分的，该什么成分就是什么成分，我们都是认同的，再说那时成分越低越好，地主、富农成分就不好。家里土地多，又剥削别人的就是地主。我们张家湾没有地主，有一个富农，就是我刚刚说的姓符那家，他看起来也很可怜，不知道是土地多还是怎么的就划了个富农成分。中农是自己有点田地的，自己耕种，没有出租。雇农是最可怜的，什么都没有。当时村里划分成分的结果我不太清楚，我们这个村挺大的，不清楚其他地方的情况，也不知道划分结果有没有张榜，可能公示了吧，反正通知开会的时候各种成分家庭都要去。

3. 挖苦根，斗地主

划成分之后，地主要挨批斗，不过我们张家湾没斗过地主，所以斗地主的具体情况我不是很了解，反正经常开会。那时还要开诉苦大会，诉苦大会、斗地主都是在杨家坡进行的，我没去参加，具体情况不是很了解。斗地主应该没人站出来跟地主说好话吧，穷人那么可怜，之前又受地主剥削。我还没嫁过来的时候，在娘家那边附近有几个地主，当时我家还租种了一户地主家的土地，收来的粮食自家要一斗的话，要送两斗到地主家，还要帮他晒干装进粮仓里，这就是剥削，听说后来在土改中有一户地主家两兄弟喝药自杀了。

4. 没收和分配土地、财产

地主之前剥削别人，他的土地和财产应该被没收，村里收了些坛坛罐罐，全都分给穷人。我对这里的相关情况不是很了解，以前听家里人提过娘家那边的情况，那些地主房屋被没收，他们被赶到山坡上住，可能是经受不起这么大的变故，自杀的自杀，病死的病死，后来子女都死光了。

分配财产的时候要开分配大会，不是你想要什么就拿什么，怎么分配有相关规定，具体的分配标准我不清楚，只叫我们到他们那里去拿。有些人分了大缸，我们家分了一个装咸菜的坛子，两个装盐的罐子，农具和牛等农业生产工具没有分到。要分地主的财产和土地，大家都很高兴，即使只分到个盐罐也是满意的。我们这里没有地主，没有分房的情况，分土地都是把整个湾里的土地集中再分配的，按家庭人口分，每人四分田四分地，如果分完还有剩余的土地，再把剩余的土地平均分给每户一块。分财产和土地的时候大家没有争执，该分什么就得什么，该分多少土地就是多少，那都是计算好了的。

5. 土改复查

土改是哪一年结束的我不太清楚，后来又有干部经常下来，不知道在做啥，应该就是在搞土改复查，我们这里好像没听说过有划错成分的，当时应该就搞清楚了的。

（三）土改的结果和影响

1. 土改后的土地经营情况

土改前我们已经分家了，大人把他们的土地全都给我们种了，后来土改的时候把土地集中重新按人口分配了，我们家分了四五个人的土地。田里主要种水稻和油菜，地里主要种玉米，那时没有肥料，种子也不好，产量很低。我们一辈子和土地打交道，刚开始只有我和丈夫两人干活，后来小孩渐渐长大，劳动力越来越多，土地都不够种了，农业生产没啥困难。一年的粮食收成跟国家交了公粮之后就不够全家人吃了，一家老小有这么多张嘴吃饭，那时又不像现在，可以到外面打工，全家人就靠种那点土地维生。土改之后村里再没有买卖土地的情况，谁敢卖呢?

2. 土改后的家庭生活情况

土改后大家都有土地种了，生活条件稍微平衡了点，农户之间的生活差距很小，并且我们这湾里都是一家人，都很穷，土改前的生活差距就不大。我家劳动力充足，把土地种好就有饭吃，除了种地也没有其他生计和收入来源，但生活压力不大。

3. 土改后的社会交往情况

张家湾的人都是一个祖先开枝散叶发起来的，大家都是一家人，平时相处融洽，这里穷人本来就多，只有一个富农，那个富农也挺可怜的，我们和他家关系还挺不错的。我们都是老实巴交的庄稼人，和任何人都合得来，不偷不抢，不吵架打架，和村干部的关系也不错。土改把地主斗垮了，给穷人分了财产和土地，贫雇农翻身做主人，村庄风气越来越好，越来越团结。

4. 土改后的观念变化情况

土地是农民的命根子，土改给大家分了土地，心情当然很高兴，种地都有干劲了。后来村里开展了修堰塘等活动，每家每户都要出力，家里有多少劳动力就去多少个，派你去就必须去，那是划了任务的。不过这都比解放前轻松多了，解放前特别恼火，那时候的日子过得艰难，土改后生活逐渐变好，吃穿用方面都有极大提高，之前穷人都抬不起头，经常受气被剥削，还是共产党好。

5. 土改对农业集体化的影响

土改过后没多久就成立了互助组，后来又建初级社，入社之后，土地集体种了，农具那些自己留着用，没有上交。土地不管是集体种还是自己种，对于我来说都无所谓，要看国家怎么安排，我也不好说。不过集体的时候偷懒的人很多，那些年不知道是怎么搞的，收获的粮食不知道去哪儿了，农民没有吃的，很恼火，我记得集体化时期食堂吃的青菜全是虫吃了的，后来闹饥荒还饿死了很多人。反正土地还是自己种更好，自己根据自己的时间安排农活巨细，收成还多些，粮食想怎么吃就怎么吃。不过土改也不是白搞了的，因为经过土改、集体化、土地下户这个过程之后，农民在吃穿用上样样都发生了变化，你看现在农民的日子多好过，不向国家交粮，很多年轻人都出去打工挣钱，日子越过越好。

HX20160116SBQ@S　孙邦权

一　受访者基本信息表

<table>
<tr><td>调研点</td><td colspan="5">四川省宣汉县下八镇石盘村</td><td colspan="2">调研员姓名</td><td colspan="2">何霞</td></tr>
<tr><td>调研员单位</td><td colspan="9">华中师范大学中国农村研究院</td></tr>
<tr><td>受访者编号</td><td colspan="5">HX20160116SBQ@S</td><td colspan="2">受访者姓名</td><td colspan="2">孙邦权</td></tr>
<tr><td>受访者性别</td><td>男</td><td colspan="2">首次采访时间</td><td colspan="2">20160116</td><td colspan="2">首访时受访者年龄</td><td colspan="2">85</td></tr>
<tr><td>受访者成分</td><td>贫农</td><td colspan="5">土改时是否土改干部或土改工作队队员</td><td>否</td><td>是否党员</td><td>否</td></tr>
<tr><td>干部经历</td><td>有</td><td colspan="5">曾担任的干部具体职务</td><td colspan="3">武装队队长等</td></tr>
<tr><td>现家庭人口</td><td>2</td><td>现承包地
面积（亩）</td><td colspan="2">4</td><td colspan="2">现承包林地
面积（亩）</td><td>0</td><td>现承包水塘
面积（亩）</td><td>0</td></tr>
<tr><td>受访者
基本情况</td><td colspan="9">老人 1931 年出生，1953 年结婚，老伴比他小四岁，有三个女儿、一个儿子，目前有两个女儿定居新疆，另一个女儿常年在外务工，儿子长年在山西开饭店，很少回家。目前夫妻两人独居在村里，儿子儿媳每年过年会回家看望老人。</td></tr>
<tr><td>受访者
职业经历
或个人简历</td><td colspan="9">老人 1931 年出生于四川省宣汉县石盘村，没上过学，1946 年到当地一个铁厂打工，1949 年解放之后就回家务农，土改期间是武装队队长，1953 年结婚，1960 年至 1966 年当生产队作业组组长，2013 年之后，老人就没再种地，和老伴在家安心养老。</td></tr>
</table>

二　分阶段整理

（一）土改的基础和背景

1. 土改前的家庭基本情况

我叫孙邦权，生于 1931 年。土改之前家里总共有四个人，家里就父母和我们兄弟两人，那时我和弟弟都还没成家。当时我父母有四五十岁，母亲身体不好，在家照顾我和弟

弟，父亲在一个铁厂打工，解放之后就没干了。那时候家里穷，我是老大，把念书的机会让给了弟弟，我就在家跟着父母干活。

2. 土改前的家庭经济情况

回想起那时的生活，很寒酸，家里穷得叮当响，住的都是茅草屋。解放之前我父亲在一个铁厂打工，当经理，说是经理，其实就是铁厂里一个打杂管事的。母亲身体不好，在家务农带孩子。我那时有十几岁，可以帮着家里干点活，为了帮父母分忧，我到地主家干过活，那时候干一天能得两升大米，在地主家没干多久，后来我进了父亲所在的铁厂打工，其实就是混口饭吃，总比吃家里的好。那时候生活很艰苦，为了挣点油盐钱，去很远的地方挑煤炭卖，早上天没亮就出发，步行几十里山路，寒冬腊月时没有鞋穿，脚都要冻开口子，到天黑才挑一担煤炭回家，等到赶集的时候上街卖掉换点钱，一挑煤炭卖的钱可以买一升大米和一斤肉。有时候家里实在揭不开锅了，就去稍微宽裕点的农户家借点钱或者粮食，借了粮食来年收成之后再还，不收利息，如果借钱的话要利息的，我记得我家那时借得最多的时候也就十几块钱，不过当时的十几块钱还是比较值钱的。那时就是这么过日子的，生活的重担压得人喘不过气来，现在都不想提过去的事，一把辛酸泪。

3. 土改前的土地经营情况

土改前我家没有田，有几块地，种那几块地根本没法糊口。我们这里姓符的比较多，附近有一个叫符纯武的，我们两家沾点亲，当时他祖母有多余的田地租给我们了。我家好像租了三亩田和几分地，虽然沾亲带故，还是要交租金的，每年我家收的稻谷按照四六比例分，我家要六成的谷子，剩下的四成就算是租金给她，这是按照当时的租金行情和两家的实际情况协商出来的，租的时候还要签合同的。租来的土地种了十几年，一直租到后来土改，不敢退租，退了怎么办呢？这附近其他人又没有多余的土地出租，要靠土地吃饭啊！退租的话就只有饿肚子了。和现在一样，田里种水稻，亩产有五六百斤，地里种点苞谷、绿豆、黄豆，那时候不像现在有化肥，收成远远不及现在。一亩田收五六百斤谷子，跟老板交了之后剩下的不够吃，所以才另外干点其他活挣点钱维持生活。

当时家里没有牛，耕地需要用牛的时候就向有牛的农户租用，用一次给三五几块钱。家里农具只有锄头，其他啥都没有，要用其他农具的时候只有向邻居借。当时还没有类似于互助组的组织，农忙忙不过来的时候，农户邻里之间可以相互换工，这对于劳力不足的家庭来说很有利。

4. 土改前的社会交往情况

我们一辈子都没跟谁吵过架或者打过架，都是讲道理的人，平时和周围的邻居关系都很好，就算遇到点小矛盾也会退一步，俗话说“远亲不如近邻”，都是一堆一块的人，就算遇到什么争执，大家退一步海阔天空。我们租种土地的老板和我家有亲戚关系，但日常生活中来往较少，只是该交租的时候就交租，就算家里遇到困难也是各过各的日子，不会给我们救济。在旧社会，大家日子都不好过的。那时村里所谓的富裕农户也就比普通农户稍微好点，在吃穿上差距不大，条件允许的农户都想挣钱买土地。

5. 土改前的土地观念

那时自家没有土地，家里又穷，想买土地也买不起，当时吃饭糊口都是问题。那些大户人家和地主有那么多土地和我们这些穷人无关，大家各过各的生活，你不招惹他，他也不会招惹你，但如果他叫你去跟他干活就去，可以挣点粮食。一点土地都没有的人村里也有，这些人不务正业，无所事事，在村里乱搞事，但谁也不管谁，不去招惹那些人。我们虽然也没有土地，依然努力生活，无论是租种土地还是去跟地主家打工干活，都不觉得低人一等，当时的社会就这样。过去的政府不行，他们只想着从农民身上捞钱捞粮而从不管农民的死活，还是现在的社会好，不收农民一分钱，我们这些老家伙还要用国家的钱。

（二）土改的过程和经历

1. 访贫问苦，扎根串连

1949年解放，土改工作队好像是解放一年多之后来我们村的，是国家派下来的。当时我们村来了三个工作同志，我记得有一个姓乔的，大家都称他乔同志。他们来了之后先让各家报各家的土地数量，有些人以为多报以后有什么好处，乔同志就说：“你们要报就不要多报，要老实，不然以后你们背时[1]哦。”

工作队来了首先召集农民开土改宣传会，一个生产队选两三个贫农代表，平时大会小会这些代表必须去参加。那时是在生产队大队的庙子里开会，那个庙现在已经被风吹垮

[1] 背时：四川方言，意为遭殃。

了。听说土改要分田，去参加的人就特别多，去的大多数都是穷人，我们也去听了，没怎么发言，细心听工作同志讲的相关政策，还是能听懂的。

工作同志当时还来过我家，我没读过书，没文化，不会说话，不知道怎么跟他们交流，他们也没有多说什么，应该就是来看看情况吧。当时选了贫农代表，工作队就召集那些贫农代表去开会，向他们打听村里那些后来所谓的“成分人”的情况，开完会这些贫农代表就回来向大家宣传，和教书一样，工作同志把政策宣传给贫农代表，贫农代表回来再给大家宣传，这就是贫雇农串连。

工作队来了之后还在村里成立了农协会，他们召集贫农代表开会选了一些人当农协会干部，农协会里有两个主席，还有其他委员，农协会成立之后就开始土改。当时只有贫雇农才能成为农协会成员，我是武装队队长，武装队主要负责押送地主，维持村庄秩序，农协会主要是安排土改工作，执行土改政策的实施。

2. 划分阶级成分

划成分是乔同志他们划的，我们家一家人都是贫农成分，贫农最贫，我们家当时的情况就是那样。那些有二十多亩土地并出租土地，以及放高利贷的就划为地主；富农比地主的土地少点，有小量出租；中农和我们这些贫农的条件差不多，只不过稍微好点，有一些土地，自己耕种没有出租；雇农就是一点土地都没有的人；贫农有点土地，比雇农稍微好点。对于地主家死去的人不会划为“死地主”，人都死掉了，划成分就没有意思了。我记得整个村划了五六户地主，富农怕是也有这么多户，中农要多点，村里大多数农户都是贫雇农成分。就划一次成分，分田也分一次，划成分的结果在大队办公室里张榜公示出来的。

3. 挖苦根，斗地主

后来村里还要批斗地主，在公社、大队都批了，总共加起来有六七次。还要开诉苦大会，诉苦大会不是斗地主。那些罪恶大的地主要押去乡上开公审大会，全公社的人都可以去围观，开公审大会时，每个大队拿着旗帜，敲锣打鼓地把恶霸地主、反革命分子押送到现场，每个大队有自己固定的站定区域，那是事先划好了的，十六就是十六，十七就是十七，每个队的旗手把旗帜插到自己相应的区域，中间留一条道。每个大队有专门的看守人员，要枪毙谁就将谁押上去一枪毙了就是，杨家沟就有一个挨了炮的，我们这个大队没有。

我们村里斗地主的时候有地主被打得很惨，龚秉正（当时龚家院子的一个地主）当时被逼得去跳崖，差点摔死了。对于其他的小地主，他们挨批斗较松，上台斗了就下台了。那时还要揭发地主的罪行，我包容心强，没有去揭发。对于这么激烈这么血腥的斗地主方式，没人站出来为挨打的地主说好话，谁敢呢？专门搞这个运动斗垮地主。

4. 没收和分配土地、财产

工作队和农协会带领贫农代表去收地主家的财产时，我们武装队就押着地主，看着他，防止他们跳水、跳崖。在没收过程中，都很配合，当时那个情况对于那些地主来说老命都难保，不敢不配合。把地主家的东西收完之后当场就分给大家，分土地是最后分的，分土地之前在村里一个寨上的庙里开了分配大会，工作队根据整个村的土地和人口来算，按照每人分多少土地来分的。

分地主家财产的时候，我家分了一个铁耙，一个坛子，我家住的茅草房，当时还分到了地主的一间房子。分土地的时候分到了两亩田和两亩地，好田差田都有，大家对分到的财产和土地还是比较满意的，那叫分“胜利的果实”。

最后分土地的时候，工作队和贫农代表组织大家去看田、插标、立界，有专门的人在量土地，那时讲挑数，不叫亩数，一挑谷就是指能产一挑稻谷的田，分的时候他家是十挑谷子或者五挑谷子，而不是分十亩或者五亩，现在的一分田就是那时的一挑谷。分财产和土地时，干部做得非常公平，没有贪污的情况，都在整地主了还敢贪污吗？但在分土地或者分财产的时候有吵架的情况，有的人认为其他人分的好点或者多点，吵架也没用，那是贫农代表说了算。

5. 土改复查

把土地分完发放土地证以后土改就结束了，土改前前后后大概搞了一年多，后来又复查大队留的公田公地，查清楚哪个生产队留了，留在哪里的，如果有其他大队土地不够，就让农户搬到土地多的大队去，十六大队就有人搬迁到我们这里来的。还要清查漏网地主和有没有错划成分的情况，我们村没有清查出漏网地主。工作同志刚进村后不久就搞了查田评产工作，后来又定了交公粮的标准，我家一年要交五百斤谷子，负担很大。

（三）土改的结果和影响

1. 土改后的土地经营情况

土改前我家只有几分地，其他的田地全是租的，土改时所有土地全部打乱重新分配，我家分到了两亩田和两亩地，我和弟弟都长大了，能帮家里干农活，因此我家劳动力很充足，还经常闲着没事干，一年下来收的粮食向国家交完公粮之后，够我们一家人生活了，不过那时没有现在这么科学的农业生产技术，粮食产量和土改前差不多，亩产都很低。后来我和弟弟都结婚分家独立了，我自己买来一头牛，和妻子两人生活勉强糊口，我弟弟家的生活赶不上我家。

土改后，村里再没有土地买卖的情况，各家各户都有土地种，种地热情也蛮高的，自己种自己的，收的粮食也是自己的。

2. 土改后的家庭生活情况

要说土改后的生活，那时再好也不能跟现在比，土改前地主家的生活都没有现在普通人家的生活好，斗地主那会儿勉强糊口，反正国家在金钱上没有给农民多少好处，农民没钱用，但土改以后生活压力稍微轻点了。村里农户与农户之间的生活差距渐渐缩小，大家都分到了土地，有土地就有了生存来源。解放后我和父亲就没在铁厂里打工了，也没再去外面挑煤炭卖了，一家人全靠种地为生，土地精耕细作就可以多收点粮食。

3. 土改后的社会交往情况

土改前家里穷得只住茅草房，谁看得起我们呢？土改后，大家的生活条件都差不多了，我家分到了地主家的房子，生活水平有极大改善，自己在村里的身份地位也有所提高。土改后更民主平等了，农民与农民之间的关系越来越好了，但在日常生活中很多人尽量避免和地主富农来往，因为地主富农对我们这些人有恨意，我们把他们的财产和土地都分了。现在这个社会不看成分，天下农民是一家，村庄风气真是越来越好！

4. 土改后的观念变化情况

土改后没有听说国民党“反攻大陆”的消息。土改运动斗垮了地主，跟我们这些少地、无地的农民分了土地，心情很高兴，大家都分到了一样多的土地，心里也更平衡。感觉那时候分土地和后来土地承包分地是一样的，都是好田差田兼分。土改后我觉得我们这些贫雇农的地位要比地主富农的地位高一些，因为那些成分高的人在政治上要受限制。不过现在大家都是一样的了，同一阶级的农民都是一家人，都吃得起饭，甚至很多地主的后人比我们发展得好，他们比我们聪明。

土改后大兴修堰塘、水库等，那时候村里划分了任务，有义务工，每家都要参加，我们家也不例外。还是共产党好，过去的社会我们连饭都吃不上，现在国家不收我们的粮食，不收农业税，还倒给农民钱花。土改运动对农民来说意义很大，现在是因为我们年纪大了，无力耕种田地，以前能种的时候收的粮食都吃不完。

5. 土改对农业集体化的影响

土改结束后一两年就开始搞互助组，互助组搞了一年左右就进入初级社，入社时我们把土地、农具都交上去了，上面说要交，大家都要交，那时什么都交了。后来搞集体化，土地集体耕种，我觉得土地还是自己种好些，集体化那时大家还要挨饿。集体化时期，大家干农活记工分，很多人到田地里干活时偷懒，拖一天也有一天的工分，所以闲的闲死了，累的累死了，聪明人偷奸耍滑，老实人就吃亏，土地还是单家独户种好，不管你偷懒还是积极干活，收多收少都是自己的，大家更有积极性。反正土改运动也不是白搞了的，以后就慢慢变好了。

HX20160117ZDL@S　张大林

一　受访者基本信息表

<table>
<tr><td>调研点</td><td colspan="5">四川省宣汉县下八镇石盘村</td><td colspan="2">调研员姓名</td><td colspan="2">何霞</td></tr>
<tr><td>调研员单位</td><td colspan="9">华中师范大学中国农村研究院</td></tr>
<tr><td>受访者编号</td><td colspan="5">HX20160117ZDL@S</td><td colspan="2">受访者姓名</td><td colspan="2">张大林</td></tr>
<tr><td>受访者性别</td><td>男</td><td colspan="2">首次采访时间</td><td colspan="2">20160117</td><td colspan="2">首访时受访者年龄</td><td colspan="2">81</td></tr>
<tr><td>受访者成分</td><td>贫农</td><td colspan="5">土改时是否土改干部或土改工作队队员</td><td>否</td><td>是否党员</td><td>否</td></tr>
<tr><td>干部经历</td><td>有</td><td colspan="5">曾担任的干部具体职务</td><td colspan="3">生产队队长</td></tr>
<tr><td>现家庭人口</td><td>2</td><td>现承包地
面积（亩）</td><td colspan="2">—</td><td colspan="2">现承包林地
面积（亩）</td><td>0</td><td>现承包水塘
面积（亩）</td><td>0</td></tr>
<tr><td>受访者
基本情况</td><td colspan="9">老人1935年出生，1950年结婚，有四个儿子，两个女儿。目前大儿子和三儿子在家务农，二儿子任村里的文书，小儿子在县城里租房陪子女上学。目前两个老人住在村里小儿子家里，承包地已全部分给几个儿子，老人平时只种点蔬菜，四个儿子都会给赡养费，老人生活悠然。</td></tr>
<tr><td>受访者
职业经历
或个人简历</td><td colspan="9">老人1935年生于宣汉县石盘村，1943年至1948年念小学，1949年解放之后开始在家务农，1950年结婚，土改过程中加入武装队，集体化时期当过生产队队长。</td></tr>
</table>

二　分阶段整理

（一）土改的基础和背景

1. 土改前的家庭基本情况

我叫张大林，生于1935年。我有一个哥哥两个弟弟，当时加上我父母，家里总共六个人。我哥在解放那年结婚时搬迁到另一个村定居了，我是1950年结的婚，因此土改前我家还是六个人，包括父母、两个弟弟、我和我爱人。那时我父母有五十岁左右，无大病残疾，我结婚比较早，那时才十五岁，我爱人大我一岁，两个弟弟还是小孩，大弟弟十来岁，小弟弟只有几岁，他俩都在念书。家里就我和爱人帮着父母干农活。

2．土改前的家庭经济情况

土改前的生活很是清苦，全家老小就靠种那点土地维持生活。农忙种地，农闲在家纺线，等到赶集那天上街卖掉买点油盐回来。家里穷，平时吃得上稀饭、玉米糊糊就算好的。为了生存，甚至还要去地主家打临工，劳动强度非常大，主要帮地主家栽秧、打谷、犁田、收麦子等，起早贪黑，干一天给我们一斤半大米。那时候的日子真是不想提，有时候家里实在没有粮吃了，会向地主家借粮、借钱，还要加收利息，在当时看来利息非常高，有些心狠的人要收对半的利息。

3．土改前的土地经营情况

土改之前，家里有爷爷留下来的两亩多田地，每年能收十几挑谷子，不过要向国家上交一挑的粮食，一挑有一百三十斤左右。除了种自己的田地，我们还租种了一户富农家的两亩多田地，也能收十几挑谷子，租金给粮食，按田里产的粮食斤数来收，一般是三七分成，我家要七成，他家收三成。以当时的标准来看，这还不算高的，这个老板挺义气的，有些心狠的地主还会收四成的租金。那时我们租地时还像现在一样签合同，很少有退租的情况，只怕别人不租给我们。地里冬季种豌豆、麦子，春季种点苞谷，田里就种水稻，当时亩产不高，种水稻一亩最多收五六百斤。每年的收成除了给富农的租金和国家的公粮，剩下的不够一家人生活，每年正月或者二月就开始缺粮吃，要通过其他途径获取粮食。

在农业生产上，我们家有头牛，犁头、耙等基本农具都有，这些都是庄稼人必备的，家里有四个劳动力，但农忙忙不过来时会和周围邻居换工。当时村里有公田，在刘家坝，离我们这里有几公里路，那是保上在管理，租给别人种了。

4．土改前的社会交往情况

我家和佃主的关系还可以，逢年过节要去拜访他们，当我们遇到经济上的困难时，可以去找他借粮、借钱，他不收我们的利息。我们这个湾里富裕农户很少，只有一家地主，几户中农，其他都是穷人，农户与农户之间相处比较融洽，那几户中农都是我家的亲戚，关系自然很好。那时候村里富裕的农民和普通农民之间的生活差距还是有的，土地如果种得多点，生活上自然就宽裕点，土地种得差的就差点，我们家生活水平在当时算一般的。虽然我们这里张姓是大姓，但没有宗族、祠堂这些。

5．土改前的土地观念

土改前我家有两亩多田地，当时如果有钱肯定还会再买土地的。当时村里有些人土地较多，我们这些少地农民和无地农民也没办法，毕竟那是人家的土地，我们也很无奈，当时的社会就那样，直等到解放以后才好点。我们家还好点，能租到地，那些一点土地都没有又租不到地的人更可怜，只有长年在外面卖力，靠跟别人干活为生。不过我们也苦，租别人的地总是低人一等的，经常跟老板说好话，希望他继续把地租给我们。

解放之前就听说要土改，我们也不敢多说什么，解放之后大家才敢说。听说要土改，我们这些贫穷农民当然是高兴的，没什么担心的，只是解放那一年害怕国民党又打回来，解放过后已经将其一网打尽了，我们就不怕了。

（二）土改的过程和经历

1．访贫问苦，扎根串连

土改工作队是1950年腊月进村的，当时来了三个工作队员，乔任体、张史聪和一个姓王的，大家跟那个姓王的起了个绰号叫王铁匠，乔任体是组长。他们三个是宣汉土改团分来的，是本省人，当然能力强的、能说会讲的就当组长，乔任体能说会道，能把地主说服，很厉害。

工作队来了之后首先就清查土地，看看大家的整体经济情况和土地拥有情况。然后开土改政策宣传会议，发动群众，开会时每家每户都去了人，当时规定满了十六周岁就可以参加土改宣传会议，但也没这么严格。那些富裕农户也参加，参加了自己心里就有底了，知道自己大概该是个什么成分。我当时才十五岁，但能听懂那些政策。

除了召开宣传会，工作队还要访贫问苦，当然不是每家每户都去，毕竟村里有几百户，他们访贫问苦的目的主要是安抚大家，让我们不要怕，不要担心那些地富找我们报仇，有他们工作队在，这样群众就发动起来了。我当时比较年轻，有干劲，就报名参加了武装队，做事情也算不上积极，就跟大家一起跑。

当时村里有农协会，农协会里面的干部是工作队组织群众选出来的。农协会里面有主席、主任、文书、小组长，选的时候工作队提出候选人，群众选，但成为候选人必须符合两个条件：一是家里贫穷，也就是后来的贫雇农成分；二是对共产党忠诚老实。我是武装队队员，武装队当时也是贫农团里的，我们武装队主要负责押送地主，维持治安。

2. 划分阶级成分

当时我们一家人都是贫农成分，这个是依据我们土地的多少和家具的齐全程度来评的，首先在生产队里评，评完之后交给农协会审查，审查无误之后就确定下来了。我们家土地少，家庭贫穷，划为贫农也是应该的，家人是认同这个成分的，而且那时候成分越低越好。

评成分首先是在小组里评，每个小组每家每户派个代表去评议，评出来之后小组交给农协会和工作队审核，确定无误之后就确定下来了。评为地主的主要不是看他土地的多少，而是看有无剥削他人。剥削的主要表现就是请长工，有土地，有经济收入，剥削别人，不劳而获的就是地主。富农就是自己劳动一半，请人做一半，或者家里做点生意，富农的土地比地主的少。中农土地多但全都自己耕种，富农是种一部分租一部分。雇农就是长期在别人家帮长工，自己一点土地都没有。村里雇农比较少，贫农是最多的，贫农的土地很少，收成不够一家人生活。

当时就划了一次成分，整个村就划了四户地主，富农只有一队有一个，划了几户中农我记不清了，贫农最多，雇农也很少，我们这个队有向曲达、庞明达两家是雇农，他们一点土地都没有，就全靠在外当长工为生。

3. 挖苦根，斗地主

诉苦大会上，群众诉说苦情，说地主之前是怎么压迫老百姓、怎么欺负贫苦农民的，也就是算剥削账，揭发地主的罪行。斗地主时就质问地主情况是否属实，一直斗到他认错为止。

村里四户地主都被批斗过，如果他们说了什么不该说的话，就会挨斗，斗的次数非常多，隔个几天，想斗的时候就拉去斗就是了，地主稍微有一点错误，就通知所有人开批斗大会，一直斗到土改结束。斗地主的时候，把地主押上台，下面的人就揭发地主的罪行，如果地主不承认自己的罪行就要挨打，平时太可恶的地主那肯定是要挨打的，有些地主在公审大会上挨了炮[1]的，在南坝（相邻的一个镇）就开过公审大会，当时我们下八被枪毙的地主还有点多，在南坝开那一次就枪毙了四个，那四个人罪恶太大了，他们在解放前都是保长，也是地主。斗地主时没有公开给地主说好话或者同情地主的，当时形势这么严峻，大家都不敢。

4. 没收和分配土地、财产

没收地主财产时，村上组织的村民代表去收，武装队和土改团的都去了，不管什么东西，地主家里所有的家具农具都被没收，收回去先放在村上保管室。分财产之前，每家分配什么东西是每个小组里评议的结果，总共没收了多少东西，我们这个小组该分多少个、

---

〔1〕 挨了炮：指枪毙。

多少种类、多少个人都评议好，比如我家想要个杯子和盆子，小组里评议通过后就登记下来，分的时候就照那个名单分给我了，该分两个的分两个，分三个的分三个。富农和地主的土地被没收了，打乱重新分给贫雇农，刘家坝的公田也打进来分给大家了，贫雇农、地主和富农每人分四分田，中农不分。我家原本就有两亩多田地，依照人口来算还差几分，就给我家补了一分地、四分田。分地主的家具农具时，我家当时好像分到一个耙，其他的没分到，这是自己抓阄分到的。村里就只有四个地主，收到的东西不多，肯定不能想分什么就得什么，满不满意就那样了。

分土地是工作队和农协会组织开展的，他们组织集体去看田、插标、立界，亩产在之前就确定了的，谁家该分哪里的土地，就近分给大家。当时有些干部在分配财产中，有好点的东西就自己贪了，不值钱的就分给大家，因为当时有几个铜瓷盆不见了，大家都在闹这个事，最后不了了之了。

5. 土改复查

我们村土改在 1952 年上半年结束的，结束之后有干部来复查。我们这里没清到漏网地主，也没有错划成分的，划的时候就弄得清清楚楚的，群众的眼睛是亮的，哪个好哪个差都看得见。好像是 1953 年发的土地证，土地证上写的是廖纪文的县长。至于查田定产，没土改的时候就查田评产，就评每家每户土地有多少，查田评产过后就土改。分了地主的土地过后，要向国家交公粮，我们好像只交一斗多谷子，可能只有二三十斤，负担不大，只是粮食收入不高。

（三）土改的结果和影响

1. 土改后的土地经营情况

土改前后对比，土改后我家只多了八分田地，加上自己原有的土地，一年的粮食收成勉强够一家人生活。种的粮食作物还是水稻、苞谷、红苕等，产量和土改之前差不多，没有提高。那时候的种子、肥料没有现在的好，产量很低，那时用的水稻种子是高秆稻谷，我和爱人两个人的田种的水稻只收能两挑谷子。即使产量低，大家的种地热情还蛮高的，我们两个年轻，干活有劲，在农业生产上没啥困难，只怕天干发生旱灾，我记得有一年降水量极少，很多田没法种水稻，那一年生活就很恼火，自己另外想办法。

土改后，有些人害怕土地不够，像过去一样去买地，因为还是有人卖地。我们家不买地也不卖地，我们队上有两家人买土地，严永国就买了十六大队孙邦军家里的几分田，买得很便宜。

2. 土改后的家庭生活情况

土改后的生活比解放前要好点，人勤快点还可以吃上白米饭，就算家里没粮食，到外面下力也可以找点钱买粮，有了劳力挑煤炭卖都可以维持生活。和土改之前比，生活压力没那么大了，发家致富的信心也更足了。土改后我就去学手艺，用竹条编箩筐、背篓等，也算是一项副业。那时候还可以外出帮人抬木料，这个我也干过，帮别人抬一天木料得一升大米，这可以维持一家四五口人一天的生活。土改后村里农户与农户之间的生活差距没那么大了，稍微平衡一点。

3. 土改后的社会交往情况

土改之前租种别人家的土地总感觉低人一等，害怕别人不租给我们，极力讨好他们。土改后大家都是一样的，都有自己的土地种，不再低三下四跟别人说好话，自己的身份、地位提高了。我们活一辈子还没跟别人吵过架打过架，村里无论谁我们都相处很好，人与人之间的关系是相互的，我们对别人好，别人也对我们好。只不过当时成分问题很紧张，我们贫下中农和那些被划为地主和富农的人关系较疏远，我原本和另一户人家的姑娘要订婚的，因为她家成分不好，我们取消了，从此没跟他们接触过。当时村干部都是穷人当，我们关系挺好的，比较熟，相互之间经常开玩笑。总体来说，土改后村庄的风气和土改前比更好了，分了土地，大家都很欢喜，相处更融洽。

4. 土改后的观念变化情况

当时听说国民党要“反攻大陆”，可能是那些坏家伙传的，我们只听不多嘴，传言就渐渐消失了。土改给农民分到了土地，大家心里很欢喜，只要自己勤快点，好好务农就不挨饿了。这和后来八几年的土地承包入户相比，我感觉是不一样的，土地入户后，农业生产技术越来越进步，现在有化肥和机械，土改那时没有。土改后，村里组织了修水利、修路等活动，大家都积极参加，尤其是修水利的次数很多，修水电站、水库的时候，我们都要去背土。

土改给我留下的印象最深刻的事情是斗地主，我觉得土地改革是应该的，不土改的话土地就分不下去，也收不了地主的财产。土改之后我们这些贫雇农感觉自己比那些地主、富农的地位还要高些，无论在物质上还是精神上，我们都翻身做主人了，同一阶级的农民是一家人，毛主席语录上都有“天下农民是一家”，我们还要背的。

5. 土改对农业集体化的影响

我们村 1952 年结束土改，1953 年开始搞互助组，1954 年建初级社，1958 年建高级社，也就是人民公社，初级社是一个队一社，高级社是全村或者三四个社组成一个高级社。在初级社的时候要上交农具，把农具折算成价格，用了之后初级社集体会给你本钱。那都是我们自愿交的，并且大家都知道你家里的情况，不交也不行。1958 年人民公社化时期，家里什么东西都要交了，包括锅、罐子等。

我觉得土地私人种效率更高，集体漏洞大，粮食收到保管室去，你也不知道那几个当官的如何处理的，我们这个队不存在这种情况，但其他队有这种情况。而且土地集体耕种对于那些偷奸耍滑的人来说有好处，那时候闲的闲死了，忙的忙死了，很多干部也是这里跑那里跑，实际在偷闲。土改不是白搞了的，土改把地主打垮了，给大家分了田地，家家户户都有了田地种，社会是一步一步发展的，你看发展到现在多好。

HX20160118ZDQ@W　张大全

一　受访者基本信息表

<table>
<tr><td>调研点</td><td colspan="5">四川省宣汉县下八镇石盘村</td><td colspan="2">调研员姓名</td><td colspan="2">何霞</td></tr>
<tr><td>调研员单位</td><td colspan="9">华中师范大学中国农村研究院</td></tr>
<tr><td>受访者编号</td><td colspan="5">HX20160118ZDQ@W</td><td colspan="2">受访者姓名</td><td colspan="2">张大全</td></tr>
<tr><td>受访者性别</td><td>男</td><td colspan="2">首次采访时间</td><td colspan="2">20160118</td><td colspan="2">首访时受访者年龄</td><td colspan="2">85</td></tr>
<tr><td>受访者成分</td><td>贫农</td><td colspan="5">土改时是否土改干部或土改工作队队员</td><td>否</td><td>是否党员</td><td>是</td></tr>
<tr><td>干部经历</td><td>有</td><td colspan="5">曾担任的干部具体职务</td><td colspan="3">副乡长、党委副书记、初级社社长等</td></tr>
<tr><td>现家庭人口</td><td>4</td><td>现承包地
面积（亩）</td><td colspan="2">0</td><td colspan="2">现承包林地
面积（亩）</td><td>0</td><td>现承包水塘
面积（亩）</td><td>0</td></tr>
<tr><td>受访者
基本情况</td><td colspan="9">老人1931年出生，1938年至1941年念了四年小学，1945年开始在家务农，1947年结婚，育有四子。老伴早已去世，目前老人与三儿子居住在镇上。三儿子照顾老人的生活起居，其他三个儿子均会给老人一些赡养费，老人退休后有退休金。</td></tr>
<tr><td>受访者
职业经历
或个人简历</td><td colspan="9">老人出生于宣汉县石盘村，土改之后迁居到下八镇平原村。1950年至1954年，担任村里的武装队队长，1954年任职于县民政局，1955年回到平原村担任初级社社长和党支部书记，1956年担任下八乡副乡长、党委副书记，1970年至1971年任下八乡农基站站长，1982年退休，目前和三儿子居住在镇上安心养老。</td></tr>
</table>

二　分阶段整理

（一）土改的基础和背景

1．土改前的家庭基本情况

我叫张大全，生于1931年，我是老大，还有三个弟弟。我是1947年结婚，婚后和大人分家了，也就是说土改之前家里只有我、妻子和大儿子三个人。当时我和妻子都未满二十岁，儿子有一岁多，那个年代的人结婚都比较早。自己没有地，租了点土地种，农忙季节还会帮着父母干农活，那时候没有其他收入来源，村里每家每户都织布，农闲时我们也会织点布上街去卖。

2. 土改前的家庭经济情况

我们自己没有土地，就租种了别人家的土地，农闲时再织点布卖，当时村里三天赶集一次，我们每一场也就是三天能织一匹六丈长的白布，可以赚得一斤斗[1]米的钱，一斤斗是二十几斤，那时的农民就是这样过日子的。我家生活非常拮据，可以说是找一碗吃一碗[2]，每年青黄不接的时候不卖布就吃不上饭。当时人年轻，其他东西没有，就是有劲，除了种地、织布，我还到我们那附近的地主家干过活，主要是帮他们干农活，我感觉那种劳动强度还能接受，干一天能得一升的米，一升米五斤，那也能维持一家人一天的吃食。那时候家里也喂养猪和鸡鸭这些，但数量都不多，全都是自己吃了的，没怎么卖过。那时候生活压力特别大，有时候家里都揭不开锅，大人可以挨一两顿饿，可是孩子不行啊，这时候我们就去其他农户家里借点粮回来，我印象中记得借得最多的时候是两百斤谷，还的时候要多还一点，一升还一升半，你想那个利息多高。

3. 土改前的土地经营情况

土改前我们租种了我舅舅家的田地，他家在土改中划的富裕中农成分。当时租了有二十石的土地，一石是一百五十斤，那时都是以产量来算的，当时水稻的亩产不高，一亩田的水稻最多收六百斤谷子。虽然我们两家有亲戚关系，租田之前还是要给他交押金，不交押金也不租给我们，地租是按产量的2∶3来分的，比如我家收了一百斤谷子，给舅舅家六十斤作为地租，我们仅剩下四十斤，这还是看在双方亲戚的份上给的地租，其他农户租田

〔1〕 斤斗：是当时的一种衡量重量的工具。

〔2〕 找一碗吃一碗：也就是说吃了上顿没有下顿，形容生活极度拮据。

都是 3∶7 的行情，还有 2∶8 的情况。每年秋收打谷的时候他就来收租，我们把打好晒好的谷子送到他家去。当时租田地的租期不确定，那要看租田户家的收成情况，如果第一年收成不好，第二年可能不再租给你，当然因为是我舅舅，他还是愿意长期租给我的，租田之前我们签好合同，当时不叫签合同，叫写租字，在中途如果不想租也可以退租。灾荒减产时，他不会跟我们减租，反正租金就是按照那个比例来的。

那个年代种的农作物种类比现在多，现在的人越来越怕麻烦，一般只种主要的两三种作物。那时候田里大春时种水稻，小春时种油菜，旱地里除了种苞谷、红薯，还种些绿豆、红豆、黄豆、蚕豆等杂粮。土地不多，种的花样蛮多，每种收一点，但每年跟国家交租之后完全不够一家人吃，后来家里又慢慢增加人口，生活很是紧张，不够吃就只能想其他办法。

当时家里锄头、背篓、犁头、铁耙等农具都有，只是没有牛，需要用牛的时候就去租，用完之后送点粮食作为租金。和现在一样，农忙季节很多农户相互换工，换工按天数来，比如我帮你家干了一天农活，你家就要帮我家干一天，尤其是栽秧打谷的时候换工最常见。除了自发的换工还没有其他类似于互助组的组织，互助组是土改之后成立的。

4. 土改前的社会交往情况

我租种的舅舅的土地，毕竟我们是亲戚关系，双方相处比较融洽，他也相信我能把土地种好。逢年过节时，作为晚辈和佃户，我们还会跟他家送点鸡鸭、白糖等作为礼物。这样关系处好了，平时家里有什么困难或者遇到灾荒粮食歉收，可以向他借粮食，不要我的利息。我们这个湾里穷人较多，而且都是一个大家族的，平时大家的关系都很好，这附近只有一个地主，我们和他相处也还可以，因为他需要我们跟他干活啊。整个村里有几户地主，地主和普通农户的贫富差距比较大，有些人饭都吃不上，而那些大户人家的粮仓都装不下，但他们要向国家交粮食和各种款项，当时那个社会就是这样，“大虫吃小虫，蛐蛐吃毛虫”。这湾里大多数都是姓张的，我们是一个大家族，还有族长，族长家没在我们这个乡，我们这湾里姓张的关系都很好，毕竟都是一家人，平时有困难都相互通融。

5. 土改前的土地观念

土改前如果家里有钱的话，肯定是想买更多的土地了。土改之前，虽然我们租种舅舅家的二十石的田，但是每年不一定能收二十石粮食，交租之后根本不够全家人生活，那时候如果家里有钱，肯定想买地，买来的土地是自己的，收多收少都不交租。

我们村里有几个地主，都是小地主，我们张家湾里都是些穷人，只有一个地主。地主的土地又多又集中，对于我们这些贫穷农民来说很是无奈的，我们能把地主怎么办呢？为了养家糊口还要低三下四地和地主搞好关系，这样他才会找你干活。家里遇到困难去找地主借粮、借钱，他还要看你能不能按时还上，如果不能按时还就不会借给你。对于那些完全没有土地的人，我很怜悯他们，但是我也穷，我也是一点土地都没有的，我对他们只有心理上的怜悯，不能给出实际表现，自己都是泥菩萨过河自身难保的，并且租别人的土地在心里感觉是低人一等的。

解放之前就有地下党组织在宣传土改的消息了，他们不公开宣传，悄悄跟大家说：“莫焦，要分田地了。”也有污蔑共产党的，那些发财人、地方保甲、大地主等反面宣传共产党，但我们这些穷人就听那些进步人士的宣传，希望尽快解放，进行土改，分田地、分胜利果实。国民党政府那时经常在村里拉人去当兵，当时有“三座大山”压在我们头上。1949 年 10 月 1 日宣布新中国成立，大街小巷都插上旗帜表示欢迎共产党，我们这些穷人更欢喜，因为要翻身做主人了。

（二）土改的过程和经历

1. 土改的基本流程

1949 年解放，1951 年开始清匪反霸，之后乡政府组织农协会开始查田评产。1952 年上半年就开始减租退押，1952 年 10 月工作队进村正式土改，土改经过了查田评产、土改宣传、扎根串连、划分阶级成分、斗地主、没收和分配土地和财产等阶段，1953 年 3 月给农民发放土地证之后土改结束。

2. 访贫问苦，扎根串连

正式的土改工作队是 1952 年 10 月份进村的，当时来了三个工作队员，其中有个乔同志是组长，另外两个是随行的积极分子。工作队进村之后开大会、小会宣传土改政策，白天晚上都在开，发动群众搞土改、分土地，穷人都很欢迎，比如说，今天要在哪个院子开会，就把农民召集起来宣传党的政策和土改政策，宣传共产党好，好在哪里，要打倒土豪、打倒劣绅，发动贫下中农起来当家作主分田地，自己坐江山，他们就宣传这些内容。那时穷人占多数，百分之九十都是穷人，但是大家都能听懂这些政策。我当时还年轻，就只当一个听众，没在会上发过言。

工作队进村之后，一般来说要家家户户去访贫问苦，当时来过我家，问了我家的基本情况，我就说我租种了别人的田，政治上受压迫，没当过什么，经济上受压迫受剥削，工作队也相信我。他觉得我这个人可能信得过，问了我之后就去问其他农民对我的看法，另一个人说我说的情况属实，再问另一个人也说属实，工作队才相信我，这和现在我们工作上搞材料一样，得有旁证证明。工作队相信我就选我做了土改积极分子。这也就是串连扎根，工作队首先到贫农家庭去扎根，串连就是一个串一个，比如说，你是个穷人，工作队就到你家来个别发动，你就去做你亲戚朋友的思想工作，就这样一个一个地去宣传，一个串一个，一个串一个。

农协会是组织群众成立起来的，当时要选农协会主席、小组长、武装队长等，还要接收会员。加入农协会首先你得是个穷人，然后要写申请，不会写书面申请就口头申请，经过群众选举，如果你组织能力强，又能说会道，就选你当农协会主席。当时加入农协会的（人里面）党员很少，我都是土改结束后才入的党。我当时是武装队队长，主要负责组织武装队员押送地主富农、土豪劣绅，白天将其看守在一起，晚上把他们放出去后就跟在后面逡巡，害怕他们把金银财产转移走了。

3. 划分阶级成分

确定某户某人的成分很容易，那是根据国家政策来的，因为之前就已经查田定产了，工作队员对各家各户的土地拥有情况比较清楚，我家没有土地，划的是贫农成分，我当时还参与了划成分的工作。划成分的具体过程：首先召集各户代表聚集在一起，挨个评成分，根据之前记录好的各户土地租种情况，确定其有没有土地，或者有没有租种情况，受了谁的剥削，大家根据被评人的实际情况和国家划成分的具体规定确定其成分，评完之后交给农协会和工作队审核，村上确认无误后就向县上交材料。

确定各个成分的具体标准是：家里没有土地就是贫农，有几挑谷子吃得上几碗饭的就是中农，如果粮食较多、经济较宽裕的就是富裕中农，土地多、请了临工干活但自己也参加劳动的就定为富农。地主是以地租为收入来源，不劳动，家务和农活全都请长工做，有的请一个，有的请两个，剥削量超过本人劳动力数的百分之二十五的就划为地主。有些人自家没有土地，租种了别人的土地但又请了长工，这也会被划为地主。因此地主成分的确定不是看他土地的多少，主要是看剥削量的大小。

整个村各成分的户数我不清楚，只知道我们这个湾里有一个地主，两户富农，两三户中农，其他的都是贫农，没有雇农，我们这个队比较穷。从整个村来看地主富农户，一队没有地主，二队刘家坝有个官僚地主刘万波，他住在南坝（相邻的一个镇）街上，他本人在土改之前就去世了，三队有两个地主杨义儒和龚秉正，一个富农杨义统，四队也就是我们这湾里有一个地主符代田，有一户富农孙邦田家，五队符家沟没有地主，江家山下面有个叫向纯菊的，她也是地主成分，她老公是南坝精英中学的，1950 年毕业后到川北行署工作了，当了个政协秘书，现在也去世了很多年了，他家是地主户，他老婆在家经常被批斗，他有个兄弟彭良义也是个地主，他弟弟在土改斗地主那几年出去参军了，也是跑得快才没挨斗。其他的没有地主了，总共算下来有六个地主。

4. 挖苦根，斗地主

土改期间在生产队里经常开诉苦会揭发地主的罪行，在会上贫雇农就诉苦，说谁剥削了他，说他跟谁家干长工、短工，租种了谁家的田地，又哭诉自己没吃的没穿的，说国民党拉壮丁整得他妻离子散等等，那时候苦根特别多。

斗地主的时候要召开斗地主大会，每个地主都要斗。会上把地主拉上台，让他当着大家的面跪下，让他坦白家里有没有金子、银子、银圆或鸦片等，坦白交代出来的就是开明地主，这就过关不再斗他。有些顽固地主啥都不说，那就要挨打，这个大队我听说龚秉正就是个顽固地主，打死不投降，大家就一直打，打到他承认为止，不打不行，他是这个村最大最顽固的地主。斗地主的时候很多人一边哭一边打地主，还要骂地主，大家都恨地主，没有人给地主说好话或者同情他们，可能只有地主的亲戚朋友才同情他们。

5. 没收和分配土地、财产

成分划好之后，农协会和工作队带队到地主家没收五大财产，该拿的拿走，该背的背走，如果地主不配合，就由我们武装队把地主押着去他家。地主的房子和家具、农具都没收，土地没收分给贫雇农，不过不是全部没收，要给地主留有维持基本生存的用具和土地。

分配土地是根据之前查田评产的结果来的，要看这个村的土地总面积和总人口，然后再平均分。这个村是每人分四石四[1]的土地，当时一石是一百五十斤，地主、富农也一样，因为共产党的政策不是一棍子打死，按照分配标准给予每个农民平均分配。分配土地之前要开分配大会，会议结束就开始给大家分田地，分好田还是差田那是挨着来分的，分到哪里算哪里。

当时我家里有五个人了，每人分四石四产量的土地，总共分了大概有三亩八分多田。分财产时我家分了一腿牛，一头牛四户人共用。还分到了一个犁头，耙和犁头几乎每人一个，实在分不到农具的就从地主、富农的钱财中分点现金。除了这些，我家还分到一间房子，至于水塘，我们湾里水分本就充足，不需要水塘。分土地时，工作队、农协会带队去分，比如说今天要分田了，十几个分田的人一起去，当时还有个查田委员会主任跟着一起去，从一队开始分，有专人量地。分财产和土地的时候干部不敢贪污，大家都看着的，谁家里有几个人该分多少田，哪块田有几石，大家都很清楚。如果大家对分到的财产和土地有争执，工作队要协调，进行说服教育。

6. 土改复查

1953 年 3 月村上给大家发了土地证后土改就结束了，土地证那时候叫管业证，有了那个证就表示农民有自己的土地，可以自己管业了。1954 年 1 月上面又有人下来复查，清查漏网地主和划错成分的，防止有权势的干部私分多占土地和房屋，这些情况都没有，漏网地主和划错成分的都没有，成分基本都是准确的。

我们村的查田评产是在 1951 年进行的，查田评产是当地乡政府组织村上农协会开展的，确定整个村的农户土地拥有情况，整个村的土地总面积、总人口，为以后的土改打下基础。当时交公粮是根据每个农户田地多少来计算的，那时候我家每人每年只交十几斤，基本没啥负担。

（三）土改的结果和影响

1. 土改后的土地经营情况

土改之前我家一点自有土地都没有，土改时分到了三亩八分多田地，种点水稻和杂粮，那时没有肥料，产量很低，一年的收成除了交公粮，剩下的粮食基本上够一家人吃了。当时孩子还小，妻子忙着家务和照顾小孩，农忙时两个人根本忙不过来，后来有了互助组就好多了，村里十户或者八户组织成一个组，大家一起干活，对于劳动力不足的家庭来说这是极好的。那时候种土地很简单，除了劳力不足，其他没啥困难，大家种地热情很

---

〔1〕 石：是重量单位，这里指产四石四的粮食的土地。

高，因为不受剥削了，自己种了自己收粮食，不再给别人交租金。解放以后到现在村里再没有土地买卖的情况，土地属于国家的，我们没有权利买卖。

2. 土改后的家庭生活情况

土改后，无论是物质上还是精神上，我们都轻松很多。在物质生活上，解放以前从没有杀猪的情况，解放后，尤其是土改以后，每家每户都会养几只鸡鸭，或者喂一头猪什么的，过年时可以吃肉，生活水平提高不少。在精神上，贫雇农翻了身，不再受有钱有势的人欺负，心理压力和生活压力都减小了。整体来说，村民间的生活差距缩小了，但没有绝对的平衡，有些人懒，他们的生活就差点，有些人很勤劳，精打细算过日子，生活要过得好一点。

土改后物价比较稳定了，当时中央有政策，票子不贬值，那时我们用的是三块一张的苏联票子，后来就全用人民币了。人心本就高，土改后大家发家致富的信心高涨，都想挣钱发财，除了种地、织布，很多人学起了手艺，寻找各种营生方式和收入来源。

3. 土改后的社会交往情况

土改前我们这些穷人基本没啥地位可言，土改后翻身做主人，政治上不受压迫，经济上不受剥削，组织上有依靠了。土改后我加入了中国共产党，当了干部，那时候干部和群众鱼水相融。土地改革运动在经济上把地主、富农打垮了，在政治上把官僚打垮了，普通群众依然恨他们，大家都刻意疏远他们，基本不跟他们往来。

那时候村民和村干部的关系很好，群众对干部很尊敬，我们是毛主席时代的，脑子里装的毛泽东思想，不像现在的村庄，村民和村干部矛盾大。在我们张家湾这个大家族，土地改革运动没有影响家族关系，我们本来都是穷人。从整个村庄来看，土改前村民之间经常发生吵架、打架的现象，土改后这些现象慢慢消失了，村庄风气有了明显的改善，因为大家都有了土地，自己种地自己收粮食，相互之间利益纠纷比较少。

4. 土改后的观念变化情况

在五几年还是六几年时有国民党“反攻大陆”之类的传言，大家都不信，我也不信，蒋介石八百万军队都被打垮了，他还能再打回来？他算老几，台湾那么小一块，咱们大陆的面积多大，大陆居民每人吐口唾沫都能把他淹死，他们要是敢“反攻”回来，我们所有人一人一根棍棒都要把他们打死。“反攻大陆”的传言并没有使农民恐慌，土改分到土地，大家心情都很舒畅，我们农民像兄弟姊妹一样，都是一个藤上的苦瓜，你亲我亲大家都亲。我们贫雇农比那些划为地主、富农的地位要高了，后面有共产党这个“老板”撑腰，农民不再怕地主，不再怕国民党“反攻”，同一阶级的农民都是一家人，“天下农民是一家”。

我觉得当时分土地的感觉和后来土地承包分地的感觉是一样的，都是分给我们自己种，粮食收得少是自己的，收得多也是自己的，现在国家都不收什么农民的税了，土地承包给农民三十年不变，现在又在搞七十年不变，土地重新确权，确权后土地七十年都是你的，没有谁敢侵犯你种土地的权利。

以前有宗族，土改打破了宗族关系，宗族关系不再重要，处理大小事情不再遵从族规，要按党的政策来，土改后再搞宗族关系就认为是一种反革命组织，那是不可以的，我是中国共产党党员，坚决拥护党的政策和决定，没有先进思想不能入党的。

土改给我留下的印象最深刻的是分土地，农民的命根子就是土地，农民要靠土地吃饭，土改给大家分了土地，国家也不拉壮丁，农民不再受地主的剥削，不受资产阶级的压迫，土地改革好。土改后大家都积极参加修水利活动，那时修小塘、三湾塘，大家都愿意去修，储水就不怕天干，种水稻不能缺水，如果关键时刻没有水就会枯死。

5. 土改对农业集体化的影响

1953 年土改结束之后不久就开始搞互助组，经过 1954 年一年，1955 年开始建立半社会主义性质的初级社，1956 年建立社会主义性质的高级社。高级社时期土地入社农民不分红，初级社要分红的，入初级社的时候，每家每户的土地牲畜等生产资料都要入社，每户的土地占多少，劳力占多少，肥料占多少，收成之后根据你家入社时生产资料的分量来分成，高级社时期取消分红，一律以劳力评工记分，分配工分钱，那是社会主义性质的。入初级社时，牛、犁头、耙、锄头等农具都要折价，高级社时期，只有大型生产农具才折价了，锄头等小型农具留着自己用。搞初级社的时间一年都不到就建立高级社了。

入社之后土地集体耕种了，我认为土地自己耕种效率更高，集体一起干，热情不高，大家都消极劳动，并且集体中有偷奸耍滑之人，他们干活拖拖拉拉，上午去得晚，干活出工不出力，拿着锄头在田地里聊天，收工时最积极，而那些忠厚老实之人就踏实干活。集体干活力量大，对农业生产还是有帮助的，比如修水库要集体才行，单家独户修不好，但集体化人心不齐，不过那时候不搞集体化也不行，土改把土地分给大家，分散化经营可能使土地出现不定向的变化，有的人思想没洗清，可能又会买卖土地，形成封建残余，集体化统一管理土地的话就变不了。

虽然分了土地后来又进入集体化了，但土改不是白搞了的，这个得逐步来才行，不从减租退押、清匪反霸把那些人打倒，或者不查田评产，土地怎么分得下去。那是有个基础的，没有那个基础不行，走路要一步一步来，糊糊涂涂就改革是不行的。任何改革共产党都是通过实践证明的，通过嘴、手、脚一路干出来的。

HX20160123PLY@D 彭良义

一 受访者基本信息表

调研点	四川省宣汉县下八镇石盘村	调研员姓名	何霞
调研员单位	华中师范大学中国农村研究院		
受访者编号	HX20160123PLY@ D	受访者姓名	彭良义

续表

<table>
<tr><td>受访者性别</td><td>男</td><td colspan="2">首次采访时间</td><td colspan="2">20160123</td><td colspan="2">首访时受访者年龄</td><td colspan="2">84</td></tr>
<tr><td>受访者成分</td><td>学生</td><td colspan="5">土改时是否土改干部或土改工作队队员</td><td>否</td><td>是否党员</td><td>否</td></tr>
<tr><td>干部经历</td><td>无</td><td colspan="5">曾担任的干部具体职务</td><td colspan="3">无</td></tr>
<tr><td>现家庭人口</td><td>2</td><td>现承包地
面积（亩）</td><td colspan="2">0.3</td><td colspan="2">现承包林地
面积（亩）</td><td>0</td><td>现承包水塘
面积（亩）</td><td>0</td></tr>
<tr><td>受访者
基本情况</td><td colspan="9">老人1932年出生，有三个哥哥、一个妹妹。1939年开始读书，1948年初中毕业后回家务农。1958年结婚，有两个儿子、一个女儿。目前和老伴两人居住，身体状况都还可以，平时种点菜，开了个小卖部，生活悠闲。</td></tr>
<tr><td>受访者
职业经历
或个人简历</td><td colspan="9">老人出生于四川省宣汉县下八镇石盘村，1939年至1948年读书，初中毕业后回家务农，1951年至1953年在村里任小学教师，1953年10月到万县卫生学校学习，11月入伍当兵，1958年退役返乡，之后一直在村里务农。</td></tr>
</table>

二　分阶段整理

（一）土改的基础和背景

1. 土改前的家庭基本情况

我叫彭良义，1932 年出生于一个地主家庭。土改前，家里有七个人，我有三个哥哥，一个妹妹，当时父母都四十几岁，在家务农，我大哥当时有十七八岁了，妹妹十岁左右，我们五个兄弟姐妹都在读书。当时在整个村里来看，我家土地相对较多，有些土地离家较远，在另一个乡里，家里两个劳动力根本无法经营好所有土地，再加上我父亲经常生病，身体不好，家里大多数时候就靠我母亲一个人干农活，因此离家较远的土地就租给别人种了。

2. 土改前的家庭经济情况

我家出租了土地出去，自家种了些粮食，家里主要靠种地、收租为生，即使这样，家庭经济状况还是比较困难，有时候连吃的都没有，从整个村来看也是很穷的。看起来我家土地很多，但每年的收入不高，每年的地租收入在家庭总收入中仅占两三成，大多数时候都要另谋生路，家里劳动力又不足，能有多大的收入呢？并且家里有五个孩子读书，有点收入全都开销在学费上了，土改划成分时我家划了个破产地主。除了种地和收租，和其他农户一样，父母农闲时在家纺线，等到赶集时上街卖掉，那时候三天赶一次集，每次最多能卖半斤，收入微薄，仅仅可以买点油盐。那时候的生活很简单，不像现在每天吃白米饭大鱼大肉的，那时一年到头吃肉的次数屈指可数。家里每年会养几只鸡鸭，养一两头猪，逢年过节才能吃上肉。

3. 土改前的土地经营情况

土改前，家里有十亩多田地，都是祖上传下来的，租出去了一半，自己种了一半。田里种稻谷，亩产三百斤到四百斤，旱地里种麦子和其他杂粮，反正每年能收一千多斤麦子。那时候还要交公粮，具体交多少粮食记不清了，国民党经常刮民脂民膏，向农民征收苛捐杂税，都是保长和甲长来收取，农民不交的话要关起来。

当时我家有五亩多田地在另一个乡，租给了当地的两户农户，地租都是一样的，旱地里的粮食和冬粮不收租，只收谷子，根据当年他们所收的谷子总量，按照 3:7 的比例收地租，他们得三成的粮食，我们收七成，灾荒减产我们自然就收得少，这是固定的比例，来年也不需要他们补交什么。收地租是根据当时的行情来的，地方上都是三七分成这个规矩，租户自己也清楚，他们不会讨价还价，都愿意租我们的土地。出租的五亩土地每年能收到一千到两千斤的粮食，只收粮食，不再收现金。租地的时间没有期限，他们不想种了就可以退租，不过我家的土地是长期租给那两户的，没换过租户，双方口头达成了协议就可以，不签合同之类的。

出租了五亩的土地，自家种了五亩左右的土地，犁头、耙、锄头等基本的农用工具都有，家里还养了头牛，种庄稼的人必须养牛，需要用它犁地，那时候又没有机械。因为我父亲身体不好，母亲一个人干活忙不过来，家里请了一个长工，给他的工钱是一年五石谷子，一石谷子相当于现在的三百多斤，也就是每年一千五百多斤谷子作为长工的工钱。

4. 土改前的社会交往情况

我们家当时土地不算多，因为土地离家远，出租给别人才划了地主成分，但那时我家和其他农户的关系都还不错。我家经济条件看着不错，实际也很困难，当时遇到灾荒或者其他农户家有困难，我们也没法给别人救济，但可以给那些吃不上饭的人劳动机会，他们跟我家割点猪牛草或者来我家帮点小工，我们会给他们盛一碗粮食作为报酬。家里请了长工，我们对他们也不错，没有虐待他们，和他们关系很融洽，直到现在在路上碰到他们的后人都要拉拉家常。虽然我们对村里比我们更困难的人没有给予直接的帮助或救济，但至少给了他们获得收入的机会，解放后那些还在世的老婆婆每每提起我的父母还掉泪，她们说我父母当时帮助了她们。

当时社会落后，村里的富裕农户和普通农户间的生活差距很小，那时候所谓的地主、富农家的生活其实和普通农户差不多，至少在我们村是这样的。那时候还有宗族，我们说的家族，一个家族有一个族长，但我们没跟他接触过，我们和其他家族成员的关系也是一般的，相互之间不是很亲密，大家都是各过各的日子。

5. 土改前的土地观念

土改前，我家已有这么多土地，家里劳动力又不足，父母也没有再买土地的想法，当时他们还想把远处的土地卖掉，但没人愿买，租户只愿意租种不愿意买。后来在解放前，父母把我们自家种的一部分田地抵押出去了，留了少部分土地自己种，想卖卖不出去，只有抵押出去了，家里也解雇了长工。那时没有土地的农民很可怜，他们到处搬迁，我并不觉得我家比那些没有土地的农户地位高，和他们比起来，我们只是有点土地，可以长期在这里生根定居，不到处流浪而已。

后来听说要土改了，我们也没有担忧或其他想法，想着我家土地也不算多，应该不会有什么大问题，更没有分散财产的情况，我们也是穷人。当时我还是青年学生，只觉得共产党比国民党好，国民党时期像我们家这种不上不下的条件就吃亏，那时候交不上税款，上面想方设法地整我们，解放后共产党当权我们反而轻松了，土改时还分了点土地给我们。

（二）土改的过程和经历

1. 访贫问苦，扎根串连

1949 年解放，1950 年减租退押，1951 年土改工作队进村，当时政府派了三个工作同志下来，他们都是本县的。工作队进村之后就引导大家开展土地改革运动。首先搞宣传，在农协会开土改政策宣传会议，当时我还小，没有参加那些会议。土改工作队组织开群众大会，选了穷人代表，那时还没土改划成分，就在穷人中选代表，这些代表再去动员其他农民，动员群众。有些农民在土改中特别积极，当时称的土改积极分子，对于那些积极分子，我觉得他们的存在是必要的，没有他们那帮人积极的工作，土改运动就不能良好地开展下去。那时候还有农协会，农协会是解放之后村里就成立了的，和现在的村委会是一样的，但怎么成立的我就不清楚了，我只记得农协会里面的成员都是穷苦人。

2. 划分阶级成分

当时我家评了破产地主户，我父母是地主成分，我们五个兄弟姐妹都在读书，没有受到影响，就是学生成分。我家的成分是工作队的同志领导群众在大会上评的，群众大会上他们说我家有土地出租，但是家里也穷，就评了个破产地主。当时我们都认同这个成分，没有其他意见，这是按照国家政策来的。

是工作队和农协会共同组织划的成分，划成分要按政策来，划为地主主要看是否有出租，富农就是自己种土地，请长工，土地稍微比其他农户多一点的，中农一般能自给，贫农就是土地少的，雇农就是帮长工的。村里没有死地主，人都死了怎么划地主呢？

村里只划了一次成分，划分结果张榜公布了，上面政府不批准的又开大会重新调整。我们村划了十来个地主，没有大地主，其他成分的具体户数我不清楚，因为我没有介入。

3. 挖苦根，斗地主

当时村里罪恶大的地主要被批斗，斗地主是经常性的，批斗过程就是揭发地主的违法事实，算剥削账，贫雇农诉说地主是怎么欺负他们的，怎么收他们的粮食的，平时是如何折磨他们的。我父母没有被批斗过，我们本身就是个破产地主，开诉苦大会他们要去，但是没有人诉他们的苦，他们本身就是老实人，只是土地多了点出租了一部分。斗地主的时候没有人公开或者私底下给地主说好话或者同情地主的，罪恶不大的不斗就行了。

4. 没收和分配土地、财产

当时我家的家具、农具都被没收了，给我们留了些，除了留给我们的，没收走几样东西，因为我家本来也穷。没收工作是土改工作队组织的，他们到地主家直接把家具、农具拿走就行了，我们都很配合，本就没什么贵重东西。

分配土地和财产的标准我不是很清楚，应该是平均分的，要开分配大会，我家的土地先按每人多少留足我们家需要的，多余的再分给大家。在外乡的五亩田地全被分了，自己种的五亩多分出去了一亩多，自己还剩下四亩，剩下的四亩土地土质一般。村里各户分到的土地不一样，是按人口来分的，好田和差田兼分，不同成分之间分土地不是绝对公平的，有一定差异。我家的牲畜和农具没有分掉，我们自己也要用，房子分出去了一间。分配的时候我们没分到什么，当时没有族田，在另一个乡有祠堂，不知道是怎么处理的。

土地在分配之前就丈量好的，分的时候大家跟着土改工作队去指认，谁家分到哪里直接指出来就可以了，确认以后就填管业证。分配土地和财产的时候，大家没有争执，是否有干部在分配财产的时候贪污，这我不太清楚。

5. 土改复查

1951 年土改结束，结束后没有土改复查。查田定产是工作队来了之后就查了，查了之后才开始土改的，当时定了向国家交公粮的标准，根据每家的粮食产量而定，记不清我家交多少，但交公粮的负担不大。

（三）土改的结果和影响

1. 土改后的土地经营情况

土改后，我家土地比之前减少了六亩，还剩四亩，种些玉米和水稻，每年收成够一家人生活了，只不过那时产量不高，每年再跟国家交点公粮，自己背到粮库去，剩下的粮食刚好够一家老小生活，只是没有剩的。土改后我们兄弟姐妹渐渐长大，能帮家里分担农务了，劳动力比较充足，在农业生产方面基本没啥困难。其实那时每家每户的土地量比较均衡，人多的家庭土地多点，但劳动力就相对充足点，农忙时几家几户可以相互帮忙，种土地很有干劲。到后面又成立了互助组。

土改之后，村里没有谁再买卖土地，都不敢，我家更不敢再买土地，成分不好，做什么事都要低调规矩点。

2. 土改后的家庭生活情况

在土改中我家土地分出去了，再无租金收入，但家里的生活比解放之前好很多。虽然父母是地主成分，对我们影响不大，兄弟姐妹长大都慢慢参加工作，土改后大哥在南充市南部县县委工作，我也在外面任教，我那时每月有二十块的工资收入，那时候的二十块还是很值钱的，我们兄弟姐妹可以拿出部分工资收入补贴家里生活开支，父母那时就没有其他社会负担，在家里种点土地，生活压力小，比解放前当个破产地主好多了。从整个村来看，农民的生活水平比土改前均衡多了，没有很富裕的，也没有特别穷的，大家生活都差不多，农户间的差距缩小了。

3. 土改后的社会交往情况

我爷爷在解放前拥有大量土地，但他对穷人很好，土改划成分时工作同志都很尊敬他，他们说我爷爷很开明，能明辨是非，没有罪恶，说我爷爷是开明民主人士。父母虽然是地主成分，因为历史原因，对我们兄弟姐妹的影响很小，土改后我大哥在外面工作，我也当了老师，我家与其他农户关系比较和睦，村民不会以特别的眼光看我们，在我看来村民之间的关系没有明显变化，一直很好。那时候就不存在宗族或家族了，族长也取消了。

4. 土改后的观念变化情况

土改中我家土地没有全部没收，跟我们留了部分土地，这对于父母来说负担减轻了，子女也参加工作了，家庭经济条件比土改前还好。我不太在乎别人对我们怎么看，人情冷暖的变化对我影响不大，有工作有饭碗就好，再说我并不觉得我家比那些划为贫雇农的农户地位低，大家都是一样的，共产党对任何人都是公平的。土改后宗族关系淡漠了，我觉得宗族关系对我们的生活影响不大，疏远或亲密都无所谓。土改后，政府组织修水库、水渠，每家每户都要参加的，我觉得党和政府的政策是正确的，共产党比以前国民党公平，那时候也没听说国民党要“反攻大陆”。

土改给我留下的印象最深刻的就是分土地很公平，农民都有土地种了。土地改革运动是一个公平的运动，没收我们地主的土地和财产分给贫雇农是正确的，这是应该的。

5. 土改对农业集体化的影响

1952 年开始搞互助，互助组搞了一年左右，1953 年进入初级社，1958 年吃大锅饭，吃食堂饭的时候农民家的大型农具全部上交，小农具留着自己用，村民每天要出工。集体化入社没有自不自愿的问题，那是国家的政策，大家都要遵循。

在当时来说，集体化是为了顺应形势，农民不能反对，现在来看那就是大家公认的一个错误做法，这个必须要承认。集体化把大家的积极性拉不起来，那时候评工分，用简单的一句话来说就是关系好的多评点，关系不好的少评点。我个人觉得当时的集体化对农业生产没有帮助，集体生产是一股“浮夸风”，它是“左”的路线，如果亩产一万斤，它说亩产三万斤，亩产三万斤，它说亩产二十万斤，那就是浮夸。土地自己耕种效率要比集体耕种效率高，不然五九年到六一年不会饿死这么多人。

搞土地改革运动有积极性的作用，把农民的生产积极性调动起来了，分了田地，每个农民有土地了，土地改革运动应该搞，那时不这么搞也不行，不然土地分不下去，土改不是白搞了的。

HX20160124YYF@Z 杨永福

一 受访者基本信息表

<table>
<tr><td>调研点</td><td colspan="5">四川省宣汉县下八镇石盘村</td><td colspan="2">调研员姓名</td><td colspan="2">何霞</td></tr>
<tr><td>调研员单位</td><td colspan="9">华中师范大学中国农村研究院</td></tr>
<tr><td>受访者编号</td><td colspan="5">HX20160124YYF@Z</td><td colspan="2">受访者姓名</td><td colspan="2">杨永福</td></tr>
<tr><td>受访者性别</td><td>男</td><td colspan="2">首次采访时间</td><td colspan="2">20160124</td><td colspan="2">首访时受访者年龄</td><td colspan="2">81</td></tr>
<tr><td>受访者成分</td><td>中农</td><td colspan="5">土改时是否土改干部或土改工作队队员</td><td>否</td><td>是否党员</td><td>是</td></tr>
<tr><td>干部经历</td><td>有</td><td colspan="5">曾担任的干部具体职务</td><td colspan="3">生产队队长</td></tr>
<tr><td>现家庭人口</td><td>1</td><td>现承包地
面积（亩）</td><td colspan="2">0</td><td colspan="2">现承包林地
面积（亩）</td><td>0</td><td>现承包水塘
面积（亩）</td><td>0</td></tr>
</table>

续表

受访者基本情况	老人1935出生，一岁多时父亲去世，就和爷爷生活到四岁，之后又和母亲一起生活了两年，母亲再嫁之后，和哥哥两人受大伯照顾直到长大成人。1951年结婚，有三个儿子、两个女儿，两个女儿都嫁到外村。老伴早已去世，近几年和大儿子住在一起，前年大儿子和儿媳妇相继病逝，目前老人一人居住。
受访者职业经历或个人简历	老人出生于宣汉县石盘村，1936年父亲去世，1942年母亲改嫁后住在大伯家里，1950年当村里的青年代表，1951年结婚，土改之后搬到黄石乡，在黄石乡一个村当队长，1960年回到石盘村，1960年至1999年担任生产队的队长。

二　分阶段整理

（一）土改的基础和背景

1．土改前的家庭基本情况

我叫杨永福，生于1935年，父亲去世时我才一岁多，母亲在我六岁时改嫁，之后我就一直住在大爹（父亲的大哥）家，大爹和祖父母分了家，因此土改前大爹家里加上我总共有四人，包括我和哥哥、大爹和大妈。当时哥哥有十八九岁的样子，我有十五岁左右，大爹和大妈有五十多岁，我们四个都能从事劳动生产。

2. 土改前的家庭经济情况

大爹家里经济条件还算可以，自己有土地，还做弹棉花、织布的生意，弹一斤棉花收一斤半的大米，一天下来都能收一大箩筐大米。家里平时养点鸡鸭，但都是自己吃的。大爹家里经济条件在村里来说还算可以，有经济来源，在生活上基本没压力，平时除了吃穿又没有其他的开支，因此家里从没有向别人借过钱、粮，倒是有人找他借，我大爹是个烂好人[1]，那些吃不上的农民来弹棉花，他都不收他们的钱。

3. 土改前的土地经营情况

土改前，大爹家里有两亩多地，三亩多田，都是从老爷手里分得的。旱地里春季种棉花，冬季就种麦子，田里一般种水稻，水稻的亩产不高，那时只能收六七百斤每亩，冬季田里种油菜，亩产两三百斤。春季要上粮，上粮也就是跟国家交粮食，大爹家三亩田的水稻只交一百多斤谷子。那时国家给保长和保代表规定了上交数量，保长就到村民家通知他们交粮。

当时大爹家里养了一头大水牛，家里没有耕牛的农户经常来借用。和现在一样，那时候每年栽秧打谷的时候家里都会和邻居换工，相互帮忙，栽秧打谷要人多收得才快，收割季节最怕下雨，不然谷粒要发芽。

4. 土改前的社会交往情况

土改前，大爹家没有租佃土地的情况，他当时是村里的保代表，相当于现在的村支书，经常和农户接触，加上我大爹为人善良忠厚，在我眼里他是个烂好人，和村里其他农户相处都很好，尤其是和那些生活很困难的农户，平时能帮他们就尽量帮他们。不过那时候村里农户与农户间的生活差距不大，大多数农户多数时间都是吃稀饭或玉米面糊糊，只是粮食够不够的问题，条件好点的家庭可能每年收的粮食吃不完，中农家庭能糊口，贫雇农在冬季实在很可怜，他们冬季采猪草卖，或者去砍柴、挑煤炭卖。我们这里叫杨家坡，附近的农民基本上都姓杨，当时宗族关系很浓厚，我们还有族长，族里每年清明节的时候还要开清明会，办酒席，这可以加强族员之间的联系，平时族员之间相处较和谐，如果族员生活上实在很困难，族里可以提供点粮食救济。

5. 土改前的土地观念

我大爹家里有爷爷分下来的几亩田地，平时做点生意挣点粮食，生活上过得去，也没想着再去多买一点土地。

解放前那些富裕农户把土地看得很重要，到处买地，后来土改就把他们的田地分给贫困的人了。整个村里完全没有土地的农民还是比较少的，大家多少都有点土地，只是收的粮食不够吃，需要另外想办法获得口粮，最可怜的是一点土地都没有的农民，他们只能靠

[1] 烂好人：指没有原则的好人。

给别人下苦力生存。我这个人一辈子不爱欺压谁，也不认为自己比那些没有土地的人地位高，我觉得大家都是一样的。

解放后有人来宣传土改，听说土改要把地主的土地分给穷人，那些穷人就很欢喜，我们家是自耕中农，不分我们的土地，也不再分土地给我们，没有什么好担忧的。

（二）土改的过程和经历

1. 土改的基本流程

我们村1949年解放，1951年清匪反霸，1952年开始土改，经过土改宣传、查田评产、划分成分、斗地主、没收土地和财产、分配土地和财产等阶段，1953年就成立互助组，1954年进入初级社。

2. 访贫问苦，扎根串连

1952年土改工作队进村，有三个工作同志，组长叫乔任体，他是西北来的，另外两个分别叫张明珠和王天宏。

工作队进村之后首先是开会动员群众，宣传政策，只要年满十六周岁的都可以参加会议，那时候搞得特别紧张，白天晚上都在开会，农民参与度很高，我当时也参加了，算是土改积极分子，还在会上发过言，主要是宣传土改政策，下面参会的群众都能听懂那些政策。土改积极分子一般都是那些理解党的政策和敢于宣传的人，他们协助工作队和农协会搞贫雇农串连。

我们村的农协会是解放之后就成立了，解放之初上面派工作同志来村里开展清匪反霸工作，县上、区上都派了人来宣传政策，就在那时成立了农协会。农协会成立后主要负责召集贫下中农开会，会议内容主要讲解放后和解放前的社会对比，比如说解放后国家的政策是什么，过去的社会是怎样的，过去农民受了哪些苦等等。农协会里面有村长、主席和武装队长，还有村农协会的代表等，其他农民可以入会成为会员，成为农协会的成员，必须历史清白，当时地主是不能加入的。农协会里的干部都是群众选出来的，选干部时乡上派人下来组织开展，干部由群众选，群众相信哪个就选哪个。

3. 划分阶级成分

划成分时我们一家四口都是中农成分，工作队和农协会组织划成分工作，也要开会，由群众评定，该是啥成分就是啥成分，我们对这个成分都是认同的。

划成分是根据党的政策来评定的，有多少田地，该划啥成分就是啥成分，具体有地主、小量出租、富农、上中农、下中农、中中农、贫农、雇农这几种成分。田地刚好够的话就是贫农，田地稍微比贫农多点的就是中农，再多一点的就是上中农，再多一点的就是富农，超过富农的原则就是地主了，小量稍微比地主差一点，小量就是把地租给别人种，家庭条件比不上地主，但比富农好一点的。评定成分主要是看田地多少，其次看有无剥削，地主一般都有剥削，把田地租给他人就是剥削他人，罪恶大的还会被划为恶霸地主，有做生意确实很发财的，会被划为工商地主，地主家去世的人不划成分。

划成分就划了一次，划分结果是要贴榜公示的，如果有划错的会给予纠正。当时整个村划了三个地主，我记得符代田是个富农，龚汝未是个小量，中农具体有多少户我记不清楚了，好像中农有点多，村里基本上是贫农户，有几户雇农。

4. 挖苦根，斗地主

当时村里的三个地主都被批斗过，并且斗过很多次，他们不坦白就要挨斗，直到把所有的家财坦白出来。当时也开诉苦大会，会上那些贫雇农去诉苦，揭发地主的罪行，有的还一边说一边哭。那些罪恶大的地主公审大会上是要被枪毙的，不过被枪毙的都是个别的，一般没有罪恶的就没大问题。

斗地主的时候经常有人打地主、骂地主，尤其是那些之前受地主的欺压或剥削的贫雇农，说到气愤之处就跑上去打地主，但我们村没有这种情况，三个地主都坦白了，将其五大财产没收之后就算了。斗地主时没有人公开跟地主说好话或者同情地主，围观者大气都不敢出，如果你帮地主说好话就把你划为反革命，那时候形势就是这么严峻。

5. 没收和分配土地、财产

把地主斗得心服口服以后就没收他家的财产，家里的钱财和家具、农具该没收的都收走，是工作队和农协会组织大家去收的。没收财产时，大队上贫下中农全部参加，一大波人一户一户地收，当时有人放哨，比如说在收这一家地主时，那两家就有武装队看守着，把这里收了就去那两家，没有地主不配合的。

分配财产要开分配大会，那时候要抓阄分，抓到什么就分什么，大家都没有争执，确定之后在会上宣布，比如说，会上宣布某人得桌子一张、板凳两条，宣布之后生产队上的干部就发给他，自己去领回家。我们这个村地主少，收到的财产也很少，地主家收来的家具、农具不够分，很多农具我们中农自己有，不再分得。后来人民公社化时期毛主席有个理念，每户一把镰刀和一个锄头，公社花了很长时间统一打造了镰刀和锄头分给贫下中农。分配土地时，因为在这之前做了查田评产工作，看整个大队总共有多少土地，多少人口，就按人口来平分土地，根据农户家里的自有土地和人口数量，差多少就补多少，一点土地没有的就分土地给他们，地主也会分得相应分量的土地。我家是中农成分，土地不多不少，就没有分到土地。分田是好田与差田兼分，每户分到的好田和差田都有，比如某块田比较肥沃，就每户分点。解放前村里有公田，解放后公田被没收了，土改中公田也分给农户了。

分土地时大家一起去，那时用竹竿和丈尺量地，六十丈为一亩，量土地花了很长一段时间，量好总共有多少土地，多少人口，每人该分多少，分的时候直接指给大家就行了，划了还要搞界址，哪块田地分给谁家就放个石头作记号。当时在分配土地和财产的时候没有谁贪污或者不公平。地主家没收的咸菜、酸萝卜都分给大家了，也没有谁争执。

6. 土改复查

1952 年土改结束，后来又有土改复查，清查漏网地主，我们村没有漏网地主和错划成分的，复查之后给大家发了管业证，相当于现在的土地证。交公粮的数量是在分土地之后确定的，分了土地以后上面会跟你划交公粮的量，当时跟我们家定了七石的产量，每人每年交几十斤公粮，负担不大。

（三）土改的结果和影响

1. 土改后的土地经营情况

土改之后我们没和大爹们一起住了，我和哥哥两人自己生活，我们两人有七石也就是六七分的田，种点水稻，那时候产量较低，但家里人口少，够我和哥哥两人吃了，有时候还吃不完。

那时我和哥哥都年轻，可以干很多农活，那点土地不够种，经常闲着，种土地基本没啥困难。耕田犁地可以用大爹家里的牲口，有时候直接用锄头挖，土地本就不多，不用牛犁田都可以。那时种庄稼没有化肥，只靠养猪养牛收集点农家肥，只要种出来有收的就可以了，谈不上很高的种地热情。土改给大家都分了土地，村里不再有土地买卖的情况。

2. 土改后的家庭生活情况

土改前我们和大爹一起生活，家里的生活开支都是大人在管，那时候他们有土地，平时还做点小生意，对于我们来说生活没啥压力。土改后分家独立出来，自己当家为人，主要以种地为生，感觉也没啥压力，生活没啥变化，我和哥哥两人生活比较简单，没有其他收入来源，也不需要另谋生路。土改后村民之间的生活差距不大，民以食为天，对于农民来说，土地就是天，有了土地就不挨饿，大家都有土地种了。

3. 土改后的社会交往情况

解放后，宗族取消了，土改后地主也被斗垮了，大家都分到了田地，有吃有穿，乡里乡亲的关系很好，村庄风气也越来越好。我感觉我家和村里其他村民的关系没有啥变化，只是不再跟地主、富农打交道，那时候赶场都不敢跟他一起走，怕别人说你跟地主打交道。

4. 土改后的观念变化情况

土改后大家都有土地种了，后来经过集体化再到土地下户单干等阶段，我觉得集体化之后分田单干和土改时分土地不一样，土地下户时，生产队有多少土地全都平均分给大家了，土改时有中农、下中农、中中农、贫农等成分，不同成分之间分土地是不一样的，那时候只有贫农才按人口来分，中农不分土地，地主、富农把多余的土地拿出来，我认为土改时分土地分得不平衡，土地下户农民承包土地要平衡些。

解放后宗族取消，宗族关系渐渐冷淡，宗族已经不重要了。我们一辈子都没有看不起谁，更没有欺压谁，那时候也并不觉得我们比地主、富农的地位要高，大家都是一样的，都是人，只不过他们要受管制，怕他们乱搞事。

土改中斗地主、划成分、分土地，我觉得最深刻的就是把土地划分了，把地主的五大财产收了，把恶霸地主打垮了，贫雇农翻身做了主人。土改运动好，大家分得了土地都一样地生活，天下农民都是一家了。土改后我入党了，作为一名共产党员要为党为人民服务，国家兴修水利道路，我带头积极参加了。那和国民党时期比起来，农民的日子好过多了，解放前国民党政府经常坑农民，政府管理不善，贪污的人很多。

5. 土改对农业集体化的影响

1953 年村里就成立互助组，1954 年进入初级社，1955 年进入高级社。入社时农具自己留着用，大型的农具上交折算成价钱，跟你记了账作为你投的资，等到收成以此为依据分红。集体入社时开完会大家就自愿上交了生产资料，自己留着也没用，因为土地都集体种了。

我觉得土地集体种和自己种的效率都差不多，你看现在把土地分给大家了，又有几个人在家老老实实种地呢，到处都抛荒了。那时候搞集体化对农业生产还是有帮助的，如果一个生产队或者大队太薄弱了，上面会扶持，搞水利、挑堰塘上级还会补助拨款。我认为集体化只有好处，没有坏处，“大跃进”是党的政策，全国各地都这样，我们这里也只好这样搞。在我看来当时搞“大跃进”、突击生产钢铁等是为了麻醉[1]外国，那时我们跟苏联搞僵了，打了个幌子麻醉他们的。结合过去和现在的实际情况，我觉得当下农村搞集体化或是农民单干都是一样的。

总体来说，土改不是白搞了的，土地改革运动把地主打垮给大家分了田地，这样农民之间就平衡些了。

HX20160130FCP@Z 符纯培

一 受访者基本信息表

调研点	四川省宣汉县下八镇石盘村			调研员姓名	何霞
调研员单位	华中师范大学中国农村研究院				
受访者编号	HX20160130FCP@Z			受访者姓名	符纯培
受访者性别	男	首次采访时间	20160130	首访时受访者年龄	83

〔1〕 麻醉：指麻痹。

续表

受访者成分	中农	土改时是否土改干部或土改工作队队员			否	是否党员	否
干部经历	有	曾担任的干部具体职务			生产队队长		
现家庭人口	2	现承包地面积（亩）	2	现承包林地面积（亩）	0	现承包水塘面积（亩）	0
受访者基本情况	老人1933年出生，小时候读过两年书，十九岁结婚，有四个儿子、两个女儿，子女都已分家，几个儿子与老人挨得近，目前自己和老伴两人独居，有承包地2亩，都已分给后人，自己只种点小菜，养点鸡鸭，安心养老。						
受访者职业经历或个人简历	老人出生于四川省下八镇石盘村，1952年结婚，土改时参加了武装队，1955年至1958年在吉林省当兵，1958年返乡务农，1958年至1961年任生产队队长，之后一直务农。						

二　分阶段整理

（一）土改的基础和背景

1. 土改前的家庭基本情况

我叫符纯培，土改之前，我家有十三个人，有爷爷、奶奶、父亲、母亲、婶娘、两个堂妹和我们六兄弟，后来爷爷在解放那年去世了，奶奶岁数也较高，那时我父母四十多岁，我是家里的老大，有十六七岁，最小的弟弟当时只有三四岁，其他几个兄弟也小，都在读书，他们是五八年之后才开始帮家里干农活。那时候婶娘常年患病，双脚站都站不稳，更不要说干活了，她一直在家闲着。平时家里就只有父母和我三个劳动力干农活。

2. 土改前的家庭经济情况

那时候家里有点田地，主要以种地为生。除了种地，父亲还会到街上做点小买卖，比如卖点盐什么的，那都是小生意，收入不高。婶娘身体不好，不能外出干农活，平时在家可以纺线，母亲农闲时也会帮着做，那时候每三天到街上卖一次线，每次卖棉线的钱可以买两斤盐，作为父亲买盐的成本，除此之外再没有其他收入来源。我家人口多，几个兄弟还在读书，每年还要跟国家交各种税款，家里开销还是蛮大的，但也没啥生活压力，因为我们自己有土地，每年有粮食收成，家人不会饿肚子。不过偶尔也会缺吃的，尤其是青黄不接之时，我们会找亲戚朋友家借粮食或钱，那时候不像现在有银行贷款，没钱没粮只能找朋友借，而且人家信得过你才借给你，有时还要收利息。

3. 土改前的土地经营情况

土改前我家有六七十挑谷子产量的田地，土改查田定产量时说我家有一百挑谷子，其实那是假百挑，根本没有这么多。这些土地都是我爷爷自己买来的，父母分家时跟他们分了这么多。那时候旱地里种小麦、豌豆等，水田里种水稻和油菜，当时油菜的亩产可能有两百斤，水稻亩产应该只有五百斤左右，每年所有田地种的水稻可以收七八十挑，不过每年都要跟国家交税，那时候叫“上粮”，每年都要将上千斤的粮食担到村上的粮仓去，粮仓是保长设立的，保长再将村里收上来的粮食交给国家。

那时候农业生产技术落后，全是人工的，犁田需要牛在前面拉犁头，松地全靠人工挖地，当时很多人家里都养不起牛，我家还养了一头，犁地比较方便。其他农具像锄头、铁耙、犁头等都有，这些基本农具每家每户都有。家里就我父母两个主要劳动力，农忙时根本忙不过来，我在家可以帮他们干点活，有时候和村里其他农户相互换工，我们帮别的农户干农活，他们帮我家干农活，那时候还没有互助组，经常自发换工，现在村里还有换工的。

4. 土改前的社会交往情况

土改前我们和其他村民的关系都还可以，如果有人来借我们的农具，我们都是让别人先用了自己再用，就像后来说的“贫下中农是一家”，邻里之间能帮忙的还是要帮的。那时农户间的生活差距不是很大，我们张家湾水分充足，泥土肥沃，每年粮食收成可观，大家的生活都过得去，杨家坡那边的土质要差点，他们那边全是石块，名字就叫“大石盘”，土壤层比较浅，他们的收成比我们差点，我们湾里的人和那边的人来往不多。

5. 土改前的土地观念

当时我们家已经有这么多土地，劳动力又少，没有想过再买土地，再说土地太多了要跟你划个地主。比我家土地多的农户有很多，但这都是靠我们自己吃苦挣钱买来的，能吃苦，会做生意，家里日子就打点得好一点。那些完全没有土地的农民很可怜，他们只有靠跟别人家干活换点米维持生活，我们这里就有几户这样的。虽然如此，但我并不觉得我家就比那些没有土地的人家地位高，大家都是一样的。

（二）土改的过程和经历

1. 访贫问苦，扎根串连

1949年解放，1950年开始搞减租退押，1952年土改工作队进村开始正式土改，当时来了三个工作同志，其中乔同志是组长，他是宣汉城里的，另外两个是农村的，他们来了之后首先搞查田评产工作，看看每家每户的土地拥有情况，然后再逐步展开土改。刚开始是动员群众，召开土改宣传会，国家跟他们发了一本书，里面有具体的相关政策，工作同志就按照书上的来执行。我当时还去会上听了，能听懂他们讲的内容。

那时候工作同志还经常到农户家去了解情况，但一般很少进农户家门，主要是在田间跟大家讲党的政策，讲怎么土改，怎么把地主清理出来，村民就跟他们讲自己的家庭情况。我当时年轻，参加了村里的武装队，做事也非常积极，工作同志也信任我。

当时村里的农协会是1949年解放后就成立起来的，有了农协会才有了这个村。农协会是由一个个生产队撑起来的，里面有主席、村长、队长，他们都是群众开会选出来的，那时候选举不像现在的投票，那时候就在会上村民举手表决选干部。农协会的主要工作就是召集大家开会，给大家宣传党和政府的政策，不然怎么叫农协会。

2. 划分阶级成分

划成分时我们全家人都是中农成分，这是村长、主席、文书、工作同志协商评定出来的，我们都是认同这个成分的，没有其他意见。

当时有地主、富农、上中农、中中农、下中农、贫农、雇农这几种成分，雇农一点土地都没有，贫农有点土地，评上中农的标准多一点，下中农条件稍微差点，田地多人口少、不劳而获、请长工的就是地主，富农比中农条件高点，他们也是田地多，但因为劳力不足将部分土地出租了。当时是农协会在划成分，村长、主席、文书、大队三个工作同志一起协商。

村里就划了一次成分，划好之后要张榜，也有重新调整的。当时村里划了一个反革命地主，还有五个小地主，富农有两个，中农有几户，雇农这附近就一户，其他都是贫农了。

3. 挖苦根，斗地主

那些地主成分的经常挨斗，不只是土改的时候，每次有什么运动他们都要挨批斗。

土改期间经常开诉苦大会，地主也要去，比如上面确定今天要批斗谁，武装队就把谁带去，其他的地主和富农作为陪场的也要去现场，在开诉苦大会之前工作队的同志就确定了会上要诉苦的人，正式开会时他们就起来诉苦，揭发地主压迫他们的事实，也就是算剥削账，我当时还小，没有揭发地主罪行，再说他也没剥削我。斗地主的时候很多人辱骂、殴打地主，因为有些地主很顽固，死活不承认自己的罪行，要把他打痛了他才承认，有时候打得非常厉害，地主不承认的话有各种方法会让他承认，打就是最简单粗暴的。斗地主时下面没人敢跟地主说好话，那时候形势这么紧张，谁敢呢？那时候在乡上还要开公审大会，公审大会主要是针对一些恶霸地主或反革命，那是要枪毙的，我们这个村没有恶霸地主。

4. 没收和分配土地、财产

斗地主直到地主都坦白承认后就开始没收他家的财产，包括家具、农具和现金钱财等，没收财产是工作队和农协会组织贫下中农去的，到地主家直接搬走他的东西，搬到农协会里保管，土改要结束的时候就分给贫雇农。我当时是武装队的，收财产也跟着去，负责看押地主，没有地主不配合的，他们不敢。

土改接近尾声时才分配地主财产，要开分配大会，全村的农民都去，会上宣布每家该分什么，然后登好记，会议结束后就分给大家，贫雇农分大型农具，稍微富裕一点的就分一个锄头。我家是中农成分，分到了一个锄头，已经很满意了。地主的房子都分给贫雇农了，我们有房住，所以没分到。

分土地是在分配财产之前，首先让各家登记自家的土地情况，也可以重新量，用根竹竿和丈尺量一下，算一下这块田有多大，然后再给贫雇农分土地，分的时候你可以跟着工作队的同志一起去看怎么分的，你该分得多少他们给你指出多少就行了。我们家没分到土地，中农不分土地，自己的土地够种，贫雇农每人三分或者四分土地，当然要跟地主、富农按人口留下相应的土地，不能一棍子打死。

那时候分财产和土地的干部不敢贪污，不像现在这么多贪污腐败的，那时候的人思想比较纯洁简单，不过也有村民因为对分配不满意而吵架的，那是小事，干部会出面调解的。

5. 土改复查

1952 年土改，1953 年土改结束，我们村好像没有土改复查，也没有清查漏网地主，成分在之前就划好确定了，没有漏掉的。当时还给大家发了土地证的，证书很大一张。我们村查田定产工作在正式土改之前搞的，是乡上派的人来查，当时跟我家定的产量是六七十挑谷子，那时一挑谷子一百三十斤左右，那个产量定得合理，也要经过群众评定的，查田评产差不多搞了大半年，工作队的同志天天到村里来，一队搞了去二队，二队结束了去三队，挨着来。土改后我们还是要交公粮，我们土地多就交得多，每年交两三千斤，那个负担很大，一年收的谷子交了就剩不了多少吃的了。

（三）土改的结果和影响

1. 土改后的土地经营情况

土改前后，我家的土地亩数没有变化，还是六七十挑，还是种那些庄稼，产量也没啥变化。我们家劳动力不够，大人只有两三个人，其余的都是读书的，当时还没有互助组之类的组织，劳动力不足就是农业生产最大的困难，没办法，自己慢慢种，有时候等其他人忙完了请人帮我们做，给点工钱。那时候每年向国家交两三千斤公粮，我们家人口多，剩下的粮食只够吃，有时卖一部分作为平时人情份子、打杂开支的钱。

土改后大队里没有人搞土地买卖的了，其他地方可能有，像那些山区还是有的，山区土地面积宽，分得多的种不了的就卖了。

2. 土改后的家庭生活情况

就我家来看，土改前后生活没多大变化，要说生活真正开始改善是从集体化之后土地下户，那时可以买点肥料了，庄稼经营好点了，又有其他谋生路子了。土改后家里生活压力不是很大，反正自己种粮食自己吃，那时家里也没再做小买卖，也无其他收入来源。村里农户与农户之间的差距也不是很大，以前有些人没有土地，靠给别人干活得点粮食吃，土改后不一样了，大家都有土地种了，生活差距越来越小。

3. 土改后的社会交往情况

土改之后，我觉得自己在村里的身份地位没啥变化，我家和其他农民的关系是一直比较好，跟谁都合得来。我们这附近有个地主，土改之后我们还是会来往，不会看成分的，他家就因为土地多点划的地主成分，平时也没有欺压谁，我觉得大家都是一样的，事情是事情，人是人，人和事要分开对待。从整个村来说，土改把剥削农民的地主斗垮了，村庄风气比之前好一点，但村民之间的关系没多大变化，该来往的还是来往，只是大家会看成分，跟成分高的人划清界限，大家觉得不能跟地主打交道，这也是情有可原的，当时就是一个看成分的社会。

4. 土改后的观念变化情况

土改后大家都分到了一样的土地，我们中农土地虽然多点，但多的是国家的，跟国家交的公粮也多点。我并不觉得自己的地位比富农、地主高，大家生活上各有各的算计，各有各的来路才发得了洋财，天下农民是一家人。我觉得分地主的土地和后来土地下户给大家分土地是一样的，都是按人口来分的，每人四分田地。

每个人都有自己的认识，我相信国家，相信中国共产党，党叫我走哪里我就走哪里，积极为国家做事，土改后我参加了修水利、修路这些活动，不参加怎么行呢？年轻人就是要相信党相信国家，跟党做工作，这样党才相信你。

5. 土改对农业集体化的影响

村里1953年就开始搞互助组，刚开始不成功，刚建立互助组没多久就搞垮了，垮了又去慢慢动员群众接着搞，最后就建社了。互助组都搞一两年，1956年建初级社，1957年开始进入高级社，不过我们这里没有高级社。入初级社时大家的农具都交到队上去，交上去就集体（化）了，我们都是自愿交的，大家都想集体种。

我们家缺少劳动力，所以还是集体化好，集体耕种的效率比私人耕种效率高些。建了社人多力量大，只是当时有些指挥错误，上面有些政策不合理下面的人都不敢说，比如当时的浮报虚夸，没人敢指出错误，谁说了谁就要遭殃。集体化时期我也在当干部，反正上面要求怎么样我们就怎么做。虽然在土改分地之后又搞集体化了，但我觉得土改不是白搞了的，它是根据国家的政策来的，我们应该顺应形势，跟着政策来。以前是地主、富农掌握了田地，政策来了就打平[1]了，毛主席说过，“要有大家有，要有吃的大家都有吃的”[2]，后来搞集体化，全国各地的政策是一样的，只是有的人把政策看得无所谓。

口述调查小记

2016年1月15日到2月27日，接近一个半月的时间，我终于完成了寒假调研的所有任务，此时此刻只有一个感受，累。回想这一个半月的时间，应该是我读书以来过得最累但最充实的一个寒假，1月14日到家，15日前往外婆家开始调研，外婆所在的村八十岁以上的老人比较多，我大舅和小姨也住在那个村，在那里做访谈比较方便。

在还没回家之前就想到了第一个口述史访谈对象，我的外婆，她今年83岁了，身体条件还算可以，很健谈。我是听着她讲过去的故事长大的，她这一生吃了很多苦，外公去世得早，她又当爹又当妈把五个孩子拉扯大，因此，过去的苦日子她印象非常深刻。在过去，外婆的娘家是地主家庭，外公的爸爸是保长，地主的女儿配保长的儿子，我想在解放之前是门当户对的吧。外婆嫁到村里之后没多久就开始土改，在土改过程中她居然加入了武装队，在那个男主外女主内的年代，一个女性加入武装队是很少见的吧。武装队里男性居多，我外婆和其他队友一起挎抢拿刀，押送、看守地主，原来我的“女汉子”特质是从外婆那里遗传下来的。谈到她当武装队员的那件事，能感觉到外婆神采奕奕，眉宇间透露出强大的精气神儿。以前我只听外婆讲过一九五八、五九年前后的事，通过这次访谈，我了解了解放前后四川农村的真实情况。

非常感谢我的小姨，要不是她带我找老人，我不会这么顺利地完成访谈。1月16日，小姨开始带着我到村里找老人，四处打听，确定了两位访谈对象，一个86岁的婆婆和一个84岁的爷爷。我先去的婆婆家，在访谈之前，我先试着问了一些解放之前的事，感觉老人记忆力还行，就觉得她适合做访谈，但在接下来的访谈中，发现她很多事都不清楚，尤其是土改的过程，这也是我自己的疏忽造成的，不过也为后来的访谈积累了点经验：在

[1] 打平：均衡，公平。

[2] 这里表露了农民对共产党政策的朴素感情。

确定访谈对象的时候，首先要考虑老人的身体状况；其次要对老人进行一个初步的访谈，以确定她是否了解土改相关内容，不然会前功尽弃。下午去的爷爷家，爷爷还比较了解土改的事，但由于天色渐晚，后面我问得有点急了，我不应该这么着急，欲速则不达，其实完全可以多花点时间做一个访谈，这么着急地问老人，老人越听越糊涂了，访谈质量反而不好。结束这个访谈时天都黑了，外面伸手不见五指，周围狗吠声一片，幸好有小姨来接我回家，天气严寒，她还特意为我炖了羊肉汤，满满的成就感和幸福感。

1 月 18 日，比以往起床更早一点，因为我要去街上找一位老干部，这是几经打听获取的重要访谈资源，当然不能错过。小姨带着我来到街上，打听到老人的住处，但老人不在家，说是回老家给他妹妹过生日去了，刚好他的老家就在我小姨那个村，我们马上打道回府。下午，小姨父带我找到了老人，当时去得有点唐突了，因为有一个婆婆过生日，家里有许多客人，我这么唐突地去找老人略显尴尬。见到老人我说明了自己的来意，可能是我的突然造访让他难以接受，刚开始他对我有点不屑一顾，我厚着脸皮跟他解释了一通，最后才慢慢开始访谈。访谈过程中，老人的“冰霜”脸渐渐化开，最后我们有说有笑，走的时候他还不停地跟我握手。老人算是一个老干部，对土改中的大小事都比较了解，连事情发生的月份都记得清清楚楚，访谈非常顺利，这也算是“踏破铁鞋无觅处，得来全不费工夫”。

1 月 23 日，在之前打听到一个地主后代，但不知道老人愿不愿意接受访谈，抱着试一试的心态找到了老人家。是小姨带着我去的，老人认识小姨，所以答应接受访谈。不知道是老人不健谈还是他对土改的事比较敏感，我问一个问题，他就答一个问题，说的内容很少。老人有 84 岁了，土改的时候家里划了个破产地主，他当时还在读书，他说父母的地主成分对他和兄弟姐妹的影响不大，他的大哥土改之后在南充市南部县县委工作，他在 1951 年至 1953 年间在村里当小学教师，1953 年到 1958 年入伍当兵。谈话间，我感觉他对土改的事是敏感的，尤其是斗地主的相关细节，很多事他都避重就轻地说了几句，想想当时的形势，地主被大家视为阶级敌人，贫下中农都不敢跟地主来往，地主、富农也就是大家口中的“成分人”，说话、做事要小心翼翼，就这么胆战心惊地戴了二十多年的成分帽子，他有如此反应也是正常的。由此我意识到，在访谈中，要充分考虑受访者的各方面情况，要注意说话、提问的方式。

农村的高龄老人越来越少，意味着经历过真实农村土改的“资源”也越来越少了，通过这次寒假的土改口述史访谈，老人们的口述内容就像放电影一样在我脑海中不时浮现，不仅关乎农村土地改革，还关乎老人历经沧桑的一生，仿佛我亲身经历过土改的洗礼，让我更加懂得今天的幸福生活来之不易。

广元市

利州区

ZQ20160801ZGR@Z　张光锐

一　受访者基本信息表

<table>
<tr><td>调研点</td><td colspan="5">四川省广元市利州区大石镇缠龙村</td><td colspan="2">调研员姓名</td><td colspan="2">张茜</td></tr>
<tr><td>调研员单位</td><td colspan="9">华中师范大学中国农村研究院</td></tr>
<tr><td>受访者编号</td><td colspan="5">ZQ20160801ZGR@Z</td><td colspan="2">受访者姓名</td><td colspan="2">张光锐</td></tr>
<tr><td>受访者性别</td><td>男</td><td colspan="2">首次采访时间</td><td colspan="2">20160801</td><td colspan="2">首访时受访者年龄</td><td colspan="2">79</td></tr>
<tr><td>受访者成分</td><td>中农</td><td colspan="5">土改时是否土改干部或土改工作队队员</td><td>否</td><td>是否党员</td><td>否</td></tr>
<tr><td>干部经历</td><td>无</td><td colspan="5">曾担任的干部具体职务</td><td colspan="3">无</td></tr>
<tr><td>现家庭人口</td><td>4</td><td>现承包地
面积（亩）</td><td colspan="2">2</td><td colspan="2">现承包林地
面积（亩）</td><td>0.7</td><td>现承包水塘
面积（亩）</td><td>0</td></tr>
<tr><td>受访者
基本情况</td><td colspan="9">老人1937年8月出生，祖籍为四川省广元市利州区大石镇缠龙村，小学学历。老人有两个亲生女儿，大女儿出嫁到前哨村唐家崖，二女儿由于精神有些问题，因此在几岁的时候就被坏人拐走。为了让自己以后老有所养，在村里人的介绍下，老人抱养了现在的儿子张焕才，今年47岁，现从事运输行业，儿媳妇李国红，今年45岁，主要靠打零工赚些钱，孙子张登文，今年20岁，目前在西藏当兵。
老人是一名残疾人，两只眼睛几乎失明，身体状况也很差，目前需要用药物来维持生命。老人从2014年开始领养老保险，每月1020元。</td></tr>
<tr><td>受访者
职业简历
或个人经历</td><td colspan="9">老人8岁的时候开始上小学，该小学坐落在本村，当时人们都称这个学校为缠龙小学，大约读了三四年以后，不幸染上了麻疹，为了治疗，就退学了。由于当时治病的时候吃错了药，因此一只眼睛完全失明，病痊愈以后，开始在家里务农。20岁的时候，娶了五一村的许春秀当老婆，但不幸的是，许春秀在他五十几岁的时候就去世了。
老人这一生因身体方面的原因一直都没有出去做生意，也没有一技之长。但通过后天的学习，他还是了解到了一些医学知识和历史知识，后来被人称为队上的“百事通”。</td></tr>
</table>

续表

受访者所在社区基本情况	大石镇位于广元市城东 10 公里处，全镇面积 157 平方公里，下辖 20 个村、1 个居委会、137 个生产小组，总人口约为 2.1 万，是四川省广元市小城镇建设的试点镇、四川省科技综合开发示范镇。 小镇境内交通发达，广旺铁路、国道 212 线、广巴高速纵贯全境，村组公路早已实现了“村村通”，硬化道路里程 85 公里。境内有轻纺工业园一个，规模以上企业 3 家，规模以下企业 80 家。 此外，该镇产业比较发达。全镇有标准化商品蔬菜 3000 亩，蔬菜基地 800 亩；有农业龙头企业龙达乳制品公司，奶牛养殖规模达到 120 头，年产鲜奶 1000 吨；有 8000 亩油橄榄、3000 亩岩桂、2400 亩韩国优质板栗以及 3000 亩美国薄核，水果面积达到 5300 余亩，另有花卉苗圃 4 家，各类业主 26 个；种养大户 425 户，年出栏生猪 3.2 万余头。

二　分阶段整理

（一）土改的基础和背景

1. 土改前的家庭基本情况

我叫张光锐，1937 年出生在四川省广元市利州区大石镇缠龙村。土地改革之前，我家一共有五口人，分别是我的哥哥、姐姐、父亲和母亲，还有就是我自己。当时我才十二岁，哥哥二十几岁，姐姐二十岁，父母有四十多了。

土改前我家里的情况还算可以，但只有父亲一个人在外面做生意，用马帮别人拉货。那个时候，我家里的劳动力并不够用，每到农忙季节，父亲也就不会外出，全心全意地投入到种庄稼的活路中，同时他也会找亲戚或者邻居来帮忙。

我家里的负担并不太重，家中也并没有丧失劳动力的老人、病人或者残疾人。

2．土改前的家庭经济情况

土改进行之前，我已经没有上学了，都是在家干一些农活，生活来源主要靠母亲务农和父亲在外面做小生意。我经常听父亲讲，他们一天下来只有一块多钱，如果生意不好的话，甚至一天连一分钱都没有，劳动强度这么大，几乎每天都要起早贪黑，但收入依然少得可怜。

当时，我家也养了几只鸡、一两头猪、一头牛，还有一匹马。那个时候养鸡并不是为了卖钱，如果要卖的话，我们也卖不到好的价钱，所以都把它们留下来生蛋，如果自己哪天想吃肉了，我们就杀了自己吃。

当时的压力也不是特别大，平时主要的生活开销基本上用来买生活用品。如果和缠龙村其他村民相比，我们的生活水平只能算一般。当时我们也很少存钱。在土改之前，我家没有向其他人借钱，或者是借米、面这些实物。

3．土改前的土地经营情况

土地改革之前，我家只有接近一亩的田地，这些田和地一部分是从老人那一辈传下来的，一部分是我父亲托关系买的。当时我们整个村子里的人，主要都种麦子、谷子和苞谷。我家粮食的产量还算可以，一亩田大约可以产七八百斤的谷子、四五百斤的小麦、三四百斤的苞谷。除这些农作物之外，我们也会种一些药材，比如说红花，因为那个时候的药材很赚钱，一斤可以卖一块多钱。那个时候，家家户户都要按人头向上交税，谁家人口数量多，交的粮食就多；谁家人口数量少，交的粮食就少。

土改前，我家养了一头牛和一头马，不是与村里人合伙购买的，所有权属于我们自己。农具主要有犁头、耙、镰刀和锄头。

如果自己忙不过来，会主动和其他人进行换工，当时换工对象也比较有讲究，主要是周围的邻居和自己的亲朋好友，但并没有刻意要求换工的对象是村里人或者村外人。我们会先考虑村内人，因为村内人距离自己较近，帮起忙来也比较方便。如果和其他人进行了换工，我们只管中午那顿饭，早上和晚上都是他们在自己家里吃，工具也是由我们这方准备，而不是由帮忙人出。

土改前，我们并没有参加那些互助小组之类的生产组织。

4．土改前的社会交往情况

土改进行之前，我家与村里其他农民的关系很好，与家庭比较富裕的人的关系却一般，因为大家平常交往并不多。那个时候，我们与村长、保长打的交道也比较少，通常情况只有当村里发生纠纷，双方不能解决时，才会找村长出面。

那个时候，我认为村里富裕的农户与普通人的生活差距还是比较大的，这是一般人都能够一眼看出来的。

土改之前，我家与宗族成员的关系以及宗族长老的关系也不错，大家平常的交往虽不多，但也算和谐，每当遭遇灾荒或者家中出现困难，也能够从同姓族人那里得到一些救济。

5. 土改前的土地观念

由于每家每户的财富状况不同，所以大家拥有的土地数量也有差异，村里有的人土地数量相当多，而有的人甚至连一丁点土地都没有。当时土地拥有量是我们评判一个人地位的标准之一，那个时候我家有接近一亩的土地，所以相对那些完全没有土地的人而言，我们身份和地位要高出他们几级。

当时有些人的土地比我们多很多，我也很羡慕，同时也希望国家能帮助我们解决。土改前，我家人也想过再购买一些土地，但当时的家境以及实际情况并不允许，所以也没有这样做。后面进行土地改革的时候，大家的情绪才会那么激动。

由于我当时没什么文化，所以也找不出土地改革到底有什么问题，因为在我看来，中国共产党是一个好党，他们做事情有他们的计划和原则，我们只有服从。

（二）土改的过程和经历

1. 访贫问苦，扎根串连

土改工作队是在1952年来到我们村里的，当时一共来了多少个人，我不清楚，但知道他们是上面政府派下来的。那个时候，我并没有参加过宣传土地改革政策的这些大大小小的会议，我们农民只是负责执行，他们说什么我们就做什么，也不敢和他们反着来。

村里在划完各家的成分以后，有这样一种怪的现象：贫雇农是一方，地主和富农是一方，双方几乎没什么联系，关系都相当疏远，这也就是当时的“两派系”。那个时候，工作队为了给村里人树立模范，还让我们评选土改的积极分子，我认为这是一个好做法，评选出来的积极分子也很有能力和文化，试想一下，如果没有能力的话，他们这些积极分子就不可能把党交给他们的工作执行下去，也不可能得到大家的认可。

记得那个时候，村里成立的是农会，而不是贫农团，农会是上面要求成立的，其主要工作是搞土改宣传。当时有“一可以，一不可”的说法，意思就是说贫雇农可以成为农会的成员，但地主和富农是绝对不可以加入进来。

2. 划分阶级成分

土改的时候还要划阶级成分，很多人根据我家的土地和财产情况，给我以及家里的其他人都划为了中农。针对这样一种成分，我们也不敢公开表示意见，只有私底下悄悄地抱怨。划成分主要是农会的事情，但土改工作队的也会帮忙。

我们村里划成分的标准是这样子的：如果哪个有很多土地，还把土地出租了，并用出租的方式剥削贫苦人，他们就会被划为地主；如果哪个有一部分土地，并且全部都是自己劳动，他们就会被划为中农；如果哪个有少量土地，或者租了其他人的土地，他们就会被划为贫农；如果哪个完全没有土地，就会被划为雇农。当时本村的地主都是本姓族人，大多姓张，但本村并没有出现斗“死地主”的情况。

土地改革的时候，一共出了几次榜，我并不是很清楚。只记得当时地主一共有四个，包括张卫堂、张吕正、张吕太、梁益清；富农只有张吕瑞一家；中农和贫农还是比较多，但具体多少户，我不记得了。

3. 挖苦根，斗地主

（1）挖苦根

在批斗地主以前，缠龙村的各位干部会在土改工作队的引导之下召开诉苦大会，在诉苦大会上，我们主要是说地主的不对，比如说地主只知道对百姓进行残酷的压迫、对人民无限剥削这类的话，有些人还日决[1]地主，日决的话简直不堪入耳，我这里也不好说。

村里也鼓励我们和地主算剥削账，算法是这样的：细数你给地主干了多少活路，他又给了你多少报酬，如果地主“偷吃”很多报酬，这个时候我们就要一一清算，然后让他补交出来。当时关于怎样算报酬，工作队有一个标准，我们照着比对就可以了。

（2）斗地主

本村也有骂地主和打地主的情况，当时斗地主被斗得最惨的就是三老爷，因为他很犟，我们这里的人都把他称为犟牛，当时他死活不交出他的土地和财产，所以土改工作队和农会就把他双手捆绑起来，吊在房梁上，然后在他的脚上挂一个很大的石磨，后来为了加重批斗的力度，还往他的嘴里塞了一坨狗屎，强行逼迫他交出所有的土地和财产。

当时我没有揭发过地主的罪行，也没有同情过三老爷，因为我觉得就是他们罪有应得，他们活该。

4. 没收和分配土地、财产

（1）没收土地和财产

土改工作队直接到农会那里去，然后和农会的一些成员直接到地主家中去没收，如果地主反抗，就会遭到批斗；如果积极配合，就会受到表扬。当时我们队有一个开明地主，他叫张吕正，他就积极主动地交出了他全部的土地和财产，并向农会和土改工作队的人员诚心道歉：“我以前做错了，一时鬼迷心窍，希望大家能够原谅我，我也会努力为大家做事情。”他的这种做法得到了大家的认可，所以没有遭到批斗。

没收完地主的土地和财产之后，就会按每家每户的具体情况进行分配。我当时并没有参与到没收地主财产的工作中来，也不了解没收地主财产的一些情况，只知道那个时候三老爷就是不配合，所以遭到了严厉批斗。

---

[1] 日决：在本村，这个词相当于骂人，只是程度要深一些。

（2）分配土地和财产

当时分配土地和财产的时候，会召开分配大会，在会上干部们会说明分配土地和财产的流程以及具体标准，以免大家在分配的时候发生争执。分配土地和财产是有先后顺序的，首先给那些没有土地的人分地主的土地和财产，然后给那些土地较少的人分地主的土地和财产，如果分了以后还有剩余的东西，就再对没有分到地主土地和财产的农户的家庭生活状况依由穷到富的顺序进行排序，谁越靠前，谁分到地主土地和财产的几率就大。由于当时我家有一些财产和土地，所以并没有分到田地、牲畜、农具以及房屋。

（3）分配土地的过程

分配土地的时候，工作队会组织一个小集体，这个小集体是由村里的干部、记录人员、丈量人员、部分村民组成的。丈量人员专门负责对地主土地进行丈量，然后根据在分配大会已经确定好的分田数目，一个一个地给农户划分，在整个过程中，我们村民几乎很少说话，都是由干部们在估计和测算，然后由他们得出结论，我们只要服从就行。在分地的过程中，我觉得应该没有贪污的事情发生，因为这些人都是从外地调过来的干部，他们对我们很好，每个都是全心全意地做好自己的本职工作。分配土地和财物的时候，吵架的情况很少。

5. 土改复查

本村的土改是在1952年结束的，在其他地方结束的时间可能还早些。紧接着在1954年的时候，有专门的人员对我们这里进行了土改复查，当时主要是复查是否存在漏网的地主，但好像没有查出一两个漏网的地主。那个时候还向我家发了土地证，土地证的封面是黄红黄红的颜色，周围还有花，在这张纸上，写明了家里的地有多少，家里的田有多少。

（三）土改的结果和影响

1. 土改后的土地经营情况

土改结束之后，我家土地的数量和土改前相比并没有发生显著的变化，只是略有增加，这增加的一小部分主要是通过家里人开荒得来的，但仅靠这一亩多点的土地，仍然不够全家人的生活。那个时候，我们种的农作物和土改前相比也没有变化，依然是谷子、麦子和苞谷，两个阶段粮食的亩产也差不多。劳动力方面明显不足，但这个时候我们跟着村里人参加了互助小组，经常可以与周围的人长期互相帮助，所以也算有一件值得骄傲的事情。就好像生活中难免会碰到倒霉事一样，我们在农业经营过程中也遇到了一些困难，这主要是指村里发生了两次干旱，导致粮食大幅度减产，庄稼几乎零收成。所以，为了维持生活，父亲只有向其他人借。

当时有这样一句话“交公粮，卖余粮”，意思就是说，如果我们没有交足够的公粮，没有卖足够的余粮，就会扣工分。但不得不说，这种办法也使大家在土改后提高了种粮食的热情。

这个时候，我们家没有租种别人的地，也没有进行过土地买卖。

2. 土改后的家庭生活情况

土改结束后，我家中的情况就稍微好过一些了，但压力还是很大的，都说“时时有矛盾，事事有矛盾”，我就觉得是“时时有压力，事事有压力”，这不仅是因为六几年遇到的两次大干旱，还因为我的眼睛不好使，这两次大的干旱就把人折磨得不行，粮食急剧减产，一年干的活几乎白做，只能够靠借粮为生，再加上我一只眼睛看不到，更是增加了家中的生活负担，父亲和母亲此时都在到处找药方，希望治好我的眼睛，这也花了他们一部分积蓄。所以，正是因为这两方面原因，父亲为了养活一家人，做事情的动力很大，我们想发家致富的决心也大了。

我家当时的收入和土改前相比，也没什么变化，主要还是靠务农和做一些小生意。

3. 土改后的社会交往情况

土改后，我在村中的身份地位与土改前相比没有变化，但有些关系还是发生了微妙的变化，比如说那些被划为地主、富农的人长期遭到了隔离，也就很少有村民和他们打交道。这个时候，我们与干部的关系、宗族内成员的关系、宗族长老的关系都还不错，因为我们一家人都认为，关系需要用心维护，你对他好了，他也会反过来对你好，因此，与人为善很重要。

但有一个明显的变化，我不得不提的就是村庄内的风气更正派，土匪少了，日子安定了，我们悠闲的日子也比较多了，慢慢开始向往娱乐这方面。

4. 土改后的观念变化情况

1953 年以后，我感觉土改时给我们分地和分田单干时给我们分地是不一样的，土改时分地会给人一种安全感，而且心情也是相当激动，而土地承包时分地给人一种害怕感，我们总担心土地在一瞬间就没了。土改结束后，村里要求可以劳动的人去搞国家建设，我给父亲说我要去，所以就去外村修了五一水库、清林水库和绿化水库，有的时候我们还要没日没夜地修乡村公路，我们干这两件事情，白天要走很多的路，晚上还睡不了几个小时的安稳觉。

其实，土改后，我对中国共产党和政府并没有什么新的看法，但土改留给我最深刻的印象是给我们这些人分到了地，这是一件大好事。

5. 土改对农业集体化的影响

1953 年开始搞互助小组，搞了两年之后，1955 年进入初级社，紧接着在 1958 年进入了高级社，后面还要求农业集体化加入初级社和高级社，我知道这都是中国共产党的意思，所以家里人是自愿地将农具和牲畜上交给了村集体。

我认为，集体干活路与自己单干相比，集体干活的效率可能会更高，因为集体的人多，大家在一起热热闹闹、有说有笑，所以干活的时候不仅有动力，还较轻松，这就使我们做什么事情都要快一些。

虽然在土改之后，中国共产党紧接着搞了一个大规模的集体化，要求把之前分给我们的土地全部收上去了，但我并没有觉得土改白搞了，因为我认为做每件事情都是一步一步地走，有时候就算国家很想小心地走，也会在走的过程中摔跤，甚至跌得头破血流，这也是不可避免的。

ZQ20160116ZYQ@S　张玉全

一　受访者基本信息表

<table>
<tr><td>调研点</td><td colspan="5">四川省广元市利州区大石镇缠龙村</td><td colspan="2">调研员姓名</td><td colspan="2">张茜</td></tr>
<tr><td>调研员单位</td><td colspan="9">华中师范大学中国农村研究院</td></tr>
<tr><td>受访者编号</td><td colspan="5">ZQ20160116ZYQ@S</td><td colspan="2">受访者姓名</td><td colspan="2">张玉全</td></tr>
<tr><td>受访者性别</td><td>男</td><td colspan="2">首次采访时间</td><td colspan="2">20160116</td><td colspan="2">首访时受访者年龄</td><td colspan="2">82</td></tr>
<tr><td>受访者成分</td><td>中农</td><td colspan="5">土改时是否土改干部或土改工作队队员</td><td>否</td><td>是否党员</td><td>否</td></tr>
<tr><td>干部经历</td><td>无</td><td colspan="5">曾担任的干部具体职务</td><td colspan="3">无</td></tr>
<tr><td>现家庭人口</td><td>4</td><td>现承包地
面积（亩）</td><td colspan="2">0.1</td><td colspan="2">现承包林地
面积（亩）</td><td>0</td><td>现承包水塘
面积（亩）</td><td>0</td></tr>
<tr><td>受访者
基本情况</td><td colspan="9">老人1934年出生，今年82岁，目前居住在四川省广元市利州区大石镇缠龙村5组，文盲。老人共育有2个儿子和2个女儿，大儿子张友才，今年54岁，是一名私人诊所的医生；二儿子张友能，今年49岁，目前经营着自家的小生意；大女儿张华，今年57岁，是一名基层干部；二女儿张燕，今年45岁，为五四村的妇女主任。当前老人的户口与二儿子张友能在一起。
近年来，老人的身体状况不好。现在每个月可以领到1350块钱的生活补贴，已领了将近一年的时间了。</td></tr>
<tr><td>受访者
职业简历
或个人经历</td><td colspan="9">老人出生于四川省广元市利州区大石镇缠龙村，没有接受过任何教育，12岁开始就在家里种庄稼，结婚以后，开始外出打工。老人一生的经历比较简单，但过的生活却非常艰苦，他的交往圈子几乎都在缠龙村。</td></tr>
</table>

二　分阶段整理

（一）土改的基础和背景

1. 土改前的家庭基本情况

我叫张玉全，1934 年出生于四川省广元市利州区大石镇缠龙村。土地改革之前，我家里一共有七口人，包括我的母亲、父亲、爷爷，还有我的三个兄弟姊妹，但有一个妹妹在她才几个月大的时候不幸因病夭折了，所以我们家就只剩了六个人。我记得母亲和父亲的年纪不相上下，他们差不多都有四十几岁；当时爷爷的年纪应该在六七十岁之间；我才满十五岁；而弟弟张玉高比我仅小两岁；妹妹张玉秀是我们这三个娃儿中年龄最小的，那个时候她只有十岁。

土改前，除了我爷爷在家行医之外，家里的所有成年人都是靠务农为生。当时我家的劳力只有三个，一个是我的爷爷，一个是我的母亲，还有一个就是父亲。我家里也没有丧失劳动力的老人、病人或者残疾人。

2. 土改前的家庭经济情况

土地改革前，爷爷在村里行医，所以只有当他有空的时候才会帮忙做做家务，但我们并不怨他，因为他也为我们这个家庭付出了很多。除了务农和做点小生意之外，我们也会给人家干活。那个时候替人家劳动，这个劳动强度还是比较大的。先不说干的时间长短的问题，首先雇主就没有解决好我们的吃饭问题，所以，我们只能自己从家里多带些干粮。

那个时候我家也有经营家庭副业，比如说养鸡和养鸭。当时养了一两只鸡和十只鸭。因为土改前我们家里的生活不怎么好过，所以这些都拿出去卖了。为了缓解劳动的压力，我们也与村里的其他农户进行长期换工。

土改之前，我家生活开销主要是用来买穿的和吃的。当时我们还向人家借过粮食，我记得借得最多的一次是借五十斤，但我们不是借的地主的，而是向住在其他村的亲戚借的，所以也没有任何利息。

3．土改前的土地经营情况

土地改革以前，我们家里只有接近两亩的土地，这两亩的土地有一半是从祖辈那里继承来的，还有一半是父母在 1948 年向别人买的。当时在这些土地上主要种的是两种农作物，一种是稻谷，另一种是麦子。那个时候粮食的产量都比较低，一亩的地只能产三百多斤的麦子，一亩的田只能收割两百多斤的水稻，所以生产出来的粮食根本不够一家人吃，而且我们还要给国家上粮[1]，数量大约在两百斤左右，这样一算，家里剩下的粮食就很少了。因此，为了维持一家人的生活，母亲还租了人家一亩多的土地。当时的地租都是按分成计算，一般都是地主得七成，而我们拿三成。所以，我们这里三七开的地租还是比较高。尽管这样，我们也没有因为租金问题而与佃主发生任何争执。为了合理地利用这些土地，我们冬天种麦子、胡豆，夏天种红薯、苞谷，但过去没有冬豆。

当时我家没有养牛，也没有养马和驴这些牲畜，就连农具也不齐全，像锄头和镰刀这类的小型农具比较多，但没有像犁头、耙这类的大型农具。

土改之前，由于我家的土地数量还算可以，所以为了让土地能有更好的产出，我们经常和缠龙村的其他村民互相帮助。

4．土改前的社会交往情况

土地改革之前，我们家与村里其他人的关系非常好，与家庭较富裕的农户关系也不错，当时村里是这样规定的，必须有一个保长，必须有一个甲长，镇上又必须有一个乡长，这样层层管理，以维持我们这个地方的稳定。在我看来，我家当时与这些干部的关系都还算过得去。

以前，户与户之间差距很大，因为地主和富农的收入很多，而我们这些贫下中农几乎没有收入来源，所以差距拉得较大。

5．土改前的土地观念

那个时候，我们家也想再买一些土地，但就当时的经济条件来看，我们实在办不到了，一方面是因为父亲在 1948 年的时候花钱买了一块地，买这块地几乎花完了家里所有的积蓄；另一方面是因为农作物产量低，即使我们有钱买，最终可能也没有多大的产出效益。每次看到别人有那么多的土地，我心里除了羡慕之外，当时还有一个想法，就是希望把他们的土地给我们分一点，这样一来，大家的土地数量就相对平均了，说不定剥削也会慢慢减少。

听人家说土地改革马上开始搞了，我除了欢喜以外，并没有什么疑虑和担忧，但我对党还是很感激的，因为中国共产党是为人民服务的党。

---

〔1〕 上粮：“上”在此处为一个动词，我们可以看作上交的意思。

（二）土改的过程和经历

1. 访贫问苦，扎根串连

我记得好像是在 1952 年的时候，土改工作队的成员来到了我们缠龙村。那个时候，一个甲就是一个生产队，十户为一个甲，十甲为一个保，每个生产队都有一个工作队队员，我们村里当时的生产队好像有三四个，所以工作队的成员应该也只有三四个人。当时，我们这里也有很多抢东西的人，他们还打工作队的成员，打他们的人都是持枪的土匪，这些土匪认为，土改工作队家里肯定好过，所以就去抢他们的东西，过去我们把这些土匪叫做棒老二。

在我的印象中，工作队都是外地人，而非本地人。这些工作队的人在我们村里的分量很重，因为他们都是上级派下来的，根据党的指示对我们这个地方进行土地改革。他们来了没几天，我们这里就开了很多次会，这些会主要是为了宣传土地改革，并调动大家的积极性。在 1952 年的时候，我都已经十八岁了，所以也参加了这些会。

为了更好地对付地主，土改工作队还让我们这些贫下中农联合起来，勇敢、积极地和地主干到底，指出地主所做的坏事。我想他们这样做，肯定是为了激起或者加深大家对地主的仇恨。因为我当时做事情比较懒惰，所以不是土改的积极分子。

我们村里当时还成立了农民协会，农民协会是由贫穷的人所组成的，这里面也有干部，但要成为农协会的干部有两个要求，一是要有领导能力，二是被划得的成分必须好。当时农民协会的主要任务是搞土改，我们先做什么，后再做什么，这些都由他们统一安排。我当时有幸成为了其中的一员，但可能由于我的经验不够，所以没有领导过什么工作。

2. 划分阶级成分

土地改革时期，我被划为了上中农，家里的其他人的成分和我一样，也是上中农。当时我家的这一成分不是由哪一个干部单独说了算，也不是由哪一个组织说了算，而是由群众们来评，由他们表决哪一个人或者哪一家应该是什么成分。对于这一成分，我自己是不赞同的。因为土改工作队的成员说我们家里土地多，但实际上也没有多少，给我们评为上中农完全不切合实际，所以我们给组织提意见，后面又给我们改为了中农。

在那个时候，一个人是什么成分，主要看他的土地多不多，如果土地数量较多，那么他最终被划的成分就不好，其实我觉得土地数量只是一个方面，关键还要看他家的收入水平以及有没有剥削过普通老百姓。从以前到现在，我也没有听说过村里斗过“死地主”。

我记得当时划成分一共划了四次，第一次和第二次是初步划成分，第三次是纠正成分，第四次才最终确定成分。当时被划为地主的有四个，包括三老爷、张吕正、梁益清、王席顾；划为富农的只有一个，划为贫农的好像有十几户。

3. 挖苦根，斗地主

（1）挖苦根

只要被划为了地主成分，我们村里都要批斗，平均一个地主可能要被批斗三次，所以根据地主的数量，缠龙村批斗地主的次数应该有十多次。此外，当时我们村里好像是这样说的：群众受过哪个地主的苦，现在那些群众就要斗他。大家在算剥削账的时候都紧握着拳头往头顶上举，我当时也跟着这样做，这就是驱赶地主的意思，群众一边举，嘴里还不停地唠叨，他们这是在骂地主，说地主没有良心，狼心狗肺，就该有这样的下场。

（2）斗地主

我们这里斗地主还不算残酷，一般来说，我们这些贫下中农都是用脚踢地主，向他们身上吐口水，除此之外，村里很少出现过过激的行为，只是当时在批斗三老爷的时候，给他施的刑比较重，村里干部把他吊在房梁上，双脚捆绑后，还给他嘴里塞狗屎，但三老爷人不坏。我当时也揭发过地主的罪行，主要是说一些地主的坏话，有的时候还会添油加醋地瞎编几句。但那个时候没有人公开地替地主说好话，因为当时的规定就要求我们必须与地主、富农划清界限。

4. 没收和分配土地、财产

（1）没收土地和财产

没收地主的土地和财产，主要都是由土改工作队来负责的，土改工作队会带上一些干部亲自去地主家里，地主见到土改工作队的时候，就会很自觉地把家里的财产都交出来，有时候土改工作队不相信地主家里只有这么点财产，所以还会另外派一些人去他们家里挖坑、打洞，检查他们是否有隐瞒财产的情况。

没收了之后，土改工作队再根据每家每户的人口情况以及贫富情况进行分配。我当时虽然没有参加到没收地主财产的工作中，但对于没收地主财产的一些情况还是有所了解，在这一过程中，没有地主不配合。

（2）分配土地和财产

在分配地主土地和财产的时候，主要是根据每家每户的人口以及贫富情况进行分配，至于分配的具体流程是什么，我不是很清楚。缠龙村在分配土地和财产之前会召开一个分配大会，在大会上，几乎每个人都会说出家里的具体情况，然后土改工作队根据这些具体情况来分配地主的土地和财产。

由于当时我家被划为了上中农成分，所以只分到了一亩多的土地，但土地的质量不行。此外，我们还分到了两间半的房屋，这些房屋都是从祠堂那边划过来的。那个时候，我家没有分到牛、马、驴等牲畜，也没有分到任何的农具。尽管如此，我对我家分到的这些土地和财产还比较满意。

（3）分配土地的过程

正式到了分土地的时候，这个分土地的过程还是比较迅速，因为土改工作队都是提前安排好的，这一天给哪些人分，明天又给哪些人分，他们在一个本子上都记得清清楚楚，每给一户人家分完之后，他们也会在本子上做标记，不仅是将他们与没有分到土地的农户区分开来，而且还要记录他所分得的土地的面积。

分土地的时候，干部还是比较公平，大家也没有在公开场合因为分东西的问题发生争执。

5. 土改复查

缠龙村的土地改革是在 1952 年结束的，土地改革结束之后开展了土地复查，可没有清查到漏网的地主，但有查出错划的成分，并在最后予以了纠正，比如当时在划成分的时候，我们被划为了上中农，后来又改为了中农。在分配土地完了以后，也给每家每户发放了一个土地证。

（三）土改的结果和影响

1. 土改后的土地经营情况

土地改革结束之后，我们家里的土地比以前增加了一亩多，但分到的田地并不够全家人生活，在这些土地上，我们主要还是种植一些稻谷和小麦，虽然产量不是很多，但与土地改革之前相比，依然有所增加。

此时家里的劳动力还是够用的，因为我们也参加了像互助小组之类的生产组织，这种组织是长期性的，大家经常可以互相帮忙。

当时，我们在农业生产经营方面也没有遇到什么困难。我记得那个时候家里一亩的土地，要向国家交五十斤的粮食，不管交什么种类的粮食，前提是粮食的斤数必须在五十斤以上。当时有交稻谷的，有交小麦的，也有交苞谷的。粮食交了之后，剩下的并不多，根本不够我们生活。但我们种地的热情确实比以前高了很多，原因就在于我们的土地变多了，粮食产量较之以前也提高了。另外，我们没有买卖过土地。

2. 土改后的家庭生活情况

土地改革结束以后，我们在生活方面和收入方面都发生了变化。就生活方面的变化来说，其中最明显的变化就是我们的田和地比土改前增加了一亩多，你们可不要小看这一亩多的田地，在那个时候，可是我们一家人的命根子，如果没有这一亩多的田地的话，我们可能都活不到现在，很有可能早就饿死了。

就收入方面的变化来说，当时我父亲除了务农以外，还要出去给人家做各种各样的体力活，爷爷也在村里行医救人，所以收入还算可以，这也在一定程度上减轻了家里的负担。

3. 土改后的社会交往情况

村民与村民之间的生活差距没有发生太大的变化，但我们发家致富的信心比土地改革之前更足了。我自己在村中的身份地位变化虽小，但还是有一点点提高。此时，论我家与村里其他农民的关系来说，也还是很不错的，我们都能够和睦相处，但与那些被划为地主、富农的关系却疏远了很多，因为政策要求我们要与他们划清界限。所以这个时候，村里的风气并不是很好，因为很多人都会根据一个人所划分的成分来决定亲疏远近。

4. 土改后的观念变化情况

与土地改革之前相比，我们这个时候的土地数量更多了，因此自己慢慢开始有了贪心，希望一家人的土地能够更多。因为我们也想通过土地来让自己生活得更好，更希望因此而发家致富，这是我们的一个大愿望，我想乃至整个村，大家都有同一种想法。

土改结束以后，我们还必须兴修水利、修路，因为当时是实行工分制：男的干一天可以得十个工分，女的干一天只能得七个工分，所以这个差距很大。有的时候我们男的不干活，就在那里站一天也能得十个工分，但女的一天从早到晚都在干，结果下来也只能得到七个工分，所以，当时大家反对这种制度，觉得女的干得多，得到的工分却很少。

5. 土改对农业集体化的影响

1953 年搞互助组，1955 年搞初级农业生产合作社，1958 年又转为高级农业生产合作社，那个时候有些房子都拆了，1958 年又搞“大鸣大放”，搞浮夸风，所以我们没有分到粮食，但当时干部还让我们撒谎，让我们给上级干部说村里所有人都分到了粮食，真是作孽！

土改后，我们还要打击地、富、反、坏四类分子，“地”就是指地主，“富”就是指富农，“反”就是指反革命分子、反党分子，“坏”就是指那些坏人。后来加了一个右派，四类分子就搞成了五类分子，当时大搞水库建设，干部们首先就让这五类分子去搞。

在我看来，集体干活也是可以的，关键看怎么搞，因为在集体里干活，人数较多，所以这里面有老实人，也有喜欢钻空子的人，对于老实人来说，他们就比较吃亏了，因为老实人干活不会偷奸耍滑，而爱钻空子的人干活就比较水[1]。

ZQ20160115HWL@D　何文莲

一　受访者基本信息表

调研点	四川省广元市利州区大石镇缠龙村	调研员姓名	张茜
调研员单位	华中师范大学中国农村研究院		
受访者编号	ZQ20160115HWL@D	受访者姓名	何文莲

〔1〕　水：不是指饮用水，而是吊儿郎当的意思。

续表

<table>
<tr><td>受访者性别</td><td>女</td><td colspan="2">首次采访时间</td><td colspan="2">20160115</td><td colspan="2">首访时受访者年龄</td><td colspan="2">86</td></tr>
<tr><td>受访者成分</td><td>中农</td><td colspan="5">土改时是否土改干部或土改工作队队员</td><td>否</td><td>是否党员</td><td>否</td></tr>
<tr><td>干部经历</td><td>否</td><td colspan="5">曾担任的干部具体职务</td><td colspan="3">无</td></tr>
<tr><td>现家庭人口</td><td>2</td><td>现承包地
面积（亩）</td><td colspan="2">2</td><td colspan="2">现承包林地
面积（亩）</td><td>0</td><td>现承包水塘
面积（亩）</td><td>0</td></tr>
<tr><td>受访者
基本情况</td><td colspan="9">老人1930年9月25日出生，属马，今年86岁，祖籍为四川省广元市大石镇缠龙村曹家河，文盲。目前老人承包地的面积总数接近两亩，但林地和水塘都没有。老人的身体还算可以，只是眼睛有点问题，目前在家里养老，一个月可以领到1300块钱的生活补贴，现已领6个月。</td></tr>
<tr><td>受访者
职业简历
或个人经历</td><td colspan="9">老人因为是女性，所以当时并没有读书的机会，一直都在家里给家人做饭、干农活。十三四岁的时候，开始跟着四合院里的人学做衣服和鞋子。1952年，经别人介绍，嫁到了缠龙村5组，与老伴张吕瑞结为夫妻。嫁过来之后，她没有出去做生意或者做其他的小买卖，而是一直在家里务农和替别人做衣服。1987年，老人的丈夫因胃癌去世，丈夫去世以后，很多人都劝她改嫁，但她却没有这样做。</td></tr>
</table>

二　分阶段整理

（一）土改的基础和背景

1. 土改前的家庭基本情况

我叫何文莲，1930 年出生于四川省广元市大石镇。土地改革之前，我家里一共有四口人，其中包括我的爸爸和我们三个兄弟姐妹。大姐在八岁多的时候就被别人抱走了，而母亲也在我十二岁的时候就离开了人世，所以家里就只剩我们四个人。1949 年，我姐姐三十几岁，我满二十岁，两个弟弟则是十几岁，所以当时只有父亲这一个（主要）劳动力。除此以外，我家里没有丧失劳动力的老人、病人或者残疾人。

总的来说，当时我家里的生活条件不好，压力很大。

2. 土改前的家庭经济情况

十几岁左右，我就开始跟着院子里的其他人学习怎样做衣服，但做衣服的收入不高，一般来说，做一件衣服，自己得的利润只有几毛钱，如果当年的经济形势不好，根本没有人订做衣服，所以当时家里的收入主要还是靠父亲。单靠父亲一个劳动力，我们家里的生活也不会提高很多，但幸运的是，姑姑在把她的生意给了父亲做之后，我们家里的生活就慢慢好了起来。姑姑转让给我们的生意主要是卖酒、卖盐，一天下来收入还是蛮不错的。

土改前，若将家里的生活状况与村里其他农户相比，我们的条件可以算一般，说不上很好，也不是特别差。另外，由于自己家里的土地并不是很多，所以也没有把家中的地租出去，全部都是靠自己耕种。那个时候我们家里很穷，经常没有饭吃，赚的钱主要都是用来买吃的和穿的，还有就是用于村里、村外的一些人情。通过做小生意，父亲赚了一些钱，于是我们就拿这些钱去买了一些鸡、鸭来养，养大的鸡、鸭主要都是我们自己吃，很少拿出去卖。

3. 土改前的土地经营情况

土地改革以前，我家从上一辈那里继承了一亩多的土地，以当时我们张家岸的土地数目来看，这一亩多的土地并不算多，所以我们就没有奢侈到把它租给别人。我们这里气候条件比较好，不同的季节会种不同的粮食种类，一般来说，冬季的时候我们开始种小麦，夏季就着手种水稻、苞谷，有的时候，我们自己还会种一些蔬菜，比如小白菜、大白菜以及空心菜。我家的粮食亩产比较高，一亩田如果打理得好的话，我们可以收获一千斤谷子，一亩地有时候也可以产六百斤麦子，这与其他地方相比，粮食亩产算高的了。所以，我们并没有考虑去租其他人的土地。

此外，我家养了一头黄牛和一头公猪，父亲说养牛是为了方便耕地，养公猪而不养母猪的原因是公猪不麻烦，较省事。我们还有犁头、耙、镰刀、锄头、风车等农具，这些农具有些是自己买的，有些是自己做的，当时农具齐全，可以方便我们与邻居换工。

我们这里有几亩族田，但我们家里没有租过。

4．土改前的社会交往情况

土改以前，我家与哪个的关系都好，因为我家平常很喜欢帮人家的忙，即使在农忙季节，父亲也会尽量抽空去帮别人，也正是由于父亲的热心，才换来了邻里和睦。

我们这里的宗族意识虽然比较浓厚，但在当时，我一个姓何的，还能够与姓张的、姓王的关系融洽，也足以证明我家的关系与谁都不错。

5．土改前的土地观念

我家的土地数量不多，也想过再买一些土地，但因为没有现钱，所以最后没了下文。在那个时候，我们村里也有两种极端情况，一种是有的人土地特别多，另一种是有的人完全没有土地。对于那些土地数量多的人，我确实很羡慕；对于没有土地的人，我也很同情。

后面听说要土地改革的时候，我们都乐开花了，激动得整晚都睡不着觉，晚上还老是做梦，梦见自己分到了很多土地，有时候甚至笑醒了。中国共产党是一个老党，也是一个很有素质和责任心的党派，我们只有一心一意地跟它走，才会生活得更美好。

（二）土改的过程和经历

1．访贫问苦，扎根串连

土改工作队是在哪一年来到本村的，我自己也不是很清楚。来的时候好像有三四个人，他们都是从上面派下来的，所以我们一个也不认识。在土地改革的时候，本村也召开过宣传土改政策的一些会议，但是我都没有参加，在当时这些会议一般都是由男士代表参加，所以对于开会的具体情况，我也不是很了解。

此外贫雇农之间到底是怎么串连起来的，我也不知道。当时，在我们村子里确实有土改的积极分子，但我认为这些积极分子也不怎么为百姓办事。还记得何严培是二队的民兵，他就是土改的积极分子，那时他要怎么做就怎么做，老希望把人整死，而且还给三老爷嘴里塞狗屎，做的都不是人干的事，所以，谁说土改积极分子都是好人?

村里也有成立农协会，这都是上面的人安排的，主要就是宣传土改的政策，斗地主和斗富农。如果想成为其中的分子，必须成分要好，地主、富农肯定不能参加。

2．划分阶级成分

土地改革的时候，我嫁到了缠龙村，但我嫁到的这户人家在当时被划为了富农成分，家里的其他人也被划为了富农。因为在划成分以前，我还没有嫁过去，所以我依然是曹家河的成分，也就是中农。听老伴说，他家里的富农这一成分，都是由土改工作队来划分，对于这一成分，他们有不同的意见，但也没有办法。因为土改工作队不可能按照他们的要求来划分成分，如果人人都有发言权，这个村庄就散了。

至于村里划分成分的具体标准，我也不是很清楚，但我们这里没有斗“死地主”的行为。此外，在我的记忆中，划分成分好像划了四次，其中地主只有四个，包括三老爷、梁益清、张吕正、王席顾；富农好像就一个，即张光富一家；中农有多少个我不清楚，贫农和雇农就非常多了。

3. 挖苦根，斗地主

（1）挖苦根

土改的时候，缠龙村要斗地主，一共斗了四个地主，包括三老爷、梁益清、张吕正、王席顾，斗的次数应该有十几次。在斗地主之前，会召开一个诉苦大会，但我当时都没有参加过，只是听别人说起过。他们说，在诉苦大会上，大家东一句西一句，都在说地主的坏话，可谓“唾液满天飞”。此外，我们村也有算过剥削账，它的目的就是要把地主剥削过的那些农户的损失都找回来。

（2）斗地主

在土地改革的时候，我嫁到的这户人家被划为了富农，但自己还是保留了曹家河的成分，即中农成分，所以我没有被村里人批斗，但老伴以及他的家人没有幸免，遭到了严厉的批斗，我当时不忍心，所以没有去。在批斗老伴他们家的时候，没有人公开地或者暗地里替他们说好话，因为只要替地主、富农说了好话，他们的后果都是非常严重的。

当时批斗地主，被批斗得最惨的就是三老爷，村里的人把他绑起来，然后吊在房梁上，还向他的嘴里塞一坨狗屎，如果谁的仇与他比较深，他们就上去踢几脚或者扇他几巴掌。

4. 没收和分配土地、财产

（1）没收土地和财产

因为在土地改革时期，我嫁到的这家被划为了富农成分，所以没收了我们的土地和全部财产，包括在杨家岸的一亩多土地以及一些其他的东西，比如家具、犁头和牛。没收了之后，就把它们分给贫下中农。在当时，这一任务主要是由土改工作队的来负责的，我们也很配合，并没有与他们发生争执，因为即使心中不满，也不能说出来，不然的话会被批斗得更惨。

（2）分配土地和财产

由于自己没有当家，所以分配土地和财产的具体标准是什么，我也不是很清楚。但在分配土地和财产之前，会召开一个分配大会，在会上，每家农户说出自己家里的情况，然后土改工作队根据每家每户的生活情况，分配地主的土地和财产。

（3）分配土地的过程

分配土地，是村长和干部带我们去，他们身边还配的有跟班，这些跟班就是负责丈量土地、记录给每家每户分到的土地面积。丈量都有皮尺了，丈量完后，每家每户还要到土地上去做标记。

5. 土改复查

(1) 土改复查

本村的土地改革好像是在1952年左右结束的。土地改革结束之后，进行了土地复查，好像也没有清查到一些漏网的地主。虽然也有错划的成分，但没有查出个什么结果。最后，给每家每户发放了一个土地证，土地证记载着每家土地的具体范围。

(2) 查田定产

我们这里要查田，但没有规定一定数量的土地到底要产多少斤粮食。那个时候，我们这里也要完公粮，交公粮是按人头来交，那个时候交的也不多。

(三) 土改的结果和影响

1. 土改后的土地经营情况

土地改革之后，我家里的土地减少了一亩多。这一亩多土地没收之后分给了村里的贫下中农。所以，自家最终还剩接近两亩的土地，我们主要是种一些稻谷、小麦还有苞谷。就产量而言，与土地改革之前相比还是增加了。家中的劳动力也很充足，所以没有参加那些互助小组之类的生产组织。

虽然在农业生产经营方面遇到了一些困难，但这些困难都是自己解决的，国家并没有帮忙。当时一年的收成要交给国家六百斤左右，由于生活条件不好，因此交的都是一些粮食，比如说稻谷、小麦或者苞谷之类的。交了之后，自家剩下的粮食也不是很多，勉强维持家里人的生活。此外，我家也没有出现买卖土地的情况。

2. 土改后的家庭生活情况

土改结束以后，我们的生活有了基本保障，不会像以前那样担心吃饭的问题。可能由于大家的生活水平提高了，父亲做的这个小生意更火了，一天赚的纯利润是以前的两倍，所以父亲借此机会稍微扩大了自己的店面。这个时候，让我给他们做衣服的人也越来越多，有时候一天可以接到几个人的订单，所以和土改前相比，我们家里的状况好了很多。但要说起老伴家里此时的情况，却是越来越差了。

3. 土改后的社会交往情况

土地改革之后，我家的生活还是发生了很大的变化，土地少了，产的粮食也没有以前多了，其中最明显的变化就是我们与村民的关系疏远了很多。因为在当时，老伴一家人被划为富农成分，根据政策的要求，村民必须和我们这些地主、富农划清界限，所以他们很少和我们打交道。如果我们生活遇到什么困难，周围的农户也不会帮助我们。

家里的压力还算可以，并没有大到不能承受的地步。但被划为富农这一成分，对我的子女还是有影响的，这影响主要体现在关系方面，一些同龄孩子不敢与他们交往，怕和他们交往之后会遭到惩处。因此，自己在村中的身份地位与土地改革之前相比，降低了很多，不管是与贫农、雇农的关系，还是与村里其他人的关系都疏远了很多。所有的这些变化，都是因为当时他们被划为富农所引起的。

4. 土改后的观念变化情况

土改后我们家里的土地更少了，心情也差了许多。

当时有听过国民党要“反攻大陆”的传言，但我不相信，因为我认为，凭国民党的力量是打不赢中国共产党的，他们只有死路一条。

5. 土改对农业集体化的影响

我们这里也是在1953年开始搞互助组，搞了一两年以后，就进入到了初级社，大约在1958年，由初级社开始过渡到高级社，这三个阶段搞完以后，还搞了农业集体化，强迫我们把土地和一些生产工具上交给集体，虽然当时我们很不愿意，但为了不受苦，我们还是勉强交了。我觉得，不管是集体在一起做活，还是自己干自己的，都有好处，也有坏处，不能光说哪一个好，哪一个不好，这是不合理的。

总之，我认为土改没有白搞，因为这是一个阶段性过程。

ZQ20160708ZXH@Z　曾秀华

一　受访者基本信息表

<table>
<tr><td>调研点</td><td colspan="5">四川省广元市利州区大石镇前哨村</td><td colspan="2">调研员姓名</td><td colspan="2">张茜</td></tr>
<tr><td>调研员单位</td><td colspan="9">华中师范大学中国农村研究院</td></tr>
<tr><td>受访者编号</td><td colspan="5">ZQ20160708ZXH@Z</td><td colspan="2">受访者姓名</td><td colspan="2">曾秀华</td></tr>
<tr><td>受访者性别</td><td>女</td><td colspan="2">首次采访时间</td><td colspan="2">20160708</td><td colspan="2">首访时受访者年龄</td><td colspan="2">80</td></tr>
<tr><td>受访者成分</td><td>中农</td><td colspan="5">土改时是否土改干部或土改工作队队员</td><td>否</td><td>是否党员</td><td>否</td></tr>
<tr><td>干部经历</td><td>无</td><td colspan="5">曾担任的干部具体职务</td><td colspan="3">无</td></tr>
<tr><td>现家庭人口</td><td>5</td><td>现承包地面积（亩）</td><td colspan="2">4</td><td colspan="2">现承包林地面积（亩）</td><td>0</td><td>现承包水塘面积（亩）</td><td>0</td></tr>
<tr><td>受访者基本情况</td><td colspan="9">老人1936年12月20日出生，祖籍为四川省广元市利州区大石镇前哨村，文盲，现在吃住都和儿子在一起。目前家里有5口人，除老人外，还包括儿子和儿媳妇以及孙子和孙媳妇。老人目前的身体很好，只是耳朵不怎么好使。</td></tr>
<tr><td>受访者职业简历或个人经历</td><td colspan="9">老人没有上过学，自打7岁开始便在家里帮助父母务农。1954年嫁给老伴王志金，此后没有出过远门，也没有学过技术活，都是在家里做力所能及的家务事。</td></tr>
</table>

续表

受访者所在社区基本情况	大石镇位于广元市城东10公里处，全镇面积达157平方公里，下辖20个村、1个居委会、137个生产小组，总人口约为2.1万，是四川省广元市小城镇建设的试点镇、四川省科技综合开发示范镇。 小镇境内交通发达，广旺铁路、国道212线、广巴高速纵贯全境，村组早已实现了“村村通”，硬化道路里程共达85公里。境内有轻纺工业园一个，规模以上企业3家，规模以下企业80家。 此外，该镇产业比较发达。全镇有标准化商品蔬菜3000亩，蔬菜基地800亩；有农业龙头企业龙达乳制品公司，奶牛养殖规模达到120头，年产鲜奶1000吨；有8000亩油橄榄、3000亩岩桂、2400亩韩国优质板栗以及3000亩美国薄核，水果面积达到5300余亩，另有花卉苗圃4家，各类业主26个；种养大户425户，年出栏生猪3.2万余头。

二 分阶段整理

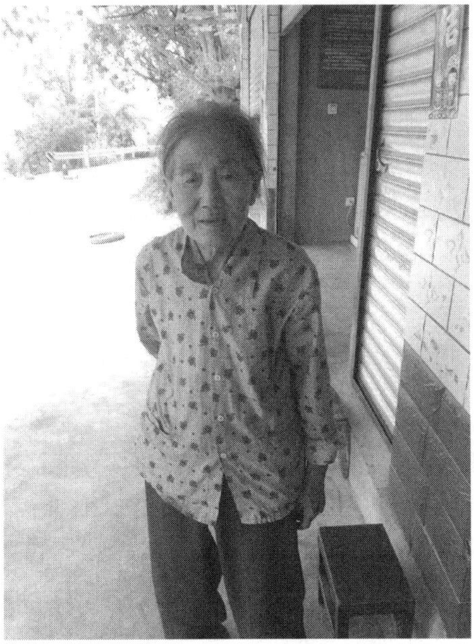

（一）土改的基础和背景

1．土改前的家庭基本情况

我叫曾秀华，1936年出生于四川省广元市大石镇。土地改革之前，我们家里的生活不好过，人口多，土地少，所以吃饭就成了很大的问题。土改前我家里只有三口人——我的父亲、母亲，还有我。当时我已经十三岁了，所以也可以充当一个劳动力，这样算来，在土改前，我们家里所有人都可以劳动。

2. 土改前的家庭经济情况

土地改革之前，我一个妇女在家里主要就是种庄稼、做饭，再加上我又没什么手艺，所以只能在家待着。土改前，我们家的收入主要来自于种土地，所以我家的经济状况比较差，和村里其他人相比是处于较低的水平。

土改前，我家就靠我父亲在农闲时期出去挣一些钱，一天的工资就只有一块多，他早上四点多出去，晚上七八点才回来，从早上一直给别人干活干到晚上，工作非常辛苦。因此，为了养活一家人，我们也会经营一些家庭副业，养几只鸡或者养几只鸭，但因为没有足够的钱，所以鸡、鸭的数量都很少。这些鸡和鸭全部都拿出去卖，就连鸡、鸭下的蛋，我们也会全部卖掉，根本舍不得自己吃。

所以，在土地改革之前，我们家里的生活压力非常大，但没有欠债。

3. 土改前的土地经营情况

土地改革之前，我们家里的土地不多，大约一共有五六亩，这些土地都是一辈一辈的积累，才传到我们这一代的。当时在这些地上主要种植的都是小麦、水稻、胡豆、玉米还有红苕，其中一亩的田可以产三百斤左右的水稻、红苕、玉米以及三百五十斤左右的小麦。当时，我家的田土每年交的税并不多，在我们可以承受的范围之内，我记得交税的时候，我们交的都是实物，因为那个时候并没有什么钱。

在我们村子里，牛是普遍使用的牲畜，因为它可以帮助我们耕田，缓解人力的过度使用。但我家并没有养马、驴这些牲畜，因为它们对我们的用处并不是很大。此外，当时我们家的农具主要有锄头、镰刀、背篓、扁担、拌桶和风车。那个时候村子里还流行换工，换工大多数都是邻居与邻居之间互相进行交换。除了换工之外，我家没有参加互助小组之类的生产合作组织。

4. 土改前的社会交往情况

据我了解，在土地改革之前，很多人与村里佃主的关系都不错，大家平常几乎没有发生过什么矛盾。但是，如果某家遭遇灾荒或者家中出现困难，佃主也不会给予什么帮助，因为他认为这不是他分内之事。其实，我家当时与村里其他农民的关系也还不错，大家都和睦相处，经常互相帮助，不分彼此；就与家庭较富裕的农户以及宗族成员和宗族长老的关系来说，也还可以，毕竟大家都属于同一个村子或同一个祖先，如果同一个宗族内的成员遭遇到了灾荒，同样可以从宗族那里得到一些救济的。宗族救济的方式很多，可能给你一些粮食，也可能给你一些土地去种，还可能直接给少量的现金。

除此之外，那个时候村里很少有很富的人家，所以，富裕农户与普通农户的生活差距并不是很大，只能说差距一般。

5. 土改前的土地观念

土地改革之前，对于土地，我只有一个观念，我认为土地对我们农民来说就是一个宝，有了这个宝，我们才能够过上最基本的生活。那个时候也想过再购买一些土地，但是因为没钱，所以打消了这个念头。有时候，我们也很向往有钱人的生活，或者说幻想有更多的土地，而一想到那些完全没有土地的农民，我又觉得非常揪心，因为他们没有土地的话，就意味着一辈子要当雇农。而当时雇农的生活是很不好过的，在村中几乎没有什么地位可言。所以与这些雇农相比，我们这些有一点土地的人的地位确实要高一些。

当时听说要进行土地改革了，我并没有什么想法，只是觉得高兴，对于土改也没有什么疑问或者担忧。对我来说，中国共产党是一个好党，他给我们分地，让我们这些贫苦老百姓可以有地耕种，这都要感谢他们，没有他们，我们的好日子可能会更遥远。

（二）土改的过程和经历

1. 访贫问苦，扎根串连

土改工作队好像是在1950年来到我们村里的，当时他们一共来了六七个人，这些工作队队员都是政府委派下来的，并要求他们在规定时期内完成土改。为了搞土改，土改工作队的和村里的干部开了几次有关土地改革政策的会议，目的就是向大家说清楚怎样进行土改。当时开土改宣传会议，除了地主和富农以外，几乎每家每户都会派代表参加。那个时候我也参加了这些会议，但并没有在会议上发言。对于这些新的规定和政策，我觉得也没有什么难理解的，大家听了以后都能懂。

土改时，村里还组织了贫雇农的串连，当时上面一有什么宣传，我们下面就照这个宣传来做，但在做的时候，我们还必须坚持一条原则：绝对不能与地主、富农有太多瓜葛。我不是土改的积极分子，因为要当土改的积极分子，有很高的要求，我一个妇女不会当上积极分子。

此外，土改工作队一下来，就开始成立贫农团，他们说这是上面的要求，是上面的政策安排。贫农团当中有主席，很多事情都是由主席说了算，他说怎么做，我们下面就照着怎么做。贫农团的主要工作是进行土改，给贫下中农分地并积极地批斗地主。其实要想成为贫农团的成员，也没有什么严格要求，只要你不是地主和富农，都可以成为贫农团的一员。

2. 划分阶级成分

我记得在土地改革的时候，我被划为了下中农成分，家里的其他人也是这个成分。当时给我们家划为这一成分主要凭两个依据：首先我们家里的土地少，其次我们家里的人口多。对于这一成分，我还是持认同态度的，村里的其他村民对此也没有不同意见，所以最后把我家的成分敲定为下中农。

划分阶级成分主要是由土改工作队来负责，当时即使有不同意见，也很少有更改的办法。土地改革时期，我们村里的地主不多，有多少土地和财产会被划为地主，我不是很清楚，但对于有些被划为地主的同村人，我心里并不认同他们的成分，因为部分农户并不符合地主的标准，但最后还是被划为了地主，这些人也是够冤的。除此之外，本村不存在

“死地主”。划成分总共划了一次，之后没有再进行过调整。最终划了三个地主。

3. 挖苦根，斗地主

（1）挖苦根

我们村里的地主虽然不多，但是也开展过批斗地主的活动，批斗的次数大约在十次左右，合起来总共批斗了三个地主。那个时候，小稻村也召开过诉苦大会。

诉苦大会主要是为了把村子里的贫下中农聚在一起，积极煽动农民斗地主。我们诉苦的时候都是说自家情况不好过，但也有人说我们的这些苦都是由地主造成的，是地主对我们剥削太重，如果地主不对我们剥削的话，我们的生活就会好过许多。因此，不同的人在诉苦的时候，诉苦的内容不完全相同。

此外，我们这里也算过剥削账，当时有人就说：“我租地主屁大点[1]土地，他们要了多少租金？明显就是地主把租金收多了，现在就让地主把多余的租金还给我们。”那个时候，我们都是有冤的报冤，有仇的报仇。

（2）斗地主

辱骂、殴打地主的情况肯定是有的，辱骂主要就是说地主的坏话，说他们剥削我们贫苦老百姓，收租金收的比较多，有些长工还说：“给地主干活，他们提供的伙食不好，我们吃了饭没有力气干活，有时候就连休息的时间也没有，完全不把我们当人看。”正因为这样，我当时揭发了地主的罪行，说他们始终把我们踩在脚下，瞧不起我们。

我没有公开给地主说好话或者同情地主。根据当时的那个情况，肯定还是有人暗地里给地主说好话或者同情地主，因为有些地主他们还是比较好的，也不会怎么为难我们。其实，我们这些老百姓也是有同情心的，也知道哪些地主好，哪些地主不好。

4. 没收和分配土地、财产

（1）没收土地和财产

没收地主的土地和财产，是由土改工作队来没收的，当时他们中的有些人不仅带着枪，而且还会带几个保护人员随他们一起去做没收的工作。土改工作队之所以这样做，主要是为了增加土改工作队的士气，更容易让地主一五一十地交出他的全部财产。

工作队没收完他们的财产之后，他们就会分给我们这些贫下中农，但地主、富农都分不到土地。由于我当时没有参与到没收地主财产的工作中来，因此，只是听其他人说起没收地主财产的一些情况。没收的过程中，地主都没有反抗过，那个时候即使他们心里有不同看法，他们也不敢这么大胆地表现出来。

（2）分配土地和财产

分配地主土地和财产的时候，村上会召开分配大会，在会上我们首先分别说说自己家里的情况，然后干部就根据农户的情况来分土地和财产。虽然在分配土地和财产的时候，有些农户与农户之间会发生争执，但这毕竟是少数。

---

[1] 屁大点：本地方言，少的意思，带有一种不满的情绪，这里指农户租地主土地的数量很少。

当时我家分到了土地，但没有分到任何农具，更不可能分到诸如牛、马、驴这类的牲畜以及房屋或者水塘。对于我家分到的这些财产，我们一家人都非常满意，因为与土改之前相比，我们土地的总亩数多了。

（3）分配土地的过程

我们村里的人组织了丈量活动，具体的细节我不是很清楚，只知道当时是干部带领部分农户去田间“望田”[1]，干部还会让一些人员拿着绳子去丈量，看到底要给农户分多少土地。每给一户丈量完之后，干部就让有关人员把丈量的长短记下来，防止以后发生争执。

此外，我认为干部在分地主财产的时候没有做出不公平的举动，因为那个时候分财产都有严格的要求，干部不敢乱为，我想应该还是挺公平的。在分地主土地和财产的时候，大家偶尔也会起一些小争执，但争来争去都没有用，因为最终还是由土改工作队的说了算。

5. 土改复查

我们村的土地改革是在 1952 年结束的，在我的印象中，土改结束之后进行了土地复查，并且也清查了漏网地主，但最终并没有查出被错划的成分。

后来，为了确保每家每户在所占土地面积的界限问题上不发生纠纷，政府还给我们发放了土地证。

（三）土改的结果和影响

1. 土改后的土地经营情况

土地改革结束之后，我们家分到了一定数量的土地，所以土地数量比之前更多了，粮食的总产量自然也提高了，但分到的这些土地并不够我们一家人的生活。我们主要在这些土地上种水稻、胡豆、玉米、小麦、红苕，作物的亩产与土改之前相比没有发生多大的变化。

土地改革后，我家里的劳动力够用，还加入了类似互助小组之类的生产合作组织。参加这些组织，主要是为了互相帮助，帮助的对象都是周围的邻居，所以这类组织是长期性的组织。那个时候，我家在农业生产方面确实遇到了一些困难，比如说，种子的缺乏、产量的不足、生产工具的落后等等，对于这些困难，我们能做的就只有努力劳动。

我们也要给国家交粮食，交的粮食种类一般都是水稻。那个时候交粮，村里规定的有一个固定的地方，我们只能到这个固定的地方按时交粮。粮食交了之后，最终剩的并不多，勉勉强强够一家人吃。

此外，这个时候全村人种地的热情比以前高了，但地主遭受了打击，他们的生活开始走下坡路了。

---

[1] 望田：这里指观察田的长宽以及模样。

土改结束之后，我们家没有买过土地，也没有把自己的土地卖出去。

2. 土改后的家庭生活情况

土地改革结束之后，不仅是我们家，就连我们的村子都发生了很大的变化，我觉得最明显的变化就是我们的粮食增多了，粮食多了可是农民的一棵救命稻草，这棵稻草可以养活更多的人，也可以让我们吃饱饭。当然，我感觉这个时候家里的生活压力还是挺大的，最大的压力主要是生活上的，比如说住的房子破烂、饮食吃得不好、衣服穿得破旧等等。虽然土地数量增多了，但只能够勉强维持一家人的基本生活。土改后，村民与村民之间的生活差距并不大，而且我们发家致富的信心也更足了。

当时我们家里主要靠务农维持生活，但务农没有收入，因为自己都不够吃，哪里还有卖的？除了务农以外，我们还必须给别人干活路，那个时候只要哪里有活我们就干，只要有钱挣就可以了，比如说帮别人修房子、做苦力、拉货，但一年到头也就挣个五六十块钱。

3. 土改后的社会交往情况

土改以前，我家在村中的身份地位并不高，但土改结束之后，我家的身份地位虽然也算不上很高，但与土改之前相比还是有一点变化，因为那个时候一个农民的身份地位是与土地数量相联系的，哪个土地多，哪个身份地位就会高一些，哪个土地少，他的身份地位自然就低了。此外，我们村庄里的风气也发生了好的变化，大家都认识到了教育的重要性，很多人都开始鼓励子女上学，以增加子女出人头地的机会。

土改后，我家与村里其他农民、村干部、宗族成员以及宗族长老之间的关系都不错，但不敢和地主和富农来往。

4. 土改后的观念变化情况

土地改革结束之后，我觉得不仅我们的生活环境、生活条件发生了变化，而且我们的思想观念也发生了变化，最明显的变化就是大家开始重视孩子的教育，因为我们都觉得教育是一个人升官发财的基础，想要当大官，必须要有知识、有文化，不然的话，一辈子只能当农民。

此外，自始至终我都觉得土地对我们农民是非常重要的，有了土地，我们才有粮食，有了粮食，一家人才可以被养活，倘若没有土地，我们只能过着猪狗不如的生活。

在人际方面，我依然觉得宗族关系不能放松，因为它代表我们同属于一个共同的祖先，我们只有加紧宗族内的关系，才能够让后代知道他们的先人到底是谁。这个时候我也有一种感觉，感觉我们这些贫下中农翻身了，原来我们被地主剥削，现在由我们来管理地主，我们的地位明显比那些被划为地主、富农的地位高了。

土改后，由于相关政策的规定，我们每家每户必须要参加兴修水利、修建道路这两类活动，当时不参加不行，因为我们不参加，生产队就不给我们记工分，那么我们得到的粮食就会很少，生活也就因此成问题。

总之，我觉得土改很好，至少对我们贫下中农来说是一件好事情。

5. 土改对农业集体化的影响

1953 年，我们村搞了互助组，互助组搞了应该有一年多，大约在 1954 年又开始搞初级社，初级社搞了之后，国家觉得这还不够，决定在 1958 年再搞一个高级社，高级社搞完，后来又搞了人民公社，结果我们做什么事情都按照工分计算并通过挣的工分从社里拿粮。但我觉得这种集体劳动的效率并不高，刚开始的时候，大家可能都会好好干活，但越到最后，集体化就不行了，很多人学会了偷懒，但偷懒以后，他们和我们拿的还是相同的工分，我们心里就不服气：凭什么我干得多，他干得少，还和他拿一样的工分？所以相互之间也容易发生纠纷。

ZQ20160821PLY@S　彭莲英

一　受访者基本信息表

<table>
<tr><td>调研点</td><td colspan="4">四川省广元市利州区大石镇前哨村</td><td colspan="2">调研员姓名</td><td colspan="2">张茜</td></tr>
<tr><td>调研员单位</td><td colspan="8">华中师范大学中国农村研究院</td></tr>
<tr><td>受访者编号</td><td colspan="4">ZQ20160821PLY@ S</td><td colspan="2">受访者姓名</td><td colspan="2">彭莲英</td></tr>
<tr><td>受访者性别</td><td>女</td><td colspan="2">首次采访时间</td><td>20160821</td><td colspan="2">首访时受访者年龄</td><td colspan="2">80</td></tr>
<tr><td>受访者成分</td><td>贫农</td><td colspan="4">土改时是否土改干部或土改工作队队员</td><td>否</td><td>是否党员</td><td>否</td></tr>
<tr><td>干部经历</td><td>有</td><td colspan="4">曾担任的干部具体职务</td><td colspan="3">分配员</td></tr>
<tr><td>现家庭人口</td><td>5</td><td>现承包地
面积（亩）</td><td>2</td><td colspan="2">现承包林地
面积（亩）</td><td>2</td><td>现承包水塘
面积（亩）</td><td>0</td></tr>
<tr><td>受访者
基本情况</td><td colspan="8">老人出生于 1936 年 6 月 10 日，祖籍为四川省广元市利州区大石镇前哨村。如今家里一共有 5 口人，包括二儿子彭贵，今年 50 岁，目前是一名建筑工人；儿媳王莲英，今年 49 岁，一个人在本市打工；大孙子彭浩，今年 26 岁，未婚，现在经营着自己的小生意；小孙子彭永林，今年 23 岁，是一名出租车司机。老人还有一个大儿子彭勇，但他在十年前就离家出走了，到目前为止也杳无音讯。现在，老人的身体状况不行，有严重的风湿性关节炎，一年到头都需要靠药物维持。</td></tr>
<tr><td>受访者
职业简历
或个人经历</td><td colspan="8">老人结婚之后主要在家里种庄稼和养孩子，后来当上了接生员，在医院负责接生。1961 年闹大饥荒，她又开始给水肿病的人行医煮饭，没过多久，开始在伙食团记账，并且当分配员，负责给社员分配粮食这些东西。</td></tr>
</table>

续表

受访者所在社区基本情况	大石镇位于广元市城东10公里处，全镇面积达157平方公里，下辖20个村、1个居委会、137个生产小组，总人口约为2.1万，是四川省广元市小城镇建设的试点镇、四川省科技综合开发示范镇。 小镇境内交通发达，广旺铁路、国道212线、广巴高速纵贯全境，村组早已实现了“村村通”，硬化道路里程85公里。境内有轻纺工业园一个，规模以上企业3家，规模以下企业80家。 此外，该镇产业比较发达。全镇有标准化商品蔬菜3000亩，蔬菜基地800亩；有农业龙头企业龙达乳制品公司，奶牛养殖规模达到120头，年产鲜奶1000吨；有8000亩油橄榄、3000亩岩桂、2400亩韩国优质板栗以及3000亩美国薄核，水果面积达到5300余亩，另有花卉苗圃4家，各类业主26个；种养大户425户，年出栏生猪3.2万余头。

二 分阶段整理

（一）土改的基础和背景

1. 土改前的家庭基本情况

我叫彭莲英，1936年出生于四川省广元市利州区大石镇前哨村。土地改革以前，我家里一共有三口人，包括我妈、爸，还有我。我妈当时三十出头，爸爸年纪要大一些，估计有三十五六岁了，我只有十一二岁。

土改前，家里的大人主要都是在家里务农，他们希望靠种粮食作物来养活全家人。爸妈只养了我这么一个娃儿，本想再多养几个，但都中途夭折了。我在学校读书，只是放学过后才帮助爸妈做些事情，所以家里大部分的活路全靠他们两个人。那个时候我们的生活压力大得不得了。

2. 土改前的家庭经济情况

土改前，我家总体的经济状况一般，在村中属于中等的位置。当时除了务农收入之外，我爸爸还要出去给别人打工，比如说修房子、拉货、做苦力等等，一天的收入最多一块五，最少五毛钱。爸爸每给别人做一次活路，别人都会供他一顿午饭，他们中午只吃稀饭和红薯，说是稀饭，其实就是稀汤，人家给我爸爸舀一碗，碗里有几颗米他都能够数得清楚，如果一碗稀汤喝了还不够，就只有靠吃红苕来填肚子，但红苕也只提供一两个。那个时候我爸在人家家里吃饭肯定是吃不饱的。干活劳动强度的大小要根据不同的雇主来定，如果雇主为人和善，乐于体谅人，劳动强度就不大；如果为人恶毒，也只有硬着头皮做。

此外，我家在经济宽松的年份也会养一些鸡、鸭，鸡、鸭的收入大概是在四五十块钱左右，这还算可以了。所以，我家当时没有借过别人的钱或者粮食，都是别人找我们借粮食。

3. 土改前的土地经营情况

土地改革之前，父亲说我们的这些土地是从上辈那里继承得来的，一共有五亩多，父亲为了充分利用这些土地，除了种水稻之外，我们也还种了红苕、玉米和一些豆类，这样做是为了降低只种一种农作物的风险。一般来说，一亩的田可以产三四百斤的水稻，如果田的土壤不好的话，只能产两百多斤。小麦的话，一亩地可以产三百多斤，红苕可以产五六背[1]，那个时候一背的红苕还是有几十斤左右，但只靠这几亩土地，根本不可能养活全家人。

我们当时还要给国家交税，那个时候交税是以年为周期，通常一年只交一次，一年下来，我们大约要交一百斤粮食，你可以交米，也可以交小麦。哪一种粮食产量比较多，就上交那一种粮食，国家对交粮的种类没有严格规定。

除了自家的土地，我家当时还做了一个姓魏的土地，地租是粮食总量的四分之一。如果以当时的标准来看，地租一般，具体交多少租金是由那个姓魏的说了算，所以我们也在背地里说他的坏话，但并不敢当着他的面提。租期一般是两年，双方没有签订契约，但可以退租。如果我家遇到灾荒，减产了，这个姓魏的也不会减租。

我家的农具主要有镰刀、锄头、粪桶、扁担、拌桶，还有背篓，但并没有风车，要用风车的时候我们都是借别人的。同时，为了增加劳动力，我们也与关系比较好的人进行了

[1] 背：当时农户收苞谷一般都是用背篓背，因此以背为计量单位。

换工。

土改前，村里虽然有族田，但我们并没有租过族田，如果要租族田的话，每年要给族里差不多一百斤的粮食，相比较租地主的土地而言，这个租金还算公平了。

4. 土改前的社会交往情况

土地改革前，我家与各方面的关系，比如说与其他村民的关系、宗族成员的关系、宗族长老的关系、富裕农户的关系都很和谐，因为我们都是善良人，不会过分地与他们争什么，所以，大家彼此之间的关系都很好。

与这个姓魏的人的关系就没有与其他人的关系好，因为我们家里人就他提出的租金在背地里很不满意，所以双方关系算不上非常好。

其实村里人的生活都差不多，富裕农户与普通农户的生活差距并不是很大。

5. 土改前的土地观念

土改前，我认为我家的土地数量不够，我们一家人也商量过这个土地问题，但因为没钱，所以根本没有条件再购买一些土地。对于我们这些贫农来说，我们最好还是要有自己的部分土地，如果全部租地主的土地，那么大家今后的日子很不好过，因为我们不仅要交沉重的租金，而且还没有生活的自由，大多数情况我们要看地主的脸色来做事，这样总让我觉得低人一等。

对于土地改革，我没有疑问，也没有担忧，听到这个消息之后，我心里非常激动。我认为党和国家做得对，群众只有拥护党、爱党，才可以走在时代前面。

（二）土改的过程和经历

1. 访贫问苦，扎根串连

土改的时候，我记得有土改工作队的来我们前哨村，当时他们好像一共来了五六个人，这些人都是从外地来的，所以我一个都不认识。来到前哨村以后，他们做了很多事情，也包括召开一些宣传土改政策的会议，每次在开会之前，干部会通知每家每户，让他们必须派相关代表来参加，一定要搞明白土地改革到底是怎么一回事。我当时也参加了，但并没有在会上发言，他们讲的这些政策，我理解起来也不成问题。

土改工作队下村之后，来我家询问了具体的情况，主要是问我们生活得好不好，都吃些什么，村里谁比较富，谁比较穷。我爸就说：“我们生活很不好，吃不饱饭，衣服也没得穿，村里大部分都是穷人，很少有富人。”

那个时候，村里面也有贫雇农之间的串连活动，这一活动，是由土改工作队带头的，但当时是怎么串连起来的，我不是很清楚。土改时，对评选土改的积极分子，村里都有严格的要求，他们做事必须勤快，不仅要拥护党，而且还要有领导的样子。我当时不是土改的积极分子。

除此之外，村里也成立了农会，它的任务就是斗地主，农会内部也有明确的分工，还有一套具体的施行办法，我当时不是农会里面的干部，只知道这样一个大概。

2．划分阶级成分

土地改革时期，我的成分是贫农，家里其他人员也被划为了贫农。这个成分是土改工作队负责划的，农会和村里的干部会辅助这一工作。被划为贫农后，我们全家人和全村人都没有不同意见。当时他们说，土地多、家里有钱、给别人租地、剥削我们，就会被划为地主。我们村里没有出现把已经死了的祖宗划为地主的情况。

村里在划成分的时候，一共出了一次榜，我记得被划为地主的只有两个、富农一个，中农、贫农和雇农的具体数量我就不知道了。其中贫农成分在所有成分中所占比例最高。

3．挖苦根，斗地主

（1）挖苦根

村里总共批斗了两个地主，次数多达十几次，在批斗的时候，召开了诉苦大会，村里的贫下中农都来了，他们在会上给土改工作队的人员说自己受了地主多少剥削，哪个剥削自己最多，还说地主剥削的都是我们的血汗劳动，说他们这种行为丧尽天良，只为自己着想，却不为百姓谋福利。其实，群众说的也是实话，当时我们给地主干活路的时候，地主完全不考虑我们是否能承受得住，更让人气愤的是，如果谁租了地主的土地，按期没有交完租金，他们还会把租金提高很多，这就是利息金，如此一来，我们这些人根本还不起。所以，当时我们算剥削账也是根据农户被剥削的程度来算的。

（2）斗地主

我们村里也有出现过辱骂、殴打地主的情况。我也骂过地主，说："有些地主不是好人，不顾我们百姓的死活，只知道自己收租金，一个村子里的人有必要这样做吗？我心里很不服气，他们简直不是人。"尽管这样，但我没有打过他们，前哨村也只是让他们把背板弯着，脸对着地，双膝跪地，并把手垂在双膝前面，就像一个被打败的僵尸。那个时候，也没有哪个敢公开地给地主说好话。

4．没收和分配土地、财产

（1）没收土地和财产

去没收地主土地和财产的时候，没有人会提前通知他们，所以他们也不知道土改工作队到底是哪一天来没收。有些地主为了减小损失，会提前把自己的若干财产藏起来。有些地主把财物藏在林子里，有些地主把财物藏在屋里，还有些地主竟然把财物藏在墙壁里。但从当时的情形来看，在整个过程中，地主都很配合，很少有反抗的。

没收完地主的财产之后，我们贫下中农自己就会聚会讨论，猜想土改工作队具体没收到了哪些东西，对于这些东西，土改工作队的成员会怎么分配，干部们会不会私藏一些。我没有参与到没收地主财产的工作中来，所以对没收的结果也不是很了解。

（2）分配土地和财产

土改的时候，只给我家分了几分土地，那个时候有一个规定：自己家门前的土地就分给离这块土地最近的农户，以方便农户耕种。我家分的全部都是差田，全村各户分到的土地和肥田不一样多，这主要是依据当时每家每户的经济状况。此外，我家没有分到牛、马这些牲畜，也没有分到农具、房屋、水塘，因为那个时候有房子的人是不可能分到地主的房屋的。对于这样一种分配结果，我们一家人并没有表示不满，相反，只要有东西分给我们，我们就很高兴。

分土地和财产的时候，大家早早就来了，分配大会一开始，会有负责分配的人员讲话，我们还要说说自己家里的状况，这样他们才可以具体地了解我们生活的条件。分配的时候，不是我们想要什么就可以拿什么，而是根据我们家里的人口和贫穷状况来分。在整个分配土地和财产的过程中，我们很少发生争执。

（3）分配土地的过程

分配土地的时候，干部会带我们这些农户去田里看田，给我们说哪一块属于哪一户，然后我们就在土地东南西北各个角落进行标注，这样做是为了避免和其他农户分到的土地重合。我认为，分配的过程较公平，大家没有发生争执。

5. 土改复查

1952年底土改结束，土改结束之后，村里进行了土地复查，查出了少量被错划的成分，最后也对这些错划的成分进行了纠正，但并没有查出漏网的地主，最后，土改工作队的还给我们发了土地证。

除土地复查之外，还进行了查田定产。那个时候，政策规定我家一亩的田要产四百斤的水稻，对于这一规定，我觉得不合理，因为粮食产量定得太高，有时候我们根本种不出来，所以当时的负担也很大。

（三）土改的结果和影响

1. 土改后的土地经营情况

土地改革结束之后，土地数量变多了，大约多了几分，但是，我家分到的这些田并不够一家人的生活。所以为了养活全家人，我们除了种水稻之外，还会种玉米、红薯和小麦，此时各类粮食的产量和土地改革之前相比虽然增加了一些，但并不多。

这个时候，家里的劳动力还算充足。当然，那个时候也流行参加互助小组，我们当时主要是和关系比较好的人互相帮扶，彼此承诺要长期合作下去。由于当时的生活条件变好了，所以土改结束后，我家在农业生产方面没有遇到什么棘手的事情。

我记得，当时我们一年要交给国家一百斤左右的粮食，最终自家留下的只有一半多一点，所以，全家人还必须靠节俭来过日子，但我们种地的热情比以前高了。

2. 土改后的家庭生活情况

1952年之后与1949年之前相比，我家的生活发生了变化，主要表现在三个方面，第一个方面是土地数量增加了，第二个方面是大家精神面貌变好了，第三个方面是家庭内部的关系更加和谐了。其中我觉得最明显的变化在第二个方面，因为大家可以吃得饱一些，所以气色也好多了，脸上还常常挂着笑容。此时我家的生活压力依然很大，最大的压力就是没钱，所以我爸当时为此还操了很大的心。

土改之后，粮食的亩产没有增加多少，但我们的收入却增加了许多，因为找事情做的路子更广，挣钱的渠道更多，劳动力的价格也变贵了。

3. 土改后的社会交往情况

土改之后，我在村中的地位倒是没有什么变化，与村民的关系也没发生什么变化，但其他矛盾却开始增加。贫下中农很少会和地主、富农来往，如果在路上遇到他们，我们都躲得远远的，因为我们不敢和地主接触，有的时候偶然碰到他们，我们马上转头溜走，生怕有些人会误解我们和地主的关系。当时，还有人偷偷监督我们，看私底下哪个在和那些被划为地主和富农的人进行联系，倘若干部知道了，这家人就遭殃了。

村庄的风气不能说一直都在变好，因为有些人私心较重，只为自己着想，所以大家之间的争吵开始变多，这也为村里人之间的互相帮助带来了麻烦。

4. 土改后的观念变化情况

土改结束之后，我的观念变化不太明显，在我看来，各方面的关系依然很重要，有些人的土地虽然变多了，但也不能瞧不起那些土地较少的人，因为大家都是同一阶级的农民，都属于一家人。此外，我还认为，由于土改分田与土地承包不在同一个时期，所以在这两个时期分到土地的感觉是不一样的。

我当时没有听说过国民党“反攻大陆”这类的传言。

土改之后，我们还被迫去修了路，当时修路特别累人，我们一天都在不停地干，如果出很大的太阳，我们也必须干。当时，村里还强迫可以劳动的人去修五一水库、清林水库还有绿化水库，这可是苦差事。

最后，我觉得土改搞得很出色，不仅给我们分了土地，而且还使那些该受到惩罚的人得到了惩处。

5. 土改对农业集体化的影响

哪一年开始搞互助组的，我忘记了，但我知道村里是在 1955 年进入初级社的，1958 年又从初级社转为了高级社，后面干部在搞集体化的时候，我们也是被迫加入的，结果加入以后，我们家里就没有什么生产资料了。

在我的观念中，我认为村民自己耕作的效率高一些，但我并不是说集体化就不利于农业生产发展，集体化也有好处，但它没有农户单干的效率高，因为自己干活更带劲，也更认真，而集体容易带坏懒人。

我觉得土改没有白搞，至少让我们体验到了分地的那种兴奋感。

ZQ20160806LWL@S 李文莲

一 受访者基本信息表

<table>
<tr><td>调研点</td><td colspan="5">四川省广元市利州区大石镇小稻村</td><td colspan="2">调研员姓名</td><td colspan="2">张茜</td></tr>
<tr><td>调研员单位</td><td colspan="9">华中师范大学中国农村研究院</td></tr>
<tr><td>受访者编号</td><td colspan="5">ZQ20160806LWL@S</td><td colspan="2">受访者姓名</td><td colspan="2">李文莲</td></tr>
<tr><td>受访者性别</td><td>女</td><td>首次采访时间</td><td colspan="3">20160806</td><td colspan="2">首访时受访者年龄</td><td colspan="2">80</td></tr>
<tr><td>受访者成分</td><td>贫农</td><td colspan="5">土改时是否土改干部或土改工作队队员</td><td>否</td><td>是否党员</td><td>否</td></tr>
<tr><td>干部经历</td><td>无</td><td colspan="5">曾担任的干部具体职务</td><td colspan="3">无</td></tr>
<tr><td>现家庭人口</td><td>2</td><td>现承包地面积（亩）</td><td colspan="2">0.7</td><td colspan="2">现承包林地面积（亩）</td><td>2</td><td>现承包水塘面积（亩）</td><td>0</td></tr>
<tr><td>受访者基本情况</td><td colspan="9">老人出生于1936年，祖籍为四川省广元市利州区大石镇小稻村，半文盲。目前老人和她的两个儿子已经分家，所以家里只有夫妻两人。老伴姓梁，今年80岁，身体状况较差，不能做重的体力活，但受访者本人的身体很好，她除了自己种庄稼以外，还会种一些季节性的蔬菜，比如白菜、萝卜、土豆。她之所以愿意花精力在这上面，主要是因为她认为买的蔬菜和粮食不健康，为了安全起见，就只有自己种了。老人目前的生活很好过，不仅有非常孝顺的儿子、女儿，而且每月还可以领到1270元的养老金，差不多已经领了有4年了。</td></tr>
<tr><td>受访者职业简历或个人经历</td><td colspan="9">老人在8岁的时候开始读书，当时主要是在大石镇上夜校，差不多上了6个月，她的父亲考虑到家里的生活情况，在1944年9月让她退学了。退学之后，她开始在家里务农。老人在种庄稼的同时，也向其他人学习做衣服、鞋子以及鞋垫之类的女工，1954年嫁给了老伴梁氏，当时她才18岁。
老人没有出去打过工或者做一些小生意，而是常年在家里干活，如带孩子、种地、煮饭等等，是一位非常和善又体贴的老人。</td></tr>
<tr><td>受访者所在社区基本情况</td><td colspan="9">大石镇位于广元市城东10公里处，全镇面积达157平方公里，下辖20个村、1个居委会、137个生产小组，总人口约为2.1万，是四川省广元市小城镇建设的试点镇、四川省科技综合开发示范镇。
小镇境内交通发达，广旺铁路、国道212线、广巴高速纵贯全境，村组早已实现了“村村通”，硬化道路85公里。境内有轻纺工业园一个，规模以上企业3家，规模以下企业80家。
此外，该镇产业比较发达。全镇有标准化商品蔬菜3000亩，蔬菜基地800亩；有农业龙头企业龙达乳制品公司，奶牛养殖规模达到120头，年产鲜奶1000吨；有8000亩油橄榄、3000亩岩桂、2400亩韩国优质板栗以及3000亩美国薄核，水果面积达到5300余亩，另有花卉苗圃4家，各类业主26个；种养大户425户，年出栏生猪3.2万余头。</td></tr>
</table>

二 分阶段整理

(一) 土改的基础和背景

1. 土改前的家庭基本情况

我叫李文莲，1936 年出生于四川省广元市大石镇。土改前，我家里一共有八个人，除了我之外，包括我的爸妈、姐姐、哥哥、大佬子[1]，还有一个妹妹和一个弟弟。爸妈当时都有四十多岁了，大佬子好像也是我爸妈那个岁数，姐姐应该也有十多岁了，哥哥有多大我就记不清了，弟弟是这些孩子中最小的一个，我估计当时他也才八九岁的样子。家里的这八个人当中只有大佬子和弟弟不能劳动，剩下的都可以做做事情，其中包括三个女性劳动力，即我的母亲、姐姐还有我；两个男性劳动力，也就是我的爸爸和哥哥。我大佬子是一个残疾人，所以没法劳动。

2. 土改前的家庭经济情况

土地改革之前，我家里的生活情况非常糟糕，一来主要是因为土地数量少，二来因为我家里的人口也比较多，所以我们家里的人均土地拥有量较少。那个时候，我们李氏一家

---

[1] 大佬子：当地方言说法，指大姑。

在村里的经济地位并不高，平常的生活也很节俭，我们总是秉承着这样一种信念：能省就省，能不用钱就不用钱，能不向别人借粮食就尽可能不向别人借，所以土改前我们的日子过得很艰辛。

我家除了务农之外，还养了一些牲畜，比如说鸡和猪，但数量并不多，鸡的数量也就十来只，猪才养了一头。我们家里养这些牲畜，并不是全部都自己食用，大多数情况是为了把它们卖掉，有的时候我们也会吃一些来解解馋，但吃的毕竟是很少的一部分。

土改前，我家里除了务农之外，其他的收入很少，而要用较少的收入去养活一大家人还是很欠缺的。所以，为了维持家里人的基本生活，父亲也会出去给别人做工，虽然挣的工钱不多，但在一定程度上还是解决了家中一些棘手的问题。

虽然我家很不好过，但我们并没有向其他人借债，因为我们自己也知道，当时向别人借钱，利息是非常高的，我们根本没有能力去还，所以主要是靠节省来讨生活。

3. 土改前的土地经营情况

土地改革以前，我家也有自己的土地，但是这一部分土地并不是自己拿钱购买的，而是从祖辈那里继承得来的。我们主要种植一些水稻、小麦、玉米和红苕。玉米和红薯的产量较高，可能达到了三百斤，但是各类作物的产量高低还是取决于土地的质量以及当年的自然情况。

土地改革以前，我们也会向国家交公粮，但是交的数量非常少。交公粮的压力并不大。交公粮并不是上级派人到每家每户收，而是我们亲自把粮食拿到粮站去，但在交之前，村里也会派人下来通知，通知每家每户到底要交多少的粮食，我们在接到通知以后，就会按照上面干部说的斤数去交。交粮的时候，那些收粮人员还是比较严格的，因为他们会检查粮食的质量是好是坏，如果粮食太差，我们必须得重新交。

至于生产工具，我们家里主要有犁头、背篓、锄头、镰刀、扁担。我们在耕种的时候，除了人力劳动之外，还有畜力劳动，主要指的是牛。有些家庭富裕的人可以单独买一头牛，但有些家庭比较贫困的，就只有几户人家合起来共同买一头牛，而我们这些生活贫困的农户，每到农忙季节就租别人的牛来用。

4. 土改前的社会交往情况

土地改革之前，我家与村里其他农户的关系都很好，大家平常很愿意互相帮助，比如遇到农忙季节，我家里有空闲的劳动力，那么我就主动帮助他，等下次我再需要劳动力的时候，他就帮助我，所以相互之间的关系很和谐，并没有发生什么争执。

我们与佃主的关系也还是不错的，他们很信任我们，所以才愿意把土地租给我们，正因为这样，双方相处得也很融洽。我们遭遇灾荒或者家中出现困难，佃主还是会适当把租金降低一点，所以这在一定程度上也缓和了我们的关系。

此外，大家的宗族关系也是非常好的，因为互相帮忙的人几乎都是宗族成员，所以对我们而言，我们是一个整体，如果村里发生纠纷，宗族长老也会在第一时间出面进行解决，所以宗族长老在村中的威信很高，我们也很尊敬他们。宗族成员如果遇到困难，也还是可以从宗族那里得到一些救济。

土改前，村里富裕农户与普通农户的生活差距还是有些大，因为富裕农户可以吃好穿好，而普通农户和贫困农户却生活得非常艰难。

5. 土改前的土地观念

土地改革之前，我家也想过再买一些土地，但是当时没有钱，所以就没有再买。那个时候，村里也有一些地主或者大户有很多的土地，对他们的这种生活，我们都表示羡慕，希望自己也可以拥有那么多的土地；对于那些完全没有土地的农民来说，我们也只能表示同情，但并没有给他们其他的帮助。我们在租种别人的土地时，确实感觉低人一等，因为我们没有自由权，必须按照佃主所说的去做，还要给他交一定数量的租金。

当时听说要进行土地改革了，我非常高兴，除此之外，并没有其他的什么疑问或者担忧，同时也认为共产党是为人民服务的党。

（二）土改的过程和经历

1. 访贫问苦，扎根串连

土改工作队好像是在 1949 年之后来到我们村子里的，当时好像一共来了三个人，这三个人全部都是男士，他们是从县里派过来的。

土改工作队来到小稻村之后，就开始召开一些宣传土改政策的会议，在会议上，首先由主持人给我们传达一些意思，就是说这些会议是党要求他来开的，其目的就是为了宣传土改，让大家积极配合，团结起来，共同对付地主，只要我们把地主打倒了，我们就可以有新的生活。在这些会议上，发言的都是一些有知识的人，而我们这些妇女很少开口说话。尽管如此，我还是能够听明白他们所讲的这些政策。

土改工作队去了贫困的家里进行访贫问苦，我当时就给他们说："我们家里生活非常艰苦，吃的稀饭都只有几粒米在上面飘浮着，就是希望你们能多给我们分一些土地。"听完我说的话后，他们的反应还是比较淡定，他们说："放心，我们会考虑每家每户的具体情况，根据你们的情况来分土地和财产。"

此外，我们也参加了贫雇农的串连。其实这个事情我不怎么知道，但是听其他老人说，当时主要是由土改工作队发动的，而且土改工作队还会和村里有威望的人进行合作，比如说村里的村长、族里的族长，因为这些人有地位，通过他们一起来搞宣传鼓动，然后我们这些贫下中农就没什么顾忌了，大家就一家一户地连接起来，开始围攻地主。

2. 划分阶级成分

土改的时候，我被划为了贫农成分，我家里其他人的成分和我一样，都是贫农，我家被划为这一成分主要是根据我家的土地数量以及生活情况。那个时候我家土地很少，生活上又很拮据，所以就被划为了贫农。对于这一成分，我还是认同的，家里的其他人以及村里的其他农户都没有不同的意见。

土改的时候，村里划成分也是有标准的。如果哪个家里有很多的土地，并雇长工给自己工作，自己又不劳动，就会被划为地主；如果有一些土地，但是和地主相比，他的土地不是那么多，并且他自己也要劳动，这样的话就会被划为富农；中农的话可能也会雇工，但他的土地不多，自己也要参加劳动；贫农就是土地很少，靠租地主的土地讨生活，并给地主交租金，受地主的盘剥；对于那些完全没有土地、靠租别人土地来维持生活的农户，就会被划为雇农。

村里有本姓族人被划为地主，对于这些地主，我们很同情，但当时我们也不能给他们说好话，说了好话村里人就说我们和地主勾结。除此之外，本村没有“死地主”。划成分的时候，我们这些人是不能参加的，成分都是由农会和土改工作队的来决定，有时候他们不了解村里的情况，不知道如何给谁定什么成分的时候，村里的村长就会给他们说。

当时，村里划成分一共划了一次，最终定了三个地主、一个富农，中农、贫农和雇农的数量相比较前两者而言，要多一些。

3. 挖苦根，斗地主

(1) 挖苦根

当时村里面批斗过地主，总共批斗了三个地主，批斗的次数在十几次左右。此外，也召开了诉苦大会，参加诉苦大会的都是一些贫下中农。在会上，我们主要是说自己不好过这样的“苦话”。在开诉苦大会的时候，也有主持人，在诉苦大会召开之前，他会说一些话，说土改是中国共产党让他们下来宣传的，让我们知道具体是怎么个事情，然后还说要把地主的土地分给我们，让地主吃我们以前吃过的苦，受我们之前所受的罪。除了诉苦大会之外，也算过剥削账，那个时候的算剥削账相当于“以牙还牙，以眼还眼”，大概就是这个意思。

(2) 斗地主

那个时候，我们这里斗地主有过辱骂、殴打地主的情况，我们都是用脚踢、用手抓他们，但我没有揭发地主的罪行。当时没有人公开地给地主说好话或者同情地主，至于有没有人暗地里替地主说好话或者同情地主，这我就不知道了。我嫁过来之后，我的大佬子被干部们逼死了，在斗过她的第二天，她想不通，为什么自己会被划为地主，为什么自己还要遭受批斗。所以，最后她就在坟地林那里吊死了。

4. 没收和分配土地、财产

(1) 没收土地和财产

我没参与到没收土地和财产的这个过程，只是听别人说，土改工作队还有村里的负责人，他们聚在一起商量到底该给每家每户分多少土地。我想他们会把没收的土地数量加起来，然后根据贫下中农的户数，来决定每家每户大约分多少。

没收土地和财产这一项任务主要是由土改工作队和农会共同负责的，我没有参与到没收地主财产的工作中来，所以也不是很了解没收地主财产的一些具体情况。但有一点是可以肯定的，就是当时在没收地主土地和财产的时候没有出现地主不配合的情况，因为他们不敢这样做，如果这样做的话，就会遭到更严厉的批斗。

（2）分配土地和财产

在分配地主土地和财产的时候，是有标准的。这个标准我只知道一个大概。当时分配的时候主要是看家里的人口以及土地的拥有量，如果家里的人多，并且土地少，那么分配的时候就会相应地多分得一些；如果家里人少，土地数量还较多，那么分配的时候自然会分得少一些。

分配土地的时候也要召开分配大会，在分配大会上，也会有一个主持人。主持人首先发话，然后让我们农户自己也说自己家里的情况，我们在说的时候，旁边会有熟悉村里很多情况的几个人做记录，然后他们会根据我们说的具体情况进行核对，防止他们在分地的过程中出现一些不合理的情况。当时，全村每家每户分得的土地和肥田是不一样多的，也就是说，不同的成分，分到的土地是有很大差异的。

当时我家没有分到牛、马、驴这类的牲畜，也没有分到任何农具，更没有分到房屋水塘，但我们对分到的土地和财产大致上还算满意。

（3）分配土地的过程

分配土地的时候，村里也组织了集体看田、插标、立界。当时土改工作队的人员会带一些农户去村里丈量田地，丈量的时候，一般是带绳子或者一根很长的木棒，那个时候和现在不一样，没有用可伸缩的卷尺，而是用木棒一块块地量土地的长和宽。

我认为，在分配财产的时候，一些干部还是会做出贪污或者是不公平、自私的举动。但奇怪的是，大家在分配土地和财物的时候并没有发生任何争执。

5. 土改复查

我们村的土改好像是在1952年底结束的，结束之后有进行土地复查，也有清查漏网地主，但没有查出谁的成分被错划了，此外，当时还给每家每户发放了土地证。

（三）土改的结果和影响

1. 土改后的土地经营情况

土地改革之后，我家分到了一块中等的田和一片坡地，土地数量比土地改革之前多了一亩，但如果只靠分到的田地是不够一家人生活的，在这些土地上我们依然种植水稻、小麦、玉米和红苕，除此之外，也会种其他的一些农作物，但种植的面积非常小，此时农作物的产量与土改之前相比有所增加。

土改后，在劳动力方面并没有出现什么大的问题，因为我们也参加了类似互助小组之类的生产组织，当时主要是与离自己家比较近的农户互相帮助，并且这种组织不是短期的，而是长期的。要说我家在农业生产经营方面遇到的困难，其实并不多，只是觉得当时的粮食产量不高，我认为很大一个原因是由于没有化肥，后来化肥才逐渐开始应用到我们的生产中。

还记得当时一年的收成交给国家的并不多，也就才一百多斤。当时我们交的都是粮食不是现金，交了之后，剩下的粮食虽然还算多，但依然不够全家人吃。值得说明的是，土改后，我们种地的热情确实比以前更高了。土改后，我家也没有进行土地买卖，因为买地要花钱，而卖了之后自己的土地又少了，所以没有这样做。

2. 土改后的家庭生活情况

土改之后，我家的生活发生了很大的变化，其中最明显的变化主要是在粮食收成和土地数量这两个方面，我们粮食的收成不仅增加了，而且土地数量也多了一亩，但此时家里的现钱依然非常缺乏，所以经济就成了我们家里一个很大的问题。

当时除了种地之外，家中虽然有其他的收入来源，比如说给别人打打工，但当时的打工收入非常少，完全不够养活一家人，但不得不说它在某种程度上还是减轻了家中的负担。

3. 土改后的社会交往情况

土改结束之后，我们家在村中的身份、地位随着土地数量的增多而提高。此外，与村中的其他农民、宗族成员、宗族长老以及村干部之间的关系都很不错，那个时候，我们都很尊敬宗族的长老，因为如果我们农户与农户之间发生争执，宗族长老都会在第一时间出面解决，而且长老不会因为亲疏关系而故意偏袒哪个。

4. 土改后的观念变化情况

土地改革之后，我们家拥有了更多的土地，当时的心情肯定是非常高兴的，虽然那个时候也听到过国民党“反攻大陆”之类的传言，但我相信，只要我们跟着共产党走，我们一定能够过上好的生活。

这个时候分到的土地与分田单干时分到的土地的感觉是不一样的，因为土改的时候，我们的土地是从地主那里得来的，心中总会有莫名的不安，而分田单干的时候，是国家把土地给我们，所以心中会感觉平和许多。

除此之外，我依然觉得宗族内的关系很重要，并且同一阶级的农民都是一家人。土改后，我们还积极地参加兴修水利、修建道路之类的活动，因为当时村中有规定，每家每户必须派出相应数量的人员参加，不去就不能分到粮食，所以当时没有哪个敢不去。此时，我对党和国家并没有什么新的看法，始终觉得他们都是努力地为人民服务，替百姓着想。

回过头来看，我认为土改是一种有利于贫困百姓的运动，但对有些地主打击得过于严重，所以现在我心中还是会有些过意不去。

5. 土改对农业集体化的影响

土改结束后不到一年的时间，我们村就开始搞互助组，当时互助组好像搞了一年，在1954年还是1955年的时候就进入了初级社，1958年进入高级社。后面农业集体化加入初级社、高级社，我们是自愿将土地和大型生产工具、牲畜上交给集体的，因为干部说集体化可以让粮食产量更高，所以我们就参加，参加之后，自家当时留下的生产资料虽有，但很少，其中主要是一些小的生产工具，比如说小锄头、扁担之类的。

我认为，自己干活的效率比集体在一起干活的效率高，因为在集体中总有一些人偷懒，但集体化在某一段时间还是有助于农业生产发展的。

入社之后，我觉得土改分田白搞了，因为土地交给了集体，我们就没有自由权了。

ZQ20160110LHJ@D　罗洪金

一　受访者基本信息表

<table>
<tr><td>调研点</td><td colspan="5">四川省广元市利州区大石镇小稻村</td><td colspan="2">调研员姓名</td><td colspan="2">张茜</td></tr>
<tr><td>调研员单位</td><td colspan="9">华中师范大学中国农村研究院</td></tr>
<tr><td>受访者编号</td><td colspan="5">ZQ20160110LHJ@ D</td><td colspan="2">受访者姓名</td><td colspan="2">罗洪金</td></tr>
<tr><td>受访者性别</td><td>男</td><td colspan="2">首次采访时间</td><td colspan="2">20160110</td><td colspan="2">首访时受访者年龄</td><td colspan="2">88</td></tr>
<tr><td>受访者成分</td><td>富农</td><td colspan="5">土改时是否土改干部或土改工作队队员</td><td>否</td><td>是否党员</td><td>否</td></tr>
<tr><td>干部经历</td><td>有</td><td colspan="5">曾担任的干部具体职务</td><td colspan="3">村文秘</td></tr>
<tr><td>现家庭人口</td><td>5</td><td>现承包地
面积（亩）</td><td colspan="2">0.5</td><td colspan="2">现承包林地
面积（亩）</td><td>0</td><td>现承包水塘
面积（亩）</td><td>0</td></tr>
<tr><td>受访者
基本情况</td><td colspan="9">老人1928年出生，今年88岁，是四川省广元市利州区大石镇小稻村人，初中文化水平，非党员。目前家庭成员总共有5人，包括儿子罗洪，今年49岁，是一名农民工；儿媳妇欧汝洪，今年48岁，主要在家里务农；孙女罗甜甜，今年26岁，在广元上班；重孙罗思田，今年6岁，目前在大石小学读书。老人现在是和儿子、儿媳住在一起，每个月有1500元的退休金，足够他自己生活了。
目前，老人不仅口齿清晰，而且记忆力相当好。</td></tr>
<tr><td>受访者
职业简历
或个人经历</td><td colspan="9">老人6岁开始读私塾，4年之后，就来到了大石镇读高小，14岁多从大石高小毕业，毕业后考上了广元市简易师范，在该校读了三四年的书，然后就开始了自己的教学生涯。老人生平第一次教书是在1946年8月5日，当时他18岁。但他在本村担任教师的时间并不长，大约只有一年。因为种种原因，老人又调到了广元荣山教高小，这所高小是当时乡上开办的一个学校，不仅声誉、工资待遇很好，而且基础设施也不错，所以在该校待了接近两年的时间。1948年老人和第一任妻子凡贵珍结为夫妻，当时双方的年纪在20岁左右。1949年，小稻村在国家政策的要求下成立了农会，小稻村又在农会的带领下办了一个小学，为了继续在本村教书育人，老人再次回到自己出生的地方当老师，恰巧在同一年，由于村上需要有文化之人，他被大家一致举荐，担任了村文秘一职，当时文秘的主要职责就是上传下达和丈量土地。土改期间，受访者被划为了富农成分，至此，之前的职务全部取消。1950年，美国进攻朝鲜，老人当时申请当了兵，后来还当了排长。</td></tr>
</table>

二 分阶段整理

（一）土改的基础和背景

1. 土改前的家庭基本情况

我叫罗洪金，1928 年出生于四川省广元市利州区大石镇。本来我们家一共有七口人，有我的父亲、母亲、哥哥、嫂嫂，还有两个弟弟。1933 年，也就是在我五岁的时候，父亲因病去世了，家里就只剩我们六口人。因为我当时喜欢教书，所以自己考了一个师范学校，毕业后的几年，我都长年在外教书育人，再加上当时两个弟弟的年纪还不大，所以，家里的劳动力只有三个——哥哥、嫂嫂还有母亲。

在没有分家之前，我们家里一共有六亩田和六亩地，这要放在那个年代来看，可是一笔很大的财富，但在高兴之余，我们也常常苦恼，因为家里的劳动力很不充足。

总的来说，我家当时的生活条件很不错，也算得上村里面的大户人家。

2. 土改前的家庭经济情况

土地改革以前，我们家主要有两方面的收入，一是靠经营土地，二是靠母亲做点小生意。当时我家的田和地加起来总共有十二亩，可算得上是富裕农户。粮食的产量也很高，足够养活我们一家人。不仅如此，母亲还要自己煮酒来赚钱养家，她那个时候是村里出了名的“煮酒西施”，获得这样一个称号，长得漂亮是一个方面，更重要的是母亲和善的为人。那个时候母亲卖酒，一年下来可以赚几百块，她看到村里有些人生活很困难，偶尔也会给他们一些钱。为了让家里生活更好，我们还养了两只鸡、一头猪和一头牛。鸡和猪都是自己吃，不会拿出去卖，而牛主要用于耕田。

3．土改前的土地经营情况

土地改革以前，我家已经有十二亩田土了，当时也没有想过再买一些土地，因为那时候的土地价格很贵。但后来罗汝富的母亲去世了，家里没钱买棺材，所以他想把家里的五分地卖出去，通过卖地的钱，再给母亲买一口棺材。我母亲当时有一点积蓄，她也在思考，我们这个时候买罗汝富的土地，也是对他的一种帮助，所以双方在商量之后，我们就给了他三十块钱，最终买下这块地。

土地改革以前，六亩的田全部用来种稻子，水稻产量还可以，一亩可以产六七百斤。剩下的地就种苞谷、麦子、豌豆、胡豆、黄豆，还有小豆，苞谷的亩产也不错，一亩可以产生五背，约为二百五十斤，麦子亩产在两百斤左右，豌豆和胡豆的亩产均为一百多斤，而黄豆和小豆的产量非常低，一亩只能得五十和二十斤。

粮食收割以后，我们还要给国家交“丁粮”，所谓“丁粮”就是国家为供养官员而要求百姓必须交粮的一种说法，当时好像是交两百斤，由于那个时候实行的是保甲制度，所以是甲长来我们家里收，甲长相当于现在的队长，甲长收好了之后再交给保长，保长最后就交给乡长。

为了方便耕田，我们家买了一头牛，还买了拌桶、风车、犁头、耙、镰刀和锄头。我家当时没有雇过工，但经常与周围的邻居换工，这个时候村里还不存在互助组这种组织。

4．土改前的社会交往情况

土改以前，我家与小稻村其他村民的关系不错，平常大家都愿意互相帮助，比如说我家今天忙不过来，我去叫邻居帮忙，他们也会很热心地来帮你，等到下次邻居家需要帮忙的时候，我们又主动去帮他们，所以慢慢培育了彼此之间的感情。

我们这里姓罗的比较多，由于大家同属一个宗族，所以相互关系也很好，虽然有时候会小吵小闹，但并不伤大家的和气。

5．土改前的土地观念

在土改前，我家用三十块钱买了罗汝富家里的五分地，这也是当时的情况使然，因为他急需钱给母亲买棺材。说句实在话，我家算土地多的了，但我并不认为谁家土地多，谁家就了不起，更不会因为自己的土地（多）而胡作非为，人要存怜悯之心。村里还有很多少地和无地的农民，他们的生活更艰难，我们要善于站在他们的角度思考问题，不能想干什么就干什么。

（二）土改的过程和经历

1．访贫问苦，扎根串连

土改工作队是在1950年进入小稻村的，当时工作队的人数大约为六七人，他们都是经过上级培训完以后，调派到小稻村的，其中还有几个工作队队员是学生。为了宣传土地改革，小稻村经常召开一些有关土改政策的会议，在会议上，大致的意思是讲土改分田，干部说："分配土地和财产时要像挑扁担一样，前后两端要基本保持平衡，所以，我们也会坚持公平的原则。"有关这些会议，我没有参加，因为我当时是富农成分，为了躲避村民批斗，我藏在了二老婆家，一藏就藏了几年，但这些会议在讲些什么具体内容，二老婆都会告诉我。

那个时候，为了针对地主和像我们这样的富农，我们村里让贫雇农积极串连，这一串连主要是由农会主席发起的，大家听了以后，都很乐意跟着他们的步伐做。虽然村里有土改积极分子，但他们表面上为其他人服务，但内心却只为自己的利益着想，不喜欢替村民办事，也不愿为百姓服务。

土地改革时，我们村里还成立了农会，农会成员都是一些贫下中农，不会有地主或者富农，农会的主要职责就是宣传土改、斗地主富农。

2．划分阶级成分

土地改革时期，划分阶级成分并不全是由农会或者土改工作队来划，对于人民群众的意见他们也要考虑进去，也就是说小稻村划分阶级成分是在全体村民投票的基础上进行的。所以当时有些人将新账和旧账一起算，给我们一家人都划为了富农。对于这一成分，我和我的家人坚决反对，因为按照当时的标准，被划为富农主要有三个条件：一是自己要劳动，二是要雇长工，三是出租土地。所有这三个条件我们家都不满足，最多也只能算富裕中农，根本谈不上是富农，但结果就成了富农。对于这样一种结果，我们很不满意，所以一直向上写申请，要求他们更改阶级成分，后来被重划过来了。

那个时候划成分总共划了一次，其中地主有三户，富农大约有三户，中农二三十户，雇农三户，剩下的八十几户大部分都是贫农。

3．挖苦根，斗地主

（1）挖苦根

小稻村开展过斗地主，总共斗了三个地主，次数大约在二十次左右，也召开过诉苦大会，在会上，农户主要是控诉那些没有给他们工钱或者给的工钱很少的地主，然后再开展算剥削账，比如哪个地主拖欠了农户的工钱，必须在分配地主土地或财产的时候如数补回来。

（2）斗地主

我们村在斗地主的时候非常温和，很少发生殴打地主的事情，如果要斗的话，也只是喊喊口号，最常见的口号是“打倒地主恶霸”和“还我钱财土地”，其他的口号我就不记得了，最严重的时候也只是轻打地主。我当时逃跑了，所以我没有遭到批斗。

4. 没收和分配土地、财产

（1）没收土地和财产

没收土地和财产主要是由农会组织相关人员去没收，相关人员主要是当时的自卫队，他们发现地主家里有什么就拿什么，比如，生活用品、粮食和房子，但也会给（地主）他们留一些铺盖和基本的口粮，还会给他们留几间煮饭、睡觉以及养牛的房屋。我当时藏了起来，所以不知道他们到底没收了我家多少财产。

在没收土地和财产的过程中没有出现哪个地主不配合的行为，当时扬言说，如果地主不配合，就要拉出去枪毙。

（2）分配土地和财产

在分配土地和财产之前，会成立一个分配委员会，分配委员会根据每家农户的具体情况来决定给谁分多少土地，在分配土地之前还会召开分配大会，由于自己当时是富农成分，所以没有分到任何东西。

（3）分配土地的过程

村里分配土地时，很多人都要去，比如农会的成员、土改工作队，小稻村的干部也要去，之所以去这么多人，一是为了方便大家讨论，二是为了公平起见。分配的时候，会有分配人员对田土的长和宽进行丈量、比对，等田土划好以后，干部就会在本子上记下来，还会给旁边的农户说：“这份是你的，你看清楚了”，给这一户的田土分配完以后，他们又紧接着去丈量下一份土地。

在分配过程中，我不知道干部是否贪污了，因为这种事情我们很难说清楚。

5. 土改复查

小稻村的土地改革是在1952年结束的，土地改革结束之后有进行土地复查，也有清查漏网的地主，但很少查出一些错划的成分，即使划错了，也是在十几年甚至几十年之后才纠正，比如当时我被划为富农，后来才得以纠正。

（三）土改的结果和影响

1. 土改后的土地经营情况

土地改革之后，我没有待在原来那个家里，而是跑到了二老婆家，家里剩下我儿子和儿媳。当时我们家里的土地数量只剩下六亩，幸好粮食亩产量稍微提高了一些，因此，这六亩的土地养活了他们一家人。在这六亩土地上，种植的作物还是稻谷、小麦、胡豆、小豆、苞谷之类的，但劳动力依然缺乏，所以，他们后来也参加了互助小组，和某些关系好的人依然保持联系，尽管只有很少人帮助我的儿子和媳妇，但还是在很大程度上解决了家里劳动力缺乏的问题。

那个时候，他们俩在生产经营方面也没有遇到什么困难，但每年要向国家交一部分粮食，交了以后，家里所剩的就很少了，仅能勉强维持家里人的生活。也正因为我们的这种遭遇，才使他们种地的热情提高了。土改后很多年，儿子和儿媳也买了接近一亩的土地。

2. 土改后的家庭生活情况

土地改革刚刚结束时，我们家里的生活很不好过，因为我们被划为了富农。当时他们的几个孩子没有饭吃，天天饿得哇哇大哭，有一次还抢了村里一个孩子的吃的，儿媳妇知道以后，就把她的娃儿打了一顿，她说："我今天没有给你吃饭吗？你为什么要去抢人家的东西？以后再这样做，我把你的腿打断。"到了晚上，那个孩子的母亲还来找我的媳妇讨说法，说儿媳妇家再穷，也不能唆使孩子去抢东西，但事实情况并不是这样。通过这件事情，我只想说明一个问题，那个时候，儿子、儿媳妇的家里很不好过。

3. 土改后的社会交往情况

土改刚结束的那会儿，我的儿子和媳妇遭了罪，他们整天都不敢出门，因为出去以后，如果被村里其他人看见了，村里人就会大声喊他们富农，一个劲儿地嘲笑他们，当时还有很多人说他们的坏话，所以儿子、儿媳那个时候的心理压力很大。不仅如此，就连我的孙儿也遭了罪，他们那个时候都还小，却被别人说得很不堪，我过后就在想：你要骂就骂我，为什么和不懂事的孩子过不去？所以我觉得，这个时候我们被村里有些人孤立了。

4. 土改后的观念变化情况

土改给我最深刻的印象并不是我们的土地数量增多了，而且在当时的情况下，我们一家人的土地数量也不可能变多，我对土改记忆犹新的就是因为当时给我们一家人的成分划错了，这成分一划错就不得了了，我们全家人都深受其害，所以我觉得土改这项运动，也给我们这些人造成了一定的苦难，儿子、儿媳还被迫去修各种各样的水库，当时也因为他们的成分不好，所以他们干的天数必须比同村人多很多。

5. 土改对农业集体化的影响

我们这里是在1953年搞互助小组的，大约搞了一年以后，1954年又搞初级社，1958年由初级农业生产合作社转为高级农业生产合作社。在我看来，集体做活路和个人做活路的效率差不多，它们各有各的好处，也各有各的弊端，关键看它们放在什么时期，又由什么样的人来领导。

我认为土地改革没有白搞，因为中国共产党出台什么政策都有它的原因，我们并不能说土地被集体收上去了，所以土改白搞了，我们要这样思考：如果没有上一个尝试的失败，怎么会有下一个尝试的成功呢？

口述调查小记

寒暑假调研是每位“中农之子”必须完成的一项任务，但具体去哪一个或哪几个点进行调研，还要看我们自己的选择。当时在父母的帮助下，我了解到我家所在的这个村庄缠龙村以及邻村小稻村健在的高龄老人比较多，于是我决定回自己的家乡调研，这一方面是为了提高办事的效率，另一方面则是希望本村的老人也能够被历史所记载。

记得在2016年1月的时候，我依然在为调研的事情四处奔波，因为有些老人的年纪虽然符合访问的要求，但他们的记忆能力或者听力方面都不怎么好，所以“挖不出”更“挖不准”若干有价值的历史，因此只得一找再找。当时正值严冬，天上还飘着雪花，我就这样戴着笨重的手套、穿着厚厚的棉服、围着陈旧的围巾在村里到处转悠，整个人都冻得直哆嗦，边走还边幻想着自己坐在火炉旁嗑瓜子的情形。精神恍惚之时，我的手机响了，一接听，才知道是我的好朋友，他说他的外祖父今年88岁了，不仅头脑很清晰，而且听力没有一丁点问题，于是在他的带领下，我来到了罗洪金老人的家里，当时他正在和另外3位老人围着火炉打长牌，我当时就震惊了：罗爷爷还会打长牌，这身体真是棒棒哒！我向他们打了招呼，并道出了此次来的任务，爷爷们听了以后，纷纷放下手中的牌，主动配合我的工作。在访谈过程中，我确实感受到了这位老人的魅力，而且他在一九五几年的时候还参加过抗美援朝，并当上了排长，这可很了不起啊！

我想可能是因为我在本地方进行调研的原因，各位老人比如何文莲、梁长明、李文莲等也都十分配合。

在2016年下半年，我还访问了大石镇缠龙村的张光锐以及前哨村的曾秀华和彭莲英，他们都是我的贵人。

总之，在2016年这一年中，我的口述史调研相当顺利。在这里，我要感谢曾经帮助过我的人，正是多亏了你们的帮助，我才能够有今天的成果！

旺苍县

LYZ20170720LSL@ W　李绍廉

一　受访者基本信息表

<table>
<tr><td>调研点</td><td colspan="4">四川省广元市旺苍县普济镇代池村</td><td colspan="2">调研员姓名</td><td colspan="2">李元祉</td></tr>
<tr><td>调研员单位</td><td colspan="8">华中师范大学中国农村研究院</td></tr>
<tr><td>受访者编号</td><td colspan="4">LYZ20170720LSL@ W</td><td colspan="2">受访者姓名</td><td colspan="2">李绍廉</td></tr>
<tr><td>受访者性别</td><td>男</td><td colspan="2">首次采访时间</td><td>20170720</td><td colspan="2">首访时受访者年龄</td><td colspan="2">86</td></tr>
<tr><td>受访者成分</td><td>贫农</td><td colspan="4">土改时是否土改干部或土改工作队队员</td><td>否</td><td>是否党员</td><td>否</td></tr>
<tr><td>干部经历</td><td>有</td><td colspan="4">曾担任的干部具体职务</td><td colspan="3">大队会计</td></tr>
<tr><td>现家庭人口</td><td>1</td><td>现承包地面积（亩）</td><td>0</td><td colspan="2">现承包林地面积（亩）</td><td>0</td><td>现承包水塘面积（亩）</td><td>0</td></tr>
<tr><td>受访者基本情况</td><td colspan="8">老人出生于 1931 年，小时候生活在川外，后随父辈入川，1957 年旧历正月十五来到旺苍。现在老人身体还不错，但听力不太好。老伴已经去世，儿子在本村生活，女儿嫁到绵阳，所以老人两地换着居住。家庭经济状况良好，人丁兴旺。</td></tr>
<tr><td>受访者职业简历或个人经历</td><td colspan="8">老人读过书，会做豆腐和手工面，年轻的时候在队里当了三十多年会计，1988 年后在家务农。</td></tr>
<tr><td>受访者所在社区基本情况</td><td colspan="8">广元市普济镇代池联合村北临北部山区，东临三江镇，南靠 202 国道，西接黄岭村。全村共有 760 户，2140 口人，耕地面积 2840 亩。现有党员 84 名，两委干部 11 名。
代池联合村以何氏、侯氏姓氏为主。据前辈讲，旧社会在何家营雕塑出了威猛高大的吼天雄狮，屹立在蔚为壮观的文庙大堂，后来因复杂的社会原因，人文景观遭到了毁灭性的破坏，此雄狮已不存在。
代池村党支部、村委会在党的富民政策的指引下，通过结对帮扶、精准扶贫，大力发展集体经济，积极调整产业结构，在科技扶贫园区中种植猕猴桃、莲藕、翡翠李，养殖肉牛。村两委干部心系群众谋发展，使农村经济进一步发展，村民收入逐年提高。</td></tr>
</table>

二 分阶段整理

（一）土改的基础和背景

1. 土改前的家庭基本情况

（1）人口情况

我叫李绍廉，出生于1931年，小时候生活在川外，后随父辈入川。入川后就在这里安家。这里有河东、河西两个大姓，因为我们是外姓，所以没有土地。家里五代人都是佃户，租人家的地种。土改以前住在阆中玉台，当时家里六口人，有我们四弟兄和母亲，一个婆婆。土改之前一家人都是在农村租人家的土地。

（2）劳动力情况

我家有四弟兄，父亲是三十六岁去世的，当时老三老幺都还小，所以劳动力就是我和哥哥，我是老二，我十二岁就参加劳动了。我们哥哥是川北革大的学生，1950年参加革大的土改。

2. 土改前的家庭经济情况

土改之前，我家收入来源主要就是租魏家的十二背地在种，田地共计一亩多的样子。除了租地去种，偶尔还做点小买卖，因为以前没有限制这个。我小的时候就是跟着爷爷婆婆弄水磨面，压机器面。以前家里也请了个人做，但他不太老实，就在那看，在偷师学艺，所以后来还是家里人自己做。我做的面是自己拿去卖，至于卖得多少钱记不清了，反正是爷爷在管钱，我们只管做。家里还喂了鸡和鸭，有一二十只，怎么买的我不知道，因为我们不管这些，都是按照大人分的活去做。我们白天做不完晚上都还要做，家里规矩就是这个样子。那时候我祖父是最严厉的，做庄稼的话，清早就喊你起来就必须起来，那严格得很，做事的时候如果眼睛到处看，被他看到都要挨打。

土改前我们租人家的地种生活压力大，租人家地收获只占四成，地主是六成，但是生活上勉强够吃。生活上不够就靠菜，靠蔬菜养活，就在那个山阴的沙土上，因为太阳晒不到，那个产量就不怎么样。在山头山傍上的产粮食的都是陈水田，沙田种东西就不得行，要向阳才基本可以。不过租人家的庄稼地哪里有那么合适，都要靠自己用农家肥养土，用草木灰杀虫。虽然会卖鸡鸭还有面，但我们种的蔬菜不卖，只有自己吃，有时候还不够吃，像到了正二三月间有时候还需要借点粮食吃。那个时候，借的粮有利息，借一斗就是还一斗五。我们一般找那山包上粮多的借，地主一般不得借给你，地少的也不得借。我们土改的时候是佃贫农，哥哥在川北革大，在学校里四百多人只有我们家哥哥是佃贫农。

3. 土改前的土地经营情况

入川之后，我们家先在玉台，当地的人口都划在河东、河西，有两个大姓。在玉台没姓李的，作为外姓，我们家没有土地，所以就写二十背谷子的地来养活自己。我们家租地的那个佃主叫魏子仁。租地的时候没有请中间人，也没有字据，他就看你做土地做得好就租给你。租地时间不限期，做得好就一直租给你。当时爷爷租了四亩也就是二十背，租地每年都是四六开，由佃主他定，但一般没有变化。至于粮食的产量多少，那就没统计过，那个时候我们还是小孩子，只知道家里交粮食三七开、四六开、平半开。每年收了的粮食晒干过后，就会用风车去筛，把空壳的不满的都筛出去，几颗几颗放的，没有一颗不好的。秋季交粮的时候，佃主会专门请人来背每家每户的粮，不需要我们背过去。那个时候还要给国家交粮，也是这样筛很干净的交到粮站。

当年我们爷爷是被抓壮丁出去，受了伤，得了败血症，就没回来。我幺外爷在学校教书，所以他们家就请的有放牛娃。我们家就没那么好了，家里就剩下我爸爸他们四弟兄和我姑姑，加起来五姊妹。家里好像喂的有一头牛，当时我大爹读书都是要把耕牛拉去卖了买小牛才有学费。这头小牛开始是和二外爷一起养的，合伙养牛是两家人换着养，一家人十天，如果都要赶着打谷子栽秧子，那就错开时间用。不过后来我们家自己养了一头。当时家里农具只有耙、犁之类的，风车没有，平时筛粮食就借人家的风车用。栽秧打谷子的时候，就要换活，也就是央人[1]。因为打谷子或者插秧的时候挑天时，地多了就要十几个人才能一天栽完。在栽秧的时候，就跟办酒席一样招待好别人。

土改以前这里是个保，我们那后面就有十六个保，有保长和甲长，清朝以前也叫的是保长和甲长，民国的时候也是甲长。当时的族田是公家的田，只有庙上才有，平时不准我们去耕种的。后来又给国家了，等后来被国家收了以后，这个庙田交粮的时候统一给国家

[1] 央人：四川方言，指农忙时请人帮忙。

交钱，不交粮。

4. 土改前的社会交往情况

在土地改革之前，我们家和姓魏的佃主都是不怎么来往的，他也一般不需要你去帮忙。他们家都有佃户，也有的在招客，招客就是我租了地，然后又把这个地给了别人来耕种，就是倒手又来了一次。逢年过节的时候我们之间也不送礼，就是栽秧的时候我们去帮一下。佃主家有红白喜事的时候，如果有孩子结婚大人也会去祝贺一下，我们这些小孩都不去的。佃主不会给庙上捐东西，但他也不会乱来。当时那个保长比较懦弱，没啥用，只是保队副和乡队副有用。我们和保长关系还可以，我们那十六个保基本都是这样的。当时贫富差距大，光说我们那个队里那就基本都比较贫穷，只是够吃，但过得不好的，这种人比较多。你想，租别人的土地，如果是写的沙田，不出粮食就没办法。如果是自耕农，土质比较好的，那他们自己就是够的。像我们家五代人都是租种别人的土地，如果你租到的田不出粮食的话，就比较麻烦了，就要靠种菜了。

5. 土改前的土地观念

(1) 对土地的愿望

1951 年的时候我就去当学徒去了，主要我就是没有什么文化，我们几兄弟就只有我们哥哥分到旺苍去，读书一直读到 1949 年，老三是一句书都没有读。当时就没有想那么多，就是当学徒去学染布。因为也一直是租种别人的地，所以还是想要有自己的土地的，不过当时是没有富余的钱去买。

(2) 对土改的看法

我们那个村是在 1950 年搞土改，大爹就是土改干部。土改之后，当然是很好的，自己能有土地在耕种，可以不去租借别人的土地。

(3) 对土改的反应

最开始听到要土改，大家都知道以后有自己的地种了，心里是高兴的。但是另一方面呢，对于分地情况心里很害怕，主要怕共产党走了，又出了什么差错，又倒回去了。

(4) 对共产党的看法

我们这一代人就是对毛主席还有共产党的感情比较深，因为给我们带来了好生活。

(二) 土改的过程和经历

1. 访贫问苦，扎根串连

(1) 工作队进村

1950 年土地改革工作组进村，一个保分配有三四个人来开展工作，这些上面指派下来的人基本是革命大学的人。当地人也有参与土改工作的，一般都是年轻人，老的也有一些，去协助工作开展。我当时在做技术员，参加了这个土改的工作，在里面当跑路的，也就是做联系人员。平时开会就是一块研究工作怎么干，按什么步骤进行。因为共产党搞土改是有计划的，工作队到了村里，也得按政策和步骤走。

（2）土改宣传

当时宣传就是开斗争会，开大会的时候会一个一个地告诉你是什么成分。我记得我们那里没有富农。只有一类被称为佃富农，就他去租了别人的土地，然后他又去招客，把土地转租给别人，家里比较好。

（3）扎根串连

大爹就是土改干部，他当时拉我进去在村里面当的技术员。

（4）成立互助小组

土改之后成立的有互助小组，从 1951 年开始，好像只是持续一年多左右，然后就是吃集体伙食了。这个互助组，下中农、贫农都可以参加。而且在会上，贫农、中农也是很有地位的，想怎么坐就怎么坐。

2．划分阶级成分

（1）土改成分

我家因为没有地，又比较贫困，所以成分是佃贫农，是工作队和农会划线决定的。

（2）成分划分

土改成分是通过互助会评议出来的，一个村一个标准，以村划线中农和贫农，它又分为两类的。家里工具齐全，耕牛齐全的，土地不是别人的，就是不借别人的土地，自己够吃，这种就叫做自耕中农。如果是有土地，然后家里的工具不全的话，就是贫农。如果是借的别人的地，那就是佃贫农。全部把地租给别人的才叫地主。

（3）划分结果

当时划分成分是开大会宣布的，没有出榜，口头宣布的划分结果，我们村里的地主就一户，就是地主魏允国他们家，村里中农比较多，大部分家户都是中农，有佃富农，没有富农。

3．挖苦根，斗地主

（1）挖苦根

当时乡政府一来就召开了会议，在批斗大会上，大家愿意说啥就说啥，也会提前开会，计划明天批斗谁，安排好谁发言。基本上都是和地主有仇的人才会发言，没仇没怨的基本不说话。

（2）斗地主

我们村斗争的地主是魏允国那一家，但也就是要他拿钱拿粮，没有让他挂牌子。后来“文化大革命”的时候，生产队里面批斗，才挂了牌子。那时地主到六七十岁了，他们家那些孩子，教书的教书，出去的出去了，都不在家，还有些是在参加地下工作的，那多半都是搞地下工作的，都是比较有文化的，像我们那家的魏子仁，他女儿就是搞地下工作的，还有魏国春也是，他们家那么多搞地下工作的。所以后面在批斗的时候，大家也没有那么狠。

4．没收和分配土地、财产

（1）没收土地和财产

地主的房子和土地就分给别人，这是土改工作队来给他划的，地主住的房子还是要留，给他留一间。有时候你分给那些穷人，他们还不住，像我们这边也不是特别多人没有房子，自己都有房子。所以你后面分给他的，他也不愿意去住。主要是虽然房子好，但是离土地太远了。我们这边魏子仁的房子，后来分给了大家，结果后来大家都不愿住了，都搬了。

（2）分配土地和财产

土地是按人口来分，他有一个标准的。那不按人口分不行。你看那上面分田的时候写的有上中下，就是套着分。中水田多少，下水田多少。所以那段时间搞这些分配，开会都是开通宵。土改那个时候“三反五反”“打老虎”的，属于国家的土地、公田也都分出去了。

（3）分配土地的过程

分地的时候没有丈地，因为在旧社会的时候，大家的土地都是丈量过的，确定的。整个四川的土地都是全部量完了的，我们家里人就去参与过这个土地丈量。说分哪块地大家都知道，加上老百姓一天都在地里跑，都知道地在哪里，有多少。分财产的时候没有谁多拿多占的，干部也不敢。

5．土改复查

土改是1951年下半年结束的，后来1952年进行了土地复查，就是将整个土地都重新丈量过一回。

（三）土改的结果和影响

1．土改后的土地经营情况

土改之后家里分到了地，但是我们老家搞这个集体化的时候，也没有那种要失去地的感觉了，当时觉得同一个阶级的人就像一家人一样，关系更亲近。我们家穷，没有买卖土地。

2．土改后的家庭生活情况

（1）自家生活变化

土改之前，我就在做手工面了，还有推豆腐，然后我们婆婆就会拿到市场上去卖，赶仪陇那边就是要走五十里，来玉台的话就是四公里，还是要走两三个小时，那个时候都是肩挑背磨，当时我只有十四五岁。不过那个时候利薄，背一百斤去卖才四五毛钱。土改之后自家种地的工具也就多了，吃饭方面也好不少，但主要还是以吃菜为主，不过偶尔也能吃上肉。

（2）地主家生活变化

土改之后，我们这边和地主的关系没有什么变化，和以前差不多，因为他们家子女都是参加了地下党的。后来搞运动的时候让地主扫地，地主在灶壁上画毛主席像，后来只要一开会，地主他们都去，站得整整齐齐，他们的义务活多，不记分，他们干活都是白干。但年底按人头发粮食的时候，也不会亏待谁。

（3）收入变化

人总要生存，过去的小生意都是担担挑挑，那都是些维持生计的，也不叫什么生意。1951年前后的时候，除了种地，我还推豆腐、做手工面去卖，虽然收入不多，也可以补充点生活费。

3. 土改后的社会交往情况

（1）农户关系

土改以后，各家生活差距不太大了，各家都有了自己的地，好的赖的都能够吃喝。我家是外姓，没有家族，就我一家子，我家和互助组那几户关系挺好。后来叫的普济区和普济公社，我们大爹都在当区长。和地主家的关系没什么变化，还是各过各的，我不惹人家，人家也不惹我。

（2）村户关系

土改后，和农会这些干部的关系也一般，基本谁也不管谁，也没啥变化。农村的风气和以前也没啥变化，这村里风气都挺好的。土改前，地主雇长工就去地里干活去了，人家也不和你打交道。土改后，地主还是地主，贫农还是贫农，老百姓还是老百姓，没有太大变化，谁也不找谁的麻烦。

4. 土改后的观念变化情况

（1）土地观

土改后每户的地都差不多了，基本上都平衡了，和村里的平均数没什么差别。按当时的标准，差不多人均有三四亩地，至少够吃够喝，没什么拉棍要饭的人了，所以觉得土改真是很好的。

（2）人际观

土改后还是有觉得自家地位比地主富农高，但是我不欺负他们。我当时在生产队当会计，到后面办钢铁，就做了三十多年，工作一直都放不了。

（3）社会观

土改前后我对共产党的认识变化相当大，土改以前各家各户都是自己管自己，土改后都是有组织的，会开会一起来决定大事。以前公所收上来粮食，谁来得早，谁得到的多，村长得掂量给这个多少，给那个多少。土改后就大家都有吃有喝了，土改前就没我们说话的权利，土改后好得多了，农民有地位，有权利了。

（4）土改观

土改后，大家分了地，开始都不敢要，也不敢种，不过也不能让地荒着，就这么种上了。过去有钱的农户就看不上我们，别说是地主、富农，中农、上中农也看不起贫农。当时的人也有自知之明，啥都没有就啥都不敢说。大家心里都害怕地主富农知道，都怕二次算账。对于土改运动，我只知道我们比以前强了，有了土地了。

5. 土改对农业集体化的影响

（1）生产资料入社

到了 1951 年秋，就成立了互助组，开始几家合伙种地，和我家一起干活的有四五家。互助组就是干活的时候商量一下明天给谁干，商量好了一起去干。当时互助组大家都有说话的权利。互助组搞了两三年之后，成立了初级合作社，后来高级社要把土地农具那些都交上去，后来就直接是集体统一劳动了。我们 1958 年到这来了，当时叫普济区和公社。之前分的土地在老家那边，到这边来是没有土地的。

（2）对集体化的认识

土地集体化之后，当时东西都归了生产队，生产队的队长带着我们干活，统一安排。按照每年收入多少，然后统一根据工分去分配，工分少的做得少的会少分一些粮，那是有个等级的。像我和我妈每天做完事情都要赶快赶过去，做做活儿，挣点工分。我父亲母亲他们都是比较勤劳的，除了在集体协作事情之外，还要去养一些猪，然后拿去卖钱。深更半夜了都去弄猪草，然后回来喂猪。有时候到普济市场去卖卖鸡鸭，（我们这的人）可以去那边赶场[1]。

LYZ20170721HZL@D　何宗伦

一　受访者基本信息表

<table>
<tr><td>调研点</td><td colspan="5">四川省广元市旺苍县普济镇代池村</td><td colspan="2">调研员姓名</td><td colspan="2">李元祉</td></tr>
<tr><td>调研员单位</td><td colspan="9">华中师范大学中国农村研究院</td></tr>
<tr><td>受访者编号</td><td colspan="5">LYZ20170721HZL@D</td><td colspan="2">受访者姓名</td><td colspan="2">何宗伦</td></tr>
<tr><td>受访者性别</td><td>男</td><td colspan="2">首次采访时间</td><td colspan="2">20170721</td><td colspan="2">首访时受访者年龄</td><td colspan="2">80</td></tr>
<tr><td>受访者成分</td><td>地主</td><td colspan="5">土改时是否土改干部或土改工作队队员</td><td>否</td><td>是否党员</td><td>否</td></tr>
<tr><td>干部经历</td><td>无</td><td colspan="5">曾担任的干部具体职务</td><td colspan="3">无</td></tr>
<tr><td>现家庭人口</td><td>1</td><td>现承包地面积（亩）</td><td colspan="2">0</td><td colspan="2">现承包林地面积（亩）</td><td>0</td><td>现承包水塘面积（亩）</td><td>0</td></tr>
<tr><td>受访者基本情况</td><td colspan="9">老人出生于 1937 年，有五个子女，一个儿子、四个女儿，都不在本村，老伴去年去世，目前老人独居，给子女们看房子。老人身体状况良好，子女每个月都会回来看望老人，家庭和睦，子女都很孝顺。老人每月领取政府高龄补贴 75 元，享受农村合作医疗、政府的定期体检以及各种专项疾病的治疗。平日喜欢串门聊天，饭后闲逛。</td></tr>
</table>

〔1〕赶场：四川方言，赶集的意思。

续表

受访者 职业简历或 个人经历	老人家里从爷爷那代开始积累土地，父亲年轻的时候也很勤奋，所以小时候家里情况不错，有几百亩田地，除开自己家种的十来亩，其余都租给别人。后来土地改革，被划为地主子女成分，但因为父亲并不刁难百姓，所以在当时老人一家没有受到太多迫害。土改之后，老人一直居住在农村务农。

二 分阶段整理

（一）土改的基础和背景

1．土改前的家庭基本情况

（1）人口情况

我叫何宗伦，出生在四川省广元市旺苍县普济镇。在土改之前家中有六口人。我的大哥三十六岁时死了，他那一房就绝了香火。之后父亲娶了现在的母亲，生了我们兄弟姊妹四个，我是长子，二兄弟何宗德，老三何宗仁，这才将何家这一房（的香火）接起去。父亲在民国八年后当团总，后来又当过保长。因为上面要赔款，老百姓穷，拿不出钱，父亲就垫钱，后来垫不起了，就不再做保长了。

我们家从爷爷开始积累土地，最初他也是穷人。等到三四十岁了才三兄弟一起出去挣钱，有钱后三兄弟各买了一个庄子。大爷把儿子送去当了国学生。二爷叫何中生，他要聪明些，在京都报道过员外，还得到过皇上的赏赐。就这样一直攒钱买周围的农庄，才慢慢变成了一个大户人家。

（2）劳动力情况

那时候因为我还是小孩子，所以不能干活，家里的活都是父母亲在做。他们也亲自下地，同时把土地租给老百姓，维持生活，按三七分收租，种地的得七成，我家三成。母亲就在家里养了二三十只鸡和五六条肥猪，家务事也都是她在做。家里也请了一个长工，包吃包住，和我们吃的伙食都是一样的，没有差别对待。那时候还养了一头牛，用来耕作家里的十几亩地还是可以的。

2．土改前的家庭经济情况

家里有几百亩地，每年交两石多粮，两石多谷子放到现在有两千多斤。之前住大瓦房，有两套天井，土改时被分给别人了。家里大部分土地都租出去了，自己还留了十几亩耕种。一般种些玉米、麦子等杂粮，有时也会种水稻。但是那时候产量低，收得也不多。租出去的土地，会在每年七八月去收粮。收上来之后就要交税，最多的一年交了三四千斤谷子。交税是我家最大的开支了，每年都给国家交皇粮。其余的开支主要就是生活开销了，吃的东西还都很一般，这方面的开销并不大。

3．土改前的土地经营情况

土改前家里的土地分为自家耕作和租出去的，自家的全靠父亲和长工，租出去的土地则三七分账，我家得三成，种地的百姓得七成。这个地租标准是我父亲定的，一般不会因为年成好坏而改变。每年七八月间，我大嫂和侄儿媳妇就会去庄上收租，然后种地人会晒好谷子再运回谷仓。

4．土改前的社会交往情况

我父亲在世时，每年都要做火匣子[1]给二三十户特别穷的人。这些火匣子就放在文庙上，有人过世了就可以去拿火匣子。如果遇到了红白喜事，周围乡亲都要来的，无论贫富都来吃酒，这个风俗没有变。要是租户家里有事，我们也会去拜访一下。不过逢年过节的时候，租户不需要给我家拜年送礼的，因为当时不讲这个特殊。我当时还是个孩子，每日里就是在家转转，要不就去坡上放牛。由于我父亲是保长，所以族里的祠堂也是他倒贴修补的。家族里也没有年岁特别大的老人，所以都是族长说了算。

5．土改前的土地观念

（1）对土地的愿望

我家在土改前已经没有再买土地了，后来父亲染上了吸鸦片的习惯，散了些钱，但也没有卖土地。

---

[1] 火匣子：四川方言，指棺材。

（2）对土地的看法

农民哪有不宝贵土地的，不过这些地也不是我攒下来的，我那时也小，没什么过分的感觉。不过我父亲对土地是看得很重的，那时候他迷上了吸鸦片，抽大烟烧钱啊，像水一样地流掉了。没钱了，我父亲就卖米，把家里收的米都卖了，可就是没有卖过土地。他真的是很重视（土地）的。

（3）对土改的反应

土改来临时家里人也没有特别的反应，对土改的情况也不了解，都是听老百姓讲土改的事情，也因此没有转移财产或者把金银细软藏起来。我父亲一直都照顾乡里，对租户好，也没有得罪过谁，因此土改时就平安度过了。

（4）对共产党的看法

解放前的农民就是种庄稼吃饭，想着有个自己的草房，再把家里男孩供去读书。只有那些家境好的人家才会送女孩去读书，一般女孩都是没有书读的。农民想的也就是生活中的鸡毛蒜皮，其他也没什么。说对共产党的感情，我当时比较小，不太记得了。

（二）土改的过程和经历

1. 访贫问苦，扎根串连

（1）工作队进村

小时候我也见过来这边主持土改工作的人，他们都是上面委托一个负责人过来管理，然后在地方上寻找那些先进积极分子，纳入工作队，进行土改工作。当时一个村就是一个土改团，所以只有一个负责人，其他都是本地人。我觉得这样的管理方式真的好，都是乡里乡亲知根知底的，抬头见面处理事情也方便。地方上的积极分子大概十几个人左右吧。毕竟当时人少，像白灵湾，当时只有十几家人。

（2）土改宣传

那时候我也没听见多少关于土改的宣传，大多都是老百姓在传，我从他们那儿听闲话听到的。然后政府就派负责人来了，然后就有了组织，然后就土改了。

（3）扎根串连

这个扎根串连，其实是共产党的一种管理方式，农村数量多，每个村都要土改，人手肯定不够。所以就每个村镇派个负责人下来，让他在当地自己招募积极分子，组成个贫农组织，在当地进行土改。

上面派来的负责人到了之后，就聚集一些贫下中农中的积极分子，成立贫农组织。这些积极分子年龄有大有小，大的有四五十岁，小的也有十七八岁。

2. 划分阶级成分

（1）土改成分

我家是地主，当时这个队里有三个地主，王家堡的何祥云、何显贵，还有我父亲。

（2）成分划分

土改成分的划分有一个比例和标准，比方说有多少亩把你划为地主，有多少亩是富农，多少亩是中农，都是有标准的。富农的土地可以保持原状，既不分你的土地，也不多给你。地主的土地就被全部改给别的老百姓了。中农和富农是一样的，土地没有变化。只有贫农能够得到划分的土地。像划分我们家的时候，就只给我们留够了多少谷子的土地，其余的全部被分掉了，就剩个锅碗瓢盆。我家的猪和牛、大型农具和小型农具也都被分掉了。

（3）划分结果

别的地方在土改之后会发榜，当时我们村没有这样。因为他有一个政策范围，是什么成分全是按照土地面积的，然后就在大会上通报公布结果，所以没贴过榜单之类的东西。划分完后贫农和中农占了多半，富农和地主只是相当少的一部分。

3. 挖苦根，斗地主

（1）挖苦根

有时在批斗会上会找一些人上去讲故事，说自己怎么被地主欺负，地主怎么剥削他们的。还有的说自己的老爸被地主给整死了，自己要为父报仇，所以支持土改，支持批斗，场面很激烈。

（2）斗地主

在土改的时候开过批斗会，把地主和富农什么的拉过去批斗。当时世道乱，开批斗会也没有个章程，想斗你的时候就把你叫过去，然后想斗多久就斗多久。

4. 没收和分配土地、财产

（1）没收土地和财产

土改那时成立了一个农会，到了划分成分的时候农会就来了，按照那个政策范围，把我家划成地主了。之后就只是说给我们家留够多少谷子的地，其他就什么都没有了，家产都是全部没收。

（2）分配土地和财产

我家的猪牛也都被分给其他的贫农了，连农具也没留下，都被拿走了。只有地主才会被没收土地，富农和中农是不用的，然后贫农团就把没收掉的土地分给贫农和雇农，富农和中农也是没有土地分配的。分财产的时候土改团先开会，再然后生产队也要开会，最后决定怎么分给老百姓。一般情况下，人口多的就多分一点，人口少，土地也少。我家那时候只剩下了五背面积的田，也就是一亩。可是我家五口人，一亩田是不够的，所以生活过得就差了。不过房子还是留给了我们家的，属于家族的那些山崖田地也留下了，后来被一些后生断断续续地偷耕，也就变成了他们自己家的田地了。

（3）分配土地的过程

分配土地时会有那些土改工作队的成员来，根据政策范围跟我说我家被划成地主了，留了多少田，在哪儿，把这些告诉我家之后就走了，也没有贴告示宣布。

5．土改复查

后来确实也复查过几次，其实就是在之前土改的政策基础上，有些之前没有被划分的，复查的时候再重新审核一遍。复查过后，该划成地主的也都划成地主了。那次复查主要查的是那些家庭比较好、土地比较多的。因为这些人一般都有人脉，政府担心以前他们把土地说少了，划错了成分，复查过后又按新标准给他们划上。其实我觉得，就是他们的人脉倒了，被撤职了，新来的（干部）和他们有过节。

（三）土改的结果和影响

1．土改后的土地经营情况

（1）生产合作

大概在1955年、1956年的时候，整个普济这边都开始办初级社了。初级社就是把各家各户的土地又收归到一起来，和现在的生产队差不多，然后把什么东西都归到一起来算。不过那之后我们就不用再自己交粮了，都由初级社来计算该交多少粮给国家，社里统一拨粮，我们老百姓就不再管了。在办社的时候顺便把刚发给我们的土地证拿走了，因为那时候都是人民公社了，反正都在一起了，土地证也就没用了。大家集体劳动，做了多少活就算多少工分，到了年底统一分。我是十二岁开始做家里的活，办初级社的时候我已经十六了，所以也算一个劳动力。

1957年的时候我们这边办了高级社，也就是联社。高级社之后就有社长了，社长下面有队长，一个负责一块。我当时在天台山上，属于前卫一队。再后来就办了人民公社了，饿死了好多的人，公社的食堂根本不行。到了“大跃进”的时候更是乱，动不动（就说）亩产几十万斤，百姓的生活还是那样，根本没有改变。

（2）土地买卖

刚发土地证没几年，又开始搞初级社了。后来就是高级社、人民公社、“大跃进”，土地又收归了国家，所以基本不存在土地自由买卖。

2．土改后的家庭生活情况

（1）自家生活变化

土改后，我们家自然生活没有以前好了，只是勉强能生存。再往后没有集体食堂以后就开始给我们发粮票了，主要劳动力发得多一点，一天有十两，次要劳动力和小孩一天只有二三两。肉票那是根本没见过，一天喝三顿汤，我连路都走不动了，还是得到坡上去干活。除了粮票和肉票，那时候买盐要盐票，买油要油票，买布要布票。后来土地分下户了，就不再要盐票这些了。

（2）地主家生活变化

土改之后我的几个兄弟也都去地里做活了，因为我母亲和外婆也在天台山，所以我是在上面生活。在二十三岁的时候我就结婚了。

(3) 收入变化

刚刚土改完（收入）是减少的，但是看得远点，收入也是增加的。现在可是比之前好，现在至少每天能吃一顿肉，之前自己养猪，三天才能吃一顿呢。

3. 土改后的社会交往情况

(1) 农户关系

土改之后大部分农户生活好多了，也没人来压迫。就是有一点，如果想去赶个集，买点东西，也得跟生产队上请假。

我们也有点自己的娱乐活动，可惜那时候这边没有唱戏的，在农村这边少得很。像普济区整个区都没有文工团，只有县里才有，我们想看戏的时候就得跑到县里去看。

(2) 村户关系

土改之后，家族里的族长也被取消掉了，但是社会风气也没有什么太大的变化。同姓之间毕竟都是亲戚，一条血脉的，不管政策怎么变，关系还是没变。

4. 土改后的观念变化情况

(1) 土地观

土改就是把地主的地分给贫农雇农，我家的地都没了，那是从我爷爷那辈起一代代攒下来的，说不心疼肯定是假的。但是没办法，政策这样写的，不能和国家作对。反正后来分给他们的地又被国家收回去了，我心里也好受了点。

(2) 人际观

都是乡里乡亲的，同宗同姓，虽然政策变来变去，大家之间的关系还是没什么改变的。那个年代大家都穷，穷光蛋看穷光蛋，没有谁看不起谁的，关系也要融洽很多。

(3) 社会观

还是土改之后的社会好，老百姓过了安宁日子，交的税少，日子也自由，没人压迫，偶尔还能吃上肉，比之前好多了。可1962年的时候台湾那边宣传“反攻大陆”，何家营还真有人去参加了，后来都被抓了，劳改了几年。

(4) 土改观

我是支持土改的，虽然被分了土地，但总的来说老百姓过上了好日子，政府还带着我们修水利，现在的很多堰塘、公路都是那时候修的，生活方便很多。

5. 土改对农业集体化的影响

(1) 生产资料入社

家里的猪牛、农具是土改的时候就被收走了的。后来把祠堂和家族的土地也都收了上去。到了办初级社时，我们的土地证也上交了，大家被划分到各个大队里，每天统一干活，什么都属于公社，属于国家了。

(2) 对集体化的认识

集体化还是有点问题的，大家都在食堂吃饭，做多做少都一样吃，粮食肯定是不够的，所以那些年饿死了好些人。不过劳力多的人还是有办法打酒喝的，劳力少的就只能喂猪了，吃猪也只能吃半条，剩下的要交给国家，不过好歹是有点肉吃。

口述调查小记

2017年7月15日，今天到了普济镇，在村民的带领下熟悉了一下周边环境。经过前几日在县志办和文化馆中翻阅资料，对旺苍县的历史有个大体了解了。这里大约于1982年才开始有县志记载，所以关于之前的资料基本是空白的。因此没能找到这个地区有关土地改革时期的文献资料，只有一些那个时期留下来的标语图片。

7月19日，上午八点左右，我乘车到了代池村村委会，向代池村的书记侯本奎说明了来意，村委会主任和书记都表示了支持，但也说明了因为最近脱贫攻坚工作繁重，不能亲自协助，所以会指派队长协助我完成本次调研。书记告诉我，这个村子是一个联合村，由以前的大池村、龙江村、尖山村组成，东临三江镇，南靠202国道，西接黄岭村。全村共有760户，2140口人，耕地面积2840亩。村里现有党员84名，两委干部11名。代池村以何氏、侯氏两姓为主。明弘治年间，何氏、侯氏始祖自湖北省麻城县孝感乡白毛村入川，插占旺苍县普济镇何家营、龙玉堂、侯家寨村子上，已历经500年历史，族系发达，子孙繁盛。

我们傍晚的时候去了杨忠秀老人的家，离村委会不远，去的时候天已经黑了，老人去女儿家串门还没回来。大概九点的样子，才见到老人。我们在客厅里听老人讲述土改时期的事：老人家里以前地虽然不多，也是有地的，但由于爷爷吸食鸦片，家里的田地基本典当了出去，只剩少量土地耕种。再到后来，就靠租种地主家的田地为生。

老人记忆中的土改并不是特别有安排和组织的一个运动，成分划定与各种会议在反复，大多是口头上的一种安排，也没有出太多书面的文件。

7月20日，今天早起，村委会主任何爱德带我去了杨思才老人家进行访谈。杨思才老人和老伴目前与儿子住在一起，杨思才老人是从外地逃难过来的，十二岁过来普济和舅舅一起做工，后来便在这里定了居。老两口在谈到过去的事情时，态度差异很大，婆婆一直给我讲述他们家以前过得有多苦，说自己的孩子被地主家的婆婆养着，后来不想养了就给了自己家之类的事情，情绪很激动，语序也十分混乱。而爷爷在一边一直让婆婆不要说了，说外面的村领导现在是村里的红人，被他听到不好。这让访谈无法进行，只能作罢。

在后面向村领导了解后才知道，因为当年村领导家是地主，但按照当地的规矩，一般不把土地租给外来的人，因为不熟悉怕他做不好，所以他们对于何家是有怨气的。这也可以看出，在以前，外地人想要融入本地并得到认可是很难的事情。

由于上午采访的无效，下午我们又拜访了李绍廉老人，老人前几天去了绵阳的女儿那里，今天才回。巧的是，李绍廉老人也是外地人，但不同的是李绍廉老人家落脚在侯家这边，因为本身有文化，又勤劳，会磨豆腐、做手工面，很快在这边安定下来，并在后面土改时还担任了队上的会计，家里的哥哥还在川北革大读书，后来也做了干部。我们的访谈很顺利，老人还为我们找出了当年留下的土地证。

7月21日，一大早村领导就告诉我找到了当年为地主成分的老人，但地主本人已经去世，目前只有儿子在家里。

老人叫何宗伦，出生于 1937 年，有五个子女，一个儿子、四个女儿，都不在本村，家里儿子这一脉还有六个人，老伴去年去世，目前老人一个人居住在村里，给子女们看房子。

在访谈中了解到，何宗伦老人以前家中有相当多的土地，大概几百亩，范围大过了现在的村子，除开自己家种的十来亩，其余都租给别人。他的母亲是续弦过来的，生了兄弟姊妹四个，他是长子，二兄弟叫何宗德，老三叫何宗仁。兄弟几人在私塾读过一段时间古文，后来解放了就没读了。全家人都在农村，父亲在民国八年后当团总，后来去当过保长。因为上面要赔款，老百姓穷，拿不出钱，父亲就垫钱，后来垫不起了，就不再做保长了。

何宗伦老人的父亲人还是很好的，对佃户不是很苛刻，所以后来在土改中人们并没有过多为难他们。

7 月 22 日，上午九点左右，我拜访了何国元老人家，因为开始做问卷调查见过面，所以和老人比较熟络。虽然已有 81 岁了，老人的身体和精神状态还是非常好的，交流和思考能力相比其他的老人来说好很多。

何国元老人家祖上好几代都是教书先生，虽然家中自有的田地不多，但生活还是不错的，也没有再去租种地主家的田地，属于自耕农。以前在农闲的时候会到代池这边私人的煤场，帮着背煤去码头或者临近的场镇，有时候也背生铁。那时候干这个赚的钱很少，据说他们给东凡、普济的砖窑背煤炭，连本带利才五毛钱，到了 1952 年也才五毛钱一百斤。这样干一年下来，收入只能够糊口。

老人还给我讲了很多关于当地以前的事，说到这边一个有特色的东西，就是他们的求雨仪式。遇到天旱的时候，一般去庙里求雨，求雨由甲长主持，会有管事的人以及一些年纪大的人作为代表，村民一起一路端着红板凳，一路烧香拜到庙里，同时，有人扮演旱魃，从田边上走过，人们就向他泼水赶他，端公会带人到龙王塘求雨，用红鸡蛋、铁卡子从山上往下赶，就是取个滚蛋的意思。还要给庙里献上香火钱，祈求下雨。据说三天后就会下雨。也有组织人去打龙洞的，那个龙洞在天台山上，就用枪对着打，听说打完之后就下雨了。后来调查说是因为回声什么的形成了云才下雨。

采访结束后，村领导还带我在村子里看了许多留存的古迹，比如祠堂、将军碑等，还有清朝一位官员父母的墓，相对普通的墓碑来说，大很多，有许多复杂的镌刻，旁边还有灯塔等一些建筑。但我们找到这些地方的时候，基本都是衰败的，祠堂大体的样子还在，窗户的雕刻等也清晰可见，但院落基本被村民用来放柴火和其他一些废弃物品了。

经过此次的实地调查，我感受到了历史记述的差异性，书本的记述着眼于大的范围，当我们将目光放到每个个体的时候，很多东西需要我们重新思考，不要对事物有标签化、刻板化的印象。为期一周的调研结束了，感谢村庄的干部和各位老人的帮助，也感谢中国农村研究院给予我这样一次锻炼的机会。

南充市

营山县

FL20160117BMF@Z　柏茂富

一　受访者基本信息表

<table>
<tr><td>调研点</td><td colspan="5">四川省南充市营山县朗池镇火箭村</td><td colspan="2">调研员姓名</td><td colspan="2">范玲</td></tr>
<tr><td>调研员单位</td><td colspan="9">华中师范大学中国农村研究院</td></tr>
<tr><td>受访者编号</td><td colspan="5">FL20160117BMF@Z</td><td colspan="2">受访者姓名</td><td colspan="2">柏茂富</td></tr>
<tr><td>受访者性别</td><td>男</td><td colspan="2">首次采访时间</td><td colspan="2">20160117</td><td colspan="2">首访时受访者年龄</td><td colspan="2">87</td></tr>
<tr><td>受访者成分</td><td>中农</td><td colspan="5">土改时是否土改干部或土改工作队队员</td><td>否</td><td>是否党员</td><td>否</td></tr>
<tr><td>干部经历</td><td>有</td><td colspan="5">曾担任的干部具体职务</td><td colspan="3">生产队队长</td></tr>
<tr><td>现家庭人口</td><td>5</td><td>现承包地
面积（亩）</td><td colspan="2">0</td><td colspan="2">现承包林地
面积（亩）</td><td>0</td><td>现承包水塘
面积（亩）</td><td>0</td></tr>
<tr><td>受访者
基本情况</td><td colspan="9">老人1929年出生，1950年结婚，之后在生产队当队长，有三儿三女，老伴于2013年去世，现在还有一儿三女，在子女家轮流居住，每个月有1500元钱社保，老人喜欢在县城的会场闲耍，此次访谈便是在会场进行的。</td></tr>
<tr><td>受访者
职业简历
或个人经历</td><td colspan="9">老人于1929年出生在县城边上的一个小村庄，1955年—1979年担任火箭村生产队队长，1980年之后一直在家务农。</td></tr>
<tr><td>受访者
所在社区
基本情况</td><td colspan="9">四川省南充市营山县朗池镇火箭村与紫荆村、红光村相邻，地貌为浅丘带坝，属中亚热带湿润季风气候区，夏热冬温，雨量充沛，四季分明。年均降雨量1000毫米左右，年均气温17.2度。环境幽美，历史悠久，花团锦簇，风景如画，粮食以水稻、小麦、玉米、红苕为主。</td></tr>
</table>

二　分阶段整理

（一）土改的基础和背景

1. 土改前的家庭基本情况

我叫柏茂富，土改前我家里有七口人，有我的父亲和母亲，上面有两个哥哥，一个姐姐，我是老四，下面还有个妹妹，五个兄弟姐妹。那会我在外头做手艺，就是把农活做完后在县上学修枪，那会有枪的人都是有势力的人，去给他们修枪，就免得被拉壮丁。我哥哥那会就当个小兵维护治安。父母年纪也大了，都做不了多少活了，所以家里就我、姐姐和两个哥哥种地，不过哥哥他们也不是一直在家种地的，因为要躲壮丁，大多时候就两三个人种地。

2. 土改前的家庭经济情况

土改前我们家生活就算困难的，因为我们家那会缺劳力，父母老了做不得农活了，两个哥哥大了，经常躲兵，到处跑，我们那会才一二十岁，就在本地躲兵，农活还要躲着做，不然被发现了就要被抓兵。

土改前，我们家是干活的少吃饭的多，家里面小孩子也多，所以生活压力比较大。生活就主要靠吃粗粮，春天就吃胡豆、豌豆、小麦，冬天就弄红苕吃。早上吃稀饭，晌午吃白饭，晚上有粮食吃点粮食，没粮食就吃点面。自家还养一两头猪，猪杀了吃得完就吃，吃不完就卖钱，所以我们家的生活也还勉强过得去，基本能吃饱肚子。

那个时候家里没什么钱可以花，刚够维持生活，另外就是家里人纺点棉花，纺成线子，卖了就挣点零用钱，买点油盐。那会生活都是低标准，周围的人都穷，要想借钱的话，就是“挖头利”，不管是向亲戚朋友还是地主老财借钱都是这样的，比如我要借一万块钱，我拿到手的只有八千五，但我还是要还一万块。我们家的经济状况在村里也算是一般的，处于中下水平。

3．土改前的土地经营情况

我们家自己没得田土，就租的佃主的田，那会我们租了六十挑谷子（的地），就要给佃主交谷子，一挑谷子算三斗，就要交二斗七给佃主，自己只落得到三升谷子，相当于现在的十五斤，再交点这样那样的，自家一年就得五六百斤谷子。而且租地还要打押租，押租就相当于押金，租佃主的地要交押金，别人才得把地租给你，而且一次要给几年的押金，所以押租很贵，打不起押租，就租不成佃主的地。那会我们种六十挑谷子，就要打八九十块钱的押金。最后不种他的地了，或者佃主他不把地给我们种了，他就把押租退给我们。另外，大多数交租谷的时候，是由佃主先把谷子卖给别人，那个人再拿着佃主写的条子到我们家里来挑谷子，这样我们就不用把谷子交到老板那里去了。

那会粮食收成也不高，那会是种高秆谷子，一挑谷子打得到三斗七，你想种好点，它就要倒，倒了它就没得，一般打三斗，好点的就打三斗多，就是这么的。高粱产不到好多，就一年打谷子的时候用高粱换酒，打谷子要喝，栽秧这些都要喝点酒的。苞谷也少，就收得到一两百斤苞谷吃。我们那会土也少，挨着营中学校的。那会我们喂牛就搭伙喂的一头牛，两三家喂的一头牛，你家喂十天，我家喂八天，轮着来。不过我们家农具这些倒是齐全的，水车、犁头、磨、耙都有。

4．土改前的社会交往情况

土改前，我们家和佃主家的关系还可以，但是这种关系也并不是说真的有多好，只是说没有矛盾，表面上还过得去。只要我们把他的租谷这些交齐了，他一般是不会怎样难为我们的。一般过年过节的时候，我们就要送点猪肘子、面和糖这些给他。有的佃主人好的，就还会请佃客吃顿饭，但是我们老板不得，因为他有一千多挑谷子，有很多佃客，他不得都请[1]。

那个年代就是穷人和一般的贫困户打交道，没得钱的人和有钱的人说的话都不同，那就不能打交道。

5．土改前的土地观念

土改前那会田土还是很贵的，所以我们也就不想着买地这些，因为我们家也没得办法，自己本来就是一个写田户，把一家人生活维持了就差不多了，还想买田那是办不

〔1〕 意为请不过来。

到的。

那会地主都想节约着继续买地，我们租地的那个地主，他买了一千挑谷子（的田土），可是他还要买两千挑谷子，那会的人都爱田土，所以他想节约点再买田土，生活也还比较节约。

听说要土地改革的时候，我们也没得什么特别的反应，就是高兴。工作组一天组织我们唱歌跳舞那些，哪些歌没唱熟的就要教。那会我们就爱唱解放军，三大纪律，八项注意，“革命军人个个要牢记，三大纪律，八项注意，第一一切行动听指挥，步调一致才能得胜利；第二买卖价钱要公平，公买公卖不许逞霸道；第三借人东西用过了，当面归还切莫遗失掉……”

（二）土改的过程和经历

1. 访贫问苦，扎根串连

1949年10月24日，我们县就解放了，首先进行的就是减租退押和清匪反霸。减租退押就是租谷不用交了，押金要退回来，直接退到佃客手里，不得经过干部的手。清匪反霸尽是打的城市里的大恶霸，减租退押时有些地主不按政策，不缴不拿，又凶又恶，就枪毙了。解放前，像我屋里弟兄多了，他就来拉壮丁，把人拉起去关，我们不拿钱去赎，就一直把人关起，送起去算壮丁，要是拿钱他又把人放出来，但是之后他要钱了又要来拉你，没得个消停，那样的人清匪反霸的时候也要斗争他。

土改的时候工作队就来了，他们一来就改选干部，要把原来的干部利用到，接着就陆陆续续培养新干部。

那会开一回大会就是讲解放，讲我们贫下中农该撑腰了，该自己当家做主了。那时候会开得多，十天有九天都在开会。干部喊开会，大家半晚上都要来，不管是村上开会，还是区上开会，只要是开大会，大家都要去。开会的时候先是贫协主席说话，他说了就是工作组，最后就是社员也要说话，就说我们解放了现在不受苦受难了，打倒地主恶霸了。

扎根串连就是说一个发动一个，把贫下中农都发动起来，有的贫农积极的，知道党的政策，还有些贫下中农思想落后，那就要给他说政策，不给他说政策，他就不懂，他就认识不到这些政策，当然就不能支持行动，所以要扎根串连。那会他调查材料时也要向我们访问，我们就说我们那会吃的啥子穿的啥子，地主那会吃的啥子穿的啥子。

2. 划分阶级成分

土改的时候我家被划成了下中农，主要是因为当时我们家里租种的地多，也有劳力。划成分是由工作组来划的，他专门拿到土改政策，一开会就要宣传，组织就是贫下中农组织。

首先，那会贫农协会组织农民，就要开会，就要摸底，哪些属于中农，哪些属于富农，哪些属于地主，哪些属于贫农，哪些属于雇农，自耕中农这些都要事先做好研究，工作组和农会的人都要研究。有些人虽然有一百多挑谷子（的地），仍然是富农，但有的人只有几十挑谷子还是地主，因为工作组讲的是因为地主他自己不劳动，把自己的田土全部租给别人种，收租子拿佃钱。像我们这边有个老表[1]，和我们是一个院子里的，他自己有一百多挑谷子，他还佃别个屋里八十几挑谷子做，他才划个富农，因为他自己劳动。中农就是比富农要差些，要矮点，就划中农。下中农，就像我们划个中农划不上去，划个贫农的话又稍微矮了点，所以就给我划的个下中农，但是我们还跟到土地改革分到东西的。我们自然村有三十几户人，划了一户地主，富农也有一户，我们村那会穷，大多数都是贫下中农，中农和贫农具体有多少人我就不知道了。

3. 挖苦根，斗地主

诉苦由工作组和贫农协会组织，有专门诉苦的人，由受苦受得多的这些人来诉。当时我也诉了苦的，就说我们过去，靠租人家的田地吃饭，地主生活过得好些，我们生活过得差些，我们解放了就认清形势了。像我们那会一直是受苦受难的，就是最早站在前面的。

斗地主的时候，对不同的地主要区别对待，因为有的地主是做买卖的，有些是纯粹的地主，有的是破产地主，有些看到解放了还买田，是新出来的地主，都不一样。斗地主也要开大会，有的要被绑，该整的就要整，该抓的就要抓，在村上斗他们。我们村的地主，他只有几十挑谷子，他只有那么点东西，拿出来就算了，只没收他的财产，没怎么打他。我们也不敢同情地主，给地主说好话，那是不行的，你如果说了好话的话，就要把你惩罚够，看看你的思想是什么思想。

4. 没收和分配土地、财产

首先要把地主的东西没收了，只要是该没收的那就全部要没收，他的粮食都要收，我们那里有个方家庙，就把收到的东西盘到那里搁起，然后大家又来分。分财产是开大会分，开大会就去分东西，哪个分哪样，哪个分哪样，都是工作组和农会事先安排好了的，就是你这个家里困难的，比如雇农就是帮人的，他家什么都没得，那就给他分些好的东西，分家具这些。原则就是先解决困难的人，困难的分好了，再给其他的人分。地主的房子除了给地主留一间外，其余的就分给贫雇农住。

另外，我们村是按人口分的土地，每个人平均分五挑田，我们家那会有六个人，那就是三十挑。田都是挨着分的，那就不由选好田还是坏田，挨到哪里就从哪里分起走，不过我们那里一般都是上等田。田每个人分五挑，土就是一个人半升地，半升地有二三十丈土，一升地就是两个那么宽，两升算一挑，四挑算一亩，这就是土的换算，田是五挑算一亩。我们那边土少，主要是分田。分配土地和财产的时候没有出现过干部贪污的现象，也没有出现过争吵的现象。

---

[1] 老表：指表亲，如表哥、表弟。

5. 土改复查

1951年的时候土改结束，1952年的时候就是土改复查。我们那个村没得漏网地主，大多都是写田户，租的别人的田土。那个时候没有查出来划错阶级成分的，复查就基本上都确定了。土改结束以后也有发土地证。

当时也有组织过查田定产，召集大家开会，看有没有漏田漏土，或者把田面积估高了、估低了的情况，大家一起来讨论，看到不对了就要量，其实一般的面积村里面的人都晓得。把田量了之后，谁差了就补给他，当兵回来没得田土的也要补给他。交公粮就是按照田土面积交公粮，这是村里专门裁量的，每户该交好多公粮统购，他拿条子给你，你去上就是了，压力也不大，我们那会一年交一百多两百斤谷子。

（三）土改的结果和影响

1. 土改后的土地经营情况

土改后我家六口人分了三十挑田，三挑土，还有几十斤胡豆，土改前我们自家是没有田土的，一下就增加了这么多土地。田里的庄稼种植还是没得变化，各人喜欢种哪样就种哪样，产量也没怎么提升。我们家土那会主要种的小麦，小麦一年也产不了好多，一亩地一年打个二三十斤、四五十斤那个样子。田里面就是种水稻，产量也不高。

土改后，不用躲兵了，家里的父亲和哥哥都能安心种庄稼了，我们也慢慢长大了，地也就种得过来了。种地的热情倒是比以前更高了，因为现在是自己的土地，种多少得多少，也不用交租子了，也没有想过再买一些土地，那个时候既没买过田也没有卖过田。

我家在1953年的时候参加互助组，互助组是临时的，当时一般都是邻里之间互助，你帮我做、我帮你做这么的，有的多的二三十个，少的十几个。

2. 土改后的家庭生活情况

分到土地以后，我家在生活上发生的最大变化就是自家种地了，就有多余的粮食可以卖了。我们家除了种地，也没干其他的副业，但是生活是不愁了。

3. 土改后的社会交往情况

土改以后，我家在村里的地位也比以前有所提高，土改前是我们和地主说不上话，现在是我们把地主监视到，地主富农他们都不敢做什么坏事，每个月都要开一次会，评罚他，他哪里做得不对就要检举揭发他。土改后村民与村民之间的关系也还不错，大家都是一个村的。

4. 土改后的观念变化情况

土地改革还是搞得好，土地改革那会，地主的田土分给我们了，我们自己可以种田了，土地改革前地是在他手里，我们要想做，还要给他交租，交押金，那会就像地主的田土，做不起就喊我们搬家，我们就自己去找下一家，非常恼火。而且过去像我们年轻的出都不敢出来，出来就要被抓壮丁，像土改后不抓壮丁了，什么庄稼种起都是自己的了，土改的时候半晚上吹了哨开会都要去，打土豪，斗地主，大家都去，现在国家对农民也关心了。

5. 土改对农业集体化的影响

入社的时候首先是生产资料全部入社，没有人留了的，留着也没用，集体把地都占了。我觉得集体种地的效果好不好，关键在于怎样领导，领导得好，集体就好，领导不好就分得差。我们那个队集体做和个人做就没得好大的区别，大家干劲都很大，队长慢点喊出工的话，社员就跑起来问，今天我们做什么呢，还是比较积极的。总的来说，我认为集体种效率高，个人种的话，有劳力就种得好，没劳力的就种得差，集体种就是你该做哪样就做哪样，能割草的那些妇女就去割草，不能割草就做这些活路，挖田这些，大家都能干活挣钱。

FL20160115GYJ@Z 葛有吉

一 受访者基本信息表

<table>
<tr><td>调研点</td><td colspan="5">四川省南充市营山县黄渡镇燕垭村</td><td colspan="2">调研员姓名</td><td colspan="2">范玲</td></tr>
<tr><td>调研员单位</td><td colspan="9">华中师范大学中国农村研究院</td></tr>
<tr><td>受访者编号</td><td colspan="5">FL20160115GYJ@Z</td><td colspan="2">受访者姓名</td><td colspan="2">葛有吉</td></tr>
<tr><td>受访者性别</td><td>男</td><td colspan="2">首次采访时间</td><td colspan="2">20160115</td><td colspan="2">首访时受访者年龄</td><td colspan="2">89</td></tr>
<tr><td>受访者成分</td><td>中农</td><td colspan="5">土改时是否土改干部或土改工作队队员</td><td>否</td><td>是否党员</td><td>否</td></tr>
<tr><td>干部经历</td><td>无</td><td colspan="5">曾担任的干部具体职务</td><td colspan="3">无</td></tr>
<tr><td>现家庭人口</td><td>5</td><td>现承包地面积（亩）</td><td colspan="2">2</td><td colspan="2">现承包林地面积（亩）</td><td>0</td><td>现承包水塘面积（亩）</td><td>0</td></tr>
<tr><td>受访者基本情况</td><td colspan="9">老人1927年出生，祖籍四川省营山县黄渡镇燕垭村，高小学历，1949年结婚，一生都在村里务农，有一个儿子、一个女儿，老伴于2015年去世，现在营山县城跟着儿子生活。</td></tr>
<tr><td>受访者职业简历或个人经历</td><td colspan="9">老人一生平平淡淡，除了耕田种地以外没有其他的特殊经历。1927年出生，一直务农到2005年，才到营山县城养老。</td></tr>
</table>

续表

受访者所在社区基本情况	燕垭村是四川省南充市营山县黄渡镇的一个自然村，相邻将军村、景阳村、金台村，属浅丘带坝地貌，气候温和，水资源丰富，适合各种经济作物的培植生长。粮食主产水稻、小麦、玉米，经济作物以花生、油菜、蔬菜为主。物产丰富，人杰地灵，山清水秀。

二　分阶段整理

（一）土改的基础和背景

1．土改前的家庭基本情况

我叫葛有吉，老家是营山县黄渡镇燕垭村。土改那会我父母亲还在，还有我和我妻子，我的儿子和女儿，我没得兄弟，有两个妹妹，两个妹妹还在家里面，那阵她们还没结婚，家里就一共有八口人。父母亲、我和妻子，四个人做活路[1]，还有四个小的，有时候还要躲拉兵，所以我们家的生活压力还是比较大的。

2．土改前的家庭经济情况

土改前，我家里的收入来源主要就是靠耕田和卖盐。我们家田地很少，我们家谷子这

---

〔1〕 做活路：就是干农活的意思。

些打起不够吃，就做了点别人家的地，这样一来，就勉强种起够吃了，我们就不得去买谷子吃了，再加上屋里吃的粗粮那些，兼着吃，就差不多。粗粮就是以红苕萝卜那些为主，晚上吃夜饭都是切萝卜丝，红苕就是宵夜。那阵麦子没得好多，挂面都很少，我记得吃挂面都是家里来了亲戚的时候，摆两碗在桌子上，拿勺子就上去挑起吃。

我父亲还做点盐生意，光种庄稼不够钱用，他就一年做点生意做点庄稼来维持生活。先是到南充那边，靠人工背盐回来卖，来回要一两天的时间。过去兴簸箕，把盐摆在街门口，那些人就来称零的，一斤两斤那样，那些盐就卖给这些人来吃。盐的进价，这里卖整的出来，好比现在批发一样卖给你，你就卖零盐，就卖的高价，缺盐时，价钱就高，有盐，就卖平价。那会兴铜圆、小钱，然后兴票据，一角钱一斤，高价的话就一角二。那时候卖的钱都是屋里用，买油买布交学费那些，也不记账，就是这样。家里还要养猪，最多养两个，有时养一个，我们家至少养一个，养大了就卖了，那阵猪也便宜，一个中等猪能卖七十块钱，也补贴点家用，自家吃的话，就去割点肉。家里还养了十几个鸡，主要是卖蛋，有时候也自己吃。早些年我们家生活是比较差的，后来我大了结婚了，生活才慢慢好起来。

另外，解放前借钱兴放利，高利贷，所以一般的人家也不敢去借高利贷，所以那阵兴请会，叫邀会，它是为借钱为发起的一种会，不是专门的组织机构，几个亲戚或者朋友要得好的，你需要借钱，就请个会，和他关系好的亲戚邻居就来响应他，你出点钱我出点钱，他去做点职业，或者嫁女接媳妇那些。请会一般是一个月发一次，或者半个月发一次，一个出好多钱好多钱，然后下一次就是其他人发会，第一个发会的人就要出钱，直到最后那个人把钱领回去，一般是最后那个人吃亏一点，而且如果哪个人跑了，不还钱了，会就烂了，维持不下去了。那个年代没有银行，这也就是农民自己想出来的一个办法，自己帮助自己，毕竟高利贷利息高，不好借，还还不起。

3. 土改前的土地经营情况

土改前，我们自家土地很少，只有几挑谷子，所以我们就给没得劳力的人家种田，捡他的土地来做，分庄稼就是你一半我一半，是平分，因为我们出劳力种庄稼，肥料这些都是我们出，我们做他的土地，他就收现成粮食，上季就给麦子小麦，下季就给谷子红苕。那会要劳动要靠土地吃饭，我们那阵是受苦，种高粱，种绿豆那些，要土地做宽了才给一家人弄得到吃的，做少了都不够吃。我们做的是一位小土地出租的人的田，他家没有劳力，做的田大概有十几挑的面积，那些年天干，就没栽谷子，因为没得机器抽水，全靠天老爷落雨，所以我和妻子两个人就做的干田，一年高粱要打四五萝，捡绿豆要捡个三四十斤，高粱要打个两三百斤。

土改前牲口是跟别个搅伙一起用湾里的牛，两三家一起喂这个牛，耕地就一起用，我屋里地犁十天，他屋里犁十天，又转过来这样。家里的农具这些都是慢慢买的树，或者请人砍犁头，各人来置，自家来弄，水车那种大型农具我们就置不起。我们家地也少，所以父亲和母亲也能种得过来。

4．土改前的社会交往情况

土改前大家的关系都是靠各人相处的，只要是善良人，不管是谁，都要相互活动。当然也有恶的人，发财人他就恶，因为他有钱有势力就恶了，那我们一般不和他们打交道。但有时候也要打交道，就是他屋里有事情他请到我们，我们就要去，那也是自然的。

5．土改前的土地观念

土地是万物之本，我们人就是靠土地养活的，家里要土地做得宽做得好才有粮食吃。土改前也有土地买卖，像穷人那就是不得已才卖的，比如家里有老人去世了，没有钱安葬老人，就只有把地卖了才有钱，这也是没有办法才卖的土地，所以地主那么多土地，就是从穷人那里买来的。听说土地改革了，我们也没得啥子反应，对于我们中农来说，土改不分田，也没我们什么事。

（二）土改的过程和经历

1．访贫问苦，扎根串连

土改后第二年，也就是1951年的时候，土改工作队来到了我们燕垭村。一个村有两三个工作同志，他住到村里面贫下中农的家里，就开展土地改革。

我记得当时工作队没有挨家挨户地去宣传，没到每家每户来，就是通过开大会，把一村的人集中拢来，讲党的政策，土改的政策。工作组还组织了农会的，农会主席由文化能力强的成分好的就选这些。

土改时期会就多，天天都有会，就是由这个农会主席和这个土改团的干部来一起组织，今天通知社员开会，全部都去。开会主要是人去就可以了，讲政策讲起大家听，将地主恶霸打倒，他以前剥削了贫苦人，害了大家，整治这些农民，他光自己过好日子，就不管农民，就主要讲这些。

2．划分阶级成分

土改的时候我家被划成了中农。当时我们家有几挑田，农具这些都自己置齐了的，父亲在做盐生意，一般不用去借人家的钱，生活是中等水平，能保障基本的生活，就这样被划成了中农。给我们家划成中农成分，家里人都没有什么意见。

划成分是由工作组和农会的领导着划，那些请了长工的，是剥削人的，放了高利贷的，是靠租子剥削，他们不劳而获，这就划成地主。地主土地多，自己不做，就租出去，收租拿佃，它有前三年后三年的判断，地主子女要到十八岁才算地主阶级，他的这些后人就不占地主成分；富农就是地主的尾巴，他也是出租，不过他自家也做了的，就只出租一半，或者他自家的土地做不完，才出租，就叫富农，他屋里吃得起饭；小土地经营就是他屋里没得劳力去做，就给别个去做，这就叫小土地出租；中农就是稍微屋里农具齐全的，或者屋里请得起短工，吃得起饭，就叫中农；土地也少，土地做起出来也不够吃，这就叫贫农；雇农就是无田无土。划成分是毛主席固定了刻刻的，有上、中、下三等，地主阶级是（剥削）阶级的成分，贫下中农就是贫农、中农、上中农、下中农。

土改的时候，我们村有四个地主，不过都是小地主。

3．挖苦根，斗地主

开诉苦大会的时候，由以前受过苦的群众诉地主他们的苦。比如地主以前整了他的，他就要诉苦。斗争地主，这是工作组组织群众的，大家全部都要诉苦，因为地主他是敌人了，就要斗争他。

土改的时候，我们村里也存在斗地主的现象，具体斗了多少次我记不清楚了，反正是经常斗地主。工作队员讲了的，该挨斗的，政策就要斗，是恶霸地主的，行恶的就要斗他。先把他身上捆个牌牌，让他们站到一边去。因为各是各的，分阶级成分，他是敌人，我们要打倒恶霸地主。我们村有四个地主，不过都是小地主。有些地主拉了别人的兵，或者整〔1〕了他屋里，侵占了他的田，就像这样的事，就要斗他，说明地主做了恶事，做了可恶的事，群众就把地主记到的，就像那个人打了我，我就记得他，我就要打回来。那阵打人就打得凶，拿锭子〔2〕去打，地主犯了错误，就要挨打，那些群众真的把别个打惨了，有些人看到都要流眼泪。地主也不敢动，他不敢乱说，说了就要挨打。不过不同的地主待遇还是不一样的，那些恶迹大的就不让他走，最小的还是放他回去。也没人给地主说好话，那是政策管到的，看你怎样！你也要跟着群众走，不能跟地主走。

4．没收和分配土地、财产

土改时期，我是民兵，所以我去收了地主财产的，收他五大财产，屋里啥子东西都要给他收。不过我们那些地方，是些小地主，他们也没得好多东西，那些大地主屋里才多，房子也宽，那些家庭都收。其实他不过条件符合，就划个成分，也不说他屋里就很富裕那样。也有地主舍不得把自家的金银财宝交出来的，那就要打了。我们村有个姓张的，他以前在外面当兵，存了些金条子回来。他就把金条用缸子装起，窖到那水田底下。开始他还不肯交，就用刑罚，逼他交出来，最后他被逼急了，还是交出来了，那是一个金斗，有大拇指那么宽，很值钱。我们把所有这些东西收起来后，就统一放在村上的一个屋子里，再分给贫下中农。

首先是分财产，土改过后就把没收来的财产分给这些贫穷人，分财产也要开大会，因为我们村的地主都是些小地主，其实东西也没得好多，不可能每个人都满足，都分得一样多，贫困的就该得，日子还扯得过的就少分点。还要给最贫困的人分房子，因为他们没得住的。

然后是分田土，分田土是以自然村为单位，根据平均数字照人分，村里总共有多少

〔1〕 整：就是欺负的意思。

〔2〕 锭子：就是拳头的意思。

地，好多人，就算出来平均一个人好多地。然后再具体看每家缺好多地，没得就分给你，缺少点也从别处的地划点给你，这样大家就都是一样的。像我们家原来的地就够不上平均水平，分地就补了我们的。每个村和每个村的情况也不一样，这个村土地多人少，大家平均分得的土地就多，我们村人多地少，分得的土地就少，但那也是没办法的事。

5. 土改复查

燕垭村在1949年的时候土改，1951年的时候分田，1951年底就土改复查了。当年冬到次年春又进行土改复查，并颁发土地证。复查就是看成分有没有划错了的，如果划错了的话改是可以改，但是我们村也没有查出来什么，划的还是比较公正的，也没人（需要）改成分。

查田定产就是复查田地，看分得准不准确。像我们那个田地少，报准确了的，实事求是。上面派人来量，村上有人领导，带着大家去量土地。那阵交公粮没交好多，一年也就交三百多斤，交谷子、油菜（籽）、小麦这些，要把粮食弄得干干净净地交给国家。一年交两次，小春和大春，小春上半年收点杂粮、油菜（籽）那些，谷子就是下半年的。

（三）土改的结果和影响

1. 土改后的土地经营情况

我们家是中农成分，一个人分了不到一亩田，家里八个人就分到不到五亩田，一年打得到两千多斤谷子，家里就够吃了。其余的农具牲口这些，因为我们自己置了的，所以种地也就种得过来。1952年的时候，就成立了互助组，大家干活带起做，互相帮助，你帮助我，我帮助你，土改以后我家在农业生产这块儿没遇到什么困难。种地的热情也很高，因为自家分了田，自己种起，收成全归自己，那当然热情高。土改后，也没有土地买卖了，因为土地都是属于国家所有，买卖土地那是违法。

2. 土改后的家庭生活情况

土改后，我们就是种庄稼，一年粮食收得到那么多，自己也吃不完，也没有做盐生意了，生活也还过得去。只要自己有能力，勤俭，那就不得饿肚子，不勤俭的还是没得钱用，都是各人发奋，和现在的勤劳致富是一个道理。

3. 土改后的社会交往情况

土改以后，我家在村里的地位与土改以前相比提高了一些，大家相处得都还算融洽。但是和地主富农他们关系就没有多好了，因为那阵讲阶级成分，就是各有看待不同，我们就不和地主富农打交道，最后不分阶级成分了，大家就是一样了，反正都是跟到共产党走。

4. 土改后的观念变化情况

土地改革当然是很好的，把那些地主的田土都归于集体，人人都有土地了，地主他也有一份，你也有一份，我也有一份，这样多好。

土地改革很全面，你也有吃，他也有吃，不是说你发的发财，受的受穷，共产党顾全面，大家都有吃和穿，搭到社会主义的福，现在大家修好好的房子，都过上好生活了。过去是各顾各的，那怎么可能住到这么好的房子，有钱的人有吃就有吃，有穿就有穿，或者有房子就有房子，没得钱的人就住烂房子。现在共产党就一样，贫穷的都带到一路了，没得的还要支持你，共产党多好！

5. 土改对农业集体化的影响

互助组搞了两年，之后就入初级社了。入初级社的时候，农具耕牛全部都要入社，中农贫农的都要入完，自家就没得了，大多数人响应政策还是自愿入社的，不过也有人不入社，但最后他还是不得不入社，大家都要全部入完，土地、农具、耕牛都要归集体，开始是贫下中农入股，地主阶级不能入股，之后土地一下都入了社，地主也一下收拢，全部都一下集体做，国家支持农民一起来找钱。

我觉得集体化那个时候热是热闹，但是粮食看着收得多，实际上分得少。谷子收获了，私下里干部有贪的，有社员在那里面拿的，就不晓得那个粮食到底去哪里了。集体种庄稼的时候，大家都混到一起干活，你靠我，我靠你。而自己各人种地就各人发奋，也各人收入，所以自家做起庄稼就好些，多做就多得，少做就少得，各尽其能，勤俭人，努力的人，有技术的人，肥料足的人，收入就好；有些没得技术的，偷懒的，收入就差些。有些种庄稼很精细，这样那样都有收入，有些他屋里亲戚搞得好的，他屋里就好过，他偷懒的，就不管不去做，就差些。像我们自古就勤俭，也没靠国家，我屋里的人都有吃的有钱用，就是这么一个道理，发奋有计划就好，人没得计划就不行，像现在做生意，有的赚钱有的不赚钱，这道理还是一样的。

FL20160118LYJ@W　龙云江

一　受访者基本信息表

调研点	四川省南充市营山县济川乡黄桷村			调研员姓名	范玲
调研员单位	华中师范大学中国农村研究院				
受访者编号	FL20160118LYJ@W			受访者姓名	龙云江
受访者性别	男	首次采访时间	20160118	首访时受访者年龄	84

续表

受访者成分	贫农	土改时是否土改干部或土改工作队队员			否	是否党员	是
干部经历	无	曾担任的干部具体职务			无		
现家庭人口	5	现承包地面积（亩）	0	现承包林地面积（亩）	0	现承包水塘面积（亩）	0
受访者基本情况	老人1932年出生，祖籍为四川省南充市营山县济川乡黄桷村，初中学历，1962年结婚，1965年入党，有两儿一女，现在在营山县城里和小儿子住在一起，身体状况还算不错。						
受访者职业简历或个人经历	老人1965年以前在农村生活，1965年参加工作，当铁路工人，1993年退休以后在家养老。						
受访者所在社区基本情况	黄桷村是四川省南充市营山县济川乡的一个行政村，距营山县城4公里，毗连川祖村、向坝村，地貌为浅丘带坝，属中亚热带湿润季风气候区，物产丰富。						

二 分阶段整理

（一）土改的基础和背景

1. 土改前的家庭基本情况

我叫龙云江，土改前我家里有五个人，有两个姐姐、一个哥哥和母亲，我是老幺，我的父亲1947年就由于患病去世了。土改前拉壮丁很厉害，屋里有两弟兄的，一天（到晚）去躲，这里躲，那里躲。我大哥就跑掉了，跑到重庆去了。家里实际上就母亲、两个姐姐和我四个人。

2. 土改前的家庭经济情况

土改前我们自己家没有地，就靠母亲和姐姐做纺线织布卖布，她们一天到晚就织布，然后把布拿到街上去卖，要忙到晚上九点钟十点才睡得成，要织布纺棉花，每一场〔1〕要卖两个布，才买得到一升多两升米，一场弄得到一两升米的钱就算不错了，没有卖到或者卖少了，一家人就要饿肚子，一天吃两餐都够难。

我家里什么牲口都没养，养不起，因为没得粮，人吃粮都困难，其他没得啥子做的。因为没有种地，所以连柴草都没有烧的，家里面要煮饭的话，我就到处去捡柴，弄竹叶子，弄落叶枯草，捡起回来煮饭。我们家还捡着别个不种的一点点地，就种菜。夏天就种南瓜，以吃青菜南瓜那些为主，只搭一点点米，一锅青菜，清汤汤的，光那门（样）喝。那会那个生活好苦，就是能勉强把生活维持了，其余的都不谈了。

我们家生活那样苦，也没有借钱，不是不借，而是借不到，没人愿意借给我们，都晓得我们条件差，还不起，就不得借给我们，我们也就是这样慢慢拖过来的。

3. 土改前的土地经营情况

我们家几代人都是无田土的人，公公婆婆〔2〕那些都没得土地，都就是帮人做事谋生活的。我们想租地也租不到，因为租地前要交押金的，没得押金他不得拿给你做，而租地的话，一次交的押金又多，我们家人多，又没得什么收入，能把一张嘴保到都算不错了，没有余钱去买地租地了。

4. 土改前的社会交往情况

土改以前，穷人的亲戚都是穷人，没得发财的亲戚。地主发财，但是穷人连地主的边都沾不到，穷人只有和穷人打交道。像我们父亲虽然以前给地主打了短工的，但是家里生活困难的话，地主也不得帮助我们，因为他给了钱，给了米就算清了。如果说跟他借点，他还不得同意，想他帮忙，那更不同意，关系就是那样。

---

〔1〕 场：集市的意思，一般三天一场。

〔2〕 公公婆婆：指爷爷奶奶。

5. 土改前的土地观念

土改前连生活维持都很困难，想挣点钱去买地，那都是不可能的。一家人一天一天要吃要生活，虽说吃得差，但总要吃点的，维持生活那一环都难得弄拢，就没有买地的想法，没得钱去买地。只有地主经常买地，因为他有钱。佃客把田佃起，他交租谷给地主，最后地主钱多了他就买土地，所以穷人没得钱，就把土地卖了，就越来越苦，地主就越来越富。

土地改革的时候，我们开始还不知道，之后开大会了才知道，当然我们是欢迎土改的。

（二）土改的过程和经历

1. 访贫问苦，扎根串连

土改之前是减租退押、清匪反霸。减租退押就是地主把以前佃客交的租子和押金退给那些种地的佃客，这是租了地主田的才退给他。像我们家就没得那种情况，我们是靠手工，纺棉花织布维持生活，跟地主沾不到边，退押就不得退给我们，不关我们的事。清匪反霸时，我们都看到枪毙了几个恶霸地主，一个恶霸，还有个大地主，还枪毙了一个伪乡长。他们吃人民的血，喝人民的汗，靠剥削享安稳。那个伪乡长他有一百多挑田。那个时候有的农民去街上卖米，他就要顺手打劫点，拿点米走，卖猪草的，他就拿猪草走，卖红苕的话，就要抓几根红苕走，不拿给他的话也没得办法，不拿他的狗腿子就要踢人，让农民做不成生意。所以一天下来，他拿的东西靠两三个长工给他挑回去，他就拿了这么多东西，所以他这么发财就是这个原因。最后他也被枪毙了，干了这么多恶事。

我第一次看到工作队是1950年，工作队是政府里派的人到村里开展土地改革工作，我记得工作队长叫蒋耀辉。工作队员来了就开大会，开会时工作队员要讲共产党的政策，土改的方针政策，具体怎样做，群众要听到，听到就要那么做，开会人也很多，一般都是去开会了的。那会没得哪个人来我家访贫问苦，毕竟那会穷苦人是大多数，工作队员只有那么几个，挨家挨户地访谈需要很大工夫。

之后工作队就在村里号召大家成立了农会，由农民来选农会主席，要选为人公平，能够办事，大家都信任的人。

2. 划分阶级成分

土改的时候我家被划成了贫农成分，我们家没有土地，父亲又去世了，生活很苦。

划成分有政策的，好多财产该划为什么成分，好多财产又该划为什么成分，都是有规定的。上面的领导会和大家一起划成分，工作组跟贫下中农、农会主席互相研究讨论的，哪些人的财产多，哪些人的财产少，他该评为什么成分，中农、雇农还是富农这些，成分就由他们研究决定。我们那会那个村有两三家地主，富农也少，中农多，贫农多。

3. 挖苦根，斗地主

土改时专门开了诉苦大会的，诉苦的人是由工作队员专门挑选了的，仇恨大的，还要会说，如果光有仇恨，但却不会说话，那就不能去诉苦。挑选了嘴巴会说的群众，就在大会上讲他们的苦，就是以前地主敲诈勒索，对农民的剥削，怎样苛刻那些群众，有些事情本不该走那条路，地主逼到你走那条路。不过我们家没有去诉苦，因为屋里要做事。诉苦的那是闲人，没做啥子事的，有田的，屋里还有粮有吃的人才有时间去诉苦，像我们家那个情况，一天不做事，就吃不成饭，是没得时间去诉苦的。

斗地主是开群众大会的时候进行的，开群众大会人很多，一个村的都到齐了。村上就要组织开群众大会，对恶霸地主检举揭发，讲地主干了哪些坏事，怎样剥削人、苛刻人，揭发了就要打、斗。我们村地主还没得打死的，如果地主坦白交代的话就不打他，交代他怎样剥削别人，把财产藏在哪里，交代了财产就叫他拿出来。有的地主顽固不得交代，这样的地主就要斗他，像挤牙膏那样挤他才得出来，不挤他就不说，对这样顽固的也打得凶。

4. 没收和分配土地、财产

当时没收地主的财产是工作队没收的，农会也会参与，地主的五大财产都要没收了，再统一分配。开始分配土地的时候，看有多少土地，多少人口，平均下来一个人有多少地。我们村是一个人五分地，连田连土，土折合为田。分地是挨到分的，这块地分完了才分那块地，好田和差田都要分着。这样的话，像我们家分到的田地就很远，要走两里地才能到。有的人家分的土地离我们家近，我们家分到的地和他们家近，两个种起来都不方便，所以我们家就和别人家对调了土地，对调都是自愿的，双方互相协商，自愿换，不需要村里的干部来插手了。

地主的房子，有些面积宽的也被分掉了，给那些没房子的贫农住，也会给地主留一间房子住，一般的地主也没有把他扫地出门，像有个瓦房旁边是个茅草房，就把地主弄到茅草房去住，贫农就住瓦房。我们那会那个村，有两三家地主，也是小地主，没有什么财产，地主他自己穿的盖的，就不得没收他的，要给他留起。分五大财产的时候，最穷的人分得最多，没有的就分得最多，穷人多，地主的东西少，所以分东西也分不齐，分不到好多。

5. 土改复查

土改复查就是看地主富农是不是有漏了网的，我们那里没听说有划错了的。关于查田的细节我记不清楚了，但是之后是交了公粮的，土改那会分田土村上有记录，每家分了好多田，按照那个数，应该交好多公粮，高头（上面）就要把任务派下来，该交好多就交好多。

土改结束后，是颁发了土地证的，很大一张纸，上面写名字、田地亩数、位置这些。过后乡上通知要毁掉，就把土地证烧掉了，就没得土地证了。那会成立农业合作社了，走集体化，搞互助组，建合作社了。

（三）土改的结果和影响

1. 土改后的土地经营情况

土改的时候我家是贫农，我家五个人，大概分了三亩地，所以土改后与土改前相比土地增加了三亩。土改之后也喂牛了，是几家人搅伙喂一个牛。那是土改那会分的牛，分一个牛，就少分十斤粮，大家轮流喂牛，一家喂几天，起码要四家人才养得起个牛，它要吃，冬天没谷草，外头没得草，一家就喂不活。

自家有了土地，又有耕牛可以用，我们就开始种地了。种地有热情，田里栽稻谷，地里就栽红苕、高粱，冬天点豌豆、胡豆。红苕一年要收两千多斤；高粱在田边地角栽点，打得到三四十斤，也算就差不多；苞谷打得到几十斤，那阵吃嫩苞谷吃得多，苞谷能吃了就要弄回来吃了，所以长老了的苞谷就没得好多了；大麦小麦都要种，那阵麦子还种不好，产不了好多，反正够得到吃，之后肥料生产多了，有肥料了粮食就生产多；打谷子收得到两百多斤三百斤一亩，一年一千斤最多。不过我们家也只种了一年多的地，因为家里没得几个人种地了，母亲年纪大了，大姐出嫁了，我种地也没种好久，最后读书去了。

土改后我家没有买卖过土地，解放后就不准买卖土地了。

2. 土改后的家庭生活情况

家里除了种地外，也要搞点小副业，开始喂鸡、养鸭那些，生的蛋就可以卖些钱，亲戚之间就要活动交往一些了；喂猪只喂了一个，因为粮食自己要吃，也缺乏燃料，煮给猪吃的少。总的来说，吃的粮食不用愁了，手头也有点小钱了，生活自然是变好了。

3. 土改后的社会交往情况

土改后，我们贫下中农是有翻身的感觉，我们再也不怕地主了，贫下中农是多数，地主是少数，解放前还有点怕他们，解放了就不怕了。贫下中农之间的关系还是可以。

4. 土改后的观念变化情况

土地改革当然好，土地改革是大家都喜欢的事，农民有田地做了，个个都高兴。我觉得党和国家对人民好关心，是很好的。土改后，我也去修水库修堰塘了的，那是很积极地参加的，大家热情多高，喊号子，打夯，哪些人积极，当场就表扬。当时我们就是这么个看法，那就是泡到福汤里了，很好。

5. 土改对农业集体化的影响

我觉得还是集体效率高，个人劳力没得集体劳力那么强，集体效率高，个人不得行，个人的力量多薄弱。

FL20160116LLF@W 罗吕富

一 受访者基本信息表

<table>
<tr><td>调研点</td><td colspan="5">四川省南充市营山县通天乡高庙村</td><td colspan="2">调研员姓名</td><td colspan="2">范玲</td></tr>
<tr><td>调研员单位</td><td colspan="9">华中师范大学中国农村研究院</td></tr>
<tr><td>受访者编号</td><td colspan="5">FL20160116LLF@W</td><td colspan="2">受访者姓名</td><td colspan="2">罗吕富</td></tr>
<tr><td>受访者性别</td><td>男</td><td colspan="2">首次采访时间</td><td colspan="2">20160116</td><td colspan="2">首访时受访者年龄</td><td colspan="2">90</td></tr>
<tr><td>受访者成分</td><td>贫农</td><td colspan="5">土改时是否土改干部或土改工作队队员</td><td>否</td><td>是否党员</td><td>是</td></tr>
<tr><td>干部经历</td><td>有</td><td colspan="5">曾担任的干部具体职务</td><td colspan="3">生产队队长</td></tr>
<tr><td>现家庭人口</td><td>1</td><td>现承包地
面积（亩）</td><td colspan="2">2</td><td colspan="2">现承包林地
面积（亩）</td><td>0</td><td>现承包水塘
面积（亩）</td><td>0</td></tr>
<tr><td>受访者
基本情况</td><td colspan="9">老人 1926 年出生，1948 年结婚，1974 年入党，有三个儿子一个女儿，轮流在每个儿子那里生活四个月。</td></tr>
<tr><td>受访者
职业简历
或个人经历</td><td colspan="9">1955 年从初级社开始担任生产队队长，一直到 1982 年卸任，之后在家务农。</td></tr>
<tr><td>受访者
所在社区
基本情况</td><td colspan="9">高庙村属四川省南充市营山县通天乡管辖，毗连陈庄村、郑堂村、李关尧村、岭子扬村。通天乡位于营山县腹部，东邻大庙、照珠，西毗高码，南接安化，北界太蓬。上吃天河露，下饮照珠河，属中亚热带湿润季风气候区，夏热冬温，雨量充沛，四季分明。全乡面积 40.82 平方公里，拥有人口 14737。</td></tr>
</table>

二 分阶段整理

（一）土改的基础和背景

1. 土改前的家庭基本情况

我叫罗吕富，土改前我家有八口人，有母亲，一个姐姐和一个妹妹，五弟兄，兄弟中我是老大。我十二岁时父亲就去世了，之后我就带我兄弟住富农那个房子，种他们边角旮旯的地，把妹妹兄弟他们带大。我们家没得地，母亲也老了，就主要靠我一个人来干活养活一家人，我那会也不算很大，反正就勉强过日子。

2. 土改前的家庭经济情况

土改前我家生活苦，就靠租富农家的地维持着生活，再就是种点棉花自己织布。织布需要好多步骤才能行，先是把棉花种出来，再用土办法搅起来，搅起再弹，拿给弹匠弹，弹了之后拿回来用木车纺，粗的粗，细的细，纺起后就请人来织，因为我们自己织不起，织起了就染，有钱的人就多染一水，没钱的就只染一水，一水蓝，把布弄起来就可以拿去卖，换点钱，一尺布能卖一升米。那个生活真的是苦，穿没得穿，吃没得吃，到晚上就盖蓑衣，连被子都没得，蓑衣都还没得多的，过年穿草鞋，平时就打赤脚，草鞋都没得穿的。一天就吃杂粮，一般蔬菜多搭点点米吃。那阵没得粮食吃，就靠吃野菜，挖地木耳，吃黄瓜叶叶维持生活。

我们家一年还是要养一两个猪，一是因为做庄稼不养猪不行，那阵没有化肥，要靠猪粪来做肥料，庄稼这才有的收，所以即使借钱都要把猪喂好；二是养猪养肥了后可以卖钱补贴家用，那阵生活很不好，也没有其他地方来钱，有时候年岁好的话，就可以留一个小猪过年，差不多一百多斤，自己吃。鸡鸭有时候也要养点，那就看粮食多不多，多就多养几个，少就只养两三个，有时没得粮，那就养不起，鸡鸭要靠吃粮的。

有时我家里还要点钱零用，置点穿的这些，过去那个穿也恼火[1]，是靠个人土地上产，假如拿钱去置，给钱那就贵，我们也扯不起布。所以我们自家挑稍微好点的地方自己种棉花，自己来弹、纺、织。

土改前，有时也是需要借钱的，借钱是需要利息的，那阵的利息高，要是自家出了什

〔1〕 恼火：这里指很差。

么事，要去借钱，它大一分二，比如说借十块钱，只拿得到八块钱，但还是要还十块钱。

3. 土改前的土地经营情况

我们家祖上三代都是写田户，自己没得田土，租的富农家二十多挑的田来种，都是田的边边角角。那个富农他家有一百多挑谷子，自己种不过来，就租了一些地给两个佃客种。一年谷子的产量差不多两石，一斗谷子四十斤，一石谷子四百斤，二石就八百多斤谷子，租谷一年就要给他三百二十斤。不仅如此，我还要免费给他干活来抵佃钱，就是又给佃钱又要给粮。地里还要种些小麦、豌豆，还有棉花这些。棉花收了就自己纺成线卖，有时棉花产量好，就多捡点，要是碰到雨水多的时候，淋了雨的棉花就烂掉了，都没收成，有时天干，棉花容易干死，那天一干起来（够呛），我们那个地方又没水抗旱，吃的水都没有，庄稼就更没有收成了。

土改前，我们自家没有耕牛，我们种地靠借牛干活路，那些中农屋里有牛，我们就给他做三天活，他把牛借给我们耕一天，就是那样的，借牛时顺便借犁头磨耙，因为那阵贵，我们自己也买不起，所以借一套就可以耕地了。

4. 土改前的社会交往情况

过去那个时候派性多，伪政府派性多，姓张的是一派，姓王的是一派，不像现在这么聚集。

人穷志短，马瘦毛长，没得钱就志气短，穷人就跟那些贫下中农打交道，跟那些发财人就打不到交道，他们就恨穷人。有钱人全是和那些有钱的人打交道，贫农结婚想和富农结，那是结不成的；贫下中农就结穷人，富人只嫁给有钱人。那个时候，穷人帮富人屋里做活路，做活慢了还要遭打，话说团里团转，富人还是要欺压穷人，做这些坏事。

但是，我们家和我们租地的那个富农关系还不错，那个富农也是个农民出身，他发财是发的老辈子的财。他也是搞农业，种庄稼一个人种不完，所以就弄点出来给我们种。他也是个老实人，还是关心我们，他还有点能干，说话还是可以，我们五弟兄解放那一年被拉兵，紧张狠了，保不住了，就把我们拉起去当兵，最后是他说人情把我放回来的。

5. 土改前的土地观念

土地就是农民的本，国民党时候什么都要依靠农民，官出于民，民出于土，当官的靠农民吃饭，这个农民就到土里面去找生活。国家那个时候又穷，不得拿[1]一分钱，杂项公事又多，不管哪里搞个建设，都要靠农民拿钱，拿钱拿粮，打仗都要靠农民拿钱。地主为什么比农民富呢？因为富人要压榨穷人，有的农民又穷，他还有点土地，地主就把他压穷了，让他不得不去讨口，地主就来买这个穷人的地，这样穷人就更穷，富人更富了。

---

〔1〕 不得拿：不能拿的意思。

（二）土改的过程和经历

1. 减租退押，清匪反霸

土改前期，大概1950年的样子，就先搞减租退押和清匪反霸工作，为土改打下基础。土改前，租地主的地种，先要给他几十挑谷子的钱，作为押金，他才得把地租给佃客种。减租退押就是把佃客以前交给地主的租谷和押金，现在由老板[1]把押金退给佃客，以前交的租谷也不要了。像我们家，减租退押的时候，地主租谷也还是要点，但也不要多了，押金就不要了，

清匪反霸时，从别的地方来了工作干部，不是本地方的人，他们也要来找我们问，“你们村里啊，哪些（人）当恶霸啊，哪些（人）霸妻霸产啦?”他就向我们了解情况，工作同志也来联系贫下中农，之后就把那些大的地主恶霸关押起来，还要收他们的五大财产，收他的房子，房子就分给贫下中农、讨口子这些没得房子的人；收他的家具，桌椅板凳这些，各方面经济这些都要收了，收起来分给积极分子、讨口子、没得什么穿的人。我们村打了好多匪，都是匪头头，伪乡长那些都是匪，国民党又当红，又当黑，国民党是红的，偷的抢的（那些人）就是黑的，他不出面，他又在当乡长，他下面的人又去抢别个，这就是红黑两当，这样的人就要被打了。

2. 访贫问苦，扎根串连

工作队刚进村的时候，我们还有点怕，工作队就把这些贫雇农专门召集起来开会。工作同志那个时候来到我们农村里，那个时候也没得办公室的，就在那个大房子那里住。开大会就到公社，有时候也在我们这些家歇，我们要招呼他，我们这些贫下中农都晓得，这是干我们的翻身事情，帮我们撑腰。工作同志一来，那还是可以，我们这些还是把他看起了，他也把我们重视起来了的，工作同志就说贫下中农我们是一家人，不用怕，“你们不要怕，你们翻了身了，我们给你们撑腰”。我们这些人就热情接待他，搞革命工作就要靠他们努力。

土改的时候开会，工作组就把贫雇农专门召集起来开会，不跟富农、伪保长打交道，因为这是贫下中农掌权了，刀把子在贫下中农手里掌握到的，拿给坏人掌起就不得行。乡里还开过万人大会的，工作队就领着武装队把地主押起去站在一边，农民中农这些一般的群众，开会就当是受教育，贫下中农在群众大会上就受他的教育。我们也不能跟富农、伪保长打交道，这是我们掌权了，刀把子由我们贫下中农掌握到的，不能拿给地主富农掌握。

土改的时候成立了农会的，选农会主席时是开群众大会选的，由贫下中农选，由贫下中农举手通过，那些恶霸地主、高成分的，就不得选，就要这些贫下中农选贫下中农。那个时候也是上级掌握了的，掌握哪些人，晓得哪些人，再通过大家群众选举，真正是说上

---

[1] 老板：对地主的称呼。

面没掌握，没集中，选的时候一个选这个，一个选那个，那就不得行。

我们那个时候胆子还有点小，怕去搞错了。开会我积极，那个时候就通知我开会，天一亮我就去，说开结束才能走，我就结束了才走。但我这个人脑袋有点笨，我没得文化，胆子有点小，就没那么积极，也没当成积极分子。

3. 划分阶级成分

那个土改专门组织训练了一批土改的干部，也是农村训练出来的，那个时候贫下中农做骨干，那些富裕农民、地主、恶霸地主他说不到话，那个时候。划成分的时候就要用那些贫下中农摸底，哪些有钱，哪些发财，哪些是恶霸，哪些是地主，哪些是富农，哪些是土匪。那时就摸底，向贫下中农摸底才晓得。

划成分就是按照政策标准来对照，我们那叫做比刻刻。工作队和农会的干部划成分就是依据这个刻刻。雇农、贫农、讨口叫花的，该划个什么成分就划。贫农有三等，有上中下，有的贫农自产自吃生活要好一些，一年能保吃保穿，有些贫农要去帮人，有的去讨口；中农也有上中下，有的中农有六十挑谷子的，他也没剥削，他自己做自己产，有三四十挑谷子的也是中农；地主也有上中下，土地多的，经济占得多的，那就给他整得高一些，土地一般的成分又要矮一些，或者是占租佃剥削还是长工剥削，高利贷剥削，都有所差别，这就叫做“三级九等”，那不是普遍都是一个刻刻。我们村大地主只有两户。

4. 挖苦根，斗地主

我也去诉过苦，就说我们过去帮人时受的苦，那个时候开会，就要讨论这些事情。其他那些人，各说自己以前的那些苦，被拉兵的，把他捆了，压迫他，整他害他；那些老板请农民做活路，还没得吃，做坏了或慢了还要遭打，诉苦就说那些事情。那些人诉苦是边诉边哭，最后哭得话都说不出来，那真的是苦。

那些恶霸地主都是一伙的，就把他们弄到专门的一个位置上站着，和群众分开，不能够站到群众里头，万人大会都是让他们站到一边，派民兵把他们守到。如果地主干了什么坏事的话，就要遭打；一般的地主也要站着，但是民兵不得动手打他，因为他没有行恶，只是说他享着老辈子的福，当成了地主；有些地主是剥削人家的，他又占恶，又占地主，那些年轻的民兵就晓得他，那样的就要被打。那会也没得哪个帮地主说好话，地主也不敢到贫下中农面前要人情，贫下中农也不敢跟他吆伙[1]，被发觉同情地主的，贫下中农就要去报，和地主有关系是不得准的，好多贫下中农和地主结了婚的，都要离开，地主他们各人看待不同。

5. 没收和分配土地、财产

营山县是在土改之前搞的减租退押，清匪反霸阶段就有收大地主恶霸财产进行分配的情况，土改后才分的田土。

---

〔1〕 吆伙：相处搭伙。

首先没收财产，地主的五大财产是都要收完的，地主那些牛都要给他收了，分给那些贫下中农。而富农比中农高点，富农是征收，出租的可以收，就收他招客那点地，他自己的五大财产那些也不收他的。

分田是指农田，不包括小片的自留地。干部记到你这个乡有好多土地，好多贫农人口，把地主的土地合计一下，地主分土地也和贫农是一样，就来照人头摊，一个人好多产量，产量有个上中下，上的产量就要高点，下的产量就要少点。再按照总产量来看，一个村该进好多产量，统一来分，还是比较公平的，不然有的村地主多分得多，有的村地主少分得少。

地主的房子分给贫雇农住，但会给地主留一间房子住，实在恶霸或者不好的地主就被赶去住贫农的破房子，其他成分的房子不调整。地主屋里的桌椅板凳和床铺那些财产，就收起来分给那些积极分子。我们那会分了两条板凳，那会有那么多的贫下中农，地主富农少，一个人也分不到好多东西。

我记得分田时产量一个人得到二百八十斤。我们家有五个人分田，我母亲和我们兄弟姐妹四个。那个时候分田按挑来分，我们家分了十挑谷子，一个人差不多两挑谷子，再分了点桌椅板凳。我们十几户人家一起分一头牛，之后把牛卖了，分点钱自己去买小牛，就三四户人家搅伙[1]，这样使用起来也方便。其他的东西就没分到了。

6. 土改复查

土改过后，新来的工作组同志又重新复查，我们那里也有漏网的地主和富农，我们村还有两三家漏划了的，有一家以前划为中农，之后复查为地主的。为什么会出现这样的情况呢？他符合地主，却没把他打上地主，因为也有人和他是一头的，有人包庇他。复查时包庇的对象也要查，哪些人包庇的也要查，那会主要是大的干部才敢包庇，那个时候也有对毛主席共产党假仁假义的，但是真心真意的人就要去反映这个情况，就开展了复查。

土改结束后进行查田定产，看分的田有没有那么多，好多田该交好多公粮，公粮我记得也没有交好多。土地证那些都填好了的，发了的。

（三）土改的结果和影响

1. 土改后的土地经营情况

土改过后就搞三大合作、互助合作，还没建社，就是你帮我做，我帮你做，那都是贫下中农一起相互帮助，上中农不得搅伙，所以干活也还干得过来，不存在好大的问题。

2. 土改后的家庭生活情况

土改后的生活那是好些了，自己有田地了，自己种的全是自己的，不用交租子了，能吃饱肚子了。

---

[1] 搅伙：一起。

3. 土改后的社会交往情况

土改过后要管制地主，由上面安排，地主他们受管制，不管开会还是干什么事，都是把他分开了的，不能和群众在一起。今天要是开大会，也要通知地主来，站到吊角角上，由民兵把他守着，专门要给他训话，要给他讲，教育他，专门有个人管治安，治保主任管这些，是民兵管这些。

4. 土改后的观念变化情况

土地改革就是贫下中农没得土地的，翻了身，发了财，有土地了，能吃得起饭了。我们这些贫下中农都说这个共产党对，毛主席不解放，共产党不来，这个土地是不可能拿到我们穷人手上的。

5. 土改对农业集体化的影响

一方面，那阵集体是平衡，一家一户就不平衡了，经济各方面就有差别了，各做各，膏药不一种，它各有药效不同，各自起作用，土地现在分到一家一户，别人做起有吃的，还吃不完，（如果你家）吃的不够是个人的原因。个人搞钱，做生意也好，做手艺也好，出去打工下力也好，把钱弄到手就弄；有些人是不愿干，怕费力挣钱，那就有差别。

另一方面，个人种地还是好，集体种地是蹭穷，发不起财的。那会出工要一去都去，一不去都不去，那就是蹭穷。自己种地，各人就有安排，集体种地，队上几个人不管，社员他没得责任，哪里有农活没做完，社员他不得管，什么东西丢了，社员也不得管闲。集体生产，没人来主动管，集体生产得罪人，是那几个干部的事，干部把他管了，东西丢了，干部把人抓到了，社员还说干部的不对，说干部整了他，就是那么回事，都反过来了。

FL20160124XYM@S 薛远民

一 受访者基本信息表

<table>
<tr><td>调研点</td><td colspan="3">四川省南充市营山县法堂乡罗宽村</td><td colspan="2">调研员姓名</td><td colspan="2">范玲</td></tr>
<tr><td>调研员单位</td><td colspan="7">华中师范大学中国农村研究院</td></tr>
<tr><td>受访者编号</td><td colspan="3">FL20160124XYM@S</td><td colspan="2">受访者姓名</td><td colspan="2">薛远民</td></tr>
<tr><td>受访者性别</td><td>男</td><td>首次采访时间</td><td>20160124</td><td colspan="2">首访时受访者年龄</td><td colspan="2">89</td></tr>
<tr><td>受访者成分</td><td>贫农</td><td colspan="3">土改时是否土改干部或土改工作队队员</td><td>否</td><td>是否党员</td><td>否</td></tr>
<tr><td>干部经历</td><td>有</td><td colspan="3">曾担任的干部具体职务</td><td colspan="3">村文书等</td></tr>
</table>

续表

现家庭人口	4	现承包地面积（亩）	0	现承包林地面积（亩）	0	现承包水塘面积（亩）	0
受访者基本情况	老人1927年出生，祖籍四川省营山县仁和镇华宽乡，1948年结婚，曾任村文书、队会计等职务。2010年来到营山县城儿子家生活，之前一个人在乡下住。						
受访者职业简历或个人经历	1949年老人在村里面当了文书，土地改革还没结束的时候，就想做教师，参加了教师训练班，1953年—1978年在村里面务农，之后又当了几年的会计。						
受访者所在社区基本情况	罗宽村受四川省南充市营山县法堂乡管辖，属中亚热带湿润季风气候区，夏热冬温，雨量充沛，四季分明。法堂乡地处丘陵地带，位于营山县城东北方向，距县城只有9公里，交通方便，信息灵通，面积22.8平方公里，下辖8个村，总人口11663。						

二 分阶段整理

（一）土改的基础和背景

1. 土改前的家庭基本情况

我叫薛远民，土改前我家有六个人[1]，父母，我们三个兄弟，还有个姐姐。弟兄中

〔1〕 后文提到老人的妻子，可能这里老人只算了自家人。

我是家里老大，弟弟都小，而且家里地也少。干活就我和父亲干，母亲和姐姐她们就干屋里的活。我们一家吃饭的人多，土少，劳力也少，所以生活就比较困难。

2. 土改前的家庭经济情况

我们家的地很少，种着一年不够吃，还要买起吃，所以那阵我家里就是靠织布纺棉花，再把棉布就拿去街上卖，三天一场，我妻子还有姐姐每晚上就赶夜班织布，场场都要拿去卖布换点钱，其他的就没得收入了，家里非常穷。过去不得用钱，我们家也没借钱，农村过去又不用电，就是赚点钱打点桐油点桐油灯，过了一两场，割一两斤肉，赚点钱就是那么大个用费。

我们父母有时去给有钱人家帮点小忙，但那就是说去吃顿好的，也没得工钱。中午，地主家下碗擀面，就算犒劳，大人吃了都要留半碗端回来给家里的小孩子吃，那阵一碗面都是这么稀奇。因为地主他家麦子多，就用箩筐把麸子去了，贫下中农家里有点麦子都是和麸子一起吃，筛都不得筛，麦子就当珍宝样，比肉都贵。家里一般都吃粗粮，很少吃细粮，那会小麦和谷子都很少，红苕熟了吃红苕，苞谷出了吃苞谷，豌豆出来就吃麻豌豆面疙瘩，漆黑漆黑的，有时再煮点稀饭搭点米就这么过了。正二月间，家里没得红苕了，就要在市上去买着吃，拿麻布口袋装回来，还要放在柜子里拿锁锁起来，怕家里的小孩子把苕偷吃了。

3. 土改前的土地经营情况

土改前，我家有三四挑谷子的地，地里很少种小麦，因为小麦要肥料，农村里喂不起猪，没得肥料去种小麦，只敢种麻豌豆，麻豌豆就用草木灰、地灰，那个种起来就方便些，所以一般的贫下中农就种这个，产量也不是很高。地主的地宽，他可以种菜籽，可以打油，喂得起肥猪，他可以种小麦，所以生活就比较好。

4. 土改前的社会交往情况

土改前，我们和地主的关系就是说帮他干活挣点钱，平时就不怎么打交道了。总的来说，大家的关系就算一般，河水不犯井水，你不绊我，我不绊你，自做自吃，都是一般，平平淡淡的，也不会向他借钱。

对于要进行土改，我们当然高兴。

（二）土改的过程和经历

1. 访贫问苦，扎根串连

土改前先是减租退押，哪些人田地比较宽的，出了名的，请得起长工的，减租退押决定他是地主，地主就有政策，收了佃客好多押金，就要喊他退出来。清匪反霸就是看到这些有历史问题的，像那些保长、乡长、恶霸，也没向政府坦白交代，把他的材料一搜集，就悄悄地把他逮捕送到公安局那里去，关押或者枪毙。

1951年的6月1号就正式土改。营山县成立了土改工作团，分到各乡就是工作队，工作队是从西南革大学校出来的，一个乡分得到四五个人，再加上乡政府干部和乡里的积极分子就凑起一部分人，使一个村至少能分得到一个工作队长。工作队到我们村后，和村里面的村长、村农会主席、村文书、宣传委员、治安委员五个人组织起来，六个人成立一个队伍，就进行土改。此外，村里的干部都是大家一评一选，开群众大会选出来的，大家都是本乡本土的人，哪些人有文化，哪些人积极，家庭贫穷，成分好，群众一提议一说，大家一附和一举手，就赞成就通过了。那阵不管选什么干部，都是由民众大家举手，那是新民主主义阶段，就是那样。

工作队员都是穿着蓝布袄子，蓝布褂褂，戴个帽子，冬天落雨天，他把裤脚扎起来，杵个棒棒，家门家户来联系群众，让群众相信他，他把群众（叫）来听他的话，他来发动群众。土改队开始就进行寻访调查，搞寻访运动，了解这个村里面有哪些人有历史性遗留问题的，比如解放前在外面当了乡长、区长那样的，或者哪些人没交代情况，属于反革命组织的，先把这些人惩治了，再进行土地改革了。

开大会时，群众都是积极参加的，因为群众他有利益，以前他帮了长工，或者租了地的佃客，地主要退他的押金。原来那个租谷定高了，要减下来，所以他有利益，共产党讲不要怕地主，他给大家撑腰杆，普通群众就不得怕，就积极参加土改。开大会时，工作同志要讲话，他是领导，讲政策，按照文件执行标准，划地主划成分。一般开会，就村长、农会主席他们就讲一下，根据本地本村发生了什么情况，主要就讲这些实际情况。土改没有讲过和平斗争，那阵哪里有和平？土改必须要斗争，那会就是斗争阶段，没有和平。

2. 划分阶级成分

划成分都是有具体的政策文件规定的，划地主就算剥削量，剥削程度超过百分之五十以上，好比屋里有一百挑谷子的地，自家只种了二十挑谷子，有一半多都是招的佃客种，这就超过了半数，屋里请了长工的也算剥削，就要划为地主；小土地出租就是有一部分土地出租，他土地不多，也能自给自足，但是他租也租出去了点，多也不多，那叫小土地出租；富农比较宽裕，他能够自给自足，一年够得到吃，另外还有点剩余，比较富裕，就叫富农；有些佃客，贫下中农，少田少地的，就租别个的地，自家没得祖业，那就是贫雇农。划成分要根据具体情况，没有硬规定地主一定要划好多，要符合政策条件，才能划得出来。所以有些村地主多，有些村地主少，都不一定。

我们那里有十一二户地主，他们的地也不多，有几十挑谷子的，有些有一百多挑谷子的，有七八十挑、五六十挑的，都有。一般他们为人也比较忠厚，也不像黄世仁、罗怀平那样凶，这些地主还比较忠厚，他屋里田地宽，只是自家种不出来，请个长年那样做一做。

3. 挖苦根，斗地主

诉苦要开诉苦大会，土改队选择典型的贫雇农上去诉苦，原先那几个没得田地、帮了长工、给地主干活的那些人，或者给地主做佃客的，地主要佃钱押金押得高，佃客自己就没得吃的那样的人，他们就诉苦。诉苦的时候，有些人哭，有些人也不哭，他们诉苦说的东西也有出入，有些地主他说对佃客好，有些也说地主不好，他再好你也不能说好。像我们那边最先农会发动群众，第一期选了个农会主席来说句公正话，他说某个地主良心好，马上群众一吼，他那屁没坐端正，帮到地主说话，还说地主好，他说："你日妈的，踢下去，不要他当农会主席。"群众就在底下吼，就取消他的主席，二回又重新选一个。反正地主再好，都不能说好，是立场问题，那是个立场问题、认识问题。

我们这边有一期土改和二期土改，一期土改的时候，斗地主斗得要严重些，二期土改就要缓和些。一期土改时，大家吼一声，就把地主拉出来进行枪毙镇压，二期土改就说有该镇压的，经过法律手续，上头审核批准了才执行。

斗地主主要就是斗他的金银，估计他屋里有银圆好多没拿出来，个别地主拿不出来财宝，就硬要逼着地主拿出来。有些积极分子兴蛮干，那会武装队没得武器，有些拿棍子夹，有些用刀刀苗苗，有些童子军用棒棒戳，有些让跪在瓷瓦片上，六月份多热，腿上光跪着瓷瓦子，那么来整地主，说地主窝藏了有好多钱，喊他交钱出来，他死都喊没得，就用些王法慢慢来透，慢慢来夹，那会就是搞这些事，斗到有的地主就跳到池子里淹死，有些抹喉自杀。群众是估计猜想，有些是拿出来一部分，有些是没得，搞一歇没拿出来，有些是隐藏，他搬了家了，转移了，所以群众就斗过了。斗地主的时候，有地主儿子还斗他老汉，我那边一个李纯光，他的儿子还起来斗，有那样的事，他是假装这样做，他见到这个情况见风使舵。不过那是极少数，一般的没得。

4. 没收和分配土地、财产

成分划出来之后就是追地主的赔罚款，干部带起武装队收地主的五大财产，到地主家里面去征收，把那些收完了，最后就来追他的赔罚款。地主今天不拿，那些武装队就把地主押起，白天晚上把地主跟起，押到最后实在没得，那也就算了。没收地主财产的时候，地主的田土都是明摆着的，武装队去收就是了，家里面的东西去收就是了，铺盖棉絮、农具耕牛，该拿的给他拿了就是了。我是村文书，做登记工作，收了地主的五大财产，具体哪些东西，有好多，都要造册登记，放在村子里集中。

接着就分胜利果实了，由村里的干部，各小队有个队长，他们了解情况，哪些人缺衣裳，哪些人缺家具，哪些人缺农具的，大家来讨论研究了，划了评了就写标签贴到东西上，这个东西该分给哪个人，那就不由大家争，逐个逐个地就把东西分给群众了。

分田是指农田，不包括小片的自留地，按人平均，全村好多人，一个人平均好多地，家里有几口人该分好多地，就这么分。地主的房子也要分，地主他的房子宽敞，把它分出来给没房子的贫下中农住，给地主留个偏僻地方，仅他一家住。有的地主人不好，就把他房子全部收了，把他撵到山里的破庙、空屋里去住。

5. 土改复查

土改过后进行的复查，又派了一个工作队员来村里搞了一段时间，看有没有漏网地主。还有就是土改结束后农民有疑问的，像富农、小土地出租这种中间的成分，上也不是，下也不是，所以又去调查，走他那个队，向当地群众了解情况，了解清楚了，该划富农就划富农，该划地主就划地主。经过复查过后，就要清理那些富农，清理他们多余的田地。

查田定产的时候，每块土地都要去丈量，由农会的干部拿绳绳扯，长多少，宽多少，丈量后还要去插个篾条，上写土地好宽，分给谁的，好多丈数。之后还要发个土地证，上面写田好宽好多面积，要写名字，东西南北连谁家。

（三）土改的结果和影响

1．土改后的土地经营情况

土改分地的时候，我母亲那会也死了，父亲和后妈、我和妻子两口子，四口人，我自家有四挑谷子，再分了三挑谷子，也基本够维持我们一家人的生活。土地分了过后，种地热情高，那各家得了田地，自家自做自吃，有了田地当然高兴，干活起劲了。这个时候相对于土改前来说地里的产量还是有所提高的。

2．土改后的家庭生活情况

土改后我家的生活没有发生多大的变化，土改后期，我就当教师了，每个月都有工资粮，我们家有一两亩地了，一般的年头都还够得到。但是之后入了农业社，靠工分分粮，一年分个几十斤，那个时候就还不够吃，生活就差了。那个时候在生活上没有多大压力，基本上能够维持生活。

3．土改后的观念变化情况

土地改革是新民主主义阶段，那是应该鼓励该搞的。我也参加了集体活动的，修水库修路这些，那也不是自愿去的，上面派到我，不去不得行。清水修水库，那么大工程，修营池公路和营天公路，这里到回龙，那边到茶坊，那边通绿水福源，哪个公路我们都去修了的，还到处修水库。

4．土改对农业集体化的影响

开始成立互助组，就是你帮我做，我帮你做，做了还是要评工分，多退少补。做了一年左右，互助组就转为低级农业社，就把农业交给集体统一做，家里的所有东西，耕牛农具，木板家具就要交到农业合作社去投资，拿去合作社垫底，农民就去挣工分。低级社还没办热，就成立高级社，初级社是一个生产队一个社，一二十户人它就是小社，成立高级农业社和人民公社了，那就是几十个小队，那会计都几个，财务、保管、干部都是好多人。

我认为自己种地比集体种地好，因为合作社靠工分吃饭，大家都在想挣工分，要靠工分分粮分钱，一年结算，工分少的就分不到粮和钱。这块土做了好多工分，做完了就得那么多工分，半天做完了也是那么多，一天做完、两天做完也是那么多工分，那大家就只图快，做假活路，不做假活路的老实人，活做得少，工分挣得少，那就分不到粮。生产队干部少，也不可能随时监督到社员，社员犁了田，干部总不得拿手去刨[1]。另外，假如那个田里放水，缺口垮了，水放走了，社员他走路看到了，也不得管，他说我（不）管那个东西。我想这要是他私人的，他会赶忙去弄好，哪一棵秧没栽正，他赶忙去栽正。集体生产，大家没有责任心，不管集体的事情，晚上闭了眼睛尽是贼娃子[2]，偷胡豆米，偷豌豆，偷红苕，偷苞谷，包里怀里裤兜里到处揣点，大家都不管。集体的时候淋化肥，就把化肥拿起来淋，只图快，大田小田直接泼，泼到那里就是了，也不管庄稼生不生，浪不浪费。

FL20160117ZSC@S 张升诚

一 受访者基本信息表

<table>
<tr><td>调研点</td><td colspan="3">四川省南充市营山县朗池镇河堰村</td><td colspan="2">调研员姓名</td><td colspan="3">范玲</td></tr>
<tr><td>调研员单位</td><td colspan="8">华中师范大学中国农村研究院</td></tr>
<tr><td>受访者编号</td><td colspan="3">FL20160117ZSC@S</td><td colspan="2">受访者姓名</td><td colspan="3">张升诚</td></tr>
<tr><td>受访者性别</td><td>男</td><td>首次采访时间</td><td>20160117</td><td colspan="2">首访时受访者年龄</td><td colspan="3">84</td></tr>
<tr><td>受访者成分</td><td>贫农</td><td colspan="3">土改时是否土改干部或土改工作队队员</td><td colspan="2">否</td><td>是否党员</td><td>否</td></tr>
<tr><td>干部经历</td><td>无</td><td colspan="3">曾担任的干部具体职务</td><td colspan="4">无</td></tr>
<tr><td>现家庭人口</td><td>4</td><td>现承包地
面积（亩）</td><td>0</td><td>现承包林地
面积（亩）</td><td colspan="2">0</td><td>现承包水塘
面积（亩）</td><td>0</td></tr>
<tr><td>受访者
基本情况</td><td colspan="8">老人1932年出生，祖籍四川省营山县朗池镇河堰村，没有读过书，1950年结婚，有两个儿子，一直在家乡务农，如今大儿子已经去世，老人在营山县城小儿子家里生活。</td></tr>
<tr><td>受访者
职业简历
或个人经历</td><td colspan="8">一生在家务农，没有什么特别的经历。</td></tr>
</table>

[1] 拿手去刨：指检查质量。
[2] 贼娃子：就是小偷的意思。

续表

受访者所在社区基本情况	四川省南充市营山县朗池镇河堰村，地貌为浅丘带坝，属中亚热带湿润季风气候区，夏热冬温，雨量充沛，四季分明，年均降雨量1000毫米左右，年均气温17.2度。 朗池镇是营山县城所在地，全县的政治、经济、文化中心，面积46.9平方公里，总人口10万。辖24个村，11个居委会。朗池镇属城乡结合的大镇，粮食以水稻、小麦、玉米、红苕为主。

二　分阶段整理

（一）土改的基础和背景

1．土改前的家庭基本情况

土改前我们家有六口人，父母亲和四个兄弟姊妹，我排行老二，上面有个哥哥，下面有两个妹妹。土改前我们家孩子都还小，没得劳力，就当放牛娃，有时帮着做点活，但主要都是父母亲种地。

2．土改前的家庭经济情况

我们家生活很苦，因为自己家没有地，就租了点地种，一年收获的谷子很少，细粮把租一交，就没有了，所以主要就是吃粗粮，冬天就是红苕，热天就是胡豆、豌豆。

我们也搞手工业织布，织梭儿布，由母亲纺，她每天晚上就纺线子。等我有了十来岁时，也就开始帮着织梭儿布，我们家没得土地，有这么多人要吃饭，要维持生活，也没得其他办法，只有织布。当场的时候母亲就把布拿到街上去卖，几丈长的一匹布拿到街上去可以卖得到一两升米钱，一场就是三天，就弄这么点钱，也可以勉强维持到生活，那会就是这种情况。那会就是穿的棉布，原来是白布，很窄，自已染了染了，有的就弄点谷草灰灰刷了刷了就穿。那个年代白布就是很穷的人穿，因为别人说你连布都染不起，那就（意味着）很穷。

我们家就养了一个猪，有的人家粮食多就可以多养两个，没得粮食就养不出来，也只能说做个配作儿[1]，因为农村不喂也不行，家里吃剩了东西要处理，所以也要喂个猪，不然就浪费了。过年的时候，猪就养肥了，就卖钱。鸡鸭也喂了几个，但是喂得不多，也不能喂多，因为自家的土地少，要是鸡鸭跑到别人家的地上，糟蹋了别人家的庄稼，那也是个麻烦事，所以量力而行，土地少，就少喂几个。我们家就是租了点田来种，自然也不能喂多，有时候下几个蛋，存起来拿去卖了，也当得补贴家用。

家里比较困难的时候，也要借钱用，当时比较困难的话，我们就是向邻居、亲戚朋友借钱，穷人也有个穷朋友、好朋友，向他们借钱一般就不给利息。过去（生活）好的还是少数人，穷的是大多数人，穷人就互相帮助。向地主借就要给利息，像我们原先那个地主，向他借三斗谷子、五斗谷子他都要收利息。

3. 土改前的土地经营情况

我们家自已没得地。我爷爷那辈有两三挑谷子，到我父亲那辈是两弟兄，那两三挑谷子就拿给我们父亲的兄弟去种了，我们就没有地了，所以我们家就租了点地种。我们家租地也租得少，租地是需要有本钱的，因为要交押金，所以有钱的就可以租个大庄稼，没得钱的就只能租三五挑、十几挑。我们那会租了十挑谷子，地里种的庄稼还是跟现在的庄稼一样，就是这个做法不一样，那会全部都是一锄一锄地挖，泥巴一挑挑地挑，这里多了挑到那里去，那里多了挑到这里来，都是靠人工挑，种地也就是广种薄收。

我们自家没得耕牛，种地是需要耕牛犁地的，所以我们就和邻居三四家一起买了条牛，大家一起喂，你家喂几天，我家喂几天，干活的时候在一起用，你家犁了我家再去犁，但是我们干活都是各干各的，那会都是单干，农忙的时候晚上要做到半夜。

4. 土改前的社会交往情况

土改前，穷人一般都是和穷人打交道，今天你家差钱你要在我这里借点，我今天存点钱又可以借给他，大家互相帮助，那会遇到事情了大家还是团结，穷人和穷人还是搁得起[2]。穷人和有钱的人就打不了交道了，因为穷人够不上富人，那会有钱的，比如说旧时的乡保甲长，那些人就不敢和他们说话，因为他不一样，他条件好，你要说得不合适，你长大了，他就要抓你当兵。

---

〔1〕 配作儿：就是附加的东西。

〔2〕 搁得起：能相处。

5. 土改前的土地观念

土改前我们家没得买土地的想法，因为我们根本就买不起土地，买土地不是说像买个馍馍饼子一样，凑两天还是能买起，土地它就很贵，那会挣钱又不容易，又没得生意做，只有下苦力挣点钱，挣个钱很不容易，那是很难。挣钱已经很不容易了，挣的钱还要用，其实挣的钱能把一家人一年的生活保到，就算不错了，家里的小孩子要穿要吃，什么都要花钱，所以我们穷人没有想着要买地那回事。当听说要土地改革的时候，我们非常高兴，因为土地能归自己了，每家该分好多就分好多。

（二）土改的过程和经历

1. 访贫问苦，扎根串连

土改前期就是进行清减，直接点说就是清恶霸，南升全在清匪反霸中就被打死了，我亲眼看到过的。当时开会我们都要去参加，在营中学校开的，那个坝子很大，工作队员问这个人哪门[1]处理，底下群众就说，这个人要枪决，那会有公安兵，一下就把他抓起去枪毙了。这就是在反霸的时候，像城镇这个冉升平，县里好几个大头头都枪毙了的。

土改的时候，工作队要来，没得工作队，就开展不了土地改革。工作队同志不是穿军装，他是穿的蓝马褂，大家一开始还认不出来他是工作同志，他的手枪是插到裤腰里头的。那阵形势也是复杂，土匪恶霸、反动地主威胁大，所以没有工作队的话，那工作还真是搞不下去。

土地改革期间经常开大会，我们当时也要去开会，开会的时候工作队的同志首先就讲他到村里来是干什么事情的，不把这个说清楚的话，群众就不敢来接触你。之后工作队员就要讲党的政策方针，相当于他就是起到传达作用，让群众都晓得土改这个事，比如这段时间进行清匪反霸，下一段就划成分斗地主等一系列事情。土改进行了好多个月，时间长得很，天天都开会，那会的人开会就积极，就是晚上开会开到半夜，大家都去。

土改那时候的工作同志就负责任，他们天天都在村里到处游、走访，这里有人做活，他就要跟到来和人摆龙门阵[2]，向农民问下村里的情况，问这些地主有好多违法的事情，他就那么调查，了解具体情况，不了解就开展不了工作。那会那个工作就不像现在这么马马虎虎地干，是真正认真办事，工作队白天晚上根本就没得好多时间休息。

土改的时候成立了农会的，成立农会就选了农会主席、会计干部这些。干部是开群众大会选的，在会上工作队把这个政策讲清楚，哪些人可以当农会主席，哪些人可以当会计，大家就评选。农会主席的条件就是没得压迫之行的人，没得田土的人，是贫困户，好像是上无片瓦下无立锥之地，这些人就可以选择。选出来之后，他也要慢慢学习，还要训练啊，工作队员要帮他，他又没得经验，只能说从平时这么开会慢慢学。贫协会就是上面组织贫苦的人成立的组织，

---

〔1〕 哪门：怎么。

〔2〕 摆龙门阵：聊天的意思。

就是说他受苦最深，等于专门要给地主反革命收集材料，斗争地主这些人。

2. 划分阶级成分

土改时我们是贫农成分，因为我们租了点别人的土地种，就算自己有点土地了，也有点粮食，能吃饭了，所以还是划的贫农。

划成分是由农会划的，农会的会员一个村有几十个，全村的贫下中农都要去，地主富农这些就不让他们来参加。划成分，国家是有政策的，比如多少田就划上地主，多少田就划上富农，又有多少田就划为小土地经营，这样杂七杂八的。小土地经营就是有土地，出了点租，主要还是因为人少了，没得劳力。因为群众觉悟不起来，就把地主和其他成分的分不清楚，你说他是个地主，他说他也是个种田的，其实说他种田，但他自己只占少数劳动，主要是他请人，但有的请一个，有的请两个，有的请半个，这当然就要分别对待，这个差距群众要晓得。有的人雇了一个长工，另一个人他又雇了两个长工，这两种情况又不一样，后一个的成分就更高一些。群众要了解这些，才能划好成分。

贫下中农的成分就是大家一起讨论决定的，先是自己说自家的情况，比如我有二十挑谷子，我能够自足，我可以占到个中农的位置，或者我这个只有几挑谷子，我可以占个贫农的位置，个人自己先承认，再是大家来评，我只有几挑谷子，我占个贫农，他又多几挑，可以占个下中农，贫下中农这个成分就是这么评出来的。地主富农就是由贫下中农在一起评他的，他有好多土地，大家都晓得。我们村大概一千多户人，大概有十来个地主。

3. 挖苦根，斗地主

土改时都要诉苦，工作队先把材料收起，再调查，最后才得诉苦。诉苦是在诉苦大会上进行的，诉苦大会就是由乡上组织开，再组织到村里来开。诉苦是由解放前受压迫最多的人，年龄比较大的，三四十岁、四五十岁那样的人，他受苦的时间就更长，有些年轻的人，还没有受到那么多苦。像我们那会还是父下为人，相当于我们就是父亲在为人处世，我们是吃现饭的，也没受到好多直接的苦。诉苦开群众大会讲给大家听，有的是感染他们，比如说你还有苦，他还有苦，那大家的苦就都挖出来了。工作队和村里的干部也要培养一下诉苦的人，诉苦说得不周的，帮他盘周一下，该补全的补全，该调整的调整，帮助他诉苦。诉苦大会大概就是一天半天的开，有三四个人诉苦，有的诉苦的人他自己说到就哭，因为那会他穷得很，地主压迫他到无钱无田无吃的，当然自己悲伤，大家听着都有点悲伤，这都是穷人，就算没受到那么大的苦，人家受了那么大的苦，也等于像自己在受苦。

斗地主也要打人，本来要求说是不准打人，只能说服，不能斗争，不能打骂斗争，只能说服斗争，等于说讲道理，不能用武力来斗争，但是开会斗地主的时候，有些人偏偏要那样做，因为他以前和地主结了仇，现在他要出个气，这也没得法，有的还是要打地主，民兵也要拉开，因为不准这么做。也没人给地主说好话，大家不敢，那也是个政策性的东西。

4. 没收和分配土地、财产

地主的田土都要收了，富农一般是劳动富农，他土地出租那部分才征收，不出租那部分他还可以自已种，把地主富农该收的土地收上来后，才开始分田。分田是一个村的一起分，村的田多大家就多分点田土，少就少分点。我们那个村人多，田土不多，所以就分二挑多田一个人。中农自己有这么点田，也就算了，不给他分了，反正大家多点就多点，少点就少点，像我们这边没得田的，才得分田。分田是按照人口分的，举个例来说，一个人分三挑，五个人就该分一十五挑，假如他原先只有十一二挑，那也就算了，不得再另外分给他了，他就将就做着，我们家是一挑都没得，所以才得分。

地主的房子宽了的面积就分给贫下中农没得房子的人住，地主他也住在这个房子里，我们村没有把他们赶走，有的村就把地主赶走了，他的房子就完全由贫下中农住着的。

地主的五大财产都要被没收了分给贫下中农，有的分到的是床，有的是桌子板凳这些，但是大型的农具或者家具一般就是分给鳏寡孤独的那些人，因为那些人一个家都没得，上面没得父母照管他，自己又没有成家，相当于成了个流浪汉。他的生活更苦，所以就给他分得多一些，帮助他成个家。我们家分了家具，桌子板凳箱箱这些。

5. 土改复查

土改后有人调整审核，就是复查，看有没有成分划错了的。我们这里很少有划错了的情况，有的地方还是查漏了，但一般都少，因为像大家说的那样，虱子在面上摆起的，大家都大致晓得每家的情况。

土改后就颁发了土地证，没得土地证怎么说是你的土地？大家都有土地证，土地证就是一个凭证了，农民就有权利了，因为那个土地证上面就记录的是你的土地，东靠哪个，西靠哪个，谁的田挨着谁的田，就是这样。

我不记得有查田，我也没有看到过丈量土地面积。交公粮那是要交，也就是那个虚面积，本来这个田是五挑，之后称上来有六挑了，他就算六挑，那还不是那个六挑，就是那门个事情。我们交公粮只是说开始交得有点重，然后就不重了，再就转为集体，就不交了。我们这城边交公粮都是以细粮为主，我们家三十挑谷子要交一千斤谷子左右，只交一季，那是五几年交粮交到周口，那很费力，遭业，上公粮要请人挑，交到蓬安河边。

（三）土改的结果和影响

1. 土改后的土地经营情况

1952 年就成立了互助组，互助组就是我们穷人三户五户，资源集中起来一起干活，我们那个互助组就是一个院子的五六户人家，干活的时候你帮我干，我帮你干。

我们那阵家里人多，我哥哥去当兵了，是军属，所以我们家还要多分一个人的田，八个人分了九个人的田，一共分了三十多挑，都是好田。我们种地在劳力上不存在困难，但就是没有肥料，总的粮食产量多了，粮食也基本够吃了，但是粮食单产还是低，没得提高，因为一家一户种地，农具肥料都是靠自己，那会又没得化肥，就靠自己的农家肥，所以种地还是不得行。

2. 土改后的家庭生活情况

土改之后，生活当然比以往好一点了，因为自己又分了地，加上劳力也有，自己陆陆续续生活都要有所不同了，但是也没有做其他的生意，就是种地。

3. 土改后的社会交往情况

土改后大家的关系都还是挺好的，那阵都有个互相支持这个思想，但是地主他们就不和我们一起，我们也不得和他们连起一起，因为分了阶级，相当于我们就和他们自然脱钩了。

4. 土改后的观念变化情况

土地改革当然好，因为我们自己有了土地了，就自己有法种庄稼了，努力种庄稼产量就还好，所以生活就好办了。土改前，农民没得土地，地主有土地，农民想分点土地都不得行，所以土地改革对贫苦农民多好。

土改后，我去参加了修河坝、修堰塘的，那是经常的事，修清水水库，修茶盘水库，还是自己带粮去修，那就自觉，不去不得行。

5. 土改对农业集体化的影响

集体化开始就是要求生产资料全部入社，我们家的农具、耕牛这些都要交完，而且自己留着也没有什么用，田土也归集体了，自己不能种地了。

我认为种地还是自己种地比较有效率。集体化有这样一个缺点，大家的工分没有和做的工作联系到一起，有的耍的也是吃这么多饭，也得这么多工分，努力干活的人还是吃这么多饭，得这么多工分，所以大家就有种“你耍得我也耍”的想法。大家都耍，不干活，自然就把这个集体整垮了，最后就都没得吃的了。表面上大家都在做，就是没得收入。其实自己种地也就是说自由一点，但是产量也不一定高，虽然个人种的积极性比较高，但是单个人种的面积太少，干起活来也有限制。所以集体有集体的优势，自己干也有自己干的好处，要把两者结合起来，发挥各自的优势。

FL20160130GZS@S 高宗书

一 受访者基本信息表

调研点	四川省南充市营山县回龙镇瑶坪村	调研员姓名	范玲
调研员单位	华中师范大学中国农村研究院		
受访者编号	FL20160130GZS@S	受访者姓名	高宗书

续表

<table>
<tr><td>受访者性别</td><td>男</td><td colspan="2">首次采访时间</td><td>20160130</td><td colspan="2">首访时受访者年龄</td><td>81</td></tr>
<tr><td>受访者成分</td><td>贫农</td><td colspan="4">土改时是否土改干部或土改工作队队员</td><td>否</td><td>是否党员</td><td>否</td></tr>
<tr><td>干部经历</td><td>无</td><td colspan="3">曾担任的干部具体职务</td><td colspan="3">无</td></tr>
<tr><td>现家庭人口</td><td>5</td><td>现承包地面积（亩）</td><td>2</td><td>现承包林地面积（亩）</td><td>0</td><td>现承包水塘面积（亩）</td><td>0</td></tr>
<tr><td>受访者基本情况</td><td colspan="7">老人 1935 年出生，祖籍四川省南充市营山县回龙镇瑶坪村，小学学历，现在在村里一个人居住，身体还算硬朗，也会弄一小块地种点蔬菜。娶了三任妻子，都去世了。且没有子女，认了一个干儿子，干儿子一家在外面打工。每个月有低保、农保和高龄补贴，生活还算可以。</td></tr>
<tr><td>受访者职业简历或个人经历</td><td colspan="7">1951 年担任民兵配合土改工作；1955 年—1956 年，当兵；1956 年—1958 年，在建筑公司上班；1958 年—1961 年，在钢铁厂炼钢铁；1961 年以后，在营山做手艺；1993 年—2003 年，在新疆打工；2003 年至今，在老家养老。</td></tr>
<tr><td>受访者所在社区基本情况</td><td colspan="7">瑶坪村受营山县回龙镇管辖，边上有石桅村、小堰村。回龙镇位于营山县城近郊，面积 42.81 平方公里，辖 3 个办事处，1 个居委会，19 个村，共有人口 36153，其中农业人口 30215，耕地面积 24068 亩。</td></tr>
</table>

二　分阶段整理

（一）土改的基础和背景

1. 土改前的家庭基本情况

我叫高宗书，1935年出生于四川省南充市营山县。土改前我家有七口人，分别是我公[1]、爸妈，还有我们四姊妹[2]。我是家里的老三，上面有个大姐、大哥，下面有一个妹妹。我们家人口多，土地少，所以想方设法地做点小生意到处找吃的，找到了就吃，找不到就饿肚子。

2. 土改前的家庭经济情况

土改前家里生活条件一般，一家人必须要不停劳动才能保证吃得到饭。那会吃饭，干饭、稀饭、面和粗粮都要吃，有时家里没得吃的，就把蓝麦[3]那个米发点水把那个皮皮舂了，在那磨子里来破成颗颗，就来打搅吃。

我们一家老小都在劳动，就是劳动的轻重有所不同，爸妈他们就多做点，屋里的活，外面的活，我们小孩子和公就少做点，做点轻松的。我们娅[4]很辛苦，做生意的时候赶六十里路来回，一大早出门，傍晚才到家，还要背一大背红苕回来，一家人吃饭必须要弄钱，弄到钱才吃得成，她纺线子一晚上纺通夜，纺了后晚上又要打馍馍，一早她就去赶场卖馍馍。

那会我们家里一边务农，一边做点小生意。我们娅去做生意，走绿水罗家坝去背梨子回来卖，背红苕回来卖，买猪儿卖，低买高卖，从中间赚一点钱，不过很辛苦的，要走很远的路。等我们长大一些了，也开始做小生意，卖馍馍，每天一大早，我爸爸和大姐就要推磨，我就筛，一场要卖一斗麦子的馍馍，在回龙要卖个五斤麦子，丰产要卖个五六斤，或者要背到营山去要卖五六斤，有时没卖完这些，我就去赶法堂那边，青山它那里当大场，像我们这不当场的时候，那些地方当场，我们又在那里去卖。利润赚得到一半，比如卖一斗麦子的馍馍，要买两斗麦子。我们家在回龙场上租了个店子，原来是那个李烧馍和我们高烧馍，我们两家人在何北根屋里租的房子，滑板、炉子、掌盘、柜子，就寄放到他屋里，打米馍馍卖，打豌豆馍馍卖，哪样赚得到钱就做哪样生意。

家里那会还要纺线，我们娅和大姐有时纺一整晚，自家还没得油，没得钱打油，就到高宗秋和高宗辉屋里，八九个人照一个灯，就那样去纺线，纺棉花，纺起织白布，织了再去卖，白天晚上根本睡不到好多觉。不过我们就是纺线，没有织布，因为织布还要机斗这些，家里还要有本钱才织得起布，没得本钱的，置办不起那套机器，就像现在打米，总要个打米机，自家买不起还是要到别人家去打。

家里一年要养两三个、三四个猪，家里做馍馍，剩得有麦麸子，就用这个喂猪，我们

[1] 公：指爷爷。
[2] 姊妹：指兄弟姐妹。
[3] 蓝麦：此处指代不详，可能是一种野生的果实，也可能说的是“烂霉”。
[4] 娅：就是母亲的意思。

喂的猪很大，喂大了就卖了。那个时候又没得贷款，有时还要交钱，就靠卖点钱维持生活，自己要吃肉的话，就割点肉吃。

3. 土改前的土地经营情况

我们自家只有六挑田，土可能只有一百多丈的样子，因为我们家还在做小生意，所以种田也就是挤出时间种，打比今天赶紧种了地，明天又来卖馍馍。像我外婆和我母亲也是来回赶营山，赶回龙，赶丰产，清平那个老婆婆也是三天赶三场，庄稼就是赶出来的，一朝一黑就做，哪里草没除，粮食没收，哪里麦子没捡干净，就赶到去捡两下，不像现在这么好耍。那会白天晚上都在做事。田里也是种麦子、豌豆、胡豆和黄豆这些，土里种红苕、高粱、苞谷，反正样样都有。田里就种谷子，六挑谷子的田一年大概收得到一千多斤，像我们六七个人就不够吃，所以要做点小生意补充生活。种粮食也是要交税的，交税就要交一斗粮食。

4. 土改前的社会交往情况

我们小湾村没有佃主大户，所以大家都还打了交道的，关系还算不错。我们村有几个人关系特别好，赶场都走一路。但是我们那边隔壁村有个地主，没解放那会，他们就凶得很，我们赶集的时候都不敢走他那条路，因为他养的狗多，我们怕得都不敢去。

5. 土改前的土地观念

土改前我们还年轻，一天跟着家里做生意，也没想着要买田这些想法，能把生活维持了都不错了。到了土改的时候我们很高兴，天天扭秧歌，打花鼓，打腰鼓，演这个新剧，很欢迎土改。

（二）土改的过程和经历

1. 访贫问苦，扎根串连

1950年就是清匪反霸。有些以前当土匪，在山垭河上打劫抢钱的人和小偷就要被惩治。减租退押就像高宗辉屋里一样，以前他租了别人家的田种，要交租谷，解放了就把这些租谷减了，就不交了。

1951年土地改革的时候，村里来了工作队员的。土改团那会是杨世云，张包，张包是大家给他起的外号，他人很凶，他的脑壳上长了大包，所以我们就喊他“张包”。土改团都是外地的人，不是本地人，他们都是当兵的，他们那会来就在十神庙开的会，十神庙就是在红崖子沟那里。

工作队是到村里开了会就了事了，他不得到每家每户来访贫问苦，路那么远，他多难得走，可能他们去了别人家的，但是没来我们家。

土改时经常开会，那不是一天两天的事，说服人不是说一下就能把人说服，每个人都要去开会，每家每户都要去，再影响生产都要去开会。土改了要分田地的，不把这些地主打倒，怎么分得到呢？所以这歌唱得多好：“朝朝代代都是坏蛋坐江山，如今呀老百姓呀把身翻，前面惊涛骇浪打得地覆天也翻，地覆啊天也翻，打倒最后一个大坏蛋，最后一个坏蛋，是哪一个呢，打倒蒋介石呢，人民做主得江山。现在是不是人民坐了江山哇，好一个人民坐江山啊，只有幸福万万年。”所以喊我们积极，今天打哪一个，明天打哪一个，我就说了：“明天要打唐更阳。”开会工作同志还要对农民讲共产党国民党哪个好，哪个坏，“土改好了，你们这会过好生活了”这些。

土改的时候我是积极分子，积极分子就是要各方面表现好，能说，可以揭发，自己没得什么污点，说得出来做得直。

2. 划分阶级成分

土改来了就要划成分，成分有地主、富农、中农、贫农和雇农。雇农就是一挑谷子都没得；有几挑谷子的就叫贫农；有十挑谷子、二十挑谷子的就是中农，有二三十挑谷子的就是上中农；有四五十挑谷子的就可以给划个富农；有七八十挑谷子就给划为地主。这是大家都晓得的，它都有个刻刻有标准的。所以在开会的时候，工作队就把这个政策给大家宣布，每家合乎哪种成分，合符地主、富农还是中农贫农，自己就晓得了。地主也要算剥削量，地主请了长年干活，请个长工就是管吃，一年给长年缝一套衣服，又不拿钱，好的地主就给买双鞋子，不好的就给买双草鞋，那样的剥削当然要算了。

3. 挖苦根，斗地主

诉苦大会也是各家说各家的事，他们诉了苦的也就是说村里哪些人坏，是过去好还是现在好，现在当然好了，有吃有穿了。过去吃草根，吃树皮这些，像我们那会还吃胡豆叶子那些，吃树皮草根这些都吃了的，那个我都没吃过那些，我还没受过苦，大多都是老一辈的受苦比较多，说得多。

我们这个村地主还多，但是我们这个小湾没得地主。刘定国、朱汉清在朱顶寺那边，唐更阳、段少祖、邓泽厚是地主，就是这么五家。把地主划出来后，开大会就斗，还要喊地主拿财产出来，铜圆、银圆、银子这些要拿出来，有些拿得出来，也有些没得，偷偷卖了的，民兵又弄来打，经常打，是用柴块子打，打得厉害的就像死掉了一样。我们村还没有被打死的，但是我听说有打死了的，陈五元被打死了，因为他狡猾，喊他拿五大财产，他说他样样都没得，所以就把他打死了。

斗争地主的时候，没人敢同情地主，也不敢说地主的好话。政策来了，毛主席在那里，不敢说其他的话，也不敢同情地主，同情了他，自己还要遭一顿，没有哪个敢，半句话也不敢说。

4. 没收和分配土地、财产

土改成分一划分，就读这些文件，哪个该没收，收五大财产。五大财产就是房子、农具、衣服、家产和钱这些，地主都要拿出来，不拿出来就要遭打。有些地主也有，有些也没得，地主也是各家都不一样，像现在我们这个队一样，也有好的，也有不好的。地主他心熊的、精灵的、说得起话的、有人事的，他的生活就好，但是有的地主就像唐万福，虽然也是个地主，但他就是破产地主。土改的时候，我是民兵，去没收地主五大财产了的，有些地主有财产，有些地主也没得，把地主家里的粮食、家具、衣裳、财产这些都要收了，给大家分。分财产也是根据每家的家庭情况，如果家里没得什么东西，就可以分，还要分粮。

分地是按照家里有几口人，一口人分多少田土，上面也有个规定，或者一个人一挑、两挑还是三挑，一家总共分好多田土，原来有田土但是不足的话就补起。家里没得房子的，像有的人从别的地方来的，就给他们分地主的房子住，地主有的还是住在自家，有的就被赶出去了。

5．土改复查

土改复查的事情我记不得了，只记得土改结束之后，我们村是查了田的。我们家公粮要交一斗多，一斗可能三十斤的样子，交到街上，街上有国库，有粮站，就把公粮交到粮站里去。

（三）土改的结果和影响

1．土改后的土地经营情况

我家当时分了二十多挑田，农具也分了的，分了拌桶和水车。拌桶不是一家人分的，是五家人一起分的，哪家需要打谷子，自己去拿就行。像水车这些，哪里需要抽水，两个人或者四个人，有二人车、四人车，人就踩，水车转。大农具都是搭伙分的，小农具像一把锄头、弯刀这些就是分给各家的，其他就没分什么了，犁头我们那会有。

2．土改后的家庭生活情况

土改后，生活肯定好点了，家里除了种地外，还在继续做生意，我们也是见样做样，见鸡捉，见鸭卖，到街上买个猪，打比这个猪我们买成十五块，卖给别个就卖十六十七块，或者十八块，就从中赚两块钱。

3．土改后的观念变化情况

土改以后，我没有听到过国民党要“反攻大陆”的传言。

土改了当然好，吃有，穿有，吃不完，用不完，马路也修起。土改相当于走一步说一步。解放后共产党还是可以，国民党那会社会很乱，贼和土匪多，土改后的社会多稳定，不会出现那种事。

4．土改对农业集体化的影响

集体化那会，我还没种过庄稼。1958 年那会生活很恼火，我爸爸就是那个时候饿死的。他个子很高，别人把他喊大汉，他吃得多，那会没得吃的，他又是个本分老实人，管饭的人和你关系好，就搅了搅了给舀一勺干的，关系不好人不对的，是那个稀饭，加点苕颗颗，只给一勺儿汤，表面有几颗米，那样吃怎么能吃得饱呢，所以他就是被饿死了的。毛泽东（的政策）有好也有差，就是集体化那点没整好。

口述调查小记

2016 年 1 月，正值学校放寒假，我便回到自己的家乡进行口述史调研。在我们县城的大礼堂旁，有许多老人喜欢坐在花坛边打牌、闲逛，当我发现了这个地方后，这里便成为我寒假的调研根据地。

1 月 15 日。今天的天气很好，太阳把世界照得暖暖的，心情也明媚了许多。吃完晌午饭，我就出去边晒太阳边寻找着合适的老人。到了大礼堂后，发现今天的人特别多，老人小孩啊，还有因为在这里举办城市房产交易会而汇聚的人，树下已经坐着许多打牌的人，花坛边也有人坐着在闲聊，气氛和这天气一样热烈。当我沿着花坛走了一圈后，便一眼被朱爷爷吸引住了。他跷着腿拿着一个折叠椅独自坐在花坛边，周围坐满了人，他却没有和任何人交谈，他的眼神是冷漠的，似乎旁观着这个世界。我走上前去，和朱爷爷讲明了我的来意，当时心里还真有点忐忑，怕这个看起来有点冷漠的爷爷会拒绝我。可朱爷爷在听说了我的来意后，便接受了我的访问。

在访问中，我发现朱爷爷的冷漠和他的一生经历是有很大关系的。朱爷爷全名叫朱白化，1927 年出生，今年 89 岁了，祖籍是四川省南充市营山县济川乡，他 12 岁时父亲就去世了，家里就母亲还有哥哥，1946 年他们一家为了躲避拉壮丁，就迁到了营山县朗池镇古井村生活。可是一个外来人在新村庄的日子并不好过，和其他村民相处得并不是很好，之后他在合作社时期当了生产队的队长，因为处世公正，不太圆滑，所以也没能得到太多的支持甚至受到排挤。在爷爷为我讲述土改历史时，他的记忆力好得让我惊讶，许多事都可以生动地描述出来，似乎那些事就发生在眼前。爷爷说他最喜欢和有文化的人打交道，因为他觉得他们有见识，所以在土改及之后的一段时间里，他有时会和地富之类的人打交道，其他人就说，“你怎么和那些人打堆，不和我们打堆?”之后，老人说他也就不去和他眼里有文化的人打交道了，有种无奈的感觉。更让人心酸的是，他的妻子在 1966 年红卫兵上北京的时候，因为说错了句话，她说，“怎么这么多红卫兵上北京，是不是毛主席生病了哦?”红卫兵听到了，说，“你敢说毛主席生病啊!”她便被划为反革命分子，被批斗，第二年就去世了。之后也因为这件事，朱爷爷也没能当成队长，别人说他家属是反革命，他怎么能当队长呢?

朱爷爷的经历让我唏嘘，也就能明白他为何一个人如此淡漠地坐在那里，他在看这个世界，也在体会这个世界，这个世界给了他许多难言的痛苦，而又在此刻给予他对于生命意义的思索。访问完朱爷爷后，我似乎更能体会时代背景的变换对于一个小人物的一生是有着多么深刻的影响了。

1 月 18 日。经过几天的访谈，我觉得我似乎通了一点面相学，比如爱穿着绿色军大衣戴着毡帽那种帽子的老爷爷，一般就有段“激情燃烧的光辉岁月”，遇到他们可算遇到宝呢，随便给你讲讲也能让你激动起来；而那种穿戴整齐、面容平和的老人，一般口齿和思维都是比较清楚的，人也很随和，和这样的老人聊天就像和自己的爷爷聊天那般自然；还有的老爷爷呢，看起来穿着打扮不怎么利索，面部神情看起来也不是那么专注，这样的老爷爷可能就只记得比较刺激、印象深刻的画面，对于一般的事件就不怎么清楚了，当然了，能遇到其中任何一个老人，都是缘分和福气。

今天下午采访的龙爷爷就是第二种老人，穿着整洁，面容平和。龙爷爷全名叫龙云江，1932 年出生，已经 84 岁了，现在在营山县城养老。龙爷爷很随和，去访问他的时候，他正安静地坐在花坛边晒太阳，他的面容在太阳下显得很慈祥，和他交谈时，发现他的身世真是可怜：龙爷爷 15 岁时父亲因为黄肿病去世了，爷爷说那时得了病就只有死，那有什么办法。他母亲是残疾人，耳朵听不见，家里的大哥为了躲壮丁，就跑到重庆去了，也没回过家，家里的几个人就纺线织布，一天天忙个不停，才能保证第二天有吃的，以至于土改这么轰轰烈烈的大事都无闲去参加。访谈到一半时，旁边也有个人说："你要好好说哦，不然要遭[1]哦。"听到这话，我心里很紧张，因为担心老人中途会放弃访谈，可老人说："我要实事求是哇，是哪门就哪门哇。"我心中的一块石头就放下了，对于我问到的一些事，他如果不知道的话，就跟我说："这个我不知道，要实事求是是吧?"虽然最后的采访时间并没有那么长，可是至少每句都是老人仔细回忆的结果。

1 月 24 日。昨天全国都经历了一场风雪的洗礼，连不怎么下雪的营山都可以看到稀疏飘散的雪花。今天却是个难得的好天气，阳光灿烂。不过早上还是有点寒冷，等到中午吃过午饭，和妈妈到大礼堂走了一圈，便发现了独自一人坐在椅子上的薛爷爷，他带着老式的鸭舌帽，穿着厚厚的衣裳。我上前一问年龄，老人说他八十九了，我赶忙坐在老人旁边，访问起老人土改的事。这一问不要紧，从解放前到土改到人民公社到"文化大革命"，老人虽然马上 90 岁了，可是那个记忆力真的是让人佩服，一幕幕似在眼前。我一共访问了薛爷爷两个多小时，实在是很幸运能遇到这么脾气温和又记忆力超好的老人，更难得的是他和我一起在室外的寒风暖阳中一起待了两个多小时，没口水喝，没有火烤，可是重述往事一幕幕，两个差了快七十岁的人因土改访谈这个机缘相遇、相知，也是不易。

1 月 30 日。今天采访的人是我的二舅公公，他先后娶了三个妻子，他的妻子现在都去世了，也没留下子女。后来因为一些缘由，他把我爸收为养子，我从小便叫他公公。但是他在我的记忆中并不是那么慈祥，他不常在家里，我十多岁了他才从上海回来，还记得回来后他会和我妈妈打架。时至今日，他也老了，我们也长大了，他的脾气变得温和一点了，在乡下一个人住着，种点菜养点鸡什么的，身体也还好。采访他时，那些地主恶霸叫什么名啊，队里的一些家长里短啊，土改时他当民兵时的轰轰烈烈啊，他都还记得清楚，讲得明白。通过这次访问，我最大的收获就在于和爷爷之间做到了沟通、理解，也许这也是口述史的意义之一吧。

[1] 遭：指遭遇到不好的事。

蓬安县

LHP20160710WSL@S　王生礼

一　受访者基本信息表

<table>
<tr><td>调研点</td><td colspan="5">四川省南充市蓬安县正源镇</td><td colspan="2">调研员姓名</td><td colspan="2">刘海萍</td></tr>
<tr><td>调研员单位</td><td colspan="9">华中师范大学中国农村研究院</td></tr>
<tr><td>受访者编号</td><td colspan="5">LHP20160710WSL@S</td><td colspan="2">受访者姓名</td><td colspan="2">王生礼</td></tr>
<tr><td>受访者性别</td><td>男</td><td colspan="2">首次采访时间</td><td colspan="2">20160710</td><td colspan="2">首访时受访者年龄</td><td colspan="2">87</td></tr>
<tr><td>受访者成分</td><td>贫农</td><td colspan="5">土改时是否土改干部或土改工作队队员</td><td>否</td><td>是否党员</td><td>否</td></tr>
<tr><td>干部经历</td><td>无</td><td colspan="5">曾担任的干部具体职务</td><td colspan="3">无</td></tr>
<tr><td>现家庭人口</td><td>3</td><td>现承包地
面积（亩）</td><td colspan="2">0</td><td colspan="2">现承包林地
面积（亩）</td><td>0</td><td>现承包水塘
面积（亩）</td><td>0</td></tr>
<tr><td>受访者
基本情况</td><td colspan="9">老人1929年出生，受访时已有87岁。老人是南充市蓬安县正源镇望江村人。老人和老伴现在居住在镇上，和自己的大女儿、女婿生活在一起。
老伴现在身体十分硬朗。老人的儿子在“大跃进”的时候死了，现在有一个干儿子和两个女儿，小女儿在蓬安渡口上班，经常会回家看老人。两个女儿对老人十分孝顺，干儿子也经常会来看他。
老人现在每天去街上和其他老人喝茶、聊天、打牌，生活十分悠闲。但是老人身体不是特别好，膝盖关节疼痛，不能长时间坐着。访谈期间感觉老人身体有些吃不消。</td></tr>
<tr><td>受访者
职业简历
或个人经历</td><td colspan="9">老人在土改以前为了躲避拉兵，就在南充学做米粉，当学徒。新中国成立后，老人回到家中，1953年结婚，老伴是武装队的。老人主要在家里务农，偶尔到街上去当搬运，上货下货，赚点钱补贴家用。1954年老人还跟着生产队打堰塘。“大跃进”办食堂的时候，老人的儿子饿死了。土改之后，老人就一直在家务农。最近几年，老人年龄大了，才没有做农活，和大女儿住在一起。</td></tr>
</table>

续表

受访者所在社区基本情况	正源镇面积24平方公里，森林植被好，昼夜温差大，适合各种经济作物的栽培和生长。正源镇水、陆交通十分方便，每天有正源往返蓬安、南充两地的客运班车十多次，为了方便群众，逢场天还有集镇至各村的客运班车数趟。水上交通尤为繁忙，有从南充、高坪等地开往正源的大、中、小型客、货运输汽船数艘，日客运量达1000余人，货物吞吐量8.6万吨，是南充市中部地区一个难得的水码头。 正源社会事业蓬勃发展。邮电、自来水、有线电视等公用设施齐全。程控电话、移动和联通网络覆盖全镇各村，光纤闭路电视进村入户达60%。镇内建有一所占地面积19亩的新型初级中学，在校学生达700余人。同时，正在对原来的完小进行扩建，在校学生达1800余人。村上还有标准化的小学校，达到了农村适龄儿童全部上学就读。 集镇建设速度加快。2002年，镇党委、政府招来了南部县房地产开发商陆光明，总投资600万元，已投资125万元，建起了长324米、宽24米的光明路、文明街，现在已有100多户农民报名购地建房经商，还有10多户农民修起了一底两楼的商住楼。近年来镇域经济飞速发展，综合经济指标在全县“十佳乡镇”之列。集镇已形成较为规范的农副产品市场、商品贸易市场、水果蔬菜市场、建筑建材市场、水产和畜禽市场等。 全镇有锦橙100号36万株，已开始挂果，年产量达180万公斤；大脐橙80万株，年产量达800万公斤，是南充市有名的水果基地乡镇。全镇主产水稻、玉米、小麦、油菜、花生等，素有“川北鱼米之乡”的美誉。2002年粮食总产量540万公斤，人均390公斤，油料作物总产量108万公斤。现有水厂、预制板厂、页岩砖厂、煤砖厂、农副产品加工厂、酒厂等乡镇企业，年总产值2800万元，实现利税340万元。全镇两条溪河穿过10个村，电力提灌站5处，山坪塘86口。除了高山区的旱山村外，其余村社基本能够保持自流灌溉。

二　分阶段整理

（一）土改的基础和背景

1. 土改前的家庭基本情况

我叫王生礼，1929年出生于蓬安县正源镇望江村。土改前家里有七个人，家里有我妈、我爸、我、一个弟弟和一个妹妹，还有婆婆爷爷。土改前，爸妈有四十几岁，弟弟妹儿只有几岁，他们还在读书。

土改前，我们家有三个劳动力，我和我爸爸妈妈可以劳动，弟弟妹妹太小了，还在读书。土改之前我们这是国民党统治区，为了躲兵，我十五六岁就开始在南充学做米粉，当时我爸爸妈妈在家种地。

2. 土改前的家庭经济情况

（1）经济情况

土改前我在南充学做米粉。南充的米粉在我们当地很出名。我在主人家里当学徒，天还没亮就起来了，晚上多晚才得休息。我在他家什么都要帮他的忙，他才会教我做米粉。那个时候我当学徒多辛苦。

我爸爸妈妈就在家里种地，我们家有一点点土地，也就一亩多点，种点菜平时吃，我们家里几口人肯定不够吃。幸好我爸爸妈妈会织布，我们家主要收入就靠织布，织了布爸妈就拿到集市上卖。当时市场上一吊多钱一尺布。在集市上卖一场布，我们挣得到两三升米。家里再种点粮食，全家也只有节约才够吃。土改以前我们家经济多紧张，在村里属于条件比较差的了。当时我们家里人多，钱不够用，但是也不敢出去挣钱，出去工作怕国民党拉兵。

（2）生活来源

我们家除了种地，就是织布。爸爸妈妈他们会织布，织了布爸妈就拿到集市上卖。当时布是一吊多钱一尺。我们家卖一场布，挣得到两三升米。我们家里再种点粮食，全家只有节约才够吃。爸爸妈妈还要帮别人土地多的人家种地，别人一天给我们三四斤米的钱，只有几角钱。我们家也没有鸡鸭，没得粮食喂鸡鸭，当时只有大户人家才可以养，我们穷苦人家养不起那些，有的人家里就养个一两只。

（3）生活压力

我们土改前的生活压力大，我们主要开销就在吃上面，其他也没什么开销，也不得买衣服这些。我们家里穷，但是我们也借不起钱，借钱的利息太高，地主富农都在放高利贷。

3. 土改前的土地经营情况

（1）自有土地

我们家有一亩多地。这一亩多地是我们家的祖业，上一辈老的分家的时候给我爸爸分下来的。我们那个时候都是这样的，儿女分家，老一辈的就要分点地给他们，让年轻人自己生活。当时我们地里都种玉米、油菜、麦子这些，和现在差不多。一年下来我们家产得到两三斗麦子，一两斗豌豆，打得到八九百斤谷子，一千多斤红苕。

我们家婆婆爷爷、弟弟妹妹就吃细粮，我和爸爸妈妈就吃粗粮。粗粮就是红苕玉米这些。我们家这么多人，收的粮食不够吃，特别是正二三月最难熬过，麦子是青的，没有粮食吃。我们只有向大户人家借，借了等谷子出来就还给他，基本上等把粮食还了，我们就没得剩的粮食了。每年都是这样循环。当时我们还要交税，要向国家交一斗谷子，大概四十几斤。

（2）租佃情况

当时我们没有租别人的地，也没人愿意给我们租。我们家老的老，小的小，下面有弟弟妹妹，上面有婆婆爷爷。别人看我们家里没有足够的劳动力，也不会把土地给我们做。而且当时弟弟妹妹还在读书，也不能做农活。

（3）牲畜和农具

农民要用牛的话，只有找别人家借。我们家没有喂牛，当时是我帮他们做活，他就借牛给我耕，比如我帮他做两天活，他把牛借我耕一天。那个时候我们家里几乎什么都没有，我们家就只有锄头、镰刀、背篓、拌桶这些基本的农具。

（4）生产合作

我们农忙的时候大家要互相换工。我们家只有一亩多地，所以只有我们帮别人做工的。我们这一般的家庭都没有换工，自己能做。我们主要就是帮家里富裕的做农活。我们做一天农活，他就给我一升米的工钱。我们那个年代没有女工，伪政府那个时候就不要女的，主人家只要男的出去做活。换工的时候，我们空手去就可以。我们就帮他从早做到黑，他就给我们管两顿饭。土改前我们只有这种换工，我们村没有类似的互助小组。

我们村里没得族田。

4. 土改前的社会交往情况

（1）租佃关系

我们没有租地，就种自己家一亩多点地。

（2）农户关系和宗族关系

我们跟和我们一样贫困的、家里面什么也没有的农户关系比较好。我们跟富裕的家庭没有什么关系。我们除了帮他做工那几天，平时不会跟他们打交道。他们平时也看不起我们这些人。国民党那个时候，我们不敢得罪保长、甲长，他们也不会跟我打交道，我不敢得罪他们，只有老老实实做人。要是惹了他们，他们就还要来找我们麻烦。当时村上穷人和富人的差距就大了，有钱的人家里面就有很多钱，没钱的人家里面连吃穿都不够。

5. 土改前的土地观念

(1) 对土地的愿望

我当然很想买土地，不过我们当时没有钱去买土地。那个时候很多人家里粮食不够吃，都把土地卖了换粮食吃，我们家没有买土地的钱。

(2) 对土地的看法

我觉得大户人家有那么多不公平。不过不公平我也没法，只有顺着人家的意，生活才好过点。伪政府那个时候社会很黑暗，那时候完全没有土地的农民还是很可怜的。当时耕种别人的地，还是有点低人一等。佃户就要讨好主人家，他不高兴还不得让佃户租土地了。不过我们当时没有租别人的地。

(3) 对土改的反应

土改就是减租退押，斗地主分土地。当时穷人还是多高兴的，资产阶级[1]不高兴。我当时没有什么担忧，我们穷人有什么顾虑，“吃的在肚子里，穿的在身上”。都是屋头富裕的才顾虑，我们穷人巴不得快点土改。

土改之前的伪政府多黑暗，生活多苦。那个时候，村里的年轻人都要被拉兵，我们好怕，白天都跑到附近的山上去藏到起，等到晚上了再回来。那个时候国民党的那些兵也不行，横行霸道，村里面的年轻姑娘都要藏到起，不敢出门。保长、甲长也坏，一天还跑到我们屋头来收这样税、那样税，家里就不剩什么粮食了。我们还不敢发脾气，我们要是反抗他还要收拾我们。国民党那个时候的社会好乱，生活又苦。

（二）土改的过程和经历

1. 访贫问苦，扎根串连

(1) 工作队进村

1949 年解放，工作队是 1951 来我们村的。工作队来了，我们就开始搞减租退押。刚开始减租退押没得几个人，一个村来了一两个人。后面正式土改的时候，我们有几个乡，一共几十个人。工作队员都是从区上调来的。

(2) 土改宣传

我当时去参加了土改宣传的会议的。当时参加会议的有工作队，有村长，有武装队队长，有民兵。工作队就给我们宣传了土改。他给我们说什么叫贫农，什么叫雇农，什么叫小土地出租，什么叫富农。开会的时候他都要把政策给我们讲清楚，不然我们怎么知道土改。我记得当时开会去的人多，全村的人都要去，村里面男女都要去。开会的时候还是很热闹，开会的时候，院子里都是坐满了的人，村里男女都来。他当时讲的政策很通俗，我都听得懂，但我没有发言。

---

[1] 这里是老人对地主阶级的笼统说法。

（3）扎根串连

土改的时候，土改工作队员没有来我们家。村里的组长、村长他们知道我家里是什么情况，知道我们家里到底困不困难。我们村民都是住在一块儿的，情况大家都是知道的。工作队向村长他们了解我们的情况，一般跟村长、农协会主席打交道比较多，都给他们讲政策，他们商量村里面的事务。

我们这里没有串连。我当时不是积极分子，我要在家做农活。我家里老婆是武装队的。我觉得积极分子作用还是很大，帮助大家斗地主分胜利果实。

（4）成立贫农协会

我们村里成立了贫农协会。当时是一个村长、一个农协会主席，武装队的他们都是贫农团的，其他人就是群众。农协会主席是大家投票选举，大家看人可不可靠，老不老实，村民信不信得过。我们村里的农协会主要就是搞土改，打倒地主分田地，打土豪劣绅。当时我们这里枪毙了十几个土豪劣绅，主要就是伪政府的时候的乡长、保长、恶霸。

2. 划分阶级成分

（1）土改成分

土改的时候，我们全家定的都是贫农。我们土改的那个时候村上还给我们家分了田地的。我们的成分是群众来定的，主要是看家里有好多土地，请没请工，这些情况村民都是知道的。我当时被划成贫农，我没得意见，其他人也没得意见，这都是根据标准来的。

（2）成分划分

工作队给我们讲政策，带领大家划成分。贫农就是屋里什么也没有，就是家里不够吃不够穿；中农就是家里够吃够穿；富农就是不仅自己做庄稼，还往外出租了土地；大地主就是一点农活都不做，土地全部佃出去，征租纳佃；小量地主就是那些做生意的，教书的，自己有点土地自己又没做的，租给别人做的；破产地主就是他是地主成分，以前租过地给农民，但家里没得啥子了，好吃懒做，打麻将、抽鸦片把家产败光了的，后来分土地的时候还是给他们分了地的。

当时我们村划成地主的标准只有一个，就是自己一点都不劳动，又出租土地给农民，剥削农民的就都是地主。我们村划的地主，没有一个是我们的亲戚熟人。当时只要划成地主成分，该怎么处分就怎么处分，该罚款就罚款，我们也不敢帮他们说话。我们村没有死地主，他死了肯定就不算啊，一般是他儿子。

（3）划分结果

我们村划了四五个地主，有个是唐志高大地主，三四个富农。中农、贫雇农占多数，有一百多个。我们划成分都是开大会群众评的，出了三次榜，划了之后就没有调整。

3. 挖苦根，斗地主

（1）挖苦根

我们村批斗过四五个地主，批斗了很多次。乡上来开诉苦大会，就是上去说自己过去怎么被地主欺负。那些妇女代表就上去带头说，自己过去怎么被地主欺负，过去向地主交过好多粮，生活是多么辛苦，是怎么不够吃，地主怎么剥削人，当时就是说这些。我们村还算剥削账，就是要地主赔款，就算他以前剥削农民好多劳力，折成钱赔给农民。

（2）斗地主

我们村就是开大会的时候斗地主，让他们在台上站起，让他们承认错误，让他们自己讲自己做过哪些错事，一五一十地都要说出来。没说全的，还要被打，地主要是说得不够诚实的也要被打。打地主的话，就是用棒棒打，用拳头捶，那场面还是多吓人的。

当时很多人揭发地主的恶行，我只是看他们发言的，我那个时候在南充做米粉，也不晓得家里面的情况，也不知道说什么。但是我们也没有谁敢去帮地主说好话。要是帮地主说话就要被大家批斗，还是没人敢帮他们说话。

4. 没收和分配土地、财产

（1）没收土地和财产

只要工作队评出来他是地主，斗地主的时候他就要交代他家里有哪些东西。他屋头的家产是好多，工作队、武装队就来把他的东西都收完，铺盖、衣服、罩子都收走了。地主还要交罚款，交不起的话，还要把屋头剩的东西卖了抵交罚款。我们那个时候还有开明地主，是自己主动交了财产，开明地主就没有被斗。

没收财产是武装队和工作队去的，我们也没有去。没收地主财产时地主不敢反抗，要是反抗直接关起来吊起打。只要把他评出来，就要把他关押起来，把财产交了才放人。那个时候工作队也不准他走，地主家的人给他们送饭来吃，他们就被关押在村上的房间里。

（2）分配土地和财产

分配土地和财产就是看每户人家里几个人，屋头差什么。村长都知道每个人的情况。东西分得不可能完全平均，我们村还是有人争执。东西是在群众开大会的时候分的，工作队他们自己先决定好的，然后把东西直接给大家分的。我们六个人一共分了十二挑谷子的地，大概两亩多。我们贫农分到的还是好田。土地是每个人两挑，大家是一样的。但是雇农成分的话其他东西分得要好点，吃的穿的一个人要分两个人的量。我家还分了房子，我还是对分的东西比较满意。

（3）分配土地的过程

分土地的时候我们没有丈量土地，土地都是估计的，我们是按粮食的挑数来分的。干部分得不公平的情况少，都是悄悄的，一般还是不敢贪污。分土地和财产的时候，大家还是有争执，但大家抱怨两句就算了。

5. 土改复查

（1）土改复查

我们这里土改是1952年下半年结束的，土改搞了好几个月。土改之后我们村进行复查了，没得划错的地主和富农。土改之后，我们家还发了土地证的，我还保管得很好。

（2）查田定产

我们村组织了查田定产的，根据土地产量的多少估计的。我们家的田地有十二挑谷子，产量大概是一千多斤，当时定的产量还是比较合理。我们那个时候要交统购粮，几个人交几份统购粮。我们屋头要交六个人的，一共交两三百斤。当时我们家交公粮的压力就不怎么大了，屋头粮食够吃了，不过家里也没有多余的粮食，只有节约吃才够。

（三）土改的结果和影响

1. 土改后的土地经营情况

（1）生产情况

土改前我们家只有两挑半，后面分了十二挑，我们家就多了两亩多。土改后分的土地就够一家生活了，自己种来自己吃。家里产量比起以前还是增加了点，不过也没得好多，不像现在技术发达，有这么多化肥这些。家里种的还是跟以前一样，麦子、谷子、玉米、豆子、红苕。

（2）生产合作

土改后我们家劳动力够了，有爸妈，我老婆，还有弟弟妹妹。弟弟妹妹还在读书。我们有类似的互助小组，不过都是临时的，只是农忙的时候互相帮忙。你帮我，我帮你，主人家就是管我们两顿饭，都是附近几个相好的互相帮忙。土改之后生产上的都是小困难，不是伪政府时期的大困难了。

（3）收成情况

家里种的还是跟以前一样，麦子、谷子、玉米、豆子、红苕。一年给国家交一百多斤谷子，家里还剩有一千多斤，剩下的就够全家吃了。

（4）生产热情和土地买卖

土改后不用交租纳佃了，我们生产热情肯定比以前高了。土改之后我们也没有租种别人的地，那个时候就不准，也没人干。

2. 土改后的家庭生活情况

（1）生活变化和收入变化

土改之后比起以前当然有变化，土改之后生活比伪政府时好多了，有吃有喝了，我们走路底气也更足了。伪政府的时候，年轻人都出去“躲猫猫”，怕被拉兵。土改之后压力就小些了，虽然也要征收粮食，不过比起之前就好很多了。土改之后村民家里都差不多，都有田地了。我们发家致富的信心更足，肯定更有干劲，屋头底子也厚实些。

土改之后，我除了在家种地，有时还要去在街上当搬运，在搬运公司上货、下货。虽然挣的钱少，不过还是可以补贴家里面开支。

（2）农户关系和村户关系

土改之后我觉得自己身份地位更高了，说话底气更足了，不像以前受气了。土改以前就被地主、保长、甲长欺负。现在那些人都死了，不在了。他们那个时候多凶多恶，我们在村里面生怕受欺负。现在就不同了，大家都是一样的。我们谁也不怕谁，谁也不得罪谁。我们和普通村民那关系还是可以，大家都是贫农。我们和地主富农关系不好，他们不喜欢我们，我们把他们家田地分了。地主富农跟我们就没什么关系，平时我们不会怎么打交道的。

村民之间关系也有变化，伪政府的时候，坏分子多，村民都不敢出门的。土改后，村民之间关系更好了，大家更团结。普通人还是会根据成分跟人打交道。

我们和村里干部关系一般。土改之后村里风气那肯定更好，出门走路都大胆了，村里面也没得坏分子捣乱破坏了。

3. 土改后的观念变化情况

(1) 土地观

土改后分到土地，我肯定很高兴。以前我都是帮地主做，自己什么也没有。现在自己种出来的粮食就是自己的。当时我还听过国民党要“反攻大陆”，就是反革命造谣，就该打那些乱造谣的人。那国民党要是打过来的话，肯定共产党要把他们打赢。我觉得每家每户都有一样的土地这个政策可以。我觉得土改后分到土地的感觉和土地承包不一样，承包土地那就要自己去包，自己能做好多就包好多。

(2) 人际观

我觉得自己划成贫雇农地位比地主富农高些，“贫农最光荣”，走路都踏实些。我觉得与地主富农不是一家人，贫雇农才是一家。

(3) 社会观

土改后，就是 1954 年，我们积极去打堰塘。打堰塘可以挣钱，家里孩子也慢慢大了，家里开支大。土改后，我觉得现在这个政府肯定好。共产党这个政府多好，农民的生活比以前好多了哟。

(4) 土改观

我就觉得土改好，就是有吃的有住的了，可以出去挣钱了，可以到处走动了，不像以前那样到处躲了。土改作用很大，给我们分田分地，翻身做主人。

4. 土改对农业集体化的影响

(1) 生产资料入社

我们村互助组搞了很久，有两年，1956 年进的高级社。后面集体化的时候，把土地和农具这些都上交，不交不行，大家都要交。

(2) 对集体化的认识和对土改的再认识

我觉得比起集体化，还是自己种地效率高些。自己种地积极些，集体种地，刚开始还可以，后面就有人偷懒了，就不行了。集体肯定有助于生产，因为集体劳力都要多些，土地多些，粮食多些，只是后来搞“大锅饭”搞坏了。“大锅饭”那个时候的生活简直就不是人过的，那个时候饿死了很多人。土改时分了土地，后来集体又上交了，我感觉像是白分了。集体化的时候那是干部没有指挥好，指挥好的话，我觉得集体化肯定还是可以的。

LHP20160711YMC@W　杨明才

一　受访者基本信息表

<table>
<tr><td>调研点</td><td colspan="5">四川省南充市蓬安县正源镇</td><td colspan="2">调研员姓名</td><td colspan="2">刘海萍</td></tr>
<tr><td>调研员单位</td><td colspan="9">华中师范大学中国农村研究院</td></tr>
<tr><td>受访者编号</td><td colspan="5">LHP20160711YMC@W</td><td colspan="2">受访者姓名</td><td colspan="2">杨明才</td></tr>
<tr><td>受访者性别</td><td>男</td><td colspan="2">首次采访时间</td><td colspan="2">20160711</td><td colspan="2">首访时受访者年龄</td><td colspan="2">80</td></tr>
<tr><td>受访者成分</td><td>雇农</td><td colspan="5">土改时是否土改干部或土改工作队队员</td><td>否</td><td>是否党员</td><td>否</td></tr>
<tr><td>干部经历</td><td>有</td><td colspan="5">曾担任的干部具体职务</td><td colspan="3">武装队队长</td></tr>
<tr><td>现家庭人口</td><td>1</td><td>现承包地面积（亩）</td><td colspan="2">0</td><td colspan="2">现承包林地面积（亩）</td><td>0</td><td>现承包水塘面积（亩）</td><td>0</td></tr>
<tr><td>受访者基本情况</td><td colspan="9">老人1936年出生，现已有80岁。老人是南充市蓬安县正源镇望江村人。老人现在一个人居住在镇上。老人有三个儿子，都在广东打工，要过年才回家。三个儿子都有两个孩子，老大一儿一女，老二两个女儿，老三两个女儿。老人身体十分健康，平时就和街上的老人一起聊天喝茶。老人从小吃苦长大，现在也过得十分节俭，经常去街上捡纸壳、塑料瓶卖。老人平时就吃点青菜和稀饭。老人告诉我，他每次做饭都少放一把米，日积月累，又可以存一缸米。老人的主要生活来源是子女给钱和政府每个月的养老补贴。老人十分乐观，乐呵呵的，采访的时候，十分耐心。老人一个人居住十分孤单，希望孩子们可以经常回家看看自己。</td></tr>
<tr><td>受访者职业简历或个人经历</td><td colspan="9">老人出生在本地，家里有三个姐姐，一个弟弟，一个妹妹，共六个兄弟姐妹。老人从小家庭贫苦，爸爸在地主家当长工，妈妈打临工，自己和兄弟姐妹出去讨饭生活，还曾被狗咬。土改的时候，老人有十六岁了，当武装队队长，主要负责关押地主恶霸。“大跃进”成立食堂的时候，老人在食堂负责打饭。六十年代老人出去修了两年的石窟水库。“文化大革命”的时候，老人在农场管理犯人。“文革”之后，老人就一直在家务农。这两年老人住在镇上，家人不让做农活。</td></tr>
</table>

二　分阶段整理

（一）土改的基础和背景

1. 土改前的家庭基本情况

我叫杨明才，1936年出生于蓬安县正源镇望江村八大队。土改前家里有八个人。家里

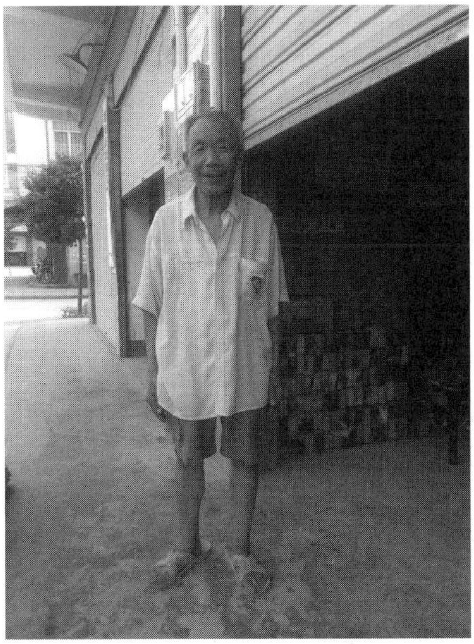

有我妈、我爸爸、我大姐、二姐、三姐，还有一个弟弟和一个妹妹。土改前，我姐姐有十几岁了，弟弟妹妹只有几岁。

土改之前，我公婆都是帮人出身，我爸爸和妈妈都是。我爸爸那个时候就出去给大老爷做工，这样才不得被拉兵。我妈妈也去帮别人做工，我们几个孩子就出去讨口，挨家挨户要饭吃。家里面的男性劳力有我爸爸、我弟弟和我，女性劳动力就是姐姐、妈妈她们。爸爸妈妈养我们六个人，我们家里当时负担还是多重的。

2. 土改前的家庭经济情况

（1）经济情况

土改前，我就跟姐姐和弟弟妹妹出去要饭，天亮就起来，今天走这条路要饭，明天就走那条路要饭。我大姐姐那个时候讨口，脚都被狗咬了。我爸爸每天去给地主家当长工，每天要天黑了才回来。我妈妈就去给别个打临工，每天挣点粮食回来。我妈一般就去帮大户人家收粮食，去给他收粮食收一天，他就让我妈背一大背篓谷子回家。

（2）生活来源

那个时候家里的主要收入就是爸妈帮人做农活挣点粮食。我们那个时候的生活是村上最差的，家里什么都没得，也没得地，没有种地，就只是帮别人做，帮他做工，他每天就印几斗粮食给你。

（3）生活压力

我们那个时候生活都不够，没有其他开销，主要是吃饭。我们也没有借过债，都是去要饭。我们那个时候家里穷，也没人会给我们借钱的。

3. 土改前的土地经营情况

（1）自有土地

我们家没有土地，爸爸都是在外面给别人干活。

（2）租佃情况

后来我们几个越来越大了，我爸爸就在八大队的龙少宇那里租了点地。他有几间茅房拿给我们住，拿点田土给我们种，我们就是写田户。他给我们拿了六升谷子的田，不是拿好的，是拿坏田给我们种。我们要给他交粮给租。天不干，收成好的时候，我们交了租，还能剩点粮食。天干的话，我们交了租，就没有剩余的粮食了。地租都是老板说了算，他说这挑谷子的田交多少租金，就交多少租金。年份差的时候，他要是心肠好，我们就少交租，只交一半。如果收成实在很差，就不交租。如果收成好的话，一挑谷子就要交几斗。那个时候我们都是种大米、豌豆、小麦、胡豆这些东西，一挑只打得到一两百斤谷子。我们有五六挑谷子的地，打得到一千多斤。

我们租地还要写文书，老板是找他的人来写，那个时候叫写约据。凡是要种三年四年的，他那边的人就写好合同。我们就签字，签不来字的就盖下拇指印。满了三四年，他心肠好的话就让我每年继续种，不好就让我们走。所以我们那个时候搬家都搬不及，家里面什么家具都没得，只有几个人。当时也有人种不下去，想退租的，一般还是没有问题，给老板付清租金就可以了。退租的时候还要给老板送个红鸡公，刚种庄稼的时候也要送个红鸡公给他。

（3）牲畜和农具

我们屋头没有喂鸡鸭，就只有几个人。“坐地猫”[1]才养鸡鸭。我们写田户，一天都在搬。农忙的时候，我们一般都是用老板的牛，我们帮他喂，他就借我们耕一天，不会收钱。我们那个时候什么都没有，完全都是用老板的。把农具用了洗干净又还给他，如果农具用坏了的话，去街上买新的赔给他就可以了。

（4）生产合作

我们农忙的时候要换工，都是和附近相好的一起换工，比如我们两个家里条件差不多，我帮你打几天谷子，你的打完了，你就帮我打。我家没有请过工，我们只有帮别个做，我们那点地自己挖得出来，不用请人做。换工的时候，主人家要管我们两顿饭，还是干饭，炒点菜，伙食比平时好点。工具也是主人家提供。当时我们村里面没得互助组。

我们村里没得族田。

4. 土改前的社会交往情况

（1）租佃关系

我们给老板做工的时候，他对我们挺好的。我们不帮他做工的时候，我们就不会打交

[1]“坐地猫”：有自己土地的人。

道。过年过节的时候我们要给老板家送鸡，他们家不稀罕猪肉的。他家要是有事，我们就要去给他帮忙，他不会给钱，但要管顿饭。

我们贫穷人家不会办酒，老板家有红白喜事要办酒，我们去他屋头吃，我们贫下中农只有给他送礼。遇到心地善良的老板，他还要把我送的东西还回来给我，考虑到我们家里的孩子多，家里困难，不会收我的礼。像灾荒年的时候，大老板家里怕我们过不了年，他还倒给我们几斗粮食，是高粱、苞谷这些杂粮，他都给我拿点，也不要我们的钱。

（2）农户关系和宗族关系

村里面富人和大老板我们平时看不到。保长、甲长瞧不起我们这些人，他瞧上的是有钱的那伙人。他们就和大老爷那些人关系好。我们穷人和穷人打交道，我们的关系就好。村里面富裕的人和穷的人差距比较大。我们写田户就比不过那些有庄稼的人，到处搬来搬去的，生活没着落。

5. 土改前的土地观念

（1）对土地的愿望

我想要土地，不过我们买不起土地。别人就是卖给你，我也买不起。我自己肯定还是想要一块自己的地。

（2）对土地的看法

大户人家有那么多地，他都是请人帮他种，他自己也不种。我觉得租别人的地没有觉得矮人一等，我们当时都是这个情况，所以觉得没什么。

（3）对土改的反应

听到土改，有的胆子大的人觉得还可以，胆子小的人就说共产党要来杀人了。我当时年纪比较大了，我不怕，听说要解放我很高兴。后来分到田地大家就欢喜了。伪政府那个时候想起都伤心，我都不想提。伪政府那个时候生活好苦，所以我就希望土改，觉得土改好。

（二）土改的过程和经历

1. 访贫问苦，扎根串连

（1）工作队进村

工作队进村就是斗地主划成分，我记得大概是1952年、1953年。那个时候一个村两三个人。他们都是从县上调下来的，分到一村二村三村四村五村这些。按村分的工作队。

（2）土改宣传

土改那个宣传会就开得好。那个时候有集中的地方，大家就都来开会。开会的时候打锣打鼓的，很热闹。土改又分田地又分胜利果实。工作队就一个个跟我们谈，土改是怎么回事都要给我们讲好讲清楚，就说现在我们贫下中农要分土地，分房子。我们都高兴，大家都支持土改。

我那个时候都发言了。我当时就说“拨开乌云见青天”。我就说不用当兵了，那个时候当兵的都不敢在家里面，那个时候年轻人都在山里。当时他们讲的政策我们都听得懂。

（3）扎根串连

工作队要来我们家里看看情况。分田分土的时候就到我们屋头来，告诉我们的房子是在哪里，土地是从哪里到哪里。他们都给我们说清楚。如果屋头实在贫困，他就拿解决款帮忙解决。当时我们这里没有串连。

我最开始不是积极分子，因为年龄小了，后来就当武装队长。解放后把田土分了我就当武装队长了，专门管那些坏人了，开会的时候不要他乱说乱动。上面每次通知我们在哪里开会，我们就把他们押去开会。那个时候村上还给我们发杆土枪，防止坏人不听话。

（4）成立贫农协会

我们村成立了贫农协会。贫农协会也是上面干部调查，只要是真的贫下中农积极分子就可以参加。贫农协会每隔段时间就要开次会。我也是贫农协会的。贫农协会的上面有领导，看里面哪个人积极，为人又好，就选上去当贫农协会会长。贫农协会平时也是做农活，只是开会的时候要去，主要给大家讲政策。我们武装队开会的时候主要管那些坏人，不准他乱说乱动乱走。

2. 划分阶级成分

（1）土改成分

我们全家是雇农，我们家里面什么东西都没有，土改之前搬来搬去的。我们的成分都是根据政策划的。大家都同意我们成分的划分，大家都了解我们的情况。当时家里面一样东西都没得就是雇农成分。我们划成雇农，所以我们家多分田地，我还是很满意。

（2）成分划分

土改就要给大家划成分，有地主富农，上中农下中农，贫农雇农。家里什么都没有的就是雇农；家里稍微有点土地的就是贫农；家里再多点土地的就是中农；家里土地多的就是地主富农。当时是工作队带头划的成分，还有贫下中农代表划成分。代表是大家推选，也有干部推选。划成地主就是因为家里财产多，家里有五六百挑谷子的田地，请很多长工，买很多庄稼。我们家没有划成地主的亲戚熟人。当时该怎么划成分，就怎么划，我们不存在包庇。我们村也没有死地主。他死了就不算，他有后人，他后人只要欺负了人的就被划成地主。

（3）划分结果

我们村有唐志高、李富贵，有三四个地主。富农有四个。最后复查还复查出来一个地主。其余的都是中农、贫农。我们村就划了一次。我们村里面没有调整，一般成分都定好了。上中农下中农这些都定好了。只是后来复查的时候有划错的，但是少得很，只有个别的复查出来。

3. 挖苦根，斗地主

（1）挖苦根

我们村批斗过地主的。我们就是批斗划出来的三四个地主。当时斗的次数很多，那要隔段时间开会才批斗。开会要让他坦白，坦白从宽，抗拒从严，交代自己做过的坏事情。我们开了诉苦大会的，就是忆苦思甜。工作队就选妇女主任上来说，说自己过去吃过哪些苦，受过哪些罪，说得大家都跟到流眼泪。说伪政府的话，说自己的苦情。还算了剥削账，但是具体怎么算的就不清楚了。

（2）斗地主

斗地主就是要打地主，开大会就要斗争他。当时开大会的时候我们还要呼口号，我当时听到都害怕。我当时也揭发地主，说他做过的坏事。开会的时候我就说他“吃人的血，喝人的汗”。当时没人敢给地主说好话，那个时候你敢说的话，就是包庇。你贫下中农包庇坏人更跑不脱。

4．没收和分配土地、财产

（1）没收土地和财产

我们村没收地主的财产由工作队负责，我们就把他东西搬完，搬到大队的保管室，有哪些东西工作队都登记好了的。我是武装队长，就组织大家去搬东西，大家都积极得很，高兴得很。当时没有地主敢反抗，专门训练了一批积极分子、武装队长来治他们。

（2）分配土地和财产

分土地和财产的标准就是看家里有好多人，还差好多东西，标准就是差哪些补哪些。工作队都是先调查好了，登记好了的，开大会的时候给大家分。

我们屋里分了席子、犁头、房子、土地，一共有十几挑谷子，三亩多田地。分的土都是好坏兼搭，上山土也有，下山土也有。分的田和土有上土、中土、下土，分成三个等级。我分的一级就是底下的田，二级就在半坡上，三级就在山梁上。贫雇农肯定分得好些。雇农要分，中农不得分。分到的东西我们还是满意，大家都很高兴。

（3）分配土地的过程

我们这里分配土地都是按挑数估计的，没有组织丈量。我们那个时候也没有干部贪污。当时有工作队，大家都看到的，也不敢贪污。分东西的时候没有纠纷。

5．土改复查

（1）土改复查

我们这里是1953年结束的土改。土改整了一年多。后面进行复查的，漏划了一个地主，其他的没有错误。我们发了土地证的，那个时候叫管业证。

（2）查田定产

我们组织了查田定产的，根据土地产量的多少估计。我们家定了有一千多斤，产量定得还是合理。公粮也是根据产量定的，我们当时只交两挑谷子，也就是一百多斤，压力还是不大。

（三）土改的结果和影响

1. 土改后的土地经营情况

（1）生产情况

土改后分到的土地就够我们一家人生活了，一共有十几挑谷子，三亩多田地。因为土改后也不用像以前大半交租了。家里种的苞谷、小麦、稻子、豌豆这些，样样都种齐了的，产量比起以前增加了。土地是自己的，更勤快些，产量自然就增加了。

（2）生产合作

家里劳动力就够了，有爸爸妈妈、弟弟妹妹都能做活。土改后有类似的互助组，都是临时的。大家之间还是要帮忙。农忙的时候你帮我，我帮你，只有农忙那几天。几家人搭伙买一条牛，一个人喂几天。你耕今天，我耕明天。那个时候，我们家没有牛，田土少了的户，供不起一头牛。那个时候可以租别个的牛，给两三角钱。

（3）收成情况

土改之后家里种的苞谷、小麦、稻子、豌豆这些。收好多没称过，反正够吃。一年给国家交一百多斤谷子，剩有一千多斤。

（4）生产热情和土地买卖

土改之后，自己的土地变多了，大家的种地热情都比之前高很多了。大家把各处边边角角的空地都挖出来种庄稼。

土改之后我们村就没有土地买卖的情况了。那个时候土地就不能租了，如果有的家里面种不完的，就给别人一点，一般有多的土地的话就送给别人种，也不会收租。

2. 土改后的家庭生活情况

（1）生活变化和收入变化

土改之后我们的生活比伪政府时的生活好多了，自产自吃，生活就好多了。土改之后我们生活压力就不大了。后面成立伙食团生活搞差了，才慢慢有压力的。村里面大家差距也不大了。大家生活都搞得很好，发家致富的信心也比以前更足了。

除了种地，我就是偶尔去下力。我把我自己庄稼种完之后，就去帮别人做一天，有一两角钱。别人给我的盐蛋我都揣回来给孩子吃。街上有时候有活干，在河边搬东西，我就去搬货，也有一块钱一天。那个时候肉才三毛钱一斤，好便宜。

（2）农户关系和村户关系

土改之后，我感觉自己身份地位提高了，现在没人欺压了。伪政府的时候，我们不敢去说那些地主，只有讨好他们的。我们和村民的关系搞得算好的。那个时候人的心肠还要好些，不像现在有的挣到钱，心还黑了。我们和地主富农关系一般，（相互间）还是要说话。

村民关系还是有变化，比以前好多了。有少部分会根据成分打交道，大部分人不得，住在一块儿的，平时打到交道的，还是不存在什么变化。我们和村干部关系也好，村干部团结贫下中农。村干部对我们还是好。土改后村里面风气还是好，不像以前，没得棒老二[1]了，那个时候保甲长还要拉壮丁，家里有关系的，抓了还可以放出来，家里没得关系的就只有去当兵。

3. 土改后的观念变化情况

（1）土地观

土改后我们有自己的土地当然高兴得很。大家有一样的土地我觉得很好，家家户户生活都好起来了，当时还听说国民党“反攻大陆”，那我觉得不可能，造谣的要被民兵处理。我觉得分到土地和土地承包感觉是一样的，土地都分在自己手里种，要好些。集体那个时候就差些，没得粮食吃。

（2）人际观

我觉得自己划成贫雇农，地位比地主富农高些，说话也管用些。我就觉得“贫雇农是一家，团结起来取胜利”。

（3）社会观

我们当时修水库很积极，大家都积极，喊一声就去了。修水库可以挣工分，而且毛主席说的“深挖洞，广积粮”，为自己好哪个不愿意去？我在石窟修了两年水库。我觉得共产党这个政府好些。伪政府那个时候，十七八岁都不敢在家，当兵的都没有回来的。现在共产党这个政府国家好得很。

（4）土改观

我就觉得土改好，盼到早点来，越早土改越好。土改运动作用很大，大家生活好多了，不用到处搬来搬去。

4. 土改对农业集体化的影响

（1）生产资料入社

土改之后我们就开始搞互助组，具体年份就记不到了。高级社大概是五六年，五八年成立的伙食团。我们那个时候加入初级社、高级社，自愿把土地、农具上交了。那个时候穷人都高兴，都在集体一起生产。上中农他们晚入社，他们就不高兴。因为他们庄稼多，怕大家占他们便宜。

（2）对集体化的认识和对土改的再认识

我觉得自己种比集体耕种的产量高些。集体的时候，有些人就不积极，粮食产量就提不上了。集体搞得好的话，也有发展。大家要齐心，生产就可以。要是都偷奸要滑的话，生产就不行。我没有觉得入社后土地就白分了，都是跟到政策走，后面集体就统一了，还是没得那种感觉。

---

〔1〕 棒老二：地痞流氓。

FL20150715ZDF@S 张大付

一 受访者基本信息表

<table>
<tr><td>调研点</td><td colspan="5">四川省南充市蓬安县正源镇金刚村</td><td colspan="2">调研员姓名</td><td colspan="2">范玲</td></tr>
<tr><td>调研员单位</td><td colspan="9">华中师范大学中国农村研究院</td></tr>
<tr><td>受访者编号</td><td colspan="5">FL20150715ZDF@S</td><td colspan="2">受访者姓名</td><td colspan="2">张大付</td></tr>
<tr><td>受访者性别</td><td>男</td><td colspan="2">首次采访时间</td><td colspan="2">20150715</td><td colspan="2">首访时受访者年龄</td><td colspan="2">84</td></tr>
<tr><td>受访者成分</td><td>贫农</td><td colspan="5">土改时是否土改干部或土改工作队队员</td><td>否</td><td>是否党员</td><td>否</td></tr>
<tr><td>干部经历</td><td>有</td><td colspan="5">曾担任的干部具体职务</td><td colspan="3">生产队队长等</td></tr>
<tr><td>现家庭人口</td><td>5</td><td>现承包地
面积（亩）</td><td colspan="2">5</td><td colspan="2">现承包林地
面积（亩）</td><td>1</td><td>现承包水塘
面积（亩）</td><td>0</td></tr>
<tr><td>受访者
基本情况</td><td colspan="9">老人1931年出生，祖籍正源镇金刚村。学历是小学二年级，后来还在政治夜校学习过。目前老人与老伴在家，有三个儿子，现已分家，老大在福建厦门打工。现在家有5亩土地，水田2亩多，旱地2亩多，自己种了苞谷2亩，大概几百斤产量。生活来源：低保每人每年960元，国家粮食补贴每年1000元，高龄补贴每年360元，和老伴农保一年1200元，儿子每年给1000多元钱。</td></tr>
<tr><td>受访者
职业简历
或个人经历</td><td colspan="9">老人1931年于正源镇金刚村出生，1954年组织连组，担任连组组长，1955年建立农业生产合作社，担任总记分员和分配员，1958年结婚，并于同年担任大队仓库保管员。1961年分队，回队担任生产队队长，一直担任到1981年，连续工作20年。</td></tr>
<tr><td>受访者
所在社区
基本情况</td><td colspan="9">金刚村距离县城25公里，距离正源镇1.5公里。全村面积0.56平方公里，其中耕地501亩，是典型的丘陵地貌，单一汉族聚居，以境内金刚山命名。土改时属蓬安县第四区正源乡，正源乡当时新设9村，有刺溪一村在内共10个村，全乡共3306户，有16828人（男8909人，女7919人）。本乡地主不多，也没有大的地主，五百挑田以上的地主有4户，两百至四百挑田的地主43户，富农大多七八十挑至一百五十挑谷左右。
现金刚村辖7个村民小组，农户290户1010人，其中吕姓、李姓为主要姓氏，分别约占30%、18%，有部分张姓、苏姓等小姓氏。2014年村集体经济总收入5万元。该村现已成立柑橘合作社，但还在开始阶段，没能赢利。现金刚村村干部8人，其中女性干部1人。支书与主任不是一肩挑。金刚村现人口主要是留守老人和儿童，中青年几乎全部外出打工，有的小队只剩几户人家，空巢化程度较为严重；同时，社区没有任何公益、娱乐设施，农民的业余文化活动较为贫瘠，但因离镇上较近，一些老人会选择去镇上茶馆或麻将馆消磨时间。</td></tr>
</table>

二 分阶段整理

（一）土改的基础和背景

1. 土改前的家庭基本情况

我叫张大付，今年八十四岁了。土改前我家里很穷，温饱都难以维持。我父亲去世得早，家里总共有七口人。我有三个哥哥，家里还有两个嫂嫂和一个姐姐，我是家里最小的一个。

2. 土改前的家庭经济情况

我们家里穷得很，虽然有一点点田土，但生活还没得他们佃田户好过。他们佃田户佃得宽，种得宽，生活还好过些。我们家首先没得劳力，哥哥不敢在家，拉壮丁拉到不敢落屋，那段时间一家只有我和姐姐种点旱地，割草卖，割一天的草能得到一升米，可以吃两天。我从小就是放牛娃，比现在打工都强。哥哥他们在外面帮人，一年挣得到一石谷子，其他的就没有什么收入来源了。我们还和那些佃田户去捡菜籽叶叶吃，一顿六七个人打五分米和菜叶叶叉起，就那样把我吃伤了[1]。

[1] 吃伤了：吃腻了。

我家里那会没有借过钱这些，主要是借不到钱，又没得哪个管闲事，没得人愿意借，所以生活不好也就只有自己扛。

3. 土改前的土地经营情况

土改前，我家中有五挑谷子水田，但是我们家无劳力、无农具、无牲畜，之后父亲又去世了，家中只有我和姐姐两个人种地，我们种不好，做不出来，所以一家人就饿饭。自己种不了田，也没得办法，所以就把田送给其他人做了，而且也没要租金这些。家里有七挑旱田，我们就种了点高粱，一年下来就收得到两萝高粱和两挑谷子，也不够一家人吃。

4. 土改前的土地观念

土改前我们家里有土地但没劳力、没耕牛、没农具、没肥料，有土地都做不出来，没得办法，其他什么东西也不去想了，保到肚子就算不错了。

土改的时候，共产党来了大家都非常欢迎，因为共产党帮那些贫苦的人翻身，我们当然感谢他，给群众分田土，群众好开心，没房子的分房子去住，去住地主的房子，不管哪个地方的田土宽了，地主的面积宽了，这些穷地方的人没得田，就把你分去住房子又种庄稼。

（二）土改的过程和经历

1. 访贫问苦，扎根串连

土改前期，毛主席就制定“减租退押、清匪反霸”，就搞那个运动。毛主席说着几句话，全国就搞得轰轰烈烈的，就把底下的人号召起来搞这个运动。土改时毛主席首先就打的恶霸地主、伪乡长。中坝那边有个吕友泽，他在群众当中最凶了，又歪又恶，首先打的就是他，在中坝底下河边一个坝子里开的公审会，那是部队来解放的，那是把他弄起来打了的，他是恶霸地主，升官发财又当官，名声也大，最后把他枪毙了的。

1951年6月，蓬安县委委派工作队开展土地改革工作。工作队坐镇正源镇，共两人，乡长李门善和会计。队里就靠村主任习良诚、会计和武装队部长田双全三人。进村后就组织群众开大会，那阵都是欢喜，那阵喊开会，大家跑都跑不赢，积极分子黑了喊开会，打起火把都去，非常积极。

最开始的时候，是村民私下的一个传一个，当时并未完全公开。后来工作队来了，就召开大会，土改大会我们参加了的，我到罗刹宫去开了会的。斗地主那时候，工作队员在会上说要斗地主，当时大家好多都恨旧社会那些人，拉壮丁，硬要拉起去，把贫农整到很恼火，到我家拉我哥哥的时候，把我母亲逼得喊天叫地的，底下李顺风把我母亲还抓起去弄到乡政府里面像关疯子一样关起来了的，那年代拉壮丁就像捆犯人一样，硬捆起去。

工作队的领导很少，没有开展扎根串连活动，没有哪个来访问，就是由每个组的小组长自己说了自己组里人的情况。

2. 划分阶级成分

土改的时候，我们家划的是贫农成分，贫农就是田土少的。我们家都赞同划的成分，因为我们家田地少，也没有其他的收入来源。

划成分是以农协会下面各组的小组长向干部反映情况，因为小组长较为了解各家各户的情况，所以没有到农户家来进行了解。我们就大概晓得大家的情况，他也没公布，也没说啥子，贫农就是进田户[1]，雇农就是什么东西都没得，给人家打工，中农就是有田土，下中农就是刚好够吃那样子，上中农就是田土有多余的，地主的田土就多，就要拿出来分给大家。

我们那个湾大概有两三户雇农，三四户中农，十几户贫农，没得地主富农。

3. 挖苦根，斗地主

诉苦时，全村开集体大会，全村人都可以参加。诉苦大会上，大家都诉苦诉得哭。旧社会有些地主恶霸把穷人家欺负狠了，现在开诉苦会，国家组织人，就要斗争他，那些地主不敢动也不敢跑，跑也跑不掉。

成分划定后就开展斗地主。有一个三坝那边的地主叫武海卿，队里有人佃他的庄稼。正源街上还有个地主李洪勋是做生意起家的，最先卖点草药这些，这样的地主没有斗。

斗地主就要斗的是恶霸地主，如张兆林，旧保甲长、土匪特务如吕茂贵等。这些恶霸地主出门都是坐滑竿，从不走路，拉壮丁也是激起群众起来斗争的一大原因。毛主席政策一下来，就把全国搞得轰轰烈烈，把群众发动起来造反。在正源，把群众发动起来，武装队举起刀枪苗子开大会，首先那阵敲那个土匪头子吕茂贵，在正源那个地方，乡长都不敢惹他，那阵共产党来了，吕茂贵跑都不敢跑了。共产党采用以儆效尤的办法，把其他地方的土匪用部队押到正源，然后再在正源现在的小学坝子那里打他，打得很凶，其他人看了都怕。这些土匪也不敢逃，因为站岗放哨的特别严厉，还是把他们敲了砂锅的，枪毙。一般的地主也要进行思想教育，以前要歪要横的旧保甲长那些，就要改造他们，他们也没得自由，改造过后，他们思想正确了，就放了人。

4. 没收和分配土地、财产

那阵收地主五大财产，都要收完，就给他留点房子，留点庄稼给他做就是了。把东西收到街上三角寺里头，三角寺里面住了一个工作同志，由工作同志来登记管理收到的财物。等把东西收齐了，就开大会，就到乡上去分五大财产。

首先，土改后分田土是照人头算的，总共好多田，好多人，一个人摊得到好多田，地主的和普通农民的田都要弄拢来照摊，毛主席的政策就是一个人两挑田和三十平方丈土。当时我家一共分得十六挑田，包括六挑干田，但是和我家里一样多人口的小组长家却分了十几挑好田，我觉得这不公平。

---

[1] 进田户：指分到田地的人家。

其次，地主的房子也被没收了，分给没得房子的贫下中农住，不过也要给地主留点住的，毛主席政策就是这样，还是要留间房子给他住，不收完。

最后，干部要来了解这个村有好多贫农、雇农，然后再具体安排怎么分东西，像收来的铺盖、棉絮、罩子、农具和耕牛这些，地主的五大财产都要收完分完的。

当时，我家和其他四户共五户人家搭伙分了头水牛，分了架水车。其他的大部分就是那些很穷的家里没什么东西的人分。我觉得干部在分财产的时候没有分公平，干部东西就分得齐，他之后的生活就好，一年两年就发起财了，他自家完全分的水田种，我们就分到的差田，种田的时候水都没办法进去，种庄稼自然就困难一些。那阵那个社会我们有意见也没办法，田土是他们掌握到分，他分哪里，我们没得说话的权利。

（三）土改的结果和影响

1. 土改后的土地经营情况

土改后我们家有七个人，土改前家里有五挑水田、七挑旱地，土改时平均每人分了两挑田、三十丈土，共计十亩八分田土，平均每人一亩三五分田土，种植水稻、豌豆、高粱和玉米，产量没有明显的提高，粮食基本够维持生活。土改之后，大家种地的热情是很高的，家里的劳力够用了，种地就是自己种，但是由于投资田的资本少、肥料少，所以种地还是存在一定困难。

2. 土改后的家庭生活情况

土改后，我们自己种庄稼了，劳动了，我家里情况有所好转。但是土改分田的时候我们分到的田是差田，其余的东西也没分到，所以我们家生活也没得好大的变化。

3. 土改后的观念变化情况

土改是毛主席的政策，群众都欢迎，好拥护的。过去大家受穷，生活很恼火。等解放了，把地主的田土分了，把这些土豪劣绅打了，群众高兴得很。土改搞得轰轰烈烈的，这些女的男的去跳舞，把群众都笑麻了，每场大家都要赶场，这些人拥起看街上唱歌，我们都搞过演出的，因为毛主席来了，要教育群众。

4. 土改对农业集体化的影响

俗话说，“人不自私，天诛地灭”，一家一户地干活就都是往自己家里刨，集体化的时候虽然大家是都在做，但那就是敷干部的，干部住在屋里，社员在外面，干部一天去检查社员做活路，干部来就做活路，干部不来，那就不做活路，监督不到。那阵老年人做不得的也要吃饭，小孩子也要吃饭，有些偷奸耍滑的他也不做也要吃饭，使得这些做活的人就说：做也是这么多，不做也是这么多……所以他们也就懒下来了，大家就摊穷了，光吃不做。总的来说，毛主席成立新中国很好，但就是1958年吃计划伙食，那是走快了点。

FL20150716XDM@ W　熊大民

一　受访者基本信息表

<table>
<tr><td>调研点</td><td colspan="5">四川省南充市蓬安县正源镇金刚村</td><td colspan="2">调研员姓名</td><td colspan="2">范玲</td></tr>
<tr><td>调研员单位</td><td colspan="9">华中师范大学中国农村研究院</td></tr>
<tr><td>受访者编号</td><td colspan="5">FL20150716XDM@ W</td><td colspan="2">受访者姓名</td><td colspan="2">熊大民</td></tr>
<tr><td>受访者性别</td><td>男</td><td colspan="2">首次采访时间</td><td colspan="2">20150716</td><td colspan="2">首访时受访者年龄</td><td colspan="2">82</td></tr>
<tr><td>受访者成分</td><td>贫农</td><td colspan="5">土改时是否土改干部或土改工作队队员</td><td>否</td><td>是否党员</td><td>否</td></tr>
<tr><td>干部经历</td><td>无</td><td colspan="5">曾担任的干部具体职务</td><td colspan="3">无</td></tr>
<tr><td>现家庭人口</td><td>5</td><td>现承包地
面积（亩）</td><td colspan="2">2</td><td colspan="2">现承包林地
面积（亩）</td><td>0</td><td>现承包水塘
面积（亩）</td><td>0</td></tr>
<tr><td>受访者
基本情况</td><td colspan="9">老人1933年出生，祖籍湖北省麻城县孝感乡人，没有上过学。1953年结婚，有两个儿子，大儿子和儿媳已去世，小儿子和儿媳在城里打工。现在家有承包地2亩，没有养大型牲畜。全家生活来源：低保一年960元，农保一年1080元，土地补贴一年1000元，小儿子每年拿4000元给老人养老，种地收入约1500元。</td></tr>
<tr><td>受访者
职业简历
或个人经历</td><td colspan="9">1958年在红旗五社搞深耕，在1958年至1960年在蓬安机械厂当工人，三年灾荒时其父母被饿死，1961年被下放，务农至今。</td></tr>
</table>

二　分阶段整理

（一）土改的基础和背景

1. 土改前的家庭基本情况

我叫熊大民，今年八十二岁了。土改前，我家庭生活较贫穷，温饱勉强可以维持。家里有祖父母、父母和六兄弟。我们祖祖辈辈都是佃田户，土改前在高头做，但租子太重了，我们交不起租子活不下去，就到金刚村来做租谷庄稼了。到这边来，我们住的也

是地主老板的茅草房。我从小出生就是务农，就我和四哥在家种种地，我是家里最小的一个。

2. 土改前的家庭经济情况

我们自家就佃地主的地种，还有两个哥哥有时在地主家帮工，一年每人得一挑谷子报酬。家里还是勉强维持温饱，但是吃得差，不过多少也带点米，就是稀饭，干饭都没有吃过，有时就把高粱自己留着搅膏膏吃，当换换口味。肉只有每个月初二、十六，帮地主屋里干活的时候才吃得到肉，就当得打牙祭。

家里还种了棉花，也会纺棉花织布，卖了些棉花，一年大概要卖几十斤，那阵好棉花国家也在收，好花头花就是十几块钱一斤。每年喂两条猪，喂肥了就拿起去给屠夫卖了。

国民党时候，各种苛捐杂税也多，刚把粮食打下来，款项就来了，有时候整的连饭都吃不起。旧社会时期，像那些做着几挑谷子的中等人家，他们出款都是同样的和我们一下出，那些有名分的，他又高一级，款也不出，苛捐杂税也不出，出款那个时候就是贫下中农和中等人家出，贫下中农还出得多。再加上人情事务，敬老爷的那些花销，我们一年也剩不下几个钱，勉强维持生活。

土改前借钱的形式有种叫做加三利，“加三吃饱饭，对本饿死人”。还有放对本的，那个台账就是这门的，打比今天当场，去放钱的那里去借八角钱，那么两天日子你就要还他一块，那就是台账，利息就是那么高。不过我们是没有借过这种形式的钱的，因为也是借不起。

3. 土改前的土地经营情况

土改前我们自家没有土地，就向佃主租地，租地要签契约，我们和佃主老板是一年一签，我们向佃主佃了四十多挑谷子的地，一挑谷子交两斗租，总共就有八石租，交混合粮，麦子交好多、豌豆交好多，高粱佃主就不得收。所谓的“中间是老板的，边头边角是自己的”，我们租种的也是不好的地。

遇到灾荒年的时候，佃主也要减点租子，本来一挑谷子要交两斗的租子，减了就是交一斗五升谷子、一斗六升谷子，一挑谷子就减这么点点，减不到一半。除了交地租，还要打随租。随租就相当于定金一样，也是一年一交，那个时候不打随租，佃主他就不得拿庄稼给我们做，不过土改那个时候随租是退了的。种地的农具像风车耒子、犁头磨耙都是个人置的。有时种地人手不够用，也和队里其他两家写田户一起帮着做了活的，你帮我做，我帮你做。我们那会红苕、高粱、棉花、花生这些都种了的，下山土全是高粱，高粱一年要摘四五石，高粱三百斤一石，卖只卖得到几角钱一升。上山土就是红苕，还有花生，要收八九斗一石花生，那也是要卖的，花生那个时候两块三块一升。豆子最多收一斗多，一升就是六斤，一斗就是六十斤。这些粮食收获了就拿去卖钱，然后交苛捐杂税那些，但是那会没得科学，产量都不高。

4. 土改前的社会交往情况

我们家是这个村子的外来户，就是佃田户，自己又没得土地，所以和村子里的人关系一般。那些有自己田土的人，我们就叫他们坐地猫儿，丰收时最好别去碰他的庄稼，碰了的话，他就凶得很。我们这个湾湾里还有两户佃客，就我们三家都是佃客，关系就好点。

我们家租的是佃主张登伍的田土，我们和他的关系还是可以。如果关系不好，佃主他不得把庄稼拿给我们做，而且他也就是对旁边人凶，还是不得对我们佃田户凶的。只要把庄稼做好，他还是舍不得我们，因为他也怕佃客做不好，把他地给塌荒了。过年的时候我们要拿三斤半大的膀到他家去拜年，回来的时候他就给我们两封草莓糖，关系还是可以的。

5. 土改前的土地观念

土地改革以前我家没有想过买地，因为我们家几个哥哥为了躲抓兵，到处跑，都不敢在家里面种庄稼，我们能把生活维持住就算不错了，没想着买地那事了。

地主为什么地多呢？因为地主他剥削老百姓的钱款，贪污钱款，他有钱了就买地，买地了又租给穷人吃租谷。土改前我对党和国家这块儿没有什么认识，那个时候不懂这些东西。

（二）土改的过程和经历

1. 访贫问苦，扎根串连

1951 年 6 月，我看到工作队进村的，工作队就两人，他们主要是在镇上办公，天天到村里来开会，头头是雍玉和一个会计，队里就是农会负责。

那阵工作队来村后天天开会，我们家就我哥哥他们去开会。那个时候做庄稼，“半年辛苦半年闲”，像这几天活一做了，就可以休息了。我那个时候都跑起去看趣趣[1]了，具体讲的内容，我们也不怎么听，主要是给工作干部扬威，给他吼起，如果贫下中农都不威武，那怎么把地主威风压得下来呢？工作队员也到了我们家里来访贫问苦了的，了解我们家有哪些苦，我大哥被抓壮丁的事就告诉了工作队员的。

2. 划分阶级成分

划成分是由村上的人来划的，有一定的标准。地主就是又恶劣又凶，田土又多，那就叫地主，就要没收他，恶劣的地主，行凶霸道，吃人、整人、害人这些都是恶劣的；富农，比地主标准又要矮点，他没得那么恶，又没得那么歪，又比中农生活好些；有自业的都是中农；贫农就没得多少田土；雇农就是没有田土。反正划成分就是比刻刻，比到哪个刻刻就是哪个刻刻。

村上有个中农，那头湾里的唐世新，土改那个时候，搞减租退押，他依他妇人，“赶忙来摞两挑麦，买点庄稼”，他就在我们这里买的二十挑谷子，他就买成了个中农。

3. 挖苦根，斗地主

我们那会诉苦是采取写状纸的办法，你家有什么事，就写状纸交给工作队，他们就要处理。我大哥那会为躲壮丁摔死了，我父亲就请人写状纸告了那个旧保甲长，他们就把他抓了。开诉苦大会的时候，我就没去，是我哥哥他们去的。

成分划定后就开展斗地主，但是我自己湾里是没有地主的。那阵我到小学坝子那里去看人家斗地主，斗争好激烈，我们看到都怕。斗地主时，边打他，还要边控诉地主的罪行。但是也没得哪个敢给地主说好话。

4. 没收和分配土地、财产

没收地主财产的时候是国家的领导带着的，贫农协会和工作队一路去没收。分田就是这个村有好多人有好多地，就平均分，分好多是好多。我们村每个人就是干湿一挑半。地主的房子要没收了，有的留了一间给地主住，有的地主恶狠了，就给他收完了的，贫下中农去住，至于他自己到哪里去住，我们就不管了，个人去想办法。

分财产的时候，那有个比例，哪个穷的，哪个就多分点点，这个还是有几等。（家境）好

---

[1] 看趣趣：指凑热闹、看热闹。

点的就没分，等于那个时候吃不起饭的就多分点点。“家中有兴余，隔壁有等秤”，家里有铺盖棉被盖就行了，那个有的盖一个烂巾巾，他不该多分点点吗？铺盖棉被就该他了，我们就不去一般见识，还和他抢那么点东西。我家分了一张铁桌子，是用谷子折合的，其他的没分。

5. 土改复查

我记得有漏网的地主，最后复查土改又把他弄上去，但是漏网地主是少数，那是个别狡猾的。李华先原来就划个中农，最后把他清查出来了，他的成分就划高了。不过那都是少数的，地主名分大的，土改一开始就把他打死了。

土改结束后，土地证是发了的，东边是哪里，西边是哪里，都写清楚了的。

（三）土改的结果和影响

1. 土改后的土地经营情况

我当时家里六口人，每人干湿一挑半田，但只分了四个人的份，总共分了三亩田。土改前我们是完全没有土地的佃田户，现在就多了三亩了。

2. 土改后的家庭生活情况

刚开始分到地的时候，那个产量还没有拿起来，所以也都没有发展起来，不过那个时候不拉壮丁了，哥哥也回来种地了，就不给冤枉钱，有好多地就种好多地，所以肚子吃得饱了，生活慢慢变好了。

3. 土改后的社会交往情况

土改过后贫下中农翻了身，大家都很高兴，分了田土了，自家种自家的，相处得也比较和谐。我们家和干部关系还是可以，有些事情还是需要他给说几句好话。像我们那个时候，家里的条件也还是比较差，屋里一大家子人，上面的款项又多，要靠上面的书记给家里拿点钱补贴，大贴小补的，领导你要拥护他，他才拥护你。另外，和地主富农那些人也不怎么打交道，反正他不惹你，你不惹他就行了。

4. 土改后的观念变化情况

土改好，不拉壮丁了，人都清静了，人的生活也慢慢地变好了，土改前全是遭业的人。我觉得咱们共产党也很好，要不是共产党给撑腰，那贫下中农是分不到地的，如果不把那些地主打垮，哪里来的田土分。

5. 土改对农业集体化的影响

农业集体化时，交耕牛犁具都是自愿交的。但我觉得种地还是自己种好，现在是越来越科学，吃饭都是吃的科学饭，这块泥巴你要把它做活，那生活才能丰富。集体化那阵，我爸妈饿死了，因为集体化时大家都在拖，不干活。

凉山彝族自治州

会东县

CGM20170725ZKH@D　郑开会

一　受访者基本信息表

<table>
<tr><td>调研点</td><td colspan="5">四川省会东县江西街乡江西村</td><td colspan="2">调研员姓名</td><td colspan="2">陈国明</td></tr>
<tr><td>调研员单位</td><td colspan="9">华中师范大学中国农村研究院</td></tr>
<tr><td>受访者编号</td><td colspan="5">CGM20170725ZKH@D</td><td colspan="2">受访者姓名</td><td colspan="2">郑开会</td></tr>
<tr><td>受访者性别</td><td>男</td><td colspan="2">首次采访时间</td><td colspan="2">20170725</td><td colspan="2">首访时受访者年龄</td><td colspan="2">83</td></tr>
<tr><td>受访者成分</td><td>地主</td><td colspan="5">土改时是否土改干部或土改工作队队员</td><td>否</td><td>是否党员</td><td>否</td></tr>
<tr><td>干部经历</td><td>无</td><td colspan="5">曾担任的干部具体职务</td><td colspan="3">无</td></tr>
<tr><td>现家庭人口</td><td>2</td><td>现承包地
面积（亩）</td><td colspan="2">0</td><td colspan="2">现承包林地
面积（亩）</td><td>0</td><td>现承包水塘
面积（亩）</td><td>0</td></tr>
<tr><td>受访者
基本情况</td><td colspan="9">老人出生于1934年，户籍在四川省会东县江西街乡江西村，读过初中，有4个子女，3个儿子和1个女儿，儿子皆在外打工。现在与老伴一起居住，老伴曾经当过教师。老人身体现在还比较健康，也经常出去和朋友们闲聊。子女也都非常孝顺，逢年过节都要回来看望老人。老两口的日常生活来源主要是靠养老保险和老伴的退休工资。</td></tr>
<tr><td>受访者
职业简历
或个人经历</td><td colspan="9">老人在1950年解放前在当地读了两年小学。解放后家庭财产全部被没收。1953年小学毕业后由于家境败落，因此就没有继续读书，去了大梁子的地质队，在地质队待了八年后回到家乡。老人回家的时候适逢所在的几个大队在当地山中修水库，于是又去守了十一年的水库。之后便长期在家务农，生活至今。</td></tr>
<tr><td>受访者
所在社区
基本情况</td><td colspan="9">江西村位于四川省会东县江西街乡境内，地形以山地为主，坐落于河谷地带，南邻会东县重镇铅锌镇，村民主要从事农业。
江西街乡原属会理县鲹鱼区大发乡，1952年置江西乡，1955年并入大桥乡，1971年原江西乡划入东风公社，1981年更名为江西街公社，1984年置江西街乡。该乡位于县境东北部，距县府56公里，面积58平方公里，人口0.6万。岔（路口）吉（兆卡）公路过境，辖大山、江西、扎塘、金沟、碗厂、油房沟、木城7个村委会。农业主产玉米、水稻、小麦、烤烟、蚕茧，牧业有改良细毛羊等。</td></tr>
</table>

二 分阶段整理

（一）土改的基础和背景

1．土改前的家庭基本情况

我叫郑开会，今年八十三岁，1934 年出生于四川省会东县。我们家在土改以前在这个地方是相当有威望的。我的父亲在解放前六七年左右去世，他以前当过保长，心地善良，不乱整人。我上面还有一个哥哥，哥哥在最先死。我们是九兄弟姊妹，我有六弟兄，三个姐姐，在 1949 年前死去三个。

那时候我的家人也多，我父亲在的时候，我家吃一顿饭要坐两桌人。但是到土地改革的时候，就只剩下我们四个人了，我和我的母亲，一个兄弟和二姐。

2．土改前的家庭经济情况

我家土地还没有被没收的时候，土地特别多，父亲他们三兄弟在一起，一年要收一百多石租子。粮食吃不完，要卖掉一些，一年卖这些粮食大概能卖几十块到上百块钱，那时候物价低，粮食的价格也低，十斤粮食只管几角钱，一升相当于现在的八斤，只卖得到三四毫钱。那时候的钱值钱，农村产出来的东西不值钱。卖粮食得来的这些钱最终全部用到日常生活开支上。当时家里面除了种土地以外也做生意。我们父亲当保长，我家哥哥就去做生意，去云南东川买布，买来拿到堵格去卖。此外，我家还烤酒[1]卖。

3. 土改前的土地经营情况

土改以前从门口河边一直到江西街，这整片土地全部是我家的，大概有几十亩，接近一百亩。土地还没有被没收的时候，我家并不是专靠租子吃饭，也要参与劳动。因为除了租出去的土地以外，我们自己种的应该有二十亩土地左右。至于租出去的那就非常多了，联合、石头河、红果的土地全都租了出去，大概有几十亩。当时基本上都是种水稻、玉米、土豆和蚕豆。那时候生产条件差，一亩田只能产出六七百斤稻谷。玉米也差不多，一分土地只能收获两背篓玉米，也就是纯玉米粒一百斤左右。我家土豆种得不多，只有几分到一亩土地，产量总共只有几百斤，挖起来只够家里吃一季。

我家的土地都是陆陆续续从其他人那里买的。以前有一家人住在这个村子里，他家姓计，那时候太穷了，于是就把他家的土地和房屋财产等都卖给了我家。那时候，我们没有去强硬地霸占过谁家的土地，都是用钱买来的。当时大桥有一个小仓库，只要是在大桥附近住的人，只要种了粮食就都要去交税。有些用包，有些用袋子提着去，我家就靠人背，要用袋子背两袋才够交。

我家还请了三四个帮工，帮工长期帮我家，在我家吃，在我家住，一年给他几块或十多块钱。解放后，由于房屋财产都被没收了，家庭条件一落千丈。从解放到土地改革中间这段时间，我们没有土地，家里面什么都没有。

4. 土改前的社会交往情况

我家在这个村子里跟村民的关系一直都很好，就比如遇到灾荒，农户家有困难，我家也会为他们提供帮助。我们奶奶还在的时候，过年时，别人背柴来卖，她看着别人可怜，就会拿点米和肉给他。我家和佃户关系也很好，互不欺压，互相尊敬。有时候他们会来家里，这是尊重你的表现，你也要热情地接待人家。其他地方有些佃主就会摆架子，别人家进屋低头弯腰的，我家就不这样做。我们郑家分家出去的有三家，郑开祐家、郑开维家和我家，这三家是佃主，他们家和我家一样，人老了，弟兄多了以后就分家了。

我们郑家默认的族长是郑学品，他是我们的小爷爷，解放后他才去世的。总体来说，宗族内各个家庭之间的关系都保持正常。村子里面农户的生活经济条件差距很大，有的人家庭条件好，有的人条件差。普通农民生活很困难，一年种出来的粮食能够吃一年的家庭很少，有很多人家甚至完全没有土地。另一些家庭条件比较好的，一年能够保证有吃喝的。

5. 土改前的土地观念

土改以前，虽然土地有那么多，但还是想再买一些土地。有钱的人都想买土地，这在过去成了规律，不管你是什么地方的都想要土地，省出来点钱都会去买土地，我家以前也

[1] 烤酒：酿酒。

是这样。家里面赚来的钱都拿来买土地。虽然我们一直有买土地的想法，但是也要其他人肯卖。同时你要有钱才能拥有，你不可能无缘无故地想，你要有个根据地想。有些人家确实有困难，遇到天灾人祸，只有卖房屋财产，卖土地，他才会找到你卖。当时家里有那么多土地，心里面其实还是有一种骄傲的心理。

后来听说要土改了，就很担心，因为只要是地主家的子女后人，其他人都恨，非常希望斩草除根。“地主就像冬天里的洋葱一样，冬枯皮黄心不死，时机到了，气候到了它就要翻天。”当然，虽然担心，但是我家没有转移过财产。人民群众对我家到底有多少财产心里面都有数。有些人就把这钱看得过重，把钱省下来，买不到土地就藏在土里面，这种情况是有的，就下面那家人还被挖过几次，我家没有这种情况。

（二）土改的过程和经历

1. 访贫问苦，扎根串连

工作队从1950年解放后就渐渐开始下来了，一年比一年多。以前中国划为几个行政区，西南最后解放，来解放的都是些南下干部。工作队成员是从华北、东北那些地方派来解放四川的，四川解放了就留了下来。工作队员来到村子里的时候，不同形式的会议开得非常多，凡是贫农百姓都去参加。我家因为是地主，没有去参加会议。当时也要搞贫雇农的串连，贫下中农要团结起来。村子里积极分子非常多，全是贫下中农。

解放后，工作人员提出要在某个地方成立一个农会，成立一个乡，发展地方组织机构，乡也就成立了起来，乡长这些领导都是从外面调过来的。然后实行清匪反霸时就开始组织农会，选当地的人当农会主席。一个乡成立一个农会，派来两三个人领导。农会是上级政府派工作同志来号召成立的，主要由中农、贫农和雇农构成，只要是普通农民都参加了农会。地主和富农不能参加，中农在农会中不能当主席，农会主席要从贫农中产生。

2. 划分阶级成分

我家的成分被划为地主。成分是由农会来划分，哪些该划地主，哪些该划富农，哪些该划为中农、贫农，都要选乡村里有头脑的人来研究哪家该划什么成分，然后把地主富农家的封建财产交出来，你家无论有些什么，金子、银子，值钱的财产都交出来，不交的话就拉去斗。

划地主的标准主要是看曾经是否出租土地收取地租，收租的就被划为地主。富农的标准则是土地多，但是都靠自己耕种。土地比较少的就被划为中农。贫农就是什么都没有，租种地主家的土地。雇农是没有家的人，当他成家以后就变成贫农了。当然，具体的划分规定并不是定死了的，都要根据当地的情况，比如我家在这个地方比任何一家人都富裕，那么就不管土地少还是土地多，都把我们划为地主。

上了十八岁，就要被划为分子，不满十八岁的就划为子女。地主家的子女不实行专政，但是慢慢地还是要监视起来，如果家里的老人疯了或者是死了，你要继承老人的衣钵，看你的家里面还有些什么东西，依然要把你拉出去批斗。我家的成分是周围的人划的，划成分的时候，毛主席已经有制度了，哪些该划为地主，哪些该划为贫农、富农、恶霸等。我家在我们这个地方该划为地主，但是他们的手段太残忍了。

地主我们这里不多，我们这个队只有三家，三家人都姓郑，没有富农，中农大概有七八家，贫农很多，占了大多数。

3．挖苦根，斗地主

成分划分出来以后，就开始批斗地主了。当时批斗地主次数非常多，只要他们有时间，心血来潮就要拉去批斗，捆上吊起来打。只要镇压人就要开公审大会或者是诉苦大会。开会过程就是人民群众全部聚集在一个地方，周围站上岗哨，大会开始的时候就把这些地主分子全部拉出去示众，该打的就打，该批斗的就批斗。我们三家地主都被批斗过，可能有七八个人被镇压，我们郑家就被镇压了五个。有些地方的地主如果以前特别霸道的，死了以后人们都还要去挖他的坟墓，我们这里没有出现这种情况。当时也算剥削账，把你划为地主本身就是因为你是剥削人的。把地主家的土地财产分给农民，就当是把剥削的东西给吐了出来。在批斗地主的时候，也有公开或者是背地里去同情地主的人，不过那时候说好话的人少，当时不敢说。你同情地主，就是没有与地主划清界线，你就也要被拉出去批斗。我们这里这种情况要少点儿，人们不敢做。

4．没收和分配土地、财产

地主的房屋财产全部都要被没收，什么都没留下。没收工作是由农会的人来负责的。我家的屋子、财产也全部被没收了，门都被封条给封上了，没收了以后我们就一无所有。没收了以后，土地全部划给平民百姓，整个房屋财产等所有东西也都分给平民百姓了，就算是地主剥削老百姓的代价。

分配土地的时候，这个村有多少土地，要通过丈量，统计起来有多少亩，然后再看这个村有多少人，根据人数来平分。人们分到的土地其实都不多，因为他是根据人头来平分。但是也有差异，当干部的总是要多分一点，分点好地，因为土地是可以产粮食的，多分一点就多一点粮食。反正掌权的就多分点，分好点地，没有权力的就分差的，少一点儿，这种情况很多。同时，分配到的土地的质量也有差异，干部分到的都是最好的，地主富农分到的都是最差的土地。我家分到大概有两三亩，都是很差的土地，河边那些好的土地就别妄想了，分到的都是那些偏远的，别人不要的。

分配土地财产的过程主要是通过开会分配，哪家分配多少要在会上宣布。在分配土地财产之前，地方就要派代表到县里面参加会议学习。学习政策、土地怎样划分、一个人划多少、哪种人怎样划。

5．土改复查

土改大概在1952年下半年结束，善后工作时间拖得长，有些土地有交叉问题，最终定下来是在1952年。土改完了以后要进行复查，但是土改复查也只是复查贫下中农的，地主的不复查。复查的时候划错成分的非常少，只有划漏的，没有说把你划为地主，然后改为富农的。在我们这个地方好像没有划漏划错的。

（三）土改的结果和影响

1. 土改后的土地经营情况

我家在土改中分得的土地都是最差的，面积也是最少的。我们家就只有门口这一点土地。靠分得的这些土地是不够种的，同时家里面没有农具，也没有钱去买农具。要去种地的时候还要去其他人家借农具，晚上才拿去还，连买把锄头的钱都没有。土地里面种的粮食和以前一样，都是种的稻谷、玉米、蚕豆之类的。至于产量，种地的时候如果有一点农家肥就能多收一点粮食，如果没有农家肥你就算是去除草除三遍也收不到多少粮食。根据国家的规定，我们都要交公粮。你的土地是几等，总产量是多少，算了下来该交多少公粮，该交多少公粮就交多少。土改后我们没有买过土地，因为当时土地不准买卖。那时候贫农下中农参加了初级社，但是地主、富农不准参加，我们都是到了“大跃进”的时候才参加的。

2. 土改后的家庭生活情况

那时候我们的粮食不够吃，肚子饿了就想办法，去找，去借，出去帮忙干苦力，挣得点钱就填补家里面的口粮。我们几个人，没有完全靠国家分的那点土地为生，都是靠的外援。村子里生活差距大，大多数人粮食都不够吃。分得好的土地的，捡到点便宜的或者说耕种能力强的就够吃；耕种能力差的，分得少的或者是差的就不够吃。

3. 土改后的社会交往情况

土地改革刚完成的时候，我家和其他村民的关系还是可以的。我父亲当时虽然当过保长，但是没有欺负过其他人，没有去别人家拉猪、拉羊，所以他们对我家还是很好的。当然，疏远我家的个别人也有，主要是那些积极分子。我家跟村干部的关系一般。

4. 土改对农业集体化的影响

土改完以后就开始搞互助组。先成立互助组，然后成立初级社。一个村一个社，搞得好的就入高级社，搞得差的不能入高级社，最后成立人民公社，所有的人都参加人民公社。互助组搞了两三年时间。1953 年成立互助组，1955 年进入初级社，1956 年进入高级社，大概 1957 年底至 1958 年就宣布成立人民公社。

在耕种效率方面，集体化时期，我们这个生产队的生产算是做得比较好的，那时候，我以为收入就到顶了，感觉个人耕种不好。但是现在比以前超过很多倍，因此，还是自己耕种的效率高。当然，当时搞集体化对于农业生产的发展也是有一点促进作用的。

CGM20170727CKM@W　陈开明

一　受访者基本信息表

<table>
<tr><td>调研点</td><td colspan="5">四川省会东县江西街乡江西村</td><td colspan="2">调研员姓名</td><td colspan="2">陈国明</td></tr>
<tr><td>调研员单位</td><td colspan="9">华中师范大学中国农村研究院</td></tr>
<tr><td>受访者编号</td><td colspan="5">CGM20170727CKM@W</td><td colspan="2">受访者姓名</td><td colspan="2">陈开明</td></tr>
<tr><td>受访者性别</td><td>男</td><td colspan="2">首次采访时间</td><td colspan="2">20170727</td><td colspan="2">首访时受访者年龄</td><td colspan="2">82</td></tr>
<tr><td>受访者成分</td><td>中农</td><td colspan="5">土改时是否土改干部或土改工作队队员</td><td>否</td><td>是否党员</td><td>否</td></tr>
<tr><td>干部经历</td><td>有</td><td colspan="5">曾担任的干部具体职务</td><td colspan="3">生产队队长</td></tr>
<tr><td>现家庭人口</td><td>3</td><td>现承包地
面积（亩）</td><td colspan="2">4</td><td colspan="2">现承包林地
面积（亩）</td><td>4</td><td>现承包水塘
面积（亩）</td><td>0</td></tr>
<tr><td>受访者
基本情况</td><td colspan="9">老人于1935年出生，户籍在四川省会东县江西街乡江西村，读过小学，有五个子女，三个儿子和两个女儿。老人身体不好，长期待在家中，很少外出，现在由其老伴与儿子照顾。现在和老伴与其长子三人一起生活，长子目前单身。生活来源完全依靠农业出产。</td></tr>
<tr><td>受访者
职业简历
或个人经历</td><td colspan="9">老人解放前就已小学毕业，毕业后没有外出，一直在家务农。1966年担任生产队队长，于1978年卸任。之后一直务农，没有外出做工。</td></tr>
</table>

二　分阶段整理

（一）土改的基础和背景

1. 土改前的家庭基本情况

我叫陈开明，土改前的时候我家是九个人，我们是五兄弟，两个妹妹，还有父母亲。土改前那时候我爹就有七十岁左右，我才十多岁，我妈五十几岁。家里面的土地都是租来种，有三个劳动力，分别是两个哥哥和母亲。家中的老人就是父亲，（不能劳动的）小孩子有五个人。

2. 土改前的家庭经济情况

土改前我家的主要收入来源就是靠种地，那时候的经济条件差，年景不好时还要饿肚子，其他时段就只是粮食勉强够吃。我们十多岁那时候经常挨饿。地里面收获的粮食要分

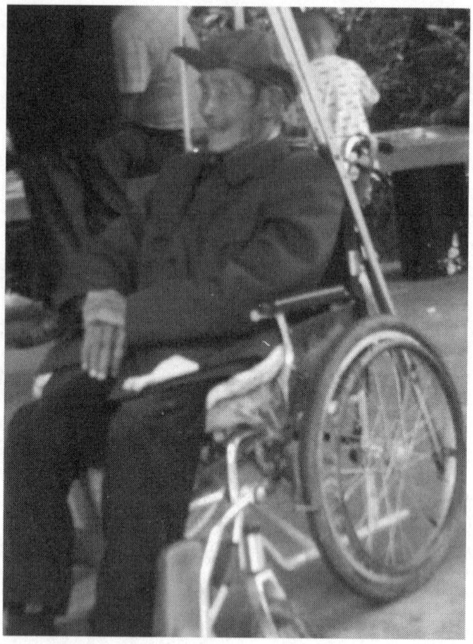

给佃主家一半，到我们名下的粮食就没有多少了。当时家里面就只是种地，没有干其他事。那时候什么都不可以干，做生意贼要抢，有几个好的牲口，晚上贼也要抢。家里面喂了几只鸡，也喂了猪与牛，鹅与鸭没有喂，那时还没有鸭与鹅。鸡蛋都拿去卖，鸡如果有人买也拿去卖，卖了这些钱拿去买盐，五六月去买一点儿土豆来混起吃。

当时我们家也零零散散地借钱。借钱对象主要是周围的邻居，就像你卖了什么东西，然后我向你借几块钱，然后我卖了什么东西，我再还你，借这种钱是没有利息的。佃主家的钱是借不到的，一是借不到，二是借不起，借一块钱一个月要还一块五或者是两块钱。一年有时候借个十多块，有时候没有借。

3. 土改前的土地经营情况

那时候我们家（租）的旱地有两三亩，田有三四亩，一共有七八亩。我们没有自己所有的土地，全是租的佃主家的土地。我家租的都是胥家的土地，他家的土地多，别人的土地已经没有了，都租完了。去租地的时候不用请中人，只要你有劳动力，有耕地的牲口，佃主就会拿地给你种，然后多分一点儿粮食。当时这些土地上产出的粮食要分佃主家一半，五五开，在粮食收获的时候佃主家就来把粮食给分了，剩余的粮食根本不够家里人吃。那时地租普遍很高，就算遇到灾荒，粮食减产，他也不会减少租子，今年你交不上，就明年交。

我们家没有什么农具，也就只有一点锄头和钉耙外加一张犁，总体上农具还是基本够用了。农忙的时候我们周围的人有换工，你帮我，我帮你。栽秧的时候你帮我一天我帮你一天，就比如今天是我家栽，然后请大家全部帮我家，然后明天大家又去你家栽。水田里面种水稻，旱地种土豆和玉米。稻谷亩产七八百斤，玉米亩产一千斤，土豆亩产一千斤。粮食收回来吃到过年的时候就没有了，秋季粮食收获以后，大概能吃到三四月份，有时候收成好的时候可以吃到四五月，栽秧的时候还有一点儿。如果是收成不好的那年，过了年的时候就没有了，因为佃主家也要分一半去。那时候我们自己不交税，只是佃主家要交农业税。

4. 土改前的社会交往情况

土改前，我家和佃主家没有什么矛盾，关系还是可以。逢年过节不会去佃主家拜年送礼等，因为那时候特别穷，没有礼物去送，但是如果遇到红白喜事彼此间也是要互相走访的。佃主家的土地全部是租出去的，没有自己种的，所以也不会去帮他家干活，只是分粮食的时候要去帮忙背一下粮食，他只提供两顿饭吃。帮他家背粮食有时候背几天，我家隔他家要远一点，也就只背一两天，有些他周围的邻居要帮他背几天。如果遇到灾荒，或者家里面有什么困难，也可以去向佃主家借粮食。你需要借多少他就借多少给你，三升两升的。你一年给他借一升，第二年你就还一升半。那时候村子里各农户家的生活差距不是很大，除了佃主家，大家都差不多，没有什么特别富裕的。我家跟村子里面的其他农户的关系都维持得还好，没有什么矛盾。当时父母也跟保长打交道，通常是保长家有事让人去给他做一下。

5. 土改前的土地观念

土改以前自己家是没有地的，自己对土地也没有什么想法，因为没有钱，买不起。对地主的看法还是有的，但是你拿他们没有办法，那时候就想着人家有那么多土地，吃的一年也吃不完，但是其他农民有的要饿一年，有的要饿半年。后来听说要土改了，其实也没有什么想法，就只是觉得毛泽东领导，土改了分得多少土地就种多少。毛泽东和共产党都是关心农民的，对农民好。

（二）土改的过程和经历

1. 访贫问苦，扎根串连

土改工作队具体哪一年来到村里记不住了，反正当时经常开会，去参加大会的人非常多。我也去过，不过那时我们还小，都是去玩儿。工作队的人没有到家里来过，没有搞过串连，就只是开会。后来共产党成立了农会，带头的就是贫下中农。只要是贫下中农都可以参加农会，参加的人非常多，我家也是参加了的。上级通知要开会，就去参加开会，农会的主要职责就是完成上级安排的任务。

2. 划分阶级成分

由农会划分阶级成分，分配土地。土改的时候我家被划成了中农成分，他说我家有牲口，有犁，有耙，收获点粮食能多吃几天，就把我家划成了中农。当时对我这个划下来的成分也有意见，但没有什么办法。当时划成分，有很多人家都是自耕土地，他也没有找人来种，都是种自家的。土地都是自家的，他自己也有犁，也有耙，也有牛，就把他划为中农，有些穷的就划为贫农。村子里面划了三家地主，没有富农。划成分的时候我们村就划了两次。

3．挖苦根，斗地主

批斗地主，主要是批斗当家的那个人，家里面的其他人没有批斗。当时也开诉苦大会，要开会的时候，喊上当干部的贫下中农就去开会了。上去诉苦的农民有些是主动的，你当地主的时候整过我，我就去诉苦。我家当时没有去诉过苦。针对这些地主也要开公审大会，这个大会就是去审你有多少东西，你有多少钱，到底是藏在哪里的。审了以后，要把他藏的那些东西给挖出来。当时没有算剥削账，但有那种殴打地主和辱骂地主的，有些人被地主整过，伤心了就打地主。但也有人为地主说好话的。

4．没收和分配土地、财产

对于地主的土地和财产是全部都要没收的，把门都要封了，不会给地主留下什么东西。把他的房子没收以后将以前他家空闲的小房子留给他们作为住房。当时他这些财产、土地和钱没收了以后就让贫农来把它分了。房子、财产、粮食和工具都是分给那些贫农，就是最贫穷的那些人。分这些土地和财产的时候只有贫雇农分到，中农什么都没有。分地主财产的时候，没有地主不配合的，他不敢不配合。

当时负责分这些东西的那些人是农会的人。分配这些土地和财产的时候，就是根据划分的成分来分配。为了分这些东西开过会，大概开两次会左右就决定了。在分配土地的时候，是用丈量的方式来分配的，要集体去丈量土地。丈量这些土地大概就花了一年时间。丈量了有多少，根据你这个乡的人数来分。当时在分这些土地和财产的时候，大家之间也有发生过争吵，主要是因为这个分配不公平。像这种情况，就大家互相争吵几句最后也就算了。地主也分了土地，他的土地被没收后，其他的土地又分一点给他。地主分到的土地并不会比其他的人要少，都是一样的，还是根据人头来分的，他只是分到的土地远一点儿，质量没有他以前的土地好。

在分配这些土地和财产的时候没有干部去贪污或者是做出一些不公平的事情来，至少在分配的时候是没有的。要贪污早就贪污了，在没收地主家财产的时候，他喜欢哪样东西就拿哪样，他要贪污哪样东西他在家里面就拿走了。这些情况我们勉强记得是有的，具体有多少，那我记不住了，那时候我们还是小孩子。因为去没收地主家财产的时候只是当干部的那几个人去没收，其他人没有跟着去，所以就便于贪污。

5．土改复查

土改完了以后要进行复查，万一有出错的就要复查，举个例子，我应该分得的土地为一亩，但是到后面分土地的时候实际上没有分到一亩，像这个情况就要复查。但是当时复查出来的情况出错的不多。复查的时候村子里面也没有清查过漏网的地主，也没有查出村子里面有划错成分的人。至于查田定产，早就在乡上和农会上就定了，都是由干部定下来的。查田定产不是单独地定某一家，是在乡上和农会上全部一起都定出来，有定亩产一千斤左右的。产量定了好交农业税，具体交多少就不一定，土地有产量高有产量低的，产量高的就要多交点，产量低的就少交点儿。像那种产量高的，一亩大概要交一百斤左右。当时交这些粮食都是以公粮的名义来交的。仓库在大桥，公粮由自己背到仓库里去。土改复查以后就发了土地证。

（三）土改的结果和影响

1．土改后的土地经营情况

土改以后我家的土地比较少，分得的旱地大概四亩左右，田加地大概五亩左右。当时分到的这些土地勉强够种，有时候收获的粮食也就只差一个月左右的口粮。这差了的一个月就去山上挖野菜来吃。土地里面种的粮食还是和以前一样，都是种土豆、玉米和稻谷等。产量和以前相比也有提高，具体提高了多少，这个就不一定，劳动力强的、喂了牲口的和工具多的，比以前增加百斤左右，两三百斤也有。一年生产的粮食交了国家的公粮，一个人还剩下三四百斤左右。家里面分到了土地，种地的热情相对而言也比以前更高了。有了土地，发家致富的信心也比以前更足了。土改以后自己的心情要好多了，自己拥有了自己的土地。那时候没有想过去做生意，做生意因为有贼，贼要抢，赚不到什么钱，没什么意义。土改以后，没有租种过其他人的土地，也没有土地买卖的情况，当时土地都不准买卖。

2．土改后的家庭生活情况

我家土改以后，还喂有两头牛，家里面的土地粮食产量和以前相比有提高。与以前要分给地主家一半粮食的时候相比，大概粮食总产量要高出一千斤左右。家里面的劳动力来种这点分来的土地也够了。但是生活还是困难，也就是差粮食，其他没有什么困难，就主要是粮食少，不够吃。像这种不够吃的情况下，也没有其他人能够提供帮助的，大家的家里面都没有粮食，也就谈不上帮助了，自己去找，自己去挖野菜，别人帮助不了。但总体来说，土改完以后生活比土改以前还是好多了。自己种，收获的粮食也不用分地主家，生活压力要小一点儿，没有以前大了。

3．土改后的社会交往情况

土改以后，在村子里面，自己家的地位没有什么变化，跟村子里面其他人的关系也还可以。但是跟那些被划为地主的人的关系就有好有坏，有那种关系好的，也有那种关系很差的。村子里面，农户之间关系也没有什么明显的变化，这些普通的村民不会根据一个人划的成分来决定亲疏远近，这个成分主要是上面定的，农民之间的关系具体没有什么变化。村子里面的风气、景象跟土改以前相比也没有什么明显的变化，土地改革前是什么样子，土地改革后还是什么样子。我们家跟村干部家的也打过交道，关系也还好。

4．土改后的观念变化情况

土改以后，村子里面没有国民党要“反攻大陆”之类的传言。自己也没有觉得比那些被划成地主的人地位要高一些。土地是按人头分，每个人都分到一样多的土地，这种方式大家都觉得好，都觉得高兴。分到土地了，感觉这个土地是自己的，与以前租土地的时候相比，感觉不一样，心里面想的是自己种的自己吃。当时的想法就是把庄稼办好，能多吃一段时间，不要饿肚子。宗族间的关系仍然很重要，宗族内的来往也非常多。当时我也参加修水利和修路等活动，这都是其他地方组织的，我们这里没有修过。对党和政府的认识也比较高，心里面觉得政府对农民好。国民党和共产党相比而言，共产党是照顾了农民的。以前国民党对这里的农户比较恶劣，专门整农民。年景好的时候，他就要来这里抢，表现在收获了一点粮食，喂一头猪，他们就要来抢。

5. 土改对农业集体化的影响

土地改革完了以后，大概搞了一年左右的互助组，初级社差不多和互助组同一年开始的，办了一季庄稼就入初级社了。农业集体化以后，土地全部都收归集体，自留地也没有了。家里面的这些工具都收去伙食堂了，锅铲、碗筷这些全部都被收去了。因为组织上说要归集体了，也就归集体了。

从耕种土地的效率上来看，这些土地自己耕种的效率要比集体耕种效率高一些。集体耕种的时候会出现那种磨洋工的情况。食堂化的时候我们生产队的还饿死了几十个人，司务长把粮食贪污了，也没有人管，吃大锅饭是吃不饱的。与土地改革相比，入社对农业生产并没有什么发展，集体化不利于农业发展，没有一家一户自己搞得好。

CGM20170820ZYF@S　赵永富

一　受访者基本信息表

<table>
<tr><td>调研点</td><td colspan="4">四川省会东县鲹鱼河镇胜利村</td><td colspan="2">调研员姓名</td><td colspan="2">陈国明</td></tr>
<tr><td>调研员单位</td><td colspan="8">华中师范大学中国农村研究院</td></tr>
<tr><td>受访者编号</td><td colspan="4">CGM20170820ZYF@S</td><td colspan="2">受访者姓名</td><td colspan="2">赵永富</td></tr>
<tr><td>受访者性别</td><td>男</td><td>首次采访时间</td><td colspan="2">20170820</td><td colspan="2">首访时受访者年龄</td><td colspan="2">81</td></tr>
<tr><td>受访者成分</td><td>贫农</td><td colspan="4">土改时是否土改干部或土改工作队队员</td><td>无</td><td>是否党员</td><td>无</td></tr>
<tr><td>干部经历</td><td>无</td><td colspan="4">曾担任的干部具体职务</td><td colspan="3">无</td></tr>
<tr><td>现家庭人口</td><td>6</td><td>现承包地面积（亩）</td><td>2.8</td><td colspan="2">现承包林地面积（亩）</td><td>0</td><td>现承包水塘面积（亩）</td><td>0</td></tr>
<tr><td>受访者基本情况</td><td colspan="8">老人户籍在四川省会东县鲹鱼河镇胜利村，有三个哥哥、两个姐姐和一个弟弟。原住址在会东县小龙滩，由于政府搞工程开发将小龙滩的土地征用，于是搬到了胜利村。目前和儿子一起居住，家中有六口人。因胜利村距离县城很近，老人经常进城玩耍，近来由于身体抱恙在家休养。</td></tr>
</table>

续表

受访者职业简历或个人经历	老人于1936年出生，读过几年小学，小时候一直是放牛娃。1950年解放后参加了儿童团。2000年前后迁居到了胜利村。老人一生没有从事其他职业，皆在家务农。
受访者所在社区基本情况	胜利村隶属于四川省会东县鲹鱼河镇，属于城边村。村里没有工业，青壮年多外出打工。胜利村人主要从事种植业，主要农作物为蔬菜和烟叶。土地较少的村民大多种植蔬菜，每天凌晨进城售卖，皆系以农业维生。

二　分阶段整理

（一）土改的基础和背景

1. 土改前的家庭基本情况

我叫赵永富，土改以前一直住在小龙滩，当时家里有六个兄弟姐妹和父母，一共有八个人，都从事农业生产。我在刚解放时才十五岁，我三弟属马的，我大他几岁，我大哥属蛇的，他（当时）应该二十多岁。那时候的劳动力有四个，我们的大姐、大哥，还有父亲母亲，两个男性和两个女性。我还小，不是劳动力。家里没有丧失劳动力的老人，尚不能劳动的小孩有四个。

2. 土改前的家庭经济情况

土改以前，自家的土地种的粮食不够一家人吃。庄稼好点的一年还能凑合过去，粮食差的一年很难熬过去，有时候会差一个月到两个月左右的粮食。生活困难就节约着一点，挣一点钱就用来买粮食吃。买粮食的钱来源于家里喂的一些牲畜出卖所得。当时我家喂有十四五只羊，两头牛。日常生活来源全靠土地所收获的粮食，偶尔从事一点小生意。我父亲见到哪里有卖什么东西的，或者买什么东西的，就背点东西或者盐去卖，也就算是做点小生意。卖东西的地点在铁厂街、新村街、发窝街、三路街等那些街上。总体而言，那时候做生意的很少，大部分人都是种庄稼，我们村子里面只有两家条件稍要好一点。张姓有两家，赵姓就是我们的二叔那两家。其他人家，家里面条件就都差不多。

借粮食和钱财的情况也有，那时候不够吃的话就会去找其他人借，但是借了也还是要还的。具体借多少就不一定了。除了借钱，也借粮食。借点钱来，就是买一些盐、辣椒来吃，就花在这些方面。当时借钱是找一个村的人借，哪家经济条件好一点儿就找哪家人借，并没有找地主家借过，也借不来。

3. 土改前的土地经营情况

土改前，土地面积有多少不太清楚，没有丈量过面积，只知道有哪几块地，土改经过丈量了之后，才知道有几分几亩地。我们是租的海家那个佃主家的土地。海家的土地非常多，那一片山都是他的，只有陈家所在的那一块地方没有，不然的话我们小龙滩这的土地都将是海发荣的。当时我们是一大家，还没有分开，所以租的土地加起来不止七八亩，在分开了之后，到我父亲名下就已经有了七八亩地。

地租在租地之前就由双方说好了，有多少土地就上多少地租，所以没有发生过争吵。粮食一收获就要交租了。上租子的时候我们这陈家，他们家上了一石，一石就是十斗，就是那一家上的地租比较高。我家是上四斗，两斗玉米和两斗苦荞。上了租子之后粮食还不够吃。如果遇到粮食减产我们都会想办法凑租子去交，佃主是否减租没有多少印象。我们这里没有佃户主动退租的情况，只有交不上租子被佃主撵走的情况。曾经有户尹家，在新农村河边住，因为地租交不上，被佃主家赶去甘海定居了，一般交不起地租的都被赶走。

当时种地不交税。地里面种些土豆、玉米、荞麦。在生产的时候，与其他人家有换工，这种换工不收钱，你帮我一天我帮你一天。帮哪家干活的时候，早晚的饭还是他家管，锄头物件自己带，坏了就算了，自己修。换工的人都是周围的，一般情况下都是自己做自己的。

4. 土改前的社会交往情况

土改以前与佃主家的关系一般，不是很好，也不是很差。逢年过节时还是要走动一下，给他拜拜年，送点拜年菜和拜年肉。那时候有一个讲究，你拿去的拜年菜不能比他的好，要比他自己的差一点才行，不然他要说你比他厉害。那时候坝子里面的张家，去佃主家拜年，送的拜年菜在所有人送的里面是最大的一块，就说他比佃主还厉害。佃主家种了两大块地，他喊一声就要去帮他干除草之类的活，多是在播种与收获的时候去干几天，没有长期干，也不给工钱，就是吃一顿饭。当时还因为这个事情吵过架，如果村子里面哪家条件好点，他要敲诈。我小叔家喂的有只大骡子被人家抓去了，那是这么回事：我大爹欠他账，佃主要不到钱就来敲诈我小叔家的，就把骡子抓走了，后面不知是怎样弄的，又骑回来了。如果佃主家要办什么红白喜事，我们也要去送礼，送的都是铜板、银子。我们那时候跟村里那些人的关系还是一般，几乎全是我们赵姓一大家。

（二）土改的过程和经历

1．访贫问苦，扎根串连

共产党在1951年就来了，来打过陆代林家，把陆代林家打输了。海家因为没有在家里所以没有打到，等到了腊月初三才正式解放。

土改是在1953年。工作队是同年来到这里的，组成人员有朱之朝、陈万芳、阮素伟、李尚伟，铁柳的朱春珍，还有两个姓张的，有个姓高的，一共应该有七八个。当时开过大会宣传土改，我父亲他们那一辈的人去参加。我那时候还小，我们去参加也就相当于组织儿童团。我们家没有积极分子，只是跟着工作队的去丈量一下土地。这些地方没有搞过贫雇农的串连，工作队成员也没有去家里面访贫问苦。

2．划分阶级成分

土地改革的时候划成分，我家被划为贫农。当时划成分是根据家里有啥东西，也就是根据土地、财产的多少来划分的。没有多少东西就划为雇农、中农、上中农、贫农四个成分。我们这个村子没有富农，也没有地主。我们村划成分好像是一次性就划好了的。我们这个村有六家中农，陈姓有一家，我们是贫农，贫农占了多数。

3．挖苦根，斗地主

那时候批斗地主要开大会，开会地点在铁厂，那天如果要办谁就把谁抓着去。等抓到大会上了，再由民众来揭发。揭发的人相当多，谁想去揭发诉苦都可以去，想怎么说就怎么说。揭发了之后，又把地主拉回去。批斗地主时去生产队批斗的次数少，只有卢大林好像批斗过。当时好像也没怎么打过地主。地主被整，在刚解放的时候就没有什么踪迹了，那时候被拉来一个打一个，到后面地主基本上就已经没有了。铁厂这里被办了几个。斗地主只是斗地主一个人，没有斗过家里的其他人。我父母他们是老好人，没有去揭发过地主。只有那些比较积极的人去揭发，他们找得到说的，找不到说的就站在那听，结束了就走。当时也没有人明面上或者背地里同情地主。

4．没收和分配土地、财产

地主的土地在解放的时候被收了以后，就是由他们那个村子的人种着。刚刚解放那年，自己该怎样种就怎样种，到1953年开始土改了才拿出来分了。

土改的时候分土地我记得是土地要分出等级，一等多少产量，二等多少产量，根据人头与产量来分的。每一块地都要拿绳子去拉着量，一片一片地或者一块一块地量，然后把地名和量了的数据记着，用一块牌子写上这块地的名字和数据。丈量土地的人就是你二外老祖跟陈开明、张朝清三个人，他们三个带着工作组量。

分地的时候家里面人多的就分得多一点，人少的就分得少一点。在我们生产队，根据人头从中抽，把不够的补上，一般都是平分。分土地的时候要开会，在会上分配。会议由土改工作队组织，分配土地的决定也是他们做出的。分地的时候我家分得五亩左右。一等地大概有一亩至一亩五。二等的分得二亩五左右，四等的分得一亩左右。不同成分之间分的土地是一样的，只是有时候雇农多分点。牲口没有分。

分土地的时候有不公平的情况，当官的就自己看下，一等地产量高点，要出众点，三四等地就不怎么好，他就自己选择。四五等地产量低点他就多分点，产量高的地就少点。在分配土地这件事上，人们好像没有吵过架，那时候有政策，人们都不敢争论，工作队说该怎么执行就怎么执行。

5. 土改复查

土地改革在 1953 年就结束了，完了以后搞过复查，村子里面划成分的时候没有划错的。土地分派完了以后发放了土地证。查田定产在分配土地的时候就已经做了。交公粮一等地最高，交公粮在私人的时候好像就开始交了，我们当时交在黄平。上交的粮食多的多点，少的少点，但总体上都不太多。

（三）土改的结果和影响

1. 土改后的土地经营情况

土地改革完了以后，家里面分到的这些土地有时候仍然不够一家人生活，土地办得好点就差不多，办得差点就不怎么够吃了。我家还要去买了吃。村子里的土地不是很好，都很瘦，产量很低，土地种玉米、土豆、荞麦。那时候是老品种，产量低，收不到多少粮食。但是与土地改革以前相比，还是好了一点。那时还要上公粮，自己背去，有的富裕点的人家还要卖余粮，条件一般的就上点公粮。我们队的没有卖过余粮，都只是去上点公粮，粮仓设在黄平。如果农户家里面的粮食不够吃，国家会根据你家差多少粮食然后评给你能够购买的数量，再自己去买。总体来说，当时交的公粮并不是很多。土改以后，家里面的劳动力有时候还是不够用，然后参加了互助组。除此之外，在种地这方面没有遇到什么困难。我们家也没有土地买卖情况。

2. 土改后的家庭生活情况

在生活方面，村子里面农户间的差距还是有点大，我记得有的人家粮食有不够吃的，有一般的，还有吃不完的。我们家的生活压力就是有两年比较大，那时候粮食产量低，不够吃，要去找别人家借，借了之后，第二年又要还他。我们家里当时喂了十多只羊、两头牛，鸡喂不到多少，只有几只。

3. 土改后的社会交往情况

土地改革完了以后，与村子里其他家的关系一般。在某些村子，哪个人被划为地主，或者是富农，其他人就疏远他们，因为成分来决定亲疏远近，我们这里没有这种情况。总体而言，村子里面的关系与土改前相比，并没有特别大的变化。

4. 土改后的观念变化情况

土地改革完了以后，对共产党和政府的看法和认识就是说共产党好才把土地分给这些农民，都觉得共产党好。土地改革完了以后，这里修过路。你大舅外公还去会理那里修过，我们去过红果修过。当时也没有出现过国民党要“反攻大陆”的这些传言。

5. 土改对农业集体化的影响

土改完了以后1953年就开始搞互助组，以前好像还有过便工组，具体怎样操作的不是太清楚了，后面互助组就是几家人组成一个组，参加互助组的人都是村子里面的人。便工组好像就是你家干一天，另一家干一天。互助组就是七八家一组。便工组过了就是互助组，互助组过了就是初级社，初级社过了就是高级社。入集体时要把土地、工具和农具这些东西上交给集体，牲口这些都是折价给集体，他家折价了多少，生产队就给钱。每家每户都折，牛、羊、鸡、猪等折成钱，所有牲口都要折掉。至于农具的话，犁、耙这些大工具折成钱，锄头这些小农具好像没折成钱。集体化的时候每个人都拖拖拉拉的，都只会偷懒，生产效率很低，不如自己种土地好。我们那里二队，集体化的时候饿死了一个，在我们那小龙潭虽然没饿死，但是挨饿的人非常多。

口述调查小记

7月25日，我要去采访的老人是郑开会爷爷。由于这位爷爷与我的朋友是亲戚，所以大概在12点左右老人吃完饭的时候，我的朋友把他叫到了自己的家里来。老人目前已经83岁了，精神很好，记忆力也很好，对于土地改革运动时期发生的各种事情还记忆得比较清晰。老人对于以前家庭的历史非常骄傲，据老人家说，他家以前是这个地方非常有名的大地主，土地相当多，只是在土地改革运动中被划成地主后，家庭才衰弱了下去。我对这个村子也非常熟悉，以前去上学的时候总要从这个村子路过，沿途的情况都比较了解。江西村处于山间的河谷地带，环境优美，土地肥沃。老人的父亲以前是这个地方的保长，他说他们家以前为人比较好，不会欺负人。在谈到土地改革运动划成分斗地主的时候，老人的情绪变化相当大。如老人所言，他家以前不说宅心仁厚，但也没有欺负过人，自己家也不是完全的食利者，也在耕种着自己的土地，但是在土地改革运动时期被划成地主后，就遭到了疯狂的批斗，家庭里面有两三人被批斗致死。土地改革运动结束以后，在相当长一段时间内，自己家都成为村子里面其他人欺负的对象，这种情况一直到了改革开放以后才渐渐消失。

为了更细致准确地了解当时当地的土改运动，除了采访郑开会爷爷以外，在 7 月 27 日，朋友带我去采访了同村的另一个老人。这个老人叫陈开明，现年 82 岁，土改时成分为中农。虽然家庭成分被划分为中农，但老人说自己家以前是非常困难的，比贫农好不了多少，只是因为家里面有犁和耙两种大农具，就被划分为了中农，其实以前家里面的土地所产出的粮食完全不够自己一家人吃。我之所以选择这个老人来做口述史调研，一是因为老人的情况符合我们调研的条件；二是因为这个老人以前当过生产队队长。同时，据朋友说，郑开会老人同这个老人以前有着很深的芥蒂，时常被他欺负。所以我想通过双方对彼此的描述来对比一下彼此看待问题的方式。在与老人的交谈中，我们了解到，在老人看来，地主家以前可以说是穷凶极恶。在地租问题上，收取的地租非常高，佃农收获的粮食产量要拿一半出来上交给地主家，就算粮食减产也是如此。同时，家里面喂的牛等牲口也会被地主家抢夺。总之，在老人的思想中，地主就是罪恶的，土地改革运动中发生的一切都是应该的。

8 月 10 日我要采访的老人是朱兴富，他是我家的一个远房表亲，现年 80 岁，以前当过生产队会计，记忆力非常好，也非常健谈。在访谈中我发现，老人对毛主席相当的崇拜，认为毛主席时代是农民的黄金时代。颇有意思的是，在他看来，现代社会有几大害：茶楼、KTV、网吧，还有一个大害是什么他没能说出来，这种看法令我印象比较深刻。由于老人以前当过村干部，读过书，所以在采访完了以后仍然跟我交流了一个多小时，鼓励我好好学习，这给我留下了相当深的印象。

此后，我又陆续采访了其他老人，其中有一位是我爸爸的舅舅。他的身体不太好，在去年以前自己还经常出去玩，但是自从身体患病以后就不再出去了，一直待在家中。对他的采访也相当顺利，8 月 20 日中午的时候，我让我爸爸骑车送我去他家，一个下午的时间就将访谈做完了。

在做口述史调研的过程中，有困难，也伴随着感动。我非常感谢研究院给予的调研机会，使我能够了解到许多土地改革时期发生的事情，让我对这段历史有了更加深刻的认识。同时也见证了很多人的人生经历，了解到不同家族的兴衰。对此，我万分感谢。

泸州市

纳溪区

GCX20170716CZQ@S　陈泽泉

一　受访者基本信息表

<table>
<tr><td>调研点</td><td colspan="5">四川省泸州市纳溪区丰乐镇中华村</td><td colspan="2">调研员姓名</td><td colspan="2">郭春霞</td></tr>
<tr><td>调研员单位</td><td colspan="9">西华师范大学政治与行政学院</td></tr>
<tr><td>受访者编号</td><td colspan="5">GCX20170716CZQ@S</td><td colspan="2">受访者姓名</td><td colspan="2">陈泽泉</td></tr>
<tr><td>受访者性别</td><td>男</td><td colspan="2">首次采访时间</td><td colspan="2">20170716</td><td colspan="2">首访时受访者年龄</td><td colspan="2">86</td></tr>
<tr><td>受访者成分</td><td>贫农</td><td colspan="5">土改时是否土改干部或土改工作队队员</td><td>否</td><td>是否党员</td><td>否</td></tr>
<tr><td>干部经历</td><td>有</td><td colspan="5">曾担任的干部具体职务</td><td colspan="3">村会计</td></tr>
<tr><td>现家庭人口</td><td>6</td><td>现承包地
面积（亩）</td><td colspan="2">5</td><td colspan="2">现承包林地
面积（亩）</td><td>0</td><td>现承包水塘
面积（亩）</td><td>0</td></tr>
<tr><td>受访者
基本情况</td><td colspan="9">老人 1931 年出生，一直居住在四川省泸州市纳溪区丰乐镇，之前在永福村，后来在中华村。1939 年开始读书，读了几年“老学”，就是《三字经》一类的书。老人有三个孩子，两个女儿，一个儿子，老伴已经去世。现在和儿子、儿媳、孙子、孙媳、曾孙一起生活。老人的孙子孙媳在外打工，曾孙在外上学，自己在家帮着儿子和儿媳做点农活。老人全家均为农村户口，家庭和睦。老人的儿子是道士，但是后来生病瘫痪，生活不能自理。家里还在种田，基本上全靠儿媳一人应对琐碎的农活和家务。老人的身体还算不错，生活能自理，只是一年收入就只有高龄补贴，偶尔孙子和孙媳会给一点钱。</td></tr>
<tr><td>受访者
职业简历
或个人经历</td><td colspan="9">土改以前，老人家一共有八个人，除了他以外，有他的妻子，他的哥哥和嫂嫂，他的父母，还有他的爷爷和侄女。土改的时候老人被迫和自己的哥哥分家，虽然是分家，却没有分东西，当时家里面太穷，没有什么可以分的。
在土改之前，老人的两个姐姐就已经嫁出去了，一个在龙滩那边，一个在鼓楼山那边，都隔得不是太远。1950 年的时候，老人的哥哥去世了。1953 年，老人有了自己的第一个女儿。高级社的时候生了一个儿子，最小的女儿是人民公社的时候生的。老人的母亲 1979 年过世，老人的父亲 1991 年过世，老人的妻子 2001 年过世。
老人在 1961 年的时候被选为村里面的会计。</td></tr>
</table>

续表

受访者所在社区基本情况	中华村是泸州市的一个自然村，离县城 30 公里，离乡镇约 7 公里，相邻胡沟村、石通村、五里村、垊桥村，百姓和乐，气候宜人，人杰地灵，物产丰富。全村占地 3.5 平方公里，主要地形为丘陵。村里承包地面积 1800 亩，林地面积 6000 亩，无草场。全村共 650 户，有 2400 人。人均年收入约 11000 元。外出务工劳动力约占全村劳动力的 55%。 村内公路已经实现"村村通""组组通"。村内企业有化肥厂、粉丝厂、化工厂、沙发厂。 村内主要种植的农产品包括油菜、西洋菜、山霉、芦笋、橙子、甘蔗、梨子。 村内有镁煤、黑云母、钼、车轮矿、锌等矿产资源。

二　分阶段整理

（一）土改的基础和背景

1. 土改前的家庭基本情况

（1）人口情况

我叫陈泽泉，出生于1931年。土改以前，我家一共有八个人，分别是我，我的妻子，我的哥哥和嫂嫂，我的父母，还有我的爷爷和我的侄女。我出生的地方是皂角树，当时是永福一队，现在叫做中华六社。我刚出生的时候家里是六个人。土改以前我不是干部，也不是党员。

我本来还有两个姐姐，后来嫁出去了。一个嫁到龙滩那边，一个在鼓楼山那边。后来我大姐有一个儿子、一个媳妇、一个孙子，我四姐家有四个儿子、一个女儿。

分家以后，我家里有四个人，有我、我的父母和我的妻子。土改以前，我们家里面特别穷，什么吃的都没有。

（2）劳动力情况

土改以前，我家里面的劳动力主要就是我父亲，母亲也能干活，而且非常厉害。我父亲出去帮人抬东西，称作抬脚帮。那会儿我妈妈还出去帮人，帮人家薅苞谷[1]，去烧锅[2]那些。那会儿我都一二十岁了，但是在家也就捡柴来维持生活。那会儿我们家租了一点儿土，种苞谷、蚕豆，家里面干活的话，人还是够了。我们家都是自己干，特别穷，没有钱去请人。

（3）负担情况

土改以前，我家只有我一个人在家。我的妻子也是土改之前来的，她虽然也会干些活，但是干的活少，没有我母亲厉害。那会儿我们家的人身体都好。

2. 土改前的家庭经济情况

土改前我家经济十分困难，家里没有吃的，靠租的地来生活。那会儿我们的生活很困难，简直没有吃的，肉这些想都不要想。我们家也没有开支，那会儿穷，没有什么买的，也没有什么卖的，粮食都是自己种。那会儿我去地里挖红苕，早上就去，挖了就晌午吃。

我们当时没有向别人借过钱。一个是因为借来没有办法偿还，还有一个就是没有人愿意借给我们。

3. 土改前的土地经营情况

我家当时没有地，都是向别人租来种的。我们是向张泽民家租的地，他是我妻子的父亲。其实他也是转手给我们的，相当于说是二次租佃。那时不用请中间人，就大家协商好了，就可以了。证明人就看你自己找不找。写佃约的时候，双方要协商给多少“顶首”，“顶首”就相当于一个押金的性质，就约定看是十块钱一个月，或者三十块钱一个月。

那时，我们家租的七斗五升地，就是说要给佃主七斗五升的苞谷租。在现在来说，一斗就相当于五十斤，或者七十斤。就相当于说，租了三百多斤的苞谷地。就我的这个地租，在当时来看呢，不算贵也不算便宜，只能说一般。地租都是自己去跟佃主协商的。

我们的收成很不好，拿苞谷来说，它刚刚能吃的时候我们就去掰来吃，一直吃到它们变成干苞谷的时候。干苞谷是要给佃主掰来放起的。那时的产量都是记不清楚数据的，一熟了就吃了，根本就剩不了什么。当时的话，交了租子就没有多少剩余，不知道能不能剩个两百斤的苞谷。剩下的我们一家人就完全不够吃了。

家里喂了一个猪，长也长不大。一年到头没有卖过肥猪，也没有肉吃。鸡、鸭子这些

[1] 薅苞谷：给苞谷地除草。

[2] 烧锅：是做饭的意思。

都没有喂。牛就有一条，是买的小牛，但是由于我们没有种田，那牛就一直没有干活，是条“耍牛”。那时买小牛都还比较便宜，像现在来说，就几百块钱就能够买到了。驴、马、骡子这些都没有。

家里没有农具，就只有两把烂锄头。风包、滤子、犁头、耙子这些我们都没有。但是干活的时候我们也不需要向别人借，因为我们家没有种田，就不需要那些农具。村里面的其他人是有农具的，别人家在做庄稼的。遇到收成不好的时候，有些佃主会让佃户一些，让他少交点。那会儿佃主就可以让你两石，让你三石，就这会儿来说，就让你一千斤啊，让你八百斤这些。

我们村换工的比较少，很多时候忙不过来，都是请人比较多。也有你帮我做，我帮你做的。我们家没有和别人家换工，换工需要有吃的才可以，我们都没有可以拿出来吃的，别人就不愿意跟你换工。村里面的其他人家倒是在换工，比如镐秧子啊、栽秧子这些。我们家虽然请不起人，但是别人家在请，一般都是请本地的人比较多，少有请外村的人。男工和女工是有区别的。男工很少跟女工换，那种情况虽然还是存在。那个时候你女的要是不会干活的话，就不会有人请你去。那些投机耍滑的、比较懒的人大家都不请，都请那种会干活的。有时候去问人家需要人干活不，人家都不得搭理你，吃饭关起门来吃的都有。

土改以前，我们这里没有族田、公田之类的。土改之前，我们这里也没有出现互助组。

4．土改前的社会交往情况

佃主家隔我们家非常的远，平时也没有向他借东西什么的，除了交租子，交往都比较少。况且我们是属于二次租佃，跟地主都很少说话的。那时我们家十分的恭敬，没有和佃主吵过架，我父母都特别恭敬。我们家当时因为没有钱，也没有办过生日宴，没有请过佃主。一年到头，我们也少有去别人家里。

我们跟村里面的其他村民的关系挺好，都没有和别人打架、割裂[1]的。那些富裕的人家，我们就没有去和人家接触，没有钱去接触。

我们那个时候有保长，但是经济状况不好，也少有和他们打交道，没有去找过他。你那会儿没有地位，没有钱，还不恭敬的话，人家保长他们还不是要给你脸色看的。

富农和一般的农民生活差距还是大，但是富农也没有那种特别富裕的，生活都没得多好。他们和我们的差别，就是说他们的粮食够吃了，我们的不够吃，但是讲吃肉这些，他们也少有的。

我们和我父母兄弟姐妹的交往都不多，很少走动。有时你在我那里耍两天，我在你那里耍两天，都没有什么感情的。有困难的时候，也不会出现大家互相帮忙的情况，因为大家都穷，没有办法，没有人来帮你。

〔1〕 割裂：是吵架的意思。

5. 土改前的土地观念

（1）对土地的愿望

土改前我们也想有一块自己的土地。但是，说实话，就只能想一想。人家那些好多人连写都写不到，租都租不到，都是看你人怎么样的。对于那些大地主有那么多地，我们也没得啥看法的。

（2）对土地的看法

他们地主有那么多地始终是他们的，跟我们又没有什么关系，你又拿不到他们的。就像要写佃约一样，要土地都得需要他们的同意，要双方协商才行。

我们对于在租别人的土地，倒是没有觉得低人一等，没有那种想法的。

（3）对土改的反应

听到要土改了，当时没什么想法，就是知道是上面的政策来了，要那么做而已。当时我们听到说要土改，还是很高兴的，但那时也没有担心和疑虑什么的。政策也不是我们能去改变的。解放了，隔了两三年才土改的。解放那时，你做的田土没说要改给你。那时你做的田土做好宽就是做好宽，就说了这个，你增加也增加不了，减少也没得人减少你的。

（4）对共产党的看法

土改以前，我对于国家没有什么看法，就记得关于土地的事情和解放的事情。

（二）土改的过程和经历

1. 访贫问苦，扎根串连

（1）工作队进村

我们这里是1952年土改的，土改工作队在1951年就进村了。当时的工作队，一个村的话，就只有一个人。我们就知道他是上面政府派过来的人，都不是由当地选出来的。土改工作队没有来慰问我们家，他们呢，有事情一般都是找那些当官的，跟我们没有什么关系。那会儿跟他们一起来了一批干部到村子里面。

（2）土改宣传

土改是来我们村进行宣传了的，宣传还进行得特别久。他们会把土地进行评产，每一块田是多少挑，要评出来，然后插上片片儿。比如我那会儿记得是查你是三挑，你现在说是两挑，还不行，还要加起来，要评好几遍。还要多次进行检查，看哪些评的产量不是很符合的。

我们是开了大会来宣传土改的。我在会议上少有发言，因为我们种人家的地种得少，人家的田土是好多，我们就不晓得。我们没有管那些，而且我们那时才一二十岁，弄不清楚。

（3）扎根串连

土改那时的政策我们还是听得懂一些，知道要分柴山，然后田土要评，那个时候是依石、斗为准。我们家没有参加过贫、雇农的串连。至于是如何串连，我只知道那个时候像现在一样有镇、村、社。上面的人就喊做官的去开会，分配哪些人管多宽，在各自范围内帮忙落实土改政策，然后把田土评好。

我们那时并不是土改积极分子，我们一直都没有做过土改的积极分子。对于土改的事情，我们没得多积极的。那些土改积极分子要向工作队反映各种相关的事情。

（4）成立贫农团

当时我们村没有贫农团、农协会这些。要成为贫农团的成员，必须要由村社的干部来选，选你去参加工作才可以。那个时候我也不清楚贫农团由多少人组成，反正是干部选代表去参加的。贫农团的主要任务就是把每一家、每一户的田土评好，然后上报到村上，再报到镇上去，帮助土改，然后以人口为单位来划分土改的土地。

2. 划分阶级成分

（1）土改成分

我家的成分是贫农，一家人只有一个成分，都是相同的。划成分由工作队来组织，村里面的人跑到每家每户去评的，他们也有自己的评判标准。像中农、富农这些的评判，就看你请了多少人工，家里面租的田有没有请长年、看牛匠这些。

（2）成分划分

对于各种成分，有评定比例的。我们家的成分划不上去，当时还是贫下中农居多。成分划分的标准是这样子的：没有土地的农民，划分为贫农；像我媳妇的父亲，租地给我们种，这种就是中农；请了长年，请了看牛匠，大部分时间请人居多，自己干活少的就是富农；靠收租子吃饭、不劳而获的就是地主。中农还有富裕中农和下中农的区分，我媳妇的父亲当时是属于下中农的。那时的地主还是有那种不怎么样的，做得不好的还是很穷，只不过说地租给别人种，租习惯了的。富农一般是收二三十石租子的，都没有出现那种能收几百石租子的富农。

我们这一个姓里面没有地主，我们亲戚里面也不存在地主。那个时候我们这里没有听说过死地主。

（3）划分结果

我们村地主、富农、中农、贫农都划的有。地主在我们这里划得特别少，只有大沟头那一户，后来都是说土改划错了，他家只收一点租子，都把他划成地主了。当时还有易良户，也是在大沟。土改时候的地主是要移动的。那些地主享福享多了，就要搬到那种穷一些、不方便的地方去住，把他以前住的地方让出来。我们这一个小区域内还没有划富农，我们周围其实当时也只划了几户中农，剩下的都是贫农。

我们当时的成分就是村里面的干部协商来评定的，不是哪一个人说了算。拿我们家来说，田土都没有，村里面就给我们评了一个贫农，在当时就是最穷的。觉得成分划错了也可以向工作队反映，如果工作队给你改过来就行，没有改过来的也没有办法的。像你这为人不太好这些，（难道）还要把成分给你调整过，重新评？农民每个人都可以对划成分的事发言。

3. 挖苦根，斗地主

（1）挖苦根

当时村里面开了诉苦大会，就各人根据家里面的情况来说自己有多苦。开公审大会主要任务就是审判，有些审地主的。我们那里是乡里偏僻的地方嘛，就没有开公审大会。人家也判不了，大多都是把地主赶出去，让政策来判。

开批斗大会的时候，就让地主他们把金银给拿出来，他们有些地主还不是被捆起、吊起打的。我们村里面的人也没有或者少有帮地主说好话，包庇地主的话都不敢说。只说有时候帮地主证实一下，都很少有。那个时候我父亲就谈过这句话，他说："你地主（被）斗争，你全部就要拿出来。你不要狡辩。这一下子你（被）斗争，你就拿出来。以后（被）斗争，你一回回地拿（没意思）……有好多你就全部拿出来，就一回就结束。"

（2）斗地主

我们家当时是没有参加斗地主的，因为我们跟地主接触的时候很少，见都没有见到。还有一个原因就是说那些真正剥削了农民的都老了、死了，剩下年轻的被评为地主了，跟我们的岁数差不多，我们就没有去斗。还有就是其实地主他们很多家里面也不怎么样的，只是说把他们划成了地主而已。也没有去算过剥削账，打骂地主的事情我们都没有干过。我们村都是些小地主。

4. 没收和分配土地、财产

（1）没收土地和财产

收地主的土地和财产倒是很早就收了，后来还收他们的金银和枪支弹药。在斗争的时候，主要就是要让他们交金银和枪支弹药。我们家的人少有出去，都是别人去没收地主的东西。那个时候都不是工作队，而是我们村上的人一起去没收的。

地主的土地就全部收光。比如说这地主家里，桌子板凳、床铺、柜子、罩被[1]，全部都要收，就给他留一个床，烂的，或者衣裳、被套这些，留一套给他。收了要分的，分给我们这些贫下中农。贫下中农没得的东西，像被套、衣裳、桌子板凳这些，就分给我们。不配合的地主，不愿意交出来的，就要挨打。

（2）分配土地和财产

分东西的时候，还是以村为单位。分配土地和财产的时候，全村要开大会。全村的百姓每个人该分配多少，哪些该多分，哪些该少分，都是开大会来决定的。比如有些人没得被套、罩子、锅碗瓢盆、桌子板凳的就分这些东西给他。哪家哪户，大家有没有这些东西，我们都是很清楚的。我们村当时还准备了纸疙瘩，我们贫下中农就抽，同一类东西，大家都缺，你抽到哪一个就分给你。抽到好的还是差的，都全凭自己的运气了。

我们那个时候，家里面还是分到很多的东西。土改给我们家分了土地的，好多亩地我记不太清，一共是三挑，有一石的田。那时分土地是按照人口来分的。我们当时没有按好

---

〔1〕 罩被：指蚊帐和被子。

田、差田来分，都是按产量来分的。我们家当时分到的基本上都是瘦田，就只能打三挑谷子，就相当于现在的两三百斤。

我对于当时分到的土地和财产没有满意和不满意一说。那个时候政策就是这个样子，无论你满不满意也不能改变什么的。当然，分得还是比较公平的，因为不公平的话大家要闹的。虽然说每个人都想多分点，但是一般穷的就稍微多分一点，你没那么穷就少分一点点。

我们没有族山、族田，也没有祠堂、祖屋。

（3）分配土地的过程

分土地的时候是挨着分的，为了各家各户种起来比较方便，就把离家近的分给你。没有进行丈量分地，干部分配土地的时候也公平，没有说给自己就多分。有些运气好的可以分到好田。成分不同的，分土地没有什么差异，除了地主。地主是要被整的，不好的土地就分给地主。我们当时没有分牛、马这些，农具也没有分。

分土地没有产生打架和割裂，有些像柴山这些分得太远了，不方便的话还可以跟别人调的。我们也组织过查田评产，就是靠插片片儿来记录每一块田是多少挑，组织了很多次才把田评好。当时我们家是评的二十几挑谷子田，评的还是合理。

5. 土改复查

我们村的土改是1952年农历三月份结束的，那时正好栽秧子，大概是四月份了。土改分地基本上一次就全部弄好了，没有进行土地复查。当时我们也没怎么清查漏网地主，因为能评成地主的基本上都给他们评起了。

我们当时应该有发土地证。

（三）土改的结果和影响

1. 土改后的土地经营情况

土改后我们家的劳动力来讲，光做自己的就够了。那个时候我们统一都要加入互助组，大家可以换工了。只是说加入互助组，有一个组织，大家一起做一会儿就可以了。互助组是临时的。有时候互助组有些人差一个工什么的，还是要去帮他做，都少有说要拿钱的。

土改以后，我们种地的热情变高了。我们家也没有再租别人的地了，那个时候很少有人租了。

我们当时没有进行过土地买卖。我所了解的也没有进行土地买卖的人。

2. 土改后的家庭生活情况

（1）自家生活变化

土改之后我们还是种玉米、红苕、麦子、谷子这些作物。那个时候就是够吃了，数据都记不清楚的。大概来说的话，苞谷要收两三百斤，红苕要收一千斤，麦子有二三十斤，水稻收一千斤左右。那些东西我们也没有去称。有些人种的比以前好了，我们家悬殊不大，比之前稍微多一点儿。生活水平要比之前高了，因为土改以后不需要交租子。而且这样一来，我们就有田了，就能够吃上饭了。生活压力不大了，但是跟村里面的人比起来，我们家还是没有别人家好。因为我们底子本身就差，差距倒是变小了。

交公粮是国家来评的，扣除了家里人的口粮之后，剩得多的就多交，剩得少的就少交。交公粮都是只交谷子，我们家交一两百斤。交了之后，我们自己家里面就刚好够吃。我们致富的信心增加了。

（2）地主家生活变化

我们村当时就那两户地主，都是小地主。土改以后，他们的生活情况也跟我们差不多，就没有他们之前那么好了，都要种地才能生活。土改以后要分阶级，我们不敢跟那些地主走得太近。我们贫下中农就像一家人。

（3）收入变化

土改以后我们还有出去帮人，就是帮人家扛甘蔗、榨红苕粉这些。我们帮人家扛甘蔗挣不到多少钱，拿现在来讲，就一年挣几百块或者一千块钱。

3. 土改后的社会交往情况

（1）农户关系

土改以后，我们家在村里的地位还是有所提高，与群众打成一片，跟村里面的人关系都还不错。我们跟那些曾经被划为地主的农户关系一般，没怎么打交道。

（2）村户关系

土改后，整个村的风气都变好了。村民之间的关系都很好，地主（再也）不能骄傲，要听贫下中农的话。按照当时的说法，是地主的思想要解放下来。我们跟村上的干部关系还是好。

4. 土改后的观念变化情况

（1）土地观

土改后每户的生活都平稳了，感觉生活也平等了，大家都比较欢喜。对于每户土地都一样多，我觉得是一件好事。

对于国民党“反攻大陆”的传言，我们有听说过“共产党，二年半”。那个时候共产党才来，就有人嘲讽。但是我们这里没有人反共产党。国民党就像一个黑组织，它厉害不起来。

（2）人际观

土改以后我觉得一个族之间的关系还是重要。我们这边很少有我们这个宗族的人，族里面也没有长老。这边没有我们的族，我们和宗族之间的联系也就是清明的时候去一下。土改以后都没有去了，找都找不到了。

土改以后我们没有觉得自己的地位比地主、富农要高，大家都是一样的。

（3）社会观

我当时参加了修鱼塘，去帮忙挑泥巴，村里面把任务分配下来，就叫我们去干。一般喊我们去的都去了，当然，你也可以不去。大家都还是比较积极的。

（4）土改观

土改以后我对于共产党的认识和看法就是：我觉得共产党对我们一直都好。我们也没有反过党，党现在的政策更好。我们对共产党没有其他的看法。

土改留给我最深的印象就是，我们再也不用去租人家的地来做了，我们有田有土有房子，政策非常好。对于土改运动本身，我认为这是数万年都没有发生的事情，特别好。

5．土改对农业集体化的影响

（1）生产资料入社

土改以后一两年，就成立了互助组，年份记不到多准确，就1953年的样子。互助组在开始初级社的时候就结束了。初级社的时间大概是1954年至1955年，进了初级社，田土还是自己做。入社和互助组的区别就是，互助组互相帮助着做，初级社是自己做。

高级社的具体时间我记不清楚。高级社的成立和并村差不多是一个意思。当时把我们并到其他村去了。我就记得正月初一惠农乡成立高级社，哪一年就搞不清楚了，可能是1955年。

我们是自愿入社的，那些不愿意入的，第二年扩社了还要求他们必须入社，还要写申请。不入社的人是要被政策限制的。入社的时候我们就交了土地和一条牛，我们家没有农具可以交。

（2）对集体化的认识

我觉得加入农业合作社一开始效率和自己做差不多，但是时间越往后推，就没有自己做的效率那么高了。集体种地没有那么细致，私人自己种的话，比如哪一块田太瘦了，就可以加上肥料。而且集体做的话，还有一些投机耍滑的，效率就高不起来的。

（3）对土改的再认识

集体化并不一定有利于农业的发展，只是说，这些都是农业生产发展的一个过程，我们必须要走过。

入了社，我也没有觉得土改白搞了，至少不用再交租子给地主。你能做多好，能做多少，就可以收多少。入社以后，相当于是私人集体的，就交些给国家或者政府，不用交给地主，所以我不觉得土改白搞了。

GCX20170719WDY@W　王德银

一　受访者基本信息表

调研点	四川省泸州市纳溪区丰乐镇中华村	调研员姓名	郭春霞
调研员单位	西华师范大学政治与行政学院		
受访者编号	GCX20170719WDY@W	受访者姓名	王德银

续表

<table>
<tr><td>受访者性别</td><td>男</td><td colspan="2">首次采访时间</td><td>20170719</td><td colspan="2">首访时受访者年龄</td><td>90</td></tr>
<tr><td>受访者成分</td><td>雇农</td><td colspan="4">土改时是否土改干部或土改工作队队员</td><td>是</td><td>是否党员</td><td>否</td></tr>
<tr><td>干部经历</td><td>有</td><td colspan="4">曾担任的干部具体职务</td><td colspan="3">村长</td></tr>
<tr><td>现家庭人口</td><td>5</td><td>现承包地
面积（亩）</td><td>3</td><td>现承包林地
面积（亩）</td><td>1</td><td>现承包水塘
面积（亩）</td><td colspan="2">0</td></tr>
<tr><td>受访者
基本情况</td><td colspan="8">老人1927年出生于泸州市纳溪区龙车镇利合乡，没有上过学，只是在小时候借过老师的书看过一年，很多字都不认识。老人有三个孩子，两儿一女。现在老人和小儿子居住在一起。大儿子之前在泸州管理学校，现在已经回家务农，和老人住处相隔很近。老人全家都为农村户口，小儿子和儿媳在家都是靠务农来维持生活。老人的生活过得比较开心，很多时候还可以去别人家聊聊天。据老人所说，他自己不缺钱花，每次亲戚朋友来探望他都要给钱，他现在已存了八千块钱。</td></tr>
<tr><td>受访者
职业简历
或个人经历</td><td colspan="8">土改以前，老人家一共有4个人，除了他以外，有他的母亲、幺爷，还有一个抱养的女儿。老人有两个姐姐、两个哥哥，他是家里面最小的。大哥在比较小的时候就失踪了。后来大姐也过世了。老人的二姐在他八岁的时候结婚了，二姐比他大十多岁。现在老人的二姐和姐夫都不在了。在土改之前，老人的哥哥和姐姐都是分家分出去了的。老人在1945年的时候开始做永福村的村长，1953年的时候就没有再做了。</td></tr>
</table>

二 分阶段整理

（一）土改的基础和背景

1. 土改前的家庭基本情况

（1）人口情况

我叫王德银，1927 年出生。我原来是在利合那边出生的，有两个姐姐、两个哥哥，我是家里面最小的那一个，我大哥在比较小的时候就杳无音信了。

土改以前，我家有我、我幺爷、我妈妈，还有抱养人家的一个女儿。我的哥哥姐姐他们都是分出去了的。

（2）劳动力情况

土改以前我家有三个劳动力，有我妈妈、我幺爷，还有我。男劳动力有两个，女劳动力有一个，抱养的那个女孩才十多岁，干不了什么活。我在十二岁的时候就出去帮人做长工了。我妈妈靠栽秧打谷那段时间出去帮人，挣一点钱。由于我们家只有佃的一点土，没有田，劳动力是够用了的。劳动力不够的时候也没有什么办法。

（3）负担情况

土改以前，我家的小孩子就主要是我和那个抱养的女孩儿，没有病残的。我家里面当时的负担还是很重，只能说是找到一点就吃一点，有菜、有红苕的时候倒是可以煮一点红苕稀饭吃。

2. 土改前的家庭经济情况

（1）经济情况

我们家的经济没有什么来源，主要的来源是我出去做长工，一石谷子一年。我妈出去帮人，贴补家用，然后家里面喂了一点鸡，等鸡下蛋拿去卖，就买一点米来吃。那个时候我们家在村里面都只有被整的，像我们家那么穷，那村上的传杂兵，跟甲长差不多，每个月收我们半升米，说是交到乡公所去，其实谁也不知道收到哪里去，就强制收我们的米，一升米是三斤半。

（2）生活来源

我们家没有其他的收入来源，就我做长工都是给的米，不是给的钱。我们没有家庭副业，喂点鸡都是为了换米，栽一点辣椒，又拿去卖。我出去帮人做活，有十升米过年，就是三十五斤。家里面喂了一个小猪，七八十斤就拿来卖了，那种一百斤多点的都算是大猪了。

（3）生活压力

当时我们的生活压力说不清楚，就只能说找到一点就吃一点，但是，我们还是没有饿着，都是吃饱了的。我们家所有的钱基本上都是拿去买米去了。我们没有向别人借债，也没有存的有钱。

3. 土改前的土地经营情况

（1）租佃情况

以前我们没有土地，我觉得那土地就是一种商品，要有钱的人才能够买到。我们当时租地租的是后湾郭淮清的地，租给我们一石粮食的土，我们的地租是要交五斗的干米，还有五斗的苞谷租。那个时候我们的苞谷就不稳定，有一年我们家的苞谷被蚕给啃了，那一年我们只收了四十多斤苞谷。我们还在苞谷窝窝里种了一点高粱，我幺爷给高粱撒灰。苞谷那个时候是三十五斤一斗的。

我们租地的时候要请中间人，要写佃约。我们苞谷收成很差的那一年，五斗的苞谷租，我们给了七斗的高粱。

当时我们家租了佃主的地，我们的地租是双方商量决定的。我们没有和地主打架、闹矛盾这些。我们交租子就是在粮食收起来，晒干的时候交。交租子我们一直都是交粮食，没有交钱。收租子的时候，我们还是要帮忙送到地主家里面去。

那些交不起租子的人，佃主会先来你家查，看你是否真的没有收到粮食，然后如果是真的，就让你搬走，不让你继续种了。租地的话，一般的情况都是租三四年以上。可以退租，但是那个时候好多人租都租不到，没有人退租的。我们要去别的地方种的也有，这种很少，也少有给佃主说。那个时候我们的顶首[1]是交的五斗谷子一年。由于我们家种的是土，我们的顶首就是五斗苞谷租一年。遇到灾荒或者减产的时候，那些人好一些的佃主会让你少交一点，人不好的就还是要交那么多。但是一般少有佃主会让租子的。收成好的时候不用多交，你多点就自己得。

那个时候我们一年的收成就大概一石，就是三百五十斤的苞谷，一亩地大概能产一百五十斤苞谷。红苕大概能收一千斤到两千斤。红苕的亩产有一千斤左右。交了租子以后，我家的苞谷剩的最多一百多斤。交了租子以后，剩的粮食我们全家人不够吃。

（2）牲畜和农具

我们家在土改之前没有牛、马、驴这些牲畜，而且其他农户家里面也没有，就只有佃主家里面有牛。我们没有种田，农忙时节也不怕。我跟的那个佃主他自己家养的牛，而且他的牛是不外租的，都是在家里面耍。

我们那个时候的农具就犁头、耙子，没有水车。而且我们家没有种田，犁头、耙子都弄丢了。我们没有借过别人的农具，借来别人的农具要是弄坏了的话就得赔给别人。

（3）生产合作

土改以前我们没有和其他人家换工，在村里面这种现象是有的。换工要管饭，帮谁家做工就在谁家吃，一天三顿都管。换工的时候工具都是自己带去。那个时候女人还是有参加换工的。女人只要能做重活，还是可以和男工换。

土改之前我们这里也有互助组，互助组有一个组长，就组织大家干活，互助组是临时的。互助组的农户户数没有严格的规定，三五几户也行，十来户也行，七八户其实就是最多的。一个组能做三四十亩的耕地。那些互助组来了都做不完的，就看自己剩多少，能不能自己做完，不能的又找三四个人来帮忙。互助组帮忙干活都不需要给钱。

---

〔1〕 顶首：最多，最开始交的东西。

（4）请工情况

我们家没有请过工，因为我们没有种田，自己差不多也忙得过来。最重要的是请工要给钱，还要准备饭，我们没有钱，家里也没有吃的，请不起人。不过栽秧子、打谷子的时候好多都是请人的。那些请人的农户，请本村还是请外村人帮忙都没有一定的标准，有时候请本村的，有时候请外村的。那个时候请人半升米一天，像现在来看，就值七八毛钱。

我们村没有公田和族田。

4．土改前的社会交往情况

（1）租佃关系

我们租地的时候跟佃主的关系都是尽量搞好的，因为不把关系搞好，他就不把地给我们种了，很多人租都租不到地来种。逢年过节我们倒没有给他们家送东西，但是拜年还是要去的。我们跟佃主家没有闹矛盾，佃主家有事情，比如过生日、小孩满月这些我们都是要去贺喜的。我们也去帮佃主家干过活。

遇到灾荒或者减产的时候，佃主不会帮助我们。

（2）农户关系

土改以前，我们跟村里面的农户关系都处得很好。因为那个时候，跟周围的人关系处得不好，是要被欺负的。我跟村里面那些富裕点的农户关系都还好。反正我们就做点土，跟街坊邻居的关系不好就只有被欺负的份儿。我们和村长、保长的关系还是好，村长家里面过生日我还要积极地去帮忙的。

那个时候我们与村里面富裕农户的生活差距太大了，人家家里面有饭吃，我们家就只能吃一点高粱羹羹。

（3）宗族关系

土改以前，我们家跟宗族的关系比较好，但是平时的来往比较少。我们宗族没有长老。那个时候我们宗族的成员大家都比较穷，就各人过各人的生活，就过生日这些来往一下。在我们生活比较困难的时候，不能从宗族那里得到救济。

5．土改前的土地观念

（1）对土地的愿望

我在土改以前，没有把拥有一块自己的土地作为我的一大心愿，我自己佃的土都没有种好，就没有去操心那么多。没有自己的土地，就随他去，感觉自己可能一辈子都不会有自己的土地。

（2）对土地的看法

看到那些地主和大户拥有很多的土地，我也没有什么想法。他们土地虽然多，但是有些还是没有租出去，成为了荒地。我租种别人的土地，还是有低人一等的感觉。

（3）对土改的反应

听到说要土改了，我就想起“共产党，二年半”这一种说法。那些与共产党对立的青帮洪帮后来都被收拾掉了。听说要土改了，我特别高兴。我对于土改，没有什么可担心的，就听说土改可以给我们分地，自己种地，可以吃得饱一点。

（4）对共产党的看法

土改以前，我对于共产党的感受就是：共产党一来，国民党的就要吃亏了。还有一种感受就是不敢乱说话。

（二）土改的过程和经历

1. 访贫问苦，扎根串连

（1）工作队进村

我在1949年就看到土改工作队来了，他们来先立乡，把乡长给换了。乡立好了就来立村，然后让贫下中农出来当干部。那个时候的工作队有四五个人，都是背着枪来的。我只知道他们是从北方来的。

（2）土改宣传

土改的宣传大会在村里面开的，当时是我来组织的。土改宣传大会时我是发言了的，我主要对村民说土改来了，对我们特别地好，对我们贫下中农照顾得很周全。土改政策我还是听得懂一些。

（3）扎根串连

那时我们家住在罗湾，土改工作队来我们家进行了贫困访问，土改工作队队员告诉我们贫下中农要打成一片，要相互团结，团结有好处。我们没有参加过贫雇农的串连，也不知道贫雇农的串连是什么。

土改时我还是算土改积极分子，不积极的话工作都干不好。我觉得当土改积极分子还是好，但是论生活的话，还是人家那些有饭吃的富裕生活好。

（4）成立农协会

当时我们村里面有农协会，农协会组织过我们这里的甲子起义。我们村也有贫农团。乡公所有一二小队，当时一二小队把村成立起了之后就成立了农协会。我们这个农协会是1952年成立的。我是贫下中农，所以就让我去当了农协会的成员。我在农协会的主要任务就是宣传土改的政策。我们的农协会由八个人组成，有正村长、副村长、正主任、副主任、组织部的成员、宣传部的成员，还有民兵队长。我们就听共产党的指挥。

2. 划分阶级成分

（1）土改成分

土改给我们评的成分是雇农，连一个贫农的成分都评不到。我们一家人的成分都是一样的。我觉得他们对于我家成分的划定是对的。对于我自己的成分，我没有异议。那个时候，就算你有意见也没有用的，评成分的一二小队上面是有人撑腰的。

（2）成分划分

我们的成分是乡公所的一二小队来评的。相当于说，土改成分是由工作队来划的。评地主没有严格的财产和土地的标准，不过一般收二十石租子就可以给你评一个地主了。

评贫农的，就是家里面什么都没有的。评雇农的，就是向佃主写地来吃饭的。佃耕中农一般家里面存的有谷子，借粮食给别人。地主就是靠收租生活的人。

（3）划分结果

我们村雇农评了十几个人。贫农就特别多了，大多都是贫农。中农也比较多。富农一共评了三个，其中北坝有一个。地主也评了三户，一户在秀才湾，还有两户在金沟。

我们这一族人里没有地主。村里面也没有评死地主，死了的就不评了。我们划成分是一次就划成功了。

3. 挖苦根，斗地主

（1）挖苦根

我没有去斗地主、打地主的。我们对于地主都是多教育、多说服，告诉他顽固是没有好处的，多次教育就把地主教育出来了。我们开公审大会是在皂角树开的。当时有个来自泸州的王县长来办人。我们这里办完就去利合，利合去了就去白节。公审大会的主要内容就是提意见，对谁不满就提谁的意见。我们没有算剥削账。

（2）斗地主

我当时没有去打过地主，我们村办过一次小地主。我没有去揭发他的罪行，我知道很多人拿着竹篾去地主家，逼他起来干活，不起来就要挨打。那个时候没有人公开帮地主说好话，要说都是背地里小声地说。

4. 没收和分配土地、财产

（1）没收土地和财产

地主的土地和财产是村里来收的，是村里面统一收起来，这样便于集中物资，然后就进行分配。收土地和财产是农协会去收的，我是村长，我也去了的，还带来民兵在一路。收那些地主的东西的时候，他们不敢不配合。

（2）分配土地和财产

我们分东西的时候开了分配大会的。我当时家里面分了四五个人的土地，分到了二十五挑田，大概四亩的样子。土就每个人分一点点，能收两三斗粮食。对于分到好田和差田，其实当时没怎么在意，当时我们分到的是罗湾那一块清水湾的田，还是不错。全村各户分到的土地差不多一样多。各种不同的成分分到的土地也是一样的。我们家没有分到牛、马那些牲畜。

我对于分到的土地和财产满意，分到一点，至少肚子吃得饱一些。没有分到房子和鱼塘。我们没有公田和族田，没有分那些。我们也没有祖屋和祠堂，没有进行划分。

（3）分配土地的过程

分配土地和财产的话，柴山就一人分一坨，收来的衣服、裤子就看哪些人没有就分给他们。分配土地我们没有集体组织看田、插标、立界、丈量分地。每一块田的挑数都是由当时的文书算好，然后进行统计。那个时候我们大队有一千多人。我们分配土地的时候群众与村官、群众与群众之间都没闹过矛盾。

5. 土改复查

（1）土改复查

我们村的土改1952年结束，土改结束了以后没有进行土地复查。漏网地主是清过的，但是都是在土改结束后两三年才清到郭淮清和吴泽军是漏网地主。清到了他们以后没有没收他们的任何东西，只是把成分给他们评出来。土改之后，颁发了土地证。

（2）查田定产

我们那个时候没有组织查田定产。土改过后，确定了交公粮的标准。交了公粮之后，我家的生活负担比较大，剩下的粮食就恰好够吃。而且交公粮的时候我们要挑二十多里路，特别远。

（三）土改的结果和影响

1. 土改后的土地经营情况

（1）生产情况

土改以后，我家分到的土地能够勉强维持生活，种的作物有苞谷、红苕、谷子、高粱。大概每一年能收五六百斤苞谷，亩产我就说不清楚了，比土改之前的亩产要稍微高一点。土改过后，红苕我们家每一年要收两三千斤。反正粮食的话，和土改以前比增加不了多少。

（2）生产合作

土改以后，我家的劳动力还是够用了。土改以后我没有参加互助小组，其他人还是有参加互助组的。土改以后我们家还是没有养牛，就养了一个猪。

（3）收成情况

土改以后，我家的谷子每一年就收一千斤左右，我们交的是公粮，上公粮要交三百斤左右，交了以后大概还能剩七百斤。剩下的粮食就恰好够我们家人吃，没有多余的粮食。土改以后我们种地的热情还是和土改之前差不多。

（4）土地买卖

我们没有进行过土地买卖。土改过后，我们就没有再租种别人的土地了，都是种自己的。

2. 土改后的家庭生活情况

（1）自家生活变化

土改以后我们的生活变了很多，比以前好很多了，自己种多少就吃多少，生活给我带来的压力已经不大了。我发家致富的信心比以前更足了。生活差距当然还是存在的。

（2）收入变化

我们家里面三个人在家干活，我在外帮人。我的收入就是一石谷子一年，但是我妈妈一般都是过去背米，拿回家就吃一年。收入还是没有什么变化，和土改之前是一样的。

3. 土改后的社会交往情况

（1）农户关系

土改过后，我的身份和地位自然就变高了，我们和其他村民的关系都好，和地主、富农那些，关系和之前也没有什么太大的变化。

（2）村户关系

村民之间没有根据成分差异来决定人际交往的亲疏远近，不会刻意接近贫下中农，疏远富农和地主。对于成分这个事情，评都评出来了，大家就没有去管那么多了。我们村有四十几个干部，干部之间的关系都很和谐，我和他们也处得好。土改过后，我们和宗族成员的关系好，跟土改以前比，关系都变好了。

4. 土改后的观念变化情况

（1）土地观

土改过后，整个村庄的风气都变好了。我听到过国民党"反攻大陆"的传言，但是共产党来了这么多年，我们的生活感觉比土改以前好几十倍了。那些反对共产党的帮派，到最后被收拾了。

对于每家每户分到一样多的土地，我没有意见。土改以后我分到土地的感觉和土地承包时的感觉是不一样的，土地承包的时候大家都很高兴。

（2）人际观

土改过后，我认为宗族之间的关系还是很重要。我也有那种地位比地主、富农要高一些的感觉。我们贫下中农和地主、富农合不来，就不和他们打堆。那时候我们感觉无产阶级就像是一家人。

（3）社会观

土改过后我去参加了修路的活动，周围的马路都是我亲自看着修的，帮着挖、帮着弄。把路修好了，有利于通车，生活更便利。

土改过后，我对党和政府的印象主要还是停留在解放这一件事上，解放了大家都高兴。当然，共产党的土改政策亲民惠民。

（4）土改观

共产党来了不抓壮丁，不压迫我们贫下中农。土改是千万年难得一遇的事情，支持我们贫下中农，让我们贫下中农有饭吃，有衣服穿。

5. 土改对农业集体化的影响

（1）生产资料入社

1952年土改过后，我们村就兴起了互助组，互助组是临时的组织。1953年互助组结束就慢慢出现了初级社。1956年，我们村建立了高级社。当时入社的时候，我是自愿上交土地的，因为政策如此，反正早晚都要交的。

（2）对集体化的认识

我认为就我而言，自己耕种土地的效率比集体做的效率要高一些。就整体来看的话，就说不清楚，有时私人做得好，有时集体做得好。所以综合来看，两者效率差不多。我认为入社对发展农业生产有好处，大家生活都有起色了。

（3）对土改的再认识

集体化以后，我并没有觉得土改白搞了。高级社的时候国家又把土地收回去，后来又承包给我们种。但是确实有一种自己的土地又没有了的感觉。

GCX20170716WK@W　王楷

一　受访者基本信息表

<table>
<tr><td>调研点</td><td colspan="5">四川省泸州市纳溪区丰乐镇中华村</td><td colspan="2">调研员姓名</td><td colspan="2">郭春霞</td></tr>
<tr><td>调研员单位</td><td colspan="9">西华师范大学政治与行政学院</td></tr>
<tr><td>受访者编号</td><td colspan="5">GCX20170716WK@ W</td><td colspan="2">受访者姓名</td><td colspan="2">王楷</td></tr>
<tr><td>受访者性别</td><td>男</td><td colspan="2">首次采访时间</td><td colspan="2">20170716</td><td colspan="2">首访时受访者年龄</td><td colspan="2">81</td></tr>
<tr><td>受访者成分</td><td>雇农</td><td colspan="5">土改时是否土改干部或土改工作队队员</td><td>否</td><td>是否党员</td><td>否</td></tr>
<tr><td>干部经历</td><td>有</td><td colspan="5">曾担任的干部具体职务</td><td colspan="3">生产队副队长、作业组长</td></tr>
<tr><td>现家庭人口</td><td>6</td><td>现承包地
面积（亩）</td><td colspan="2">2</td><td colspan="2">现承包林地
面积（亩）</td><td>0.5</td><td>现承包水塘
面积（亩）</td><td>0</td></tr>
<tr><td>受访者
基本情况</td><td colspan="9">老人1936年出生，一直居住在四川省泸州市纳溪区丰乐镇中华村，没有上过学。老人有五个孩子，四个女儿、一个儿子。老人现在和妻子、儿子、儿媳、孙子、孙女一起生活。老人和妻子都是农村户口，家里的生活来源就是靠儿子在外打工挣钱，两个老人自己在家里面种点地来补贴生活。老人患有眼疾，在家里都没有干活，都是他的妻子在做。</td></tr>
<tr><td>受访者
职业简历
或个人经历</td><td colspan="9">土改之前，老人家里只有两口人，就是老人和他的父亲。老人和父亲都是各自在外帮人，各管各的生活。老人帮人家看牛，别人就给他饭吃。老人的父亲则帮人家做活。
老人的母亲在老人三四岁的时候就死了。老人还有一个叔叔，后来过继给了别人，老人叔叔的职业是道士。老人的父亲是在1958年“大跃进”时去世的。
老人的妻子是1958年过门的，她当时只有十八岁。1958年老人当了村里的基干民兵，1959年下半年当了作业组长，1960年做了建坝八社生产队的副队长。</td></tr>
</table>

二 分阶段整理

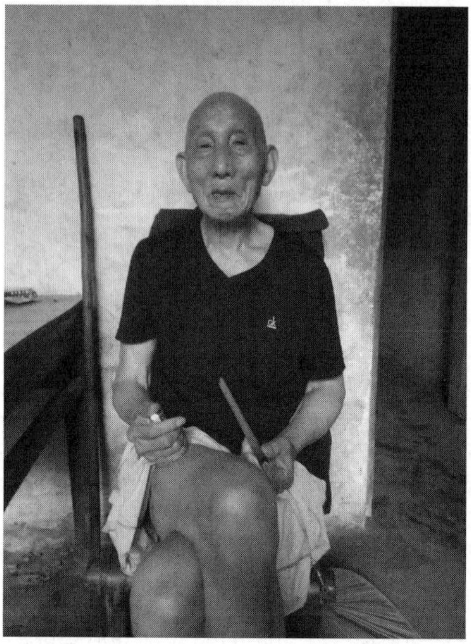

（一）土改的基础和背景

1. 土改前的家庭基本情况

（1）人口情况

我叫王楷，出生于1936年。我老家一直就是在这里，没有搬迁过。土改之前，我家里只有两口人，就是我和我的父亲。我和我的父亲都是各自在外去帮人，各管各的生活。我帮人家看牛，别人就给我饭吃。我的父亲就帮人家做活。

（2）劳动力情况

土改之前，我家就只有我和我的父亲两个人，一共两个男性劳动力。没有女性劳动力。我们劳动力还是够的。

（3）负担情况

土改之前，我们家只有我一个孩子，我有十几岁了。我父亲当时在生病，身体不怎么好。

2. 土改前的家庭经济情况

（1）经济情况

土改之前，我们家没有收入，我和我的父亲都是出去帮人做活，然后老板给我们一点吃的。在整个村里面，我们家就是最穷的。我们家连自己的房子都没有，在哪个地方帮人，就住在人家的家里面。

（2）生活来源

我们没有生活来源，没有做买卖，只是在帮富裕的人干活。我和我的父亲帮过别人家搭田坎、栽秧子、打谷子。做这些的时候的报酬就是半升米一天。半升米就是两斤半米，那个时候值五毛钱。我们帮别人干活劳动强度还是大。家里面也没有养鸡、鸭子这些。

（3）生活压力

土改以前，要说生活压力的话，我们两个人干活就刚好能糊口。我们家的开销主要都是买油、买盐这些，因为平时都是在别人的家里吃饭。我们借过别人家的钱，借了几十块钱。借的最多的也就几十块钱，是借的我外公的钱，当时他不收我们的利息。

3. 土改前的土地经营情况

（1）租佃情况

土改之前我们没有土地，在我爷爷那一辈是有土地的，但是在我父亲那里，他就把土地给别人了。他向别人借谷子，借的高利贷，还不起，就把土地抵给人家了。我们后来租的孙环珍的地。租地要请中间人，要写佃约。请中间人是佃主和佃户双方一起去请的，中间人是谁我不知道，只知道他住在文村。

我们家一共租了一亩的土，没有租田，种不起田。我们的地租是两百斤粮食。我租的土地种的苞谷、胡豆和麦子。那个时候看来，我们两百斤的租子算一般化，不是很高也不是很低，毕竟是大家共同协商的。那些协商不好的，佃主不会把地给他种的。我们交租子都是交的粮食，交租子的时间在秋收以后，就八九月的样子。交租子要亲自给佃主送到家里面去。交不上租子的佃户要被扣除顶首，顶首就是签佃约时协定的押金。

租地没有一定的时间限定，跟佃主关系好一些，就种得久一些。我们这里没有退租的，都是佃主不再给你种了。退租是可以的，不想种了就可以退租，要提前告知佃主。遇到灾荒、减产的时候不会减租子，收成好的时候也不用多交租子。

我们家的苞谷可以收一千斤左右，一亩地产五百斤苞谷。红苕不高产，一年收一千到两千斤红苕，一亩地产一千斤红苕。我们交了租子以后，家里的粮食就剩下八百斤，剩下的粮食我们一家人不够吃。

（2）牲畜和农具

土改之前我们家里没有牛、马、骡子、驴这些牲口。养牛的农户有搭伙的，也有自己养一条的。我们不种田，不需要牛。那些种了田没有牛的要去租牛，牛干一天的活挣的工钱是一个人工的三倍。

我们家里面几乎没有农具，一共就只有两把锄头。我们没有借过别人的农具，那些借了农具弄坏了的都必须给别人修好或者赔新的。

（3）生产合作

土改以前，我们没有和别人换过工。我一直都在帮人。村里面有换工组，村民在换工。那些要换工的农户就是相信谁就找谁，没有其他的要求，互帮互助。有些农户还找外村的换工。我们村没有技术工。女人不参与换工。农忙时间和平时换工差不多，差工程的一般就补钱。换工要管饭，帮谁做工就在哪个那里吃饭，三顿都要管。换工时农户自带工具，坏了也自己修。换工时亲戚四邻都是一样地对待。土改之前就有互助组了，像我父亲生病，互助组在干活的时候他就可以不去。

（4）请工情况

我们家没有请过工，我父亲一个人在家里种那一点地来填饱肚子。村里面没有族田、公田。

4．土改前的社会交往情况

（1）租佃关系

我和佃主的关系一般。逢年过节的时候我没有去给他送礼，也没有给他拜年，佃主也不会来我们家里面。我给佃主家里面干活佃主是要给钱的，他很忙的时候就叫我们去帮忙。我们家没有和佃主吵架、打架。遇到灾荒困难佃主和富裕的农户不会帮助我们，有些都只能去借粮食，但是借了都是要还的。

（2）农户关系

土改之前，我和村里面的农户关系都还不错。富裕的农户我们就很少与他们打交道，我只是去帮他们做活的。我们和村长、保长那些就简直没有联系了。土改之前，村里的贫富差距还是很大的。

（3）宗族关系

我们只有家族里还有几个人，宗族的事情就搞不清楚了。我有一个叔叔，我和叔叔还是在来往。我们族没有族长。

5．土改前的土地观念

（1）对土地的愿望

我还是想有自己的土地。对于那些地主和那些大户有那么多的土地，我们深知除了羡慕也不能怎么样，人家的始终是人家的。我还是相信各人有各人的命运，勉强不来的。

（2）对土地的看法

租种别人的土地，我会产生低人一等的感觉，毕竟别人不想给你种了你就没有土地可以种。自己如果有土地，就可以拥有对土地的管理权，种多少就可以吃多少的。

（3）对土改的反应

我在十七八岁的时候听说要土改了，对于土改的事情我就抱着顺其自然的态度，也没有担心过土改。

（4）对共产党的看法

我对于土改的认识，就是觉得它是一场打倒地主阶级、灭掉地主阶级的威风、要对贫下中农在生活上一视同仁的运动。这一场运动是由党和国家来带领我们完成的。

（二）土改的过程和经历

1．访贫问苦，扎根串连

（1）工作队进村

土改工作队是在1952年进入我们村的，当时是每一个村派两个土改工作队队员。我不清楚他们来自哪里。

（2）土改宣传

我们村进行了土改宣传，开了宣传大会，宣传大会上主要宣扬共产党好，今后要实现农业机械化、工业电气化、电灯电话、楼上楼下等，宣传了毛泽东主席的政策和今后的奋斗方向。我没有在宣传大会上发言。我对于土改的政策能听懂一些。

（3）扎根串连

当时土改工作队在别人家进行过贫困访问，谈的主要内容就是土改的政策，没有来过我们家。我不清楚什么是贫雇农的串连，也没有参加过贫雇农的串连。

我不是土改的积极分子，那些经常出去斗地主、打地主的容易成为土改的积极分子。有些积极分子是被地主整过去报仇的，有些积极分子是为了以后可以升官发财而去的。

（4）成立农协会

当时村里面有农协会，没有贫农团。农协会主要的职责就是土改、斗地主、分土地。当时是有农协会主任的。农协会成员不是任命的，是选出来的，好多是来自土改积极分子。我不是农协会的成员。我不清楚农协会有多少个人。

2．划分阶级成分

（1）土改成分

土改时，我的成分是雇农，我父亲跟我的成分是一样的。我认同我的成分，对成分的划分没有什么意见。

（2）成分划分

成分是土改工作队来划分的。对于地主的划分不是（单纯）根据财产和土地多少来定的，只要他不劳而获，对农民进行了剥削，就可以划为地主。一般情况下地主可以收几十石租子。

像我们这种没怎么租种土地、主要靠帮人来生活的，就评为雇农。在别人那里佃了土地，但是农具不齐全的，就评为贫农。有一点地，农具齐全的，就评为中农。比中农还要好一些，自己有地的，就评为富农。靠收租子生活的，就评为地主。地主还分有大地主、中地主、小地主。还有半地主富农，自己的土地种不完，佃了一部分出去给别人种。还有小土地出租，就是自己有一点地，但因为没有能力，种不了，让别人来种，他收一点租子求生活。还有官僚地主，以前有些做官的，有些也是地主，跟我们普通百姓的生活差距就太大了。

（3）划分结果

我们没有评死地主，死了的地主就没有罪恶了。地主我们村划了几户。一个村还是有十来个地主，富农要比地主少一些，中农和贫农比较多，中农可能比贫农还要多一些，雇农大概有七八个。

3. 挖苦根，斗地主

（1）挖苦根

我们村地主都是被斗过的，斗了好几次。斗地主是斗当家人，不斗地主家里的其他人。我们没有召开过诉苦大会。我们村里面算过剥削账，是由土改积极分子去做的。

（2）斗地主

村民去辱骂、打过地主，只是我一直在帮人干活，没有去。我没有参加过揭发地主的罪行。没有人敢公开替地主说好话，因为要被惩罚。背地里有没有人同情地主我就不知道了。背后说了，被知道的话都要被惩罚。

4. 没收和分配土地、财产

（1）没收土地和财产

没收地主的土地和财产的时候要去地主家里面把他们家的桌子板凳、床铺柜子那些东西给他搬空。把地主的东西收了之后就分给贫下中农，上中农和富农不参加分配。

没收土地和财产是由农协会组织去做的，当时我没有去参加。没收财产和土地的时候，没有地主敢不配合，不配合是要挨打的。挨打之后还要被定为顽固地主，然后又要对他进行斗争。

（2）分配土地和财产

分配财产的时候没有统一的标准，一般缺衣服的就分衣服给你，跟干部关系好一些就多分一点，关系不怎么样的就少分一点。分财产的时候开了分配大会的，我当时就分到一条裤子，没得多长。我父亲没有分到地主的财产。

分配土地是平均的，都是一样地对待。至于好田、中田和差田，我们村里面没有定标准，我就不清楚了。反正我分到的田不高产，高产的都被别人提前就分走了。我和我父亲一个人一石四斗五，每个人分到一亩田。土是三升的土，不到一分的土。土地的肥瘦就没有分那么细，但是总产量每个人都分的一样的。分到土地的好坏和成分之间没有关系。

我们家没有分到牛、马这些牲口，也没有分到农具。地主没有农具，牲畜和农具一般中农才有。我对分到的土地满意。我们没有分到本族人的土地。我们当时分到了一间屋子，没有分到鱼塘。我们没有族业，没有分这些。我们没有祠堂，也没有祖屋。

（3）分配土地的过程

分配土地我们是进行过丈量分地、查田评产的。他们做干部的在分配土地的时候有没有不公平我不知道，没有听说过。分配土地和财产的时候我也不清楚大家有没有闹矛盾，因为我当时不在家。

5. 土改复查

我们村的土改是1952年结束的。我没有在家，不知道是否进行了土地复查。我们清过漏网地主，但是没有清到。成分还是有划错的，比如有些人家没得劳动力才把地佃出去，被划为了地主，后来给人家改过来了，改成了小土地出租。

当时我们领到了土地证的。我们组织过查田评产，我们家定的产量是每一个人一石四斗五，就是一个人一亩地，粮食就大概五百来斤。给我们定的还是合理，打不打得起那么多粮食还不是要种，好在我们上粮以后还是够我和父亲吃。我们当时确定了公粮的标准，每一个人交粮一百斤。当时交公粮的负担还是比较大的。

（三）土改的结果和影响

1. 土改后的土地经营情况

（1）生产情况

土改以后，那些地是不够维持我们两个人生活的，所以我还在外面帮人，挣点饭吃，我父亲就在家里种地生活。分到土地以后，我们的田就种谷子，土就种苞谷和麦子。谷子能收两石，就是七百斤，亩产三百五十斤。苞谷有一百斤左右，亩产两百斤。我们的亩产没有什么增加了，因为还是没有肥料，那些有牛的就有牛粪，产量就要高一些。我们的农业生产存在困难。

（2）生产合作

土改以后我家的劳动力够用了。土改以后我去参加过互助组，互助组是临时的。

（3）收成情况

我们每一年上交国家的粮食就是两三百斤，交的是公粮。上交之后剩下七八百斤，不够我们吃。

（4）土地买卖

土改过后，我们不租种别家的土地了，生活还是变好了。我们没有进行过土地买卖。

2. 土改后的家庭生活情况

（1）自家生活变化

土改过后，我感觉生活压力不大。土改以后，我感觉和村民的生活差距和土改之前差不多，还是大。我发家致富的信心是变强了，但是政策不允许。我挑了很多钢炭囤起，打算卖了修房子，结果全部被没收了，说我要走资本主义道路。

（2）收入变化

土改以后我其他的收入就是挑钢炭卖，一挑钢炭赚三块钱，一个月只能挑几挑，大概就每天挣一块钱。

3. 土改后的社会交往情况

（1）农户关系

土改之后，我觉得我的身份和地位稍微变高了一点，这种感觉是源于我自己有自己的土地了。我和村民的联系不多，我帮人做活的地方在另外一个村子。我跟那些富农和地主没有打交道，除了我帮的那个老板，他也是一个富农。

（2）村户关系

土改之后，村民之间的关系和土改之前是差不多的。村民不会以成分的不同来决定和谁走得近，和谁走得远。

土改以后我们和村干部的关系一般。宗族关系没有什么变化，还是你去我来地在交往。

4. 土改后的观念变化情况

（1）土地观

土改了，有了自己的土地，我的心情很好，可以有自己的土地了。有了自己的土地，种粮食吃就方便多了。

（2）人际观

那个时候我觉得宗族关系还是重要，就是到现在，宗族的关系还是重要。就成分来说，我觉得自己的地位比地主和富农要高一些。但是从经济上来讲，我就不如人家地主和富农了。阶级分化以后，我们贫下中农就像一家人。我们不敢去和地主交往太多。

（3）社会观

土改后我听说过国民党要“反攻大陆”的说法，但是我不太关注这些事情。自己只是一个简单的老百姓，还是默默干自己的活。土改以后，我积极带头去修路，因为我是村里的干部，我不带动的话，这些事情就没有人做。我在做基干民兵的时候，去修过水利，挖过鱼塘。

（4）土改观

土改让我对党和政府有了一种看法：土改是党和政府为了农民能够安居乐业而做的一件好事情。共产党对我们贫下中农有很大的恩德。现在共产党也在帮助和扶持穷人。土改留给我最深刻的印象就是大家都有自己的土地了。对于土改这个政策本身，我觉得这是国家政策，就该去遵守，那是为人民服务的。

5. 土改对农业集体化的影响

（1）生产资料入社

互助组在1950年就有了，土改之后也还有互助组。到1956年初级社建立之后，互助组就消失了。高级社就是1958年了，随后建立人民公社。我父亲一开始是不愿意入社的，后来第二年扩社以后被迫入社的。

（2）对集体化的认识

我认为自己种地比集体种地效率高，集体种就有些人勤劳有些人懒，懒惰的人和勤劳的人得到的粮食都是一样的，谁又愿意卖力地做呢，所以我不认为农业集体化有利于发展生产。

（3）对土改的再认识

我没有觉得土改白搞了，因为土改是我们发展农业的一个必经的阶段。虽然入社我上交了自己的土地，但是没有产生那种自己的土地又没有了的感觉，只是属于集体了而已。没有进行土地买卖。

GCX20170719HRZ@W 何荣之

一 受访者基本信息表

<table>
<tr><td>调研点</td><td colspan="5">四川省泸州市纳溪区龙车镇建坝村</td><td colspan="2">调研员姓名</td><td colspan="2">郭春霞</td></tr>
<tr><td>调研员单位</td><td colspan="9">西华师范大学政治与行政学院</td></tr>
<tr><td>受访者编号</td><td colspan="5">GCX20170719HRZ@W</td><td colspan="2">受访者姓名</td><td colspan="2">何荣之</td></tr>
<tr><td>受访者性别</td><td>男</td><td colspan="2">首次采访时间</td><td colspan="2">20170719</td><td colspan="2">首访时受访者年龄</td><td colspan="2">87</td></tr>
<tr><td>受访者成分</td><td>雇农</td><td colspan="5">土改时是否土改干部或土改工作队队员</td><td>是</td><td>是否党员</td><td>否</td></tr>
<tr><td>干部经历</td><td>有</td><td colspan="5">曾担任的干部具体职务</td><td colspan="3">农协会主任、社长、乡长</td></tr>
<tr><td>现家庭人口</td><td>5</td><td>现承包地
面积（亩）</td><td colspan="2">3</td><td colspan="2">现承包林地
面积（亩）</td><td>1</td><td>现承包水塘
面积（亩）</td><td>0</td></tr>
<tr><td>受访者
基本情况</td><td colspan="9">老人1930年出生，一直居住在殷家湾，现属于龙车镇建坝村八社。老人七岁的时候开始读“老学”，在那个年代叫做私塾，上了三学期。老人全家都是农村户口。老人现在和妻子、儿子、儿媳、孙子生活在一起，靠他的退休金和精简职工费过日子。老人的儿子在泸州开面馆，家里面剩下老人和他的妻子做点农活，有时儿子也会回家帮忙，经济条件一般。</td></tr>
<tr><td>受访者
职业简历
或个人经历</td><td colspan="9">老人四岁的时候，父亲就过世了，母亲是2004年过世的。老人还有一个妹妹，妹妹比他小三岁，后来嫁去了龙车镇。1954年，老人做小乡的乡长，乡政府在双水井。1959年，老人在丰乐镇当社长。1962年，老人被精简回家。</td></tr>
<tr><td>受访者
所在社区
基本情况</td><td colspan="9">建坝村是泸州市的一个自然村，离县城约32公里，离乡镇约4公里。建坝村地广人多，环境优美。全村共6.89平方公里，13个农业社，849户，共2862人，其中男性1590人，女性1272人，儿童450人，老年人786人。
全村贫困户68户，189人，低保户30户，残疾人86人，“五保”和“三无”人员16人。网络已通11个社，饮用水已通11个社，电网全村全覆盖。</td></tr>
</table>

二 分阶段整理

（一）土改的基础和背景

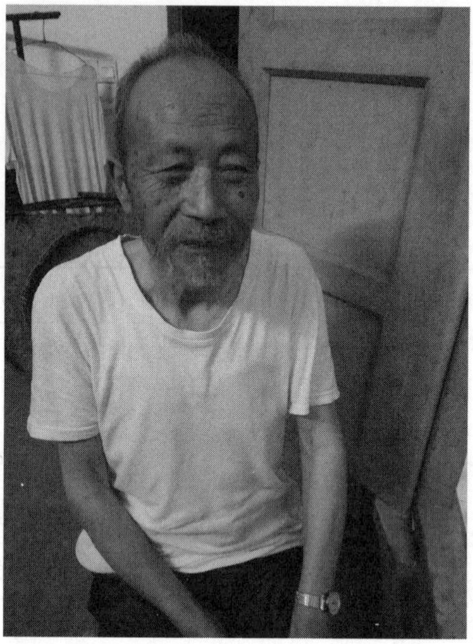

1. 土改前的家庭基本情况

（1）人口情况

我叫何荣之，出生于1930年。我才四岁的时候，我的父亲就过世了。我还有一个妹妹比我小三岁。家里就只有我、母亲和妹妹三个人。

（2）劳动力情况

土改以前，我还小，不能干多少活，我家就两个劳动力，是不够用的。等我十五岁的时候，就挑烧黄纸来卖，从白节挑到弥陀。烧黄纸就是一种（敬神礼佛时）拿来烧的纸。我们家劳动力不够的时候也不能怎么办，能干多少活就算好多，没有钱请人帮忙。

（3）负担情况

土改以前，我和我妹还小，开始家里相当困难，负担很重。我父亲去世后，就只有我们三个人，我母亲和我们两个小孩，没有主要劳动力，困苦不堪。

2. 土改前的家庭经济情况

（1）经济情况

我们家没有什么收入，后来我去挑烧黄纸卖，也挣不到什么钱。当时挑一挑烧黄纸，在现在能够挣几十块钱。我们家当时在村子里是贫穷的，都没有人比我们家更穷。

（2）生活来源

除了我去挑点烧黄纸以外，我们家没有其他的收入来源，我妈妈一直在家，没有出去帮人干活。当时没有收入，穿的和吃的都比较差。我们家没有家庭副业，鸡、鸭子这些倒是养的有几个，把它们拿去卖的，都没有自己吃。鸡、鸭子在那个时候的经济价值我都记不清楚了。

(3) 生活压力

当时我们生活压力大，开支就在吃上面。我们没有向别人借钱，没有人肯借给我们，而且借了我们也还不起的。一般饭都不够吃，有时候就只能吃一点麦子羹。

3. 土改前的土地经营情况

(1) 租佃情况

土改以前我们家没有地，当时那个社会就是这个样子，很多人都没有土地。土地是属于地主阶级的，跟我们老百姓没有关系。我父亲在的时候租了地，我们主要靠租一点土地来维持生活。当时我们租了六亩地，租的唐牌易炳新的，当时大家都喊他易三老爷。

我们租地的时候请了中间人的，中间人是由佃户来请。至于请的是谁，我都记不清楚了。租地的时候我们写了佃约的。我们当时的租金是十六石租子，一石是三百五十斤。就当时的标准来看，这个地租不算低。地租是由老板说了算的，你觉得高了可以不租他的。我们没有与佃主争论过地租的事情，人家是地主，该人家说了算。交租子是交的谷子，没有钱拿来交。交租子一般是每年下半年的时候，谷子收了就交。地主把谷子卖给那些米贩子，我们不用给地主挑到家里去，米贩子会来我们这里收。那些交不起租子的，佃主就不会继续把土地拿给他们做了。我们租地，租期没有固定的，主要看跟佃主的关系，我们家就是租了好几十年。

不想继续租佃的，可以退租，要提前给佃主说，然后办好退租的手续。遇到灾荒或者减产的时候，地主就会让一点租子，就可以少交一点。但是在我们这边，那种粮食收不到正常产量的一半的情况都特别少的。我们当时土里面种的是苞谷和红苕，田里种的是水稻。我们十六石租子的田，交了租子以后还能剩几石，相当于现在的四千斤。我们那个时候一个人一年都能吃一千多斤谷子。红苕差不多能收一千斤。那个时候交了租子之后，我们家里面不够吃。还种了些麦子，麦子能收几百斤。

(2) 牲畜和农具

最早的时候，我们家养了头牛，后来分家就没有了。牛是自己的，没有搭伙。我们家有养猪。没有牛了之后，我们种田就只有跟别人租牛。那个时候租牛的价格也不高，一般租牛都是给钱，没有拿人工来换。

当时我们家的农具有犁头、耙子、龙角车，龙角车有几个轴，是一种用脚踩来取水的工具。借来别人的农具，要是弄坏了的话，要给别人修起，修不好的就赔钱。

(3) 生产合作

我们做农业的时候没有和别人换工，别人有能力的可以换工。换工没有说一定要跟谁换，没有标准。我们那个时候村里面没有技术工，女人很少去换工。忙的时候跟平时换工不一样，忙的时候工价更高。换工一天三顿都要管饭，帮谁家里面就吃谁家。换工的工具一般都是自己带。工具，如锄头，坏了的话就自己拿去修好。

在土改之前这里没有互助组，互助组都是土改以后的事情了。

(4) 请工情况

我们家里也请过工，在种粮食那几天，自己干不了，就只有请人。我们请的都是周围这些挨着的，相信谁就请谁，没有什么严格的标准。请工一般情况下都是要给工钱的，只有那些亲戚帮忙的可以不用给钱。

我们村里面没有公田、族田。

4. 土改前的社会交往情况

（1）租佃关系

我们家与佃主的关系好，他们家有人生日、拜年这些我们都要去祝贺的。我们家穷，没有办生日宴，佃主不会来。我们每年没有特地帮佃主家干过活，也没有与佃主发生过争执。那个时候其他人还是有发生争执的，村里的李四把田都种垮了，他种不出来谷子了，就只有搬走了。遇到灾荒或者减产的，佃主也不会救济我们。

（2）农户关系

我们和周围这几户人家都很团结。我们各人种各人的地，没有打架、割裂的。我们跟其他的农户交往不多，因为太穷，请不起客。和村长、保长这些都没有打交道，人家做人家的官，我们也没有去找他们。

土改以前，村里面的富裕农户跟普通农户的生活差距大，穷的人只有种一点（粮食）来吃。

（3）宗族关系

土改以前，我们家族没有几个人，关系还是好。经济不行，就没有什么来往，没有钱来交往。我们家族没有长老，但是有叔公。跟叔公的关系倒是好，但是呢，还不是各人干各人的事情。就只有过年吃年夜饭这些互相来往，平时都不来往。我们平时没有遇上多少灾荒，宗族也不救济。

5. 土改前的土地观念

（1）对土地的愿望

土改前我们也想有一块自己的土地，这个想法肯定是存在的。拥有一块地可以自己种了自己吃，但是实际上是不可能的。对于地主或者大户有那么多土地，我觉得当时那个社会就是那个样子，没有任何办法。在当时我们也不懂他们拥有那么多地的原因，反正就知道人家有土地，人家可以靠收租子吃饭。

（2）对土地的看法

租种别人的土地，肯定有低人一等的感觉。人家有地有饭吃，我们无地没有饭吃，自然而然地就比人家低一等。

（3）对土改的反应

听到说要土改了，就只懂得要分地，其他的，像政府究竟要怎么去搞，我们不清楚。那个时候我们才十几岁，也没有担心过土改的事情，不太懂这些。

（4）对共产党的看法

土改以前，对党和国家的感受是糊涂的，就知道政策要颁布下来。就那个时候听说了一些关于共产党的坏话，说共产党要抢光、烧光、杀光，谣言四起，但是具体如何，我们不清楚。但是共产党也没有来打农民，杀农民，那些人害怕（老百姓认识共产党），就制造谣言。

（二）土改的过程和经历

1. 访贫问苦，扎根串连

（1）工作队进村

1952年正月，土改工作队进村。当时的工作队，一个村派两个人来。他们是上面派来的人，听说有土改工作团，土改工作团的赵团长都来过我们这个村。当时的土改工作队队员一个叫梁得成，一个叫徐迈。徐迈是重庆的正式部队派过来的。梁得成是河南的，也是正式解放军。

（2）土改宣传

我们村土改宣传开了大会的，我也参加了。会议的大意就是说来宣传要土改了，共产党的政策好，澄清那些要烧光、抢光的谣言。穷点的人就起来干革命了。我在土改宣传大会上没有发言，那时我们说话不算数。

（3）扎根串连

土改工作队来我们家里进行贫困访问、摸底、调查，要搞很久。但是我没有参加，因为我是干部，就没有访问我。通过访问以后，让我们去乡政府开会。

我们当时这里叫凤凰村。当干部难免要得罪人，别人就要整你，反映你，告你。后来工作队让我们集中学习，通过调查，把不好的干部开除了，好的干部就继续保留。我们这里没有搞过贫雇农的串连。

我当时也是土改的积极分子。要成为积极分子，必须接受全方面的考察，比如你相信共产党说的话，你的认识到位，还有你出身贫穷。这些土改队都是提前来调查过的，并不是说因为你是干部就当积极分子。

（4）成立农协会

当时我们村没有贫农团，只有一个农协会。农协会就是村里地位最高的组织，当时还成立了儿童团。农协会高于一切。我是村里的农协会主任。成为农协会的成员的条件，就是看你过去有没有干坏事，当没有当官，做没有做过土匪这些。一开始农协会只有几个人，后来慢慢发展，人就多了。我当的农协会主任，主要的任务就是对土改的相关政策上传下达，还宣传关于党的事情，比如像抗美援朝。

2. 划分阶级成分

（1）土改成分

土改我们家被划了雇农。评成分，是就摆在眼前的事情。比如像中农，就种的有地，有犁头、耙子、水车等各种农具。我在土改以前什么也没有，就只有挑担儿来维持生活。我认同当时给我们划的成分，雇农就是最好的成分了，而且本身我家就只有那个样子。我对于自己的成分，没有其他的意见，这个成分就是最优越的了，是最高的档次了。

（2）成分划分

划成分这件事情，是由工作队来掌握，农协会具体去执行，农协会根据工作队传达的政策来划分成分。

当时划分成分有一定的标准。一般的佃耕中农，就有犁头、耙子，农具是齐全的。比中农的情况稍微差一点的，就评为贫农。富农带了一个“富”字，就表明他是有剥削性质的，一般请有长工。雇农就是受人剥削的，一般靠帮人来维持生活。还有自耕贫农，就是租一点地来做的。地主就是靠收租子吃饭的，和一般农民差别很大。

对于划分地主，没有财产和土地的严格标准，只要他是靠收租子来生活，就是地主。地主的事情我们也不是很清楚，不知道有没有本姓的族人。

（3）划分结果

村里划了多少雇农我不知道，贫农和中农划的比较多。富农只有两三户，张全新是富农。地主也很少，我们队的地主有毛房子的张志光，村上的还有燕子崖有一户，一开始给他评的小土地出租，后来他们去闹，成分改成了漏网地主。加上凤凰山的唐中汉，我们村有三户被评为地主的。

我们村划成分只划了一次就划清楚了，但是后来也复查过一次。我们村没有评死地主。

3. 挖苦根，斗地主

（1）挖苦根

我们村是斗了地主的，斗了几次。当时我们先搞了斗争大会，斗那三户的地主。诉苦大会都是后来才开的。公审大会是在凤凰山开的，其任务就是斗地主。我当时被工作队查来（认定）是好干部，就被保留了，继续做农协会的主任。斗争大会是由我们农协会来组织的。

我们村还是算剥削账，就是说地主是如何剥削人的，让他们把金子银子拿出来。有一次有个地主拿了五坨大银子出来。

（2）斗地主

村民参加了打地主，斗唐中汉的时候，打得他皮开肉绽，差点打死了。斗地主是我们农协会发动群众来斗，他们就打地主。那时我掌握斗争的事情，没有参加揭发地主的罪行，揭发罪行都是由群众来做的。斗地主的时候，没有人敢公开帮地主说好话，背着也不敢，帮地主说好话是要被收拾的。

4. 没收和分配土地、财产

（1）没收土地和财产

分配土地和财产还是由工作队来掌握，我们农协会具体操作。我们去没收东西的时候地主没有不配合，那些不配合的地主要被惩罚，比如罚跪。分配土地和财产的时候要把收的东西进行移产，在一个乡全部收集起来之后再分配下去。

（2）分配土地和财产

那个时候分土地好像是一个人分一石四。把地主的东西收集起来以后，划成一份一份的，然后分配大会大家抽签来定。我们家当时分的是三份土地，有四石，每一个人接近一亩的样子，全部就是差不多三亩地。好田和差田来讲，大家分到的都差不多。当时全村各户分到的土地都是一样多的。不同成分分到的土地不是一样多的，讲绝对平均又不可能。有些成分好一点，跟群众的关系好一点，分到的土地要稍微好一些。

当时我们没有分到牛、马这些牲畜，我抽到的是一个棺材，后来把棺材给我爷爷了。农具我们分到了锄头、耙子，犁头不记得有没有。我对于当时的分配满意。我们没有分到本姓族人的土地和财产，也没有分到房子和鱼塘。我们那时没有祠堂和祖屋，也就没有分。

（3）分配土地的过程

分配土地没有进行过看田、插标、丈量分地这些过程。在分配土地的时候，干部肯定出现过不公平的现象，没有绝对的公平。私心包括我都是存在的。分配土地和财产的时候群众之间没有闹矛盾。

5. 土改复查

（1）土改复查

我们村的土改是1952年农历三月份结束的。我们进行过土地复查，但是不是1952年复查的，是后来复查的。漏网地主一共就清了燕子崖的一个是漏网地主。我们村有成分划错的，后来纠正回来了的。我们当时没有颁发土地证。

（2）查田定产

我们村组织过查田评产，标准我记不清楚了，那时是工作队来做的。查田评产好像给我们家定的是六石的产量。我们三份地，其实只有四石多一点，但是定的是六石的产量。那个时候定得高，说产量要增加，就没有说不合理。

当时也定下来了向国家交公粮的标准，是按照每一户的人口和土地来算，看你家是缺粮户还是余粮户。不够吃的人家就是缺粮户，有剩的就是余粮户。我们交公粮的时候负担还是比较大。

（三）土改的结果和影响

1. 土改后的土地经营情况

（1）生产情况

土改以后分到了土地，但是我们一家人还是不够吃。那个时候我们家种的依旧是谷子、苞谷、红苕。我们的产量还是不高，但是相比土改以前，要稍微高一点。

（2）生产合作

土改以后我们家的劳动力还是那些，家里面人少。土改以后，我们这里搞了一会儿互助组。那个时候还有代耕队，就是我们这些做干部的，平时事情比较多，就会有人组成代耕队来帮我们家里面干活。代耕队也是临时的，不用给钱，是支援我们的。

土改以后我们家还是没有牛、马，就喂的有猪。

（3）收成情况

我们家不卖余粮，因为我们是缺粮户。公粮我们还是要交，但是记不清是交的多少。我记得我们还要交农税提留，农税提留是胡锦涛上台的时候才取消的，那个时候就开始交了。大概要交六七十块、七八十块钱的样子。交了公粮以后，我们的谷子最多能剩几百斤，不够我们一家人吃。土改以后，我们种地的积极性变高了，有土地了大家都高兴。

（4）土地买卖

土改过后，我们就没有再租别人的地来种了，我们也没有进行过土地买卖。

2．土改后的家庭生活情况

（1）自家生活变化

土改过后，我们家的生活最大的变化就是可以自己种自己的土地，自己来养活自己了，就不用帮别人做了。土改过后，我们家的生活压力就比土改以前的压力小了，粮食稍微变多些了，要上交的粮食就变少了，自己能够剩的就变得多一点了。但是压力依旧是存在的，我们生产水平不高，还要交农税提留这些，吃饭的问题还是存在压力。

土改过后，村里面农户之间的差距还是大，就是现在生活也不平等。土改过后我发家致富的信心变高了一些，但是也不太自信。

（2）收入变化

土改之前我出去挑烧黄纸卖，挑担儿来挣点生活零用。土改以后就没有再挑这些了。我1953年、1954年在新华乡当乡长，没有其他收入了。那个时候当村上的干部，一个月有几十块钱。

3．土改后的社会交往情况

（1）农户关系

土改以后，我有一种身份、地位变高了的感觉。我们与村里面的群众关系一直都好，没有和别人吵架、打架。但是和那些地主没有什么关系，没有什么交流。我有一个观点就是那些地主也不该我们去打他，国家自然有法律去管他们。

（2）村户关系

土改以后，就消灭了地主阶级，大家就比较平等了，村民之间的关系都处得很好。一个普通的村民，还是会根据成分来决定和其他人的亲疏远近。打倒地主了以后，地主的后代还在，但是呢，我们还是要跟人家交往，不过与他们的交往和与其他村民的交往还是存在差别的。贫下中农我们内部的关系是要好一些。我们与村干部、周围的人关系都还不错。

土改过后我们和宗族的关系还是和原来差不多，没有多少变化，和那几个叔公的关系还是差不多。

4. 土改后的观念变化情况

（1）土地观

土改以后，有了自己的土地，可以自己种粮食吃，心情自然是好的。但是，生活还是困难，那点土地种出来的东西又不够我们一家人吃，有时还是要出去做苦力来养活自己。

土改以后，我对于每家每户有一样多的土地，我觉得是一种很自然的现象，人类社会本来就是这个样子，有强有弱的。人家做得好一点，比你过得好一点，你要差一点，这些都是很自然的现象。就像做生意一样，经营得好一些，收益就多一些。

土改过后分到土地的感觉和土地承包时分到土地的感觉是不一样的。

（2）人际观

土改以后，我觉得一个宗族内的关系还是挺重要的，因为你作为一个人是有血缘的源头的，也有宗族关系，是有牵连的。

土改过后，我没有觉得自己的地位比富农和地主的地位高，虽然说阶级不一样，但是我们又不可能特地去欺负别人，我们也没有什么特殊的。

（3）社会观

土改过后还是有听到国民党要“反攻大陆”的传言，但是我不太信这个。因为共产党一开始本来就没有几条枪，国民党几百万的部队，都没有打赢共产党，被赶到台湾去了。

土改过后，我没有去参加修路、修水利那些活动，因为那些事情有人去做，我们岁数比较大了，就做不了什么。土改以后，我对党和政府的看法就是：只有共产党好，这个好坏是比较出来的。有人说国民党不好，但是国民党里面还是有些好人的，还是要维护共产党。但是呢，我觉得国民党不好，它不能解决我们老百姓的贫困。国民党是地主阶级的代表，没有为老百姓做事，路都没有为我们修过一条，而且平时连办公地点都没有一个。对比土改前后，我对共产党的新认识就是：共产党打倒了地主，才使我们农民拥有了权力。

（4）土改观

我对于土改最深刻的印象，就是觉得土改是一件很让人高兴的事情。总而言之，我们没有来自地主的压力了，地主阶级被消灭了。对于土改这一场改革运动，消灭地主阶级，让我们农民就拥有了权力。

5. 土改对农业集体化的影响

（1）生产资料入社

1953 年，我们村就有互助组了，是毛泽东搞的互助合作、供销合作和信贷合作。初级社是 1954 年的时候成立的。高级社是 1956 年成立的，当时就已经在“刮共产风”了。

当时入社的时候，我是自愿将自己的土地、农具等上交给集体的。1954 年，我们这里先建社，但是还是有一些人不愿意入社。1956 年“刮共产风”的时候，不愿意入社的都要求必须入社。

（2）对集体化的认识

对于土地是自己耕种效率高还是集体耕种效率高这一个问题，我觉得要分人。我觉得吃大锅饭，没法做农业。所以我觉得农业集体化是不利于发展生产的，只是说政府有这个能力把大家联系起来。

（3）对土改的再认识

入社以后，我没有觉得土改白干了，但是我还是觉得农业集体化这个做法不好。但是当时我们都不敢反对毛主席（的政策）。就比如说当时的人民公社，我们这建坝村饿死了很多人。

口述调查小记

2017 年 7 月 15 日，这是我开始口述史调查的第一天。天气格外晴朗，烈日炎炎。我按我爷爷的指引找到了我们本村生产队的两位八十岁以上的老人。很不巧的是爷爷耳朵很不好，而奶奶关于数字的东西全都不记得，我仍旧尝试了很久，发现真的问不出什么东西。按照周围邻居和亲人的说法，在本村，他们不认识其他八十岁以上的老人了。

下午没睡午觉，昏昏沉沉，顶着烈日走了三里多路，找到村长和村主任，要了一份全村老人的花名册，这使我心里又燃起了希望。

2017 年 7 月 16 日，这是我行动最关键的一天，我找到了我的姑姑帮我带路。我们的村庄挺大的，真正记得土改那段时间的历史，又能正常和我交谈的老人其实特别少，基本上都不在我们社。我姑姑在村上开了一个杂货店，认识的人特别多，她很愿意帮助我。

7 月 16 日这一天，我去了陈泽泉老爷爷的家，老爷爷的家人很热情地接待了我们。陈泽泉老爷爷是一个非常慈祥的老人，八十几岁高龄了仍然坚持帮家里做事情，丝毫不懈怠。在我的印象中，老爷爷非常健谈，说话的速度也很快。

陈泽泉老爷爷出生于 1931 年，出生于皂角树，土改之前他的家里面有八口人。后来土改了，他的家人就被分开了，家里只剩下自己和父母、妻子。老爷爷也是给别人种地来维持生活的，自己没有土地，但是在我访谈的四个老爷爷中，他是唯一一个没有土地也被划成了贫农的，其他家应该都是雇农。

中午的时候，我的访谈结束了，老人家里的人留我吃午饭，我婉拒了，但是心里面特别幸福。

2017 年 7 月 16 日，下午的时候，姑姑就带我去了另外一户老人的家里。当时去的时候老人正在睡午觉，打扰了他，让我觉得挺不好意思的。但是老人很热情，丝毫不在乎这些。王楷老爷爷从土改到土改后的事情他都记得很清楚。老爷爷有眼疾，现在已经失明了，在家里没有做农活，家里面还在种地，都是老奶奶一个人张罗的，不得不说很佩服老奶奶。

王楷老人的儿子今年四十九岁，在外打工。老人的生活比较困难，土改之前到土改过后的一段时间，老人都和自己的父亲生活在一起，家里面连一间像样的屋子都没有。老人和父亲都靠帮人干活来维持生计。老人做了好几年的看牛匠，土改前后都在帮人家看牛。老人的父亲身体不是特别好，土改过后，他就没有出去帮人干活了，就自己在家种地，维持自己的生活。

我印象最深刻的是王楷老人在土改之后特别想修两间屋子来娶媳妇，挑了很多钢炭囤起来。但是在入社以后，钢炭却全部被没收了，据说这是走资本主义道路的体现。老人的父亲也命途多舛，1958 年在“大跃进”时建立钢铁厂的过程中去世，老人领到了 25 元的慰问金。

2017 年 7 月 19 日，今天上午我去了王德银老人的家。王德银老人已经 90 岁高龄了，但谈吐还是比较清晰。老人现在生活比较轻松，每天到处玩一玩，也有自己的存款。老人在土改之前就在做村长，土改后三年就没有当了。

老人的妻子在 57 岁的时候就过世了，他们有两个儿子。现在老人和他的小儿子、孙辈一起生活，曾孙也有好几岁了。老人的大儿子分家分出去了，但是距离他们家不到一千米。老人的小儿子现在在家干农活，大儿子曾在泸州管理学校，现在退休在家务农。

当问起老人是否上过学时，老人坦言，小时候只是向老师借过几本书念过，那时穷，而且要干活，就没有学到什么东西，很多字都不认识。

2017 年 7 月 19 日，今天做最后一个口述史调查了。由于在本村已经找不到符合要求的老人了，姑姑带我去了邻村建坝村。听说访问的对象何荣之老爷爷曾经做过乡长，土改的时候他担任过农协会的主任，我顿时充满了好奇，大晚上的连夜赶了过去。

老爷爷非常慈祥，看起来也很精神，不太像过了 80 岁的老人。我们去的时候只有老人和他的妻子在家。到他们家的时候老爷爷正在吃晚饭。老人虽然做了很久的农村干部，但不是党员。这个爷爷是我所有的访谈对象中学历最高的，上过私塾，也上过高小，土改的政策都记得很清楚。

老人特别勤劳，在他 15 岁的时候就开始出去自谋生活了。因为老人的父亲在他四岁的时候就过世了，所以老人从小就勤劳与独立。土改的时候老人家里的成分是雇农。他们没有什么经济来源，佃了一点点地来维持生活，在家里一般都没有米饭吃，就吃一点麦子糊糊。

老人在土改的时候担任村里的农协会主任，组织群众斗地主，当时的情景他讲得绘声绘色。在老人做干部的时候，兢兢业业。1962 年被精简回家，能领一点退休金。

这一次的调研，我收获很多，从一开始的四处碰壁，甚至有老人在村里到处说我是骗子，到后来我坚持并且顺利完成了调研，一方面，我觉得自己挺幸运的；另一方面，我坚信“越努力，越幸运”的箴言。

绵阳市

三台县

HX20150726GMY@Z　龚明元

一　受访者基本信息表

<table>
<tr><td>调研点</td><td colspan="5">四川省绵阳市三台县里程乡里程村</td><td colspan="2">调研员姓名</td><td colspan="2">何霞</td></tr>
<tr><td>调研员单位</td><td colspan="9">华中师范大学中国农村研究院</td></tr>
<tr><td>受访者编号</td><td colspan="5">HX20150726GMY@Z</td><td colspan="2">受访者姓名</td><td colspan="2">龚明元</td></tr>
<tr><td>受访者性别</td><td>男</td><td colspan="2">首次采访时间</td><td colspan="2">20150726</td><td colspan="2">首访时受访者年龄</td><td colspan="2">83</td></tr>
<tr><td>受访者成分</td><td>中农</td><td colspan="5">土改时是否土改干部或土改工作队队员</td><td>否</td><td>是否党员</td><td>是</td></tr>
<tr><td>干部经历</td><td>有</td><td colspan="5">曾担任的干部具体职务</td><td colspan="3">互助小组组长、公社主任</td></tr>
<tr><td>现家庭人口</td><td>2</td><td>现承包地面积（亩）</td><td colspan="2">0</td><td colspan="2">现承包林地面积（亩）</td><td>0</td><td>现承包水塘面积（亩）</td><td>0</td></tr>
<tr><td>受访者基本情况</td><td colspan="9">老人1932年生，现年83岁，和老伴两人独居在里程村，子女都搬去城里居住了。老伴刘明香老人现年84岁，是外村嫁过来的。儿子、孙子都有出息，家庭经济条件比较好，但两位老人坚持住在农村，还种了庄稼。</td></tr>
<tr><td>受访者职业简历或个人经历</td><td colspan="9">土改之前，家里有10亩地，7个人，包括父母、两个弟弟、两个妹妹和老人自己，当时父母患有肺病，弟弟妹妹还小，老人成为家里的主要劳动力，土改前后一直在家务农。1950年和刘明香老人结为夫妻，土改期间，老人加入了共青团，妻子也当选为队长，夫妻两人成为土改积极分子，都积极参加了土改工作。1954年村里开始搞农业互助小组，龚明元老人当选为互助小组组长，后来进入公社化时期，又当过公社主任。老伴刘明香老人也当过里程村的妇女主任。</td></tr>
<tr><td>受访者所在社区基本情况</td><td colspan="9">里程村隶属于四川省绵阳市三台县里程乡，坐落在涪江岸边，地势平坦，以中药材麦冬为主要经济作物，是县级新农村建设示范村和重点村。村庄有13个村民小组，共有1020户，总人口数3040。耕地总面积有2030亩，林地面积175.5亩，2010年耕地占用面积总共21亩，其中国家建设占用18亩，宅基地占用3亩，2014年耕地占用总面积90亩。村庄</td></tr>
</table>

续表

受访者所在社区基本情况	电力水利设施建设严重不足，没有电排、灌溉水井或堰塘、水库以及电站等，生产生活所需的基础设施建设急需加强。村庄公路里程16公里，其中硬化公路里程6公里，已经实现“村村通”和“组组通”，但未实现“户户通”。村庄距离县城20公里，没有公交路线通过。

二　分阶段整理

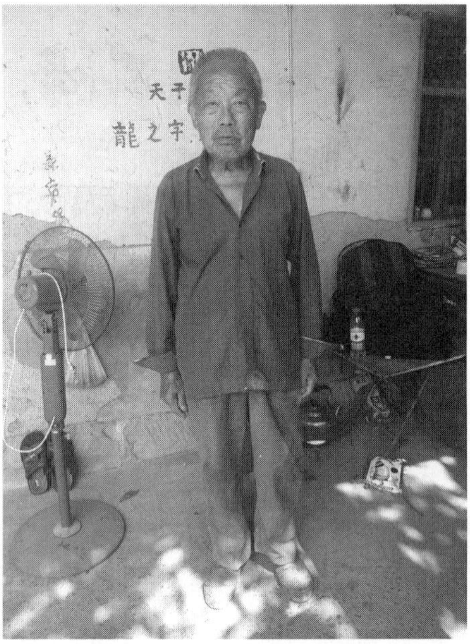

（一）土改的基础和背景

1．土改前的家庭基本情况

土改前，我家总共有七个人，包括我父母、我和兄弟两人以及两个妹妹，在五个兄弟姐妹中我是老大。当时我的父母身患肺疾，俗称咳痨病，他们根本无法下田劳作，基本丧失劳动力，弟弟和妹妹们都还小，弟弟当时在念小学，后来当兵去了，我在家里排行老大，自然而然成为家里的主要劳动力。那时我家有十亩土地，由于劳动力严重匮乏，一年到头的农业收成并不高，家庭生活非常贫困，生活条件还赶不上一个靠手艺吃饭的无地农户。

2．土改前的家庭经济情况

土改前我家非常贫穷，父母身体条件很差，都患有咳痨病，当时全村上下都知道我父母的身体状况，他们无法下田干重活，家里劳动力严重不足，我念完小学之后就在家代替父母种土地。父母身患疾病，弟弟妹妹又小，家务、农活基本上都由我做，每天从地里回来还要给家人做饭。在农业生产上，十亩土地我一个人根本无法精耕细作，收成好点就吃好点，收成不好全家都跟着挨饿，歉收之年就多吃点红薯，多喝点青菜汤。在这种情况下，家里没有多余的粮食和精力来喂鸡、喂猪，更没有其他收入来源，一年到头也没有什么消费开支可言，家里生活非常拮据。

3．土改前的土地经营情况

我家的十亩土地是祖祖辈辈分家分下来的，由于劳动力严重不足，有些土地会抛荒，有些土地就种点玉米、水稻、红薯、绿豆、黄豆这些农作物。当时没有化肥，农作物产量很低，种一亩地的玉米可以收三四百斤，一亩水稻可以收四五百斤，绿豆和黄豆只在一些边角地种一点，根本没多大的收成。当时村里多数家庭生活条件都不好，我们家无法耕种的土地没法租出去，一是因为我家土地质量不好，比较贫瘠，没人愿意租种；二是村民没有这个经济条件来租土地。土地种得差，家里生活贫困，每年还要交“皇粮国税”，那是必须交的，交不上要坐牢的，我们家土地比较多，每次交粮要交几石，当时一石有一百斤，自己挑到争胜乡的仓库去。当时除了交粮还要交现金的，交多少现金我记不清了。

我家当时和其他三家农户合伙喂养了一头牛，因为一家人养一头牛成本太高，不划算。四家人共养共用一头牛，在农忙犁地的时候，大家轮流使用，每家用一两天。除了牛，无其他牲畜。当时很多大型农具也是几家人合伙用的，比如风车、拌桶等。我家劳动力不足，也没有条件雇工，但当时村里的富裕农户有雇工的情况，雇工有长工、月工、天工之分，长工和月工的工钱按月计算，天工是按天计算的，一天一升粮食，一升粮食五斤。

4．土改前的社会交往情况

土改前，我家和村里其他农户的关系比较和谐、团结，邻里之间的关系就像亲兄弟、亲姊妹一样，有了困难相互帮助，我家如果缺粮食，可以去找有多余粮食的农户借，等粮食收获之后再还，但当时受社会条件的限制，邻里之间没有无偿救济的情况，因为大家都吃不饱。在那样的年代，贫苦农民是比较多的，但村里的富裕农户和普通农户之间的生活差距还是比较大的。富裕农户平时吃米饭、面食和玉米糊糊，一般的农户平时吃米饭要吃稀一点的，大米、面粉不够吃就多加点青菜萝卜一起煮，就这样凑合着填饱肚子；在穿着上，普通农户一般穿自己织的粗布做的衣服，富裕农户可以穿买来的“洋货”，那种布料比较平滑、细腻，总之当时村里的生活差距还是比较大的。

5．土改前对国民党的印象

土改前，政府不管农民的死活，不管我们的农业生产情况，不管我们的吃穿住行，只知道下村收“皇粮国税”。所谓的“皇粮国税”就是农民每年必须向国家交一定的粮食和现金，国民党时期的货币极不稳定，一会儿这么变，一会儿那样变，那时我们交过关金券、银圆券、金圆券，当时的通货膨胀很严重，货币根本不值钱，那时的一万块现金，也就是我们说的“万万纸”，还抵不上现在的十块钱。那时候没有民主可言，政府不管你全家人的死活，还要拉壮丁，导致村里的年轻人被迫离家充兵，搞得农民妻离子散。还是共产党好！

6．土改前对地主的印象

大地主有权有势，土地又多，经济条件较好，经常雇工。地主把土地租给普通农民种，租金是他说了算，如果佃农不能按时交租金，地主直接把土地收回。如果遇到灾荒减产，有些心地善良的地主会少收点租金，但少不了多少。国民党政府时期，村庄里实行的是保甲制度，村里的保长、甲长一般都是有权有势有土地的大地主，他们和乡政府有千丝万缕的联系，我们这些贫苦农民要是招惹了这些大地主，他们就会拉我们去当壮丁。

（二）土改的过程和经历

1．土改的基本流程

在三台县里程村，土改的基本流程为：首先是工作队进村，成立农协会，接着进行政策宣传和扎根串连，号召发动群众（特别是贫下中农）参与到土改中来；接下来就根据农户家庭情况划分成分，成分划定后召开多次诉苦大会、斗地主，对于一些恶霸地主会开公审大会和公判大会；然后没收地主财产和土地，接着开分配大会，分配土地和财产；最后查田定产，并对成分划分进行了复查。

2．访贫问苦，扎根串连

1949年解放，1951年土改工作队进村，有一个外地来的叫代梦云的人是工作队的组长，另外还有两个外村来的协助人员，当时每个村都有两到三个工作队队员，一个组长外加两个本地人。工作队以村里的贫苦农民为骨干力量，组织成立了农协会，选出了农协会主席，农协会下面分为几个小组，每个小组产生一个组长，分管各个组的工作，工作队上传下达命令给农协会，农协会类似于现在的村委会，管理整个村，协助土改工作队组织开展土改运动。土地改革运动刚开始是开各种宣传土改政策的大会小会，然后由一些积极分子跟着工作组、农协会到各村去宣传，调动村民的积极性。

3．划分阶级成分

当时有地主、富农、中农、贫农、雇农五种成分，其中中农又分为上中农、中中农、下中农。当时划分成分主要有两个标准，第一是土地有多少，第二是职权、势力有多大。由此具体总结出以下划分标准：家里面土地多（四五十亩及以上），经济条件好，或者请上一两个长工的，又有职权、势力的就划为地主；家里土地多，经常雇工来帮工，但没有职权的划为富农；家里面有点土地，基本上能够维持家庭生活，但是无条件雇工的划为中农；家里面土地少，人口多，生活条件差，比较本分的划为贫农；家里面没有土地或者有几分地，通过出卖自己劳动力为生的划为雇农。当时村里面有几户没有土地或者少地而划为地主的农户，因为他们有势力、有权力，这称之为空心地主，我们村的龚兴烈就被划为空心地主了。我们村总共划了六七户地主，我们这个小组有几户富农，整个村里划了多少富农记不太清了，中农的户数要比富农的户数少点，村里最多的就是贫雇农。当时划了一次成分，之后就把划分结果和名单公示出来了。

我家当时因为有十亩土地就被划为中农了，但实际生活状况很差，还赶不上有些无地靠手艺吃饭的贫农家庭。

4. 挖苦根，斗地主

村里面很多地主都被批斗过，有少数比较本分的地主没有挨批斗。当时批斗地主的次数非常多，只要地主家犯了某条某项规定就要被批斗，尤其是那些恶霸地主，之前当保甲长贪污腐化的地主，情节严重的会被绑起来挨打。在诉苦大会上，所有的地主都要参加，小地主去陪场，贫下中农在诉苦大会上算地主的剥削账，痛诉地主以前对他们的剥削，有些贫苦农民说到气愤之处还会殴打地主，现场没有人为地主说好话或者同情地主。有些恶霸地主会被押到乡上开公判大会和公审大会，如果情节极其严重会被枪毙的。

5. 没收和分配土地、财产

被划为地主的农户，家里所有的农具、生活用品、房子、土地都要被没收，工作队、农协会、武装队、土改积极分子把地主绑着押去他家，让他坦白家里有哪些财产，放在哪里了，积极分子们直接进屋把财产搬走，我当时还当了财产保管员。

没收地主财产之后全村开分配大会，参与大会的是下中农、贫雇农这些骨干力量，农协会和工作组根据各户的实际家庭情况进行分配，家庭条件较好的少分，家庭条件差的就多分。当时我家有十亩地，土地较多，因此没有分得土地，但分得了一根长木板凳，这根板凳现在都还在，还分了一些犁地的农具。分土地有两个标准，一是看家庭人口数量，另一个是看家庭所拥有的土地亩数，一般都是贫农及以下的农户和搬迁过来的农户才会分到土地，至于是分肥田还是分差田，那是分到哪儿就是哪儿，没有具体标准。分田的时候工作组、农协会和农户代表一起去下田丈量、插竿、立界，有专门量地和计算土地面积的工作人员，分配过程比较透明、公开，没有不公平、贪污的情况。

6. 土改复查

我们村在 1952 年土地复查之后土改就结束了。在复查过程中，没有清查出漏网地主，但清查出了错划成分的农户。土地复查之后发放了土地证，但具体是哪一年发的我记不太清楚了。

（三）土改的结果和影响

1. 土改后的土地经营情况

土改中家里的十亩土地没有变动，既没有被没收，也没有分得更多的土地。解放之后，弟弟当兵去了，妹妹也出嫁了，我当时也刚结婚，家里主要靠我和我爱人从事农业生产劳动，土改前后农业生产情况差不多，家里的生活条件和解放之前相比并没有多大改善，到后来搞互助组进入集体化，把劳动力问题解决之后我家的生活才有所改善。但从整个村来看，土改之后，家家户户都有土地种了，大家的种地热情高涨起来，农民离不开土地，土地是农民的命根子，有了土地就不会饿肚子了。

2．土改后的家庭生活情况

土改之后在没有进入集体化之前，劳动力不足，缺乏农业生产技术，农业种植的亩产量无法提高，也没有其他收入来源，我家的生活压力依然很大。但从整个村来看，农户与农户之间的生活差距和土改之前相比缩小了，家家户户都有土地种，已经不存在没有饭吃的农户，也不存在极其富裕的农户，只能说农户之间有吃多与吃少、吃好与吃差的差距。那时村里面有技术、手艺的人可以去做生意、做买卖，也有外出打临工的人，总之分地之后大家发家致富的信心增强了。

3．土改后的社会交往情况

我家三四代人都没当过干部，土改之后我还当了几天干部，又加入了中国共产党，特别是进入互助组、合作社之后，我在村中的地位越来越高。参加互助组的时候我做了组长，进入合作社之后又做了社主任，平时和其他村民相处融洽，但是和那些之前被划为地主、富农的农户之间无来往，因为成分问题，村民们都会疏远他们。土改之后，宗族观念渐渐淡化，村庄风气越来越好了。土改之前，村民经常因为经济纠纷、土地纠纷出现吵架、打架的现象；土改之后，大家都有土地种了，各家各户各自经营自己的土地，村民之间相处更加和谐、团结了，逢年过节村里还会组织唱歌跳舞，其乐融融。

4．土改后的观念变化情况

土改运动把地主、富农斗垮了，家家户户都有土地种了，感觉人与人之间都是平等的，村民也越来越有发言权。以前都是上面政府说什么就是什么，不管农民的吃穿，不管农业生产，还要拉壮丁，害得农民妻离子散；解放之后，共产党把农民照顾得多好啊，管温饱，管农业生产，对农民样样都公平。

5．土改对农业集体化的影响

我们村 1952 年土改结束，1954 年开始搞互助组，互助组搞了两年时间，1956 年进入初级合作社，1958 年进入高级合作社开始集体化。进入集体化之时，农民自愿上交自己的土地、生产工具、牲畜，交了哪些生产资料会登记的，然后把农具平均分配给各个生产队。

和土改对比，集体化对于农业生产有利也有弊。有利之处就是集体化能够统一安排农业生产，人多力量大，个人不能做到的事情集体可以实现，比如土改之后兴修水利、道路，集体化安排有利于村庄的建设；集体化的弊端在于进入集体化之后吃大锅饭，滋长了村民的懒惰情绪，农民生产积极性不高，导致生产效率越来越低，粮食产量也越来越低，一年下来我们生产队只收了两万斤粮食。当时由于国家政策的失误，村里兴起了“浮夸风”，国家的生产指标全是靠“吹”出来的，只图一个形式，没有实事求是地搞农业生产，一亩田实际能产一百斤粮食，上报给国家说一亩产一千斤，上面也没有人下村进行实地调查。搞好农业生产不是一件轻而易举的事，要靠大家，靠人的意志，政府一方面要抓好管理工作，另一方面要注重农业生产技术的研究和推广。

HX20150726GST@S　龚松庭

一　受访者基本信息表

<table>
<tr><td>调研点</td><td colspan="5">四川省绵阳市三台县里程乡里程村</td><td colspan="2">调研员姓名</td><td colspan="2">何霞</td></tr>
<tr><td>调研员单位</td><td colspan="9">华中师范大学中国农村研究院</td></tr>
<tr><td>受访者编号</td><td colspan="5">HX20150726GST@S</td><td colspan="2">受访者姓名</td><td colspan="2">龚松庭</td></tr>
<tr><td>受访者性别</td><td>男</td><td colspan="2">首次采访时间</td><td colspan="2">20150726</td><td colspan="2">首访时受访者年龄</td><td colspan="2">82</td></tr>
<tr><td>受访者成分</td><td>贫农</td><td colspan="5">土改时是否土改干部或土改工作队队员</td><td>否</td><td>是否党员</td><td>是</td></tr>
<tr><td>干部经历</td><td>有</td><td colspan="5">曾担任的干部具体职务</td><td colspan="3">武装队队长、乡人大代表</td></tr>
<tr><td>现家庭人口</td><td>—</td><td>现承包地
面积（亩）</td><td colspan="2">0</td><td colspan="2">现承包林地
面积（亩）</td><td>0</td><td>现承包水塘
面积（亩）</td><td>0</td></tr>
<tr><td>受访者
基本情况</td><td colspan="9">老人1933年出生，现年82岁，上过几年小学。老伴儿已经去世，老人现在和儿子住在一起，儿子龚小林是里程村的村支书，儿媳妇常年在外务工，孙子在三台县县城工作。老人已没有从事农业生产了，生活悠闲，安心在家养老。</td></tr>
<tr><td>受访者职
业经历或
个人简历</td><td colspan="9">老人的父亲去世得早，有两个弟弟和两个妹妹。解放前老人读过四年小学，因家里劳动力不足，辍学回家帮助母亲务农，后来做过两年的纺织学徒，学成后回家和两个妹妹织布挣点生活费。后来老人为了躲避国民党抓壮丁，到地主家当长工，直到解放后才回家。土改时期加入武装队，后来当过武装队队长，和土改工作队一起到各村宣传土改政策。在公社化时期，老人做过公社的财务工作。</td></tr>
</table>

二　分阶段整理

（一）土改的基础和背景

1. 土改前的家庭基本情况

土改前，我家里总共有七个人，四九年结婚后就多了我爱人，那时我婆婆都七十多了，我和我的四个兄弟姐妹们——两个弟弟、两个妹妹都还小，并且我和弟弟们还在上学，当时主要靠我的母亲种地维持一家老小的生活，我在五个兄弟姐妹中是老大，有时会帮母亲干农活。我们家的经济条件在村里处于中等位置，不是很好，但也不算太差，全家老小能糊口。

2. 土改前的家庭经济情况

土改前，我家只有两亩土地，是祖父辈分下来的，但家里人口太多，两亩土地收的粮食完全不够吃，因此我们又租了近两亩的公家土地，这才勉强够一家老小的生活。当时家里面的主要生活来源就是种土地，另外会养几只鸡、一头猪，因为没有多余的粮食喂养，一头猪养一年才七八十来斤，一般都会把猪卖了补贴家用。除此之外，在解放之前，我去外面学纺织，做了两年学徒，学会之后回家自己和两个妹妹搞纺织，一般情况下做七八天去卖一次成品，那时纺织收入也不高，只能挣点油盐钱。一家老小就这样维持生活，勉强糊口，生活压力还是比较大的，有时遇到困难的时候会向别人家借点粮食，但没有借过外债。

3. 土改前的土地经营情况

土改之前，家里的两亩土地主要种水稻、红薯、玉米、麦子这些作物，当时土地经营比较好的水稻一亩能收六百斤，麦子一亩能产两三百斤，玉米亩产才几百斤。光靠种自己家的两亩土地，一年的收成勉强可以维持一家老小一年的生活，只不过吃得差点。当时还要强制性地向国家交税，主要是交粮食，但是国家对所交粮食的质量有要求，只收晒干、颗粒饱满的粮食，自己挑到争胜乡的仓库去交。至于交多少是没有标准的，只要国家需要了就向农民收，如果你家里生活条件好，上面就会提出各种款项让你交税。除了种自己家的两亩土地，我们家还租种了公家的两亩土地，那都是用来种水稻的，租期、租金是双方口头协商确定的，当时的租金是交粮食，按亩计算交多少粮食，遇到灾荒减产公家不会减租的，只能延缓交租时间。自家的土地加上租种的土地，我们家一年的粮食收成能够维持全家生活了，有时候经济上特别困难了，可以拿点粮食去卖点钱，但那种情况极少。

我们家当时没有其他牲畜，养一头牛都是两家人或者三家人合伙养，农忙耕地的时候大家轮流犁地。农业生产用的基础农具都有，比如犁头、风车、锄头、拌桶等。

农忙时节，我们家会和其他人家换工，一般是和临近的亲戚、朋友之间相互换工，有些特殊的农活，比如种水稻、犁地等我们会请人来做，那就不是换工了，要给人家工钱的。除了自发的换工，当时村里没有类似互助小组之类的组织了。

那时村里有公田，我们家就是租的公田，当时我们村有三十来亩公田，那是一些大户人家因为某些原因无法再种自己的土地就卖给公家的，公家就把这个田地租给需要的农户。农户租种公田，租金可以给现金，也可以给粮食，租金的多少是双方口头协议达成的。如果遇到灾年，公家不会减租，农户要按照当时约定的租金交租，但可以适当缓期。

4. 土改前的社会交往情况

土改前，我家和村里其他农户之间的关系比较好，农忙的时候请周围的邻居和朋友帮忙干活，他们都很乐意。当时我家的生活条件在村里算一般水平的，和较富裕的农户之间基本没什么来往，平时不怎么打交道。富裕农户和普通农户之间的生活差距比较大。在饮食方面，富裕农户家里平时会吃稀饭、面糊糊，有时还会买点肉吃；而普通农户一般都是吃点稀糊糊，极其贫穷的农户连稀糊糊都吃不上，他们一年四季都吃红薯等粗粮。在穿着上，由于当时的社会条件所限制，富裕农户和普通农户的差距不大，村里基本没有穿金戴银的农民，大家平时穿得差不多，只不过家庭条件稍好的农民穿的衣服上补丁少点。我们这个村龚是大姓氏，当时村里还有祠堂，逢年过节大家会聚餐。我家和其他宗族成员之间的关系比较和谐，遇到困难的时候，大家相互之间可以借点粮食，但没有无偿救济的情况，当时那个条件是“泥菩萨过河，自身难保”，不会有人无偿救济别人的。

5. 土改前的土地观念

土改之前，我家原本有点土地，又租种了一点公家土地，一年所收的粮食就可以维持一家人的生活了，因此我们没有想过也没有这个条件再去买更多的土地。当时一般的农户都买不起土地的，只有那些大地主、有钱人家才会买土地。根据当时的情况，一个人有几分土地就可以维持生活了，再说当时我家劳动力不足，土地太多也没法种。我当时还太小，不懂事，但是我觉得那些完全没有土地的农民还是挺可怜的，他们只能出门做点临时工，靠出卖自己的劳动力，比如帮人家担、挑、抬等换点工钱来维持生计。当时租公家的土地还要靠关系的，我们村只有三十来亩的公田，一般的人还租不到，所以租田种我并不觉得低人一等。农民只要有田地种，有饭吃，能生活就心满意足了，对于土地改革运动不存在其他疑惑、焦虑或者担忧。

（二）土改的过程和经历

1. 访贫问苦，扎根串连

1950 年土改工作队（组）进入里程村[1]，当时是县上派的一个工作队员下来。工作队最开始的工作就是访贫问苦，了解农民家庭基本情况。摸清基本情况之后，土改工作队将村里的贫苦农民组织起来，并推选其中一些人为土改积极分子。我当时是武装队的成员，自然而然也成为土改积极分子。我们每天都会被召集起来开各种宣传土改政策的会议，工作队员把那些政策跟我们讲了，我们再下去跟其他农民讲。那时贫苦农民是土改运动的主干力量，在工作组的组织下，由贫苦农民推选成立了农协会，当时的农协会主席是周启明。那时村里有村长、农协会、武装队，农协会里面有农协会主席、农协小组和居民小组，各个农协小组和居民小组又有一个小组长，农协会的主要任务就是斗地主、分土地和财产。

2. 划分阶级成分

土改成分划分标准是：家里面人口多、土地少甚至是没有土地，生活非常紧张的划为贫农；没有吃、没有穿，靠出卖自己的劳动力为生的农户划为雇农，雇农比贫农的生活条件差些；家里有点土地，基本上能维持生活，不缺衣少食的划为中农；家里土地多，人口少，有多余的土地空出来，有时还要请雇工的划为富农；家里土地多，有几十亩地，家庭条件好，收入高，请一两个长工，把土地租出去的划为地主。

划成分是以居民小组为单位，每个组划好之后拿到村上审核，审核之后就确定成分了。因为我家土地少，人口多，生活条件较差，就给我们划了贫农成分，一家人都是贫农成分。当时我们村划了有几户地主，富农有五六户左右，中农好像有几十户，剩下的都是贫雇农，其中雇农有几户，大部分都是贫农。

3. 挖苦根，斗地主

划为地主的农户，首先要搜集他们的材料，也就是揭发他们被划为地主的证据，每天把地主集中在一个地方，让他自己陈述、招供，如果有不配合的地主会把他绑起来打或者吊起来，直到地主承认错误为止。除此之外，还会不定期地开诉苦大会，村里决定开诉苦大会之后就通知地主参会，会上贫下中农可以算剥削账，列举地主之前的恶行，有些农民诉苦时说到气愤之处会辱骂、殴打地主。

4. 没收和分配土地、财产

在农协会和工作组的组织下，由武装队员和积极分子去地主家没收他们的财产，包括

---

[1] 老人记忆有误，据询问村里其他老人得知，土改工作队是 1951 年进村的。

房屋、农具、家庭生活用品等等，如果地主不配合，就将其绑起来。没收财产之后，村里召开分配大会，把地主的财产、土地下分到每一个居民小组，居民小组再根据每家每户的家庭基本情况细分，家庭条件稍微好点的就少分点，差点的就多分点。我们村地主较多，收来的财产和土地就比较多，上面政府就安排了邻村的村民迁过来，把地主的所有土地和财产分配完为止。

当时我家分到了一亩多土地和一些家庭生活用品，土地是山坡上的沙地，比较贫瘠，还分到了几个坛坛罐罐，但是心里很满足，这叫分享胜利的果实，农民只要分到了就很满足了。

分土地有一个过程，如果你家分得了土地，自家就派一名代表和工作队、农协会一起去看田、插竿、立界，有专门丈量土地的工作人员计算土地面积，他们丈量好了之后插个竿或者埋块石头作为标记。在分配土地和财产的时候，没有出现不公平的现象，也没有出现争执土地和财产的情况，在那个土地和物资极其匮乏的年代，村民对分得的财产和土地都是比较满意的。

5. 土改复查

（1）土改复查

我们村的土改在1952年土地复查之后就结束了。1952年工作组又下来搞土地复查，清查漏网地主，我们村查到了一户，他之前划的是富农成分，复查之后划为了地主，除此之外并无其他错划的情况。土地复查之后在1953年或者1954年发放了土地证，具体是哪一年我记不清了。

（2）查田定产

当时还组织进行了查田定产，因为在那之后国家要搞统购统销，必须要给农户定产，以便跟国家交公粮。每家每户所定的产量是不同的，当时给我们家定的产量比较低，我记得当时给国家交公粮每次都交五六百斤，挑到新德乡的粮站去，可以交稻谷、玉米、红苕，只要总量达到标准就可以。总的来说，当时交公粮的负担不大，比之前好多了。

（三）土改的结果和影响

1. 土改后的土地经营情况

土改前后田地里种的农作物（品种）没有任何变化，还是种的水稻、玉米、麦子和红薯等作物，产量也没有提升，因为当时没有化肥，农业生产技术比较落后，粮食亩产不高，但一年的粮食收成能维持一家人的生活。土改之前我家劳动力就不足，土改之后，奶奶年纪大了，母亲身体状况也越来越差，后来妹妹出嫁了，兄弟因为意外去世了，家里面劳动力严重不足，但是我们的种地热情比较高，分到了土地心里面还是很高兴的。

土改过后，每年要向国家交四五百斤的粮食，还要向国家交双提款，之前是每人交五十，后来是六十，最后涨到了一百多，粮食和双提款都是到新德乡上去交。交了公粮之后，剩下的粮食基本上够全家人一年生活。

土改中每家每户都分得了土地，大家都有土地种了，但村里面仍然有少数土地买卖的现象，有一户农户家里因为要搬出本村，就把自己的土地卖给了迁到我们村的一个外村人，当然我家没有买卖土地的情况。

2．土改后的家庭生活情况

土改之后的生活和以前相比有变化，但变化不大，只能说吃穿比之前好了一点。对于农民来说，只要有土地种，有饭吃，有衣服穿就满足了，我们和土地打了一辈子的交道，土地就是我们的命根子，全家老小就靠种土地为生。无论是土改前还是土改后，家里没有其他收入来源，土地就是我们的口粮来源，家里日子过得还算平静，其他的没有什么压力。村民的生活差距方面，因为大家都有土地种了，都有粮食吃了，村民之间有生活差距但不大。土地改革运动不仅给村民分了财产和土地，还大大增强了农民发家致富的信心，大家都想把土地经营好，都想多收点粮食，农民的种地热情普遍比较高。

3．土改后的社会交往情况

土改后，我在村中的身份地位提高了，土改运动中，我加入了武装队，天天跟着工作队的同志在村里跑，和大家接触比较多，土改之后我当过（乡）人大代表，公社化时期又做过村里的财务工作，一直以来和村干部、村民之间的关系搞得比较好。一直以来，家里人和其他村民都合得来，在农业生产生活上大家相互帮扶，村庄风气和土改之前相比有明显改善，但我们这些普通农民和那些地主、富农之间无多少来往，因为他们成分不好，大家都会疏远他们。

4．土改后的观念变化情况

以前农民没有吃的，现在有吃的了，以前农民没有穿的，现在有穿的了，恶霸被斗垮了，农民不再受人欺负，我还有什么理由说不好呢？解放前国民党执政的时候还要拉壮丁，我和弟弟们都不敢待在家，为了避免被抓去充兵，母亲把我送到地主家去当长工。解放后，共产党不拉我们当兵，我们自由了，土改又给我们分田分地，时刻关注农民的生产生活状况，农民有吃有穿了，土改好啊！

5．土改对农业集体化的影响

1952 年土改结束，1954 年开始搞互助组，互助组搞了两年时间，1956 年进入初级合作社，1958 年进入高级合作社开始集体化。当时入社的时候，我们的土地、农具、家当全部自愿上交给了集体，这些东西都要折价的。

土地集体化和后来分田单干相比，生产效率要低一些，因为搞合作化期间，真正务实的人少，偷懒的人多，生产队越搞越差，甚至到了缺粮的地步。分田单干后，农民收的粮食交完国家的，剩下的都是自己的。现在国家都不收我们的粮食了，农民种地热情多高啊，有干劲，生产效率就高。集体化的弊端无法避免，但集体化也有好处，有些私人做不到的事情集体可以办到，比如修建公共基础设施时，众人拾柴火焰高，人多好办事。

无论怎样，土改都不是白搞了的，土改后农民有土地种，有粮食收，搞农业生产有干劲，就算后来集体化又把土地收回去，大家也是同甘共苦，种得好大家都吃得好，种得差大家都吃得差，反正土改还是该搞，农民离不开土地，没有土地那多恼火。

口述调查小记

2015年暑假，我有幸参加了华中师范大学中国农村研究院“百村观察”暑期调研活动，我和同学周娟娟组团去了四川省广安市楠木村和绵阳市里程村两个调研点，调研任务包含寻找四位八十岁以上老人做口述史访谈，了解村庄土改运动历史。周娟娟是广安市本地人，我们就近先去了广安市楠木村，在楠木村待了七天后辗转去了绵阳市三台县里程村。正值酷夏，天气极其炎热，加上在楠木村已经待了一周时间，到里程村的时候已经身心疲惫，所幸我们是由三台县民政局的人陪同下乡的，从进村到入住敬老院，一切进展顺利。

7月21日进村安顿下来后，没来得及休息，第二天我们就开始调研，从22日到25日，在村会计的陪同下，我们对15户农户进行了问卷调查，两个人分开找农户，问卷调查进度很快也很顺利。在做问卷调查的过程中我们不忘打听适合做土改口述史访谈的高龄老人，村里的女性高龄老人比较多，但是她们对土改运动了解不深，几经打听我们初步确定了龚明元和龚松庭两位老人作为访谈对象。本来还有一个更适合做访谈的老人，周启明老人，听村民们说他在土改运动中任农协会主席，听到这个消息我们喜出望外，25日下午我们一路打听找到老人家里，他家里人说老人刚好在24日回县城了，他平时和儿子住在县城里，偶尔回一次老家，错过了这么好的访谈对象我感觉非常遗憾。

26日早上起得特别早，因为我们已经完成了大部分调研任务，只需要找到两位老人做好土改口述史访谈就可以回家了。上午我们去了龚松庭老人家，因为他的儿子龚小林是村支书，头一天我们就跟他们预约好了。找到他们家时家里没人，向邻居打听到老人去附近的地里除草去了，我们又找到了地里，老人正在除草，他见我们去了就停下了手里的活，他说近几年已经没有种土地了，只在附近地里种点小菜，平时没事就到地里除除草，到邻居家串串门，生活还算悠闲。我们的访谈从九点到十一点多，访谈时长两个小时五十四分钟，接近三个小时的访谈，土改运动的整个过程基本上问清楚了，但有些具体的内容老人记不清了。第一次做访谈，没有经验，对访谈提纲也不熟，老人不是很健谈，我问什么问题他只简单地回答两句，不过老人记忆力还算好。老人说话语速有点慢，我当时有点心急了，很多问题没有深挖，后来想想其实可以延长访谈时间，不应那么急于求成。我们随后直接找到了龚明元老人家里。之前没有跟老人预约，幸好当时他和老伴儿都在家，也是刚从地里忙完农活回来。龚明元老人83岁，老伴儿刘明香84岁，目前两人住在村里，孩子都定居城里了。两位老人和土地打了一辈子交道，身体状况都较好，目前还在种地。他们说自己闲不下来，也离不开这片土地，孩子多次想接他俩进城住他们都没答应，觉得还是在农村自在，自己种点粮食、蔬菜、水果，还可以给孩子送去尝尝鲜。我们到老人家时，他们刚从地里回来，看他们累了一上午，我们没有急着开始访谈，一边唠嗑一边等老人吃完午饭。我们的访谈差不多从下午一点开始，两个老人都参与了访谈。龚明元老人是党员，在土改运动之后当过互助组组长，后来当过公社主任，刘明香老人年轻时当过村里的妇女主任。两位老人很健谈，善于表达，吐词清晰，记忆力也好，并且两位老人同时做访谈，有些事件可以相互回忆和补充，效果还不错。鉴于上午的访谈经验，这次访谈我更注重发散提问了，很多问题深挖了一下，但毕竟是头一次做土改口述史访谈，访谈技术还有很大的提升空间。我们的访谈从一点持续到四点多，中途休息了一会儿，访谈时长两个小时十四分钟，虽然比第一个老人访谈时间短，但质量好一点，老人表达的内容多一点，土改运动的关键信息获取得多一点。做完访谈我们又累又饿又热，不过内心还是激动的，因为历经半个多月的调研终于告一段落了。和村干部们道别后，27 日早上我们告别了里程村。

这次调研，首先非常感谢中国农村研究院给我们提供了这样的机会，感谢徐勇教授、邓大才教授及其他各位老师的悉心指导，让我在实践调研中学到了书本理论以外的知识，也使我更加坚信人的潜能无限大，没有克服不了的困难；其次非常感谢在调研中给予我帮助的人们，热情的会计阿姨一家人，慈祥而可爱的敬老院的老人们，支持我们做问卷调查的村民们，接受访谈的三位老人以及给予帮助的其他村民朋友们，没有他们的热情支持，我们的调研很难这么顺利开展。

内江市

威远县

ZQ20161019DDM@ W　董得明

一　受访者基本信息表

<table>
<tr><td>调研点</td><td colspan="4">四川省内江市威远县界牌镇桥凼村</td><td colspan="2">调研员姓名</td><td colspan="2">张茜</td></tr>
<tr><td>调研员单位</td><td colspan="8">华中师范大学中国农村研究院</td></tr>
<tr><td>受访者编号</td><td colspan="4">ZQ20161019DDM@ W</td><td colspan="2">受访者姓名</td><td colspan="2">董得明</td></tr>
<tr><td>受访者性别</td><td>男</td><td>首次采访时间</td><td colspan="2">20161019</td><td colspan="2">首访时受访者年龄</td><td colspan="2">83</td></tr>
<tr><td>受访者成分</td><td>雇农</td><td colspan="4">土改时是否土改干部或土改工作队队员</td><td>是</td><td>是否党员</td><td>否</td></tr>
<tr><td>干部经历</td><td>有</td><td colspan="4">曾担任的干部具体职务</td><td colspan="3">儿童团团长</td></tr>
<tr><td>现家庭人口</td><td>1</td><td>现承包地面积（亩）</td><td>0.61</td><td colspan="2">现承包林地面积（亩）</td><td>0</td><td>现承包水塘面积（亩）</td><td>0</td></tr>
<tr><td>受访者基本情况</td><td colspan="8">老人出生于1933年腊月初八，今年83岁，文盲。目前儿子和女儿长年都在外面打工，只有过年的时候才回来探望，所以家里只剩老人独自生活。老人每个月都可以得到75块钱的农业保险，他的儿子、女儿很少寄钱给他，所以他的生活来源大部分都靠这份农业保险。除此以外，老人自己在家里也种了一些蔬菜，但这些蔬菜都是老人自己摘来吃，不会拿到镇上去卖，因为老人说卖菜不仅路途遥远，而且也卖不到好价钱。目前，老人的身体状况非常好，还可以自己劳动。</td></tr>
<tr><td>受访者职业简历或个人经历</td><td colspan="8">老人没有读过书，自打他可以劳动开始就出去帮别人做事情，例如挑煤炭、割草。1949年，老人的父亲饿死了。1950年老人经村里人介绍，第二年就和老伴结为了夫妻，老伴后因病去世。土改时期，老人当了儿童团团长，主要负责维护村内治安。1952年土改结束，老人开始独自在家中务农，一直到现在。</td></tr>
<tr><td>受访者所在社区基本情况</td><td colspan="8">界牌镇位于威远县东南部，截至2003年底，该镇面积45.28平方公里，共辖15个行政村和1个社区，总人口32063，田土面积约为28201亩，农民人均耕地面积达1亩。最低海拔298米，最高海拔372米，在地貌上属于丘陵地区。土壤以灰棕色泥土为主，年降雨量在900毫米左右，平均温差17℃。该镇不仅拥有得天独厚的地理位置，而且还有长沙坝、葫芦口灌区，水资源十分丰富。</td></tr>
</table>

续表

受访者所在社区基本情况	截至2005年底，该镇内有各类工业企业15个左右。2006年，该镇乡镇企业总产值达2.27亿元，工业增加值实现3625万元，经营收入达2.22亿元。其中，规模企业3个，总产值达2185万元。赛尔阀门有限公司生产的精密阀门质量优、信誉好，已远销国外，成为出口创汇企业。 2007年，该镇积极贯彻并落实中央一号文件精神，稳定党在农村的各项方针、政策，以农民增收为主要目标，大力调整农业生产结构，加快农业先进实用技术的推广，几大产业项目已初具规模。在花荷、田坝、市郊、柏杨、响锣等村，蔬菜种植技术不断提高，带动了全镇蔬菜种植业的发展。

二　分阶段整理

（一）土改的基础和背景

1. 土改前的家庭基本情况

我叫董得明，1933年出生于四川省内江市威远县界牌镇。土地改革以前，我们家只有四口人，分别是我的妹妹、哥哥、母亲，还有我。我父亲在 1949 年的时候就饿死了。那个时候我家里的生活特别不好过，也许正是因为家里的贫困，我们在很小的时候就懂事了。

我们家里没有田或土，母亲又是一个瞎子，根本不能够劳动，所以劳动的压力就放在了我们三个小娃儿身上。我们三个娃儿经常出去给别人挑煤炭，有的时候煤炭挑完了，还要赶着去帮别人割草，尽管这样忙碌，我们挣的粮食仍然不够养活一家人。

当时母亲还患有严重的疾病，可我们没钱医治，也只能听天由命，而且母亲还常常带病种庄稼，经常也跟着我们没日没夜地干活路，所以，我觉得我很对不起她，我这个当儿子的没能让自己的母亲过上幸福的生活，反而处处都要她老人家为我们这些娃儿操心。后来没过几年，母亲因为劳累过度，身体越来越差，最后连走路都成了问题。

2. 土改前的家庭经济情况

土地改革以前，我主要在干农活，但并不是全都给自己家里种庄稼，还要替别人做活路。当时除了靠帮别人割草、挑煤炭来挣些粮食以外，我们家里并没有其他的收入来源。开始给别人做活路的时候，他们一天给我半升苞谷，后来干活时间长了，我就可以得到一升米，或者一天可以挣到一顿饭钱。当时我给人家做活路，还要看他们的脸色，如果那天人家心情不好，我连话都不敢说一句，更不用说休息一会了，尽管这样，我还是忍了下来，因为我那个时候如果不给他们做活路的话，家里的粮食就没有着落。

说起那个时候向别人借粮食和钱这件事情，我到现在都记得。土改前我家里没有米，我们这些小娃儿就到处去借，但很多人看我们年纪小，就以为我们是骗子，不仅骂我们，还打我们。有一次我们家里没粮食了，哥哥让我去向别人要点米，可外村的一家人竟然把我绑在他们家的木凳子上，不仅质问我，还用脚踢我，问我是哪个派来骗他们的，我说没有谁让我骗他们，这家人不相信，直接向我身上吐口水，还扇我耳光，一直把我关到了晚上，后来母亲和哥哥觉得不对劲，就到处找我，经过他们四处地打听，找到了我在的具体位置，但这家人死活不放我走，说我是骗子，然后哥哥被逼得没办法，才找了我们村的村长作证人，这才解决了这件事情。我们当时一年要向别人借一千多斤的粮食，借得最多的一次是两百斤，后来桥凼村的某些好心人看我们家生活确实很困难，都不忍心问我们要，还说："算了吧，你们不用还了，你们家里的情况我也了解，如果我再问你们要的话，我自己的良心也会过意不去，我就当做一个好事吧。"因此，直到现在，我都很感激这些人，如果不是他们伸出援助之手，我们也不会活到现在。

3. 土改前的土地经营情况

土改前，由于两方面的原因导致了我家没有田和地，一是由于家里比较穷，没有钱买地；二是由于祖辈也没有留下什么土地。所以当时为了养活一家人，我们租了会上一亩二三的土地，这里的会就是指祠堂。之所以选择租会上的土地，是因为会上收取的租金比租私人土地收的租金要少。那个时候，双方还要请中间人，一般来说，要有才能、说话算话的人才可能当中间人，除此之外，根据双方的要求，还要在见证人在场的情况下，签订一个契约。

当时租金是这样子的：粮食收获了以后，每打两石谷子就要交两斗米。这个租金是由当时的房长、会长说了算，到了一定的时间，他们会亲自上门收粮食。如果当年粮食收成不好，可以交现金，一般是在几块到十几块钱。至于租期的长短，这个没有具体的规定，如果不想种了，就还给会上。如果租会上土地的会员家里出现了困难，会里也会适当地减少租金。

据我估计，当时我家一年的收成是一石五了，如果换算成斤数，就是八百斤左右，交租以后，剩下的也只有五六百斤了，仅靠这五六百斤的粮食养活一家四口，这是远远不够的。

当时我家里很穷，没有条件养牛和马，也没有什么大型农具，只有锄头、镰刀和背篓。在那个时候，我们没有请过工，但经常和周围的人互相帮忙，我们把这种情况叫做帮工。

4. 土改前的社会交往情况

土地改革还没有开始以前，我们这里的民风都很朴实，大家的心肠也很好，平常同村的人遇到了什么困难，大家都很乐意帮忙，所以村民之间相处得都很不错。

我们当时租了会上的土地，但每逢过年过节，我们都不会给佃主送礼，只是到祖坟上去烧香，以感谢他们的恩赐；但如果我们租的是大祠堂的地，我们就要在大祠堂干三天的活路，而且这三天都在大祠堂吃饭。

村里有钱人和普通人的生活差距肯定是很大的，有钱人和我们的生活完全是两种不同的概念，这个我们自己也深有体会。

5. 土改前的土地观念

如果当时谁有自家的土地，生活都要过得逍遥一些，日子也会很轻松，可当时我们家没有土地，所以生活非常艰难。但在土地改革以前，我没有觉得租别人的土地就低人一等。

当时，听有人说我们村要开展土地改革了，我唯一的反应就是高兴，高兴的原因是因为我认为党要给我们分土地了，想想如果真是这样的话，我们家的生活便会慢慢好转。

（二）土改的过程和经历

1. 访贫问苦，扎根串连

土改工作队应该是在1951年或者1952年进村的，人数大约为三四人，这些人都是国家派下来的，全部都是外村人，但当时他们的地位很高。

就在这一年，我们村里也开了很多会议，在这些会上，工作队说他们要清匪反霸、斗地主，还要把坏人都抓起来。因为我当时是儿童团的团长，所以在会上也说了话。

那个时候，工作队还要到农户家里去访贫问苦，他们也来过我们家，我当时说：“我要配合你们，把坏人清除掉，共产党让我干什么，我就干什么。”当时，我们贫下中农还经常互相联系，并利用农协会彼此串连，大家都说一遇到什么特殊情况就要互相通知，以保持整体的团结。

农民协会是在 1951 年成立的，当时农协会的主席是李夕洪，他教我们要打倒地主、打倒国民党。那个时候，如果想成为农协会的一员，首先必须是贫下中农成分，其次是做事情要积极。据我所了解，农协会的主要任务就是给我们分田地、清除所有地主。

我当时做什么事情都很积极，我想如果不把我评为土改积极分子的话，就有些说不过去了。

2．划分阶级成分

土地改革的时候，我的成分是雇农，一般来说，那个时候一家人的成分都是一样的。在被划为这样一种成分以后，我没有不认同，反而觉得很满意，因为在当时的情况下，成分越低，越是一件好事，如果被划为了地主和富农，就很遭罪了。那个时候划成分是大家聚在一起开会讨论，共同表决哪一家应该是什么成分，因为当时大搞民主建设，所以需要我们来投票，这也是体现民主的一种方式。在我的记忆中，我们村里没有死地主。

划成分只划了一次，在出榜之前，是要由大家集体讨论，待确定以后才会公布的。当时地主有三个，富农好像在十个以内，中农应该只有几个，我记得那个时候整个村才四百多人，剩下的全部都是贫农和雇农了。

3．挖苦根，斗地主

（1）挖苦根

那个时候，全国都要斗地主，我们这里斗地主主要是打，打的次数应该在十次左右。此外，还要清算剥削账。首先是让被划为地主的那些人叫我们广大农民为爷爷，然后说自己心甘情愿给困难户分果实，而且还要让他们自己说出他们曾经欺负过的那些农民的名字，最后地主必须一个一个向他们曾经剥削过的人道歉，并跪在地上进行忏悔。

（2）斗地主

我们这里斗地主，不仅要骂，而且还要打，因为我当时和地主没有什么仇，他们也没有对我造成什么伤害，所以我没有打地主，但当时干部让每个人都要说一条地主的罪行，所以我也揭发了他们所犯的一些过错。我们这里斗地主时，要给地主淋冷水，还让他们把脸扑在尿桶里面，当时尿桶里面是装有尿的，然后有人还问他们臭不臭，现在说起来我觉得这样做挺残忍的。此外，那个时候只要谁被划为了地主，头上都要戴一个大的尖尖帽。

4．没收和分配土地、财产

（1）没收土地和财产

没收地主土地和财产的时候，工作队还要带上武装部的成员，因为武装部的人都持有枪，他们去了的话，地主就会感到害怕，如果只是由当官的人去没收，由于他们手中没有武器，可能有些地主就不会畏惧，结果地主就隐瞒自己的财产情况，所以那个时候去收地主的财产，干部们都会带着武装部的人员去。

（2）分配土地和财产

那个时候分地主的土地，我家一个人平均可以分到一石九斗三，当时一石就是四挑，四挑为一亩，这样算下来家里每个人要分得接近两亩的田土，其中我家分到了四挑的好田，这四挑的好田目前就在我家门前，而剩下的都是坏田。因为当时整个村的人数才四百多人，所以每个人分得到的土地数量比较多。除了田土以外，我们家还分得了一个犁弯，是用来耕田的，它的样子像一个镰刀，但没有犁头，我们也不能用，所以当时放在我们家也没什么用处。

对于分到的这些土地和财产，我们一家人都很高兴，但如果能再分一间房屋就好了。

（3）分配土地的过程

分配土地也是由干部带我们去分，每个人分到的田土虽然一样多，但田的好坏却不一样。当时我们一大队人马都跟在干部的后面，就傻傻等着他们给我们划土地，那个时候干部们只要说哪一块是哪个的，我们农户急忙跑过去看，还在田土上做一个标记。总的来说，分田土的过程很公平，干部也不敢在我们眼皮子底下贪污。

5. 土改复查

1952 年结束土改，土改后，上级干部对每个农户的土地数量进行了检查，这个检查主要是看干部在分地的过程中有没有做手脚，同时也对地主的数量进行了核实，重点在搞清楚有没有一些地主被漏划，当时对地主查得确实很严。土改完了以后，我们如愿以偿拿到了一个土地证，这个东西可不能丢，丢的话，后面的事情就麻烦了。

那个时候，我们一直都有交公粮，每家每户好像是交两百斤，这个标准我们勉强可以接受。只不过后来取消了农业税，我们就没有交了。

（三）土改的结果和影响

1. 土改后的土地经营情况

土改结束以后，我们家的土地数量与土改前相比多了很多，所以这个时候粮食的产量也多了，但这并不是指粮食的亩产增多，而是指随着田土的面积变大，粮食的总量变多。这时我家里的劳动力比较匮乏，一来是因为父亲不在了，二来是因为母亲的眼睛看不到，身体又多病，所以几乎不能劳动，家里的负担就放在了我们三个小娃儿身上。所以我们加入了互助组，这在一定程度上可以补充我家的劳动力。

土改后，我们没有租人家的田土，更没有买卖土地。

2. 土改后的家庭生活情况

土改后的生活情况虽然比不上现在的生活情况，但要和土改前相比，那确实很不一样。首先土地面积增加了，那么粮食产量也跟着增加，这就意味着我们有更多的食物可以吃，所以饿死人的情况减少了很多。此外，大家的身体素质也慢慢变好了，都说“身体是革命的本钱”，有了一个好的身体，我们就可以做很多其他的事情，而且在这个时候，我们家里人脸上的红光都要自然一些。

3. 土改后的社会交往情况

这个时候的社会关系没有发生多大变化，大家的关系还像以前那么好，只是我们对待地主和富农又是另外一种态度了，但这并不是我想要的结果，因为我觉得都是同一个村的人，还是手下留情的好，不要把各方面关系都搞僵。

4. 土改后的观念变化情况

说起观念的变化，我不知道其他人的思想有没有变，但我的观念还是有稍微的变化。首先，以前我只是希望自己能拥有一片土地，现在这个问题解决了，所以我希望在粮食的亩产方面能有所改善；其次，村里偷盗行为也在减少，社会慢慢地趋于稳定，我也想要发家致富。

5. 土改对农业集体化的影响

土地改革结束以后，只要是中国共产党让我干的事情，没有哪一件事情我没有照着办。因为在我看来，共产党搞得就是好，至少把我们吃饭的问题解决了，以前我们吃胡豆壳，有的时候还要吃泥巴，但是现在不会出现这种情况了，所以我愿意听党的话。

后来也搞了集体化，但我认为这不是一条好路子。当我们自己种自己庄稼的时候，粮食产量高，但搞集体化的时候，一季下来我们才分得几斤苞谷，这几斤苞谷我们能吃多久？后来又弄了一个大食堂，我们桥凼村就饿死了七十几个人。但政府后来意识到了这个事情的严重性，积极推广包产到户，这才让我们的生活恢复了过来。

ZQ20161018DGH@S　董光恒

一　受访者基本信息表

<table>
<tr><td>调研点</td><td colspan="3">四川省内江市威远县界牌镇桥凼村</td><td colspan="2">调研员姓名</td><td colspan="2">张茜</td></tr>
<tr><td>调研员单位</td><td colspan="7">华中师范大学中国农村研究院</td></tr>
<tr><td>受访者编号</td><td colspan="3">ZQ20161018DGH@S</td><td colspan="2">受访者姓名</td><td colspan="2">董光恒</td></tr>
<tr><td>受访者性别</td><td>男</td><td>首次采访时间</td><td>20161018</td><td colspan="2">首访时受访者年龄</td><td colspan="2">79</td></tr>
<tr><td>受访者成分</td><td>贫农</td><td colspan="3">土改时是否土改干部或土改工作队队员</td><td>否</td><td>是否党员</td><td>是</td></tr>
<tr><td>干部经历</td><td>有</td><td colspan="3">曾担任的干部具体职务</td><td colspan="3">支部书记、村长</td></tr>
</table>

续表

现家庭人口	4	现承包地 面积（亩）	0.4	现承包林地 面积（亩）	0.69	现承包水塘 面积（亩）	0
受访者 基本情况	老人1937年7月8日出生于四川省内江市界牌镇桥凼村，今年79岁，是一名老党员，小学学历。因为他为人特别好，所以被村中誉为老好人。此外他也是村中一位小有名气的知识分子，曾经担任过村长一职，后又担任支部书记，其经历颇为丰富。 目前老人家里只有4个人，包括他的老伴廖淑容，出生于1944年10月17日，今年72岁；大儿子董华斌，1972年出生，在内蒙古打工；二儿子董华健，1975年出生，在广州市工作。但听老人说，时至今日，他的两个儿子都处于未婚状态，他很遗憾。 老人目前的生活条件还算可以，一来是因为两位老人都买了农业保险，一个人一个月可以领到75元钱，也就是说家里两位老人一个月一共可以得到150元钱；另一方面，老人每个月还可以领到100元钱左右的退休金。						
受访者 职业简历 或个人经历	老人8岁开始在颜家房读私学，读了两年以后，转到木鱼山继续读三年级，在木鱼山总共读了四年，之后就没有再读了。 为了减轻家里的负担，老人用三年时间从父亲那里学了一门手艺——阉猪、阉鸡。老人1954年参加了农业生产合作社，在社里当记分员、保管和会计，大约当了三四年以后，1959年又当了农业大队长，1961年转当副支部书记及财经大队长，1962年则被提升为支部书记，直到1973年，村上要求到葫芦口搞水利建设，他才出村了，这一干就是三年，1976年老人又回到本地当村长，1991年退休。						

二　分阶段整理

（一）土改的基础和背景

1. 土改前的家庭基本情况

我叫董光恒，1937 年出生于四川省内江市界牌镇桥凼村。在土地改革还没有进行之前，我家里一共有六个人，分别是我的爷爷、奶奶、母亲、父亲，还有我的二叔和我。当时爷爷、奶奶的年纪都在七十岁左右，父亲、母亲和二叔的年纪在三四十岁之间，而我还在上学。

那个时候，家里主要是靠做小生意、做农活维持生活。劳动力方面，当时只有三个，其中包括两个男性劳动力——我的父亲和二叔，一个女性劳动力——我的母亲。父亲当时除了种庄稼之外，还要给个别人骟猪、骟鸡，二叔在外面给别人当长工，而母亲主要是做家里的活路。家里的生活支撑仅靠这三个劳动力，还是够用，因为那个时候我家里的土地很少。

由于我爷爷和奶奶的岁数比较大，所以几乎无法进行劳动，那个时候，我家的负担还是挺重的，因为少的土地要养活多的人口，这对我家来说是一件困难事。

2. 土改前的家庭经济情况

土地改革之前，我当时还在上学，所以家里的负担比较重，担子主要放在了母亲和父亲身上。因为父亲有一门手艺，所以勉强可以养活家里的人，二叔在外面也给别人当长工，一天虽然挣不到两斗米，但也可以解决自己吃饭的问题。所以，那个时候我家里的经济状况在村里处于中等偏下的水平。

听二叔说，那个时候给别人干活，他的劳动强度挺大，因为如果劳动强度不大的话，别人是不会请你来当长工的。当时做工都不给我们现钱，而是把米折成钱，一天干下来，我们得到的米还不到两斗，所以压力也比较大。

那个时候我们生活都很困难，更不会养鸡、鸭等这些副业，我们当时也没有借别人的粮食和钱。

3. 土改前的土地经营情况

在没有分土地以前，我们家一共有七分田土，这几分田土都是从祖辈那里得来的，在这七分田土上，我们不仅仅只种水稻，还要种苞谷和红苕。一般来说，一亩田里可以产一两百斤水稻，一亩地可以产两百多斤苞谷或者一千斤的红苕。如果光靠这些地，没多久我们就把粮食吃完了，因为当时还要交税。那个时候，我们都是交粮食，粮食的斤数是在两三百斤之间。在我们这个村，交粮食也是有时间规定的，如果超过了规定的时间，就会多收我们的粮食，这是很不划算的。

我家的田和地不多，所以也租了土地多的那些人的田和地。那个年代租别人的地也要请中间人，由中间人介绍该租谁的地，然后再由中间人去给这家人户说，待那方同意之后，这个交易就算完成了。除此之外，租地还要写一个契约，作为租地的证明，至于地租的多少，这要看地主人的好坏，如果地主人好，地租就可以少些；如果地主不讲理，吃亏的就是我们了。所以在有的时候，双方也会因为租金问题发生争吵，争吵过后，如果还是不想按照地主说的粮食数量来交税，那么这个交易就没法达成。至于租期是多长，也没有确切的说法，如果我们不想租了，第二年可以退租，但需要提前给佃主打声招呼。

由于那个时候我们家里很穷，所以养不起牛、马这些畜生，但有的时候也会与其他人换工，换工并没有什么特殊的要求，只要大家有劳力就可以。我们桥凼村也有族田，但是我没有租过。当时租族里的田也是有好处的，因为族里收的税会相对少一些，而且如果我们遇到了天灾，族里收的租金还会灵活调整。

4．土改前的社会交往情况

土改之前，我家与佃主的关系还可以，但过年、过节的时候不会给他送礼，我们也没有因为生产生活问题和他们发生争执，那个时候我们这里不兴[1]办红白喜事，即使有些农户办了，佃主也不会参加。

我们当时与村民的关系是很不错的，虽然也与村长打交道，但彼此的关系并不是很熟悉。在我看来，新中国刚刚成立后，我们村子里有钱人与普通人的生活差距还是很大，因为有钱人地多，他们就可以把这些地租出去，而我们这些普通人，不仅没有土地，还要给地多的人拿粮食，差距自然就拉大了。此外，我家与宗族其他成员的关系也很好。

5．土改前的土地观念

那个时候，我们也没有想过再多买一些土地，因为没有那个经济条件，虽然我们也很羡慕有很多土地的地主，但土地毕竟是他们自己的，和我们扯不上关系，但对于那些一丁点儿土地都没有的人来说，他们的日子就比较遭业了。

当时说要土改了，我们没有什么可担忧的，满心都是高兴，因为我们相信党，认为共产党会做很多好事，搞这个土改也能够让我们得到实惠，给我们分土地。

（二）土改的过程和经历

1．访贫问苦，扎根串连

土改工作队的队员是在1951年来桥凼村的，我记得当时一共来了三四个人，他们都是上面派下来的外地人。他们下来过后，就召开了许多会议，其中包括宣传土改政策的会议，在这个会议上，我没有发过言。

此外，工作队也要到一些人家里访贫问苦，因为这是上面的规定，但当时他们没有住在我家，我也没能和他们交流什么。

当时，土改工作队的人说，让我们这些人都团结起来，让我们要统一战线，该隔离的必须隔离，该结合的就要结合。那个时候还要评选出土改的积极分子，但当上土改的积极

〔1〕 不兴：不流行的意思。

分子是不容易的，因为成为土改积极分子的门槛较高，不仅要求做什么事情都要走在其他人的前面，而且还要搞好与村里每家每户的关系，我不符合条件，所以不是土改的积极分子。

为了进一步安排工作，我们村里当时成立的有农协会，农协会里有农协会主席、副主席、主任、会计这些干部，但我当时不是农协会的成员。据土改工作队的人说，成立农协会目的在两个方面，一方面是为了响应上面的号召，另一方面我们要积极斗地主。

2. 划分阶级成分

我是贫农，家里其他人也是贫农成分，这个成分不是由哪一个人说了算数，而是由大家评，但土改工作队和农协会的也会参加，所以，我这个贫农成分，也是划得合情合理。

那个时候划成分主要看有没有土地、有没有剥削。一般来说，满足四个条件就会被划为地主，这四个条件分别是自己不劳动、剥削他人、请长工以及出租土地。我们村里当时没有死地主。

记得那个时候划成分遵循“三次定案”的原则，也就是说，划了一次成分之后，生产队还要检查，并开会询问大家的意见，如果有异议，某些成分就要重新评定；如果没有异议，成分就确定了。

我们村一共有三个地主，包括董少如、廖子琴和林益修；富农有两个，包括朱少木以及廖文良；中农大约有四五户；贫农有一百多户；雇农应该也有几十户。

3. 挖苦根，斗地主

（1）挖苦根

桥凼村在土改的时候斗地主了，我们那个时候斗地主，斗得还不算厉害。批斗一个地主大约要批斗三四次，批斗和召开诉苦大会一般都是同时进行，我理解的诉苦就是说地主的不对并指出他剥削人家的程度，然后会有工作人员汇总地主所做的种种坏事。当时的诉苦大会很是热闹，不管和地主有无过节的都来看，所以当时的人数非常多，大家你说一句，我插一句，把地主说得很不堪，有时候大会的秩序也会因此而混乱。

当然，我们这里也算了剥削账，这个算法主要是揭露地主过去剥削了普通百姓多少，然后再把剥削的给若干农户还回去。我记得当时算剥削账算了很久，大约有两个多小时。

（2）斗地主

一般来说，我们都是让他们跪在地上，不准他们抬头，也不准他们开口，然后土改工作队的一些人就把他们的衣服扒了，让我们用木片打他们的光身子，这木片打下去还是很疼的，他们的皮肤表面马上出现一杠一杠的红印子。那个时候，地主可能也想大声惨叫，但他们不敢，因为地主叫的声音越大，我们打的力度就越大，这样做是为了让他们也体验百姓当时有苦说不出的滋味。记得那个时候有一个地主廖子琴，最后被枪毙了，这是因为他在生前比较恶毒，经常践踏老百姓，总认为老百姓的所有东西都是他的，简直是无恶不作。

我那个时候还不大，所以没有揭发过地主的罪行，也没有私底下或者公开地给地主说好话。

4. 没收和分配土地、财产

（1）没收土地和财产

没收地主的土地和财产，主要靠三类人，第一类是工作队，第二类是农协会，第三类是武装部，而武装部当时的任务是协助工作队和农协会，他们一般都是做做样子，吓唬地主，这样才能够让他们把全部财产交出来。如果遇到有些地主不配合，前两类人就会让武装部出面解决，用刀、枪这些令人害怕的武器来威胁、恐吓他们。除此之外，武装部就没有什么实际的作用了。我当时没有参加过没收地主土地和财产，所以也不晓得他们财产被没收的具体情况。但我可以肯定，在这个没收过程中，地主都很配合。

（2）分配土地和财产

我们这个村分配地主的土地和财产也是有讲究的。分土地都是按人头来，每个人好像只有几分土地，这是一条硬性规定，但分到的田和地属于哪一个等级就有所差别了，分到的田土到底是何种等级是根据农户家里的经济条件决定的，生活差的肯定比生活好的分到的田地的质量要好一些。当时为了公平起见，农户家里一般都能够分到好田和差田这两个等级的田。那个时候，我家里分到了两担八的田和地，但没有分到牛、马这些畜生，也没有分到农具，更没有分到房屋。

（3）分配土地的过程

分土地的时候，有一个大致的流程，首先要村里进行开会，在会上一些干部会告知我们哪一天要给哪一家农户分田和地，到了那一天，土改工作队和农协会的成员会带上这几家农户去指定的地点分地。当时分地不全都是丈量，有些是通过干部的估算。每分完一份土地，工作队会在记录本上做不同的标记，他们还让我们在田边边上插一面小红旗，我不明白这样做的目的是什么，猜想可能是方便我们明确自己田地的界限。

在分配土地的过程中，我们村里的干部没有贪污，大家分配土地和财富的时候，也没有发生争吵。

5. 土改复查

桥凼村的土改是在1952年结束的，土改完了之后，上面有派人来复查，主要是查农户对分到的土地是否有意见、分配人员是否在按照标准分地主的土地和财产、整个过程公不公平、是否有漏网地主、成分是否有理有据。我觉得我们这里搞得还不错，问题少，但成效相当大。后来也给我们发了土地证，这个土地证的封面只有两种颜色，一种是红色，一种是黄色，但红色占了接近百分之九十九的面积，我想这可能与中国红色革命有关。

在我印象中，我们这里没有组织定产，但是规定了给国家交公粮的标准，具体交多少我不清楚，只知道标准定得很低，一般人交公粮都交得起。

（三）土改的结果和影响

1. 土改后的土地经营情况

土地改革结束后，我们家的田土多了两亩儿，靠这些田土生活，只能说勉勉强强。此外，种的粮食种类和粮食产量和1952年前相比，并没有多大变化。就劳动力来说，这个时候还可以。值得一提的是，土改之前，我们没有参加互助小组；但土改后，在村里人的积极带动下，我们也参加了这种临时性的帮扶组织，因为我们一家人都认为互助组确实能够给我们带来好处。

搞完土改，我们依然要向国家交粮食，当时主要是交谷子跟麦子，谷子交一百多斤，麦子也交一百多斤，一年总共交两百多斤的公粮，除去交的粮食斤数，我们自家剩的也就五六百斤，所以，当时的生活依然够呛。

我觉得这个时候村里有一个明显的变化：土改后，村里人种地的热情大大提高，大家的那个兴奋劲也洋溢在脸上，我不知道具体是由于什么原因，但总的来说，这是一个好的现象。

那个时候，国家强烈禁止土地买卖，我家又是毛主席的积极拥护者，所以没有买卖过土地。

2. 土改后的家庭生活情况

土改后的经济条件肯定比土改前好很多，一来表现在粮食的总产量上，二来表现在大家的生活状况方面。我们压力小了，精神面貌也更好了，大家发家致富的信心也足了，每次看到村民们走在路上都在咧着嘴笑，这和以前完全是两种不同的心理状态，而且，我们现在每隔一周都可以吃一顿肥肉，虽然肉的数量少，但那个油汤喝起来也是有滋有味。当时，我二叔依然在外面打工，论他的打工收入，我觉得还可以，一年下来可以挣三四百块钱，要知道，那个时候的一百块钱可能就相当于现在的几千呀！

3. 土改后的社会交往情况

土改搞完后，我们天天都在接受党的教育，所以我们的思想发生了某些变化。那个时候，村里干部也让搞村庄建设，因此整个村庄更团结了。可能因为这两方面的改变，也使大家的交往状况相当和谐。当时，与我家关系最好的就是周围的邻居，大家房子与房子之间的距离很近，见面的机会自然就多，隔三差五地走来走去，大家就越走越亲了，这样长此以往，形成了比较好的邻里关系。但与离我家比较远的那些农户的关系，只能算一般了，我们毕竟很少打交道，关系也就不亲热。

4. 土改后的观念变化情况

土改后，我们的思想发生了大变化，这一方面是由于中国共产党的不停灌输，另一方面也可能是因为大家土地数量的增多。那个时候，常常听周围的人说起：“大家的目标并不在于吃饱饭了，而更多的在于发家致富、光宗耀祖啊！这是门面问题，更是家族问题!”还有很多人为了实现这个目标，开始想方设法当干部，因为当干部也是他们成为富人的途径之一。

此外，土改后，国家开始搞建设，让每家每户要出一定的劳动力去兴修水利、修建道路，其实我认为这是一个很好的做法，因为这个时候国家安定了，人民生活也步入正轨，是时候做这些事情了。那个时候的灌溉很不方便，这样一搞大大减轻了农民的负担。

5. 土改对农业集体化的影响

我们村是在 1953 年搞互助组的，1954 年建立农业社，同一年还进入到了初级社，1958 年又步入高级社，这都是搞集体化的诸多步骤。但我认为，集体化干活效率与私人干活效率相比要差很多，因为私人干活能够使劳力得到最大发挥，此外，集体也不好管理，如果管理不得当，损失就很严重。但也不能因此说集体化完全没用，拿一个例子来说，如果我们村遇到了洪灾，抗洪还需要集体一起努力，倘若单靠个人的力量是无法战胜天灾人祸的。

ZQ20161018LYQ@W 廖友全

一 受访者基本信息表

调研点	四川省内江市威远县界牌镇桥凼村			调研员姓名		张茜	
调研员单位	华中师范大学中国农村研究院						
受访者编号	ZQ20161018LYQ@ W			受访者姓名		廖友全	
受访者性别	男	首次采访时间	20161018	首访时受访者年龄		88	
受访者成分	贫农	土改时是否土改干部或土改工作队队员			是	是否党员	是
干部经历	有	曾担任的干部具体职务			生产队队长		
现家庭人口	2	现承包地面积（亩）	2	现承包林地面积（亩）	0	现承包水塘面积（亩）	0
受访者基本情况	老人 1928 年 6 月 14 日出生于四川省内江市威远县界牌镇桥凼村，今年 88 岁，党员，有两年的读书经历。由于老人的儿子和女儿常年都在外地打工，所以目前家里只有他和老伴儿两个人，老伴儿李淑兰 1941 年 12 月 26 日出生，今年 75 岁。现在老伴儿的身体状况很好，她不仅自己种有粮食和蔬菜，而且还在自家门前栽了几棵果树，但受访老人本人却体弱多病，干不了农活。 这两位老人一个月可以领 150 元的农业保险，生活条件算一般。						

续表

受访者职业简历或个人经历	老人 14 岁开始上学，读了两年书之后，就在家中放牛。1944 年，他为了生活开始在本地干一些体力活儿——当船工，当时船工的主要任务就是给别人撑船，做了五年以后，转而回到家中种庄稼。1951 年进行土地改革的时候，又继续给别人放牛，以减轻家里的经济负担。1958 年，当上了桥凼村的生产队队长，1960 年又兼任伙食团团长，大食堂搞完之后，这个团长他就没再当了，但依然是本队的生产队队长，直到 1978 年。

二 分阶段整理

（一）土改的基础和背景

1. 土改前的家庭基本情况

我叫廖友全，1928 年出生于四川省内江市威远县界牌镇桥凼村。土地改革前，我们家里有我的母亲、父亲、一个兄弟和一个哥哥，还有两个妹妹，再把我算上，总人数就是七个。当时母亲有四十九岁，父亲有五十二岁，我的兄弟比较小，土改前只有五岁，但我的两个妹妹比他大几岁。这些孩子里面年纪最大的就是我的哥哥，他当时二十五岁，比我大两岁。

那个时候，我们家里既有做农活的人，也有在外面做体力活的人，所以大家做的事情都有一定的分工。土改前，父亲和母亲主要负责家里的事情和农作物的种植和收割，我主要在外面挑煤炭卖，哥哥常年给别人当长工，两个妹妹在上学，她们几乎没怎么劳动，而我的那个兄弟比较小，他还需要父亲和母亲来照管他。这样算下来，当时我家里的劳动力只有四个，包括三个男性劳动力，也就是我的父亲、哥哥，还有我，一个女性劳动力，就是我的母亲。土改前，我们家里的田和土很少，所以劳动力非常充足，有时候反而都会出现劳动力剩余的情况。

总的来说，在那个年代，我们家里的负担很重，生活也非常困难。

2．土改前的家庭经济情况

土地改革之前，我和我的哥哥主要是在外面做一些体力活，谈不上有好高的收入，因为那个时候给我们支付的报酬都不是用钱来衡量，而是把钱折成米，比如说，我哥哥给别人当长工，两天做完才可以得到两升米，也就是说，干完一天只能够拿一升米。那个时候的一升米的质量又不好，有时候全是粗米。虽然父亲和母亲在家也种一些庄稼，但种出来的粮食都没有拿出去卖，全都是自己吃，所以家里也没有什么现金收入。我们生活的那个年代，日子非常艰苦，经济水平很差，说实话，不仅是我们这一户人家，其他很多村民的生活也和我们一样，有的甚至更差。

由于我家经济条件有限，所以也没有养过鸡和鸭这些畜生，当时的说法就是“自己都养不活，哪里有多余的精力和粮食去养牲畜”。有的时候，我们也很恼火，因为压力实在太大了，有时候想借别人的粮食，而他们却不借给我们，其实我也知道他们的担心，他们主要是怕我们还不起。

3．土改前的土地经营情况

那个时候，我们家里很穷，住的房屋只有一间，所以当时没有多余的钱去买别人的土地，只能靠租地主的地来维持生活，因为上一辈也没有给我们留下田土。当时父亲租了两户人家的土地，一户人家的户主叫许少青，另外一户的户主叫陈海章。租他们土地的时候，我们请了中间人，这个中间人来自自贡，他叫廖富堂，在成功达成交易之前，我们和这两户人家都签订了契约，因为那个时候的契约就相当于一个租地证据，免得最后发生很大的争吵。

当时我们租地，租金是由这两户人各自说了算，租金是三石二，我们一般是在下半年给他们交粮食，也就是秋收之后，这个时候主要是交谷子。如果交租是在上半年，我们就上交豌豆。假若在规定的日期内我们交不起粮食，他们就会扣我们的押金，让我们搬走，不再给我们租土地。如果我们不想租了，也是可以退租的，但还是提前给他们说一声为好。

我们家也没有大型农具，主要都是一些小型农具，比如锄头和镰刀。如果需要大型农具来耕种，唯一的办法就是向别人借。在我们这个村子里，当时没有进行换工，都是自己给自己种庄稼，不会花很多时间去帮助别人做。至于请工的话，我们这些普通人是请不起的，只有家里有钱的人在收割的时候才会去请。

我记得我们村里也有族田，但我没有租族里的地。当时有一个规定：租族里的地要交租，如果我们租了一亩地，就要交三十五斤粮食，这就是“三五交租”，老实说，定这样一个租金还是挺合理的，再说了，如果遇到天灾人祸，族里也会网开一面，减少租金。

4. 土改前的社会交往情况

土改前，我家与租给我们土地的这两户人家的关系都比较好，大家根本就没有吵过架，相处都很和谐。那个时候，我家也没有钱办红白喜事，譬如结婚，只要家里人在一起吃个团圆饭就算完婚了，所以也不会请佃主来参加。

和村里的其他村民、宗族成员以及干部的关系来说，都是很不错的，因为我们家人都比较和善，不会与他们发生什么争执，所以才能把关系处理得这么好。

5. 土改前的土地观念

因为我们家在土地改革之前没有自己的土地，所以当时很希望自己能拥有属于自己的土地，但由于经济条件的限制，我家只能租别人的土地了。但是租别人的土地和种自己的土地是两种不同的状态：自己的土地自己种，我们就比较自由，也比较安心。租别人的土地，最终还是要给别人交粮食，总感觉不舒服。所以当时听说要土改了，我们心情是很高兴的，因为这个愿望就可以实现，这得归功于中国共产党的好政策。

但在那个时候，也有人认为共产党人欠考虑，因为他们的这些政策没有为我们这些贫农服务，所以当时有些人不是很满意。中国这么多的人口，这么大的土地面积，他们出台的一些政策怎么可能满足每个人的需要？

（二）土改的过程和经历

1. 访贫问苦，扎根串连

1951 年，土改工作队的队员来到了我们这里，当时好像一共有三个人，都是来自农村，我听说他们是从上面抽调来的。来了之后，他们就住在我们村里，这主要是为了方便他们开展工作，其实，那个时候政府也要求他们与群众生活在一起。记得当时他们总是问我们贫下中农许多问题，比如，问我们这里有没有什么坏人，大家有没有遇到什么困难，群众对土地改革有什么好的意见，还让我们做事情要积极，努力配合他们的工作。

我参加了宣传土改政策的会议，因为我当过班长。当时土改划成分也是我的工作之一，那个时候我都有二十几岁了，所以上面说的这些政策我都明白。我记得开宣传大会的时候，是由三个乡一起开会，包括升平乡、政府乡、农会乡。如果我没有记错的话，村里还成立了由五个人组织的农协会，除了我自己之外，有董召如、宋容兴、俞德琴和曾红发，我在里面主要负责民兵工作，其职责就是守夜、查夜、执勤，以维护社会治安。

2. 划分阶级成分

土地改革的时候，我被划为了贫农，家里其他人和我的成分也是一样的。那个时候的阶级成分主要有地主、富农、中农、上中农、下中农、贫农以及雇农，如果把土地大量地租给别人，自己不劳动，只靠剥削来生活，这种类型的人就会被划为地主成分；如果把小部分的土地出租，自己也耕种，这种类型的人就会被划为富农；如果自己有部分土地，但不把土地租出去，全部都是由自己耕种，这种类型的人就会被划为中农；如果土地非常少，那么就是贫农了；如果没有任何土地，全靠租别人的土地来生活，就会被评为雇农。当时划分阶级成分，工作队要参加，农协会也要参加，但主要还是由大众来评定。

当时划阶级成分只划了一次，但开了很多会，最终划定为地主成分的有三四个，富农有五六个，中农有多少，我不清楚，反正贫农是最多的。

3. 挖苦根，斗地主

(1) 挖苦根

那个时候肯定斗过地主，我们这里批斗次数也不算多，一共批斗过十来次。当时的批斗大会其实就是公审大会，整个会议过程中，我们的情绪很高涨，因为我们开始讨伐地主，算剥削账，要把地主剥削农民的那些账全部都返还给农民。当时每个人都鼓足了劲儿，特别是那些和地主有仇的人，感觉他们巴不得把地主所干的坏事全部说出来，这样他们就可以从中得到很多好处。

(2) 斗地主

我们这里斗地主的方式一般是骂地主，其实就是说地主的坏话，并找出他们所干的各种不道德的事情，但很少打地主，如果真要打的话，我们就用鞭子打，逼着让地主们承认自己的行为不对。我记得打地主的方式很多，有时候在这个会上用一种打法，在另一个会上又用另一种打法，当时也有人用木棍打，但他们一般都是与地主有很深仇恨的农民。我们当时没有与地主结下什么怨，所以也不会无缘无故地去打他们，因为在我看来，打人本来就是一件不好的事情，况且有些地主还很好，如果我们连他们也打的话，这简直就没有天理了。因此我认为，斗地主也要分情况，我们斗也是可以的，但批斗也要批斗那些平常剥削贫苦百姓的那些人，不应该将所有地主都批斗。

4. 没收和分配土地、财产

(1) 没收土地和财产

没收地主的土地和财产，是由指定的人员到地主家中去没收，这些人员很多都是干部，但根据上面的指示，大多数情况下，他们不会把地主所有的财产全部没收完，我记得那个时候每家每户都有茅草屋，所以干部或多或少会给地主留一间，让他们可以遮风挡雨。所以在这一点上，我认为干部还有点人性，至少给那些被划为地主和富农的人留下了出路，让他们在被批斗以后依然有生活的资本。

（2）分配土地和财产

分配地主的土地和财产要区分开来看。首先，分配土地是按人来分，我家里一共有七个人，总共好像分到了十三石多的田和地，人均为一石九，这些田和地都是质量很好的，在等级上属于一等。

由于我家情况特殊，没有任何土地，所以还给我们分了三间房屋，这三间房加起来一共有八十个平方，这完全够我们一家七口人住，所以对于分到的这些土地和财产，我们很满意。

（3）分配土地的过程

我们是一户一户地去看，比如今天给谁分，谁就去，不会全部一起去看，因为一起去看的话比较麻烦。我们家那个时候分了两亩土、七亩五的田。在分土地和财产的时候，我觉得我们这里的干部没有贪污，那个时候他们也不敢，原因就在于我们都看着他做事情，他的举动都在我们的眼底下。

5. 土改复查

1952年土改结束，土地改革结束之后，上面派人进行了土地复查，我们这里是穷地方，富人很少，所以没有查出哪个是漏网的地主，也不存在什么被错划的成分，当时干部们还给每家每户发放了土地证。

除此之外，上面的人还查了我们的田，这样做是看看干部们有没有按照规定来做事，最后好像也没有查出什么事情，就这样不了了之。

当时也要给国家交公粮，也就是我们说的完税，在那个时候交的粮食不多，一年就交个两百斤左右，所以负担不是太大。

（三）土改的结果和影响

1. 土改后的土地经营情况

土改之后，干部给我们家分的田土数量还可以，但没有多余的。我们这里种的主要就是谷子、麦子、红苕、豌豆，当时这些作物产量都不高，一来缺乏良种，二来没有肥料，所以，产量和土改前相比并没有多大变化。这也正是全村人的一块心病，在当时的生活条件下，谁都希望自己田土的亩产高一些，所以我们夜以继日地做活路，但粮食亩产始终没有起色。

此时，我们家里的劳力也够用，因为我们村里在土改后成立了互助小组，大家愿意参加的就可以参加，不愿参加干部也不勉强。在村里人的号召下，我家加入了互助组。实话实说，由于土地数量的增加，我们种庄稼的热情提高了很多。但当时不准我们买卖土地，所以我们没有进行过土地买卖，但准许彼此之间交换土地。

2. 土改后的家庭生活情况

土改后与土改前的生活情况相比，我不得不说，这个变化还是很大的，因为我们的土地数量增加了，我们可都是地地道道的农民，土地数量的增加，就意味着不管是我们家里的收入也好，还是粮食的产量、生活的信心也好，这各方面的情况都将慢慢变好。

当时，我和我的哥哥仍然在外面做一些体力活，但这个时候给别人做事情，别人给我们的生活待遇比土改前要好一些，收入和土改前相比却没有多大出入。

3．土改后的社会交往情况

以前那个时候我们会和地主打交道，但土地改革结束之后，地主和富农都被打倒了，我们和他们之间的交往减少了很多，这是一个很大的变化。至于村庄里的风气有没有发生变化，可能每个人都有不同的看法，但我认为这个最大的变化在于桥凼村的人更加积极向上了，村里的懒汉逐渐减少。

4．土改后的观念变化情况

作为农民，我们必须要和土地在一起，只要有了土地，我们什么都有了。土地改革完了之后，我们分到了一些田和土，当时的心情非常高兴，我认为这多亏了中国共产党，是他让我们这些贫苦老百姓有了土地耕种，如果那个时候没有中国共产党的照顾，我们的好日子不知道还要等多久。

5．土改对农业集体化的影响

我们村是在1953年开始搞互助组的，一年之后，就进入到了初级社，1956年又搞高级社，1958年的时候开始弄人民公社，最后我们就进入到了一个“大集体的世界”中。搞集体化的时候，我们家里的犁头、耙、耕牛都交给了集体，当时上交这些东西的时候，我们也是很愿意的。

但后来我才发觉，集体化并不好，因为在搞集体化的过程中容易产生许多贪官。

ZQ20161019YBY@W　杨本元

一　受访者基本信息表

调研点	四川省内江市威远县界牌镇桥凼村			调研员姓名		张茜	
调研员单位	华中师范大学中国农村研究院						
受访者编号	ZQ20161019YBY@W			受访者姓名		杨本元	
受访者性别	男	首次采访时间	20161019	首访时受访者年龄		79	
受访者成分	贫农	土改时是否土改干部或土改工作队队员			否	是否党员	否

续表

干部经历	有	曾担任的干部具体职务		会计			
现家庭人口	5	现承包地面积（亩）	5	现承包林地面积（亩）	0.5	现承包水塘面积（亩）	0
受访者基本情况	老人 1937 年 5 月 4 日出生，初中毕业，非党员。目前家里有五口人，老伴儿周淑召，1932 年出生，今年 84 岁；儿子杨明才，1974 年出生，今年 42 岁，目前在家里务农；媳妇李英是一名精神病患者，无法劳动；孙女杨江丽，2001 年出生，今年 15 岁，由于天生带有残疾，头脑有问题，所以前几年退了学。 由于受访老人的家庭中有残疾人，再加上他也年事已高，因此被评为贫困户，除了可以享受农业保险，每个月还可以拿到一些贫困补贴。 目前该老人的身体较差，因为腰间盘压迫了神经，所以现在走路都一瘸一拐。						
受访者职业简历或个人经历	1947 年，也就是在老人 10 岁的时候，他开始在李家祠堂上学，两年过后，又在界牌读高小，1956 年上了初中，1959 年初中毕业，毕业以后就成为家里的农业劳动力，1960 年成为本生产队的会计。由于老人的第一任妻子在 60 年代的时候就去世了，所以老人于 1965 年再婚。在任干部期间，他做出了很多好成绩，直到 1982 年才退休，之后就纯粹靠务农为生。						

二　分阶段整理

（一）土改的基础和背景

1. 土改前的家庭基本情况

我叫杨本元，1937 年出生于四川省内江市威远县界牌镇桥凼村。土地改革之前，我家里的人数很多，加起来总共有十个人，分别是我的老父、老母、二爷、二娘[1]，还有我的兄弟姊妹，其中包括四个妹妹和一个弟弟。老母的岁数在六十岁左右，父亲六十五岁，二娘六十八岁，二爷的岁数应该在七十左右，而弟弟当时只有十岁左右，四个妹妹的平均年龄为七八岁。

那个时候，由于二爷和二娘的年纪较大，很多活他们干不了，我的那些兄弟姊妹又小，所以家里只有我老父、老母，还有我三个人从事劳动。土改前，我们家租了别人的很多田土，所以三个劳动力经常忙不过来，如果遇到一些比较重的体力活，我那个时候也做不了，所以种庄稼的这个担子几乎落在了老父和老母的身上。

那个年代，我们这几个孩子也没什么衣服穿，衣服破了就补，补了再穿，就这样反复地利用，冬天的时候还穿着草鞋，妹妹嚷着要买鞋穿，但家里没钱。所以，那个时候家里的负担重。

2. 土改前的家庭经济情况

土地改革以前，我快要开始上学了，因为当时我是所有娃儿中最大的，所以老父、老母都希望我有出息，还让我给弟弟树立一个好榜样，家里二老在认真商量之后，决定把我送到学校去读书。那个时候上学很不容易，虽然和现在相比，那个时候的学费不多，但这一笔支出仍然给我的老父、老母带来了沉重的压力。

当时，我们家里全靠务农来生活，并没有其他的收入来源，因为我们既没有出去揽活干，也没有做家庭副业。那个时候我家几乎没什么开销，除了买油和盐之外，父母几年才会找裁缝给我们做一套衣服，那个时候我们的生活很撇[2]。如果家中没有吃的了，父亲就会找别人借，但其他人都不愿意借给我们，因为他们怕我们还不起。

3. 土改前的土地经营情况

土改以前，父亲的上一辈没有留给他们土地，我们家又穷，所以没钱买土地，为了讨生活，老父亲租了村里一位姓许的人的十二亩土地。这个姓许的人是会上的，他有权力，也有很大的势力。那个时候租他的地，我们并没有请中人，但双方根据提前说好的条件，写了一个契约，如果对方都同意，还要在契约上签上自己的名字。

当时租他的地，地租经商量之后，最终定为三七开，也就是说粮食收获以后，地主只能够分得三成，而七成的粮食属于我们，这个地租在当时看来，还是挺合理的。我们每次

[1] 二爷：二叔；二娘：二婶。
[2] 撇：是对生活质量的一种说法，差的意思。

在粮食收割以后，都要给他交粮食，你可以交给他苞谷，也可以交给他谷子，总的来说，交粮食都是我们给他交过去，很少出现他来我家收的情况。当时，这个姓许的人说："租期是一年，如果第二年不想租了，提前给我说一声，如果还想续租，也给我说一声，这样我好有一个计划。"其实，姓许的这个人还是可以，如果我家收成不好，他也会适当把租金减少，关于这一点，我还是要赞扬他一番。

那个时候，我家在这十二亩土地上种什么粮食都是由老父、老母说了算。父亲说："种谷子和苞谷是一定要的，我们也可以种一些麦子。"但母亲认为，我们家里还要种红苕、豌豆和胡豆。所以当时我们家在这十二亩的田土上种的全都是他们说的这些粮食，也正因为我们家租的土地多，所以一年下来可以收获七千多斤的粮食，但我们自己所得的并没有这么多，一是因为要给地主拿三千多斤的粮食，二是因为我们还要给国家交公粮，所以最终剩的也只有三千多斤，这还是不够我们一家人生活。

土改前的农具始终没有现在的农具齐全，但对于一些基本的生产工具，比如水车、锄头、镰刀、耙、犁头，我们都有，这些农具我们要反复利用，并不是利用一次就甩了，利用之后，我们还要把它们保护好，不然下次用的时候，就会出现很大的问题。

因为我家当时租的土地很多，所以每到耕种的季节，我们都要租别人的牛，那些人虽然没有问我家要租金，但父亲说出于基本的礼貌，我们也要给他们拿几百斤的粮食。此外，我家也没有和其他人换过工。

4. 土改前的社会交往情况

土改以前，我家与这个姓许的关系还可以，但他不是地主，记得那个时候我父亲和他商量租金的时候，他也会听父亲的一些说法，所以最终才把租金定了三七开，但每次过年或者过节的时候，我们都不会给他送礼，平常也不会给他干活，父亲说，我们之间也没有吵过架。

我家与村里其他村民的关系也不错，大家平常打交道的次数还比较多。如果我们家里出现了困难，那些有钱人是不会帮你的，他们都是睁一只眼闭一只眼，假装自己没看到。此外，当时我们也不怎么与干部打交道。当时村里人的差距一般，大家的生活总体差不多。

5. 土改前的土地观念

我们当农民的要有自己的地方才可以生活，有了地方就能吃饱一些，所以我当时的愿望就是拥有一块自己的土地。那个时候，地主有地，还有权、有势，我们不敢和他们闹，心里只想着土地，认为土地越多才越好。当时我并没有觉得租别人的土地就比别人低人一等，因为我们都是靠土地来生活，我们农民又不搞建筑，大家都在一个村，互相都认识，彼此都在一条线上，如果有些人有钱，那是他们的事情。

那个年代，共产党打富济贫，把官僚资本家打垮，对我们贫苦老百姓很好，如果不是他们，我们也不会有现在的生活。

（二）土改的过程和经历

1. 访贫问苦，扎根串连

土改工作队要么是在1950年下村的，要么是在1951年下村的，我记得那个时候，每个大队有两三个土改的工作队队员，整个村应该有四个左右。他们是从内江县分过来的，他们主要的任务就是搞土改宣传。因为我那个时候年龄还有点小，所以没有参加过类似的一些会议。

村里的工作队队员没有来我家访贫问苦，他们访贫问苦的对象早都规定好了。那个时候我们这些贫下中农可团结了，我当时就是儿童团的，每次斗地主的时候，土改工作队就让儿童团很早起床，让我们去斗地主，我们那个时候怕挨打，所以天还没亮就起床了。尽管这样积极，我也没有被评为土改的积极分子。

为了批斗地主，我们这些贫下中农在大队的组织下于1950年成立了农协会，当时农协会的主要任务就是四处宣传土改，还扬言说要没收地主全部的土地和财产，然后把它们公平地分给我们这些贫下中农。那个时候，只要你的成分不是地主和富农，都可以参加农协会，而且土改工作队的还说："农协会规模越大，地主就越害怕。"所以积极鼓励我们都参与进来。

2. 划分阶级成分

我被划分为贫农，我对此很满意，因为我和我的家人都没有地，实际情况和事实是吻合的。划成分的时候，由工作队和农协会把大家组织起来开会，在会上由大家集体讨论，然后根据村民的意见，民主地划阶级成分。对于不同的成分，工作队给的划分标准也不一样。如果把一个人评为地主，必须满足两个条件：首先他要把土地出租，并且是通过剥削赚取生活来源，属于不劳而获的人；其次，他们自己完全不劳动。但富农和地主不一样，富农可能也把地方出租出去，但自己偶尔也要进行劳动。中农有自己的地方，而且全部都是自己种。如果以上条件都不满足，就会被划为贫农或者雇农。

当时村里划成分是划了两三次，每划一次要经过多次审核，经确定了以后才能定案，最终出榜只有一次。我们这里总共有三个地主，一个地主是廖子琴，一个地主是董少如，还有一个地主是林益修，富农应该有两户，中农五六户，贫农一百多户，雇农应该有三四十户，这只是我的一个估计。

3. 挖苦根，斗地主

（1）挖苦根

当时为了灭掉地主的威风，我们村里斗了地主，每个地主差不多要被批斗两三次，总共批斗了三个地主。那个时候，每个村都要召开诉苦大会，在会上，我们大呼口号："打倒地主，还我粮食""批斗地主，分我土地"，如果谁和地主有仇，他可以单独在会上讲话，还可以找地主算剥削账。因为我们当时也大力倡导减租退押，所以贫下中农还说要把地主的东西分给他曾经剥削过的人，以弥补对他们的亏欠。

（2）斗地主

批斗地主肯定要打骂，当时我们每个人手中都会拿一个翻身棒，这个翻身棒其实就是一根普通的木棍，在斗地主的前一天，我们就会把这根翻身棒提前准备好，它有长有短，也有粗有细，等到第二天，我们用这个翻身棒去打他们，然后让他们跪在那里忏悔。

我当时还不大，和地主也没有什么仇恨，所以没有公开揭发他们的罪行。

4．没收和分配土地、财产

（1）没收土地和财产

在没收地主的土地和财产的时候要带武装部的人员去。武装部去和不去的效果就是不一样，他们站在那里，就可以让地主浑身发抖。为了后面的分配土地和财产工作的顺利进行，农会和工作队也要积极地参与进来，此外，我们这些贫下中农也可以协助他们没收地主的土地和财产，就是把没收队列搞大，这样地主才会害怕。所以看到此情景，那个时候的地主也很听话，主动把他的土地和财产全部交了出来。

（2）分配土地和财产

那个时候分配土地不是讲亩，而是讲挑，我们这里明确规定，四挑为一亩。尽管如此，我认为当时分配土地和财产都比较乱，没有一个具体的章程。

当时土改工作队给我家分了二十挑的田土，如果以亩为单位，我家一共分得了五亩，其中好田和撇田各占一半。因为如果这五亩的田土全部都是好田的话，村里有些人会不满意。此外，还给我家分了一架水车和四间房子。

（3）分配土地的过程

为了要确保分田的公平性，如果我们贫下中农不去的话，干部还要求我们去，说上级让分田土的时候必须把群众带上。最开始分地的时候，丈量人员是用尺子量田土前前后后的面积，分得次数多了，他们就自己估计了。当时如果我们对丈量人员的估计存在质疑的话，我们可以要求他们用尺子丈量一下，但总的来说，他们给贫下中农分土地都没有问题，说给谁分多少就是分多少，不会偷奸耍滑，也不会坑老百姓。

5．土改复查

村子里面的土地改革是在1952年结束的，我当时不是干部，没有参与到复查的过程中来，但我们这里是要复查的，不仅要对土地进行复查，还要对各个成分进行复查，但没有查出什么不对劲的地方。为了把每家每户的土地数量确定下来，还给我们发了土地证，它虽然很小，但分量很足。

我们这里倒没有定产，田土能生产多少粮食就多少粮食，没有具体要求。但每年要给国家交公粮确实是事实，一年总要交个两三百斤，我记忆中是这个样子的，不知道有没有误差。

（三）土改的结果和影响

1. 土改后的土地经营情况

土改后，我们家一共有二十挑的田地，这二十挑的田土生产出来的粮食能够满足我们一年的需求。由于这个时候家里的生活条件要好一些，所以我们开始种点自己吃的蔬菜，但在土改前，我们那十二亩的田土全部用来种粮食。除了这个变化以外，家里的劳动力也基本够用，因为我已经长大了，可以帮家里一把。那个时候，如果我们还需要劳动力，可以求助互助组，让互助组长给我们安排一些组员，但这并不是长久之计，因为组员帮助别人是没有报酬的，他们可能也有些不乐意。

我家种地的热情确实很高，但我不知道其他人的情况怎么样。那个时候，我家土地数量已经够了，所以没有租桥凼村其他人的田土，更没有把土地卖给别人。因为当时国家不允许土地买卖，这是国家的政策，我们谁都不能违背。

2. 土改后的家庭生活情况

我觉得最大的变化就是我们拥有了属于自己的土地，至少我们在这个时候，同时拥有了对土地的所有权和使用权，我们不必再看谁的脸色，也不用整天给佃主说一些恭维的话，我们更自由了。这个时候我们家里也种了一些蔬菜，如果蔬菜的产量好，我们会卖一些出去，当时蔬菜很相应[1]，卖不到什么好的价钱，最多只够买一点油。这个时候，村里面人的生活水平都在提高，因此差距没有之前那么大，我们也开始琢磨发家致富的法子。

3. 土改后的社会交往情况

土改以后，我们这些贫下中农翻了身，但地主和富农却遭殃了，他们不仅被批斗，最后还被隔离。因为村里面要求我们要远离地主和富农，多与贫雇农打交道，这时候，成分不好的人就成为了“一坨臭狗屎”，人人避而远之。所以，我觉得这个时候村里的风气也不好，大家总是根据一个人被划的成分来决定亲疏远近，这不利于村民团结。

4. 土改后的观念变化情况

土改后，我们有了自己的土地，所以更应该勤奋努力，不能白白辜负了党的期望。但总有那么一些人，整天吊儿郎当，把自己拥有的土地量当作炫耀的资本，却不在土地上多下劳力，这种人我最看不起。

土改给我最深刻的印象是，现在的农民有自己的土地，除了每年给国家交一定公粮以外，我们不用再给别人交租了，收割的粮食都进了自己的腰包。

---

〔1〕 相应：便宜的意思。

5. 土改对农业集体化的影响

土改结束后的一年，就开始搞互助组，1954 年开始搞初级农业生产合作社，1956 年还搞了一个高级社，最后还要求我们把大型的生产工具、所有的土地以及家里的牲畜都交给集体，我们一家人当时有点犹豫，但最后还是斗不过有权有势的人。事实也证明了，搞农业集体化存在许多弊端。

因此我认为，自己单独干的效率高。记得当时刚成立初级社的时候，我们田土的粮食产量就很低，但干部们并没有停手，还在继续搞大规模。那个时候，村里人多地少，集体做事情的时候，我们都是按照工分吃饭，劳力好得到的工分就多，劳力不好的得到的工分就少，最后集体中很多人开始钻空子了。

ZQ20161018YPK@W 叶培昆

一 受访者基本信息表

<table>
<tr><td>调研点</td><td colspan="5">四川省内江市威远县界牌镇桥凼村</td><td colspan="2">调研员姓名</td><td colspan="2">张茜</td></tr>
<tr><td>调研员单位</td><td colspan="9">华中师范大学中国农村研究院</td></tr>
<tr><td>受访者编号</td><td colspan="5">ZQ20161018YPK@W</td><td colspan="2">受访者姓名</td><td colspan="2">叶培昆</td></tr>
<tr><td>受访者性别</td><td>男</td><td colspan="2">首次采访时间</td><td colspan="2">20161018</td><td colspan="2">首访时受访者年龄</td><td colspan="2">83</td></tr>
<tr><td>受访者成分</td><td>雇农</td><td colspan="5">土改时是否土改干部或土改工作队队员</td><td>否</td><td>是否党员</td><td>否</td></tr>
<tr><td>干部经历</td><td>有</td><td colspan="5">曾担任的干部具体职务</td><td colspan="3">农业局记分员等</td></tr>
<tr><td>现家庭人口</td><td>2</td><td>现承包地面积（亩）</td><td colspan="2">2</td><td colspan="2">现承包林地面积（亩）</td><td>0</td><td>现承包水塘面积（亩）</td><td>0</td></tr>
<tr><td>受访者基本情况</td><td colspan="9">老人 1933 年 7 月 20 日出生于四川省内江市威远县界牌镇桥凼村，今年 83 岁，高小毕业，非党员，目前与老伴儿董德清相依为命。
尽管两位老人年岁已高，但老两口身体状况很好，生活来源除了依靠每个月每人 75 元钱的农业保险以外，还卖些自家种的水果，比如柚子、柑橘和柠檬。</td></tr>
<tr><td>受访者职业简历或个人经历</td><td colspan="9">老人 7 岁开始在付贵桥读书，读了 4 年之后，1944 年又去威远严陵镇读高小，并于 1946 年毕业。毕业以后为了生活，老人就帮别人割草，直至解放。老人 1949 年在一九四队修铁路，后来就给别人搞运输，做了没几年，1958 年又到内江厂里干了一段时间，当时在内江厂里主要是做杂工，但过了几个月，由于这边厂里人员过剩，所以又被调到气兴当建筑工人，大约 4 年后，又到农业局当记分员。1968 年，老人回到家里务农至今。</td></tr>
</table>

二 分阶段整理

（一）土改的基础和背景

1. 土改前的家庭基本情况

我叫叶培昆，1933年出生于四川省内江市威远界牌镇桥凼村。土地改革以前，我家里一共有五个人，包括我妈、一个哥哥、一个大姐、一个幺妹儿，还有我。那个时候，我有十五六岁了；哥哥比我大三岁，应该差不多十八九岁了；而妹妹可能还不到十二岁；妈妈当时有五十岁了。

土地改革之前，我们家里所有人都可以劳动，但由于大家年龄不一样，所以干的活也有一定差距。我们家当时也没有任何土地，都是靠给别人撑船，或者自己挖煤炭来维持生活。妹妹那个时候虽然很小，但她很懂事，为了替家里减轻负担，她很早的时候就开始赚钱养家，买别人的胡豆，然后把胡豆拿出去卖，从中赚一些利润。

2. 土改前的家庭经济情况

土改还没开始以前，我已经十几岁了，所以也在外面做一些体力活，比如说给别人撑船、挖煤炭，虽然挣得不多，但是可以解决自己吃饭的问题。当时我们家里也没有土地，都是靠给别人打工来维持生活，所以就经济条件来说，我家在村中处于低等的位置。

那个时候给别人撑船的劳动强度很大，而且没有什么工钱，都是给我们少量的米，我记得当时给我们的米还不到一升。

除此之外，我家里也没有经营家庭副业，所以负担还是很重，每次看到别人吃好吃的，我们也很想吃，但都吃不到。尽管生活如此困难，我们也没有借别人的钱和粮食。

3. 土改前的土地经营情况

土改以前，上一辈没有留给我们田和土，再加上我们家里又没有钱，所以根本没有买进土地。此外，我们家里也没有租佃主的田和地，全部都是靠家人在外面做体力活来维持生活。但听人说，租佃主的土地，一要请中间人，二要给佃主交租，而且租金都是由佃主一个人说了算，佃户根本没有权利插手。在大多数情况下，佃主为了多盈利，会把地租提得比较高，我们也只有在粮食收割之后才给他们交租，租的时间长短却没有明确的规定，所以我们随时都能退租。但如果遇到灾年导致粮食收成不好，佃主也不会减租，因为在他们看来，这对他们来说是一件很吃亏的事情。

由于家里生活困难，所以养不起牛、马这些畜生，也没有任何农具。记得当时村里也有族田，那个时候我们要租地的话，一般有两种途径：一种是租佃主的地，一种是租族里的地，但租佃主的地和租族里的地收取的租金是不一样的，通常情况来说，族里的租金更少，如果我们遇到歉年的时候，租金还会适当减少，但族里的田和土毕竟是有限的。

4. 土改前的社会交往情况

土地改革之前，我家没有土地，也没有租佃主的土地，所以与佃主都扯不上关系。但与桥凼村其他农民的关系很好，大家平常相处非常和谐，很少发生什么矛盾。由于当时我家里条件不好，所以也没有和家庭较富裕的人进行联系，就算我们主动和他们打交道，他们也会经常不理我们，因为我们之间生活差距很大。

虽然在这个村里只有一户姓叶的，但是我觉得宗族关系依然重要。我家当时与村里其他宗族成员的来往也多，如果我家遇到了什么不好解决的事情，他们也会出手相助。

5. 土改前的土地观念

我家没有田和土，所以很希望可以在自己的土地上耕作，因为在当时的社会条件下，土地就意味着活命，没有了土地我们就一无所有，因此，这个愿望在我家人的心中一直都存在。

村里有些人的土地确实很多，但我始终得不到，因为那是他们自己的，和我没有任何关系，只是默默盼着自己有一天也可以拥有属于自己的一块地。所以，当时干部给我们说，我们这里要土地改革了，我们一家人的那个高兴劲儿就别提了，盼了很久终于盼到了这一天。最后，我们的这一切都要感谢党，感谢他们带来的好政策。

（二）土改的过程和经历

1. 访贫问苦，扎根串连

1951 年，我们村子里来了几个土改工作队的，这些工作队都是县上派来的，他们还在我们村子里住了几天，我记得当时好像一共来三四个人。

土改工作队下来之后，就开始搞思想动员，并召开了许多宣传土地改革的会议，他们这样做主要是为了发动我们群众，让我们团结起来积极斗地主、没收地主的土地和财产。在开宣传会议的时候，我们很多百姓对土地改革还不是很了解，只知道干部会给我们贫下中农分土地，尽管如此，大家的积极性都非常高。

那个时候，工作队的人很喜欢问问题，总是问我们这里有没有什么坏人，家里生活有没有什么困难，需要什么帮助。所以我们一致认为他们是那些会带给我们好政策的领导，我们生活有望了。

除此之外，我们这些贫下中农也有串连起来，这个串连说白了就是团结。在当时的情况下，我们把地主、富农以及其他的阶级成分都划分得很清楚，因为这样的话，才可以把我们和地主、富农这两种成分的“暴民”[1]隔离开来，也只有在隔离以后才可以激化双方的矛盾，然后顺利开展斗地主活动。

当时在村子里，大家都认为我是比较积极、大公无私的人，所以选我当了积极分子。那个时候选积极分子都是在穷人中选，富裕的人是没法当积极分子的。

村里还成立了农民协会，成立农民协会也是上级政府的政策安排，我们只需要积极加入进来就可以了。农协会的主要任务是分田地、分财产、斗地主，我当时是其中的一个成员，但没有负责过什么工作。此外，农协会里面也有各种干部，包括农协会主席、副主席、农协会主任、副主任，还有会计，他们都各自有各自的工作，分工也很明确。

2. 划分阶级成分

我当时是雇农成分，那个时候没有土地才会被划为雇农，而且雇农是村里最穷的。土改的时候，我们一家人都被定为雇农成分，我们没有反对，因为它确实符合实际情况。在我的印象中，农协会不仅要把农协会的干部组织起来，而且还要把村里的群众聚集在一起，由大家集中商量成分的划分。

当时划阶级成分实行“两上两下”，所谓“两上两下”是指：划定的阶级成分要拿到上一级去，由他们进行检查，给出修改的意见，下面根据修改意见再重新划定成分，成分划好之后，再拿给上级，让他们进行第二次检查，两次检查完后，最终才定成分。

那个时候是这样的，如果谁把土地写给别人，并且写出去的总亩数为十亩，那么这个人就会被划为地主，但我认为被划为地主还有一个关键的因素：看他有没有剥削老百姓。

在我的印象中，地主好像有三个；富农我估计有两个，其中有一个是我们这里的，他叫廖文良；至于中农、贫农和雇农有多少，我记不清楚了。

3. 挖苦根，斗地主

(1) 挖苦根

我们斗过地主，那个时候村里啥子运动都有，我妈去斗过两回地主，她说总共批斗了

[1] “暴民”：这是对地主和富农的一种歧视性的称呼。

三个地主，批斗的次数应该有十次。当时斗地主是在屋里斗，村里会规定一个固定的办公室，平常只要说到斗地主，大家就全都跑到这里来了。那个时候斗地主是一个大队一个大队地斗，批斗的形式也多种多样。

斗地主的时候，我们也开诉苦会，诉苦就是思苦，说清楚自己过去所遭的罪，当时几乎每家每户都要说，但有一个前提，这些说的苦是要与地主有关的。当时，除了诉苦之外，我们还要算地主的剥削，它是与诉苦会联系在一起的，主要是将地主以前的剥削一一清算，然后通过分配，把贫下中农以前遭受到的苦都补回来。

（2）斗地主

我们这里斗地主的形式多样化，有的时候是让地主站在台子上，要求他们把头低下。当时地主的两边不仅有民兵，而且还有儿童团，儿童团是由八岁以上的儿童所组成的，他们主要的任务就是斗地主、站岗，以维护社会秩序。有的时候我们也会给地主戴尖尖帽，这主要是针对那些不坦白的地主。当时有一个地主在土改前很爱剥削村民，所以后来还被枪毙了，这个地主就是廖子琴。

我们这里还有另外一种斗地主的方式：让地主跪在地上，然后民兵就把他的头使劲往下压，不允许他看村民。不仅如此，当时干部还说："如果打你的话，你敢叫，那么你的下场自己想吧！"其实他真受不了，叫出声的话，我们也不会把他怎么样，只是干部喜欢用这种方式来威胁地主，希望给地主以震慑，这样一来，他们就可以让地主赶快把自己的全部土地和财产交出来；二来也可以让斗地主的过程顺利地进行。我记得当时打地主的时候是用一根竹片，这个竹片就是我们把竹子砍下来以后，划成几瓣，所以竹片有宽的，也有细的。既然竹片的宽窄不一样，所以它打在地主身上的这个力度也不一样，我家当时打地主的时候，用的是一种很细的竹片，因为这种细的竹片打不疼地主。之所以这样做是由于我们家里人都认为如果狠打地主的话，对地主也不公平，这主要在于两个方面的原因：第一，地主没有欺负过我们；第二，大家都是同一个村的，我们稍稍地打一下就可以了，没必要下那么重的手。

4. 没收和分配土地、财产

（1）没收土地和财产

我当时就是一名普通的老百姓，所以没有资格参加没收地主土地和财产的工作，这一工作主要是由当时的土改工作队来完成的，他们把地主的土地和财产没收之后，再根据每家每户的阶级成分来分配地主的土地和财产。

我们村里的地主都比较配合，没有哪个地主敢公开表示他们对工作队没收他们土地和财产的行为不满意。由于当时我不怎么关心这些事情，所以也不了解没收到的地主土地和财产到底有多少。但我知道，那个时候没收地主土地和财产有一套简单的方案，但这个方案并不是由我们村民制定的，而是由村里的工作队和干部一起制定的。

（2）分配土地和财产

分配地主财产的时候，工作队会把那些被划为中农、贫农和雇农的人都聚集起来，首先给他们说清楚分配的原则，然后说明每个人到底可以分到多少财产，开始的时候大家都比较冷静，但越到后面，我们情绪就越高涨，发言表态的人也越来越多。我家当时分到了一块田土，算起来应该有八分田、五分土，这在当时可都是属于一等一的好土地，我们在这上面种粮食的话，粮食的产量会比较高。

那个时候我家虽然没有分到牛、马这些牲畜，也没有分到任何农具，但却分到了两间房子。

（3）分配土地的过程

当时分配土地没有什么具体的过程，土改工作队给谁分多少地也不全是通过丈量，偶尔也会凭他们的估计。那个时候他们说这块田是谁的它就是谁的，而我们又不能让他们给雇农多分一点田和土，再说我们真要这样做了，自己的心里也会很不舒坦。我当时是记分员，在当记分员的这一段时间，我也没有听说过谁贪污，所以分配过程还是挺公平的。

5. 土改复查

我记得土地改革是在1952年结束的，当时工作队对土地进行了复查，但他们正在复查的时候，我只瞟了一眼，然后就走了，所以不知道是怎么复查的。

那个时候，为了保证成分的准确性，对成分进行了核实，但没有发现什么不对劲。土改完了之后，我们还得到了一个红色的本子——土地证。

（三）土改的结果和影响

1. 土改后的土地经营情况

土改之后，我们家分到的田和土还算可以，勉强够一家人生活，那个时候种植的作物主要有苞谷、谷子、豌豆、胡豆、麦子，还有红苕，当时一亩地可以产两百斤的苞谷、三百斤的豌豆、四百斤左右的红苕以及两百斤的麦子，一亩的田大约可以产三百斤的谷子。家里在交了粮食之后，我们剩下的应该只有七百多斤了。

因为在土地改革后我们分到了田和土，所以没有租种别人的土地，也没有买卖过田土。

2. 土改后的家庭生活情况

土改后的家庭生活肯定比土改前的家庭生活好，这都是大家有目共睹的，不是我一个人这样说。因为在土改之后，我们的田多了，土地多了，粮食总产量自然而然也提高了，大家的生活压力同样会越来越小。

在土改前，我们家里的劳动力很多，有的时候还用不完，但土改以后，我们把劳动力充分利用了起来，所以家里的负担也减轻了不少。

3. 土改后的社会交往情况

我家的社会交往情况也没有发生多大的变化，与桥凼村村民的关系、村里干部的关系都很好，大家平常很和谐，没有闹什么别扭。但我发觉此时我家的地位提高了，这可能是因为少了地主和富农的剥削。

4. 土改后的观念变化情况

土地改革完了以后，我们想的反而更多了，因为吃饭的问题基本得以解决，家里人就有更多的时间去思考其他的问题，比如怎样发家致富，如何让自己的子女成才，社会关系又该采用什么方法来维系。土改以前，虽然我们也会偶尔想想，但并不会花这样大的精力。所以总的来说，中国共产党的政策是好的，党很为我们这些人考虑，他们习惯从大局出发，让所有百姓都过上幸福生活。

5. 土改对农业集体化的影响

互助组在 1953 年开始搞的，搞了一年以后，1954 年开始了初级社，初级社搞了没几年，1958 年又开始搞高级农业生产合作社，但在我看来，我觉得集体化不好，因为集体化中很容易出现偷盗行为，这在当时可是一件大事。而且，大约在 1958 年的时候，桥凼村大规模地搞炼钢铁活动，我们这些百姓当时吃了很大的亏，因为大家干了很多事情，但得到的粮食数量却很少，所以我认为土改白搞了。

宜宾市

叙州区

HF20151231LWB@W　李万白

一　受访者基本信息表

<table>
<tr><td>调研点</td><td colspan="5">四川省宜宾市永兴镇塘湾村</td><td colspan="2">调研员姓名</td><td colspan="2">何芳</td></tr>
<tr><td>调研员单位</td><td colspan="9">华中师范大学人文社会科学高等研究院</td></tr>
<tr><td>受访者编号</td><td colspan="5">HF20151231LWB@W</td><td colspan="2">受访者姓名</td><td colspan="2">李万白</td></tr>
<tr><td>受访者性别</td><td>男</td><td colspan="2">首次采访时间</td><td colspan="2">20151231</td><td colspan="2">首访时受访者年龄</td><td colspan="2">80</td></tr>
<tr><td>受访者成分</td><td>贫农</td><td colspan="5">土改时是否土改干部或土改工作队队员</td><td>否</td><td>是否党员</td><td>否</td></tr>
<tr><td>干部经历</td><td>无</td><td colspan="5">曾担任的干部具体职务</td><td colspan="3">无</td></tr>
<tr><td>现家庭人口</td><td>2</td><td>现承包地
面积（亩）</td><td colspan="2">0</td><td colspan="2">现承包林地
面积（亩）</td><td>0</td><td>现承包水塘
面积（亩）</td><td>0</td></tr>
<tr><td>受访者
基本情况</td><td colspan="9">老人1935年出生，四川省宜宾市永兴镇人，现在和老伴一起生活，在村里开了个小卖部。老人有两个儿子。生活来源主要是小卖部的收入、自己唱道士的收入，还有自己和老伴每人每月75元养老补贴，儿子儿媳每年过年的时候会拿点养老费给二老。</td></tr>
<tr><td>受访者
职业简历
或个人经历</td><td colspan="9">老人两岁之前住在小湾，现为文昌村双石组；三四岁住在张家坡，现为塘湾村高屋组；5岁住在骑龙坳，现为塘湾村高屋组；6~8岁住在跳蹬子，现为塘湾村田边组；9~10岁住在田边，现为塘湾村田边组；11~13岁住在高屋基，现为塘湾村高屋组；14岁住在红岩完，现为文昌村庆丰组；14岁就解放了，此后一直住在塘湾村。
土改后，不让唱道士[1]了，老人在1953年到1978年之间都没有干唱道士这一行，便去从事副业，比如砍竹子来卖等。包产到户以后人们有吃有穿了，老人又开始唱道士。</td></tr>
</table>

[1] 唱道士：打醮，道士设坛念经做法事。

续表

受访者所在社区基本情况	该行政村隶属宜宾县永兴镇，距县城50公里，东邻竹山村委会，南邻凌角村委会，西邻清泉村委会，北邻玉皇村委会，辖7个村民小组。现有农户221户，797人，劳动力320人，其中从事第一产业人数115人。 全村土地面积8.75平方公里，海拔780米，年平均气温21℃，年降水量1009.8毫米，适合种植水稻、油菜、玉米等农作物。全村耕地面积630亩，人均耕地0.79亩，林地800亩。该村农民收入主要以种植业、畜牧业为主。

二　分阶段整理

（一）土改的基础和背景

1. 土改前的家庭基本情况

（1）人口情况

我叫李万白，今年八十岁了。土改前，我家有三口人，分别是我父母亲和我。土改前我父亲大概三十八岁，我母亲比我父亲年龄小些，大概三十四岁。我当时只有十五岁。我父亲当时是唱道场[1]的，做道场的，连我是第四代了，都是唱道士的。

〔1〕 唱道场：同前文的唱道士。

我母亲什么也没干，就在家做点家务事。租的别人的土来种，我母亲就帮着种种地，种点小菜，还要交租子。我是从塘湾村搬到这文昌村来的，头年过来，第二年就解放了。

（2）劳动力情况

土改前，我家只有我母亲和父亲可以从事劳动，男性劳动力和女性劳动力各一个。当时我还小，刚刚搬到文昌村。

2．土改前的家庭经济情况

土改前我很小，什么也没有做，一天就耍。我父亲那点唱道士的收入都是拿回家来维持生活。我们租别人家的田土还要交租子，收成好的话，交了租子之后就还剩点，如果收成不好的话，交了租子之后就剩不了多少，就不够吃。

我家主要就靠我父亲唱道士为生，没得经济，在村里算穷人，差得很。当时我们有去帮别人家干活，帮人干活报酬不是钱，而是米，能得半升或者三盒米。三盒米就是一斤半米，一升米就是四斤。当时帮别人干活，劳动强度不大。

因为我母亲生病，我父亲有时候唱完道士回来都是夜晚挖土去种麦子、花生。我家没有家庭副业，比如养鸡养鸭，就是唱道士这点收入。唱道士的收入是一升米一天。

土改前，我家的生活压力大，主要是生活消费，开销就是生活，我母亲生了病，过年买肉都困难。那个时候没得钱来花。土改之前，我家没有借债。

3．土改前的土地经营情况

土改前我家没有田地，地主的土地就很多。我爷爷奶奶去世得早，没有给我们留有土地。我家当时租过好几个人的地，刚开始租的李银清的地，住的他家；后来又租的李少华的地，后来这家的房子被烧了，因为那个时候是茅草房，很容易被烧；后来又搬到高屋基来，之后就解放了，我家一共搬了六次。在小湾的时候我们租的是曾少之的地，因为穷，所以要租曾少之的地，在红岩的时候租的刘金林的地，租了他二十挑田。

在张家坡只有租的三十斤花生的土，没得田，地租就是三十斤花生。租金是老板说了算。我们没有和佃主之间因为租金标准问题发生过争执，不敢和佃主发生争执。租田就是交谷子，租土就是交花生。在红岩的时候才租了刘金林二十挑田，之前都是租田，因为我父亲要出去唱道士，没有时间种田。至于租期，不确定，可以继续租，也可以搬起走去租别人的。我们和佃主之间没有契约。如果遇到灾荒年份不能减租，都要交清，自己少吃点就是。如果遇到丰收年份，也不会补交租金，没有其他调整，说的多少就是多少。如果收成好，赚到的就是自己的。

当时土里就是种红苕、花生、麦子。交租后有时候没有剩余，有时候有剩余，有时候不够吃，但是我父亲唱道士一天就拿一升米回家来弥补。我家当时没有牛、马、骡子等牲畜，需要的话就去租。

我家的农具有锄头、粪桶。我家在生产中没有和其他人家换工。田土多的人，他家专门请了人干活，有长工、短工，还有看牛匠。我们村里当时没有村田、祠堂田等公田。

4. 土改前的社会交往情况

当时有土匪抢，抢我老板的东西，我老板把两把面、一罐猪油放到我家里。我们和佃主之间没有因为生产生活问题发生过争执。当时如果遇到灾荒年份或者家中有困难，从佃主或者家中较富裕的农户，我们没有得到过救济。

我家与村里其他农民的关系都还好，和富裕农户没得关系的，没有联系，没得来往，穷人和富人没得来往。土改前，村里富裕农户和普通农户的生活差距大，土改前村民的生活差距大得很，雇农就像现在的叫花子。以前的地主有些生活开得好，有些地主还是不好。土改前，我们与宗族关系好，与宗族长老关系好。但如果遇到灾荒或者家中有困难，从宗族那里得不到救济。

5. 土改前的土地观念

(1) 对土地的愿望

土改前，想有一块属于自己的土地，有自己的土地就有吃有穿了，就不得少吃了。

(2) 对土地的看法

至于地主或者大户拥有那么多的土地，那是人家的，我们奈何不了，他有那是他的。租种别人的土地时是觉得低人一等。

(3) 对土改的反应

刚刚解放的时候，听说要土改了，当时还不知道是怎么回事。土改之前，对于土改我没有什么担忧。那个时候都靠自己。

(4) 对共产党的看法

那时候我是小孩子，我对党和国家没什么认识，那个时候只要有吃的就很好了。

(二) 土改的过程和经历

1. 访贫问苦，扎根串连

(1) 工作队进村

工作队1948年就来了。1949年就插旗了，分田土了。插旗就是分田土，划边界。当时土改工作队我知道的我们这里就只有一个人，叫梁同志。我不知道他是从哪里来的，只知道他是梁同志。

(2) 土改宣传

我没有参加宣传土改政策的会议，我当时是儿童团的。我不明白他们讲的那些政策。

(3) 扎根串连

土改工作队没有到我家来进行过访贫问苦，当时保长是吴少宣，他带队。我没有参加贫雇农的串连，我只有入过共青团，十四岁之后超龄了就退了。当时我不是土改积极分子，我只是儿童团的，白天有时候去帮着站岗。儿童团当时就是去站岗放哨。

（4）成立贫农团

工作队号召起来成立贫农团，我是儿童团的。成为贫农团的成员需要具备这些条件：家里贫穷、做事积极、没有得罪什么人。贫农团就是搞阶级斗争，没收地主的财产。

2. 划分阶级成分

（1）土改成分

土改的时候我是贫农。我的成分和家里其他人的成分是一样的，都是贫农。当时我家的成分是工作队评的。中农还有自耕中农，生活有穿有吃，自己劳动，富裕中农和上中农，中农是三等成分。我认同给我划的成分，以前有句话说“四川人愿穷不愿富”。对于我的成分没有人有不同意见，大家都赞同。

（2）成分划分

当时村里划分成分的标准就看家庭情况，有田土没得。靠剥削吃饭的就是地主，地主的土地人均达到十五挑。地主的农具齐全；富农家具农具齐全。当时是工作队来主持大局，依托贫农协会一起来划成分。

这些人之所以会被评为地主，是因为刚开始这些人还是穷，然后就自己节约，买田土来种，然后买越来越多的土地，然后就是地主了。对于那些被划为地主的本姓族人，我是这样认为的，谁让你之前买那么多土地，谁让你节约来买那么多土地，活该划为地主。当时村里没有把已经死了的祖宗划为地主的情况。

（3）划分结果

划成分划了一次，工作队的说了算，没有张榜公示，没有调整。大地主就只有毛家、何家、范家这三家。地主大概有六户。有多少富农，这个我不太清楚。中农还是有七八户。贫农就多了，可能有一百多户。雇农没有。

3. 挖苦根，斗地主

（1）挖苦根

当时村里有批斗过地主，批斗过多少次记不清了。当时工作队的人喊地主把金银财宝交出来，但是有些地主确实没得。凡是地主都被批斗。当时有召开过诉苦大会或者公审大会，诉苦大会就是诉以前的苦，以前谁整了我，日子过得多苦，那些老婆婆诉苦诉得厉害得很，那些地主就要遭殃，就会被追问你为什么要这样干，然后扇地主两耳光，踹地主一脚，地主还是只有低头在那里，不敢说话。

公审大会就会把地主弄起来斗，地主一季度都会弄起来开会，弄起来斗，开教育批斗大会，我们这些人坐在那里，地主就只有站到那里。当时有算剥削账，如果你之前帮过他，他现在是地主，就会算你剥削了我多少。

（2）斗地主

当时有辱骂、殴打地主的情况，多得很。就骂地主“你是寄生虫啊”等等之类的难听的话语，去骂地主又不会犯错误，如果不去骂地主，那还会被说成是包庇地主。我当时是小孩子，没有参加揭发地主的罪行，当时不敢公开给地主说好话，去同情地主的话，可能自己都会惹祸上身。

4．没收和分配土地、财产

（1）没收土地和财产

工作队让我们去收地主的土地和财产，没收回来大家分。地主的土地也是分了，按人头分，地主自己也会分到土地。是工作队来组织这一工作，如果上面没有政策，这下面的人不敢去分。我是儿童，没有参与到没收地主的财产。没有地主不配合，地主不敢反抗。

（2）分配土地和财产

当时分配土地和财产是按人分，按现有人口分，大家开会分胜利果实。有召开分配大会，分配大会很热闹。我家分得四亩多地。那个时候一刀切，不分好田、中田、差田，这是搭配好的。四挑半为一亩，一个人有一亩多。大概有四亩好田，中田、差田一共三分。当时全村各户分到的田地是一样的，当时全村各户分到的好田、中田、差田都是好坏搭配。当时不同阶级分到的土地没有差异。

我家当时没有分到牛、马、骡子等牲畜，就分到一个坛子、一个衣柜，这就是我分到的胜利果实。我当时对分到的土地和财产很满意。我分到的土地和财产不是本姓族人的，是外姓人的。我们村没有族田、村田、祠堂田，也没有祠堂、祖屋。

（3）分配土地的过程

分配土地的时候有组织集体去看田、插标、立界，然后就插旗，在旗子上写好这一段地是谁的，就是这样的。没有干部在分配财产的时候贪污或者做出不公平的举动，当时在分配财产的时候大家没有争论。

5．土改复查

土改后有进行土地复查，没有清查漏网地主，没有查出有错划成分的，当时有向我家发放土地证，土地证上有毛主席的画像，两边还插了旗子。

（三）土改的结果和影响

1．土改后的土地经营情况

土改后，我家的劳动力不够用，我父亲很早就死了，母亲不能干农活，两个妹妹很小，没有劳动力，那个时候劳动力不够。土改后没有加入农户互助小组或者类似的组织。三五几户人一起喂一头牛，大家共同喂，农忙的时候就转轮子。

土改后，我家没有土地买卖的情况。

2．土改后的家庭生活情况

（1）自家生活变化

土改后那几年的时间生活就好了，但是1960年那两年生活就不好过。土改后，我家的生活压力不太大。土改后，村里农户间的生活差距也说不准，因为各家各户情况不一样。土改后，发家致富的信心是比之前更足了，那是肯定的。

（2）收入变化

当时除了种地之外还有其他收入，我唱道士的时候有收入。土改后，就不准我唱道士了，1949 年解放，1953 年就不能信迷信了，死了人之后不准我们去唱了。那个时候我也去搞副业，砍竹子来卖之类的。

3．土改后的社会交往情况

（1）农户关系

土改后我没有什么身份。土改前，我到处搬家，没得身份。土改后，我与村里其他农民的关系一般。我这个人一向老实，不会随便去得罪人。土改后，我家与那些划为地主富农的人关系一般。土改前后，村民之间的关系没得什么变化。土改后，普通村民不会根据一个人所划的成分来决定与其亲疏远近关系，比如远离地主富农，多和贫下中农打交道，这些情况一般没有，我们知道他是地主富农，看到还是会打招呼，我不会怨恨谁。

（2）村户关系

土改后，我与村里干部的关系一般。我没有和干部吵过架，我之前也在农业社当过保管员，当了三年。土改后，我家与宗族关系一般。宗族间的关系与土改前相比，没有什么变化，没什么大的矛盾，我与宗族长老的关系还是好。土改后的村庄风气与土改前相比没有太大变化。

4．土改后的观念变化情况

（1）土地观

土改后，我自己有了土地，我勤快点，自己就有吃有穿了，当时心情很好。大家都有一样多的土地，土改时分到土地的感觉和土地承包时分到土地的感觉一样。土改后，我没有听到国民党“反攻大陆”之类的传言。

（2）人际观

土改后宗族内的关系还是重要，每年清明节，大家都要一起去祭奠祖宗。土改后，我没有觉得自己比那些划为地主富农的人地位高，不会这样觉得。同一阶级的农民是一家人。以前讲工农商学兵，这样讲来，咱们天下农民都是一家。

（3）社会观

土改后，我积极参加兴修水利、修建道路之类的活动，修建水库我下了很多力。这都是为了响应国家号召。以前歌词是这样写的：“鱼儿离不开水，花儿离不开阳。”

我对党和政府没有什么看法。土改前，我穿不好吃不好，共产党来了，解放了，土改了，我有穿有吃了。毛主席说我们翻身了，那还真是翻身了。

（4）土改观

我之前没有有关土改的疑问疑惑，我们当时不知道共产党有这么好。土改留给我的最深刻的印象是让我明白了，我们要继承马克思主义毛泽东思想，我们今天才有这么好，这就是我的认识。我对土地改革运动本身没有什么看法，我自己当时太小了，没有什么看法，只知道分到田地就好了。

5．土改对农业集体化的影响

（1）生产资料入社

1949年解放，1951年就是互助组了。1952、1953、1954年这三年都在挑粮食[1]。互助组搞的几年，年数记不清了。过去这么多年了，怎么还记得到啊，年数记不清了。后面的农业集体化，我是自愿将土地和大型农具上交给集体的，上面动员的，喊我们交。有些顽固不同意入社的，后来还不是吃了苦。之所以自愿上交，是因为上面动员的，喊我们交。我当时只有田土入社，农具是自己的，入社的时候就给你折价。当然桌子板凳还是自己留着的，床铺柜子自己还是有。

（2）对集体化的认识

对于“土地是各自耕种效率高，还是大家集体耕种效率高”这个问题，我还是觉得土地是自己耕种效率高。改革开放之后，田土下户，效率高些。当然是自己耕种效率高了，集体耕种的话会有很多人偷懒，当时有句很流行的话说的就是集体耕种时期的现象：“肥干部瘦社员，一肥二胖管理员。”

HF20151231LGM@S　罗刚明

一　受访者基本信息表

<table>
<tr><td>调研点</td><td colspan="5">四川省宜宾市永兴镇塘湾村</td><td colspan="2">调研员姓名</td><td colspan="2">何芳</td></tr>
<tr><td>调研员单位</td><td colspan="9">华中师范大学人文社会科学高等研究院</td></tr>
<tr><td>受访者编号</td><td colspan="5">HF20151231LGM@S</td><td colspan="2">受访者姓名</td><td colspan="2">罗刚明</td></tr>
<tr><td>受访者性别</td><td>男</td><td colspan="2">首次采访时间</td><td colspan="2">20151231</td><td colspan="2">首访时受访者年龄</td><td colspan="2">81</td></tr>
<tr><td>受访者成分</td><td>贫农</td><td colspan="5">土改时是否土改干部或土改工作队队员</td><td>否</td><td>是否党员</td><td>否</td></tr>
<tr><td>干部经历</td><td>无</td><td colspan="5">曾担任的干部具体职务</td><td colspan="3">无</td></tr>
<tr><td>现家庭人口</td><td>1</td><td>现承包地面积（亩）</td><td colspan="2">0</td><td colspan="2">现承包林地面积（亩）</td><td>0</td><td>现承包水塘面积（亩）</td><td>0</td></tr>
</table>

[1] 挑粮食：指按各家粮食情况统筹安排种植计划。

续表

受访者基本情况	老人1934年出生，四川省宜宾市永兴镇人，农村户口。老人没有子女，现在在永兴镇敬老院生活，敬老院的工作人员负责照顾老人的生活起居。老人平时喜欢和敬老院的老人闲谈。
受访者职业简历或个人经历	老人是普通的农民，一生都在务农，没有什么特殊的经历。

二 分阶段整理

（一）土改的基础和背景

1. 土改前的家庭基本情况

（1）人口情况

我叫罗刚明，土改前，我家一共七个人。我家有三弟兄，有个妹妹，还有一个嫂嫂，还有父母。我在我的兄弟中排行老三，大哥当时大概十九岁，我大哥有个嫂子，这个嫂子是童养媳，她和我大哥没结婚就到我家来了，我二哥大概比我大哥小三岁，我妹妹当时只有两岁。

母亲就在家干点家务活；爸爸有时候去帮人干点农活，比如帮人挑水、砍柴、插秧子、打谷子这些；我大哥当时是在读书，读高中；嫂子当时就在家帮着砍柴；二哥当时也在读书；妹妹当时很小，什么也没干；我当时也在读书，我还在刚刚发蒙[1]。

（2）劳动力情况

土改前我家就只有我父母可以干农活，我的两个哥哥都要读书，只有下午放学回家可以帮着干一点点农活。男性劳动力有一个，就是我的父亲。女性劳动力除了我母亲，我的嫂子也帮着砍砍柴，可以算一个劳动力，那我家就有两个女性劳动力。

2. 土改前的家庭经济情况

土改之前，我是学生，我当时还是小孩子。我家主要的收入来源就是我爸爸种田，然后就是去帮人，冬天的时候帮人种小麦，春天的时候就帮人插秧子、打谷子，就干这些。那个时候都没有什么经济，只有喂了一头猪，过年的时候杀来吃。那个时候（我家的经济情况）在村里不算好，也不算差，就是一般。有时候还没有吃的，就吃草草。那个时候没有其他收入来源。我爸爸在外面揽活干，插秧子的时候去帮别人家插秧子，打谷子的时候在外面去帮别人打谷子。

土改前，我家的收入来源除了种地，就是爸爸在外面帮人所得的报酬，那个时候帮工所得的也不是现金，就是给点粮食，干完活，一升米两升米一天，大升子的一升是五斤，小升子的一升是四斤，由老板说了算。小工是一升米一天，大工是两升米一天。大工就是插秧子、打谷子，小工就是给秧子除草。我家当时没有家庭副业，没有养鸡鸭。

土改前，我们家经常都会青黄不接，粮食不够的时候就只有吃豇豆叶、胡豆叶、鸭舌子草这些，还有爸爸会把在外面帮人所得的粮食拿回家来维持生活，拿点米回来会煮成稀饭，一顿就煮二三两米。

那时候没有什么开销，因为没什么买的，一年就买头小猪，一直喂到过年，那个时候也没有什么收入。土改前，我爸爸那个时候是兽医，可以医猪、医牛，我们家很少去借债。

3. 土改前的土地经营情况

土改前，我家大概只有三亩土地。我家的田地是从爷爷手里买过来的。我家的田地主要种了谷子、花生、麦子、红苕。我家有一挑多田，其他都是土。亩产那个时候没有称过，只知道有很大一堆，花生的话，可以炸一炸油，大概有五百斤花生。光靠自家的收成，一年的话有二十多天不够吃，（收的粮食）大概可以吃十一个月。

我父亲他们有四弟兄，交税是他们一人交一年，交麦子或者豌豆，麦子两升，豌豆四升。当时是交粮食，要么是麦子，要么是豌豆，麦子是交十斤，豌豆是交四十斤。我家没有租种别人家的地。

我家没有牛、马、骡子等牲畜，要用牛的话就去租，一年犁一次田，就去租别人家的牛。我家当时的农具就只有两把锄头，有两担粪桶，没有犁头、耙子。

---

[1] 发蒙：启蒙，指刚入学。

那个时候我们家没有换工，在紧工[1]的时候，我父亲会去帮人家干活。土改前，我们那里没有互助小组，土改前没有这些。

4. 土改前的社会交往情况

那个时候我们向何家借过（粮食），我父亲会经常去他家医猪和牛，所以他家会经常救济我们家。我父亲有手艺，关系还是比较好，没有和其他人打过架吵过架，都没有。土改之前我与村里比较富裕的农户关系还是比较好，没什么争斗的，富裕农户对我家还是挺好的。土改前，村里普通农户与富裕农户有生活差距。我那个时候小，也不太懂这些，只知道母亲煮什么我们就吃什么。当时如果遇到灾荒年份，或者家中有困难，也不能从宗族那里得到一些救济。

5. 土改前的土地观念

（1）对土地的愿望

土改前，我家没有想过再多买一些土地，想都没有想过，自己生活都不够，没有想过去买。自己都没得吃的，怎么会想到还要购买土地。之所以不想买，是因为没得钱，没得钱就不想买。

（2）对土地的看法

我们还是只能看着地主或者大户拥有那么多的土地，自己没有办法。我爸爸那个时候就只有自己努力挣钱，希望挣到钱之后买点土地，免得自己到处搬家。我那个时候挺小的，没有其他太多想法。我没有觉得自己比那些完全没有土地的农民地位高一些，那个时候自己没有这些想法。

（3）对土改的反应

土改前，听说要土改了，听说有些地方在抢人，后来解放军来了，来清匪反霸了，把土匪撵散了，我们农民心里就没有那么多担忧的了，人们就高兴了。土改之前，我对土改没有疑问疑虑或者担忧，我当时是小孩子，没有土匪了，心里就没有那么担心了，一天要高兴就是了。

（4）对共产党的看法

解放前对共产党不知道，不清楚，没有什么看法。

（二）土改的过程和经历

1. 访贫问苦，扎根串连

（1）工作队进村

我当时是狮子村的，大概是1951年土改工作队进村。工作队来了之后才开始土改的，1949年解放，清匪反霸之后就开始土改，土改工作队大概是1951年来的，1952年开始土

[1] 紧工：这里指缺工，急需用工。

改。当时土改工作队只有一个人，名叫李艳，是个男同志。但我不知道土改工作队员李艳是从哪里来的，只知道他是国家派来的。

（2）土改宣传

我当时是儿童团的，就要去维持治安，看看有没有坏人，没有参加过宣传土改政策会议，会议情况我不了解。我那个时候很小，发不了言，但是我听还是能听明白，但是他们说完之后就完了，我也就忘了。

（3）扎根串连

我没有参加贫雇农的串连，不知道他们是怎么串连的，我没有参加。我当时不是土改积极分子。对于那些土改积极分子，我没什么看法，我当时人小，什么都不知道。

（4）成立农会

当时村里成立了农会。快要分田分地，划阶级的时候才成立贫农协会的。农会是通过召开大会成立的，由贫下中农组成的，农民委员会，简称农会。

那个时候人小，不知道他们是怎么开展工作，也不知道他们都搞了什么工作。是贫农就可以成为贫农协会的成员，中农可以参加，地主富农都不能参加。

2. 划分阶级成分

（1）土改成分

土改的时候，我的成分是贫农。我的成分跟家里其他人的成分是一样的。划成分的时候，我家的成分是按照政策来的，在会上定下来的。我当时认同给我划的成分，当时是苗儿山五分会评的，只有我父亲才知道划成分的具体经过、具体过程，我当时人很小，只有随同他们一起玩。对于我家的成分，没有人有不同的意见，这是大家协商得出的结果，贫协主席组织大家一起协商来划的成分，我被划为贫农是最低一级的成分，贫农是最光荣的。

（2）成分划分

当时村里划成分是看田的多少，人均田亩数达到十二挑，就是地主；人均田亩数达到九挑半，自己耕种的，就是富农；自己不耕种，出租给别人的，就是小土地（出租）。反正你家的人口和田地多少拿人来均[1]，就这样来划分。中农也分自耕中农等，田地大概有六七挑谷子；贫农就是只有点点土地；雇农就什么也没有，只有自己一个人，以帮人为生。

工作队主要负责划成分，工作队的掌握政策。工作队让贫农协会的把组里的情况和分会的情况了解清楚，谁该划为什么成分，谁又该划为什么成分，就开始划成分。之所以这些人会被划为地主，是因为他的田土多。

我们村没有死地主，就是把已经死了的祖宗划为地主的情况，只会划还活着的人，死了的人不划成分。

[1] 拿人来均：按人头平均分配。

（3）划分结果

当时村里划成分的实际情况我不了解，只了解表面上的情况。划成分就划了三天时间，就划了一次，一次基本上就搞好了。出了一次榜，划完之后就张榜公示了。有没有调整这个情况我不了解。大概有二户人家被划为地主了。富农好像有二十户，我都记不清楚了。中农还比较多，具体多少我也记不清了，大概有二十户。贫农占大多数，我们村有一百多户。

3．挖苦根，斗地主

（1）挖苦根

当时有斗地主的情况，有些地主狡猾，不拿金银财宝出来上交，所以就要把他们弄起来批斗。批斗了多少次，记不太清楚了，大概批斗了二户人家的地主。当时召开过诉苦大会和公审大会，土改快要结束的时候就召开了公审大会。那个时候我还小，我不知道诉苦大会的具体过程是怎么样。公审大会的具体过程也记不清楚了。当时有算剥削账，（看有）哪些地主剥削农民，算剥削账就是诉苦。

（2）斗地主

当时有辱骂殴打地主的情况，地主剥削农民，肯定要把地主弄起来收拾啊。具体是如何辱骂殴打地主的，就是地主曾经是如何对待他的佃户、长工和贫苦农民的，这时候佃户、长工、贫苦农民也会如何对待他。打了地主之后，就要让地主承认错误。我当时人还小，没有揭发过地主的罪行。没有人公开或者暗中给地主说好话或者同情地主，那个时候大家的立场都很坚定。我们村都没有死地主，我们村不存在把已经死了的祖宗划为地主的情况。

4．没收和分配土地、财产

（1）没收土地和财产

当时没收地主的土地和财产，家具等都没收。没收地主土地和财产之后就拿来分，分给贫苦农民。工作队和农会的人配合，一起负责这一工作。那个时候我人小，不懂，我没有参与到没收地主财产的工作中去。

（2）分配土地和财产

我当时不知道分配土地和财产的标准，只知道让我们大家把财产拿起走，我们就拿起走了。不知道分配土地和财产的程序是怎么样的。有召开分配大会，召开分配大会之后，就分配财产。召开分配大会的时候，就会宣布谁分得什么，谁分得什么，就开始分，就像现在分粮食一样，一人分点一人分点。我们家一共七个人，一人分得五挑半，一共分得三十八挑半土地。

分给我家的好田、中田、差田都是好坏搭配，田土一共三十八挑半。那个时候我分得了一块大田，这块大田有三十五挑，这是一块堵水田，之前地主是拿着这块田去放租，算的是四十挑，后来分给我们家就算三十五挑谷子，我们就分得这一块田，意思是我全部都是好田，中田和差田都没有。

我家没有分到牛、马和骡子，耕牛农具我都没有分到。我家没有分到农具，就只有分到两张桌子、几条板凳、一点铺盖。我当时没有满不满意这个概念，我是小孩子，不懂这些。我们以前的土地就给了我的长辈。土改前我们基本没有农具。当时全村各户分到的田地基本一样多，都是按照人口来分的。

当时全村各户分到的好肥田基本一样多，干田多少、水田多少都是有标准。不同的成分之间分到的田都是一样多的挑数，差别不大。我当时分到的是陈习之的田地。我们分到的房屋是以前地主租给佃户的。当时都没有公田、公山，也没有祠堂、祖屋。

（3）分配土地的过程

分配土地的时候，有组织集体去看田、插标、立界，有丈量和分地。我不知道有没有干部在分配财产的时候贪污或者是做出不公平的举动，我那时候很小，看不出来问题，一天只知道玩。当时在分配土地和财产的时候，大家好像没有争论，分田土的时候是我父亲去的，好像没有争议。

5. 土改复查

我村的土改在1952年的二三月份结束。土改结束后，进行了土改复查和查田定产。我不知道有没有清查漏网地主，也不知道有没有查出有错划成分的。当时向我们家发放了土地证的，就是管业证，1952年划分田土之后，就发了土地证。

（三）土改的结果和影响

1. 土改后的土地经营情况

土改后，我家的劳动力够用，我的两个哥哥在土改后都可以劳动了，我也可以劳动了，我的父亲会去帮人家医猪。

土改后，我家加入了互助小组，大家你帮我干一天活，我帮你干一天活。主要就是和附近周围的人，你相信我，我相信你，打谷子、挖红苕、种麦子、插秧子都是你帮我干一天，我帮你干一天。这是临时的，在农忙的时候大家相互帮忙。其中我们受了一年灾，其他基本没什么困难了。在遇到困难的时候上面（政府）有补助。

土改后，我家没有土地买卖的情况，买不起土地。

2. 土改后的家庭生活情况

（1）自家生活变化

土改后，我们家的生活的变化就是粮食够吃了，最明显的变化就是粮食够吃了，不少[1]粮食吃了，大家就高兴了，大家都拥护毛主席，我们要感谢毛主席一枪一炮为我们带来了幸福生活。土改过后感觉生活压力不大，一年还要杀一个过年猪。田土种得好，父亲还有手艺，我们的零用钱就是父亲的手艺所得，我们的粮食也够吃了，不会拿去卖。

和以前相比大家的生活差距还是挺大的，土改前，咱们粮食都不够吃，土改后，我们

---

〔1〕 不少：不缺。

一年还可以剩一两百斤粮食，这样大家的生活就幸福了呀。土改之后，发家致富的信心是比以前更足了，大家更加高兴了。

（2）收入变化

当时除了种地之外，其他就没有什么收入了，就只有我的父亲有一门手艺，我的父亲可以医猪和牛，就是给猪、牛看病，我父亲是兽医。他的报酬也很少，我父亲收得少，一头猪只收一块二毛钱，后来父亲把手艺传给了我，我收得更少，我只收一块，看牛的话，最多收两块钱。

3．土改后的社会交往情况

（1）农户关系

土改后，我在村里没有什么身份地位。对比土改前，我的身份地位那肯定是有变化的，土改后粮食够吃了，衣服裤子也穿得好些了，大家也更加团结了。

土改后，农民之间关系都还好。我们那个队是太平队，地主都已经破烂了，我们基本不和地主富农打交道。土改前后村里农户之间的关系没有明显变化，具体情况我也不知道，要我的父亲才知道。土改后，入社了就按照户口簿上的成分来打交道。我们一般不和地主富农打交道。

（2）村户关系

土改后，我家基本不和干部打交道，和干部没有更深的交道。与宗族（清明会）的关系一般，这个只有父亲才知道。土改后村庄风气与土改前相比的变化情况，这个我不知道，我父亲当时是当家人，他才知道，我都不清楚。与宗族长老的关系情况，这个我也不太清楚。土改后，村庄风气的变化，我也不太清楚。

4．土改后的观念变化情况

（1）土地观

土改后，大家都是一样多的土地，就是一样多的土地，我有这么多土地，其他人也有这么多土地，大家都没有埋怨的。土改时分到土地的感觉和土地承包时分到土地的感觉是一样的，土地都只有种植权，田土都是国家的，我们只有种植的权利。

（2）人际观

土改后，我觉得宗族关系再重要还是只能那样，我没有能力去经管这些。土改后，自己觉得自己是贫农，还是要自由些，自由好几倍，地主富农确实应该受管教一些。我觉得同一阶级的农民都是一家人，分阶级，（同一阶级）是一家人。

（3）社会观

土改后，我积极地参加兴修水利、修建道路之类的活动，修堰塘、修水路这些活动是会经常去参加的。之所以要积极参加兴修水利、修建道路之类的活动，一是因为人年轻；二是要听从党的安排，生产队的干部是基层干部，我们要听从干部的安排，我们那个时候是靠工分吃饭，所以要积极劳动。

土改过后，我对党和政府的看法是：过去的时候没得衣服穿，没得饭吃，现在我们是有饭吃，有衣服穿。这就要感谢党和毛主席，他们流血流汗为我们带来了幸福的生活，如果没有毛主席，我们怎么会有今天这样幸福的生活呀，我们就没有今天。

（4）土改观

那个时候我很小，对土改没什么印象，解放的时候我爸爸四十岁，我才十四岁。土地改革以后，大家分得了田土，就很高兴，很感谢党，感谢毛主席。

5. 土改对农业集体化的影响

（1）生产资料入社

1952 年土改，1953 年进入互助组，后面的农业集体化，加入初级社高级社，我是自愿将大型农具上交给集体的，大型（牲口和）农具就只有一头耕牛、犁头、耙子、拌桶。之所以自愿上交，是因为生产队要求入社，要求上交，抗拒不了。一样生产资料都没有留，耕牛农具全部上交了。如果不交农具就要交钱。

（2）对集体化的认识

我搞不清楚土地是各自耕种效率高还是集体耕种效率高，效率都高，各自耕种和集体耕种效率都高。但我不觉得集体化有助于农业生产的发展，集体化的过程中有很多农民会偷懒，刚开始还好，越到后面越不行。

HF20160101HQW@W　何其伍

一　受访者基本信息表

<table>
<tr><td>调研点</td><td colspan="5">四川省宜宾市永兴镇塘湾村</td><td colspan="2">调研员姓名</td><td colspan="2">何芳</td></tr>
<tr><td>调研员单位</td><td colspan="9">华中师范大学人文社会科学高等研究院</td></tr>
<tr><td>受访者编号</td><td colspan="5">HF20160101HQW@W</td><td colspan="2">受访者姓名</td><td colspan="2">何其伍</td></tr>
<tr><td>受访者性别</td><td>男</td><td colspan="2">首次采访时间</td><td colspan="2">20160101</td><td colspan="2">首访时受访者年龄</td><td colspan="2">81</td></tr>
<tr><td>受访者成分</td><td>贫农</td><td colspan="5">土改时是否土改干部或土改工作队队员</td><td>否</td><td>是否党员</td><td>否</td></tr>
<tr><td>干部经历</td><td>无</td><td colspan="5">曾担任的干部具体职务</td><td colspan="3">无</td></tr>
<tr><td>现家庭人口</td><td>1</td><td>现承包地面积（亩）</td><td colspan="2">0</td><td colspan="2">现承包林地面积（亩）</td><td>0</td><td>现承包水塘面积（亩）</td><td>0</td></tr>
<tr><td>受访者基本情况</td><td colspan="9">老人 1935 年出生，四川省宜宾市永兴镇人。老人有两个孩子，一个儿子，一个女儿。现在自己独居生活。老人看上去很精神，还经常与村里的许多朋友相聚闲谈。老人本人是农村户口。生活来源为每人每月 75 元养老补贴，80 岁以上的老人每年有 200 元高龄补助，儿女会为老人买衣服、买营养品。</td></tr>
</table>

续表

受访者职业简历或个人经历	老人之前读过点书，因为家里穷，没有继续上学。小时候帮有钱人看牛、割草。自己一直都是农民，没有当过干部。

二 分阶段整理

（一）土改的基础和背景

1. 土改前的家庭基本情况

（1）人口情况

我叫何其伍，我今年八十一岁。土改前，我家里有五口人，有我父母、姐姐、弟弟还有我自己。我们这里1949年解放，好像是1951年土改的。土改前父母四十多岁，姐姐二十多岁，弟弟只有四岁，我自己大概十五六岁。

土改前，我的父亲是挑盐巴做生意，从永兴到自贡，有一百五十里路。母亲就在家里帮人做点小工，两斤米一天，帮人摘麦子、种地。姐姐没有干什么，姐姐就在家里，帮着做点家务活。我什么都没干，我人很小。之前我读过点点书，因为家里穷，就没有继续上学了。我帮别人看牛，帮那些有钱人看牛、割草。我帮别人看牛就跟着老板吃，另外再给我拿点工资，工资大概就是一斤米一天。弟弟那个时候什么也干不了。

（2）劳动力情况

土改前，我家有三个人可以从事劳动，我父母、我姐姐，我那个时候只能是偶尔干干活，人也还小，不算劳动力。男性劳动力一个，就是我父亲。女性劳动力有两个，我母亲和我姐姐。

2．土改前的家庭经济情况

土改前，我是帮人看牛的，什么也干不了，学着干农活，那个时候人小，不太会干农活。土改前，我家就是租别人的土来种，是土佃户，一年给干租，一年的生活就是种什么吃什么，种红苕就吃红苕。我家的经济状况不好，没有什么收入。

没有什么经济收入，吃盐巴都吃不起。我父亲做盐巴生意，还要抚养我和我弟弟两个小孩子，那个时候基本都是受苦。其他都没有什么收入，就是我父亲挑盐巴到自贡去卖。

我父亲挑盐巴到自贡去卖一次赚不了多少，只能赚几角钱。快要解放的时候是三斤米换一斤盐巴，以物换物。快要解放的时候因为世道在变，怕钱变掉了[1]，所以就以物换物，穷人吃盐巴都困难。解放后，盐巴定了价，盐巴才便宜的。我父亲挑一挑米去自贡卖，卖了之后挑盐巴回永兴来卖。

土改前，我家有去帮别人家干活，帮别人干活的劳动强度不是很大，我父母出去帮人，我姐姐没有出去帮人。帮人的工钱是这样算的，女劳动力是两斤米一天，男劳动力是四斤米一天。我家没有养鸡养鸭，只有喂头本地猪。

我父亲当时做生意一天收入很少，我父亲去做生意的途中，自己还要生活，剩下的将就够我们家的生活。土改前我家的生活压力很大，一天都吃本地红苕，没得良种红苕的。我们那个时候租田来种，还要交租子，写佃约，租期是多长，一年交多少租子，都要写到佃约上。

当时主要的生活开销是买点米，煮点稀饭，就下红苕。那个时候生活很差，还是现在好。土改前，我家没有借债，因为我们家穷，附近的人怕借给我们后还不起。但是向我的姨爹借了谷子，大概借了几百斤，三四百斤，我姨爹有三百多挑田，土改时划成分是地主。当时的利息是借一斗还两斗，一斗是三十斤，借三十斤就要还六十斤。还了利息之后穷人还是穷人。比如借了三百斤谷子，还的时候还了六百斤。我家少粮食，所以要去借，一般在秋收之后就还了。

3．土改前的土地经营情况

我爷爷那时候是有田的，但是把小偷打死了，打人命案官司，后来就把土地卖了，去衙门告状，慢慢地就把土地卖光了，搬过来之后就没有土地了。

我们家搬过来之后，租种的是周少富的土地，租他的地租了两三年。之所以要租周少富的地，是因为如果不租他的地，我就没有地方住，租他的土地，我们就住他家的茅草房，是佃户。

---

[1] 钱变掉了：指通货膨胀，纸币贬值。

我家当时租种了大概两亩。地租不多，是交现金，一年交两块大洋。以当时的标准来看，一块大洋买一担谷子，一担谷子是三百斤谷子，两块大洋就是六百斤谷子。有佃约，佃约上写的两块大洋，就要交两块大洋给佃主。租金是老板说了算。没有因为租金标准问题和佃主发生过争执，说多少就给多少，按照手续来办事。租期一般一年一年地租，是有佃约的。租金给了之后，不租了不会退租金。

如果遇到灾荒减产，不会减少租金；如果遇到丰收年份，也不会补交租金，也就是说不管收成好不好，都是交佃约上写的那个租金，没有其他调整。当时都种了红苕、花生。我是土佃户，没有种田，我没有耕牛农具，所以没有租田来种。

一年能收四五千斤红苕、三四百斤花生。红苕和花生是一季，种花生的时候就要种红苕。一亩地能产两三千斤红苕、三四百斤花生。当时不能维持一家人的生活，母亲会出去帮人，两斤米一天，这米拿回家来就维持一家人的生活。男性劳动力就四斤米一天。

我家当时没有牛、马、骡子等牲畜，喂了一头本地猪。喂人都恼火，别说喂牲畜了。我家也不需要牲口帮忙种地，我自己挖地。如果需要的话，就去租，如果关系不好的话，别人都不会租给我们，我从来没去租过。我家当时有粪桶、撮箕、锄头。我家在生产中没有和其他人换工，土改前没有互助组。

我的祠堂在永和，祠堂田算是公田，每年清明节的时候，吃的就是祠堂田的粮食。我们没有租种祠堂田，租给其他人了，租种祠堂田的人每年交租子，每年就将祠堂田收到的租子来办会。如果租种祠堂田，租金是对口租，举个例子，比如三百斤谷子的话，佃主一百五十斤谷子，佃户一百五十斤谷子。这个租金是写佃约，办手续，就像现在要签合同是一个道理。我觉得这个租金不公平，对佃户不公平。

4. 土改前的社会交往情况

土改前，我家与佃主没有扯过皮，关系还是好，没有因为生产生活问题和佃主发生过争执。当时，如果遇到灾荒或者是家中有困难，能从佃主或者是家中富裕的农户那里得到一些救济，也就是去借，借了还。

土改前，我家与村里其他农民的关系好，没有吵过架，没有打过架。我家与家里比较富裕的农户关系一般，家里富裕的亲戚，就只有我的姨爹家。

土改前，村里普通农户与富裕农户的生活差距很大，富裕的是富裕的，穷的是穷的。毛主席来了之后，每家每户都有田土，都有吃的了。蒋介石当政的时候，只有抓壮丁，抓去打日本，那个时候，穷人说不上话，那个时候镇政府里面修起炮台，机枪安起，外面有值门的，值门的人很凶，对老百姓特别凶，如果有人进去找人的话，值门的人就吼到说，你找哪个，胆子小点的人，就退缩回来了，不敢再去了，像遇到狗一样。

土改前，我家与宗族关系一直都一般，与宗族长老关系一般。当时如果遇到灾荒或者家中有困难，也不能从宗族那里得到一些救济，那个时候都得不到什么救济。农村都困难，一般都没有什么救济的。

5. 土改前的土地观念

(1) 对土地的愿望

土改前，还是挺想拥有一块属于自己的土地的，但是得不到，幸好有毛主席，毛主席把天下打下来了，不然的话，永远都得不到土地，永远都会受穷受苦，分了我们几挑地，就有吃有穿了。因为有一块自己的土地就不会搬家了，不会这里搬到那里了。我之前搬过很多次家。

(2) 对土地的看法

地主或者大户拥有那么多土地那是他们的，那是他们用黄金白银买的。租种别人的土地的时候是觉得低人一等，就是低人一等。佃主有权利不租土地给你种。

(3) 对土改的反应

听说要土改了，说了好几年，就说毛主席要解放了，国家要变了，蒋介石坐不稳了。

土改前，我对土改没有疑问疑虑或者担忧，不知道谁会战胜，后来毛主席战胜了。毛主席如果不胜利，我们就没有今天，生活也不会像现在这么好。

(4) 对共产党的看法

还是希望国家好，希望国家发展，我们的生活才能好起来，我们穷人才能说得起话。土改前，我们穷人还是希望能分田地，分下来自己耕种，分地主的财产，分地主的铺盖罩子、坛坛罐罐，分胜利果实。

(二) 土改的过程和经历

1. 访贫问苦，扎根串连

(1) 工作队进村

1949 年解放，接着就土改，工作队是 1951 年来的。当时土改工作队有三四个人，有柳万白、吕坎，还有两个人我记不住名字了，他们是去县上训练过后才来的，土改工作队的人在这里守着土改的。柳万白是从别的地方来的，土改过后就走了，其他几个都是永兴的。还有农会主任，就相当于现在的村长。

(2) 土改宣传

我当时没有参加宣传土改政策的会议，我只有参加过儿童团。当时的会议情况热闹得很，晚上打起灯笼火把去开会，那个时候没有电筒，夜晚也要开会，小组也要开会，宣传国家的政策，宣传毛主席的政策，分田土的时候，大家很积极踊跃。我那个时候很小，在会上没有发言。

我当时能听明白他们讲的这些政策，他们就是讲要分田地，一个人五挑半，地主会交出田土。

(3) 扎根串连

土改的时候，工作队员没有到我家来访贫问苦，很少来。我也没有参加贫雇农的串连，我只是儿童团的，我不知道他们是怎么串连的。当时划了贫农、雇农、中农、小土地、富农、地主这些成分。我当时不是土改积极分子。

那些土改积极分子把地主弄起来打，吊起来打，让地主交出契约。这些搞土改很积极的人也是为了能够分得田地，不然是分不到地主的田地的。贫下中农就当家做主了，把地主富农弄来靠边站。

（4）成立农会

当时村里有成立贫农团、农协会，我的父亲参加了农协会，是农会代表。贫农协会当时是有能力的穷人就当领导，其他人就是贫农代表。我当时不是贫农协会的成员，我是儿童团的。穷人才能成为贫农协会的成员，分田地，站到贫下中农这边，地主富农是另外一边的。

当时贫农协会的组织构成有农协会主席、代表、主任。贫农团要开会，夜晚都要开会。贫农团的主要工作与任务就是要革命，工作就是要收缴地主的财产、物资，家里的铺盖罩子，收起来分配给贫苦农民，怎么分，分给谁，一般只有穷人才分得到。

2．划分阶级成分

（1）土改成分

土改的时候，我是贫农。我的成分和家里其他人的成分是一样的，无田无地。那时是有政策的，贫农、雇农、中农、小土地、富农、地主，划了这些阶级。雇农家里什么也没有，只有人，这就是雇农。有些人在解放前铺盖都没有。有铺盖罩子，有锅碗瓢盆的是贫农，雇农是什么也没有。中农一年基本有的吃，够吃。还有佃中农。富农比中农还富裕些。小土地有点田土。富农更富，富农的耕牛农具齐全，比小土地更富裕。地主不干活，不劳动，靠收租为生，有管家。我认同当时给我划的成分，当时有政策，都是按照政策来划的，不是乱说的。对于我的成分，我自己或者其他人没有不同意见。

（2）成分划分

当时村里划成分的标准就按照家庭经济情况来划，对照着土改政策来划。当时是工作队和贫农协会一起，工作队的掌握政策，农会主任和代表跟着一起去划成分。

地主有大小。超过五挑半的田，要么是富农，要么是小土地，要么是地主，阶级就要向上升。地主的财产也会收，家里的衣服铺盖、抽屉柜子、坛坛罐罐都要全部没收，就是胜利果实。

这些人之所以会被评为地主是因为有剥削。穷人没有吃的，就向地主借，地主就放高利贷，借三十斤谷子就还六十斤，穷人在青黄不接的时候就去借，这就导致穷人越穷，富人越富。对于那些被划为地主的姓何的人，有些人都被枪毙了，应该被枪毙。穷人就高兴了呀，穷人有田有土了就高兴了呀，就不愁吃穿二字了。我村没有死地主。

（3）划分结果

工作队和农户一起来划的，按照政策来划的，划了一次。不知道有没有张榜公示，没有调整，这都是按照政策来的。地主挺多的，现在村长的爷爷是地主，半山坡有一家，我们村就这两家。富农就跳蹬子有一家，我知道的就只有这一家。中农挺多的。贫农就更多了，大部分人都是贫农。

3. 挖苦根，斗地主

(1) 挖苦根

我知道我们村就批斗过一个地主，就是我的表嫂。还有说理大会，把地主弄来跪到起。当时有诉苦大会或者公审大会。诉苦大会就是诉苦。公审大会就是在永兴，民兵把枪背起，有执勤的，闹热得很。有算剥削账，把地主弄来斗争，就是算剥削账，那个时候呼口号。剥削账是算地主是怎么剥削穷人的。

(2) 斗地主

当时有辱骂殴打地主的情况，有背洋油筒子的人，筒子里装着火，背的人背上会烫出泡。辱骂地主就是谈地主的坏的地方。

我当时没有揭发过地主，我只是儿童团的，维持秩序。有同情地主的人，最后这些人都被赶出农会了，说这些人是坏分子。当时没有人背地里给地主说好话，或者同情地主不敢去说，同情地主的后果很糟糕。我们这里没有死地主，就是没有把已经死了的人划为地主的情况。

4. 没收和分配土地、财产

(1) 没收土地和财产

当时没收地主的土地和财产就是插旗子，有毛主席的政策，有分田土的管理证，这块田是谁的，就会插旗子。工作队和农会一起去没收地主的土地和财产，这些工作队的人是在县上学习过的，工作队和农会的人就能作主财产和土地的分法了。搞好之后，工作队的就走了。土地和财产没收回来之后，就分给我们这些穷人，比如一个人五挑半的土地。

工作队和农会代表一起开会，决定如何分财产和土地。分配地主财产，一是分田土，二是分财产，还要让地主把佃约交出来。地主是跪到农民面前交的，喊大爷，没有地主不配合。

(2) 分配土地和财产

把地主的财产全部收上来，全部分下去，家里越穷的分得越好，家里富裕些的就少分点。人均分得五挑半的土地。财产有多少就分多少。工作队和农会代表来掌握谁分什么，就一起分下去了。有召开分配大会，怎么分法，要宣布。给农会代表开了会之后，谁分得什么谁分得什么，分了就行。当时分给我家十八九挑田，大概有四亩多。好田有十一二挑，差田有几挑，中田没有。当时全村各户分到的地一样多，大家分到的好田差田都有。不同成分之间分到的土地有差异。

我家没有分到牛、马、骡子等牲畜，农具没有分到，就分到一个衣柜，还有草房子、一斗地、十八九挑田。分到了三间茅草屋，没分到水塘。我当时对分到的农具很满意。

当时的祠堂田也是分了的，还是照着地主的分法一样，大家平分，一个人五挑半的地。当时的祠堂租屋也是分了的。

(3) 分配土地的过程

分配土地的时候有组织集体去看田、插标、立界。通过开会，农户代表、主任开会，总共多少地方，多少人，看怎么分。开过会的，而且开过很多次会。当时有在分配土地和财产的时候贪污或者做出不公平的举动，我听说有少数干部给自己多分。

5. 土改复查

我村的土改大概是1951年结束的。土改结束后，有进行土地复查，后来有清查漏网地主，有查过有错划成分的，我们这里没有查出有错划成分的情况。当时有向我家发放土地证，土地证上还有毛主席的画像。

（三）土改的结果和影响

1. 土改后的土地经营情况

土改后，我家的劳动力够用，没有请人，只有换工。土改后，有加入类似互助小组之类的组织，主要是吴少云这些互助帮扶，你帮我，我帮你。搞互助组没有报酬，你帮我做，我帮你做。土改后，农忙的时候，如果需要一头牛去犁田就去租，或者与别人搭伙喂牛。土改后，我家没有土地买卖的情况。

2. 土改后的家庭生活情况

（1）自家生活变化

土改后生活基本上可以维持，有了田土就有吃的了。但是后来初级社转为高级社的时候就有点困难了。其中最明显的是，土改后就有饭吃了，土改前就只能吃红苕，红苕是主要粮食。土改后感觉生活没有好大压力，土改后都没有好大的困难，基本上过得去，只是1962年的时候很困难。

村里农户之间的差距不大，但差距还是有，有些人太懒了还是不行。土改后，发家致富的信心是比土改之前更足了，那是肯定的，自己种好了才有的吃，有的穿。

（2）收入变化

当时除了种地之外，其他没有收入，只是有时候搞搬运，去宜宾和自贡，报酬很低，到宜宾一次只有几块钱，十块钱都不到，到自贡有十块钱一次。

3. 土改后的社会交往情况

（1）农户关系

土改之后，自己在村中的身份地位一般，比土改之前好些。土改之后，我与村里其他农民的关系一般。土改后，我家与那些被划为地主富农的人要划清界限，地主是地主，我们是贫农就不要和他们打堆堆[1]。土改前后相比，村民之间关系都还好，和气。土改后，普通村民会根据一个人的成分来决定与其亲疏远近关系，比如远离地主富农，多和贫下中农打交道，要少和地主打交道，要划清界限。

[1] 打堆堆：这里是交往、来往的意思。

（2）村户关系

土改后我与村里干部的关系一般，与宗族关系一般。宗族之间的关系和土改前相比关系一般。和宗族长老关系，我们都是尊敬长老。土改前后，村庄风气变化挺大的，风气好，领导好了。

4. 土改后的观念变化情况

（1）土地观

土改后，我拥有了自己的土地，当时心情好，很满意。大家是有一样多的土地，都是这样分的啊。土改后分到土地的感觉和土地承包时分到土地的感觉是一样的，都是按人来分的，人少就少分，人多就多分。土改过后，有国民党“反攻大陆”之类的传言，但是我们不去听这些传言，国民党“反攻大陆”是不可能的。

（2）人际观

土改后，我觉得宗族关系一般，不是很重要。土改后，我觉得自己的地位比那些地主富农（原来的）地位差不多吧。我觉得现在穷人家的房子也比昔日地主家的房子要好。

（3）社会观

土改后，我积极参加兴修水利、修建道路之类的活动，我那个时候年轻，挺积极的。我觉得党和政府好。我是旧社会长大的，就觉得新社会好，如果有谁说新社会不好的话，那这个人就没有素质。我觉得国家好，领导班子好，现在的政策好。

（4）土改观

土改之后，国家分给我土地，我种好田土就有吃有穿了，这就很好了。土地改革改好了，分了土地给我，没让我出钱买，这很好；让我种田，有粮食，有吃有穿，这特别好。生活解决了，就什么都解决了。

5. 土改对农业集体化的影响

（1）生产资料入社

1953年开始搞互助组，你帮我，我帮你。后来进入初级社，就没搞互助组了。初级社后来转为高级社，后来又转为人民公社。初级社之后进入高级社。初级社的时候不是所有人都可以加入，但是高级社的时候，地主富农都可以加入。后面农业集体化，我是自愿将土地和大型农具上交集体的，耕牛、农具、犁头、耙子都上交了。之所以上交，是因为上面要求入社。入社之后就开始出懒汉，没得吃的，后来很惨。1958年之后红苕都没得吃。（入社时）什么都没有留，坛坛罐罐都入社了，弄到伙食团去大家一起吃，吃完后就没什么吃的了。

（2）对集体化的认识

我觉得土地是各自耕种效率高，大家一起耕种的话，容易出懒汉。人多出懒汉，个体化好些。

HF20160102YZM@W 尹泽民

一 受访者基本信息表

<table>
<tr><td>调研点</td><td colspan="5">四川省宜宾市永兴镇塘湾村</td><td colspan="2">调研员姓名</td><td colspan="2">何芳</td></tr>
<tr><td>调研员单位</td><td colspan="9">华中师范大学人文社会科学高等研究院</td></tr>
<tr><td>受访者编号</td><td colspan="5">HF20160102YZM@W</td><td colspan="2">受访者姓名</td><td colspan="2">尹泽民</td></tr>
<tr><td>受访者性别</td><td>男</td><td colspan="2">首次采访时间</td><td colspan="2">20160102</td><td colspan="2">首访时受访者年龄</td><td colspan="2">85</td></tr>
<tr><td>受访者成分</td><td>贫农</td><td colspan="5">土改时是否土改干部或土改工作队队员</td><td>否</td><td>是否党员</td><td>是</td></tr>
<tr><td>干部经历</td><td>有</td><td colspan="5">曾担任的干部具体职务</td><td colspan="3">联组组长、社主任等</td></tr>
<tr><td>现家庭人口</td><td>4</td><td>现承包地面积（亩）</td><td colspan="2">4</td><td colspan="2">现承包林地面积（亩）</td><td>0</td><td>现承包水塘面积（亩）</td><td>0</td></tr>
<tr><td>受访者基本情况</td><td colspan="9">老人1931年出生，四川省宜宾市永兴镇人。老人有两个孩子，一个儿子和一个女儿，老人还经常与村里的许多朋友相聚闲谈。老人是农村户口，老伴也为农村户口。生活来源是每人每月75元养老补贴。</td></tr>
<tr><td>受访者职业简历或个人经历</td><td colspan="9">1954年担任联组组长，主要工作是负责农业生产。
1956年担任初级社主任，分管农业生产，掌握村民政治思想。
1957年担任高级社主任，分管农业生产，掌握村民政治思想。
1958年人民公社时期，一个社就为一个队，当队长，分管农业生产，掌握村民政治思想。
1958年在张场修水库，任指挥连连长，指挥生产。
1959年—1967年，任塘湾村凤兴队队长。1964年在永庆公社办公室值班，主要负责上传下达。
1968年—1984年，担任红光大队主任。
1985年在永庆公社农工商联合公司当经理，当了三年。1987年之后回乡务农。
2007年至今担任塘湾村老年协会会长。</td></tr>
</table>

二 分阶段整理

（一）土改的基础和背景

1. 土改前的家庭基本情况

（1）人口情况

我叫尹泽民，今年八十五岁了。土改之前我家有五口人，土改的时候就只有四个人了。有我爸爸尹民章、我母亲杨德民，还有我哥哥尹华清，还有我自己，还有我姐姐尹泽香。土改前我父亲大概就是四十多岁，我是大概就是十八九岁，我哥哥比我大三四岁。

当时我父亲是搞农业生产的，务农的；母亲也是务农的；哥哥也是务农的，后来当兵去了，当兵之后就一直没回来过了，好像被抓壮丁抓去了，后来一直没消息，大概是死在外面了，死到哪里都不知道了，一直没得消息的；姐姐也是务农的，我姐姐在土改的时候结的婚。

（2）劳动力情况

妈妈当时没有劳动力了，生了病就是没得劳动力的。男性劳动力就是我和父亲，女性劳动力就是姐姐。当时我还小，劳动力就靠父亲和姐姐。

2. 土改前的家庭经济情况

土改前，我当时还比较小，当时穷得很，没读书。我家主要的收入来源是靠种田土为生，有时候帮人。我家在村里是算穷人。土改前，我家除了种地之外，没有其他收入来源，就是种田土，偶尔出去帮人。我家是土佃户。我和我父亲都外出帮人，工钱算法是打谷子两升米一天，插秧子一升米一天，临时工就半升米一天。

我家当时养一两只鸡鸭，一年喂一头猪。那猪是拿来卖的，那个时候杀不起过年猪。猪肉是半升米一斤。可以拿钱去换猪肉，拿大洋和铜圆去换。一头猪一般能卖两块大洋。鸡鸭生点蛋，拿来吃，也拿去卖点，过年的时候杀一只鸡来吃，其他都拿去卖。那个时候穷得很，除此之外没有其他收入。

土改之前，我家的生活困难得很，如果不出去帮人的话，生活都过不下去。当时我家的生活开销主要是帮人为生，种点土，这土是我们租来种的，还要给租子。平时我家的生活开销主要买米吃，出去帮人拿点米回来。当时我家会置办衣物，卖猪的钱会拿一部分来置办点衣服裤子。当时卖猪的钱就买点衣服裤子，赶人情都是拿大米，都是拿米，不是拿钱。

土改前，我家有向别人家借过粮食，借了要还的，和现在一样借了之后都是要还的。借粮食借得少，很少借，主要是借钱。偶尔没钱了，就去找人借三十或者五十块，过段时间再还回去。

3. 土改前的土地经营情况

我家当时没有田地，没有就是没有，那时穷人多得很，百分之六十都是穷人，田土都是佃主的，我们没田和土的人就只好向佃主租田土来种。没田土的一个重要原因就是祖先把田土卖了，没得遗产了，没有给后人留有遗产。当时租过罗正端和尹三和的土地。搬过三家，有两个老板，一个是罗正端，一个是尹三和。之所以要租种他们的地，是因为他们家有土地，但是没得劳动力，所以就让别人种，他们自己种不完。

当时向罗正端租了一百挑花生的地，一年交一百挑花生给罗正端，就是一百斤。以当时的标准来看，我觉得这地租也不太高。当时租了罗正端大概有一亩多地。租了尹三和还是一亩多地，要交一百斤花生的租子给尹三和。租的时候要写契约，当时叫佃约，佃约上就写明了要交多少。

我和佃主之间没有因为这个租金问题发生过争执，租金就是一百斤干花生，晒干了之后交给佃主，交了之后就了事。租期可以是十年八年，一般是写五年、八年、十年，就像现在订合同一样，不能退租。

如果遇到灾荒减产，不能减租，那个时候的老板不可能给你减租，不给你加租就不错了。如果是田佃户，遇到洪水冲了谷子的话，可以和老板商量减租，种土的佃户没有租可以减。如果是丰收年也不会补交租金，无论什么年，都是交一百斤花生。

当时我的土里种了花生、红苕、麦子，那时没有玉米，没有油菜。常年亩产四五百斤花生，红苕两三千斤，小麦一两百斤。交一百斤花生之后，如果收成好就剩得多些，如果收成不好，就剩得少些。剩余的这些粮食不够维持一家人的生活，我还要出去帮人，帮人换来的米拿去维持生活。我家当时只是租种了土，就没有谷子，没有谷子就没有米，就得去买米吃。

我家当时没有牛、马、骡子等牲畜，我们是土佃户，土里就用锄头挖，用粪桶挑粪，不用牛。我家当时都有锄头、粪桶、粪瓢这些农具。我家在生产中和其他人家换工的时候少，我们是种土，种田的人换工的时候多，我出去帮人的时候多。土改前，我没有加入类似于互助小组之类的组织。

土改前，我们这里有公田。比如当时三十挑谷子，那个租子就是交给国家。我家当时没有租种这些公田。租种的人一年要交六石谷子，六石租就是一千八百斤。这个租金是国家规定的。我觉得这租金以当时的标准来看也不算高。租种学务局的田，如果遇到大的灾害，还是会减少租金，小灾害不会减。

4. 土改前的社会交往情况

土改前，我家与佃主的关系一般，都是自家人，尹三和是我的长辈。没有因为生产生活问题和佃主发生过争执。当时如果遇到灾荒年份，不能从佃主或者家庭较富裕的农户那里得到一些救济，这些人也不太富裕，我们得不到救济，我们会去找那些家庭较富裕的农户借钱，没借过粮食，只是去借钱，借点钱来买粮食。

我们和村里人关系都算好，亲戚朋友间没有产生过大的矛盾。与家庭比较富裕的农户之间关系那就说不清楚了，只能说一般。土改前村里普通农户与富裕农户的生活差距大，挺大的，有钱人的生活就好，他们一天三顿都是饭，我们这些穷人一天就是麦粑，吃稀饭，我们穷人的生活就差。以前的地主生活比现在穷人的生活都差。地主就攒钱，攒钱来买土地，地主生活也不好，但是和穷人相比的话，就比穷人生活好太多了。有钱人过年的时候还可以杀一头过年猪，没钱的人过年的时候就只能称点肉过年。

土改前，我家与宗族成员的关系一般，与家族长老的关系也是一般。当时如果遇到灾荒年份或者是家中有困难，不能从家族那里得到一些救济，国民党时期哪里有什么救济，遇到困难了，就只有找亲戚朋友、找有钱人借。国家那个时候是没有救济的。那个时候税赋还很重。

如果自己有困难，不能从家族、宗族那里得到一些救济，遇到困难的话，就只有找亲戚、朋友，找那些家里有钱有粮食的人借，他们还是会借给我们。我这个人忠诚老实，借了会还，比如说今年借了，明年还，那就是明年会还，说了什么时候还，就什么时候还，不会赖账。国民党时期，税赋高得很，国民党是不会救济穷人的，不像现在政策这么好。

5. 土改前的土地观念

(1) 对土地的愿望

我还是想有一块属于自己的土地，想怎么得行？还是不得行，自己得不到。

(2) 对土地的看法

对于那些地主或者大户有那么多土地，他有就有，那是他的，还不是只能看着他有，没有人能侵犯他的土地。租种别人的土地时，觉得低人一等，心里是不太安逸，不舒服呀。过去穷日子真是恼火。

(3) 对土改的反应

听说要土改了，我当时想的就是拥护共产党，拥护毛主席。当时听说要土改了，心里高兴得很，穷人终于要翻身了。土改之前，对于土改，我没有担忧，担忧也只能是空担忧，没办法。没有疑惑，听说共产党来了，心里高兴得很，巴不得早点解放，早点分田土。

(4) 对共产党的看法

我当时恨国民党，国民党要拉壮丁，三弟两兄的就会被拉去当兵，我家当时有两弟兄，我哥哥就被拉去当兵去了。当兵，拉去上战场，当时当兵的人苦得很。

（二）土改的过程和经历

1. 访贫问苦，扎根串连

（1）工作队进村

我是1949年看到土改工作队来到我村的。当时两个保为一个农会，农会上有十几个工作队的人。工作队的人是从哪里来的我记不清楚了，只知道是共产党派来的。工作队的人到农会上来组织农会分会，组织小分会。分组搞土改，工作队的人来开会，斗争地主，斗争富农。

（2）土改宣传

我当时没有参加过宣传土改政策的会议，因为土改的时候我刚好生病了，在家里，门都不能出，没有去参加土改的会议，生了六七个月的病。会议上热闹得很，我们这些地方地主富农少，一般的贫农多。当时一天到晚都开会，当时热闹得很。我没有在宣传土改政策的会议上发过言，我当时生病，没有去开会，我只是知道。我知道土改政策都有打倒地主富农，收家产，分田土。我当时只知道分田土。

（3）扎根串连

土改工作队员有到我家来访贫问苦，我拥护他，工作队员是来安抚贫苦农民的，他让我们好好干，起来斗争地主富农，要分田土，毛主席、共产党来了，穷人要翻身了，我只知道这些。土改的时候，我正在生病。我当时就和土改工作队员说拥护共产党，拥护毛主呀。我没有参加贫雇农的串联，我当时生病，不知道他们当时是怎么串连的。

我当时不是土改积极分子，我当时生病，身体不好，一直都在家。那些搞土改很积极的人，这些人拥护党。分田土的时候都是我父亲参加的，我都没有参加。

（4）成立农会

当时村里有成立贫农协会，就是农协会、农会，两个保一个农会。这个农会是由贫下中农参加，贫下中农来组织，穷人来当农会主席、副主席、文书、秘书。我当时不是贫农协会的成员，我生病在家动都动不了。成为贫农协会的成员需要具备的条件是有能力，有学问，做事情公道。农协会的成员是大家选出来的，工作队的组织大家开会，选出主席、副主席、秘书、文书、会计。

当时农协会的组织构成有主席、副主席、秘书、文书、会计，还有就是积极分子。土改积极分子都是穷人，（他们）无田无土，有能力有文化，敢于斗争地主富农。农协会的主要工作和任务就是分地主的田土，斗争地主，打倒地主。

2. 划分阶级成分

（1）土改成分

土改的时候，我是贫农。我的成分和家里其他人的成分是一样的，如果你家是贫农，那么你们一家人都是贫农。中农的话，一家都是中农；富农的话，一家都是富农；地主的话，一家都是地主。当时贫农多。

当时我家的成分是按政策定的，工作队的来划的成分，按照政策。贫农、中农、富农、地主，这些成分都是按照土地来划分的。无耕牛农具，租田土种的人就划为贫农；有耕牛农具，有点田土，田土少，田土不多的人就划为中农；人均超过十二挑半，自己不劳动，就是地主。如果有自耕，人均超过十二挑半的也可以划为富农；如果人均土地十挑以下，自己没有耕种，都可以算作富农。

我当时认同给我划的成分，给我划成贫农，我很满意。当时是越穷越光荣，贫下中农翻身了，翻身作主了。对于我的成分，我自己或者其他人没有不同意见，都是通过大家评的，通过政策评的，工作队来开会划的。

（2）成分划分

我家无田无土，无耕牛农具，就是贫农。当时是工作队来划成分，工作队的有政策，按照政策来划。贫农协会参加划成分，贫农协会和工作队一起来组织划成分，被划为贫农的人呢会当贫农协会的主席。

人均超过十二挑半，自己不劳动，就是地主。比如家里有七个人，人均土地超过十二挑半的，自己不劳动，把土地租给别人耕种的，就是地主。如果土地在十挑以下，自己耕种一部分，租一部分出去的话，就是富农。划为地主之后，地主的财产都会被没收掉。不管地主存了多少钱都会被拿出来分掉。之所以这些人会被评为地主，是因为他们长期剥削人，请人帮他，剥削别人的劳动力。至于那些被划为地主的本姓人，这都是按照政策来划的，没什么好说的。他剥削了人，该被划为地主。我村没有把已经死了的祖宗划为地主的情况，就是死地主的情况没有。

（3）划分结果

当时村里划成分的基本情况已经记不清楚了。地主富农少，贫下中农多。我们村地主少，穷人多，地主大概有三四十家，一个分会当现在两个村，人挺多的。富农只有十多家。当时一个农会相当于现在两个村，当时一个农会有两个保，保就相当于现在的村。那一个农会大概有两三百家人。中农多，大概有七八十家；贫下中农占多数，占到了百分之六十；雇农少，大概有二三十家。

3．挖苦根，斗地主

（1）挖苦根

当时村里有斗地主。批斗地主批斗过多少次记不清楚了，我当时生病。每个地主都被批斗了，不斗的话，怎么能分到地主的土地和财产，有召开过诉苦大会，会多得很。

当时诉苦大会的过程我不知道，我一直没出过门，批斗是肯定批斗了，不批斗的话，地主富农是不会把财产交出来的。我记不得批斗了多少次地主，反正随时都在被批斗，大会在斗，小会也在斗，分会也在斗，小组也在斗，具体批斗了多少人，我就不知道了。

召开了公审大会，公审大会上该判刑的就判刑，有些顽固地主，整死了他家的长工和佃户的，该公审的就要公审。当时有算剥削账，斗地主的话就要算剥削账，不然怎么斗地主呢。剥削账就是贫苦农民就去诉苦：你是地主，你哪一次欺负了我，对我说了重话，哪一次我跟你借谷子，你收了我的高利息，放了高利贷，就诉苦。

（2）斗地主

当时有辱骂地主的情况，把地主弄起来斗，斗争地主的思想。有殴打地主的情况，但是很少，出手打地主的情况少。我当时没有去揭发过地主的罪行。当时没人敢公开给地主说好话或者同情地主，那个时候谁敢呀，没人敢公开给地主说好话，去给地主公开说好话会惹祸上身的。至于当时有没有人背地里或者暗中给地主说好话，那就不知道了，他背地里或者暗中说好话，我们怎么知道。

4. 没收和分配土地、财产

（1）没收土地和财产

地主被批斗之后，有些就愿意将土地和财产拿出来分了。是贫农协会的人去没收地主的财产和土地，没收之后工作队和农协会组织来分。土地的话，一个人就分五挑半。工作队和农协会一起组织，一起来组织分田地和财产，工作队的人掌握政策。我没有参与到没收地主财产的工作中，我生病，当时都不能出门，病得很严重。当时没收地主财产，没有地主不配合，地主不敢不配合。例如张三他们一家是地主，把他家的金银财宝收起来，铺盖衣服收起来，由农会组织来分，分给贫雇农，中农分不到。

（2）分配土地和财产

当时分配土地和财产的标准就是田，就是一个人五挑半的谷子，这就是标准。当时分土地和财产的程序按照标准来分，按照人口来摊。召开了分配大会的，分配大会的具体场景这个我不知道。

当时分给我家二十多挑谷子，大概有五亩田。好田占多数，大概有三四亩，中田很少，差田有一两亩。当时全村各户分到的土地是一样多的，整个宜宾县都是一样的分法，人均都是五挑谷子左右。大家分到的好田不是一样的，看情况，看离家远近的情况。不同成分的农户分到的田地是不一样，有差异，有些人分得好，有些人分得差。我们几家人一起分到了一头牛。我家当时分到了一个犁头、两张床、一张铺盖、一张床单。我对当时分到的土地和财产满意。我当时分到的土地和财产是龚家的。我还分到了房屋，四间瓦房子。没有分到水塘。当时的公田、公山也是分了的，都是统一标准，人均五挑谷子左右。公家的房子、祠堂祖屋没有分。

（3）分配土地的过程

分配土地的时候有组织集体去看田、插标、立界，你分哪里，我分哪里，边界在哪里，都组织人去看了。这项工作是由工作队和农会负责牵头展开。我不知道有没有干部在分配财产的时候贪污或者是自私、做出不公平的举动。当时分配土地和财产的时候大家没有争执，都很高兴，田土的好坏都是兼顾着分的。

5. 土改复查

1950年土改的，1950年就结束了[1]。土改结束后，复查了一次，主要看下面大家有没有争斗，工作队来复查。后来没有查出有错划成分的。当时向我家发放了土地证。

（三）土改的结果和影响

1. 土改后的土地经营情况

土改之后我家的劳动力够用，我和我爸爸两个都能干农活。土改后，我家加入了互助小组，土改后两三年就有互助小组了，主要是和邻居、周围的人互助合作。这是临时的，不是长期的，比如插秧、打谷子，农忙的时候才会换工，你帮我干一天农活，我帮你干一天农活。换工没有报酬。土改后，农忙的时候解决牲口问题就几个人协商，谁先犁田，谁后犁田，排起班。土改后，我家没有土地买卖的情况。

2. 土改后的家庭生活情况

（1）自家生活变化

土改后我家的生活大大地改善了，变化大得很。政治上权利有了，生活上大大地改善了，以前吃麦子根根，吃红苕，现在一年能收到两千多斤谷子，交三百斤，都还有两千多斤，就有的吃了，生活肯定大大地改善，天天都有饭吃了，土里能产三四百斤花生，有一百多斤油，油荤也有了，喂起猪过年，年年都杀过年猪了。土改之后，生活好了，生活上已经没什么困难了，没有什么大的困难了，只是经济上差一点。土改后，村里农户间的生活差距小了，每户都有田土了。土改后发家致富的信心是比以前更足了。

（2）收入变化

当时除了种地之外，我家没有其他收入来源，就是种地，高兴得很，一年喂两头猪，卖一头，杀一头来吃，生活大改善了。

3. 土改后的社会交往情况

（1）农户关系

1954年有联组，我是联组组长，1956年，我是社主任，一直到1984年，我在大队当干部干了十五年多，在公社值班，安电话，在大队干了十多年。我这身份地位挺好的呀，比起土改前，身份变化很大。

土改后，我家与村里其他农民的关系好，大家都是穷人，没有谁欺负谁。那个时候要划清界限，不敢和地主富农打交道哦。土改前后，村民之间的关系有明显变化。普通村民会根据一个人所划的成分来决定与其亲疏远近的关系，比如远离地主富农，多和贫下中农打交道，打交道可以，但是不要在政治上有交集，不然会很惨。

---

[1] 结合四川其他地方土改的情况来看，此处大概是老人表述有误，应该是1951年结束土改。

（2）村户关系

土改后，我家与村里干部的关系一般，与家族关系一直都较好。家族之间的关系和土改前有变化，以前的生活是各过各的，土改后大家关系更加团结了。土改后，与家族长老的关系一般。村庄风气与土改前相比有变化，风气变好了，旧社会的风气不太好。

4．土改后的观念变化情况

（1）土地观

土改后，我拥有了自己的土地，当时心情高兴得很。土改后，大家每户都有一样多的土地，大家一样多就一样多呀。土改后分到土地的感觉和土地承包时分到土地的感觉是一样的，共产党的政策我都拥护，不会反对。土改后，有国民党“反攻大陆”之类的传言，我恨这些传言，不信这些传言。

（2）人际观

土改后，我觉得家族内的关系还是重要。土改后，我觉得自己比那些划为地主富农的人地位高一些，那肯定是的。土改后，贫下中农都当家作主了，那肯定地位高一些了。我觉得同一阶级的农民都是一家人，贫下中农都是一家人。

（3）社会观

土改之后，我积极参加兴修水利、修建道路之类的活动，我还去张场当了七个月的指挥连连长，我在那里住了七个月。积极参加兴修水利、修建道路之类的活动，是为自己造福，响应党和国家的政策号召。我在张场是当指挥连连长，有一百多个人来修建这个水库，还有伙食团、指挥部。我主要的工作任务就是要把水库修好。我的日常工作就是去指挥，提高效率的同时要保证质量。土改后我对党和政府的认识和看法就是拥护共产党。对比土改前，我对党和政府的新的认识和看法是拥护共产党、拥护毛主席。解放前恨国民党，那个时候穷人翻不了身，靠租田土种、帮人来维持生活。

（4）土改观

关于土改，我没有担心和疑问。共产党来了是为人民打算，我没有担忧。土改留给我的最深刻的印象是拥护共产党，共产党来了，让穷人翻了身，政治上、经济上都翻了身，坚决拥护共产党。我对土地改革运动本身没有其他看法，就是一个看法：好。

5．土改对农业集体化的影响

（1）生产资料入社

土改后三年就开始搞互助组。互助组搞了一年，后来就开始搞联组，1956 年进入初级社，1957 年进入高级社。后面的农业集体化，我是自愿将土地和大型生产工具上交给集体的，耕牛农具都要入社。农具要给钱，土地入社就是统一耕种，统一分配粮食。农具都上交了，都入社了，自己的锅碗瓢盆没有上交。

（2）对集体化的认识

我觉得土地是自己耕种效率高些，我不觉得集体化有助于农业生产的发展。

BJ20160712WTY@S　王田友

一　受访者基本信息表

<table>
<tr><td>调研点</td><td colspan="5">四川省宜宾市喜捷镇新龙村</td><td colspan="2">调研员姓名</td><td colspan="2">柏静</td></tr>
<tr><td>调研员单位</td><td colspan="9">华中师范大学中国农村研究院</td></tr>
<tr><td>受访者编号</td><td colspan="5">BJ20160712WTY@S</td><td colspan="2">受访者姓名</td><td colspan="2">王田友</td></tr>
<tr><td>受访者性别</td><td>男</td><td colspan="2">首次采访时间</td><td colspan="2">20160712</td><td colspan="2">首访时受访者年龄</td><td colspan="2">86</td></tr>
<tr><td>受访者成分</td><td>贫农</td><td colspan="5">土改时是否土改干部或土改工作队队员</td><td>否</td><td>是否党员</td><td>是</td></tr>
<tr><td>干部经历</td><td>有</td><td colspan="5">曾担任的干部具体职务</td><td colspan="3">生产队队长</td></tr>
<tr><td>现家庭人口</td><td>3</td><td>现承包地
面积（亩）</td><td colspan="2">0</td><td colspan="2">现承包林地
面积（亩）</td><td>0</td><td>现承包水塘
面积（亩）</td><td>0</td></tr>
<tr><td>受访者
基本情况</td><td colspan="9">老人1930年出生，祖籍四川省宜宾市宜宾县，在土改之前父亲去世，家里面一共还有三个兄弟，三个姊妹。现在老人和一个女儿一起居住，其他的儿女都在外面务工，对老人还算孝顺，会定期打电话问候老人。
老人近年来身体状况不太好，经常看病吃药，但还是会时不时去村里面转转，找以前的熟人聊天。老人现在的生活来源主要是八十岁以上老人的生活补贴和子女们给的生活费。老人心态乐观，对生病毫不畏惧，笑对病痛。</td></tr>
<tr><td>受访者
职业简历
或个人经历</td><td colspan="9">老人父亲在五十六岁时便去世，家中在土改前后一直都是哥哥为主要劳动力，1951年土改开始之后，老人一家被划为贫农，也一直在务农；1955年高级社成立开始，老人担任生产队队长，一直担任到1982年左右土地承包，之后便一直在家中务农，直到十多年之前由于身体原因彻底放弃干农活。</td></tr>
<tr><td>受访者
所在社区
基本情况</td><td colspan="9">宜宾市宜宾县喜捷镇新龙村位于宜宾县西部，距宜宾市市区20公里，宜宾县县城11公里，镇政府1公里，位于岷江片307省道旁，交通条件十分优越。全村面积4.8平方公里，下辖十三个村民小组，总户数578户，其中全村共有农业户数525户，1917口人，其中男性1264人，女性653人，耕地面积1812亩。村现有党员40名，两委干部3名，党员干部1名。
新龙村多以山地、丘陵为主，海拔为240～550米，地质较稳定，属于四川盆地亚热带温润季风气候，年平均气温15摄氏度～16摄氏度，气候温和，空气潮润，冬无严寒，夏无酷暑，年降雨量为1200毫米～1300毫米。
新龙村种植业优势明显，土地肥沃，适宜种植茵红李、核桃等特色水果，近年来村里面着力打造茵红李品牌，这也成为新龙村农民增收的主打品牌。2015年，全村茵红李产量达2400吨，产值1450万元。
新龙村党支部、村委会在党的富民政策的指引下，积极调整产业结构，大力发展种植业。为改善农业生产条件，新打深井1眼，并积极实施半固定式喷灌工程，确保农村经济进一步发展，村民收入逐年提高。</td></tr>
</table>

二 分阶段整理

（一）土改的基础和背景

1. 土改前的家庭基本情况

（1）人口情况

我叫王田友，我是1930年出生的。在土改之前我家里面一共有十个人，我父亲在土改之前就已经去世了，那个时候我就是十八九岁，还没有成家。家里面我还有三个兄弟、两个姐姐、一个妹妹，另外还有就是我母亲，我一个爷爷和一个伯爷[1]，一共就是这么十个人。

我家在土改之前主要就是在做庄稼，我父亲还在的时候我们几个兄弟虽然还小，都还是背着背篼，拿着镰刀，一路跟着跑，其实也不懂做些什么，就跟着父亲跑。后来父亲去世了，主要就是我哥哥他们在种庄稼了。

（2）劳动力情况

土改之前我家里面在做土地的就只有我哥哥，其他的都是帮点忙，我母亲还是能稍微做点农活，而且那时候我姐姐妹妹都还在家里面。

---

〔1〕 伯爷：就是爷爷的兄长。

（3）负担情况

我家在土改之前有两个老人，我爷爷和一个伯爷，他们年纪比较大，干不了农活，我和妹妹又比较小，只能在一边帮哥哥的忙。

2．土改前的家庭经济情况

（1）经济情况

我一直都是在家里面做庄稼，土改之前因为人还小，所以大部分是我哥哥在干，我就给我哥哥打下手，比如到了打谷子的时候，我哥在田里收，我就帮着把谷子往家里面挑，那时候我们住的离田还不远，我挑回去一趟，刚好赶得及再回来挑下一筐。

（2）生活来源

我家在土改之前就只有种地的收入，没有其他什么收入。没有出去帮别人干活，家里面有时会养几只鸭子，但是都不多，因为那时候人自己都没什么吃的，所以养得少。

（3）生活压力

我们家土改之前生活压力很大，一个家有十个人，但是能干活的就那么一两个，而且那时候不像现在，那会儿要是自己不能干活，就是弄不到吃的，所以我们家的生活压力很大。我家的主要开销就是一家人的吃穿上面，还有就是自己的一点土地要上粮，这些就是主要花钱的地方。土改之前我们有时还是要去给别人借粮食，我们那会儿干什么一般都是用粮食，赶人情也是用谷子、苞谷那些粮食，很少有人会用钱。

3．土改前的土地经营情况

（1）自有土地

我家在土改之前没有多少土地，我们四兄弟加起来一共有七八挑谷子的土地，都不多，还是四个人分，谷子本来就少，我们那时候还要交点上去，就是我们喊的上皇粮，都是上的粮食。那时候我们都是吃得很差的，就随便吃点什么，不像现在到处都有吃的。

（2）租佃情况

我家在解放之前就一直在租别人的土地来种，当时我们要写人家的土地来种，还是要请保长的，要有保长来给我们证明，然后才能写到土地来种，要不然别人不会写给我们。保长就像中人一样，他要给我们介绍，但是同时就是人家给介绍了，我们就一定要把土地做好。我们一家人全靠租人家的土地来做，写了之后就给人家租子，谷子收上来晒干，晒干之后主人家就会喊管事来称，把租子收走。那个时候用的工具就是升斗，现在都没用了，管事那个升斗称一下就是一斗，现在你们都不这么说了。

我们那时候交租子还是要交几十石，我觉得算挺多的了。遇到收成不好的时候，就找管事，管事就相当于是老板的管家，就让管事去给我们说说，就说今年确实是收成不好，就让我们一石或者两石租子，反正就是说少收两石，这种情况一般都是很少的。

（3）牲畜和农具

我家当时的四大农具都有，就是犁头、坝子、擂子和风簸。牛也是有的。

(4) 生产合作

换工是有的，我们都换过工，到了栽秧子或者是收谷子的时候，田里头的人不够用，就喊周围的人来帮个忙，要不然只是靠自己整是整不完的。换工就是你来帮着我整，我又来帮着你整，比方说，我今天跟你说，明天过来帮着打谷子，那明天你一早就要过来，可以来我这边吃早饭，然后就开始干活，中午饭也是在我家里面吃，等晚上整好了你就回去；我的整好了，那我就又来你家帮着你整。这就叫做换工。

当时村里面没有族田、公田。

4. 土改前的社会交往情况

(1) 租佃关系

佃主还是要看人的，有些佃主就不讨人嫌，还是和和气气地对人，有些佃主就讨人嫌。就像你刚才问的，有些老板就是一点都不会跟你少，有些老板心好，看你收成不好就会跟你少收一点，这都是不一样的。我们和佃主那个时候没什么好不好的，就是我们该做的就做，人家要是要取[1]我们那就取，没什么关系好不好。要是自己干得不好佃主肯定就要取你的，干得好他给你少点（租子）都是有可能的，像老板水新华那些，他就对人还是多好的。

反正说起来，在当时那种封建的社会，有些人有土地就是很了不起，看不起我们这些没土地的。有些佃主就是老人，就靠吃佃户这点租子，他们就没什么，就是收租子吃饭而已。当时的管事也是一样，那些佃主就住在村里面的，管事就是管着收租子，管着佃户，还是要那些佃主住在街上面的才是真的，管事那时候就是“管得了火的”[2]，租子多点少点都是管事在负责给老板说，所以说那种管事才是“管得了火的”。

(2) 农户关系

我们家和其他农户的关系还是挺好的，说到贫富差距，肯定还是有点差距的，人家地主肯定就要比我们这些一般的人过得好。

(3) 宗族关系

我们那会的清明会就是同一个姓的组成的，清明前后就聚会。宗族关系就和清明会差不多，都是一个姓的人为一个族，每家人都会有族谱，上面就记录了自己这个姓的人。

5. 土改前的土地观念

我是想购买更多的土地，但是土地在那时候是很贵的，我是买不起的。我对有很多土地的人的看法就是，土地都是人家从上面传下来的，一代代传下来的，我们不能说什么。

听到要土改了，反应肯定就是欢喜，要给我们分田地了。开始的时候不太相信，但是后来看着真的开始干起来了，我就肯定相信了。

我以前没有听说过共产党，后来要土改了才听说了共产党。我们农民都觉得共产党

[1] 取：就是不再租地给别人的意思。

[2] 指说话能算数的。

好，分土地了，粮食打来有吃的了，就肯定记得共产党的好了。等粮食有吃的了，就要开始进入集体化了，那就还要安逸点了。从高级社到人民公社，屋头那个时候是锅都不用烧，全部在一起劳动，干完活路就一起去伙食团吃饭。

（二）土改的过程和经历

1. 访贫问苦，扎根串连

（1）工作队进村

我记得是清匪反霸之后就有工作队下来了，应该是1951年的时候下来的，大概一共来了三四个人，其中有个小姑娘，一看就很小，高高瘦瘦的，其实他们很多都还是学生，就跑下来村里面整这个。

（2）土改宣传

我们是开过宣传会的，这个是肯定要开的，要不人家都不晓得你到底要干啥子。我那时候又不懂，就在旁边耍，看大人开会。我们都要去的，这个不是我想不想去的问题。开会就是说现在我们要干啥子，有人在上面给我们讲，就说以前的社会要不得，农民受欺负了那些，现在共产党来了，要开始给我们分地方了。我没有发言，我又没有文化，又没有什么能力，所以我就是在下面听，听党的政策。

（3）扎根串连

访贫问苦没有到我屋头来，这个都是人家了解好了的，哪些人的屋头恼火点，哪些人日子过得苦，人家工作队和村里面的干部一起，就问问你家里面平时苦不苦，情况是怎么样的。我记得就是当时我们背后边住的一家人都有人去过，你肯定不晓得，他们家里面是很恼火，没得土地，就是完全是写人家的土地来做，啥子都没得，经常都在搬家，比如说今年帮这个主人家，你就住在主人家旁边，明年人家不写给你了，你就只有另外再去找人写地方来做，你就又要搬家。那时候还是有的人是真的苦得很的。

（4）成立农会

我们这成立了农会，工作队来了之后就要经常开会，开会就要有人组织，就找我们这种穷人来负责，当时开会是先给干部们开，干部就又来给我们开会，那会儿开会凶得很哦，天天都在开，晚上开得更多。农会就是负责布置工作，和工作队一起。

我们那时候有贫雇农串连，就是些贫困农民联合起来，你是个雇农，我是个贫农，现在要分地方了，我们就联合起来，团结起来，那时候就叫做贫雇农串连。我没有加入贫雇农串连，那时候我还不大，没去管这些，都是大人在整在管。我家里面就是我哥哥，他做活路都忙得很，没时间去整这些的。土改积极分子就是说那些人很积极，以前都没有地方，到处去写人家的来种，种了还不都是自己的，眼看着说要分地了，人们就肯定积极。

2. 划分阶级成分

（1）土改成分

我的阶级（成分）是贫农，我们一家人都是一样的，因为我们没什么土地，平时都是自己在做，肯定就是属于贫农。我当然认同这个阶级，人家都是有本本的，上面都写得很清楚，哪种阶级是哪种情况，又不是随便乱划的，所以都还是有理有据的。

（2）成分划分

划阶级的时候是肯定要开会的，这个不开会怎么整？大家全部都喊到一个地方来坐着，说情况，我家里面是怎么个情况，有好多地，是不是自己在做，家里面的人有好多，哪些在做土地。然后就开始要讨论，这个情况应该是个什么阶级，看我同不同意。都没什么能隐瞒的，大家平时都在村里面，都比较清楚情况，如果确实不同意，那就再讨论，你就说你自己的情况，大家再来讨论。不过这个一般都没得错的。

划分的标准就是有个本本儿，上面就有什么情况该是什么阶级，打个比方说，你家里面没有自己的土地，就是写人家的土地来做，自己又没有房子，那你肯定就是一个雇农，因为你就是靠写人家的土地，给人家交租子来生活，这种人你辛辛苦苦干一年，最后剩下的还没有给主人家的多，这是最贫穷的了，这就应该是雇农。如果你写人家的土来做，但是你自己又有一点土地，那你就应该是个贫农，因为至少你自己还有一点儿，房子也有住的。要是你自己的土地多点，那你就是个中农，中农你就是自己的土地够你自己吃的。富农就是富的，土地就很多，就说的是富农。地主就是自己不做的，富农土地多但是他是自己在做的，地主是根本就不做，就在屋头收租子，好多地主还没有住在屋头，都搬到街上去住了，这边就搞一个管事来管，收租、写地方这些，都是喊一个管事来整。这个关键就是看你自己做没做活路。当时还是分得细，雇农、贫农、中农、富农，还要分为上中农、下中农、自耕中农那些，都是根据情况来划分的。

（3）划分结果

我没怎么看待被划为地主的人，他自己有土地自己又不做，收人家的租子，他就是地主。当时我们划出来的地主不多，就几户，那个时候大家都没得，你以为哪个还有好富的？有是有，但是都很少，那些住在街上面的就是真的有钱的，很多在村里面的就是有点土地，收点租子来吃饭，其实要说有钱也没有多有钱。

我们划阶级是一次就整好了的。划阶级不恼火，因为你家里面的情况村里面的人都是晓得的，这个你是跑不落的。

3. 挖苦根，斗地主

（1）挖苦根

我们那时候开的会可不少，阶级定下来了，就开始要开会诉苦了，那时候就叫做诉苦大会，就是一群穷人伙，受了苦的，一起就去批斗地主，过去受过什么苦，租了谁家好久的土地，给了好多的租子，都要拿出来说。但是我没有去说，我那会儿什么都没做，啥子都不晓得，就是跟着大人在跑，跟着我哥跑，就只是听着他们有的人在上面说，我就在下面听着。

（2）斗地主

我没有参加斗地主，辱骂、殴打地主的情况我们这有还是有，但是少，还是有些人气不过，想着抱恨啊，就骂他两句。我们村斗地主没多少次，一个是地主少，不像有的村，十几二十个地主，有些还是大地主、特大地主那种，这种就开会要久一点，我们这边地主不多，还有就是地主也不是每个人都欺负人的，有些地主是只要你按时给他交租，他就不得找你的麻烦，你干你自己的，有些地主才是讨嫌的，那种就要遭批斗，一般的地主没得哪个去说的。

公开给地主说好话还是没有人，最多就是你没惹我，我就不说话，不骂你就是了。

4．没收和分配土地、财产

（1）没收土地和财产

我没有参加到没收地主财产工作中。当时没收地主的土地就是把地主的土地拿出来，统一放在一处，就相当于是把全部的土地弄来重新划分，每个人一样多。没收财产只是有些房子特别大的，就给收上来，另外给他安排住处，大房子就可以拿给人家那些人多的住，雇农就没有房子，那时候雇农就都分到了房子的，像我们自己有房子，就没有给我们。地主财产那些都没有啥子，最多就是点家具，农具都没有什么，因为地主他又不干活，就是家具比较多，衣柜、盆子那些锅碗瓢盆的。

（2）分配土地和财产

给我们分配土地就是每个人都一样，家里面有多少人，就给我们分多少份。当时一个人就是六挑谷子，地主的财产我们家就分到了一个盆子，其他就没有分到什么了。分东西的时候，家具那些就是都拿出来摆着，哪个是哪家的都是清清楚楚的，哪个是你的你就拿哪个就可以了。大家都不会去争，这些东西大家都想着给就不错了，没有就算了，不会去争什么。

（3）分配土地的过程

组织我们去看田，就是喊一些人做代表去看田量土地，就叫做看田插标，查田评产，一块块田地去量，这块田面积是多少，应该是分给哪个的，周围的田地又有多少，又该是哪个的。好田和差田也是要搭配的，你这个地方的田好一点，那个地方就稍微差一点，反正将就着嘛。那时候的干部都还是可以的，不得贪污腐败，都是村里面的人，都是公正的。

5．土改复查

（1）土改复查

我们这的土改是当年就结束了，就是五一年结束的，土改之后没多久就有人来搞复查，看看有没有什么没整好的。但是漏划地主和错划阶级我们是没有的，因为在划阶级的当时如果有错就是纠正了的。土改之后也有给我们每个人都发了土地证。

（2）查田定产

就是在分土地的时候就搞了查田定产的，给我定的产量不记得了，但是还是合理的，没有乱来。公粮是一直都要交的，但是土改之后交得不多。

（三）土改的结果和影响

1. 土改后的土地经营情况

（1）生产情况

土改之后我们每个人都有六挑谷子，生活是够的。我主要种的东西还是苞谷、花生、红苕这些，产量那时候还是可以，因为是自己的土地，所以种起来更带劲儿。

（2）生产合作

土改之后我家里面主要还是我兄弟特别是我哥哥在干活，伯爷的年龄大了干不动，但是我姊妹还是可以帮忙，所以劳动力还是够。换工是一直都有的，到了每年农忙的时候，自己搞是忙不过来，就都是互相帮助，今天你帮我整，整完了我又过来跟你整，换工在土改之前都是这样的。我们主要还是和周围的相信的人换工。

（3）收成情况

土改之后还是要交公粮给国家的，就是自己挑去交，我都挑去交过，坪山那边，还是有点远，一路都是自己挑起去的。具体交多少记不得了，但是也交不了好多，这个不像以前交租子，都是交得比较少的，国家都是考虑好了的。

（4）生产热情

生产热情肯定更高，都是自己的土地了，做出来就是自己吃的。

（5）土地买卖

我们都没有再租种土地了，自己有的已经够吃了，就不用再租别人的了，土地买卖也没有，那时候没人敢再进行土地买卖了。

2. 土改后的家庭生活情况

（1）自家生活变化

土改之后生活压力不大，虽说不像现在这么好，但反正还是够吃的。生活差距也不太大，要说没有那是不太可能的，但是就没有之前那么大了，大家都有土地了，这个就只是看自己怎么干的问题了，勤快点就得的多一点，偷懒肯定就少一点，就是看自己的了。

（2）收入变化

我们就只有种地的收入，其他就没有收入了。

3. 土改后的社会交往情况

（1）农户关系

土改之后我们和村里面的人之间的关系还是挺好的，没什么变化，地主富农因为土改的时候我们也没有去说什么，所以看着还是要打招呼。村民大家平时都各种各的地，闲的时候摆个龙门阵。贫农就更愿意和贫农些打交道，和雇农那些，肯定就不是很喜欢和地主打交道，因为刚刚斗争过人家，还是不好（意思）打交道。

（2）村户关系

村干部和我们的关系也都还是可以。村庄风气就是大家都有土地了，自己可以种自己的了，大家就每天都开开心心的，踏踏实实种自己的土地。

4. 土改后的观念变化情况

（1）土地观

我们有自己的土地了，心情就是感谢共产党给我们分土地。之前是有说过国民党要打回来，但是我都不信这种说法，哪会那么简单就回来？我觉得大家土地都一样多就要公平很多，只要努力干就不会没吃的，土地一样多，大家的关系都要好点，至少要平等一点。

（2）人际观

我也不会觉得自己比那些被划为地主的人地位更高，贫下中农关系可能是要好点，地主和富农有些人还是有点看不开，就关系一般。

（3）社会观

土改之后我们是修了路，但是修水库是很后面的事情了，是在集体化的时候，入社了才开始组织大家一起修水库。我没有去修路，这个是有安排的，基本上家家户户都是要去一个人的，安排到该谁去，那谁就去。

（4）土改观

我对共产党没什么新的认识，就是觉得共产党很好，今天我们可以过得这么好，都是共产党干得好，以前就是说几年之后我们可以实现楼上楼下、电灯电话，当时哪个敢相信？结果现在都是实现了的。土改留给我印象最深刻的就是分土地，不用再去写人家的土地来做了，这就是印象最深刻的事。

5. 土改对农业集体化的影响

（1）生产资料入社

我们这是五二年开始搞的互助组，就是几家人在一起，土地拿出来一起种，农具也是都可以用。搞了有几年互助组之后就开始搞合作社了，大家就都要入社。五四年左右是初级社，五五年就开始搞高级社了，那会儿的人就更多了，全部都是在一起做活路，就是评工分吃饭，干得越多，工分就越多，分粮食的时候也就分到更多。开始的时候大家都还是很积极的，但是后头就不得行了，就整不走了，饭都没有吃的了。

我们的东西都是上交了的，土地都交了，农具那些还留着干做什么？后来更是，啥子锅碗瓢盆全部都要收上去，拿到山上去炼钢铁。

（2）对集体化的认识

（种地的效率）我觉得这个就不好说，各有各的好处，各自耕种大家都要勤快点，因为你没做你就没有吃的，就不像在集体的时候，上班就摆龙门阵，结果最后分粮食还是一样要分，这个就不利于个人积极，那这样子最后就是大家都不干，所以后面才会整得那么恼火。人的思想要是不偷懒，入社就是好的，一旦思想出问题了，集体就相当于是解散了，反而不好。

（3）对土改的再认识

我也不会有入社之后又将土地收回去就是土地改革白搞了的感觉。

BJ20160712DBT@S 杜邦田

一 受访者基本信息表

<table>
<tr><td>调研点</td><td colspan="5">四川省宜宾县喜捷镇新龙村</td><td colspan="2">调研员姓名</td><td colspan="2">柏静</td></tr>
<tr><td>调研员单位</td><td colspan="9">华中师范大学中国农村研究院</td></tr>
<tr><td>受访者编号</td><td colspan="5">BJ20160712DBT@S</td><td colspan="2">受访者姓名</td><td colspan="2">杜邦田</td></tr>
<tr><td>受访者性别</td><td>男</td><td colspan="2">首次采访时间</td><td colspan="2">20160712</td><td colspan="2">首访时受访者年龄</td><td colspan="2">88</td></tr>
<tr><td>受访者成分</td><td>贫农</td><td colspan="5">土改时是否土改干部或土改工作队队员</td><td>否</td><td>是否党员</td><td>是</td></tr>
<tr><td>干部经历</td><td>有</td><td colspan="5">曾担任的干部具体职务</td><td colspan="3">生产队队长</td></tr>
<tr><td>现家庭人口</td><td>1</td><td>现承包地
面积（亩）</td><td colspan="2">0</td><td colspan="2">现承包林地
面积（亩）</td><td>0</td><td>现承包水塘
面积（亩）</td><td>0</td></tr>
<tr><td>受访者
基本情况</td><td colspan="9">老人1928年出生，祖籍四川省宜宾市宜宾县，在土改之前由于父亲去世，家庭分家，老人和母亲搬到新龙村居住，从此便一直在村里面务农。老人一共有五个儿子，但是现在一个人居住，老伴已经去世，老人每天自己做点简单的饭吃，儿子和儿媳也在村里面，几乎每天都会到老人住处看望。老人现在身体已经不太好，经常头昏，每天都要吃药，但是看起来精神还是挺好的，说话清楚。老人每个月可以领高龄补贴，儿子们也很孝顺，虽然在外打工，也会关心老人。老人现在行动不太方便，每天就在家中，很少外出。</td></tr>
<tr><td>受访者
职业简历
或个人经历</td><td colspan="9">老人父亲去世较早，两个母亲便分家了，家里面一共还有四个兄弟姐妹，但老人在1949年解放之初一直是作为家里面的主要劳动力在家中务农；1952年土改开始之后在村里面当基干民兵，一直到1958年高级社之前，1952年被划为贫农；1953年进入集体化之后担任生产队队长一直到人民公社结束，1985年由于干部年轻化要求，辞去一切职务。自此之后长期在农村务农。</td></tr>
</table>

二 分阶段整理

（一）土改的基础和背景

1. 土改前的家庭基本情况

(1) 人口情况

我叫杜邦田，1928 年出生。土改之前我家里面一共有六个人，我有两个姐姐、一个妹妹、一个兄弟，还有就是我妈。我父亲在土改之前就已经去世了，那时候我还有两个妈[1]，但是在父亲去世之后就分家了，因为我哥要和我们分家产，所以我们后来就分成了两家，之前一个妈为一家，后面一个妈又分为另一家。分家之后我就开始做庄稼，那时候十五岁就开始种庄稼，什么都整，栽秧子、打谷子，样样都得整。那时候我的两个姐姐和一个妹妹还没有打发出去，土改之后两个姐姐都打发出去了，妹妹也打发出去了。

(2) 劳动力情况

土改之前，家里面就只有我一个人在种地，因为我兄弟当时都还小，只不过那些简单的活路，比如说收谷子晒谷子那些，姐姐可以帮一下忙，但是像栽秧子、打谷子那些，她们就整不好，就只有我一个人去整。我妈有时帮一下忙，但是她年纪大了，又是女的，那些恼火的活路都是我一个人在干。

(3) 负担情况

土改之前我家里面有两个小孩子，兄弟和妹妹都是小孩子，老人还没有，病人也没有，因为只有我一个人干活，负担还是挺重的。

2. 土改前的家庭经济情况

(1) 经济情况

[1] 这里大概是指老人的父亲曾娶两房妻子。

土改之前我就一直都是在做庄稼，就靠做庄稼谋生，我们在搬家之前住在板仓那边，在那边还有一点土地，离着最少有十里路，但是我都还是要去做那里的土。

（2）生活来源

我家除了做庄稼之外，就没有什么其他的生活来源，自己养了一点鸡和鸭子，但是都卖不了多少钱，而且那时候是自己吃饭都吃不饱，所以更没多少粮食来喂鸡鸭，就没有养多少。我也没有在外面做买卖，我自己种地都来不及，没有时间去做其他的事情。

（3）生活压力

土改之前生活压力还是挺大的，家里面的主要开销就是一家人要吃饭，虽然大多数是吃苞谷和稀饭，但还是要吃少量的米，就依着自己种的谷子来算着吃。另外就是还要交租子，我们写人家的地来做，每年要交四十石租子，还有就是吃得不够的时候给人家借一点粮食来吃，还的时候就要还利息，还有就是有时候要赶点人情[1]，但是那时候基本都是赶苞谷、花生那些，赶谷子的都少，这就是主要的开销了。

土改之前我们家都是要去借来吃的，自己做的肯定是不够吃，就看着哪家有多的就跟人家借点来吃，一般都是和亲戚朋友去借来吃，等后来收上来有了，就还给人家。利息一般都是五斗，要是遇到有些会做人的，就让我还三斗，但是有些人就是一本一利的，比如说借给你一石谷子，就要还两石。

3．土改前的土地经营情况

（1）自有土地

我们本来自己在板仓那边有一点土地，就是上面传下来的，没有多少，就只有一点。我们自己的土地一年大概就只能产个三四石，根本就是不够吃的，后来搬到这边来，我们主要就在这边写人家的土地来做。

（2）租佃情况

土改之前我们就是租的蒋家的土地来做，我们那时候还没有请中人的说法，就是自己去写就可以了，但是我们那时候是要写佃字[2]的，写地方来做要写佃字，借人家的东西、钱，就要写借字，都是有根有据的，佃字上面还要写关于你借的东西，有些东西写不起，那就还要去请个老师[3]。

当时我们租的土地一年大概能产两百挑谷子，每年要给地主交四十石，租子就是事先说好的，地主把田租给我做，我每年要拿多少租子给他，都是事先说好的。不管我收得多还是少，多的就可以自己留着吃。要是遇到天干水旱，收成不好，老板就给少一点，比方说几十石租子就少收三五石的。但是这个还是要看人，要是人好就可能少几石，要是遇到有些人不好的，还是要想办法给他交租子，这些都是之前就说好了的，没办法的。交租就是地主会请人自己来挑，我只要把谷子晒干，把该交的部分称好，他们就可以挑走了。租

[1] 赶人情：是走亲戚送礼的意思。

[2] 佃字：指租佃的凭证、票据。

[3] 老师：代给人家写字的人。

期一般是一开始就说好的，看自己做得好不好，一般情况是定的多久就租多久，之后还可以继续租，但是要是做得不好人家地主可能就不会要了，就会重新去找另外的人来做。

（3）牲畜和农具

我家里面有牛，做庄稼没有牛怎么做，写别人的田地来做，自己就必须要有牛，要是没有，那就是连田地都写不到的。农具也是有的，那时候的四大农具，犁头、风车、对子[1]那些我们都有。

（4）生产合作

土改之前我们有过换工活动，我一般就是会和亲戚朋友，还有住这周围的人换工，换工就是你来帮着我整，我又来帮着你整，比如说打谷子，我家里面没有那么多人，你就来帮我打，然后我又来帮你打，只不过就不给钱，那个年代街上打谷子的时候还有人市，你家里面打谷子需要请人，你就拿个草帽来背着去街上人市转，人家看到你背一个草帽就知道你是要找人打谷子的，就跟着你走了。我们换工是不需要钱的哟，你来把饭吃了就可以开始干了，干完了吃顿饭就走了，等到你打谷子的时候我又来帮你，就是这样的。

我们村里那时候没有公地和族田。

4．土改前的社会交往情况

（1）租佃关系

我们倒是没有和佃主起过争执。你要是能按时交租子给他，一般就没什么事，要是不能按时交租子，那就要找你的麻烦。我们都是时不时地会去帮佃主家里面做些事情。

（2）农户关系

我们和村里面农户的关系还是好，如果哪家有个什么事，还会走人情。有钱人和穷人的关系就不好说了，人家有能力，有土地，有钱，穷人又没有能力，又没有土地，肯定就有点看不起你，有些有钱人会欺负穷人，但是还是要看之间的关系处得怎么样。

（3）宗族关系

我们有宗族，还有清明会，就是同一个姓的人组成的，像我们姓杜的就有一个，一到清明就会办活动，其中有个会主，会主一般就是一些老辈子，年纪大的，比如说我这姓杜的人当中，要是有哪一个人能力强一点、会说话一点，就把他选出来作代表，等到了清明会的时候，就是他去主持办，反正就只是管得到自己这个姓的人，也管不到人家其他姓的人。会主的权力不大，只是大家把他选出来作为一个代表，管理一点香蜡钱、活动钱，起一个牵头的作用。

5．土改前的土地观念

我倒是想有自己的土地，但是又不能从哪里弄来。地主土地多就是祖辈传下来的土地多，他就靠土地吃饭，穷人就是没有土地。

---

[1] 对子：指舂米用的石臼。

当时听到要土改了，我们这些穷人就是高兴啊，说到要土改了，听了之后还是相信的。我知道共产党，解放之后就知道了，大家都在说共产党来了就是做好事，地主和袍哥就惨了，共产党就打压他们，人们对共产党的印象很好。

（二）土改的过程和经历

1．访贫问苦，扎根串连

（1）工作队进村

我们村我记得是1950年的时候工作队下来的，当时一共下来了三个人，都是从城里面来的，很年轻。

（2）土改宣传

开了土改宣传会议的，我没有去参加，因为家里面就我一个人干农活，忙不过来就没有去。

（3）扎根串连

有进行访贫问苦，但是没有到我家里面来，是去的别人家。我那个时候就是在村里面当基干民兵，就是我们说的背枪的，那时候村里面还有武装部。一人给我们发一支枪，我们就负责管理好属于自己的枪。土改的时候有人想要出村，都是需要写申请的，申请通过了，就可以出去，没有申请就不能出村。当基干民兵还是耽误了我一点事的，弄得我红苕都没有种完。我不是土改积极分子，对他们的看法就是很配合工作，干事情很积极，土改积极分子大多都是贫苦的农民，说到要土改就肯定会很积极。

（4）成立农会

我们这里不叫贫农团，是叫的农会。农会是要看你出身的，不是随随便便谁都能进的，像地主、富农包括（富裕）中农都是不行的，只有穷人伙，出身苦的人才能参加。那时候农会里面都是贫下中农。农会也是开会，经常都在开会，解放之后的会真的很多。那时候清匪反霸，就是把那些恶霸弄出来了，后来就是打乡长，再之后就是土改。

2．划分阶级成分

（1）土改成分

我的阶级就是划的贫农，我们一家人都是贫农。我是认同我们的阶级的，都是根据我的真实情况划出来的，我家就是只有一点点土地，长期租种人家的土地，就是属于贫农。

（2）成分划分

划阶级就是根据你自己的情况来给你划，有富农、地主、贫农、雇农、中农，还有富中农、贫下中农那些，最恼火的就是雇农，雇农就是没地方也没有家，什么都没有，就给你划一个雇农，分东西的时候就分到更多。划成分的时候都是要开会的，有的时候我们晚上都要去开会，我都是去开会了的。人家是要分组的，一组两组都是分好的，每组都有一个组长，人家就会来通知你多久要开会，通知到我那我就要去参加。当时主要还是农会的人员在负责划阶级的事，大家开始给你定的阶级你要是不同意，工作组就会来给你解释清楚原因，让你服气。

划为地主的政策就是没有做庄稼的，只是靠着收租吃饭的人，那就是地主，不管你是因为什么原因没做庄稼。我没怎么看待被划为地主的人，那也是人家有那个条件，我还没那个条件。

（3）划分结果

当时还是划了挺久的，一直在开会，要一直解释，直到所有人都认同给自己划的阶级，最后划出来的地主不算多，可能有十多家。

3. 挖苦根，斗地主

（1）挖苦根

村里面开过诉苦大会，我没有上去说话，每一个组都是有安排的，叫你上去说，你就上去说。诉苦大会就是贫下中农说说租种地主的地的情况，租了他们多少地，每年要给他们交多少租，地主是怎么对自己的，就是说这些。

（2）斗地主

我倒是没有去斗地主，蒋家的地主也不讨厌。斗争大会我去了，斗地主的时候还要喊口号的，就是喊打倒哪个，不管是乡长还是地主，就喊打倒他。但是那些为人不讨厌的地主还是不会斗争他，只有那些有点土地就看不起人，平时爱欺负人的地主才有人去斗争。我们这都没有出现什么打骂地主的情况。

4. 没收和分配土地、财产

（1）没收土地和财产

被评为地主了，没收财产的时候就没有不同意这回事，当时主要是农会在负责没收土地和财产的事，比如首先没收谁的，然后没收谁的。土地是全部都要收上去再重新分下来，房屋就是地主住得好的那种也要没收，家具也是一起没收。我没有参与到没收土地和财产的活动中。

地主们还是配合的，他们也没有办法，藏东西也是没办法藏的。当时我们这里还有坦白地主，他们就是会自己把东西送到大会上面去，坦白自己的东西，所以就叫做坦白地主，我们一般就是会口头表扬一下这种地主。

（2）分配土地和财产

我们当时分配土地的时候是有人首先来查面积的，算出来总共的面积是多少，再根据家里面一共有多少人来给我们划地方，我们每个人都是一样的。划房屋也是一样，看家里面的需要，需要一间就给划一间，等一家人划完再划另一家人。其实那时候的地主也没有多少财产，有财产的是极少数，没什么可以分的。那时候富农的土地我们是不没收的，分土地的时候要是他原本的地不够，我们还会给他们补上，中农也是不会动他们的。

我家当时就是每个人分到了六挑谷子，我家当时一共是有六个人，就分了三十六挑谷子给我们。其他除了土地我们就没有分到东西了，但是那时候有人来退谷子，就是以前我们交的租子剩下的，我记得我们家一共退了二十多石谷子，我们一家人一起分的，另外我们就什么也没分到了。

（3）分配土地的过程

看田插标我自己没去，是他们选的代表去的，农会选了人去查田评产，就作为我们的代表。分配土地和财产的过程中没有干部贪污自私的现象，都是公正的，村民之间也不会有争执，都是分给我什么我就拿什么，没有人去争的。

5. 土改复查

（1）土改复查

我们这里的土改我记得是 1952 年就结束了。我不记得有过土改复查，也没有听说过划错阶级的情况，因为在划阶级的时候，要是当时划错了，就会提出来再讨论，所以没有划错的。土地证是给我们每个人都发了的。

（2）查田定产

我们查田定产也是喊代表去参加的，每块田的位置、大小、好坏和与哪块田相连，都是要写清楚的。当时我们还是要给国家交公粮，我自己挑去玉龙那边上税，那边会有人拿秤来给我称，公粮具体是多少我忘了，反正是不太多，几百斤到千斤的样子，各家各户都是不一样的。

（三）土改的结果和影响

1. 土改后的土地经营情况

（1）生产情况

土改之后我家里面一共就有三十六挑谷子，一个人六挑，那时候分到的田就还是够我们一家人生活的，因为我自己做出来的就是自己的，不像以前还要交租。土改之后我还是种苞谷、花生、红苕那些，主要是谷子。

（2）生产合作

土改之后家里面主要还是我一个人在做农活，我弟弟那时候还小，姐姐后来又打发出去了，所以还是我在干，劳动力肯定是不够的，就只有平时使劲整，实在不行我就让亲戚朋友来帮忙。换工在土改之后还是有的，都是和以前一样的。

（3）收成情况

当时我们的收成还是不错，除了上公粮的之外都够一家人吃的，交公粮主要就是谷子，我都是自己挑过去的，在那边称重量。

（4）生产热情

土改之后我自己收的粮食就都是自己在吃，除了上公粮的之外，所以庄稼种起来还是很积极的，生产热情是比以前更高。

（5） 土地买卖

土改之后我们都没有再租别人的土地来种了，大家都有土地了就不用再租了，也没有人进行过土地买卖。

2. 土改后的家庭生活情况

（1） 自家生活变化

我们家的生活变化就是不用租地了，也不用交租子了，我们也能吃得饱饭了。土改之后因为大家都分到田地了，所以村里面的贫富差距就不太大了。

（2） 收入变化

土改之后我除了种地之外，就还养了点猪，但是都只卖了一点点钱，就没有其他的收入了，那个时候卖粮食还不方便卖出去。

3. 土改后的社会交往情况

（1） 农户关系

我和村里面的人的关系一直都还是好，没吵没闹。村民之间的关系不是很好，有些时候还是要吵架。

（2） 村户关系

我们和村干部的关系还是挺好的，那时候和现在都是一样的，要和村干部处好关系才行，办事情才好说话。土改之后生活变好了，大家和村干部之间的关系还是可以。

4. 土改后的观念变化情况

（1） 土地观

我拥有土地之后也没什么别的想法，反正就是好好地做，大家都是一样多的土地，就看你自己能不能干了，种不好也怪不到哪个。土改之后确实是有国民党要打回来的谣传，但是我们那时候都是不相信的。

（2） 人际观

土改之后被评为贫困阶级的人关系就要好一点，我们就和中农、富农、地主的关系不太好，不同的阶级，地位肯定是不同的。

（3） 社会观

那时候还没有修路、修水利方面的活动，当时哪家人要用水都是自己去抽。我们这修水库是在 1957 年，那时候我还在生产队当队长。修水库那些都是听上面的安排，安排到谁去就是谁去。

（4） 土改观

我觉得土改是个好事，共产党也是好，没有共产党我们也吃不饱，那时候就是连喝米汤都恼火，所以还是共产党好。

5. 土改对农业集体化的影响

土改之后没多久就开始搞互助组了，之后就是初级社和高级社。初级社、高级社的时候我们都把东西全部交上去了，听从上面的安排，跟着做，锅碗瓢盆都上交了，锅都没有留一口。

我觉得还是个人耕种好点，集体种大家都没有吃的，后面搞集体就垮台了。各种各的自己种不好就不行，就会考虑一家人够不够吃。大家一起种就总是会有人要偷懒，不好好做活路，还是各种各的好一点。

我不会认为集体化把土地收上去就是土改白搞了。

自贡市

沿滩区

BJ20160119JYK@Z　贾营科

一　受访者基本信息表

<table>
<tr><td>调研点</td><td colspan="5">四川省自贡市富全镇新房村</td><td colspan="2">调研员姓名</td><td colspan="2">柏静</td></tr>
<tr><td>调研员单位</td><td colspan="9">华中师范大学中国农村研究院</td></tr>
<tr><td>受访者编号</td><td colspan="5">BJ20160119JYK@Z</td><td colspan="2">受访者姓名</td><td colspan="2">贾营科</td></tr>
<tr><td>受访者性别</td><td>男</td><td colspan="2">首次采访时间</td><td colspan="2">20160119</td><td colspan="2">首访时受访者年龄</td><td colspan="2">84</td></tr>
<tr><td>受访者成分</td><td>中农</td><td colspan="5">土改时是否土改干部或土改工作队队员</td><td>否</td><td>是否党员</td><td>是</td></tr>
<tr><td>干部经历</td><td>有</td><td colspan="5">曾担任的干部具体职务</td><td colspan="3">村会计</td></tr>
<tr><td>现家庭人口</td><td>2</td><td>现承包地面积（亩）</td><td colspan="2">0</td><td colspan="2">现承包林地面积（亩）</td><td>0</td><td>现承包水塘面积（亩）</td><td>0</td></tr>
<tr><td>受访者基本情况</td><td colspan="9">老人1932年出生，祖籍四川省自贡市，有三个儿子、一个女儿。现在和老伴一起在农村老家生活，老伴行动不便，每天需要老人照顾。老人身体健康，现在还能背柴、做农活等。子女都已经分家，有的在外打工，过年会回来看望老人；有的住在城市，平时也会回来看望、照顾父母。老人每个月有60块钱的政府补助，平时老人生活也很节约。</td></tr>
<tr><td>受访者职业简历或个人经历</td><td colspan="9">老人的一生很简单，因为家中有土地，因此便一直在家中务农，亲身参与土改，土改过后在村里面当会计，一直担任了二十余年，此后长期在农村务农。</td></tr>
<tr><td>受访者所在社区基本情况</td><td colspan="9">新房村是富全镇的一个行政村，紧挨中堰村、金兰村、舒安村，环境优美，交通便利。全村共有806户，3130口人，耕地面积2075.3亩。</td></tr>
</table>

二 分阶段整理

（一）土改的基础和背景

1. 土改前的家庭基本情况

我叫贾营科，一直是新房村的人。土改之前我家里面一共有五口人，那时我的母亲已经去世了，家里就是我父亲、两个兄弟、一个妹妹和我，那时候我十八岁，家里面没有小孩。

我们当时养家糊口就是靠耕田、耕土做农业，土改之前主要是我和我的一个兄弟在做庄稼。我父亲是医生，在街上一个当时都不算是卫生院的地方，算是个人单干。所以家里面做农业的劳动力就两个。

2. 土改前的家庭经济情况

土改之前我们这个村大约只有两三个人是能够吃得上饭的。当时有一家人差不多有六十挑谷子，写给别人都是要进十六石租，另一家有五十挑谷子，写给别人进十五石租，还有一户叫黄心田，他们有八十挑谷子，只有这些人当时才能吃得起饭，其余的做庄稼的都是吃不起饭的。当时结婚的都编了歌曲说："进了贾家门，根根几大盆。团团起波浪，中间淹死人。"〔1〕

〔1〕 这首歌是说当时吃的稀饭大都是水，没有菜，形容生活贫困。

土改之前我们家自己有五十挑谷子，我父亲就在街上卖点药，但是这个是不怎么赚钱的，所以我家就没有什么其他的收入，就是靠我和弟兄种地来养生活。当时除开吃，家里面也没有什么其他的花销了，都是自做自吃，我们都找不到钱也就不能花钱。土改之前我们家里面是有借债的，借的都是谷子，一般我们就是找粮食多的人来借，有些借来一石要还一石二，要有两斗的利。比如我们在青黄不接的时候借了一石谷子，等秋收起来有了就要还一石二，还有要还一石五的，这就是最高的利了。

3. 土改前的土地经营情况

（1）生产情况

我们家土改之前有五十挑田，五挑为一亩，我们就是十亩地。我家的地都是来自祖父遗留，水田就种谷子，像沙条子、百日早[1]这种，但这些的产量就不高，一挑田打得起的面积[2]只有四斗，也就是才一百二十斤。我们的五十挑谷子天干就恼火[3]，天干塘里没水，风调雨顺就好点。交税是在1950年的时候就都交了，当时就是交的粮食，胡豆和粗粮都是要交的，我记得当时我都交过谷子，我们一共五十挑交了三百斤谷子。当时还有收据，什么都是齐全的。我当时送到永安、石河乡，那些地方都挑去过。

（2）牲畜和农具

我家里在土改之前就有耕牛，如果不喂牛就没办法耕种，一头牛只能耕种一百挑田。农具就有犁头、耙子、擂子、风簸，这些就是我们说的四大农具，其他的就是还有碾子那些，农具我家里面是基本上都有的。

（3）生产合作

我们没有去帮过工，要说有就都是跟别人换工程。你帮我做，我帮你做，就是换工程。你帮我做多少天我就还你多少天，至于剩下的没还完的工程，就补粮食。一个工就是一升米，当时就是这样的。找谁换？就是做的活人家看得起，人家才会换工，看不起人家就不会换工。每次到栽秧子、打谷子时就开始换工，有些在打谷子的时候就请点月活，月活就是在紧工的时候请人来做十天，等谷子打完就不请了。土改之前也有互助小组，都是临时组织起来相互帮忙的。

4. 土改前的社会交往情况

（1）租佃关系

土改之前我们家没有租种别人的地，但是当时有别的人会租地来种，比如之前说的租种六十挑田就要给人家十六石谷子，另外还给一点豆豆果果、谷草等用来铺床。天干水旱的时候，有些佃户就拿不出租子，但是佃约上都写得很清楚，“天干水旱，量田纳租”是

---

〔1〕沙条子、百日早：两个都为稻谷的名字。

〔2〕打得起的面积：指能够有收成的数量。

〔3〕天干就恼火：指旱情导致收成不好。

规矩，租地都是要写佃约的，那没有办法，有些人除了主人家的（租子），自己只有吃高粱根。租期一般是一年，可以退租，主人家也可以取租。佃户不做了，没有人勉强，都是自愿，有些佃户做得不好，主人家就不愿意招，这都是双方（自愿）的。

（2）农户关系

村民之间那时候关系就很不好，生活都过不好，又能有什么关系好？穷富之间的差距肯定大，有些富裕的比如黄心田，收租收很多，或者是有些农户自己做的粮食都够吃，他们都是比较富裕的。那些穷的说老实话，除了交租都没有了，就是能剩一点都不多，大多数饭都吃不上。那时候那些租土地种的人，住的是破草房，还是很苦的，特别是解放前更苦。

我们这里有公田，板丘那边就是公田，二十挑，就是四亩，另外七队那边都还有。一般之前是没有人种公田，土改之后从市里面搬下来的就可以种公田，是要外地来的才有公田，已经土地改革了，外地来的没有土地，就把公田分一部分给他。

5．土改前的土地观念

（1）对土地的愿望

我们还是想买土地的，但是要有钱才能买，什么都没有就买不到，我们当时没有那个条件。我母亲死的时候我才十四岁，我二兄弟才十二岁，我幺兄弟才六岁，那个时候我们就真的很苦，我母亲一死就只有我父亲还在，我当时又太小了，地也种不了，当时真的太麻烦了。那时恼火的人最少都要占百分之五十以上，大家都恼火。

我对他们有什么看法也是等于零，那时还不是要受他们的压制，没有办法，他有点地就有点势，就是这个道理。

（2）对土改的反应

那时候担忧也担忧不上，根本就不知道政策，八路军那个时候刚刚来，来的时候就是喊的八路军，说八路军来了，人们还要跑，就是被国民党的逃兵下来到处奸淫掳掠给弄怕了，对八路军还是不相信。

（二）土改的过程和经历

1．访贫问苦，扎根串连

一九五〇零年清匪反霸的时候工作队就已经来了，当时一个村大概就只有一个人，一个乡都有很多村，我们这当时就是全福村。工作队有些是学生，有些是当地的贫苦农民。

当时的会真的是半夜也在开。那时喊开会很积极，半夜一说要开会都很积极，我当然要参加了，我也发言了，那时就说家里困难、穷，有些就说经常搬家，从这里搬到那里，就说当时的地主的压迫。起初来宣传的时候还不怎么听得懂，之前的时候人们没有很相信，后来土地改革开始干起来，就相信了。所以刚开始工作队下乡的时候人们都不是很愿意听他们的话，因为他们说什么我们都不懂，所以就不感兴趣，觉得共产党的好处那些都是说来耍的[1]。

贫雇农串连就是贫农和雇农在一起，当时在宣传党的政策，就说共产党以后要扶持一些什么，然后就把贫雇农民一起串连起来。那个时候积极的人多的是，大家都很积极。

成立了贫农团，还有青年团、儿童团，都组织起来安排查哨，有人进出就要盘问“你是哪里的人?”或者是如果要出去走亲戚，就要开出通行证，没有通行证就不会放出去，这就是盘查哨，盘查坏人等。贫农团主要就是在农村斗争地主，诉地主的苦，就做这些事。

2. 划分阶级成分

我是中农，我们一家人成分都是一样的，我们是乡里面直接定的，我是同意这个成分的。

我记得那个时候划成分就要由乡里面来划，要由乡农会来定成分：雇农、贫农、下中农、中农、富农、地主，地主还要分为小地主、中地主、大地主。划分的标准就是看当时耕牛、农具齐全没有，如果没有就要贫困一点，如果有就说明要好点，齐全的一般就是中农，如果土地做得再宽一点那就是富农了，但当时富农还是少。当时乡农会有乡农会主任，有乡长，主要都是他们在划。我们一般没意见，要说有意见，地主肯定有意见，但他自己已经够了那个条件，这是没办法的。

地主实际上就是看他自己做没做，有劳动能力又不劳动，那就是剥削，就肯定是地主。那时候的地主确实还是有点剥削人，资格拿得高，人们给他碾糠碾米还要碾好，有些都不是请人干，而是无代价地干。打个比方说我们没有地，就要向地主写地来做，那就还要给主人家免费干活，给他挑水。所以很多地主真的是有劳动力自己也不劳动，剥削人。其实有的人也租土地给别人种，但是自己挑水，自己碾糠碾米，有时还拿一点给干活的吃，这种后来都没有被评为地主。像有一家地主，强迫别人为自己干活，结果连水都不愿意给人家喝一口，这种就真的是剥削人。整个村还是有很多地主，但是我们这个队好像只有两个。

划成分是一次就定了，划了过后会张榜公示，如果有意见再讨论，还是有人改过，开始被评为地主，后来说是小土地出租。他们家总共还是有五六十挑谷子，但是父亲去世了，相当于家中没有男性劳动力，就只有一个母亲，于是就把土地佃给其他人做，他母亲就去帮别人，相当于他母亲还是属于被剥削而不是剥削，于是就更改为小土地出租。如果他母亲没有出去帮人的话，那么他们就还是属于地主，因为他母亲是不能种田，没有那个能力才不是地主。

3. 挖苦根，斗地主

我们有诉苦大会，一个村里面大家说说原来受过些什么苦。打骂地主肯定是有的，想到那个时候的地主有些真的是很残酷的，当时在舒安，大家就捡瓦片来扔地主，让地主跪

[1] 来耍的：指不切实际。

瓦片，向地主吐口水。我当时也参加了，都没有人敢为地主说好话。

4. 没收和分配土地、财产

地主的财产就拿来大家分，直接到地主家里面去一件件搜出来，但还是要给地主留一点，比如穿的衣服那些。当时有一个地主就是拿东西来藏到我家，最后还不是给他报出来了，然后没收了，后来还一直都不愉快。

没收财产我也参加了，后来开始分的时候都还要帮着估价，帮着分。我们就没有分到，我们就是保持自己的这点东西，凡是自耕中农就都没有。分配标准就是像我们这边是蒲店乡，每个人都是一样的一石九斗五，只要是贫农或者是中农就是一石九斗五，只有雇农是分到了双份。但是中农要是佃中农才能分到，像我们是自耕中农，我们就没有。

当时还要查田评产，比如说这块田是两挑，那就要看看是不是会多于或者少于两挑，这就叫查田评产。干部都是很公平的，没有出现贪污，人们之间也没有争，谁该分多少，就把东西全部放在那里，然后大家就抓阄，不会说我要这个，你要那个，而是大家都抓阄，抓着什么就是什么。

5. 土改复查

我们这里的土改1952年就结束了，进行过土改复查，有漏划地主，之前有一家姓熊的，就是漏划地主，开始没划出来，后来复查的时候又定为地主就把他移居走了。划错成分的还是有，就比如有些是地主然后漏划的，又有些不是地主给人家划为地主的。给我们发了土地证，每家每户都要有土地证，而且土地证上面还填得很清楚，比如说谁的田和谁的边界连在一起，然后谁的房子又和谁的连在一起，这些都是填得清清楚楚的。

当时的田分为上等田、中等田和下等田，就要给不同等级的田定产量是多少，我们的主要就是中等田，产量就是定的一条挑田四斗。土改之前还要交得多一点，土改过后要交得少点。

（三）土改的结果和影响

1. 土改后的土地经营情况

因为我是中农，所以我们土改前后的土地没有变化。换工还是喜欢和谁换工就和谁换工，和土改之前换工差不多，都是暂时的，只有后面成立了农业社才开始集体耕种。那个时候我们的上粮是一石九斗五，基本上只要能做，然后不天干，就还是够吃，反正只要收成好就还是够吃，只不过遇到天干那就恼火。

土改之后生产热情那是很高的。那个时候的人，热情非常高，肥猪喂起来，全湾那边过年杀过一百多条猪。尤其是一到过年，每家每户，几乎百分之八九十都是要杀猪过年，大家的热情那是真的高。我们土地改革之后就没有土地买卖了。

2. 土改后的家庭生活情况

土地改革之后的生活肯定好很多，那会儿就只是征一点粮，就不用派款了，以前是还要派款的。但是当时我们家没有分到土地，所以我家的生活变化其实不是很大。生活压力那个时候还好，之后到了办大伙食堂的时候，生活压力就又开始大起来了。

农户之间还是有差距的，有些人做得好家里就要好一点，还有些做得不好的家里就要麻烦一点，但那就是属于自己能不能做的问题了，都是有土地的，做得好收入就要多一点，生活就要好一点。我们除了种地其他就没有什么很大的收入了，又没有什么生意可以做，其他就没有什么收入，就是依靠种地来吃饭。

3. 土改后的社会交往情况

村民之间那个时候的变化还是大，贫农与贫农之间、贫富之间的变化都很大，但是当时的贫富差距就没有土改之前那么大了。那个时候村民和干部之间的关系就比之前要好。我们和地主的关系也没有多好，土改之后还是不行。

4. 土改后的观念变化情况

土改之后大家都是一样的，我觉得讲平均就该是一样的，平均就好。但是勤快的还是要好一点，懒的还是要恼火一点，就像有一些当时的自耕中农，还是吃不起饭，他当时有六十挑谷子，家里也就才几个人，但还是要饿饭，为什么？就是因为懒，然后做土地又不怎么会做，有土地他也做不出来吃，这就是还是有差别的。土改之后同一阶级的是要亲近点。

土改之后我们有兴修水利、修路这些，大家很有兴趣，比如我们组修的一个水塘，就好像是在 1957 年的时候修的，大家都还是来帮忙修。我记得后来好像是六几年的时候又修了水库，如果不修这些水库，种田还是恼火，没有水就是麻烦。

我对共产党的看法变化大，那时候简直是积极，土改之前不相信，土改过后当然就觉得好。土改最深刻的印象就是人民就有权力了，之前人民就没有权力，没有权力就说不上话，那个时候就是说话都要很小心，所以土改肯定还是好。

5. 土改对农业集体化的影响

我们就是土地改革之后就开始成立互助组，后面就开始进入初级社、高级社了。初级社那时候就是开始集体耕种了，土地改革的时候就是各人耕种各人的，就像现在一样，各管各的。初级社后面的高级社就是什么东西都要往上面交，犁头、耙子等所有农具、耕牛，包括自己养的猪都要往上面交。那个时候就都是大家统一的，愿意也要入，不愿意也要入，没什么选择的。都要统统上交，我们什么都没有留下了。我觉得肯定还是各种各的田效率要高一点，所以改革开放过后的效率就更高，因为始终还是自己种自己的田效率更高。

BJ20160120PYH@ W　彭云和

一　受访者基本信息表

<table>
<tr><td>调研点</td><td colspan="5">四川省自贡市富全镇新房村</td><td colspan="2">调研员姓名</td><td colspan="2">柏静</td></tr>
<tr><td>调研员单位</td><td colspan="9">华中师范大学中国农村研究院</td></tr>
<tr><td>受访者编号</td><td colspan="5">BJ20160120PYH@ W</td><td colspan="2">受访者姓名</td><td colspan="2">彭云和</td></tr>
<tr><td>受访者性别</td><td>男</td><td colspan="2">首次采访时间</td><td colspan="2">20160120</td><td colspan="2">首访时受访者年龄</td><td colspan="2">86</td></tr>
<tr><td>受访者成分</td><td>贫农</td><td colspan="5">土改时是否土改干部或土改工作队队员</td><td>否</td><td>是否党员</td><td>是</td></tr>
<tr><td>干部经历</td><td>无</td><td colspan="5">曾担任的干部具体职务</td><td colspan="3">无</td></tr>
<tr><td>现家庭人口</td><td>1</td><td>现承包地面积（亩）</td><td colspan="2">0</td><td colspan="2">现承包林地面积（亩）</td><td>0</td><td>现承包水塘面积（亩）</td><td>0</td></tr>
<tr><td>受访者基本情况</td><td colspan="9">老人1930年出生，四川自贡人，子女现今均已分家，老伴已去世，现在孤身一人生活。老人今年八十六岁了，仍然在村学校旁开了一家小型医疗站，每天就在那里生活。采访的时候仍然有人上门看病，老人右手右脚皆不方便，但仍然自己写方抓药。子女都很孝顺，定期回来看望老人。老人开医疗站收入不少，每月还有政府补贴，生活相当好。</td></tr>
<tr><td>受访者职业简历或个人经历</td><td colspan="9">老人这辈子没做过干部，但从小跟着母亲耳濡目染地学会了中医，自从村里面成立了医疗站，就在医疗站工作，一直到现在。</td></tr>
</table>

二　分阶段整理

（一）土改的基础和背景

1. 土改前的家庭基本情况

我叫彭云和，1930年出生，我就是在这蒲店乡里出世的。土改之前我们家人倒是还多，我们一共四弟兄，还有父亲、母亲，还有一个妹儿，姐姐当时是已经打发了，所以我家里当时就差不多七八个人。我那个时候有十多岁了。那时候家里很穷，做着庄稼的时候还算稍微要好一点点，早前的时候我们真的是很遭业的。我父亲、母亲，还有我一个哥哥和我，主要我们四个在做，妹妹、两个弟弟当时还小。

2. 土改前的家庭经济情况

土改之前我们给人家写地来做，我们自己没有土地的，就是依靠租种人家的土地来生活，没有什么其他收入。那时候生活压力肯定很大，家里面那么多人要吃饭，我们自己又没有土地，经常都是不够吃的。你看我这个手，就是以前在万安乡的时候，在一个姓李的地主那里做活路，在一个土地坡干活的时候摔的，把我摔得整个身体半边都是遭了的，脚和手都是摔坏了的。

3. 土改前的土地经营情况

写别人的地来做就要给别人应谷子[1]，看一年要给别人多少谷子。我们就是租的胡世坤他们的地，当时是四十挑谷子。我记得我们那时候还是要交很多租子给主人家，有时遇到天干，收成不好的时候，除了交租子的粮食以外，都没剩下些啥了。土改之前我们就是交租子给佃主，交给了佃主就不再交给国家了，要不然做来怎么够吃？

佃主是不会管我们收成好不好的，反正该是多少我们就要拿多少给他，他是不会管我们够不够吃这些的。最后自己剩下一点点，总还是要好点。那个时候如果季候天不干，收成好，做来剩下的就基本上够吃，如果不够吃的时候，就看佃主还有没有做不完的，看他的租子收好多，可以的话就又给他租一点地来种。因为佃主的地太多了，自己也做不完，我们就捡来租着做。

牲畜和农具土改之前我们没有，都是土改过后给我们办的，土改之前都是去跟人家租的借的。当然有换工，像我到处都去给人家做过。特别是农忙的时候，忙不过来就你帮我做，我又回头帮你做。

---

[1] 应谷子：就是交的租谷。

4. 土改前的社会交往情况

我们的主人家对我们都还是比较好，这些主人家都是住这周围的，我的主人家当时就是在这里的街上住。他们有时候看我们有多少胡豆、麦子、豆子那些，他们就每一样都要拿点走，那个时候我们都是吃亏的。农户关系都还是可以，没有谁去惹谁。

5. 土改前的土地观念

土改之前我们当然想有自己的土地，说起土改的时候要给我们分田地了，那大家都多欢喜，因为土改之前我们自己是完全没地的。那个时候肯定还是想要有自己的土地，但是又怎么可能？没想到共产党一来，就把地主的土地全部都没收了，然后分给我们这些遭业的人。

地主人家就是有钱来买了些土地，又把土地租出去，一年就收租子租谷那些，就靠这些来吃，来生活，自己就不用去做。反正我们的那些主人家都还是对我们好，后头土改，主人家聂四儿和我父亲一起走那边山里过，他害怕我老汉儿斗争他就给我老汉儿说好话，我父亲就说：四公子，你不用管，你没有对我们坏，我们也不说你的闲话，不去斗争你。就是这个道理，人家如果没有坏过我们，我们就不去斗争他，后来他还是没有怎么被斗争。有些就不一样了，有些地主对租户差，之后斗争地主的时候就遭惨了。

解放的时候看到那些解放军走门口过，扛的枪上面就像我们农民的锄头、斧子一样，上面全部都是泥巴，就说你看人家解放军还是好吃苦，看着人家解放军好文明，不像那些败兵，解放军的枪上面就像农民挖红苕那些之后锄头上的泥巴一样。当时我都还是一个小娃儿，都还是觉得人家八路军好吃苦。解放军确实对人民好，不会欺负谁，不像那些土匪。

（二）土改的过程和经历

1. 访贫问苦，扎根串连

工作队下来是1952年的时候，因为那时有个“五二支农”，就是自贡市里面的人下来。还是有好多个人，我都还记得我们这个村就是一个叫关长英的，她就是在我们家里住的，当时还是一个学生，而且她还是地主出身，但是因为是学生就觉悟比较高。一说到要去开会，只要说到要分土地了，大家就都很积极参加，那个时候还要敲锣，一边敲，一边说要开会，然后人就都跑起来开会。像要是上午开会的话，一通知大家一吃过早饭就来了，基本上是全村的都要来。

贫农和雇农串连起来就要没收和分配土地，工作队要来布置，布置好了工作队会跟我们讲该怎么办，就说那些地主的东西我们不去斗争他，他就不会拿出来，工作队就是这样搞的。

贫农团的事我不记得了，但是那个时候成立过青年团，青年团就是一些小娃儿帮人家做活路，我都参加过青年团，遇到干活人手不够，或者是一些老人家栽秧子不行，我们就去帮着干，又不会吃人家的，也不会要人家的东西，就是帮着做。

2. 划分阶级成分

我们一家人都是贫农。像我们这些穷苦农民，就是靠租佃别人的地来种，来维持一家人的生活，基本上就都是被评为的贫农，这就是我们的阶级。划阶级就是跟别人评，看一家人有多少劳动力，有多少地，该是什么就是什么，评了过后，有小土地者，有富农，有地主。被评为富农的就不会收他们的地，小土地者还是不没收他们的地，但是地主的土地就要弄来没收。我们这里是就只划了一次。

当时评地主是这样子算的，要是完全没有主要劳动力，全部都是去请的人来做，那就是在剥削人，就要算作是地主。家里有主要劳动力在种地，那就不是地主。像宗永祥，开始算来也是说他是地主，后来又给他们评了一个小土地者，这就不会没收他的东西了。一旦成了地主，就要被没收东西。

3. 挖苦根，斗地主

我老母亲能说，当时开诉苦大会她都要去说。像我一般都还是要去，但是很少去说那些。就是大家就坐在那里都说，从头到尾都把自己受的苦说出来，当时的人说着说着还要哭，因为那个时候有的人还是受了一些苦的。

斗争地主的时候我没有去斗争过，因为那个时候地主其实对我们还是多好，那个时候有些人还是心黑，弄地主来勾着吊着，像我跟陈亥银两个晚上守下半夜的时候，我们还要跟他抬一根板凳来让他坐着，然后还要坐着和他摆龙门阵，我们还是都是下不了那个心。其实这些都是相互的，人家对我们好，我就对人好。我老母亲就不这样子，我父亲就经常骂我老母亲，说你少给你的娃儿些带些过[1]，所以说其实现在那些地主跟我的关系多好，因为我从来没有去讨人嫌过，人家也没有欺负着我，我也没有去欺负人，反正都是中中平平的，也没有去引起谁的不安逸，但是也没有谁敢给地主说好话。

4. 没收和分配土地、财产

没收东西就是就直接给地主划走了，凡是地主的就都要没收，地主要藏东西，然后有些人还是就有点讨厌，就去把地主藏的东西给人家搜出来，但是我就没有那么做。当时的地主能有些什么东西，就是一些家具那些，像有些人说地主有银子，其实没有谁有银子，后来是确实没有搜到银子。

分东西的时候就是把没收的地主的东西弄来分，就直接派给我们，就是叫做分胜利果实。我们就是分到些土地，我们当时好像是分到了四十多挑，应该是一个人分到了一亩多地，当时我们是八九个人，地就是现在的关山的那些。我们没有分到农具和牲畜，我们是等到分到土地了，自己在做了，季后把树和一些粮食卖了才拿钱来买到的农具。

我们要去插标，比如说哪一块田是我的，那我就把这块田插上，把这些整清楚。那个时候没有谁会吵架，反正基本上平时在做的是哪里，哪里就是我的土地，如果划过后还有多的土地，那其他不够的就到那个多的地方去划，就这样划来把少的补齐，把多的划出来。反正那个时候说起分土地大家都是规矩的，干部都还是公平的。

---

〔1〕 带些过：意思是自己做了不好的事，日后会报应在子女身上。

5. 土改复查

我记得土改整的时间不长，就是把每人分多少这些算好，算好了过后就按照这个分下去，没有搞多久。还是有人回来复查过，复查就是看有没有整好，如果有没有整平衡的就还是要重新来整过，后来整得平衡了，就算结束了。但是其实之前那个时候都还是算是整得平衡，只是说可能高的高，矮的矮，像我们当时分到的就是关山那一段，当时那一段土地是完全要靠自己抽水灌溉，就是说地势与地势、田与田之间还是有差别，但是总的来说还是算平衡。土地证那些都是完全弄好了的，但是就是后头大伙食堂开始过后就很多土地证都弄丢了。公粮具体的我都记不清楚了，好像那个时候交的还是有好几百斤，交的还是挺多的。

（三）土改的结果和影响

1. 土改后的土地经营情况

土改之后我们就是该种什么就种什么，比如种谷子、红苕、麦子、胡豆。土改之后就有互助组，成立互助组，你帮着我做，我帮着你做。土改之后的互助组还是算是长期的了。反正我们当时种来是够吃的。有了自己的土地就是高兴，有田有土了，自己做来能够有吃了。

土改之后我们还是去租了彭永文的地，彭永文当时是个自耕中农，他自己的地自己种不完，我们就又去租了他的地来种。因为我们自己还能做，家里面又有那么多人。没其他活做的时候就去帮人家做，就说是多少钱一天，或者是一升米还是一两升麦子一天。

2. 土改后的家庭生活情况

土改后我们的变化大，那个时候就是变得好了，只要有吃的就是变好了。之前的时候也在做，但是做了之后几乎是没有，土改之后就是自己做自己吃。生活还是没有现在的好，只能说当时是一家人还是有吃的。我土改之后的几年就是在种地，没什么其他的收入，我父亲在街上的药店有点点收入。

3. 土改后的社会交往情况

土改之后人们之间的关系还是可以，我们和地主的关系还是平平常常的，没有什么影响的，因为我们当时就没有去过分地斗人家，有些当时斗地主太狠的，后来关系肯定就不怎么好了。要说生活差距就当然是小了，但是这个还是得要看人，那些懒的就还是恼火，自己懒就还是一样吃不饱，要自己能做，当时我们一家人都能干。有些就是自己有土地了，都不愿意动，那还不是做来不够吃。

4. 土改后的观念变化情况

我们有了自己的土地就是高兴，土地大家都是一样的当然是好。我当时没听说过国民党“反攻”这种说法，国民党还能“反”回来吗？都已经被撵跑了，怎么回来？

土改之后那时还没有说要修马路，后面我就到医疗站去了，像修水利那些我就都没去。但是我兄弟那些就去了，只要是派着去的都要去。那个时候对共产党的看法好得很！像我们这些在那个时候就尽是些遭业人，共产党来了对我们这些遭业人真的就是好，我印象最深刻的就是有吃了，土改了就自己有地方了，就不用再到处去写人家的来做了，真是自己的地方做来有吃了，那就欢喜了。

5. 土改对农业集体化的影响

1958年的时候就是高级社，成立大伙食堂，农具是交给农业社的，全部都要上交。我们不愿意也没用，人家全部都是要上交的，不能我们个别人不交，就是不愿意也要上交。

BJ20160120JFZ@W　贾富钊

一　受访者基本信息表

<table>
<tr><td>调研点</td><td colspan="5">四川省自贡市富全镇新房村</td><td colspan="2">调研员姓名</td><td colspan="2">柏静</td></tr>
<tr><td>调研员单位</td><td colspan="9">华中师范大学中国农村研究院</td></tr>
<tr><td>受访者编号</td><td colspan="5">BJ20160120JFZ@W</td><td colspan="2">受访者姓名</td><td colspan="2">贾富钊</td></tr>
<tr><td>受访者性别</td><td>男</td><td colspan="2">首次采访时间</td><td colspan="2">20160120</td><td colspan="2">首访时受访者年龄</td><td colspan="2">83</td></tr>
<tr><td>受访者成分</td><td>雇农</td><td colspan="5">土改时是否土改干部或土改工作队队员</td><td>否</td><td>是否党员</td><td>是</td></tr>
<tr><td>干部经历</td><td>有</td><td colspan="5">曾担任的干部具体职务</td><td colspan="3">乡团委书记、村长、村代表主任、初级社社长、队长</td></tr>
<tr><td>现家庭人口</td><td>4</td><td>现承包地面积（亩）</td><td colspan="2">0</td><td colspan="2">现承包林地面积（亩）</td><td>0</td><td>现承包水塘面积（亩）</td><td>0</td></tr>
<tr><td>受访者基本情况</td><td colspan="9">老人1933年出生，在很小的时候父亲去世，母亲改嫁，自己却没有跟过去，从七岁开始，便只有自己一个人靠给别人做农活为生，在土改的时候分到了土地和房屋。老人的老伴去世得早，现在老人和一个儿子一起生活，享受满六十岁老人的每月六十元补贴，也有曾经做过干部的生活补贴，但是不多。每天老人都会去街上和其他人聊天，生活算是惬意。</td></tr>
<tr><td>受访者职业简历或个人经历</td><td colspan="9">老人七岁的时候父亲去世，后来母亲改嫁，老人就留在本村，一直依靠到处帮人为生，其间还当过一年兵，1949年回到村里，回来先是参加儿童团，1952年土改工作队来了就入团，之后担任过乡团委书记兼村长、民兵政治教导员、村代表主任、初级社社长，一直干到1957年，就调出去搞水利，之后到铁路上去干了两年，到了1960年回来做队长，一干就是几十年。</td></tr>
</table>

二 分阶段整理

（一）土改的基础和背景

1. 土改前的家庭基本情况

土改之前我没有家，就是我一个人，我原来就是在那个瓦厂背后搭了一个棚，过去我父亲还是有一点干田干土，我们家还是有一两间屋，后来就被我父亲弄得吃不上饭了，他就去关山背后佃了一点土来做。

那个时候我大概就只有四五岁，然后就是佃一点土来做都已经没吃的了，我父亲死了，我老母亲就改嫁了，那个时候我还只有七岁。我还有一个兄弟，他们本来是一对双胞胎，后面就死了一个，就只有我们两弟兄了。我老母亲是一个小脚，养不活我们两弟兄，然后她就改嫁了，当时我就不愿意过去，我就出去打烂仗[1]，谁叫我去吃我就去吃。

所以土改之前就我一个人在帮人，帮别人看牛、割草，过去就是喊的奴隶，我当时就七岁，直到土改之前就一直在各个地方帮人。

2. 土改前的家庭经济情况

后来我就到了一个叫熊会平的人那里去，他是一个老板，他就说这个贾老幺饿得遭业，他有一个孙子和我同年，他就喊我去他那里割草，在那里生活又好，吃的米都是碾过

〔1〕 打烂仗：就是到处混的意思。

两遍的。我当时就是有食无工，给我吃的，但是没有工价。生活没什么压力不压力，就只是说拿点给我吃，或者老板愿意拿点给我穿就拿点给我穿，不愿意就不拿，看我冷得惨就拿点给我。

我就不存在借债这个问题，因为我都是在帮人，都是帮人家做活路。但是当时那个社会就还是有借债，土改前是穷的穷富的富，反正有的是很有，那个时候没有的就更恼火。

3. 土改前的土地经营情况

主人家没有什么好不好的说法，我就是帮他做事，自己勤快点多做一些事，他就多请我一段时间，如果自己懒，他就喊我走了，又另外去找人。我帮人就不存在什么牲畜、农具，都是主人家的，我就帮着喂牛。这些东西要人家那种做大庄稼的才有，一般的都没有，贫困的家里面哪里会养得起牛马，这些都要那种做庄稼的才养得起。

换工就是你来帮我做一天，我又来帮你做一天。土改之前也要换工，反正就是你帮我做，我帮你做，遇到哪个劳力差点的情况，就事先说好，比如说就是一个半工还一个工。像车水就是一斗米一天，如果你作为一个妇女，你当然就不可能去车水，因为你也做不下来，那你就是两个工顶人家一个车水的工。换工是历来都有的，反正人家喊你去就会给你安排活路做，看他要喊你干什么，看是要帮着栽秧子还是要帮着他砍柴，那些都是不一样的。

4. 土改前的社会交往情况

我当时还小，没有租别人的地来种，但是那个时候有佃土地来做的，也有多少去佃点干田干土来靠挑担子为生的。那个时候的地主就是收租吃饭，因为当时的社会还是保甲制度，上面这一个湾子的范围就是有一个甲长，或者是一个村的范围就是有一个保长，这就是保甲制度。租金就是比如说我佃你五十挑田来做，我就要拿多少石谷子给你，那个时候的谷子还是讲石数，或者是以斗来计，然后除了这些我还要交多少稳租，其实除了主人家拿的粮食外，自己剩下的就不多了，所以说当时有些人做着很宽的庄稼还是要饿饭。收成不好的时候，有些主人家就不会少，天干水旱就还是该收多少就硬是要收多少。人与人还是不一样，遇到收成不好，有些主人家多少还是要让点。

我都记得，那个时候要喊我割草、看牛，反正半天就割一背篼草。那时有一个姓汪的，那天我去牵牛晚了，他放牛过后我还没有去牵牛，他就抽了牛儿棍子，把牛赶到田中间去了。我当然牵不到牛，我当时还太小了，我又没有穿的，冬天都是主人家拿的他孙孙的裤子给我穿，我下去牵牛，我自己就落在田里面，被泥巴埋在肚子那里，我就在那里一直大声地叫，下面又冷又软的，我就牵不回来牛。刚好那个时候我主人家就从街上回来，他就看到了，看到了就喊我起来，问我是怎么回事，我就跟他说了。后来他就喊我回来，让他媳妇舀水来给我洗干净，又把他孙孙的衣裳裤子找给我穿，喊我去睡着，还给我煮了姜汤那些给我喝。后来我起来吃饭就听到主人家骂那个姓汪的，把他骂惨了。他说："这个娃儿本来就是命不好，你还要那么整人家，你就应该把牛赶到边上把牛牵回来，你还把牛往田中间赶。"反正想起来，这个人我是一辈子都记得到他的好。

生活差距就差得远了，穷点的就是连吃稀饭都不一定吃得上，地主家里的谷子是围着的[1]，像过年那些地主杀猪、穿香肠、腊肉那些从冬月间就要开始干起，穷的人就没有这些响声，穷的人那个时候都弄不到吃，那些不穷不富的人，就是那些大点的栽田户，喂牛喂牲畜那些，这种平时就还是能把生活搞走。过年的时候，帮人的那些如果对主人家好点，他可能就会留吃年饭，如果对他不好的话，到了腊月二十三的时候就还不是把钱给算了，拿着钱就走。

5. 土改前的土地观念

我就是想要地也没有那个钱拿去买，那个时候的土地是很贵的，不是说我想不想要的问题，过去就是放女[2]都要说家里面有点干田干土，这都是很好的了，这种就可以一年到头都不用搬家。如果说是写人家的土地来做，那就要今年搬到一个地方，明年又要搬到另一个地方，这个日子过起来就更苦。所以说这个事情不是你想的那么简单，地是个好东西，但是地很贵，就像现在买房子一样，但是当时就要比买房子还要贵几十倍。还有中人，中人就是参加了这个事情，后面还要谢中，要办酒席来感谢中人。

地主的地就是靠剥削得来的，他自己又没有劳动，就是一辈传一辈，这样子传下来的，就要靠收租，佃户做一百斤谷子都拿了八十斤给他。地主的地都不少，他就可以把所有的地都收拢来。但是还是有那种不会经营的，最后就把地都整掉了。

（二）土改的过程和经历

1. 访贫问苦，扎根串连

工作队是1952年下来的，五一年的下半年就开始宣传土改，五二年就正式开始了。那时候开的会可不少，我们村上有一个锣，只要是一敲锣就是要通知开大会了，一喊开会就全部都跑过来了，就要说今天开会主要是要干些什么。访贫问苦就是工作队员会去一些受过苦的人家里面去动员。我们这里是有农会的，农会有农会的主任，就负责土改的工作。当时还成立有妇女儿童团、青年部，当时还没有建立团，是土改过后上面有团员和党员下来，后来才建立团、建立党。开始建立团的时候，我就是乡里面的团委书记，我就既负责这个村又负责全乡的青年工作。

2. 划分阶级成分

我就是属于帮人，帮着地主割草那些，而且我又没有家，就属于是雇农，分田地我都是分的双份。划阶级具体的标准是什么我记不怎么清楚了，当时是有一个土地改革的政策的本本，就根据那个标准，比如达到哪个条件就该被划为小土地出租，哪个条件就该被划为地主，或者是富农，都是以解放前三年为准，就看达到哪个条件。如果土地是自己做着

---

〔1〕 围着的：就是指很多。

〔2〕 放女：嫁女的意思。

的，生活又还是过得去，那么就属于自耕中农；佃中农就是去佃人家的土地来做而且还佃得比较多。我们划阶级就是这样子来衡量的。当时主要是工作队那些人在划。最后的结果地主大概只占了百分之一，我们没有什么具体的数量规定，就是根据标准来的，大部分人都是贫农。

3. 挖苦根，斗地主

公审大会就是，当时有的人对社会、对政府不满的，就要逮起来关着，到处乡政府都关着地主、棒客[1]头子这种反动的人，群众就要斗争他们。当时开公审大会到处都安排着有岗哨，地主、富农不能乱走乱动，就相当于是管制起来的。斗地主就是锣一敲，就要来开会斗争地主，罪恶严重的就要枪毙，老农机站的坝子里原来的时候就是坟场，那里就枪毙了很多的人，棒客、有些大地主，还有些死不悔改，一直和共产党作对的就要弄来枪毙。那个时候打的人不少，我当村长的时候就是十七岁，那时候我就记得。没有人敢给地主说好话，去给地主说好话人家就要来斗争自己，所以都还是不敢给地主说好话，而且地主也确实是欺负人。

4. 没收和分配土地、财产

我们没收地主东西的时候，没有什么地主配不配合，就是直接喊地主搬开，就找个差的地势去住，就把他的房子拿来分，贫下中农都是分了房子的。当时是有一个政策的，比如说谁家五个人，应该住几间屋，就要给他地方、房子和分家具。我是一个人，我就是只分到两间屋。我分到一张床铺、一床铺盖、一张罩子，然后就是两间屋。

那个时候是大家都要地方，没有多大的争执，你划这边，我划那边，反正就是跟着划着走，一般都没什么争执的。说老实话，地主、富农的就要给他们划得差一点，但是都还是没有争执。

5. 土改复查

我们这土改就是 1952 年就结束了。土地复查都是以后了，后面还搞过两次查田评产，就说田的产量不对，但是后来都没有再拿来分了，就是有的面积应该少点的就拿出来点，应该多点的就再给他们添点。地主漏划的就后面又拿出来划，比如说像我们这个乡的熊百华就是漏划的，后面又重新给他划为地主了，就又把他搬到余山那边去了。

土地证是给我们发了的，发土地证都搞了几个月，挨家挨户地来登记，比如说这块田是我贾富钊的，登记的走到这块田，就问我这块土东边挨着谁，叫什么名字，西边、南方、北方又都是挨着谁。反正一块土中间的是我的，四方和谁的土地挨着，土地证上面都是写得很清楚的，然后拿到乡里面去统计，统计过后就拿到村里面去，那时再统一给我们填上土地证。发土地证的时候热闹得很，所有的人都来看发土地证，来领土地证，拿到大家都高兴，土地证就和过去地主的契约是一样的，就是土地的管理凭证。

---

〔1〕 棒客：土匪。

查田评产就是哪块田多少面积、多少产量，都是插了牌的，只有把这些都整好了，田才能分得下去。土改之后也要上公粮，大概是交了百分之一多不到百分之二。

（三）土改的结果和影响

1. 土改后的土地经营情况

那个时候做出来够吃了，我们都是自做自吃，只是交少数的公粮，肯定就够吃了。收成还是可以，反正那个时候都是自己的地了，大家都还是做得好。分到了土地，自己能够生产，自己种来吃，就总是好的。土改之后就不能买卖土地了。不要说是买土地了，就是那时去买青苗都要被批评，一个乡里面出现一个两个，就要被斗争。换工队是土改一结束就开始干的。

2. 土改后的家庭生活情况

土改过后生活就好了，压力也就没有那么大了。土改过后那几年是全部的人都种地，没有什么人会去做生意的，做生意都是这最近二十年左右才开始兴起的，就是在人民公社完了之后才开始兴起的。

3. 土改后的社会交往情况

生活差距还是有，土改之后还是有些人的粮食不接口，还是要出现借的情况。每一个人都有自己的一份地，有些经营得好的，除了吃的还有剩的，有些经营得不好，管得不好，粮食还不够自己吃。地主后面逐渐地就消失了，因为逐渐地就把这个阶级取消了，帽子就取下来了，慢慢就和我们是一样的了，慢慢地就同化了。

4. 土改后的观念变化情况

说国民党要反攻我们这个地区还是没有，都不会信的，这个怎么可能？八百万军队都打跑了，蒋介石怎么回来？叛乱那么厉害都能镇压下去，不可能回来。我们（村民）之间的关系大家都还是可以，同一阶级的可能是要好点。

自从解放以来，共产党是一天就比一天好，群众就一天比一天更相信党。土改印象最深的就是共产党、毛主席不来，我们就分不到土地，我们就过不到现在这种幸福生活，现在就比解放前的生活好几十倍。

5. 土改对农业集体化的影响

1953 年进入的初级社，1955 年就跨进高级社，农具那些就随同土地入社了。入初级社的时候，农具、耕牛还有土地都已经给我们估过价了，这个财产是属于我的，但是农具、耕牛交出来就属于集体管理，集体使用。开会一个号召就只有交，不交怎么行？当然还是有个别不愿意交的，我们这里当时有一个姓黄的，就是不愿意交出来入社，后面到高级社他都还是单干户，但是单干户就要受排斥的，水利要集体用了，耕牛和农具他就说他自己有，这个人就是要自己当单干户，不愿意交出来，他也不是反对共产党，就是觉得入社不强，就不愿意。但是这种人还是少，这一个乡也只有他一户，大多数都是自愿入社的，开会议号召就参加了。

我觉得还是交出来大家使用的效率要高点。入社的时候交的一切东西都给估了价，这个钱农业社就逐年逐年地付给我们，以后就全部是农业社的了，农业社就全部都自己办了。

BJ20160121ZLK@ W　宗良坤

一　受访者基本信息表

<table>
<tr><td>调研点</td><td colspan="5">四川省自贡市富全镇新房村</td><td colspan="2">调研员姓名</td><td colspan="2">柏静</td></tr>
<tr><td>调研员单位</td><td colspan="9">华中师范大学中国农村研究院</td></tr>
<tr><td>受访者编号</td><td colspan="5">BJ20160121ZLK@ W</td><td colspan="2">受访者姓名</td><td colspan="2">宗良坤</td></tr>
<tr><td>受访者性别</td><td>男</td><td colspan="2">首次采访时间</td><td colspan="2">20160121</td><td colspan="2">首访时受访者年龄</td><td colspan="2">85</td></tr>
<tr><td>受访者成分</td><td>雇农</td><td colspan="5">土改时是否土改干部或土改工作队队员</td><td>否</td><td>是否党员</td><td>否</td></tr>
<tr><td>干部经历</td><td>有</td><td colspan="5">曾担任的干部具体职务</td><td colspan="3">合作社社长、经济队长</td></tr>
<tr><td>现家庭人口</td><td>2</td><td>现承包地面积（亩）</td><td colspan="2">0</td><td colspan="2">现承包林地面积（亩）</td><td>0</td><td>现承包水塘面积（亩）</td><td>0</td></tr>
<tr><td>受访者基本情况</td><td colspan="9">老人 1931 年出生，四川自贡人，现在和老伴在街上租了一家店面居住，儿女各自成家，老两口自己生活。老人每天上午都会出去街上逛逛，下午一般打会牌，喜欢和人讲故事。老人两次申请入党都没有被批准。老人一生勤劳善良，现在仍然保持着读书学习的习惯，喜欢看一些小说，有空出去和一些同龄的老人闲谈，生活态度积极乐观，日子过得很幸福。</td></tr>
<tr><td>受访者职业简历或个人经历</td><td colspan="9">土改前老人属于无地农民，主要靠帮地主干活为生。老人在土改时以及后来在村里担任过职务，也做了很多事，后来在农业合作社期间做过社长，在队里担任过经济队长，带领大家一起从事农业劳动。</td></tr>
</table>

二　分阶段整理

（一）土改的基础和背景

1．土改前的家庭基本情况

土改之前我家里面就只有三个人，我母亲死得早，在解放前就已经死了，家里就是我父亲和我们两弟兄，一共三个人。我和我哥哥两个都在外面帮人，我父亲就是去挑担子，又在街上做过烟生意，也做过绿豆饼生意，就是这样子的。后来在1950年下半年的时候，我哥就没有帮人了。所以我家土改前就是三个男性劳动力，我父亲、我哥哥，还有我，没有小孩，没有老人。

2．土改前的家庭经济情况

土改之前那个时候我们没有土地，我就出去帮人，要拿工资，我以前帮主人家要拿三石谷子给我，三石谷子差不多相当现在的一千斤。说到借债，我们有借给别人，我母亲死之前一个亲戚借了我们的谷子，一直都没有还，后来我帮人的时候，也是一个亲戚借了我七八百斤谷子，也是没有还我们的。后来我们没有帮人了就去租别人的土地来做。

3．土改前的土地经营情况

我们租人家土地来种就是要给主人家交租，一般就是粮食。当时有三七开的，还有二八开的，那种就是做一千斤，地主就要占八百斤，也还是有对半的，我们搬过去的时候就是对半，种的红苕产两百斤，一个人一百斤。

农具我们家最开始做庄稼的时候是有的，还没解放的时候我们是自己做土地的，就有农具。但是当时要拖壮丁，我们就搬开来住了，我和我父亲，还有叔叔，都是分开住，因为就怕去当壮丁，当时我就搬到我母舅宜宾那边去了。以前没搬的时候有犁头、耙子、磨子、碾子、风车，后来搬了就弄烂了，弄散了，就丢失了。

我帮人家的时候，就最喜欢栽秧子，那个时候先是去牵牛、割草，后来这些做完了之后主人家要是喊我去栽秧子，我就高兴得很。换工就是你帮我做，我帮你做，栽秧子、打谷子都有换工。如果我欠你的工程，那我就是一定要还清的，我帮你做了三个工，你也就要帮我做三个工。

4. 土改前的社会交往情况

我帮人很勤快，我回来十年以后我主人家都说我真的是很勤快，那种大的背篼，我一早上可以割三个。因为我勤快，所以我的主人家都对我好。要说一般都是主人家比较凶，佃户都不愿意和主人家挨着住，要不主人家就说法很多，看着你这也没对，那也没对，所以一般都最好是不和主人家挨着住。

族谱我们本来有的，后来搬家搞掉了，本来是有四大本的。当时是有一个清明会，大家的情况上面都有。

5. 土改前的土地观念

土地我想是不能想来的，土地要买，有些人发了财就可以买，有些做庄稼赚了谷子，比主人家还好了，就去买地，但是后来解放了又觉得当初买糟了，本来不是地主的，买了地反而还当了地主。因为当时是买的土地只要享受了三年，那么就是地主。还有一些卖地的，卖了三年就解放了，那种就不算地主了。

对地主没有什么看法，人家有那个条件，买来就是他的，我就是没有那个条件。说起土改我其实没什么想法，就是土地改革了就不受压迫了，当时一个是受地主的压迫，还有就是拖壮丁，要解放的时候没有谁想去当兵，穿得又脏，吃又吃不饱，让上阵就得上阵，要不然就要枪毙，所以解放前大量拉人去当兵，但是没有人想去，这也是为什么国民党会打败，因为没有人愿意去（当兵）。

土改之前没听说过共产党，解放后才知道的八路军，八路军来乡间，还来帮着挑水，就觉得八路军还是好。

（二）土改的过程和经历

1. 访贫问苦，扎根串连

我们这里1949年解放，1950年就有工作队下来了。那时候要开会的，土改起初的时候开会大家都很积极，晚上喊到要开会，基本上是全家人都要去，也不抱怨。工作队就是动员组织群众，说说受过地主的哪些苦，宣传土改是什么，要做什么，其实主要就是一个宣传和动员大家的作用，后来就主要是贫苦农民、贫下中农在做这些了。阶级评了过后，该是什么阶级就是什么阶级，贫农有很多，但是没有成立为团，贫下中农一家人，当时贫农、雇农都是一家人，天下农民是一家。

2. 划分阶级成分

我们一家人因为都在外面帮人，自己没有土地，所以分阶级的时候我们就是雇农，我当然是同意这个阶级的，因为情况确实就是这样子的。

划阶级就是开会，大家坐在一起，但是那就不是一天两天的事情了，最低都是有三个月的时间，就专门负责划阶级这个事，看我们具体家里面是个什么情况，应该是什么阶级。划分的具体标准我都忘了，但是当时是有一本书要学习的，那个东西不是一天两天就可以弄懂的，最起码都要学习十多天才能懂到底哪种人该评为什么阶级。起初就没有那么规范，当时我帮人的那主人家，就是在开始就给人家评了一个富农，其实后来我认为他只不过是一个中农。

划阶级是一次就搞定了，基本上都是正确的，但是那个时候还是有骗人的。我老伴的父母，本来开始的时候是评的一个小土地（出租），后来就更改了，就是因为旁边的一家贫雇农，说要借点米来过年，当时就没有借给他，后来就单独给我老伴儿的妈弄成了地主，说我老伴家里只有她父亲在外面做活，她母亲没有出去，就说她是地主。其实人家虽然没出去做，但是在家里面喂猪、纺棉、洗衣那些，平时不出去，有事出去还是要做点，给人家定了一个地主，这就是划错了，其实还不就是为了收东西，当时家里面没吃完的肉、花生那些就全部都收走了，然后还要管制，走哪里去还要请假。贫下中农随便走哪里都不用请假，但是地主就不行，要是地主走哪里去没有请假，当时喊的治保委员就要抓他们来斗争。反正评阶级的时候这种整人的事还是有，只不过不会很多。

3. 挖苦根，斗地主

划完阶级就很突然地，一下子就把地主的东西全部弄来收掉了，有些被收得连床铺都没有了。我记得我当时都做了一回恶事，喊地主来开会，结果等半天都还没有来，我生气了就打了他几下。现在想起来，其实不该动手的，因为我一直性格还是挺躁的，你凶我就还是很凶。后来就是斗地主喊地主站着，或者是让他跪着，在会堂里面勾着[1]。现在是叫谁去斗争地主的话，谁还会去呢？天气又冷，又没有报酬。当时我想着还是算了，我就叫地主坐着，还把火儿[2]拿给他抱着。但是我们都没人敢给地主说好话的，那时候是“包庇制度”，谁说好话，谁就要被批斗。

4. 没收和分配土地、财产

没收地主财产的时候就把地主喊到一边去就是了，根本就没有他们的发言权，把东西都给他搬走，搬走过后他就马上搬家就是了。我们就是分到了一个碗柜、一个衣柜，还有一张桌子。标准就是根据当地的土地的多少来分，比如说我们这个乡有多少土地，每个人平均该有多少就分多少。大家都是一样的，只是地方不同就不同，像我们这个乡就是五挑，好点的田就评九成，十挑就评九挑，稍微差点的水田，十挑就喊为八挑，最差的田，十挑算七挑。土又分为甲乙丙丁，上等土就是一斗算九升，中等偏上的就是一斗八升，中等偏低的就是七升，那些最差的地势又高的滩滩儿土[3]就是六升，这些东西都是提前就定好了的。

当时雇农如果一家有几个人就是一样地分，但如果是单独的一个人，那么就要分双

---

[1] 勾着：指让地主弯腰低头。

[2] 火儿：暖手的东西。

[3] 滩滩儿土：指很分散的土地。

份，政府考虑得很周到，想着一个人以后还要结婚，所以就是分的双份。把地主的东西收上来就全部放在村里，在最后分的那天之前就已经排好了，哪一个搭配哪一个，大家就自己来领，第一项该拿什么就拿什么，然后走到第二项，该拿什么就拿什么，然后第三项，这样走下去。不会去争高低，那个时候的人觉悟还是挺高的，不像现在的人都有点自私。

5. 土改复查

土改是1952年结束的，就是分田土、分房子，然后就结束了。我们这搞过土地复查，后来整出来划错了阶级的有几个，当然也有没有整出来的。查田评产就是比如说这块大田原来报的产量是多少，现在就要查实是不是这么多，就怕有瞒着的黑田黑地，把这个查实在了。当然也还是有松有紧的，比如说这块田二十挑，有些实际上只有十九挑，有些可能又有二十二挑，反正就是把田都查证了。

（三）土改的结果和影响

1. 土改后的土地经营情况

土改之后我们下年就是种豌豆、胡豆、麦子、菜籽，上年开了年就是种苞谷、红苕、绿豆、豆子那些。反正那个时候基本上还是够吃。我们还是有换工，之后就进入合作社，就是长期的合作了。

上公粮就按照土地来算，因为之前是统计过的，统计之后就有底子，就按照那个统计的来给我们算应该交多少。当时也没有谁去说多不多这个事，反正就是上面说要交多少，就自己抬多少去交了就是。都是交的谷子，我们一起抬着去交，就像现在的堵车一样，一个一个地走才能过得去，但当时也没有谁抱怨。那时候我们种地热情肯定高，祖宗三代都没有过地的人，现在自做自吃，又不会拖壮丁了，又没有棒客来抢，我们就是自由的。土改之后就没有土地买卖了，大家各种各的，还买土地来做什么？

2. 土改后的家庭生活情况

那个时候我们的生活就是自由，自己勤快点，做得好点，就有吃的，总的来说就是比原来更好。第一个是不用受人压迫，就比以前租地主的地要被地主管着好得多；另一个就是没有人来侵犯我们了，原来就有来抢人的。反正还是好得多了。我们也没有其他收入来源，就是种地。

3. 土改后的社会交往情况

邻里之间的关系好不好，那就要看这个人会不会处事了，有些邻居是不能吃亏的，这种人就不好处，也有些处得好的，俗话说就是“邻居处得好，像是一块宝”，有些少数的不会处事的，就要不得。不同阶级的人，大家的关系一般都差不多，像以前经常都要弄地主来评查，一年四季，地主做了些什么，走了哪些地方，要是有什么不该做的就要斗争他，当时三个地主都是老人，后来我负责的时候，我就没有去弄这些，人家三个都是老人，他们还能做出什么来吗？

4. 土改后的观念变化情况

我们拥有自己的土地了当然就是高兴，对地主来说，拿人家来斗争，还把东西都没收了，他肯定不满意的。遇到有些开明地主就没有事，晓得政策是这样子的，就规规矩矩的，该怎么办就怎么办。有些地主是不满意的，有地主还出了一首诗，说："一片青山绿油油，前人种地后人收。后人收了莫高兴，还有前人在后头。"他的意思就是我们这些人收了土地不要高兴，还有前人在后头，就是说还有国民党还要返转来。这种话就是叫做反动话，但是我不信。

兴修水利、修路的活动在土改之后最开始还没有搞这些。对土改我没有什么看法，这个政策是这样子的就是这样子的，说大家一样的就是一样的，没有什么其他的看法，难道还说它哪里不合理吗？

5. 土改对农业集体化的影响

那个时候叫"各投农具"，犁头、耙子这些农具都要交，不是往上面交，是一个生产队差不多就有三十户到五十户，就把自己家的农具投出来，大家共同使用，作为公共基金，看一个人摊多少，把出的东西都写上去，没有投的就补钱。1956 年下半年成立的（合作社），1957 年搞了一年，到了 1958 年就是成立高级社。高级社就一个队一个伙食堂，当时又是大办工厂、大办铁厂，用了很多劳力，家里又搞深耕，这个说我能产八百斤，那个就说我的能产一千斤，另外的又说我产三千斤，当时就称为比武、打擂台，还要召集开会。当时的人，谷子本来都可以打了，全部把谷子移到一块田里面来栽着，然后抱一个孩子在上面坐着照相，就说谷子连娃儿都承得起，实际上就是假的，结果就只剩一两块田里面有谷子，其他的田里面都还是光的，人们怎么不饿肚子？所以我说还是各种各的好，集体种人心不齐，怎么种得好？谁都在想自己能分到多少就不行了。自己种自己的土地，哪里一点没整好都要去管理好，集体种就是"出工不出力"。

BJ20160121HHZ@W　黄海洲

一　受访者基本信息表

调研点	四川省自贡市富全镇新房村			调研员姓名	柏静
调研员单位	华中师范大学中国农村研究院				
受访者编号	BJ20160121HHZ@W			受访者姓名	黄海洲
受访者性别	男	首次采访时间	20160121	首访时受访者年龄	83

续表

受访者成分	佃中农	土改时是否土改干部或土改工作队队员			是	是否党员	是
干部经历	有	曾担任的干部具体职务			农会青年班班长，余山大队支部书记、宣传部长，农业社社长，富全乡政治教导员，区组织部部长，黄石镇副书记等		
现家庭人口	2	现承包地面积（亩）	0	现承包林地面积（亩）	0	现承包水塘面积（亩）	0
受访者基本情况	老人1933年出生，四川自贡人，现在和老伴两人在街上租住，儿女有的在自贡市居住，有两个儿子在村里面，其中一个在当村干部。老人喜欢出去走走，每天都要上街，有时还会被邀请到学校去做演讲。老人在解放前为了逃避抓壮丁而戳瞎一只眼睛。老人一生做过很长时间的干部，现在退休费较高，老伴也有较高的退休费，因此生活比较宽裕。						
受访者职业简历或个人经历	老人土改的时候就帮着村里面填土地证，成立农会后就在农会里面当青年班班长。1954年入党，入党之后就当余山大队支部书记，支部书记干了很多年。1959年以后就脱产，调到富全乡，当时是宣传部长，精简过后就又回到余山当支部书记，中间还当过农业社的社长。1960年又调回富全乡，那时是政治教导员。之后又调到区里的组织部，在区里面工作了三年。1970年之后又调到黄石镇去当副书记，在那工作了九年。1980年又调回富全乡直到退休。						

二　分阶段整理

（一）土改的基础和背景

1．土改前的家庭基本情况

我叫黄海洲，我是1933年出生的。土地改革之前我家里是八个人，有我老母亲，有我父亲，还有我们三弟兄、两姊妹，还有我叔娘，她当时和我们一起的。但是要土改之前我又接了一个人[1]，我现在这个老伴是之后接的，当时那个是已经走了的。分地的时候我们就是八个人分地。这是土地改革以前，土地改革以后，我叔娘另外去住了，就没和我们一起了。

2．土改前的家庭经济情况

我妹子和兄弟那时都不能干活，只能是我老母亲、我父亲，还有就是我和后头我接的那个屋头的，她比我大两岁，就等于是四五个人做八九个人在吃。但是我老母亲能干，我老母亲可以犁田，也可以抽水，晚上去犁田她都干，只是说栽秧子不行。我父亲是个石匠，他松工[2]的时候就去帮人家打石头，当然紧工的时侯就还要去请点人来帮着做，打谷子那些。后来我也去做过石匠，只有我大点，可以去田里面干活路，其他兄弟妹子很小，都不得行。

我们自己不够吃就去借人家的来吃，我们土改之前还是欠了人家好多账，就是借的谷子、粮食那些，都是在解放以后分到了土地才逐渐还清了的。一般是借上一石就还一石二，有些还要借一石还一石五，那个时候就是讲石数、斗数，不像现在讲斤数。一石就是十斗，一斗就是十升。我们当时借过粮食，我父亲还借过钱。

3．土改前的土地经营情况

土改前我们就是去给人家写的地来做，黄炳权当时就是佃主，他的父亲当时是专员，但是他是开明人士，所以以后他没有遭斗争。我们当时写的是五十挑谷子来做，租子是多少我都记不清楚了，当时就是有佃租的，我们租地要给佃主写佃约，比如租了佃主多少土地，每年要给佃主多少租子，这些都是要在佃约上面写清楚的。当时好的大概有个三七成，佃主占七成，我们占三成，能有四六成的已经是最好的佃主了，这种都少得很。一般都是三七成，比如一石为准，我们自己就只能进三斗，佃主就要进七斗。我记得我们那时是交租子以后就没有什么剩下的，基本上一年到头来还不够这几个人吃，交了租过后就不够吃了。因为租子没什么争执，弄不好人家佃主以后把我们开了，下一年就不写给我们了，如果要和他犟，那他就让我们另外去租地来做。怎么可能争得赢佃主？那个时候土地是他的，权力是他的，只有去跟他说好话，能有什么争执呢？

收成不好的时候，有些佃主会少收一点租，有些还是不会少，说到这我就想起，土改

---

〔1〕 接了一个人：娶妻的意思。

〔2〕 松工：农活不多的时候。

改革之前，有一个叫黄少安的仲全出名的大佃主，有一年收成不好，我父母就说去请那些保长来说说，就少收一点租，结果当时把保长、甲长都请来吃了一摊过后，结果是一粒都不少，他们就说是二公说的不少，那还不是只有算了，就白吃一顿。

我们自己有农具，犁头、耙子、水车等，还喂着一头牛。有些时间是要换工的，打谷子、栽秧子的时候就要换工程，你帮着我做，我帮着你做，吃饭就是你在我这做我给你吃，我在你那里做，就你给我吃，就不开工价，这种情况是有的。像我们当时就是和挨着我们近处的人换工程。

4. 土改前的社会交往情况

当时的佃主凶得很，当时佃主有一个娃儿，大家都喊他九少爷，当时九少爷还在读大学，我母亲的嘴也不让人，有次佃主来收租，结果中途就洒了点谷子，我老母亲就说“怕它不洒，洒了拿去喂乌龟！”就是这一句话就伤了九少爷，九少爷就拿棍子来打我老母亲，当时打得很凶，然后抬到这富全乡政府，但又能找谁说什么？还不是就算了，还要喊我们抬回去，就闷着一顿打就算了。那时的佃主就有那么凶！这是我晓得的。我还记得有一次我老母亲生病，想要吃梨，但是佃主的梨白天是不敢去摘的，就只有晚上，当时晚上天都还没亮，又起大风，我就去佃主的土里面摸，摸那些落的梨回来，白天是不敢去的。

一般的农民们都是穷苦人们，关系都还是比较好的，人们都还是比较讲义气，穷人与穷人之间的关系都还是比较好，当时就是关系好的我们就长期都好，关系不好的，充其量就是各整各的，互不干涉，总的来说穷人的关系还是好，大家都吃过苦，那时有些穷人真的惨。

穷人和富人之间的关系就是他看不起穷人就算了，你不惹我我不惹你，穷人和穷人打堆，富人就和富人打堆，关系好点的就好点，关系不好就算了，互不惹。

5. 土改前的土地观念

土改之前，就比如说我之前说的那个大地主黄少安，他的几个儿女是真的很凶，他自己还好。然后到了这边来，这个地主对我们就还过得去，过年过节我们还要去给他送节，我记得当时我和我父亲正月间去他那里拜年，吃的还是香肠那些。后来土改的时候斗争地主，我都在农会了当时，大家就把他弄来吊着打，问他金银藏在哪里，他遭不住吊着就说我把金银放在哪了，就把他放下来，但是回去找又没有找到，然后他才说我实在是遭不住吊着，他就是说谎话。当时的地主很狡猾，人们还是很恨他，但是以前是不敢恨的，只有共产党撑腰的时候那才敢恨。

当时的生活有些人家吃草根根都吃不够，就还要跟别人借，一个是借，另外就是还要去帮人，帮人来求生活。像我们就是紧工时候就干，松工时候我父亲就要出去帮人找点钱来贴补，不然怎么办？

那个时候简直就没想过能有自己的土地，也没想过土地改革。当时倒是有宣传过这些，说要解放了，解放过后要分土地，但不敢相信，当时就怕要杀头。这些都是背地里说的，当着面是不敢说的。共产党来的时候说实话还是有点半疑半信，过去都说共产党来就要实行“三光政策”，又说要把青年妇女拿来如何如何，就是那些地主害怕站不稳脚就到处造谣。

但像我们这些人就是这样想的：反正地主说是说，我不理你，我们也惹不起，就不管什么消息就不理。后来看着国民党要倒台了就觉得邪了，这下看来是真的了，而且共产党八路军来了，之后就不怕了，因为不是地主们说的那个情况。后来土改把有些地主枪毙，当时还有些不是地主的干恶霸，就是当时的土匪、土匪头子还是弄来枪毙了的，我当时都去参加过，看到他们被枪毙的。反正开始还是不相信会土改，后来看着真的是开始干了就相信了，硬是要把土地拿出来分。还有土地证，政府一张，我们私人有一张。

（二）土改的过程和经历

1. 访贫问苦，扎根串连

工作队大概就是在1952年左右就下来了，一个乡大概是只有几个人，但是当时的乡是小乡。一下来就开始开会了，他们就要来跟我们介绍怎么干。晚上开会都要去，当时晚上开会的时候多，白天晚上只要通知开会都是要去的。那个时候开会积极，没有说缺席的，开始女的还不去，后来女娃儿都要去了。

当时也说不上串连，就是比如说都是我们这个湾子的，就大家在一起摆龙门阵，还有就是在回忆过去大家吃的苦，帮人，女娃儿当童养媳，就说这些，女的和女的说，男的就和男的摆说，有些有亲朋在大城市的，消息就要灵通一些。

我们成立了农会，好像没有贫农团。农会就是穷人伙，会员就是贫农、贫下中农那些，当时富裕中农还不行，因为我是佃中农，才能参加农会，就是一般中农都不行。我那个时候肯定是积极分子，当时十多岁的小娃儿们就组成了青年团，我就是青年团的团长，之后我就入团了，要入了团之后才能入党。

2. 划分阶级成分

我们一家都是属于佃中农，就是租人家的地来做。划成分就是这样子的：自己没土地，又没有租别人的土地来做，就只是帮人，那就是雇农；贫农就是没有田，就只是一点土；中农就分为上中农、下中农，就是自己有土地，但是土地又达不到小土地或者地主那就是中农；而像我们这种跟别人佃来做，有田又有土这就是佃中农；有些还是自耕中农，就是他有田，但是自己做，没有请人做，那就是属于自耕中农；还有小地主、大地主，具体的我记不清楚了，反正就是有多少租子为小地主，有多少租子为大地主。当时请人是有一个标准的，自己有田土，请人达到多少过后就划为小地主，没有达到就是自耕中农。当时有些就是雇了工就成了小地主，另外还有特大地主。

划阶级的时候首先自己的情况你自己清楚，做了多少挑，交了多少租子，家里面有多少个人，就自己如实地说，这些就是标准啊，说了过后就拿标准来比量，该是什么成分就是什么成分。一般都不会有人敢乱说，因为都是要调查的，农会会派人到说的人的乡里面去调查情况的。

地主按照现在的一个村来说有些村十多户，有些二三十户，反正有些多有些地方少，一般来说小地主比较多，大地主就比较少，特大地主就更少。当然这个也说不清楚，有些人解放以前就是做点田，本来属于自耕中农，他就想着还要发财，就去买了一些土地；但有些当时的大地主又在解放的时候把土地卖了，比如之前有个大地主就是有个兄弟当时在当专员，就晓得风声，就喊他早早地就把土地弄来卖了，后头就没有划为地主。因为当时划成分看的是三年，有些中农就把地主卖的土地拿来买了，买了过后要是没有过上三年的地主生活就还是不会划为地主，但是你一旦过上了三年以上的地主生活那就要划为地主。

3．挖苦根，斗地主

工作队他们会走下来和我们谈，问我们过去是什么情况，现在又是什么情况，家里面有多少人，家里的人都在干什么事。反正都还是有人来问情况，但是不是每家人都会去问，他们还是有一个大概的了解，就是找那些很贫苦的人来问，还是有目的性的，要看这一家人能不能回忆，还要看你一家人有没有培养前途这些。这些上面的人都是有一个大概的了解的，看平时说话，看有没有文化，有没有出息。就像我，在马上要解放之前，这儿是拖壮丁，我家里我稍微大点，拖壮丁就该我，那时候不去当壮丁就要砍手指，后来如果不砍手指就要戳眼睛，有人就说戳眼睛没有那么痛，那时候还花了我一斗米去把眼睛戳瞎，就自己把自己的眼睛整瞎了，现在都只有这一个眼睛才看得到，另一个眼睛都是看不到的。反正我整了眼睛，对共产党总有好处，对地主总有恨的。

斗地主那是很多次，起码都是一二十次，这次来斗争他下次还要来，但是我当时在农会参加斗争的只有两三个大地主，一个姓胡的，那个地主之前我父亲还在他家去干过活路；还有一个地主在要解放的时候还当过乡长，姓郑，我还在他屋头去干过活路。小地主和大地主一个村大概就是十多个或者是几个，反正我晓得农会那个时候斗争地主还是搞了十多二十次，地主不招，这些人还不是就慢慢地让他招，后来还不招就把他弄来吊着，不承认那么大家就武干，就把地主弄来吊在那个挑[1]上面一甩一甩的，然后有些当时贫雇农吃了大亏的就是边打都要边哭。

4．没收和分配土地、财产

首先就把所有地主的东西没收了，全部放到农会来，就看一共有多少东西，就计算一下有多少贫农，多少雇农，该怎么搭配，然后就开大会，把东西全部放在院子里，把名字标上，开完大会以后就念名字，喊到一个就去哪一个，有锅盆碗、床铺、柜子那些家具，那些床铺都是很好的。那时候我们就是叫分胜利果实，没分东西的都还是会去参加，都要去看看分胜利果实。分到的东西当然是不一样的，但是每个人的价值大概是一样的。分东西也是农会出面分，当时也是要贫下中农才能分到，佃中农、富裕中农都分不到。因为当时我就什么都没分到，后来成立村过后，我还买过一个立柜。

---

〔1〕 挑：类似扁担的一种农具。

分土地的时候就是先分好地后就用竹片写上插好，哪个人是哪块田，哪块土，多少挑，这些之前就在册子上定好了的，大家都不会争。干部也基本都是公平的，因为都是拿出来摆在那里分的，大家都看着，大体上是公平的。那些本来有土地种着的人分到的土地还是要团圆点[1]，而那些贫下中农自己没有土地就只能到处去捡土地，就很分散。因为比如说我自己的地要拿来分，那我肯定要自己先把自己的留下，剩下的才会拿出去。

5．土改复查

土改是1952年结束的，大概搞了一年，后来搞过复查，但是一般还是没得什么变动。查田评产是这样的：就是把土和田都分为了三个等级，上等、中等、下等，就看每个人的田土是属于什么等级。给我们定产量就是为之后上粮打下基础，土改之后还是要给国家上公粮的。

（三）土改的结果和影响

1．土改后的土地经营情况

土改过后肯定就够吃了，我们那个时候还去还了账，早年的时候给人家借的，之后就还账了，我是借了两年之后才还清的，土改之前自己不够吃怎么可能还？我们主要就是靠种地，土改之后还是和以前一样有换工的，那时候大家的生产热情都高。大家都有地也没有人再租地了，也没有土地买卖。上公粮是自己挑去上，那个时候还是挑得很远去上，我去沿滩那边上过，永安那边也上过，还有本地也上过。反正该是多少就自己拿去上，上了粮还要写收据的，上得不高。

2．土改后的家庭生活情况

土改过后土地都分给我们了，反正土地是分给自己就要自己去干了，没什么压力。只要自己肯干，自己做来自己吃，除了上一点公粮以外，其他又没有谁要我们的了，所以土改过后还是吃不完的，我们几十挑谷子，一家九个人，肯定吃不完的，不像以前租来做的时候。我父亲松工的时候还是去帮人家干点活路，当时要推磨子，我父亲就帮人家修磨子、打石头，我参加工作了就没有干了，其他就没有什么收入了。

3．土改后的社会交往情况

我们和村民的关系土改过后就要比之前好，之前都没有串门走人亲[2]这些事情，充其量就说走一些很亲的人，平时都不会走哪里去，之后走人亲的就多了，过生、过节，有时候摆上好多桌。

当时的贫富差距不是很大，而且土改过后的差距是人家自己辛勤劳动干来的差距，不

---

〔1〕 团圆点：更集中的意思。

〔2〕 走人亲：走亲戚。

是去剥削人家来的差距，要不就是自己劳动力弱，或者说的不好听一点就是头脑没有那么开阔的人肯定就穷一点，但是（生活好的）这都是人家自己努力得来的，不是剥削来的。

4. 土改后的观念变化情况

刚刚开始土地改革的时候有些就造谣，说国民党要回来，后来那些造谣的就被整了，而且当时从现实来讲也是不可能的，所以也就不存在了。我倒是一直都不相信，这是不可能的。

土改之后群众关系、干群关系都变得好得多。修路修水利是有的，这边都有三道拐水库、龙团水库、八斗丘水库、解放水库，这三个水库我都去干过活路，龙团水库我没干多久就把我调走了，我调到黄石那边也修了两个大水库。后来又是改田改土、修渠道，一直把渠道从这个龙团水库修到余山那边。当时修水库就是晚上天黑了都要打着灯笼火把干。

我自己就是党员，所以一直对共产党就是信仰、信赖，因为晓得共产党就是穷人的党，是帮助穷人翻身的党。党说的真的是实现了的，当然也有一些不争气的人，参加了工作过后就乱干，结果还不是吃了亏。

5. 土改对农业集体化的影响

初级社就是农业合作过后成立农业生产合作社，初级社过后就成立高级社，几个初级社连起来就成了高级社，一个乡建立一个高级社，那时我还在高级社当社长。那个时候大家的土地都拿来入股了。

自己耕种为什么要建立初级社和高级社？就是上面说这个有局限性，一个人的力量小，大家（联合）的力量更大，干事情大家一起就更方便，个人干更局限。那个时候还是要宣传这些，有些人先干，先干的就介绍初级社的好处，就这样子建立的。我对土改印象最深刻的就是做梦都没想到过硬是把地主的土地拿出来分，真的是从来都没有想到过这些事情，不可能那么便宜人家就把土地拿出来，没想到这个政权一变，地主就被打倒了，这些变成现实了。所以说对共产党确实是佩服，有点魄力。

BJ20160122ZSY@Z　郑绍游

一　受访者基本信息表

调研点	四川省自贡市富全镇新房村			调研员姓名	柏静
调研员单位	华中师范大学中国农村研究院				
受访者编号	BJ20160122ZSY@Z			受访者姓名	郑绍游
受访者性别	男	首次采访时间	20160122	首访时受访者年龄	88

续表

<table>
<tr><td>受访者成分</td><td>中农</td><td colspan="3">土改时是否土改干部或土改工作队队员</td><td>否</td><td>是否党员</td><td>是</td></tr>
<tr><td>干部经历</td><td>有</td><td colspan="3">曾担任的干部具体职务</td><td colspan="3">村会计、村文书</td></tr>
<tr><td>现家庭人口</td><td>1</td><td>现承包地面积（亩）</td><td>0</td><td>现承包林地面积（亩）</td><td>0</td><td>现承包水塘面积（亩）</td><td>0</td></tr>
<tr><td>受访者基本情况</td><td colspan="7">老人1928年出生，四川自贡人，现在老人一个人居住，儿女都已经成家。老人住在二楼，每天都会在下面的门面里坐着和几个朋友聊聊天，虽然88岁高寿，但身体硬朗。老人有8个兄弟姐妹，自己是最大的一个。儿女都很孝顺，老人的生活现在很闲适，生活来源主要是国家的高龄补贴，还有儿女们给的生活费。</td></tr>
<tr><td>受访者职业简历或个人经历</td><td colspan="7">老人父亲在的时候是教书的，那个时候已经有小学了，老人当时是读过书的。1944年父亲去世，当时老人16岁，正在读初中二年级，父亲去世后老人就没有读书了，回家种地养活一家老小。老人土改之前在村里面当过会计，后来担任过村文书。</td></tr>
</table>

二　分阶段整理

（一）土改的基础和背景

1．土改前的家庭基本情况

我叫郑绍游，是1928年出生的。土改前我家有十口人，我们八个兄弟姐妹、我母亲，还有我的爷爷。当时我尽是弟弟妹妹些，我的祖父当时都七八十岁了，年纪大了又不能做，然后妈妈又是以前缠过脚的，更是做不得，就只有我们几兄妹在做。一家有十个人要吃饭，能够做活路的人就只有我们前面的大点的三个，五个弟弟妹妹、我母亲、我爷爷都是不能做的。

2. 土改前的家庭经济情况

我们家里面是在土改之前四年就开始做庄稼，自己有土地。当我父亲老了[1]过后，就是我祖父来帮我们管理家里面。那个时候我本来是还在读书的，我父亲死了过后我就没有再读了，第一年没读了就回去了，第二年的时候没有办法，只有去做庄稼，当时种了四年，收了三年，到1949年就解放了。

我们家一共有二十亩地，我们的土地是我的祖父、父亲那一代自己创业得来的，传下来的。自己种地的收入挑去上了公粮过后，到了冬腊月的时候就不够吃了，就自己做点小生意来维持生活。生活压力肯定大，那个时候我们是有土地，没有劳力，这就做不出来了。如果当时我们的那些土地有足够的劳力，大家都能够干活的话，那就要好过得多了。

当时肯定是要借债的，冬月腊月的时候，粮食不够吃，那怎么办？就要去借粮食借谷子来吃。那个时候借的利息还更贵，不管是冬月腊月借的也好，还是正月去借的也好，都是一样的。那会儿不像现在用秤来称，都是喊的斗，一石谷子要还四斗的利，或者是五斗、六斗的利都有，但是又必须要去借，因为一家人要吃，而且等到开年收成过后，必须要拿去还人家，不还是不行的。收成不好也不可以少还，当然比较起来说，自己要还的和收上来的相比，都还是算是很少数的，还是都还得起。要说在那个社会，我们自己还是有地的，不像人家那些自己是没有土地的，但是要求生活，就要去写田做，这种情况比我们更恼火。

3. 土改前的土地经营情况

我们做得不好，人家还没有开始种，我们就在种了，人家都种完了，我们三个还在种，而且收成很差，这是第一个；第二个是因为是自己的地，收上来过后还要上征粮，就是我们那点地都要上个四五石谷子。除了这些过后，一到了冬腊月，就要开始缺粮了。

在我父亲死之前，虽然他是在教村小，但是当时家里面都做着庄稼的，所以四大农具是有的，但是那个时候做庄稼，是全部都是请的人来做。当时我父亲死的头一年，我就不会用牛，我们又不敢去请人，因为自己的资金都不够，后来因为要买粮食吃，就把牛拿来卖掉了，后来1946年下半年又开始做庄稼，才又重新现买的牛，买回来就一直做。

当时我们都换过工，比如抽水就是你帮我抽，我帮你抽。我小点的那个兄弟，当时就只有十二三岁，就是换工的时候喊他去抽水，他当时好小，栽秧子的时候，就是一个秧头都拿不住，都要分一半来留在旁边慢慢弄，所以那个时候就是这样硬练，我们才能活下去。

---

〔1〕 老了：去世的意思。

4. 土改前的社会交往情况

土改之前贫富之间的差距那是相当大！有些（农户）是什么都没有，就是写点土来做，或者是去帮人。这个反正也说不上来好还是不好，还是要看地主和种田的人的关系，还是有体贴一点的地主。但是种田的人和地主关系处得不好，那租子的问题肯定就不好商量，有的地主还是凶，稍微看到收的多一点，他就要想办法让别人多交租，多交押金。

那个时候要兴宗族，一个姓要兴祠堂，每年还要聚会。解放前有宗族，还有帮派，青帮、洪帮，还有袍哥那些。我们的那个宗族是一个大家族，我们姓郑，说的是外地湖广填四川的时候来的。族长就是那些能说、能够组织大家起来做事情的人，就选他做族长，大家都要听他的。实际上我们参加的时候都不是很清楚这些，因为当时我们还太小了。

5. 土改前的土地观念

我们自己有土地，而且本来劳力就不够，不会再想买土地。要说起来我们这家人原来就是个大地主，我有四个爷爷，就是四大家。我的祖父是三爷爷，上面还有大爷爷、二爷爷，最小的就是四爷爷，他们四个是分了家的，解放前十多年就分了家的，他们那一辈分了家，到了我父亲那一辈就又分了家，这样子分了又分，到我们这就只有这些地了。后来土改划阶级的时候，我们四大家，除了我们，其他三家的人全部都是地主。

当时耳朵还是听到乱传，说共产党来了就要共产共妻了，这都是说的假的，但我们还是不过问这些，自己都要愁自己的生活，没时间过问这些。你看我是一九二八年出生的，到解放的时候就是二十一二岁了，但是也一直没有说要订婚，就是一直都是操心家庭的事，要干活路，不干不行。

（二）土改的过程和经历

1. 访贫问苦，扎根串连

工作队是1952年下来的，当时我们这个村，包括农会还是有七八个（人）。除了上面下来的工作队之外，还有在当地培养的一批贫下中农的积极分子。这个要开会，政策宣传还是要说，我当时由于没有划阶级，所以有些时候我们没有参与。那个时候主要就是依靠贫下中农，我们是晓得有开会这个事，但是具体是干什么我们就没有参加。在1952年下半年，评了阶级过后，我才开始进村工作。后来土改过后，又组织入团入党，那个时候才晓得。贫雇农串连知道有这回事，但是人家不会跟我们说，因为我们自己有土地，人家就不甩[1]我们。

---

〔1〕 不甩：不理睬。

2. 划分阶级成分

我们一家人都是自耕中农，自己的土地自己做。评阶级的时候就是我去说的我家里面的情况，我就是实实在在地说，是什么就是什么，哪一年我在做什么，家庭情况是什么情况。给我们划成中农情况属实肯定要认同，当时什么是贫农，什么是中农，什么是雇农都是宣传了界限的。工作队、农会那些都要参加划分。地主就是自己的土地自己不做，靠收租来生活，这种就是地主。对于划为地主的本姓族人不存在看法，当然，那个时候看法就是拥护、支持。我经过了解放之前的一二十年，尽管说我们自己家里面是有土地，但是当时看待那些穷的人是很苦的。我记得我们这个队是有三四户地主。划阶级当时就是只划了一次，1952 年划了之后，1953 年又来复查，就是又有工作队下来调查，看划成分有没有弄错的。

3. 挖苦根，斗地主

诉苦大会就是那些贫下中农控诉受到的地主的压迫，我有时候还是要去，但是主要是那些贫下中农或者是雇农，他们受了好多苦。当时就是晚上都还在开会，在舒安乡那边，一天开到黑。那些平时恶的，就要抓来斗争，弄他来站着，有些还是跪着，大家受过他的苦的就要斗争他。那个时候还要呼口号打倒地主，人们还是很激动，就像是终于翻身一样。大家都恨地主，就没有谁敢给他说好话，有些地主又是保长，有些又是甲长，当时有些富农都是甲长，就压迫普通农民，喊他们做什么就要跟他做什么。

4. 没收和分配土地、财产

1949 年解放了过后，解放军进来就是清匪反霸，后来棒客、土匪那些清完了，就收地主的财产和地方，收上来就分给贫下中农。地主都已经被斗争了，他就没有说话的地方了，他的土地也都已经被收了，人一旦到了那个时候，那么多人来批评你，来诉你的苦，都还是害怕的，这个时候还敢不配合吗？

地主的财产没收上来放在一处，然后就看该怎么分，按照一个村有多少土地面积，照人来平摊分给贫下中农。我们是什么都没有分到的。每个人分的地都是一样的。当时的土、田都是要评等级的，土是什么等级，田又是什么等级，有上、中、下三个等级，还有甲乙丙丁，哪块田哪块土是什么等级，产量多少，就全部写在一个牌上面插着，然后大家就按着牌上写的来拈[1]，这个就是看运气，运气好点的拿着好点的就是好点的，运气不好就是差点的。干部都是比较公平的，人们也不会争，这个没有什么会争的，都是自己拈到什么就是什么，都不会去争那些，东西都是在那里摆着的。

5. 土改复查

1952 年开始搞土改，那一年就结束了。之后 1953 年的时候还是来土地复查过，看有

---

〔1〕 拈：抽签。

没有划错阶级的，我后来没有听到说过哪里有漏划地主。有给我们每个人都发了土地证，上面登记了我们的田地。查田定产也有进行过，具体的数字我都记不清了，反正就是按照我们自己的土地状况来定的。

（三）土改的结果和影响

1. 土改后的土地经营情况

我们没有什么变化，我们没有分到土地，但是好在也没有拿出去，因为我们是自耕中农，是自己在种自己在做，就没有分我们的土地。土改之后还是一样的，田里面就是种谷子，干土就是种红苕、苞谷，下半年就是种麦子，产量不高，都没有很好，只有红苕要好点，像我们一年都可以挖几千斤红苕，苞谷那个时候没有良种苞谷，就是本地苞谷，产量都还是不高。

我们的情况没有什么变化的，一直都是家里面的人很多，做活路的又只有那几个，劳力不够，做来的粮食除了上交给国家的，还是不太够吃，吃饭都是在煮稀饭吃。那个时候产量不高的，不像现在的都是杂交稻产量高。那个时候一挑谷子要是能够打上来一挑多一点，人家都说是打涨了的，你看现在一挑谷子最起码都可以打两三挑。那个时候的人种地是种得好，土改的时候就是一点边边角角就是要利用好来做的，生产热情是很高的，只不过那个时候就是种得好但还是收不好。分到了土地就都是各做各的，解放过后就没有兴过卖土地，只有这后面才是又开始卖土地了，比如这修（建）房子，你就要买地来修（建）。

2. 土改后的家庭生活情况

要说生活压力是一直都大，没有哪个时候生活压力有多小。开始就是上粮，后来上了粮还要卖统购，就是国家买，但是物价便宜，上等谷子五分四，一百斤谷子才五块四。那个时候的劳动力还是便宜，去帮别人的话就是几角钱一天。

要说变化还是贫农以前受苦得很，不敢得罪主人家，后来分了土地，不说多少，至少是自己的了。那个时候我们就只有种地，树也栽的少，另外就是养了点鸡鸭，有时候喂点猪儿，拿粮食来喂的，其他就没有啥子收入了。

3. 土改后的社会交往情况

感觉土改之后大家关系还是都差不多，生活差距肯定还是有，但是那个时候就是自己的原因了，土改土地都分到了，自己种也是自己在吃，就看自己踏实不踏实。我们都是老实人，一辈子都是踏踏实实的，没有和人家谁吵过架。和地主到后来就都是一样的，没有什么好不好，只有早先在斗争他们的时候关系就不好，因为当时都是以贫下中农为主的，我们也不敢给地主说什么好话。

4. 土改后的观念变化情况

没有哪个说国民党要“反攻大陆”的谣言，地主更不敢说，就是心头想也不敢说，一下把地给他分了，又弄他来斗争，心里面肯定没有好舒服，但是只有闷在心里，不敢乱说的。关系肯定还是贫下中农之间要好点。那个时候修水库、修马路，我们都是去了的，修于冲到富全这条马路，修舒平到永安。开始是安排去的，一个队要去几个，后来就去的越来越多了，特别是到后面进铁厂，五八年的时候，去的人就更多了。

要我说土改就是共产党好，解放军来之前棒客好多，只要是有点（物件）的全部都要抢完，后来解放军来就收拾棒客了，小的就是喊“自清”，大的就是弄来枪毙了，后面的地主还是，恶霸地主就弄来枪毙了的。

5．土改对农业集体化的影响

初级社就是成立了农业合作社，大家都入了社，然后大伙食堂就是一个队都在一起吃，那个时候都没有多少吃的，做完活路回去就是一点菜汤，有时候还烧不开锅。牛和犁头、耙子、车子那些农具都交了。土地都入社了，自己留着也没有用，不交拿来做什么？

要我说还是各种各的好得多，入了社过后做活路就是挣工分，那个时候出去要我说就是磨洋工，各种各的时候多好的，自己种来自己吃，一起种的话始终是有些要偷懒的，再说那个时候人肚子都是饿的还怎么干活？

BJ20160203WYZ@Z　王远智

一　受访者基本信息表

<table>
<tr><td>调研点</td><td colspan="5">四川省自贡市富全镇新房村</td><td colspan="2">调研员姓名</td><td colspan="2">柏静</td></tr>
<tr><td>调研员单位</td><td colspan="9">华中师范大学中国农村研究院</td></tr>
<tr><td>受访者编号</td><td colspan="5">BJ20160203WYZ@Z</td><td colspan="2">受访者姓名</td><td colspan="2">王远智</td></tr>
<tr><td>受访者性别</td><td>男</td><td colspan="2">首次采访时间</td><td colspan="2">20160203</td><td colspan="2">首访时受访者年龄</td><td colspan="2">83</td></tr>
<tr><td>受访者成分</td><td>中农</td><td colspan="5">土改时是否土改干部或土改工作队队员</td><td>否</td><td>是否党员</td><td>是</td></tr>
<tr><td>干部经历</td><td>有</td><td colspan="5">曾担任的干部具体职务</td><td colspan="3">村会计</td></tr>
<tr><td>现家庭人口</td><td>7</td><td>现承包地面积（亩）</td><td colspan="2">0</td><td colspan="2">现承包林地面积（亩）</td><td>0</td><td>现承包水塘面积（亩）</td><td>0</td></tr>
</table>

续表

受访者基本情况	老人 1933 年出生，四川自贡人，现在和自己的儿子住在一起，是一个大家庭，一家七口人。现在老人属于半瘫痪，行动不方便，都是儿子、儿媳在照顾。每天一部分时间是在床上休息，另外就是坐在自己家的门口，和来往的人聊聊天。生活方面有政府的高龄补贴，还有其他儿女给的赡养费。
受访者职业简历或个人经历	土改之前老人自己家里面原本就有地，主要是父亲和伯爷在种地，土改的时候是自耕中农，没有担任土改干部。由于老人会用算盘，会写账，土改之后在村里担任会计，一直做了二十几年，还亲手教出了许多会计。

二　分阶段整理

（一）土改的基础和背景

1．土改前的家庭基本情况

我叫王远智，我是 1933 年出生的。土改之前我家里面一共六个人，有我父亲、我母亲，还有我一个伯爷——他没有安家，就和我们住在一起，有我姊妹，还有我，一共就是六个人。那个时候我只有十多岁，还没有满二十岁。

当时家里面有三个男的，三个女的，男的就是我父亲、我伯爷和我。我当时还小，做不来土地。我的父亲和我的伯爷他们能做，主要就是他们自己做来吃，其他家里面的人，像我母亲这些，就是能做得来什么就做什么。包括我就是一共三个小孩。

2．土改前的家庭经济情况

土改之前我们的经济状况没有多好，只能说是拉拉扯扯地能搞得起走，因为我们有几十挑谷子（的地），所以就是说自己做来够吃，而且我们是有自己的地、自己的屋，就没有人喊我们搬家。我们就主要是种地，鸡鸭还是喂了一些，都是少量的，自己喂来自己吃。

土改之前的压力还是很大，因为那个时候摊派的款都不得了，那时保上要给我们派款，我们这些做庄稼的人，就要让我们出钱，每个月都要出。自己做着庄稼就还要上粮，不管是干的还是水的，都要上粮。上粮还是按照田土面积来的，有多少面积，应该上多少公粮，就自己挑着去上就是了。

土改之前开销主要就是自己种点田给国家上公粮，除了这个之外，每个月都要派款子，那个时候的政府国民党是要我们每个月出款子的，比如说壮丁费，我们就要出这个钱，要是不出钱你就脱不了手[1]，还要把我们抓去关着。借债是实在到没有吃的时候，就去跟人家有的借一点，但是借钱是要加利息的，借粮食也是要还利的。

3．土改前的土地经营情况

我是自耕中农，有十亩多点地，因为当时是五挑为一亩，我有七十多挑谷子，就是十多亩地。我们的土地都是祖父遗留下来的，但是我就是那么宽的地方，做来都还是不够吃。因为当时的种子不像现在的，现在是良种，当时又没有肥料，栽的都是本地谷子、本地稻。那个时候一挑谷子的田面积，打一挑上来的时候，都算是丰收年了，产量太低了。当时就是用的叫做“六十早”“百日早”，“六十早”就是种下去最迟六十天就要收，“百日早”就是一百天。

农具都是自己家里办的，挪一点钱置办四大农具，犁头、耙子、水车、风簸，水车就是用来抽水的，那个时候没有抽水机，就是用人力做的。我自己喂着一条耕牛，我的四大农具还是办齐全了的，就是要有人去做。

这个湾子里面邻挨邻、户挨户的，还是有换工程，你来帮我做，我来帮你做，都有这种情况。换工就是一工换一工，人家帮你做一天，你就还是帮人家做一天，就是以天数来计算，你来我这里做，就在我这里吃；我去你那里做，就在你那里吃。解放前就必须要出钱来请人，要不然就不行，自己胜任不了。比如说要车水，但是当时没有抽水机，就要出钱请人帮忙，一般都要几个人才行，要车多少水，就要讲好是给多少钱。

4．土改前的社会交往情况

那个时候的佃主是钱在荷包里面装着，谷子在仓库里面装着，他自己吃不完就借给别

[1] 脱不了手：会被找麻烦的意思。

人，利息是不会少的，即使是收成不好还是要收那么多的。邻里的关系都是一个地方的当然好，像我当时才十多岁，有父亲、母亲带着，亲戚都是有事给他说才会来，没事都不会来。那时候贫富差距大，是佃主就又有钱又有粮，粮食吃不完的可以拿去卖，又是卖高价。一般的贫下中农，做庄稼的做来都是除了开支以外只够吃。向谁写的地方就要交租子给谁，有四六开，也有三七开的，四六开就是说一挑谷子是四斗，那佃户就只能进一斗六，主人家就要进二斗四，但是收租子的人进了粮食就要上粮，佃户就不用上粮，只是交给他就行了。

宗族就是同姓的，我们这还是有。那个时候还有清明会，就是三月清明那天就聚拢来吃一顿饭，一个人出一点钱。有些不守规矩的，清明会的老人伙就要批评他。清明会兴起了我们就要出钱，不能去白吃，就像现在走亲戚一样。那个时候同姓的你要选一个领导就是族长，族长在清明会的时候号召大家来吃一顿，还有就是收点谷子，上坟挂点坟飘子，没有多大的权力。要不就是其他生风惹祸的时候，比如说社会上谁欺负了成员，那成员可以给族长说，他可以来帮忙，其他就没有什么权力了。其他的事就还是要去报告组织上，当时的保甲制度就要报告保长、甲长，给他说他就解决。

5. 土改前的土地观念

地是要有钱才买得到，那些地主倒是一年两年的就要买地，所以说他能当地主，他的粮食吃不完，收上来的租子吃不完，他就把粮食卖了，换成钱来又买地，就是这样当地主。这些就是想我也是买不起的。其实人家自己发狠找钱来买的地，然后进的租子，我们不敢说什么的。因为自己不行，一家人主要种来就是够吃，没有存余。是租田户还要恭维着地主，如果不恭维主人家，他的地就不给租了，就要自己去想办法。像我们就没有谁喊我们搬家，因为我们（的土地）是自己的，所以我们就是在这点上有硬气。

土改是解放后的事了，听说了就想着土改了就好了。贫下中农世世代代都没有土地做，都只有去跟别人写地来做，土地改革之后，就要分地了，贫下中农就分到地了，就没有谁会喊搬家了，政策都是鲜明的，又有工作组，上面组织者有市、区里面的工作队下来，掌握着政策本儿，按照上面来，我还有什么可担忧的。

（二）土改的过程和经历

1. 访贫问苦，扎根串连

1952年土地改革，工作队也就是五二年进村的，当时工作组的人多，有个组长，有个副组长，还有些办事员。那个时候我还很小，才十多岁，只是知道点那个情况，主要都是大人在参加。工作队的下来了就开始召集开会，让我们所有人都要参加，开会就是宣传上面的政策，说土地改革的方针政策是什么，都要讲给我们听，哪些人该参加土地改革，哪些人不该参加，哪些田应该拿出来，哪些田不该拿出来，都要讲给我们听，我们听着还是就只有依从，那都是市区派下来的人。贫农团是有的，都是一些以前的穷困农民组成的。

2. 划分阶级成分

我们一直都是自己在种地，所以评阶级的时候是给我们评为的自耕中农，我们当然要认可，为什么不认同？本来就是一辈子都做着庄稼，辩也辩不掉。我自己也不可能说我是富裕中农，或者我是富农，哪个人又傻，难道去找罪受？人家土改工作队掌握着政策本儿，就像是背书一样的，照着上面搞。

划分成分的标准就是根据我们的家庭情况富裕不富裕，根据收入情况来划的成分。比如说一年到头都富裕，家里的良田做来吃不完，这种就是富裕中农，再上升一点就是富农，再上升到地主就是有地，地是写给人家做的，自己没有做就会评个地主，因为这样就是收租吃饭，是靠佃户租来供给。

我们是只划了一次阶级，这个一旦定下来了就没有变动。划出来的地主不多，那个时候要是地主多，农民就更整不下来。像我们这儿的那个郑铁山，他就是一个中地主，他是自己找钱来买地，买了三百多挑谷子的土地，他每年收到的佃户的租子是要把房子装满的，他根本就是吃不完的。

3. 挖苦根，斗地主

诉苦大会就是诉地主的苦，不这样子地主就不会拿出来，以前就是在那边的院子里面，地主就跪在那里，拿一根很大的很重的树墩子喊他抱着。斗地主是斗他们的金银首饰那些，就是要他们把钱、把金银拿出来，贫下中农来分。他哪里会这么便宜就拿出来，“穷不舍利，富不舍债”，他就是再有钱，也不愿意拿出来大家分，所以还是要打骂的。像我们中农一般都很少会参加，他们都不会通知中农去。那个时候就是农会掌权，农会主任就是清楚村里面的情况的，他通知我参加，我就去参加，没通知我参加，我也不会去乱参加。

4. 没收和分配土地、财产

地主的田土都还是有契约的，大家直接先是喊地主把契约交出来，看他有多少田多少土，就把他的契约没收了，没收了土地就归这个村，然后这个村里面的贫下中农就要来分。财产全部没收，穿的衣裳、家具那些，就跟他没收了，也是农会在管这些，拿出来贫下中农就分了。

具体分是农会按照贫下中农的情况来分的，看是分穿的，还是分家具，还是分钱粮，这些都是有个组织的，农会就是干这个事的。先把东西没收到村里面，然后农会就要召集开会，那个时候是白日夜晚都在开会，那时的贫下中农听到说要分胜利果实了就欢喜，敲锣打鼓地分东西。我们当中农的人还是有点好处，后来分家具的时候，还给我们分了一点，因为我们是自耕中农，我们没有那个权利，没有喊我们拿出来就是很好了。多数就是贫下中农分去了，我们就是最后分到一点少数。我记得当时我就是分到两个烂兜，就是装谷子的那种兜，给了我们两个，还有一点坛坛罐罐。因为当时说我们是自耕中农，还是帮着斗争地主，帮着跳帮着吼，还是要拿点给我们。

组织看田插标还搞了好几个月，逐田逐块地分地，还要量和插标签，拿很多竹子片来写上这块田的面积，还要来评看我们自己说的准不准，不准的话还要改过来，这个也是搞了好久的。干部贪污或者是不公平还是不敢，有工作组，有农会，怎么敢去贪污，都还是公平。村民那个时候本来连一点地方都没有，现在分地方了，就没有谁还会去争了。有这种情况，因为分的时候是原耕基础不动，这个是政策，自己本来写着田来做的就可以先把自己的留起来，多余的再拿出去分给田地不够的人，一般就会把好的田先自己留着，把差一点的分出去。

5. 土改复查

我们这里的土改 1952 年就结束了，只搞了一年，后来第二年还是第三年就开始搞土地改革复查，看有没得错的地方，后来还是没有发现什么错误。后面说谁分到了哪块地，那块地就是属于谁的了，就还是给发一个证明，就是土地证，这个是给每个人都发了。

查田评产事先在分土地之前就已经搞过了，农会组织起来干的。比如说这块田我说是五挑，到底是没有五挑，还是不止五挑，就要重新量过，因为这些都是有松有紧的。产量这个就看那块田是多少挑谷子，分得很细的，有上、中、下三等，又有甲、乙、丙、丁四种田，就看是哪一个等级的田，有好的也有差点的。

（三）土改的结果和影响

1. 土改后的土地经营情况

我们中农相当于是没有参加土地改革，所以多多少少就都是那一点，没有变化，我原来是多少就是多少，又没有叫我拿出来，但是也没给我。土改之后还是种一些农作物，谷子、高粱、苞谷，看是哪一季，是上春还是下春，该种什么就种什么。土改之后劳动力够，我父亲母亲都是入了社以后才死的，那个时候都在走向合作化了，反正我们一直都是自己在做。交公粮那个时候就交给人民政府了，我们这些还算是少数，只有几十挑谷子，交好多这些都是算好了的，交了之后还是够吃。

土改之后大家种地热情就比较高了，都是自己的土地，反正都是自己做来自己吃的，又不像以前种来还大多数都不是自己的，所以就大家都是很上心地在种。那个时候还有谁敢去买土地？晓得现在买地以后就要当地主（挨整），谁还敢去买？就都不会再去买了。

2. 土改后的家庭生活情况

土地改革之后当然生活就要比原来的时候好得多了，变化当然大，原来解放的时候，都是国民党的苛捐杂税，那个时候这样那样的税收，真的是逼人，后来土改之后就是上点公粮，生活变化当然大了。

土改之后的贫富差距不大，缩小得多了，原来的时候是有些人吃不完，有些又只有靠吃草根。因为现在的土地面积都是一样的了，你有三挑我还是有三挑，你有五挑我还是有五挑，只是说田土的好坏有点差别，好的田就多产点粮食，差的田就少产点粮食，反正都是好得多了，现在就是要靠自己做，你自己能做就有吃的。土改之后我家除了种地之外就只有点喂鸡、喂猪的副业收入，其他就没有什么收入了。

3. 土改后的社会交往情况

要说大家的关系其实都差不多，一个湾子来说还是要看会不会处事，好不好相处。不相交人的那种，你就要单[1]了，人家会活人、会相交人的，那种关系就好。地主也没有什么，他还敢记这个仇吗？他要是记仇，人家就可以反映他，那他就脱不了手，所以都还是差不多，没有什么区别。土改之后我就是我们村里面的干部，干群关系还是好，我在这个村里面担任了二十多年的干部，都是担任的会计工作。

4. 土改后的观念变化情况

土改之后每个人的土地都是一样的，这种情况下能吃得饱饭的就是自己能干的，吃不饱的就是自己懒惰了，就不能再怪谁了，我的看法就是大家一样的就好，就比较公平了。在土改的时候被划为同一个阶级的人可能在之后关系是要更好一点，这个就是没有办法的事情。

兴修水利就是政府的事了，像我们这里修了那么多的水库，政府规划说这里要修水库，谁敢不同意吗？劳力就是在各个生产队凑齐去做。我参加过几次，去了还是干挑泥巴的活路，修舒安水库那些我都是去了的。

对土改最深刻的印象，其实我们都还好，因为没受什么大的影响，土地没多也没少。我想对于穷苦的人来说（印象）肯定是深刻的，从没有土地，到处去写人家的土地来做，到分到了自己的土地，就不用再受苦受穷了。

5. 土改对农业集体化的影响

合作化都是逐步来的，1958 年就成立高级社了，之后不久就成立人民公社，就是公社化了。东西都要拿来入社，四大农具，水车、犁头、耙子、风簸那些，都要上交社里面，还是要评价格，然后按照土地面积来摊派。土地那时候都已经入社了，自己土地都没有了，农具留着就只有放烂，只有拿去入社。最初的几年，大家都多积极，耕种效率高，后来搞来搞去的人们就看淡了，就没有做好了，就散伙了，就又是各搞各的。有老老实实干的，也有专门钻空子的，这样一来，大家的积极性就低了，农业生产也跟着恼火。

---

〔1〕 要单：被孤立。

BJ20160203ZSQ@W　张淑琴

一　受访者基本信息表

<table>
<tr><td>调研点</td><td colspan="5">四川省自贡市富全镇新房村</td><td colspan="2">调研员姓名</td><td colspan="2">柏静</td></tr>
<tr><td>调研员单位</td><td colspan="9">华中师范大学中国农村研究院</td></tr>
<tr><td>受访者编号</td><td colspan="5">BJ20160203ZSQ@W</td><td colspan="2">受访者姓名</td><td colspan="2">张淑琴</td></tr>
<tr><td>受访者性别</td><td>女</td><td colspan="2">首次采访时间</td><td colspan="2">20160203</td><td colspan="2">首访时受访者年龄</td><td colspan="2">93</td></tr>
<tr><td>受访者成分</td><td>佃富农</td><td colspan="5">土改时是否土改干部或土改工作队队员</td><td>否</td><td>是否党员</td><td>否</td></tr>
<tr><td>干部经历</td><td>无</td><td colspan="5">曾担任的干部具体职务</td><td colspan="3">无</td></tr>
<tr><td>现家庭人口</td><td>1</td><td>现承包地
面积（亩）</td><td colspan="2">0</td><td colspan="2">现承包林地
面积（亩）</td><td>0</td><td>现承包水塘
面积（亩）</td><td>0</td></tr>
<tr><td>受访者
基本情况</td><td colspan="9">老人1923年出生，四川自贡人，丈夫已经去世，老人育有十一个子女，现在健在的有八个，都已经成家。老人现在由儿女轮流照顾，一个月去一个子女家生活。老人现在还能走能说，经常走街坊串门聊天。生活费由子女负责，自己也有高龄补贴。</td></tr>
<tr><td>受访者
职业简历
或个人经历</td><td colspan="9">由于老人是女性，没有上过学，不认识字，所以没有当过任何干部，只是一直在家里面务农。老人在土改的时候被划为佃富农，但老人坚持说自己是贫农。</td></tr>
</table>

二　分阶段整理

（一）土改的基础和背景

1. 土改前的家庭基本情况

我叫张淑琴，我是1923年出生的。我们本来是在白树村的，后来搬到这全福村来，两年后就解放了。我记得是十月解放，我的三女儿是当年的冬月初来的，那个时候我家中就是两个大人，三个娃儿，一共五个人。就是因为怕被拖壮丁，我就跟着我当家的搬过来了，走的时候我们什么都没带，我就背了一个背篼。我们刚刚搬到这里来的时候，什么都没有，土地也没有，住的还是那种竹片夹土的房子，我们当时在这里写了一间，但是我们搬到这里来反而还生根了。我那个当家的在外面做木匠，我三个女儿都还小，只有我在做土地。

2. 土改前的家庭经济情况

我们家租了有整整一百挑的土地，反正是一个牛的庄稼。以前在那边的时候，我的当家人本来是个木匠，就是干木工活路的。后来我们搬到这边来住过后，就写人家的大庄稼来做，我记得当时就是写的窝塘那边胡家的地来做，现在这里就是以前的胡家的地势。除了种地，然后当家人又去外面找点钱来，那个时候出去做活路，也就是两块钱一天。除了做农活，另外我又要喂鸡、喂牛，我还喂了几头老母猪。

我是每一块田都要自己去做，包括要下去割谷子，那个时候太惨了。我记得当时我们屋头还请了一个常年[1]，割谷子的时候我还听到他给别人说，喊别人把那一提谷子拿去倒了。我那个时候没有哪一块田没有去种过，都是我自己在整。那个时候真的是苦，我就是一直在磨，一直在忍。那个时候一直都是背着娃儿做活路，背篼我都背烂了两个。那个时候抽水我都要去抽，挑回来的时候，人家那些男的都说我挑着闪都不会闪一下[2]，那时候的日子就是这么苦着过下去的。

生活主要开销就是要请人来栽秧子、打谷子，还要买种子那些还是要用好多钱的，我家其实没找到什么钱，反正就是我们两个人一直扯扯奔奔的，勉强能过得走，就是人还是要勤快。

3. 土改前的土地经营情况

我们租了五十亩，当时人家有人上街看到张贴了一个布告，说以后我们交租，交个一石就要少收我们二斗五，结果当时的主人家就没有按照那个布告来，交租子给他的时候，

[1] 常年：即长工。

[2] 就是不会晃晃悠悠的，挑得很稳的意思。

他就还要和以前一样，可是人家明明看到街上说的要少收，那会儿我就不干了，硬是少交了点给那个主人家。要是没有精灵点去看的话，那他硬是一点都不会少。不过不同的人还是不同，像天干收成不好的时候，人家有些人就要会少收点，或者暂时少点，等我们度过了再交给他；但是有些就不会，不管收的有多少，反正该给多少就要给多少，他们是不会管我们这些人的死活的。

我这还是算好的，不说吃的有多好，反正羹羹[1]任你舀，反正谁来我屋头，一天三顿总还是要吃的。农具就是犁头、耙子这些，屋头有个木匠，就可以自己做这些，但是当时就没有风簸，我记得是跟别人借了一个风簸，水车我们自己都可以钉。

换工就是你帮我做，我帮你做，我们当时都只有请人来做，本来就是只有我在做，我就不能再去换工程了，我们就是在忙的时候请人来做的。以前那边那个叫贾富钊的就是在我们这当过看牛匠。

4. 土改前的社会交往情况

租地的租金是多少我都记不清楚了，反正就是事先就谈好的，双方都接受那就行了，其实要说这些东西都是主人家说了算，他们说多少就是多少，不同意大不了不行人家就写给别的人，基本是没有什么价钱可讲的。

我这个人就是对人处事还是一般，反正不会说随便跟谁都打架、吵架的，没有去和谁去吵过架，关系还是可以。我有四个女，死了一个，就是三个；还有六个儿子，死了一个，就是还有五个。我这就一共八个儿女，分别又都成家了，像过年过节我到处走，没有谁说讨厌我。我脾气是有点凶，但是我又不横[2]，像我和我当家的都没有和谁吵架。

那个时候有些穷的硬是连吃的都没有，像我们虽然过得不好，但是还是将将就就地能过。那些很穷苦的就是没有地没有房子，今年搬到这，明年又搬到那，自己有地的人就没有人会让搬家，因为那是自己的地方。所以说那个时候的生活差距还是很大的，人家那些有钱的，每年就是收上去的粮食都是吃不完的，还可以拿出来借，或者人家就可以拿去又买土地，富裕的人就是越有就越有，那些没有的人越是穷就越穷。

5. 土改前的土地观念

自己的前面的人都没有给我们留土地，那我想不想要土地也没有用，就只有写人家的来做。然后土改过后就有地了，以前没有的时候还不是就没有。地主人家就是有土地，我们也没有办法，人家要不是上面祖祖辈辈遗留下来的，就是靠自己能干赚来的，该发财的还不是就该发财。

土改就是毛主席领导的，领导解放过后就说要土地改革了，每个人都有自己的土地了，听着就是高兴。要说有好明白也没有多明白，就是大家都在说的那几句，说以后每个人都有自己的土地。刚解放的时候，其实没听说过共产党，是后来才晓得毛主席的领导，

---

〔1〕 羹羹：相当于清粥。

〔2〕 横：指不讲道理，喜欢无理取闹。

要说毛主席是好，共产党来了过后对百姓还是好，不是毛主席我们这些人现在也不会过得好。

（二）土改的过程和经历

1. 访贫问苦，扎根串连

我们这工作队下来就是1952年，下来的人还是有好几个，开始布置工作的都是上面派下来的人，后来就有这些做活路的人参加进去了。我没有去参加那些，主要都是我家里的当家人去的，我是只有后面在关山、瓦厂里面喊开大会的时候才去参加的。我当时主要是跟着我当家的去听听，干部就在上面讲，讲我们要如何让地主把东西老实交出来，如何把地主的东西分给穷人。其他的站排查哨、开宣传会我都没有参加，因为那个时候我就是做活路都来不及，更没有时间参加那些了，我又没有什么文化，我也听不懂。

没有工作人员来我们家，但是有些人家里面有工作队去动员过的，就问问别人家以前受到过些什么苦，为什么会受这些苦，然后就告诉人家现在应该怎么做，要把地主的东西拿出来分给贫苦的人。这些都是人家工作队调查过的，哪些人适合做这个，哪些人以前受到过地主的压迫，哪些人过得饭都吃不上。但是我们这里没听说过贫农团，什么都是农会、工作队在负责，到后来就基本上是贫下中农在干工作，组织开会、站查岗哨、青年部那些，都是当时的贫下中农在负责了。因为他们以前是最苦的，饭没有吃的，住没有地方住，所以后来斗地主那些，他们积极性就比较高。农会里面都是自己村里面的，因为要了解情况才行，外来的都不了解。

2. 划分阶级成分

最开始是给我们评为的贫农，后来没收主人家的东西就要分的时候，我们就没有分到，我那个当家人就跑到村里面去闹，就说为什么没有分给我们，这样一闹人家那个当官的就不高兴了，就问人说我们是（划）个富农可不可以，那人家当官的都说了可以，这些平民百姓还敢说不可以吗？就大家都举手说可以，然后我们就被评为了佃富农，其实后面下来土地改革复查的时候，就说我们连佃中农都算不上！当时还给我们评的一个佃富农，我们就当了那么久的佃富农，其实根本就不是。

那个时候反正是干部喊坐着就不敢站着，干部要怎么说就怎么说，他想要怎么分就怎么分[1]。划为地主就是看他有几挑谷子，如果是自己不做土地而是写给人家，就靠收租子生活那就是剥削人，那就是地主了。但是像当时有几家人，其实人家总共才没有多少土地，就是因为自己家里的男的死了，自己又不能做，就把地写给别人做，结果就是给人家评了一个地主，要说她们的生活实际上还比不了一个普通的农民。我记得当时有个女的，家里就只有她一个人，她又没有劳力，就把土地租给别人做然后收租，后来还是评为的地主，其实后面一说，人家才只有四挑田，就给人家评为了地主。

---

[1] 这里老人可能因为划阶级成分的事对干部有些埋怨，所以对事实有些夸张了。

划阶级就划了那一次，就是大家在一起开会说自己家里面的情况，因为大家都是住在一起的，所以情况都是了解的，就没有什么好说谎的。后来划出来的地主不是很多，我记得我们这个瓦厂里面就是两家，一个姓贾，一个姓郑，就是这两家，其他就没有了。

3. 挖苦根，斗地主

斗地主肯定要开诉苦大会，全部人都要来诉地主的苦，反正那些听着真的是很遭业。我也去参加了诉苦大会，反正喊到参加就去参加，但是我没有发言，我当家的发言了。那时候发言还是不能随便张口就乱说的，干部要喊人发言的，喊到谁发言谁就发言，就说叫什么名字，是什么情况，受过什么苦，没喊到发言就不说话。

地主肯定要斗争，地主又不是什么无私的人，难道不斗争他就会把东西都老老实实交出来？有些地主还是会不甘心，就只有通过斗争让他把东西拿出来了。当时就会喊地主跪在那里，拿一个很重的木头给他一直举着，我记得有一个年纪很大的地主老太婆，也是喊她跪着举着木头，这就是人们都恨地主，以前被地主整得好惨，地主人家仗着有田土，穷人没有田土，就欺负穷人。

4. 没收和分配土地、财产

地主的屋子，就直接喊他搬出来，房子给贫下中农住，东西就是直接搜出来没收，然后大家分，其实那个时候也没有搜到些什么值钱的东西，就是些家具，床铺、立柜、碗柜、桌子、罩子那些，之前说的什么金银我没听到过有的，这些地主就是粮食多，能吃得上饭，要说有多少的金银首饰，我是不信的。然后地主的土地就是因为那个时候是有地契的，直接就喊他把地契拿出来，就把土地充公了。地主是不敢反抗的，反抗就要被斗争，不敢说不拿出来。这个政策一下来了，地主能犟得过吗？他是没有发言权的。

分配的时候随便分什么都是按照人口分的，我们一点东西都没有分到。干部之前就把东西分好了，然后全部摆在那里，该是谁的谁就来领。土地反正就是一家里面有几个人，每个人该是多少就给分多少。地主还是要分给他，要不然他们就弄不到吃的，现在就是要他们自己种自己吃了。

看田插标是有的，都是我当家人去干的这些，我就没有去管了，当时娃儿还小，我还要在家看她们，没有时间做这些事。我们这个队都还好，没有说谁贪污。村民之间也没有什么好争的，各人有各人的运气，是你的就是你的。

5. 土改复查

土改没有搞多久，就是1952年当年就结束土改了，该弄的弄完了，土地分下来，就结束了。之后没多久就说复查，人家复查的人下来就说我们都达不到佃中农，结果还给我们评为了佃富农。给我们发的土地证上面就有我们每个人自己的土地有多少，土地的位置在哪里，还有土地的质量，这些都是清楚地写上的。

给我们定的产量反正是合适的，不多也不少，我们土地的数量、产量，应该交多少粮，这些都是人家专门算过的，都是定好了的，我们只有按着量来交。那个时候就是高粱都要上粮，这个就叫做红粮。要上高粱，上谷子，自己拿到粮站去上，反正就是自己慢慢挑。我还记得我那个时候自己挑着谷子去交，一路上我都没有歇，到了那个地方，我就说放下，结果那个收粮的看到我就吼，说喊我挑到那边去，不要放在这里，你说我一个女的，就几步路的距离，他都不帮我拿过去，要是是他自己的家里面的，肯定就不会那样子。

（三）土改的结果和影响

1. 土改后的土地经营情况

庄稼都是要分干的和水的，我们是有水田还有土，什么庄稼我们平时都种了一点，高粱、苞谷、胡豆、豆子、红苕那些都有。我没有去帮过人家，人家也没有来帮过我，因为本来我就是主要在干田土的人，我自己的都弄不完，哪里还有时间去帮人家。做出来的粮食反正还是够吃，因为我屋头有个木匠，还能找到钱，所以我们一直没有断过吃的。土改之后都是自己的地了就使劲种，大家的热情都高。那时候大家都分到土地了，就没有谁再去租田或者是买卖田了。

2. 土改后的家庭生活情况

我不懂什么生活压力，反正只要能吃得起饭就可以了，我们虽然不富裕，但是一直没有断过伙食。我那时候还是很累的，家里那么多的娃儿要烧火煮饭，烧完了饭，衣服都来不及换，就要让他们去学校读书，要不然就赶不到了，我又要带小的娃儿上山去做活路。我当家的做木匠找到的钱也不多，那时候的贫富差距就是靠自己勤快发狠了，自己有能力那么生活就要好点，要是自己懒懒惰惰的样子，那就还是很穷，这就是没办法的事情了。

3. 土改后的社会交往情况

我是觉得土改之后村民之间的关系没有什么大的变化，反正都是你不恨我，我不恨你。那时候大家有了土地主要都是在各自种地了，没什么时间去说家长里短的，关系就都还是可以。当时被划为地主的人和村民之间的关系没什么区别，大家都差不多，都过去了。

4. 土改后的观念变化情况

土改之后有了自己的土地，心情反正就是争取胜利，都是自己做来自己吃的，谁做得好，那我还要更做得好。其他的东西我们赶不上，但是挖锄头这个就赶得上，你挖得快我更快。阶级不同的人我们肯定也是希望大家都好，难道还会希望谁家背时[1]吗?

---

[1] 背时：背运、倒霉。

“修桥修路，儿孙满屋；拆桥拆路，儿孙没路。”土改之后有修路那些活动，都是我当家的在整，我就不清楚了，不过我的女儿都去修过水库。好在有共产党，如果不是毛主席的话，以前我们有多穷，现在就还会是一样的穷，就说有共产党才有今天，穿得暖又吃不完。

5．土改对农业集体化的影响

后来的初级社、高级社的时候，就是我当家的在管这些了，我都不清楚了，我就只知道不是各做各的，而是一起做了，出工了就大家都出工了，后面就照人口分粮食。我不管是各种各的好还是集体种好，反正就是政府喊我们集体种，我就集体种，政府又喊各种各的，那就各种各的。土改印象最深的就是大家都好了，要是不土改，没有的还是没有，有的还是有，差距始终是很大的。

BJ20160205SKQ@S 宋克勤

一 受访者基本信息表

<table>
<tr><td>调研点</td><td colspan="5">四川省自贡市富全镇新房村</td><td colspan="2">调研员姓名</td><td colspan="2">柏静</td></tr>
<tr><td>调研员单位</td><td colspan="9">华中师范大学中国农村研究院</td></tr>
<tr><td>受访者编号</td><td colspan="5">BJ20160205SKQ@S</td><td colspan="2">受访者姓名</td><td colspan="2">宋克勤</td></tr>
<tr><td>受访者性别</td><td>男</td><td colspan="2">首次采访时间</td><td colspan="2">20160205</td><td colspan="2">首访时受访者年龄</td><td colspan="2">80</td></tr>
<tr><td>受访者成分</td><td>贫农</td><td colspan="5">土改时是否土改干部或土改工作队队员</td><td>否</td><td>是否党员</td><td>是</td></tr>
<tr><td>干部经历</td><td>有</td><td colspan="5">曾担任的干部具体职务</td><td colspan="3">儿童团团长</td></tr>
<tr><td>现家庭人口</td><td>2</td><td>现承包地面积（亩）</td><td colspan="2">0</td><td colspan="2">现承包林地面积（亩）</td><td>0</td><td>现承包水塘面积（亩）</td><td>0</td></tr>
<tr><td>受访者基本情况</td><td colspan="9">老人1936年出生，四川自贡人。老人的母亲是黄埔军校毕业的，曾经是党的地下工作者，后来土改的时候又是村长，经常给村民讲以前的故事，因此老人对以前的事记忆清楚。老人现在和老伴儿一起生活，时常会到子女处住一阵，老两口都和蔼可亲，善良快乐，儿女也都很孝顺，生活幸福。</td></tr>
<tr><td>受访者职业简历或个人经历</td><td colspan="9">老人是家里的独生子，解放之前读过一些书，后来常跟随任村长的母亲到处跑，生活经历丰富，担任过土改时候的儿童团团长。</td></tr>
</table>

二 分阶段整理

（一）土改的基础和背景

1. 土改前的家庭基本情况

我叫宋克勤，我是1936年出生的。土改之前我家里面就三个人，我父亲母亲，还有我，我们家里面就只有我一个（孩子）。我父亲就是帮人为生，他一个人出去帮人就要供应我们两个，我母亲脚不好就没有劳动力，我当时就十多岁，解放之前还在读书，所以家里面就相当于只有父亲出去帮人，供养我们两个。

2. 土改前的家庭经济情况

土改之前我们自己有点土，我们三个人就是三挑半谷子。我父亲帮人做长年，长年是这样子的，如果是全谷子，一年就要有六石谷子，六石谷子有两千多斤，我们一家三个人吃是吃不完的。那时候如果家里面有一个长年，就是供上四五个人都能够吃的。因为那个时候（的粮食）都是拿来吃，又不会搞别的，所以我们是完全够生活的。我父亲都是在这附近帮人，所以我们自己的田就都是我们自己做，就只有三挑半谷子，自己能做，就没有请人。

那个时候生活压力不大，因为我父亲有六石谷子，不帮人就去挑担子，（如果）不是长年，就帮紧工，紧工的时候工资更高，所以我们的生活压力不大，完全是够吃的，我父亲都是在外面吃，就只是供我们两娘母[1]。那个时候我们读私塾，学费都是交粮食，我就是交的一斗谷子，读的高一点的有两斗谷子，像读“四书”那种，就是两斗谷子；读《诗经》那些就是三斗谷子；再读《左传》那些就是四斗、五斗谷子了，都是分了层次的。我读了两年半，解放了就没有读了。因为当时我老母亲当村长了，我就跟着她到处去东跑西跑的就没有读书了。

3. 土改前的土地经营情况

因为我们自己有三挑半谷子，就还是要交一斗谷子的公粮，国民党的时候季后就让我们上钱，当时是上的五千块钱，相当于现在的五角钱。我们没有租种别人的地，我们没有劳力，父亲在外面干，我又不会做，我老母亲也做不得，就没有租种别人的。

土改之前我们没有牲畜和农具，土改之后进了土，有了庄稼了，才慢慢地办齐的。土改之前就去跟人家借或者是租，像那个时候没有农具，也没有牛，就是去租人家的犁头、耙子那些，还有就是租谁的牛，那个人就要一起过来帮着我们犁田，我们就只有三挑半谷子，一会儿就犁完了，他就又去帮别人犁田，一天可以帮好几家人。我们就是给他开工钱，一挑谷子多少工钱，不过当时都是拿的谷子，没有说钱。一挑谷子或者是就给他开一升米，或者是一斗谷子，分为牛租是多少，人租是多少，一律开粮食。

土改前栽秧打谷的时候要换工程，但是都只有我们去帮别人整的，然后就换粮食，因为我们自己只有三挑半谷子，半天就能搞好，而且我们的田就在屋门前，所以就只有我们去帮人家，然后进谷子。

我们村里面土改之前没有公地，都是土改之后才留着的。下放下来的人就做，当地的人有多少，他们就也要有多少，比如当地的一个人是两挑，那么下放下来的也要一个人给他们两挑。

4. 土改前的社会交往情况

当时的佃主对穷人有好的也有不好的，这个就说不清楚，但是总的来说还是过分的多，不过分的少，不过分的就是晓得穷人生活苦，对穷人就要好点，要是那些有钱的，不知道人家的生活有多苦，那就不会有多好。但是这个说来还是看人，反正租种佃主的地，如果穷人恭维着他，对佃主好一点，那他就要对你好一点，或者是租金上面少点，或者是交租的时候不那么严苛，谷子大概差不多就给收了，有些要为难穷人佃户的，谷子筛一次两次三次可能佃主都不收，说谷子不到标准，还要给佃主晒干再给他送去。

村民的关系倒是我们这一堆姓宋的都好，我妈又是能搞娱乐的，到处都可以去摆龙门阵，摆三皇五帝都行，她又能唱过去的唱法，唱戏、小曲那些都行，她又是教书的，所以周围的关系搞得都好。姓宋的都是自己的家里人，我们这外姓很少。我们那时候晚上有时还要出去，特别是正月间，提着灯笼，我就和我妈出去耍。

宗族就是一个姓为宗族，以祠堂为主，那个就太久远了，我们都不清楚了，我晓得的

---

[1] 两娘母：指母子俩。

就是办清明会的时候。现在都还是有宗族，甘家和明家就都有，我们这个公社都还有几个族，都还专门有族谱，现在都还在卖，两百多块钱一本。

5. 土改前的土地观念

我们没有那个想法要去多买一点土地，我就是长大了，家里面也只有两个劳力，我母亲腿脚不好没有劳动力，所以我们都没想过要买土地，只想着就是写点田地来做，但是都没有去执行去写，一个是劳力本来就少，二个是生活本来就够了，就没有想那些。

地主是以祖业一辈翻一辈，一层翻一层，因为他的祖业好，这个就要从解放前三年说起了，评地主也是从解放前三年，土地、人员各方面他都富裕，土地超过了一定的标准，这个是毛泽东的书上定了的，土地超过人口的标准那就是地主。地主其实之前还是苦，不过有些是做生意赚了钱，那个时候土地是最宝贵的，就拿钱来买地，后来又招了佃户，然后就是佃户来做，他就提佃户的租金，就是这样一层一层、一代一代地爬上去的。

听到要土改了就是想着说以后分到田地还是要好好做，自己多收点，改善自己的生活就行了，其他都还是没有什么想法。

我知道共产党，因为我老母亲是黄埔大学[1]的，她家里面以前是有钱人资本家，当时不是随便谁都可以读黄埔大学的。我老母亲本来是做地下工作的，但是当时她的夫家对她不好，虐待她，然后她就逃到这边穷的地方来了，只不过当时悄悄走的，就没有拿到证书，本来当时地下党是有党证的，但是她走的时候就没有拿到，要不然解放过后我母亲是可以干大事的。我老母亲就一直在跟我说，还是要跟着共产党走，共产党做的事业正确一点。说回来，孙中山的三民主义里面就有一个“三民主义，吾党所宗”，这句话都是我老母亲给我说的，她说五个党派归根结底还是要共产党。解放的时候还是有造谣共产党的，当时不能理解，其实现在看来当时就是两派，因为当时已经提出减租退押来了，所以当时地富反坏右这种人就还是恨共产党，就是说会有埋怨的口气。现在看来我估计主要是地主造谣，但是当时那些贫下中农就蒙在里面，就搞不清楚哪个好哪个坏，也不会跟着哪个走，反正就是输就输，赢就赢，反正都是过苦日子，我又什么都没有。

（二）土改的过程和经历

1. 访贫问苦，扎根串连

土改工作队是五二年下来的，我们这个村当时下来就是一个女工作队员，也是我们这个姓，她下来就要和村里面联系，村里面还是有村长、村主任、文书，她当时下来就是拿着上面开的名字，来找这些人讲政策，吃住都是在我们家。

第一个就是来召开宣传大会，召集起来跟我们宣传土改的政策，土改员先学习，然后又是村长、村主任和文书来学习，等到村里面有三四个人都学会了，然后就通知一个村来

〔1〕 黄埔大学：黄埔军校。

开大会宣传，你说一番我说一番，后来又是把一个村划成几个组，分组讨论，看大家对土改政策掌握到没有。包括土改员，村里面就有四个掌握的人，就分为四个组，每个组一个人来给大家解释，要大家都懂这个政策，然后才开始。

贫雇农串连，比如说雇农和贫农，反正阶级差不多的，听了现在的政策晓得是打富救贫，那就一起来跟着政策走，雇农是老大哥，就要走前面，贫农就是第二个大哥，就还是团结起来，互相有个照应，有个帮手。雇农和雇农连贯起来了，就又来连贯贫农，雇农和贫农连贯起来了，就又可以联合下中农。反正富的和富的打堆，穷的和穷的打堆，当然这些都是要有一点认识的才会有。多数就是雇农和贫农联合起来，就是说的贫雇农串连。第一个成立的就是农会，当时另外还有青年团、儿童团，但是没有贫农团。

2. 划分阶级成分

我们一家人都是贫农，因为我们就是有几挑谷子的地，住的又是一间屋，厨房、吃饭都是一间屋。人家都是有政策本儿的，我母亲自己又是村长，也掌握了政策，土改员也在我家，大家共同学习了这个文件，所以我们都是清楚政策的，当然就是认同这个阶级的。

划阶级的标准就是按照政策上面来，达到多少标准就是什么成分，一个是看家里面的人口和土地的多少，二个是看家里面的劳力是弱还是强，第三个就是看是以帮人为生，还是做自己的土来为生，就是从这三方面以尺子来衡量，按照三个衡量综合来看是什么成分。这个是很复杂的，有些时候一家人五个，就有五个成分，因为各个人出去干的工种不同。比如说我出去帮大地主当管家，管家还是很厉害的，管的财产很多，就有权力，这种人就带有压制性，虽然说是在帮人，但是受地主老爷的支配压制了群众，这种就不会属于贫农；如果虽然是个管家，但是没有压迫群众，这种就可以给评一个贫农，或者是评一个下中农。这种都是很清楚的，都是要通过调查了解的。这件事交给村干部做的，村干部就要选代表，就要找那些熟悉这个村情况的人来，大家发表意见，文书就记录下来。

划阶级成分是最复杂的，没有十次都有八次。那时候就是大晚上地打着灯笼都在开会，因为成分一旦定下来，那就有可能是要死人的，一旦是地主定下来了，就要收他的房子、土地、财产，所以就要反反复复地讨论。村里面审核了，还要拿到乡里面去审核。通过审核了，都还要找到这个地主，看他自己服不服，不服还可以上诉，因为共产党的政策是允许上诉的，自己也可以发表意见的，比如这个人大家心里都有数应该是个地主，但是之前就还是要喊他自己来表个态，他的土地、收入、支出，反正整个家庭的一切情况都要说出来，文书就会记录下来，谁发表了意见，还有群众要来鉴别说的什么是真的，什么是假的，后来就会大家都摆出来，直到说到对方心服口服，自己承认说该是个地主，那才算定了。只定一次还不了事，还要有第二次的审核，民主还要集中，最开始就是民主，大家都来说，后来就还要集中，就是代表还要讨论，村里面的主要人物来定，定了之后找到本人，一条一条地报给他听，要是本人说这条服气，那就画个勾勾，要是哪条不服，那就画个叉叉，把不服的理由说出来，工作人员又来评论他给的理由，就这样一直说到对方服气为止，就是要大家都心服口服。

地主也是要分类的。第一种是土地地主，比如说拿土地出来摊，每个人应该有多少挑，哪个人超过了这个数量那可能就会是一个地主；第二种就是经济地主，比如说在外面开厂房，经济收入太大了，地方又多，归纳起来超过了一定的定额，那就是经济地主；第三种就是剥削地主，比如说我有十挑谷子写给别人做，然后就要收租，如果当年收成是一成，我要收佃户一半走，就是五五开，这种就是过了，那这种就是地主，如果我只收三成、两成，这种就不算是多大的剥削，可能就不会是地主。这样划出来的地主还是多，我记得我们这个村都有好几户地主。

3. 挖苦根，斗地主

诉苦大会就是在农会手里开的，贫苦农民就要来诉地主的苦，农会就要发动群众，哪个人对自己太过分了就可以去诉苦，当时是在一个大礼堂，整得大家都是哭。受过苦的自己就出来说，受苦的人很多，首先是通过动员找了人来说的，这些都是之前摸过底细的，哪些人受苦，哪些苦情是真的假的，都不能乱说的，都还要签字，要那些拿得上战场的，让对方没办法辩解的才行。说了之后又看对方会怎么辩论，地主可以回答也可以不回答，但是地主要在场听，一个会堂，一边是群众，一边是地主，中间就是主席台，诉苦的就站出来说。

因为有些地主以前是在外面跑过的，胆子就很大，还有些就是晓得自己要遭了就不管了，像这些人就还是要受刑，这是第一个。第二个就是要喊地主把金银财宝拿出来，只有受点刑他才会拿出来，大家都知道地主有财物，但是通过搜没搜出多少来，这种就要斗地主，要喊他拿出来。当时的儿童团都是一些娃娃儿，分不到轻重的，大冬天把地主衣服脱了，弄到外面风簸来吹，还有很多其他的惩罚，都还是弄得惨，因为要把地主压制下去，又不可能说一刀下去。反正之前还是通过说服，说服不了就是动武，最后动武都解决不了问题就只有靠杀人了。当时还是整得很吓人的，经常都是叫爹叫娘的。四处都安排着岗哨，就是出去走人亲都要通行证，没有就过不去，地主是办不了这个手续的，其他人办了手续就可以出去。

给地主说好话的一般是属于中农上面的多，这种是没有站稳脚跟的，或者是贫农以前可能和地主是邻居，邻居之间可能还是要相互帮助一下，就可能会给地主说说好话。但是这种人还是少，因为都晓得当时的情况，要分田地了，贫下中农都还是不会怎么给地主说好话，最多就是喊按照政策来，有一说一。

4. 没收和分配土地、财产

没收地主财产一个是地主的财产是属于不正当来的，这种就是必须要没收；第二个是当时的雇农那些就只有几个人，什么都没有，地主有的用不完，就必然要收点出去拿给贫下中农。地主是不会配合的，都是死扛，有些小东西就往身上藏，大东西就往地下埋，斗地主就是要喊他把东西拿出来。明明都知道有，但是又不交出来，只有通过斗争了。金银都是往上面交，只有财物才是拿出来分。收上来就拿到村里面去集中，整个村都集中拢来了，才又根据哪些家里面苦，哪些家没有什么来分。每一个家具上面都把价值标好，当时就是标的谷子，这个值一斗，那个值五升，然后写好纸团放在一起，让几家人来抽，抽到哪个就是哪个。有些地主喂着耕牛，还是要没收上来分，几乎是地主的什么都要收上来。房子也是要收的，地主的房子就不让他住了，搬到茅草房里面，让它去体会一下贫农过的日子。那些房子拿出来一个是当公房了，二个就是那些雇农，没有家的，就分给他们住。这个住三间，那个住两间，但是这个都是不稳定的，通过土改发了土地证了，那才是定了。

当时我们四户人都是贫农分到了一个牛，我们自己有分到梳妆台、床铺，都是抓阄抓到的。分地就是按片来，首先是拿很多竹子片来，上面写上田名、面积、产量，然后就全部都要拿来插上，我们这个村一个人是二石二。分财产有村干部也有代表，还有土改员，首先就是代表作数，代表就是和群众是一帮的，要是有什么争议的地方，村里面说村里面的理由，代表说代表的理由，反正是经过充分的沟通，当然要说没有矛盾是不可能的，完全平均是不可能的，但是当时分土地的都是贫下中农，贫下中农本来是一点土地都没有的，能够分到土地就已经很高兴了，没有谁会去很在意这些，就没怎么去争，分到哪点就是哪点。还有就是想着解放的时候就是说集体农庄是目标，就是学习苏联，晓得是要走到共产主义，土地要集中的。我当时就有这种想法，反正最后都是要走集体化，就不会再去管这些了。

5. 土改复查

土改是就搞了一年，五二年就结束了。如果说分给谁的东西还有争议或者是出入，那个田里面的竹片是不会收的，要等到复查，看写的是不是和实际相同，之前是复查总的情况，后来分了之后就是复查到户。分土地的时候最开始就是查田评产，先把每块田地的面积查了，再聚在一起查总数对不对。之后就发土地证，土地证就是土地的面积、东西南北和谁连在一起，土地证上面都是写着的。

（三）土改的结果和影响

1. 土改后的土地经营情况

我们当时主要种的就是黄豆、麦子、苞谷、菜籽、豆子，农村反正五谷杂粮都要种点。我们又没有做生意，也没有出去帮人了，也没有干其他的，我父亲都在家没出去了，就是种地，家里连鸡鸭都没有喂，就只是“喂”了我和母亲这两个人。那个时候的产量都不怎么高，不像现在，以前十挑田最少要撒（播）十斤种子，现在半斤就可以了。上粮土改之后交的不多，就是交的三百斤谷子，麦子五十斤，后面就是八十斤，菜籽又是二十斤还是三十斤，都要交点。交了之后还是够吃的。那个时候大家的热情就高了，分到胜利果实了，大家就都高兴，到处都是打灯、跳舞的。土改之后大家都没有土地买卖的情况。

2. 土改后的家庭生活情况

一个是产量的变化，土改之后我们的谷子更多了，我们一家人的土地那个时候要产差不多几千斤，那个时候还是很多的，所以当时的生活就还要过得好一点。二就是土改之后各种粮食、杂粮都有一点，粗的细的都有一点，土改之前就只有谷子，没有其他粮食。三就是我们搬来住地主的房子了，就要宽很多了，从以前的一间屋，现在搬来住三间屋了，虽然还是茅草房，但是要宽点了。

土改之后有些家里还没有原来好，但是这都是少数，多数还是要比之前过得好，只有那些好吃懒做的就没有以前过得好，这个就是靠自己调节了。像我说我们自己，我父亲不去帮人了，就在家里面做庄稼，这就完全是自由的，虽然说以前去帮人，拿的粮食还是多，但是毕竟还是帮别人，还是要看人的脸色，不像自己有土地，自己做自己的，就是更自由，权利就交给自己了。而且在收成方面还是有差别，以前虽说有六石谷子一年，但是现在我们自己的十多挑田就不止收这六石谷子，我们自己收的还要多点。就是这点比以前好多了。

3. 土改后的社会交往情况

村民关系这个就看说远还是说近，说远一点，大家看到共产党来了确实是为的是农民，就还是很团结，要比过去好些；说近点还是要比之前好，因为我们那就是一个小型的清明会，都是一个姓，外姓都只有一两户，大家都是穷人，就都还是相处得很好。

地主和村民之间开初的时候不好，因为那个时候要划清界限，你走你的阳关道，我过我的独木桥，相互都不怎么理睬，开始的时候关系就不好。后来政策缓和了，地主自己也认识到了这样是不对的，人家贫下中农才多少地，地主又有多少地，认清了政策是要走这一步的，现在大家的地又都是一样的，时间长了也就看开了，只不过就是家具被没收了，斗争的时候受了点痛苦，之后就还是没有多少抱怨。

“反攻大陆”一般是有政治头脑的人才说的，一般的贫下中农都不懂，耳边传言就是说这种话是外面传进来的，但是都还是很少。这个就看立场站不站得稳，所以说当时共产党的政策整得好，后来清残渣余孽，就是把那些站不稳脚的残渣清理出来。

4. 土改后的观念变化情况

我们分到土地心情肯定好，以前几代人，两家人才十挑谷子，后来到共产党手里，一个人分到二石二，心情当然好。每个人土地一样多这个事必然就是取长补短，多的拿来补少的，在解放的时候说的就是打富救贫，不只是在土地上面，还有财产，很注重全面性，就是讲的要平均。

土改之后就是发展水利，就是修塘那些，土改之后就没有修大型水库，因为那个时候还是各家各户的，没有组织起来，劳力支持不够，就只是几家人一起修个堰塘，大家都要享受这里面的水，就把塘修高一点，都是小型的。因为那个时候还没有搞大兵团作战，不敢整大型的水库那些，这里的修水库都是五八年走集体化的时候才兴起来的。所以说共产党做什么都是有步骤来的，只有先搞集体化，把土地收上去，把人也集中起来，才能集体调动进行大型建设，不同的队之间都能相互帮忙，集体行动。如果不事先把土地和劳力集中起来，纳入集体，可能喊到谁也不会干，喊到我去我也不会干，就完不成这些大型建设。事先纳入集体，喊到谁谁不去，生产队就不会给他工分，到时候没吃的这个就可以把人卡住。

土改这个其实就是属于两颗米之间的斗争，从上面来说就是共产党和国民党，从下面来看，也是两个阶级之间的斗争，就是贫下中农和地富反坏右之间的斗争，就是两股势力之间的斗争。从我个人的理解来说，最深刻的就是要发动群众，就是那段时间要轰轰烈烈，要浩浩荡荡，要大张旗鼓，组织和发动贫下中农的力量。我印象特别深的就是那个时候的年轻人的威力特别大，年轻点就打头战，中年的人就打第二战，年老的人就做军师，就在后面做参考。年轻人天不怕地不怕，就打先锋，中年人就壮胆，最后面就是老年人给掌火，还是“姜还是老的辣”，老年人更看得清形势，毕竟有那么多年的经历。

5．土改对农业集体化的影响

初级社要投资，猪牛、家具、锅碗瓢盆那些都投进去，投工具还要投完，家里面就什么都没有了，锅灶都不用动了。当然还是要估价返回金额。我们当时就只剩一个碗和几双筷子，其他都上交了。开始肯定是不自愿的，这是慢慢地铺垫的，先是成立小伙食堂，开始的时候生活还是很好的，后来人力就调动去采矿，家里面就没有劳力了，就是些老人在做，庄稼就干不好，然后伙食堂就整不走了，人们开始吃生的，慢慢地就有人饿死了。就是 1960 年到 1962 年这三年就是最恼火的，我们那个时候都吃泥巴。

我觉得各自耕种的效率要高点，土地下放下来还是更好。但是集体耕种还是有好处，土地不收回去，国家就搞不好建设，土地收回去搞建设，都是集体的了，要占土地没有谁能有意见，如果是个人的，国家要搞建设找到个人，也许就干不起。然后反过来，国家的建设搞好了，不需要土地了，又把土地下放下来，拿给我们去做，一个是水利，一个是修路，这两个搞好了，就可以发展生产了。这个都是有好处，也有坏处的，就只是看什么时候的利大于弊，还是弊大于利。如果之前不收上去就搞不好建设，就发展不了生产，就没办法让人民增收。

我对共产党的看法，在我来看党的大方向是正确的，百分之九十都是正确的，但是个别不正确的来源，我认为就是俗话说的“一个走一点，十个就走一片”，是下面的执行人员有些有点误差，其实上面的大方向是正确的，但是到了下面就变了，比如同样一个政策走到下面之后，有些地方偏右，有些地方偏左，因为每个人的想法不一样，但是有些后来发展的就脱离了政策，就跑马了，但是这个不能怪政策，这个是不能避免的，我还是知道的。

BJ20160205GZL@W 甘仲良

一 受访者基本信息表

<table>
<tr><td>调研点</td><td colspan="5">四川省自贡市富全镇新房村</td><td colspan="2">调研员姓名</td><td colspan="2">柏静</td></tr>
<tr><td>调研员单位</td><td colspan="9">华中师范大学中国农村研究院</td></tr>
<tr><td>受访者编号</td><td colspan="5">BJ20160205GZL@W</td><td colspan="2">受访者姓名</td><td colspan="2">甘仲良</td></tr>
<tr><td>受访者性别</td><td>男</td><td colspan="2">首次采访时间</td><td colspan="2">20160205</td><td colspan="2">首访时受访者年龄</td><td colspan="2">84</td></tr>
<tr><td>受访者成分</td><td>佃中农</td><td colspan="5">土改时是否土改干部或土改工作队队员</td><td>否</td><td>是否党员</td><td>否</td></tr>
<tr><td>干部经历</td><td>有</td><td colspan="5">曾担任的干部具体职务</td><td colspan="3">村会计</td></tr>
<tr><td>现家庭人口</td><td>5</td><td>现承包地
面积（亩）</td><td colspan="2">0</td><td colspan="2">现承包林地
面积（亩）</td><td>0</td><td>现承包水塘
面积（亩）</td><td>0</td></tr>
<tr><td>受访者
基本情况</td><td colspan="9">老人1932年出生，四川自贡人，在解放之前读过书。老人现在和老伴儿在街上和儿子、孙子住在一起。老人生活态度积极乐观，受访的时候面带微笑，给人感觉和蔼可亲。老人儿女很孝顺，经常回来看望老人。老人现在的生活来源主要就是子女们给的生活费，还有政府的高龄补助。</td></tr>
<tr><td>受访者
职业简历
或个人经历</td><td colspan="9">老人的一生都很简单，解放之前在读书，解放过后没有读书改种地了。土改的时候被评为上中农，但实际上老人没有自己的土地，都是在租种别人的地。在村里担任过会计。老人一生都是勤勤恳恳的，没有波澜壮阔的经历。</td></tr>
</table>

二 分阶段整理

（一）土改的基础和背景

1. 土改前的家庭基本情况

我叫甘仲良，我是1932年出生的。土改之前我家里一共有九个人，有我爷爷、我父亲、母亲，有两个兄弟，还有两个妹妹，还有我爱人。当时有我爷爷、我父亲、母亲在做庄稼，我没有在做，解放的时候我都只是十几岁，那时候我还去读过书。我们在土改之前还请了一个长年，一共是四个劳力，其他的人就没有劳力。

2. 土改前的家庭经济情况

土改之前我们是租地主的土地来做的，当时是五挑为一亩，我们是租了一百六十挑，就是三十多亩的地。那个时候生活压力比较大，租子交不清，有钱的人就是后来说的地主，我们要是做不好或者是租子交不清，比如说应该交三十石，结果只交了二十几石，那地主就不会再给我们做了，他就要写给别人做。

我们家没有借债，但是问题是保长要邀会，就好像是一个集资一样，保长或者是其他政治上有资格的人，就邀大家一起来出谷子集资，比如一家人出四石谷子，那么十家人就是四十石，就收上来轮流看交给谁。保长收上去就拿去做生意，一般的人收上去，那些有政治资格的人都要来借。经常是头一次收了，第二次就散了，散了之前收的别人的就要还。解放前就是要被剥削，地主要剥削，其他有点权力的人还要剥削。像我们那个时候就是拿红苕煮来吃稀饭，就是这样和着杂粮吃，像米这些很少吃，那个时候的人开玩笑就是两颗米和一个红苕，就是说的红苕稀饭——米少红苕多。本来剩下的就少，还有些有钱的、有势的要来找麻烦。

3. 土改前的土地经营情况

当时交租子，三十亩地我们是交了四十石，一石就是三百三十斤，四十石就一千多斤，所以说交的还是很多的，而且交上去的租子还要拿风簸来风[1]。要是做得好，除了给佃主的，还有三分之一是我们的，三分之二都是他的，我们当时还请了一个长年，还要给他两石。所以生活压力大得很，剩下的粮食就必须要节省，因为杂粮佃主是不会收的，

[1] 风：就是利用风力将粮食中的空壳等杂质去掉。

像我们土地做得宽，就有一些杂粮，比如红苕、豆子、胡豆、豌豆，当然我们吃也吃不了多少，就拿来卖，卖了进钱，一家人的穿的、用的，就是这里来的。

没有农具和牛就不能做庄稼，那些都是自己要办的，要不然怎么给佃主交得起租子呢？我们就在赚的里面拿出来办，牛、犁头、耙子那些都有。换工那是常有的事，我们旁边有一户人做着三十多亩地，我们就会换工程，栽秧子、薅秧子、打谷子这种时候就错开弄，今天他来帮我，明天我又来帮他，换工程都是不用给钱的，就是弄点吃的，帮谁做就在谁那里吃。解放前整的最恼火的时候就是吃“二五八”，一天吃两顿，早上吃了，中午吃了，晚上就不吃，就叫做“二五八”，但是请着有长年还是要拿给他吃，主人家不吃，还是要拿给请的人吃。

我们村里没有公田，都是被佃主占完了的，要在土改之后，村里面才有公田，就是拿来给城里面下放来的人，没有土地，就给他们种。之前都是佃主管着的，拿来写给别人做，土改的时候把佃主的收上来才留了部分地来做公地。

4. 土改前社会交往情况

我们当时租的地是永安寨子上面的唐松亭的，他就是一个佃主。他就是在一个寨子里面住的，因为他很有钱，就免得那些保上的人来抢他。他当时在白树那边有一片土地，有一个房子有个大仓，拿来装谷子，把谷子风干好，就放到仓里面，然后要吃的时候就下来挑，还有人跟他碾谷子，或者是把谷子拿去永安卖。我们和主人家的关系就是租子交清了就没什么，要是租子交不清他就不满意我们，就可能不会让我们再租他的土地或者还要给我们加租，再加我们就做不下来就只好退租。

说起解放前，其实最好是做那些城市地方的人的土地，因为那些是属于资本家，如果和他的管事关系好，管事就和他说收成不好，喊他少收点，然后就要少收点。所以说解放以后，有很多当时的管事还当了佃主。当时自贡有个佃主叫王爷，他在自贡有个盐井，他在农村的很多事就是他的管事说了算，当时俗话说的塞他一把[1]，那么管事就可以和王爷说，今年收成不好就少收点，那么王爷就会少收点，本来该收二十石的就几石就解决了。所以中间就是管事在拿一些，当时就是说的真正有钱的还没拿到好多，管事拿了好些钱，结果管事还当了佃主，因为他拿些钱后来还买了地。

那个时候的村民反正住得近一点的就好，远点的换工程的时候就不会去了，所以那个关系就很一般，远点的就是走路都要走很久，一般没什么联系。贫富之间的差距大，佃主就富，雇农就是出去帮人，这种就穷。佃主的租子吃都吃不完，有些还要拿去买地。穷人就是只有出去帮人，有些娃儿七八岁就出去帮人割草、喂牛。

宗族就是比如我姓甘，我们就有宗族，就是一个姓的，还有清明会，就是那个姓的人在清明的时候要聚会，统一的办席，大家来团聚一下聊聊天，这就是清明会。

---

〔1〕 塞他一把：就是给管事好处的意思。

5. 土改前的土地观念

那个时候一挑面积要好多谷子才买得到，我们一年只能赚到十几挑谷子，结果一挑田都要好几石，现在来说，一挑田要打三百多斤谷子，这要多久才能买得起？地主拥有那么多的土地，确实是祖宗留下来的，有钱谁都可以买，有人生活不下去就会卖土地，有钱就可以去买，所以我对他们也没什么看法。解放之后才说是共产党解放的，之前就只知道国民党，还有就是孙中山，之后就是蒋介石，他垮了之后才是毛泽东，是共产党。

（二）土改的过程和经历

1. 访贫问苦，扎根串连

工作队是1952年下来的，像这个村就有十几个土改员。当时工作队员有些是市里面的，有些的家里人还是地主，解放过后思想要开明先进一点，就参加土改工作。工作队下来就是开宣传会，给大家说共产党怎么整，要让个个都有土地都有饭吃，反正就是介绍共产党的政策。我就是去听了下，晓得那个情况，因为自己没有那个能力，就只有人家干什么就帮着干，跟着跳。

没有工作队员来我家访贫问苦，因为通过之前的开会，都晓得哪些是贫农，或者哪些是富农，这些基本情况都已经是掌握了的。土改积极分子，就是当时跟着一起跑得比较积极的人，但是还是要自己有能力，自己没有能力，跳了也是白跳，像我当时就是白跳。我们这里没有贫农团，有的是儿童团、青年团这种。

2. 划分阶级成分

我们都是佃中农，最开始的时候还是给我们定的一个佃富农，后来查的时候才说我们是佃中农。其实事情是开始时说我们是自己有土地，就给我们定的是上中农，就相当于是富裕中农，其实我们根本就没有，就是帮地主，然后自己赚点来吃。租子又比较多，我们就是吃点杂粮，像之前我说的，吃“二五八”。当时最开始给我划的是叫做富裕农民，不是富农，富农的条件还要多两样，我没有资格，我就是划的富裕农民。后来一直评一直改，就把我评为一个上中农，一家人都是。我当然还是不同意，划低了就同意，划高了就不同意。最后通过乡里面和工作组了解实际情况，才给我定的是佃中农。

划阶级我没有说话能力就没有说，而且不管我说什么，都是有政策的，最终该是什么就是什么，有多少劳力、做了多宽的地、地本来是谁的、交的租子有多少，这些不管说还是不说，那个情况就摆在那里，大家都知道，这个是变不了的。如果自己有地又完全写出去了，那就是地主。如果在外面有其他工作，或者是没有劳力，那就可能会给评个地主，但是也可能可以改，真正的地主是一点都不做，全部写出去，就靠着收租来吃饭。有些自己做得少，那种就是小土地出租，就不是地主了。大地主就是有好多地，自己又不做，这种就是大地主。

我们这里是划了之后又查，划了两次还是三次。有地的人当时也不见得很多，有些人有很多地，这种就是大地主。但是我们这个地方不见得多。

3. 挖苦根，斗地主

诉苦大会是开过的，那群当官的，还有那群恶霸，后面都把他们镇压下来了。就是那些保长、乡长、街上的二流子、土匪那些，以前光是欺负人的。大家就坐在一起说谁收了好多租子，他们倒是吃得好，我们穷人又如何如何，就在地主面前说这些，既然都已经是地主了，他还能怎么说？还不是就只有站着不说话，一说话就要喊打倒地主。肯定还是有打骂地主的，不打是不可能的，地主也没有办法。我们这个地方好像都没有人敢公开给地主说好话，听到说过有些地方有，但是都是少得很。被地主剥削的时候，吃苦还没有吃尽吗？还要给他说好话？我没有参与斗地主，我当时还是小，就只是在旁边跟着听，没有参加。

4. 没收和分配土地、财产

当时的贫协会把属于剥削的都拿来收了，有些还是要给他留点，比如说床铺给人家留一张，房子是肯定就不属于他了，把他撵走在外面搭个棚儿，但是有些还是会就让他在那里住，就是看这个地主以前如何，不同的人还是不一样的。土地肯定是收上来分给贫下中农，分给没有地的人。根本就不用地主他的配合，都是直接没收的，也有（将财产）藏在地下的，但是后来还是要挖出来，后来自己都要说还有些什么藏在哪里，银子、大洋，都要去挖的，如果根本就没有但是乱说的话，那就还要遭打。

分配地主的土地还是有些人就分得好，有些人就分得不好。那些本来没有土地的，就把干田干土分给他，就自己做来自己吃。一个乡的人分到的都是一样的，好田和差田之间的田面积是不等的，总的来讲就还是差不多。那个时候一个人只有七分地，等于就是三挑半，我一家分到了八亩，五挑为一亩，就是分到了四十挑。还要组织集体看田，把田的产量给定下来，然后把一切信息都写上竹片，插在田里面，这个就叫做查田评产。分土地主要都是当官的在负责，他说哪一块田分给谁，那谁就是哪一块田，那些有人情的就分得要好一些，没有人情的就分得要差一点，我们当时就是分到的差的地，每一块田都是烂包田。

5. 土改复查

我们这里（土改）是1952年结束的，土改之后就要搞复查。漏网地主还是有，这种就要评第二次，有些之前是评的小土地出租，结果复查的时候发现不是，就该是一个小地主。有些后来还是收上来了的，有些又没有收上来。这个就是看当地的干部如何，有些本来就是干部干的包庇事情，要不然怎么会把地主划为小土地？

当时发了土地证，土地证上面写着这田叫什么名字，四面八方连接着谁，上面完全都是写得很清楚的。查田定产都是之前的事情了，就是土改要把土地分给贫下中农，就要进行查田评产，把每块田的产量定下来之后，才会把土地分下去。

（三）土改的结果和影响

1. 土改后的土地经营情况

土改之后还是就只有种庄稼，谷子、麦子、苞谷、红苕、胡豆、豆子那些，反正土地能够适应种什么就种什么，什么时候该种什么就种什么。换工有还是有，但是很少，土改之后基本上都是自己做就够了，不换工也都能行。紧工的时候都还好，像以前我们家做的是三十多亩地，土改之后分到八亩地，慢慢地自己做还是能做的。

自己种就要种得比以前种得好，但是有些人家自己的地更好，人家就更种得好。上的公粮也就不见得多，就是根据自己的土地该上多少上多少，我记得那个时候一份地就只是上一百多斤谷子。土改之后有了自己的地了，那热情肯定就高了，种的粮食就多了，因为土改了土地都是自己的，种下来的粮食就只是上粮了，剩下的都是自己吃，种地就更有盼头。那时候就没有谁会再去买卖土地了，都是各种各的。

2. 土改后的家庭生活情况

生活变化就是我感觉土改之后，没入伙食堂的时候生活就好，大伙食堂就等于是土改时候我们分到的土地，又全部都入社了，集体耕种了。那个时候什么都交伙食堂，不够吃就找伙食堂，几家人就可以把粮食都整光了。土改之后那段时间反正还是节省一点有吃的就行了，土改之后至少没有吃“二五八”的了，一天还是都可以吃三顿。

3. 土改后的社会交往情况

人际关系好不好就是看自己了，有些人的关系搞得好，有些人的关系又搞不好，这就是个人的性格来决定的。这个和土改之前都是差不多的道理，有时还是更好一点，有时又更淡一点，因为土改之后远近就又不一样了，平时接触的也不一样。地主和大家关系还是好，地主平时都还是要绷着[1]，因为土改之后还有一个摘地主帽子，那个时候地主是一顶帽子，只有地主和群众的关系搞好了，才会把地主的帽子摘掉。

4. 土改后的观念变化情况

有了自己的土地当然就是高兴，就不用交租了，也不用看地主的脸色了，就是自己使劲做来吃。同一个阶级是一家人这个怎么说呢，当时的贫下中农都是受过苦的，一起斗争的，可能就要关系好一点，但是我们没有这种感觉。

土改之后是有修水库，土改过后的一段时间还是修了好些水库。当时我没有去，但是我家里面有人去了的，因为我的劳力不强，干不好这些，我就没有去。当时还是有任务的，该是谁去修就还是要去，都是派去的，要不就没人愿意去了，家里面有劳力就要去，

---

〔1〕 绷着：就是不会表现出记仇的情绪来。

还是要给评工分，回来在组里面就参加分配粮食。

土改的时候那些干部，和他们关系好就分到好的，关系差就分到差的，幸好后来入社了，不入社了全家人祖祖辈辈都是要吃分到的那一点土，后来入社了就交给集体农业社去做了，土地也就交到农业社了，大家一起耕种。当时划土地的时候我们都觉得完了，现在祖祖辈辈都是这块烂包田了，没想到后来入社了，就给大家去种了，这个我的印象就很深刻，如果说不是入农业社，那我们一家人就要吃苦。反正农业社是好坏都是大家一起做，做的人有工分，以工分来分粮，这就是当时我最深刻的事了。

5. 土改对农业集体化的影响

初级社大概是在1955年，高级社是在1958年的时候。东西就是统统拿去入社，集体使用，犁头、耙子那些农具，全部都是交上去了的。

现在来看，我觉得还是集体耕种好，现在的土地荒了好多，现在的人就是各干各，有劳力出去能打到工就会出去打工，没有劳力出去没地方打工，才会在家里面种地。反正各有各的好处，能找到钱出去找钱是好的，找不到钱就还是在家里面种庄稼，但是这之间的收入就是不一样了，现在的谷子一百斤也就一百多块钱，人家出去打一天工都是一百多两百，做几天工能买多少谷子。像现在的土地，一份土地最多能产一千斤，也就能卖一千多块钱。所以现在人都出去打工，土地就荒了好多。

口述调查小记

2015年1月，我开始了自进入华中师范大学中国农村研究院后的第一次寒假调研。由于尚无经验，我选择到亲戚所在的村庄，即四川省自贡市沿滩区富全镇新房村进行调研，调研的时间是1月19日至2月5日。在此期间，我在亲人的带领与帮助下，一共访谈了10位老人，老人耐心详细地讲述往事，不仅让我对土改那一段历史更加了解，也让我对大时代之下作为小人物的农民的生命有了更深的体会。

1月19日，在亲戚的带领下，找到了两位爷爷，一位爷爷名叫贾营科，今年84岁，另一位爷爷是贾营科爷爷的亲弟弟，今年83岁。通过询问了解到贾营科爷爷对土改的了解比较深，全程参与了土改，当时被划为自耕中农，而其弟由于当时在救济院，不在家中，因此对土改几乎不太了解。所以我主要对贾营科爷爷进行了土改口述史的访谈。访谈中，爷爷的记忆比较清晰，能准确回忆出当时的情况，表达也非常清晰流畅，整个访谈过程进行得很顺利。在访谈结束之后，我还向爷爷询问了其他对土改比较了解的老人，爷爷向我推荐了几位，我准备接下来一一找老人们聊聊。

1月20日，今天总共访谈了两位老人。第一位老人名叫彭云和，今年86岁，至今仍然坚持开诊所看病，对土改的记忆比较清晰。土改前家中无地，靠租种多地农民的土地为生，老人讲述了他能回忆起的土改情况，令我收获颇多。第二位老人名叫贾富钊，今年83岁，是一名党员。老人在很小的时候便只有自己一个人靠给别人做农活为生，在土改的时候分到了土地和房屋。同时老人还向我讲述了他经历丰富的一生，老人当过团委书记、村长和队长。通过两天的口述史访谈，我发现老人们对那一段历史的记忆是很深刻的，说起那段历史也是非常感慨。

1 月 21 日，今天对两位老人进行了访谈。一位老人名叫宗良坤，今年 85 岁。据老人回忆，土改前他属于无地农民，主要靠帮地主干活为生。老人在土改时以及后来在村里担任过职务，也做了很多事，但一直的遗憾就是老人申请了两次，仍没能成为党员。后来在“文革”中还受到过一些不公正的对待。老人一生勤劳善良，现在仍然保持着读书学习的习惯，喜欢看一些小说再出去和一些同龄的老人摆谈，生活态度积极乐观，现在的生活也挺幸福。

第二位老人名叫黄海洲，今年 83 岁。老人一生经历过很多波折，曾在解放前为了躲壮丁而选择戳瞎一只眼睛，谈起往事老人几度哽咽。当时老人以租种地主的土地为生，家人曾被地主伤害，说起当时地主的恶行老人显得很激动。土改之后一直担任基层干部，二十多年前才退休。

1 月 22 日，今天本来也采访了两位老人，但是由于录音笔操作不当，第二位老人两个多小时的访谈没能保存下来，让我后悔不已。第一位老人名叫郑绍游，今年 88 岁了，自己家里面遗留下来有土地，因此在土改的时候被评为自耕中农。老人在访谈中透露，土改的时候自己基本没什么变化，既没有分到土地，也没有被拿走土地，因此土改对老人的影响不算很大。老人在以前读过书，后来担任过村文书。老人一直在重复的就是做人一定要踏实，说自己的一生就是踏踏实实地走过来的。

今天的天气格外寒冷，天气预报说明天开始就要下雪了，因此我准备暂时停止访谈老人，等天气回暖再开始。

2 月 3 日，再次开始访谈行程，今天也是找到了两位老人。上午访谈的老人名叫王远智，今年已经 83 岁了，老人在土改的时候是自耕中农，后来在村里当过几十年的会计，问到土改的时候的事情，老人的记忆还很清晰，我也从非贫下中农那里了解了一下土改的情况，对整个事情的了解就更全面了。

下午访谈的老人是一位女性，奶奶今年已经是 93 岁的高龄了，说话还是比较清楚，对当时的情况能回忆起大部分。当时老人家里面是被评为的佃富农，但是老人认为这是错的，他们根本没有达到这个条件。由于很多原因，老人对一些事情的了解还是有些模糊，因为年纪确实大了，也因为当时忙于干活，参加的会议不多等。

2 月 4 日，今天在寻找访谈对象的时候遇到一位老人，今年已过八十，在我表达想要请他谈谈土改的历史的时候，老人拒绝了，我劝说未果，旁边有老人说他以前是大地主，我瞬间明白过来为何老人不愿意诉说，也许那一段回忆带给老人的伤痛的确太大，于是我并没有勉强，安慰了老人，便离开了。调研中遇到地主其实挺不容易的，只是我没有能够劝说老人同意访谈也是挺遗憾的。

2 月 5 日，今天采访了这次寒假调研的最后两位老人。第一位老人今年 80 岁，虽然相对来说年纪较小，但是由于老人的母亲在土改的时候是村长，并且读书很多，经常给老人摆谈那时候的事，所以记得比较清楚，在土改的时候一家人都是贫农。老人也很健谈，一上午的时间说了很多。老人和老伴儿非常和谐，婆婆一直坐在旁边听着老人摆谈，时不时插几句，感觉很有爱。最后老人也感慨现在的年轻人都不愿意听他们说那么久，说谢谢我听了那么久，说得我挺心酸的，其实老人的经历对我们来说何尝不是一笔财富呢？

下午的那位老人给我印象最深刻的是他的脸上始终有淡淡的笑容，无论问到什么问题，说了多久，老人始终一直在笑着，给人一种非常亲切的感觉。老人今年84岁了，在土改的时候被评为了中农，但是其实老人家中并没有自己的土地，都是靠租种地主的土地为生，只是租的比较多。老人的记忆很清楚，思维也很清晰。

10位老人采访完成了，之前觉得无比艰巨的任务，完成之后心里却有几分沉重，一位位老人跌宕起伏的人生，岂是那两三个小时就能说完的？由此我想起以前看过的《活着》这本书，书中的人物在生活中的挣扎令人心痛，上述老人们的经历又何尝不是如此？

资阳市

安岳县

YT20180125CML@D　陈茂林

一　受访者基本信息表

<table>
<tr><td>调研点</td><td colspan="4">四川省资阳市安岳县岳阳镇</td><td colspan="2">调研员姓名</td><td colspan="2">杨婷</td></tr>
<tr><td>调研员单位</td><td colspan="8">华中师范大学中国农村研究院</td></tr>
<tr><td>受访者编号</td><td colspan="4">YT20180125CML@D</td><td colspan="2">受访者姓名</td><td colspan="2">陈茂林</td></tr>
<tr><td>受访者性别</td><td>男</td><td colspan="2">首次采访时间</td><td>20180125</td><td colspan="2">首访时受访者年龄</td><td colspan="2">82</td></tr>
<tr><td>受访者成分</td><td>富农</td><td colspan="4">土改时是否土改干部或土改工作队队员</td><td>否</td><td>是否党员</td><td>否</td></tr>
<tr><td>干部经历</td><td>无</td><td colspan="4">曾担任的具体职务</td><td colspan="3">无</td></tr>
<tr><td>现家庭人口</td><td>5</td><td>现承包地
面积（亩）</td><td>0</td><td colspan="2">现承包林地
面积（亩）</td><td>0</td><td>现承包水塘
面积（亩）</td><td>0</td></tr>
<tr><td>受访者
基本情况</td><td colspan="8">陈茂林老人今年已经82岁了，祖籍四川省安岳县永清乡。土改前老人家里一共有四兄弟，他是家里的老大，那时候家里缺乏劳动力，老人一生并未上过几天学，因为那时候家里兄弟中只有他大一点，他要在家带弟弟。土改前他们家里没有多少土地，只是老人的父亲比较懒，不愿意自己劳动，所以后来被划为了富农。土改后老人就一直在家务农。</td></tr>
<tr><td>受访者
职业简历
或个人经历</td><td colspan="8">老人一直都在家务农，只有在六十年代上面下来招铁路工人，老人出去干了半年。后来在七十年代老人出去做瓦，一直做到九十年代。</td></tr>
<tr><td>受访者
所在社区
基本情况</td><td colspan="8">老人所在的村庄背靠高山，北边是狭长的沟谷。该山坡度较大，连绵起伏，对面的山坡是成片的森林。该村以种植柠檬为主。
该村庄的姓氏较单一，民居较为集中。由于坡度较大，山体以石头为主，因而人地矛盾比较突出。</td></tr>
</table>

二 分阶段整理

（一）土改的基础和背景

1. 土改前的家庭基本情况

我叫陈茂林，1936年出生于四川省安岳县。土改前我们家一共是七口人，分别是我奶奶、父母、我和我的三个弟弟。当时奶奶已年过六旬，主要在家帮忙洗衣做饭。我当时十几岁，本来正在上小学，但是因为家里的劳动力不足，后被父亲叫回家照看三个弟弟。我们家当时只有我父母两个主要劳动力。本来务农为生的人需要勤奋劳作，但是我的父亲是一个好吃懒做且爱赌博的人。所以土改前我们家的生活状况是十分艰难的，我们家每年都需要向别人借粮食才能维持生计。

2. 土改前的家庭经济情况

土改前我家主要是靠务农为生，我们家的经济条件在我们村里算中等水平。因为我父亲对土地管理不善，每年我们家的粮食亩产量都不及邻居家的一半。每年的粮食收入连自家七口人的生活都难以维持，这也限制了我们在饲养家畜方面的数量。通常情况下我们家每年能喂两头猪，一头杀了自家过年，一头卖了贴补家用。另外喂有几只鸡鸭，主要是为自家人提供营养。一家人生活总是需要购买许多生活生产资料，但是我们家的经济收入显然是不能满足我们的需求的。于是在当时我的父亲经常去集市上卖柴，虽然柴的市面价格不高，但是因为卖的次数多，每年还能收入一笔不小的资金。

即便如此，我们家每逢六七月青黄不接的时候还是要出门去借粮食，当时我们整个村子能借出粮食的农户也只有一两家。每一次我们家出门借粮食，我父亲还会请对方的当家人去集市上喝个小酒说点好话，才能借到粮食。借粮食都是有利息的，我记得我们借的利息是五升利，比如我们借了一斗粮食，那么就需要还一斗五的粮食给别人。

3．土改前的土地经营情况

原本我家在祖辈那里继承有十亩田地，但是我父亲曾因为赌博欠下巨额赌债无力偿还，于是把家里的五亩地给抵押了出去。因此，土改前我们家的实际耕种土地只有五亩。

我们家的土地是由我父母在耕种，1949 年后我也开始下地干一些农活了。但是在农忙的时候我们家的劳动力还是不够，一般在春耕或者是收稻谷的日子里，我们家就会和周围的邻居换工。当时换工主要是以男性劳动力为主，因为田里的那些活都比较重，女性一般都无力完成。换工的时候，帮谁家干活，谁家就需要管干活的人的一日三餐。我们家一般在农忙的时候会请三四个人来下地帮忙，母亲和我则在家打杂以及负责烧茶煮饭。

另外，因为我们家的农具不足，在农忙请人的时候，邻居们都会自己带工具来。关于作物类型问题，田里主要是种水稻，一年一季。而地里和乡亲们一样种红薯，另外就是小麦、高粱等杂粮。

实际我父亲抵押出去的五亩地，都是以出租的名义抵押的。当时双方写的是一个租佃的约据，只是上面没有期限。因为是欠下赌债而出租出去的土地，当时我们家并没有收取到任何租金。1949 年前我们家没有喂过牛，因为喂牛的成本太高，我们家的经济条件喂不起。到了 1949 年后我们家和邻居家一起搭伙喂了一头牛。解放前我们家需要用牛的时候，都是问别人租的牛。当时租牛是按亩数算钱的，一般就是耕多少亩地付多少钱。

因为我们家的农具不全，大型农具犁、铧等必要农具我们家是和我大伯家一起共用的，我们自家的农具就只能够满足平时的普通生产需要。因此，在农忙的时候有些工具我们需要向别人家借，借别人的农具一般只用几天，很少有坏的情况，但万一弄坏了还是需要赔的。

4．土改前的社会交往情况

土改前我们家的近亲已经比较少了，我父亲的兄弟姐妹中，大伯在解放后因病去世了，姑姑也因为意外去世了。于是在平时需要帮忙的时候，我们更多的是依靠附近的邻居以及自家的好友。当时住在我们六碑村的人绝大部分都是我们陈氏家族的人。因为我们家在家族中的辈分算是比较高的，所以平时在村里还比较受人尊重。

我们六碑村的整体经济水平都不算高，住在我们家附近的邻居都是和我们经济水平差不多的农户。也因为这样，我们大家的关系都是比较和谐的，相互间都很愿意帮助，平时只要是邻里间谁家有事，其他的人都是很积极地去帮忙的。

但是我们这种类型的家庭和甲长、保长他们的关系是很普通的，首先因为我们都是普通人家，每天都只关注自家的那几亩地，没有什么事需要保甲长帮忙。另外，人以群分，我们这些穷人与富人之间是有天然的隔阂的。

我们六碑村虽然整体经济水平不高，但是贫富差距也是存在的，主要表现在衣食住行上。有钱的人家住的是瓦房且每顿都能有一碗白米饭吃，但是穷人家住的却是草房，还有吃了上顿没有下顿的担忧。

5．土改前的土地观念

土改前我们家没有想过要买地，因为我们家的经济条件连自家人的口粮都无法解决，根本就不敢奢望能够买地，能够吃饱穿暖就是我们家人最大的愿望了。虽然我们家的生活艰难，每年都需要借粮食才能维持生活，但是相比起那些完全没有土地的农户，我们还是比较好的。因为他们那些完全没有房子没有土地的人靠租种别人的土地生活，如果别人不让他们做了，那么他们不仅没有吃的，住的地方也没有了。而那些有房产以及大量土地的人，他们不用劳动，每年靠收取租金就能不愁吃穿，这让别人羡慕不已。

（二）土改的过程和经历

1．访贫问苦，扎根串连

1950 年就有工作队从区上下来，当时我们村里来了两个。他们分别是吴大冲和龚大鹏。他们两个人来组织的减租退押，后面是沈爱玲和张元武下来办土地改革。当时我的年龄比较小，对于这些政治事件不太懂。因为我要在家照看弟弟们，所以父母也没有带我去参加过关于土改的宣传会议，只是偶尔听父母参加会议回来后说到，共产党来了要给农民分土地。

我们村里的贫下中农还组织了一个农协会，主要是帮助工作队的人办土改。同时，农协会还会在每一个分队选一个小组长，以便开展土改工作。农协会的成员只能在贫下中农里面选任，我们永清的审判长大字不识，就因为他是贫农，还出任了审判长的重位。

当时还有积极分子，他们主要是一些贫下中农，每一次活动都最积极地参与。他们当中有些人就比较蛮横，总以为自己很了不起，看不起那些成分不好的人。如当时我们村里的积极分子陈贵，别人给他介绍了一个富农家的对象，他居然满脸嫌弃并且在言语上还非常的尖酸刻薄。

2．划分阶级成分

我们家被划的成分是富农。实际上我们家的土地数量是达不到富农的标准的，甚至连中农的标准都达不到。就是因为我父亲曾经因为赌债而同别人签订的那一份租约，因为租约上的土地数量达到了我们家土地总量的一半，于是就被划为了富农。当时成分划下来的时候，我们虽然不知道具体会有什么样的后果，但是毕竟成分算是很高了，所以我们全家人都是比较害怕的，整个家庭都笼罩在一层黑色的阴影下。

划分成分的依据：少土地以及没有土地的就是贫农；土地数量刚好能够维持自家生活的就是中农；出租了自家土地总数一半及以上土地的就是富农；出租一半以上土地且雇有

长工的就是地主。最后我们村划下来地主和富农一共不到十家人，绝大部分农户都是贫下中农成分。

3. 挖苦根，斗地主

划分出成分以后，地主成分的是要接受人民大众的批斗的。当时我们村就经常开大会斗地主，我们一般就是在金堂里开斗争大会。开会前各个小组长就会来通知开会，在开会的时间每家每户都会去参加。大会上武装队的人就会把地主绑在前面跪着，然后贫下中农中受过该地主压迫的人就可以来说自己如何受压迫的，并且还有权打骂地主。出来打人的一般都是那些积极分子，实际上有些地主没有干过那些坏事，也会被有心人扣上莫须有的罪名。但是没有人敢站出来为地主主持公道，因为如果你这样做了，那么就会被人认为你是和地主一伙的，那就是人民的敌人，你也会受到批斗的。但是在私下还是有人同情地主的，比如以前有受过地主家恩惠的人，会在没有人的时候偷偷来给地主松绑或者是送饭。

4. 没收和分配土地、财产

富农成分不被没收财产，只有地主成分的才会被没收财产。我们村的地主家的东西绝大部分都被收走了，有人还被武装队的人撵去住草房子。农协会组织武装队的人去没收地主财产，然后把地主家的财产没收起来统一分给贫下中农。财产最后分配的依据具体是什么我们普通农户不知道，那都是农协会内部的人商量决定的。

因为我们家划为的是富农成分，所以我们家的财产既没有被收走也没有分到任何东西。另外，我们家出租出去的那五亩地是没有收回来的，被农协会的人收走分给贫农了。

通过没收地主的土地分配土地给贫下中农，最后每个人头上的土地都是差不多的量。在分配土地的时候，在一定程度上来说是比较公平的，虽然这是农协会在开展，但是有着工作队的监督，在数量上农协会的人是做不了假的，只是在土地质量的好坏上，农协会内部人分得更好些。

5. 土改复查

土改复查是1952年开始1953年结束的，复查的时候主要是清成分、查土地，很多地方都查出了漏网地主。我们村就查出来了一个本应该是富农的人家却在土改的时候划为中农，后来农协会的人就让那家人把多余的土地拿出来。如果有被划错成分，只要自己去农协会或者工作队上报，经上面核实以后是会纠正的。土改复查以后，给分了土地就要发一个管业证，并把土地定了级。甲级田就是比较向阳并且能关住水的，乙级就次一点，而丙级田就更次。定级标准就是看你这个田的产量好不好，能不能管住水，如果能管得住水，产量好就定为甲级田，次一点的就是乙级田。

当时给我们家定的产量其实我们一般情况下是可以产到那么多的粮食的，毕竟我们家的田基本上都是丙级田，定的产量低。当时要向国家交公粮，我们一般还是交得上，自己还是有点吃的。

（三）土改的结果和影响

1. 土改后的土地经营情况

土改以后我们家自己耕种的土地数量是没有变化的，耕种的作物种类和土改前是没有多大变化的。但是土改后我们家的粮食总产量却好了很多，由此我们家的生活状况也变好了。因为在土改前我们家的土地主要是我的父亲在耕种，但是他平时游手好闲，好吃懒做，每年的庄稼收成都不如人意。但是土改以后我已经十四岁了，我已经开始独立承担起家里的农活。土改后我们家基本上绝大部分的庄稼都是我在耕种，因为父亲这个反面教材，所以我在种庄稼的时候十分地勤劳，我总相信勤快人是饿不死的。

土改前我们家红薯的亩产量不到八百斤，但是土改后我种出来还能收成一千余斤。不只是红薯，小麦、水稻以及蔬菜等产量都有明显的增加，我们家基本上可以自给自足了。并且渐渐地我的弟弟们年龄也大了，他们有时候也可以帮着我一起干点活了，因此，我们家在平时劳动力是完全够的，只是在农忙的时候还是需要换工。因为我们家属于地富反的成分，所以我们不能参加互助组，而是参加的换工队。换工队就是地富反成分的农户们一起你帮我做我帮你做。

土改后我们也需要向国家交税，我们把它称为交公粮。交公粮主要是交稻谷，如果家里交不上粮食就要求粮食折成钱，交钱补上。根据我们家的土地数量交的公粮不到两百斤，这个数量对于我们家来说还是比较轻松的，交完以后的余粮基本上可以维持我们家的生活。

2. 土改后的家庭生活情况

土改后我们家的成分虽不好，但我们家的生活还是好了很多，压力也没有以前那么大了。因为庄稼的产量逐年在上升，我们家再也不用每年都出去借粮食了。虽然在生活状况上我们家有了明显的改善，但是在社会地位上我们家却是久久地抬不起头来。因为富农的这个成分为我和我的家人带来了很多的限制。比如我父亲因为是富农所以他连出远门都不可以。另外我们这种成分的人，如果想要升学也是不可以的。就算是自己有能力考上中学，也会因为这个成分原因而升不了学。土改后农户之间的贫富差距还是有的，毕竟人还是会分勤快的与懒惰的，懒的人种出来的庄稼自然要差一些，所以免不了有人会吃不饱。

3. 土改后的社会交往情况

土改后我们家因为是富农成分，所以是没有社会地位的。我们家和其他贫下中农家的关系也就一般了，当时还有些人因为我们家是富农成分而故意和我们保持距离，或者是在平时说话的时候对我们总是冷嘲热讽。

我们和村干部他们的关系也就更加一般了，毕竟我们的成分不好，干部们都会刻意和我们保持距离，因为他们如果和我们走近了，就会有不好的闲话传出来。

4. 土改后的观念变化情况

土改后我明显地感觉自己的地位比贫下中农的地位低很多，因此自己的心里还是比较委屈的。土改以后我们参加过修路修水库等公共活动，因为政策来了要求我们下面的人去出力。出去干活主要是上面的人给每一队规定一定量的工作，完成了自己队的工作就可以回来了。我们当时去修水库还不会管饭，需要我们自己担着粮食去自己煮着吃。

5. 土改对农业集体化的影响

土改后不久就成立了互助组，互助组大概搞了两三年左右，1958 年下半年就进入人民公社搞集体了。这个集体做起来效率还是没有自己做起来好，要不然后来也不会又把土地放下户来让农民自己做。

口述调查小记

2018 年 1 月，我从武汉带着调研资料回到家乡四川省安岳县，开始准备我的第一次寒假调研，我此次调研的地点是安岳县永清乡六碑村。此次调研过程中我一共找了十余位老人，但是因为某些老人年纪太大了听力不太灵敏，所以我不得不放弃。最后，我一共访谈了十位老人。此次调研不仅使我更加了解关于土改的那一段历史，还让我更加理解老一辈人的艰辛与不易。

1 月 20 日，今天是我第一次出去调研，因为六碑村是我外婆的家乡，所以外婆就全程带着我去找老人。首先去找了一个九十八岁高龄的杨奶奶，虽然奶奶的听力还十分灵敏，但是毕竟年纪太大了，她总是把解放前后的时间颠倒，因此在历经半个小时的试访谈以后，我就放弃了。然后又去找了杨超清老人，这是一位八十岁的爷爷。杨超清爷爷自幼丧父，是由母亲抚养长大的，土改前日子过得十分艰辛。另外老人的几个哥哥也先后出意外去世，于是他小小年纪就要撑起整个家。随着社会的不断进步，老人家的日子终于渐渐好起来，后来结婚生子有了自己的小家庭。因为老人与妻子同心协力，家里的日子越过越好。可惜好景不长，他的小女儿出生后被检查出天生智力有问题。这个事情使得整个家庭都开始变得乌云密布，老人的家庭又开始走向衰落。现在老人的老年生活也是相当凄惨，老人的大女儿婚姻生活极不幸，所以无暇顾及父母。在 2017 年的时候老人的眼睛因病失明，现在连生活自理都成了问题，陪伴在身边的只有同样八十高龄的老伴。看到老爷爷这种情况却无子女照顾在侧，真的特别让人难受。这样一个命途多舛的老人，心态还是很积极，对生活还是充满希望，真的让我非常感动。

1 月 21 日，今天去调研的时候，虽然有外婆陪着，我还是经历了调研途上的第一次被别人拒绝。因为这次找的老人是曾经的地主家庭，他们家人在土改的时候遭受了许多磨难，一提到土改，老人就认为我是上面派下来重新翻老历史的人，无论我怎么解释怎么说理，他都不理解。他的眼神与质疑的语气，真的让我很受挫。从被这个老人拒绝以后，我一整天都担惊受怕，害怕下一个对象也会拒绝我，甚至看到人都不敢说话了，不敢迈开腿去寻找下一个访谈对象。虽然曾在交流会上听师兄师姐说过遇到这样的情况是很正常的，他们告诫我们调研的时候要有这样的心理准备，但是这种事真正发生在自己身上的时候，才发现自己还是那么的在意与沮丧。但是人就是要逼着自己去不断地突破自己，不断地挑战自己，不然你永远都不知道自己的潜能有多大。

1月22日，因为来村里好几天了，所以已经有好多农户都认识我了。每天从他们的门口经过的时候，他们还会主动跟我打招呼，有的还热心地帮我介绍访谈对象。今天在结束与老人的访谈后，我也与村里的农户们聊了聊天。我有好几点感触，首先，真正的农民生活跟我以前想象的还是有蛮大的区别。虽然现在农民的生活是比土改年代好了很多，但是如果说当今时代是一班高速列车，他们大多数是没能搭上这趟车的。特别是当今的信息社会，本来互联网给予了人们很大的方便，但在六碑村中大量的空巢老人接受能力有限，学不会使用互联网，从而无法接收外界的最新信息，无法与在外打工的子女联系。其次，六碑村的基础设施真的是非常落后，绝大部分的农户的吃水都是用抽水机抽的深井水，甚至还有小部分农户是人力担水。有的人要维持一家人一天的生活用水以及饲养家禽的用水，每天都需要担上一个多小时的水。相比自来水这样方便的方式，这些农户们的生活方式确实是很落后且辛苦。最后，六碑村农民的生活娱乐方式也很单一，大多数农户的娱乐方式就是在闲暇的时候聚在一起打小牌，因为这里没有休闲娱乐广场，也没有娱乐活动供大家选择。

通过这一次的寒假调研，我意识到调研不仅可以让我们更加真切地感受到过去的历史事件，更重要的是能让我们体验一种不一样的生活，也能让我们这些平时只生活在象牙塔中的学子认清农村的生活现状，并反思自己能为改变这种落后的现状做些什么。

乐至县

DXM20160727PSM@S　蒲绍明

一　受访者基本信息表

<table>
<tr><td>调研点</td><td colspan="5">四川省资阳市乐至县石湍镇三教观村</td><td colspan="2">调研员姓名</td><td colspan="2">杜欣蔓</td></tr>
<tr><td>调研员单位</td><td colspan="9">华中师范大学中国农村研究院</td></tr>
<tr><td>受访者编号</td><td colspan="5">DXM20160727PSM@S</td><td colspan="2">受访者姓名</td><td colspan="2">蒲绍明</td></tr>
<tr><td>受访者性别</td><td>男</td><td colspan="2">首次采访时间</td><td colspan="2">20160727</td><td colspan="2">首访时受访者年龄</td><td colspan="2">85</td></tr>
<tr><td>受访者成分</td><td>贫农</td><td colspan="5">土改时是否土改干部或土改工作队队员</td><td>是</td><td>是否党员</td><td>是</td></tr>
<tr><td>干部经历</td><td>有</td><td colspan="5">曾担任的干部具体职务</td><td colspan="3">农协会主席、公社文书、大队会计</td></tr>
<tr><td>现家庭人口</td><td>1</td><td>现承包地
面积（亩）</td><td colspan="2">1.7</td><td colspan="2">现承包林地
面积（亩）</td><td>0</td><td>现承包水塘
面积（亩）</td><td>0</td></tr>
<tr><td>受访者
基本情况</td><td colspan="9">老人1931年出生，现年85岁，祖籍四川省资阳市乐至县石湍镇三教观村。老人的老伴去世早，如今老人独自一人在村里居住，身体较为健康，生活可以自理，在自家农院还喂养了家禽。儿子、女儿、孙子、重孙经常来家看望老人，晚年生活很幸福。</td></tr>
<tr><td>受访者
职业简历
或个人经历</td><td colspan="9">土改开始之后老人担任了农协会主席一职，但是担任的时间不长，仅仅两年的时间。1955年，老人到石湍人民公社担任文书，一年多以后便回来开始担任大队会计，在这个职位上一直干了三十年才退休。</td></tr>
<tr><td>受访者
所在社区
基本情况</td><td colspan="9">石湍镇三教观村是以境内的三教观而命名。该村位于石湍镇的西部，总面积528平方公里，辖14个村小组，总人口数为1595人，1951年为四村，1958年改为四大队，1981年地名普查时更名三教观大队，1984年改大队为村至今。全村有耕地1664.26亩，其中水田有792.96亩，旱地有871.3亩，粮食主产水稻、玉米、小麦、豆类、薯类等，经济作物主要有棉花、油菜等，畜牧业以养猪牛为主，退耕还林面积为127.6亩，地属浅丘，以农为主，森林多以桤、柏、桑混交，现有堰塘2口，蓄水10万立方米。</td></tr>
</table>

续表

受访者所在社区基本情况	解放前三教观村名为人和村，属于和兴乡第三保。该村贫富差距较为明显，以受访老人蒲南章所在的第七甲为例，该甲共 15 户，其中地主、富农各一户，小土地出租两户，佃中农三户，中农两户，自耕中农一户，自耕贫农两户，最富有的家庭有 60 挑谷子的田地，最贫穷的人家里则一贫如洗，只能靠租种地主家的田地生活。

二　分阶段整理

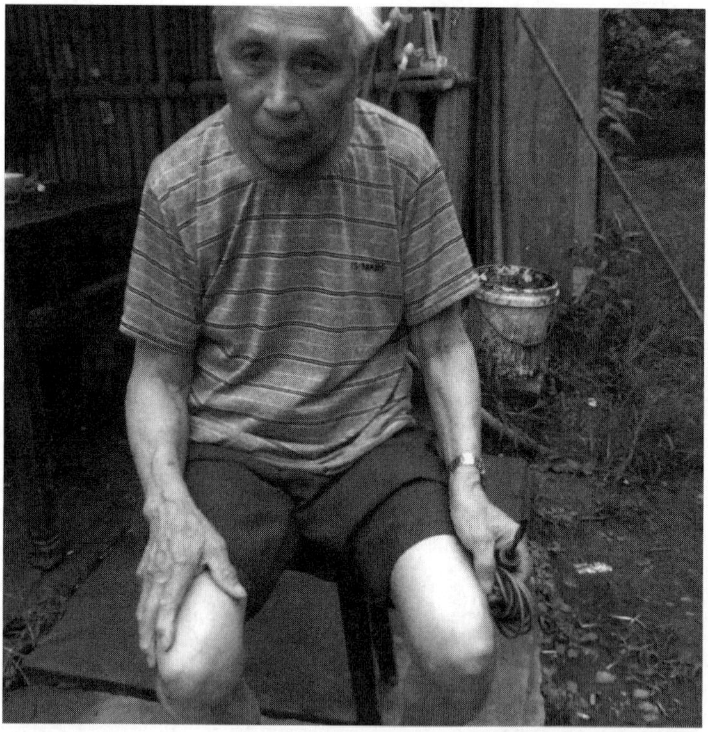

（一）土改的基础和背景

1. 土改前的家庭基本情况

我叫蒲绍明，生于资阳市乐至县石湍镇三教观村。土改前我家有父亲、母亲、大哥、大嫂和二哥，加上我一共是六个人。我父亲是擀面卖，逢场天他去一个面馆里帮人，帮人擀面来卖；我大哥是跛子，在家种地；二哥被拉壮丁拉走了，就没在家里了；我那会十多岁还在读书，也要在屋头种点地；还有个母亲在家里面做点家务劳动；具体还是只有大哥在种地，大嫂也要帮忙种地。我家里面有五个劳动力，三个男性劳动力，两个女性劳动力，劳动力是够用的。小孩子那个时候还没有，父亲就是老人，父亲年纪大一点。当时家里面的负担一般化。

2. 土改前的家庭经济情况

土改前家里主要的收入来源是靠父亲擀面，还算有点收入，那时候是按天算的，一天能有十多块钱。我家里的经济状况在村里面算是很一般化的。家里人没有再去帮别人家干活了，只有这么点劳动力不行，大哥又是跛子，行动不方便。除了父亲擀面有点收入，（再）就是种地的收入，其他的活路没有再去做了。我家里土改前没有搞副业。我觉得土改前家里的经济情况比较一般，反正土改时评的是贫农，比一般的家庭要低一点点。生活的开销主要就是我们置办了些农具，但是我家没有欠款，也没有（钱、粮）借出去。

3. 土改前的土地经营情况

（1）自有土地

土改前我家里有一亩二分地，这些土地是祖先遗留下来的。田里面主要是种水稻，土里面就是麦子、豌豆、苞谷这些。产量一般一亩就是四五百斤谷子，多的没有，国民党在的时候品种不好，产量只能有四五百斤。我们靠自己地里面种的收成基本还是够吃，一年基本不会断粮。当时还是要交农业税，是交谷子，一共交两百多斤，我们去交的时候还要自己挑起送过去。

（2）租佃情况

我家的地当时租的蒲雷士屋头的，她只有一个人，她丈夫是个癞子死了，她屋里没有劳动力做地就租给我们家，我们是一个队，房子挨着很近。我们租的地没有请中人，都是自己协商的，租地租得宽才要请中间人写佃约，佃主几十亩几百亩的才写佃约。当时我们租了她一亩二的地，地租好像是谷子一亩三百斤，那个时候基本上自己最后能得到百分之三十的谷子，也就是产一百斤自己能得到三十斤，如果收到五百斤，能得一百五十斤谷子。那个时候土地租出去一般都是有个价格规定的，基本上大家都是按照这个价格租地的，没有因为交多少租谷发生过争吵。谷子打出来晒好后，用风车来车，那个时候是佃主自己去车，车好了之后我们给他挑去，因为你自己车谷子的话要车得假一点，谷壳子要多些，他自己车的话那些壳子全都车了出去，要车得好一点。

租期我们一般都不写多长时间，如果佃主不想要你种了会提前半年告诉你明年不要你种了，没得特殊情况一般是继续种的。如果家里有特殊情况或者没得劳力了，可以退给他，他又重新租给别人，要提前给佃主说一声，根据农作物收割的时间来决定，把谷子收了之后就可以交给别人来做第二季了。遇到天干没得收成的时候，谷子该收五百斤的只收到一百斤，那当佃客的就要去跟主人家协商，主人家好的话你能得到一点谷子，不好的话就得不到，你三七开的话就二八分成开，你还能捡到一点，一百斤你就占二十，他占八十，平常好的话你占三十，他占七十，就是这样减一点。我家交完租谷后剩下的谷子只能勉强够我们一家人生活，那个年间谷子少的时候吃饭的时候少，吃红苕的时间就多。

我家自己买了一条耕牛，农具有拌桶，有挂子，有犁头，有水车，主要农具就是这些。农忙的时候有换工，你帮我做两天，我帮你做两天。一般是和邻居、一个队的人换工，没讲究技术工和普通工怎么换，一般换工都是主要劳动力，弱点强点也问题不大。换工要管饭，一般的都要管饭，不管饭的就是家里困难点的人呢，那么大家就回去吃，有这么两种形式。管饭管三顿，清早、晌午、晚上，有些家里面条件好点的还要喝酒吃肉，情况差一点的就煮点便饭。换工工具都是自己带。我们家没有请过工，外地的亲戚朋友农忙的时候要来帮忙，他晓得那几天打谷子搞不赢[1]，自己过来帮一会忙，那个不用换工都可以的。土改前没得类似互助组形式的组织。那个年代没有公田，族田是祖宗传下来的，一块田分作好多块，比如这块田是一亩，一个人能占几分，原来就丈过的，丈量过还埋了边界，大家各种各的，等于是自家的田地，我们家的自有的土地就是这么来的。

4. 土改前的社会交往情况

(1) 租佃关系

土改前我们和租地给我们的那人关系还好，她只有一个人，平时做点什么给她帮点忙，所以关系还是好。我们没有给她拜年，送礼的话平时有事情往来一个队的人都要去的。每年没有规定要帮她做多好活路，她是编布，买起线来编白布，她是做这个生意，也没得需要帮忙的。我们家如果有红白喜事的话肯定还是要邀请她参加，她只要是做大寿的时候我们也要去，她请客的时候全队都要去，我们都要参加，送礼就是一二十块钱。遇到灾荒或家中有困难的时候，我们没有找过她帮忙，有困难那个年代也找不到谁帮忙。

(2) 农户关系

土改前我们家和村里其他农户的关系还是可以，他们争边角吵架那些我们都没有去争过。我们这个队没得佃主，只有一个小土地出租，就是我们租土地那一家人。我们家和正保长关系一般，和副保长有点矛盾，他拉了我二哥去当壮丁。土改前村里富裕农户和普通农户的生活差距一般，贫下中农的水平都差不到好远，只是佃主的生活要过得好一些。

5. 土改前的土地观念

土改前我们家没得钱去买地，想倒是想过，但是想也想不到啊。至于怎么看待那些有很多土地的大户人家，那个年代看到了也还是没得办法，那会是那个样子的社会。完全没得土地的农户感觉还是有点不大满意地主的，地主的土地那么宽，但这些农民就只有种地，所以还是有看法的，但是也不敢讲什么，没得办法的，国家那个时候又不管你。租别人的土地来种的时候还是有觉得低人一等的想法。

（二）土改的过程和经历

1. 访贫问苦，扎根串连

工作队好像是1950年来的，我们这个村来了四个工作队员，从上面调来的。我有参

[1] 搞不赢：意为忙不过来。

加宣传土改政策的那些会议，土地改革期间我一直是当的记录员，收财产的时候我帮忙记录，（记录）收到些什么分配给哪个。工作队没有到我家访贫问苦，因为他们都是去找那种最贫苦的人。贫雇农的串连我没有参加。我当时是土改的积极分子，积极分子就是表现好一点，拥护政策，斗地主的时候积极一点就是了。这个积极分子不是评议出来的，是工作队认为哪些人表现好就选哪些人。

当时村里有成立农协会，我那时候是农协会的成员，我还当了两年农协会的主席。我那个时候负责的工作就是串连农民，成立互助组，成立起来互相劳动互相种地，一个队几家人一起组织起来，互相帮忙，有什么困难大家一起来战胜。农协会成员就是要选思想好的，选家里困难的贫下中农，选过去在国民党（统治时期）没当过什么的、历史清白的、工作积极的人进农协会。农协会的组织构成有个农协会主席，有农协会组长，就像队长那个意思，一个组就是十多户人，也有几户的，一个队基本就是一个组。农协会的主要工作和任务就是团结群众，做好土地，听党的政策。

2. 划分阶级成分

土改的时候我是贫农成分，一家人都是同一个成分。成分是大家评定的，我们当然认同。贫农就是土地少，生活一般以下，劳动力缺乏，生活困难；中农就是土地一般，基本上一年的生活不得缺，家农具齐全，劳动力也有，勉强过得去，比贫农过得好一点；雇农就是没得劳力也没得土地，也没得农具，要专门去打工；富农就是有劳动力有土地，还要去请点长工，家里面富裕；小土地出租就是家里面有地无劳力，人口少，土地也不见得有好宽。划成分是工作队和农会结合来划的，每家每户都要通过研究和民主评定，要合乎那个条件才行。划成地主的人家里那个时候一般是几十亩，最大的地主是一百多亩。划了多少个富农贫农这些我也记不到了。

3. 挖苦根，斗地主

斗地主的时间就多了，一共批斗了十五户地主。斗地主之前要开诉苦大会，过程就是先把政策讲好，大家坐在那里，哪个人对地主有意见，过去受过他的压迫的，就一个一个讲给群众听。那些罪恶大的地主开斗争大会斗他，有些还要挨打呢。有算剥削账，就是交罚款，罚款就是看你有好多土地，势力有好大，剥削了好多，最后来估计，估计好了后给定下来，就交这么多罚款，要自己去找钱。

殴打地主的情况肯定是有的，武装队有很粗的一根棒子，地主在上面跪着就拿那个棒棒打，有个地主胡子都被扯掉了。我那个时候在写材料，记录地主的罪行，就没有去揭发地主。没有人敢公开给地主讲好话的，讲也是背地里在自己屋头说。

4. 没收和分配土地、财产

（1）没收土地和财产

那个时候是组织的武装队去没收五大财产和土地，地主家里面所有的东西都要没收。工作队带着武装队去没收，还有些社员代表也要一起去，我们这个村收到的财产四五个大院子摆满了的。没收到的就分给贫下中农，有的分柜子，有的分衣柜。那时候没有地主不配合没收工作。

(2) 分配土地和财产

分财产的标准是根据家里面的贫困程度来分的，你缺什么就分什么，比如说你缺两三样，根据实际有的东西给他可能补一两样。当时有召开分配大会，有一个分财产的三联单，财产也分了个等级。在开会的时候评议，哪一家分啥子编上号，然后就拿到一个三联单去对，对得起哪个号就拿哪样东西回去。这个分财产还是麻烦的，家里贫困的就稍微多分一点给他。甲等就是家具那些的新色、质量好，就算是甲等；乙等就是样式差点，或者漆水差点的；哪里有点残缺的就算是丙等。我们家只分到几厘地，我们这个队只有个小土地出租，分的地很少，有些队分的多，他们有地主。我们这个村一个人一般就是六分多点地。那些好田、中田、差田有甲乙丙三个等级，都要搭配起来分。成分不一样分到的土地没有什么差异，富农多余的要拿出来，群众有好多他就还是好多，地主的是全部要拿出来，但是他本人该得的那点还是要给他留到。我们家分到个碗柜，那个碗柜都不见得好，还分到一床毯子，就是分到这么两样东西。我们对分到的东西还是满意的，全部都分完了的当然满意，只有这么多点东西。分到的这些财产有的不是本姓人的，我们这个村最多的财产是姓蒋那家地主的。祠堂分给蒲绍强那家人了。

(3) 分配土地的过程

分土地的时候，看田是各组组长去的，就是工作组开会过后，农会主席带领下去每个队各自处理，一户一户地去处理、看田，量好了过后埋界，拿块石头在那埋个界。我觉得没有干部在分配财产的时候做出贪污、不公平的行为，那个年代的制度严格，不敢的，也没有因为分财产的时候吵架的，分到哪个就是哪个。

5. 土改复查

土改结束后有进行复查，只查到一户划掉了的地主，就把他补起，还是把他的财产收了的，土地拿出又给大家分。土地证过后给我们发了。查田定产也有组织过，它这个是国家统一组织的量面积，哪一户好多，有没有遗漏，有没有错误，评产量就是根据那个甲等乙等丙等，根据那个等级来定。给我们家的地产量定的多少具体数字记不到了，我觉得定得基本合理。交公粮交了的，我们反正是两亩多地交了两百多斤谷子，负担一般，比国民党那阵好点。

(三) 土改的结果和影响

1. 土改后的土地经营情况

我们家的地比土改前只增加了几厘，基本上能够满足一家人生活，因为不交租谷了，完全是自己的。土改后田里种水稻，土地里面就是苞谷、红苕、麦子。土改过后产量比土改以前有所增加，产量能达到七百斤，原来只有五百斤，增加了两三百斤。

土改过后我们家劳动力不怎么够用了。因为我大哥死了，父亲也过世了，就缺了两个主要劳动力，大嫂又嫁了出去，我结了婚，有一个女娃子，还有母亲，加我就是四个人，只有我一个男的主要劳动力。我家入了互助组的，互助组是一个队一个组，互相帮助，我们这个队有十多户人。互助组还是做了好几年，一直做到后面成立了合作社。土改过后在农业经营方面的困难小了，反正生活是够得到的。

一年的收成给国家交两百多斤稻谷，完公粮过后自己一亩地还能剩下两三百斤，基本上够得到家人生活。土改过后种地的热情比土改前高些，因为是自己的土地，也不给租谷了。我们没有再去租别人家的地来种了，土地买卖也没有，那个时候不准买卖土地。

2．土改后的家庭生活情况

我觉得土改过后家里最明显的变化就是吃大米的时间多了，过去吃红苕的时间多。我觉得土改后生活压力变小了，农户间的生活差距也小些了。发家致富的信心有比之前要高些，因为有自己的土地了，大家热情高。除了种地之外我们家没有其他的收入，没出去揽活或者是做小买卖。

3．土改后的社会交往情况

土改后我们和农户的关系还是可以，村民之间的关系也可以，但是土改过后好几年都没跟地主富农打交道，有十多年都没怎么打交道，后头成立了生产合作社了好一点，起先还不敢打交道。我家和村干部关系还是可以，我是大队会计，就是村干部的主要成员。土改后风气主要是“大跃进”那段时间不好，其他时间都还可以。

4．土改后的观念变化情况

土改后拥有多一些的土地了，心情当然欢喜了。土改后国民党“反攻大陆”的谣言没有听到过。土改后有觉得自己比那些成分划成地主富农的人地位高一点，和他们打交道都要少一些了，他们还是受了些委屈那样的意思。土改后参加修公路、修水利这些那个年代好像还比较少。土改后对党和国家新的认识和看法就是感谢共产党，国家好，领导好。土改留给我最深刻的印象是自己个人做到的自己个人得，不受地主压迫了。大家尽说毛主席好，把蒋介石打垮了，现在农民有讲话的权利了，有自己耕作自己收的权利了，这个农民都还是高兴的。

5．对农业集体化的认识

土改后一年多就开始搞互助组了，可能搞了三四年。互助组三四年以后就是合作社，高级社是合作社过后。入社的时候我们是自愿把土地和农具交到集体里去的。我觉得那个时候看起来集体耕种效率没得私人的效率高，因为偷懒的人多，比如挖一块土地，十几个人站一排，站着不动的多，不攒劲[1]的也多，来得晚的也多，没得私人做那么攒劲，还是个体户好些。入社只是讲法对农业发展有帮助，实际没得互助组那个时候做得好。入社

---

[1] 攒劲：努力的意思。

之后觉得之前好不容易分到的田地又没有了这种感觉是有的，认为又不自由，天天都在做活路，做点啥子又不攒劲，效率又低，还不自由，因为土地交了出去责任心就没得了。

DXM20160728PNZ@W　蒲南章

一　受访者基本信息表

<table>
<tr><td>调研点</td><td colspan="4">四川省资阳市乐至县石湍镇三教观村</td><td colspan="2">调研员姓名</td><td colspan="2">杜欣蔓</td></tr>
<tr><td>调研员单位</td><td colspan="8">华中师范大学中国农村研究院</td></tr>
<tr><td>受访者编号</td><td colspan="4">DXM20160728PNZ@W</td><td colspan="2">受访者姓名</td><td colspan="2">蒲南章</td></tr>
<tr><td>受访者性别</td><td>男</td><td colspan="2">首次采访时间</td><td>20160728</td><td colspan="2">首访时受访者年龄</td><td colspan="2">90</td></tr>
<tr><td>受访者成分</td><td>中农</td><td colspan="4">土改时是否土改干部或土改工作队队员</td><td>否</td><td>是否党员</td><td>否</td></tr>
<tr><td>干部经历</td><td>有</td><td colspan="4">曾担任的干部具体职务</td><td colspan="3">武装队长</td></tr>
<tr><td>现家庭人口</td><td>2</td><td>现承包地面积（亩）</td><td>2</td><td colspan="2">现承包林地面积（亩）</td><td>0</td><td>现承包水塘面积（亩）</td><td>0</td></tr>
<tr><td>受访者基本情况</td><td colspan="8">1926年出生，现年90岁，祖籍四川省资阳市乐至县石湍镇三教观村。土改之前没有念书，1952年之后才开始到县城念书。现在和老伴两人居住在村里，记忆力很好，耳不聋，虽然90岁高龄身体却十分硬朗。他老伴身体不好，老人在生活中多担负起照顾老伴的责任。老人的小女儿经常回来看望和照顾两个老人。</td></tr>
<tr><td>受访者职业简历或个人经历</td><td colspan="8">1952年到县城的乐至中学进行初中的课程学习，老人念书很刻苦，深受老师的喜爱，曾经还参加过招聘飞行员的考试，各项成绩都合格，但是因为不符合年龄的硬性规定，最终没能选上。后来，老人到西昌专区工作了几年，精简机构的时候和老伴返回了家乡。</td></tr>
</table>

二　分阶段整理

（一）土改的基础和背景

1. 土改前的家庭基本情况

我叫蒲南章，1926年生于资阳市乐至县石湍镇三教观村。土改前我家有三个人，我父母和我都是在务农，种庄稼，我母亲编点布，我父亲整点米去卖，我空闲的时候还去打鱼。

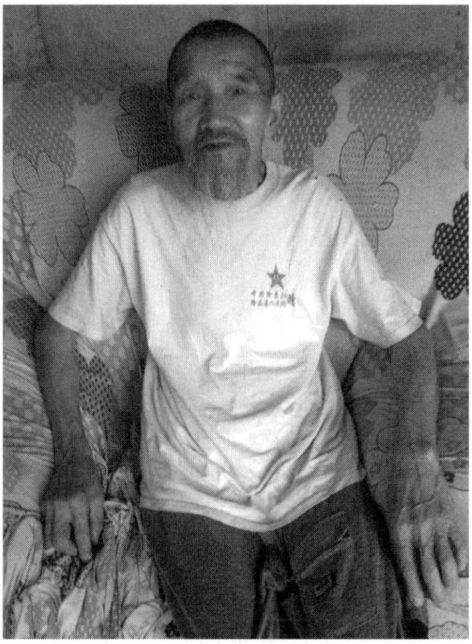

土改前家里有三个劳动力，只是我母亲身体差，强度大的劳动不得行，但是编布和纺纱都可以，我父亲劳力最好，我比我母亲劳力要强点，劳动力够得到用。土改前没有小孩，我就算是小孩子了，丧失劳动力的老年人或残疾人也没有。

2. 土改前的家庭经济情况

（1）经济情况

土改前家里主要的收入来源靠农业，空闲的时候我父亲卖米，我打鱼，母亲编布。经济状况我们家属于中上，比起三十年代的时候是好得很了。

（2）生活来源

栽秧打谷的时候有时候要去帮别人做工，帮人打谷子就要给工钱，换工就不给工钱，只吃饭，帮人打谷是一升米一天。我母亲空闲的时候编布就是副业，我父亲挑米卖算副业，我打鱼这个也算副业。我父亲卖米收入还是可以，担一挑米卖，三天日子最少要赚一斗谷子。

（3）生活压力

1948 年左右这段时间的生活还是较好的，因为地做得窄了，收成也好了，一块地就把主人家的租谷交上了，所以生活就好起来了。主要的开销就是吃，其他没得啥子开支了，那阵租别人的地千方百计都想存钱买地。欠款这个要看在什么阶段，从 1946 年以后没得欠款，1946 年以前是欠款累累，吃不饱也穿不暖，只能在打谷子那几天吃几天饭，把主人家的租谷一交，连稀饭都没得喝的了。一般主要是借粮食来吃，借钱就是车水的时候要借钱，在大春收了之后就要还给人家。这个借款都是借来借去的，今天借了你的，你约定什么时候要，我就去那边借过来还给你，都是这样借了那边来盖这边。我们借得少，一般都是找熟人，没有讲利息。

3. 土改前的土地经营情况

（1）租佃情况

我爷爷接媳妇的时候搞排场，大搞酒席，欠了债，这是一方面；另一方面我父亲是外侄抱养过来的，外面的说三道四，我爷爷还烧大烟，家里就这么把田地都卖了。我们租的何家坝子何光凡家里的地，有请介绍人。当时要想租地就放信出去，看哪个屋头有地租的。要写文书，就是写佃约，契约是卖田卖地才写契约。我家租了多少地我记不清楚了，反正不少。

我家换了三家佃主，何家坝的是第一家。第二家是亲房人的，这个交的租谷不多，交的四石谷子。第三家是佃主，这个就比那两个佃主要慈善一些，天干的时候他是分谷子，三七分成，他得七成，车水还是一人一辆车子。第一个主人家天干的时候二八分成，其他时候交满租。第二家佃主是一九分成，天干年间车水主人家出一辆车子的钱，佃客出一辆车子的钱，收湿谷子他自己去晒。大主人家就是收干谷子，但是这个大主人家在契约上写着每年过年必须拿一个鸡公给他，要三斤以上的，但是总的来说大主人家比小主人家好，小主人家挨着住，话多事情也多，有事就要帮他做活路。

地租看起来还是高的，收十斗谷子他就要占了九斗，种地是自己去种地，车水还要自己出一驾车子的钱，才得到一斗谷子。地租是主人家说了算，他更明白他这些田能产好多谷子，基本上喊出来要交的租谷没得啥子变更的了，如果觉得做得出来就做，做不出来其他有人愿意来做。没有因为定租谷跟佃主发生争吵的。租金主要是以稻谷为主，小主人家要称点杂粮，这只是少数，也是要写到契约上写明白，秋后打了谷子就交租谷。离得近的晒好后他来车拉，远的是送去给他。

租土地的租期佃约上一般不写长短，人家不满意的时候，自然不让你种了，或者佃客另外租到地也好，租谷也比这个主人家少，那么也主动给主人家退租，退租的话栽完秧子过后跟主人家打报告。

遇到灾荒天干的年份就实行分谷子，大主人家就是三七分成，其他是二八分成、一九分成，其他时候就交满租，大丰收的时候不用补交。主要是种稻谷，那阵产量很低，做得最好的地是三百来斤一亩地。之前我家做得宽那几年，人手少，加上田地肥力不好，每亩田就是一百多斤谷子。交了租谷之后就没得谷子吃了，只有打谷子那几天能吃几天饭，谷子打完之后，租谷再一交，就没得粮食了，只能吃一些杂粮。不够吃的就吃土里的南瓜、红苕，或者坡上找野菜吃。1946 年过后地做得少点了，收成反而还要好一些。

我家有一头黄牛，家里农具是齐整的，农具有箩筐、晒席、水车、拌桶、犁头挂子，做田的这一套是齐全的。

（2）生产合作

栽秧打谷子的时候有换工，一般是贫苦农民换工。我们土地做得宽那阵，没得时间去还人家的工，就请人栽。请人栽秧子是一升粮食一天，打谷子是一升米一天，吃三顿饭，也还是要吃一顿肉，哪个有空就请哪个来。请的都是本村的，我们这个村有一拨专门帮人做天天活路的人，因为他自己做的地不宽，可以请他们帮忙。收谷子的话他就自己带把镰刀来，这是必须要带的，栽秧子一般要带着秧盆来，因为一家人没准备到这么多农具。今天做活路的人有换工的人也有请的人，都一起吃饭。没有类似互助小组的组织。我们这里土改前没得公田，都是私人的。

4. 土改前的社会交往情况

（1）租佃关系

我们家和主人家的关系都还好，特别是后头这个大主人家关系好，每年给他送一个鸡就可以，其他不麻烦佃客的，还是大主人家好些。小主人家他屋头有啥子事要帮他的忙，那个一般都是写在了契约上的，叫做称工，但是他屋头有事喊还是要去的，小主人家有时候冬天洗菜还要帮他洗。若是家里有红白喜事主人家不会来参加，参加的话就好像是他吃了亏了，因为我们是佃客他是主人，但是他屋头有事的时候就要去帮忙，还要给他送礼。灾荒年间主人家救济这都没有听到过的，只有挨到近点关系好点的，可以找他借点，借了之后就要还。

（2）农户关系

我们家和农民关系一般都很好，和家庭富裕的也还是好，比如说有些农民做活路工具都放在我们屋头，还要在我们屋头摆会龙门阵[1]，没得啥子争吵的。但是富裕农户和普通农户的生活差距很大，因为有的人家里自己有地，人手也多，那他们的生活条件就要好些。

5. 土改前的土地观念

拥有自己的一块土地当然是愿望了，千方百计存钱想买地，当佃客太受气。地主有那么多土地也没得法，那是人家前辈人挣到的，或者自己有钱买到的，心里虽然也想有，但是我们是想买得不到。租别人土地种那的确是要低人一等，租别人的地能抬得起头吗？特别是挨着主人家近的话，那是受了好多的气，只有在背地头骂他几句。

（二）土改的过程和经历

1. 访贫问苦，扎根串连

土改工作队是1951年下半年打了谷子之后就来的，来了六个工作队员，大部分都是从农村来的。我参加过宣传土改政策的会议，毛主席（的人）一来首先是发动群众，挖穷根倒苦水，土地改革那阵还划成分，光讲土改这个运动就是发动群众，以贫雇农为主体，团结下中农和中农，孤立富农和地主。我没有发言，因为我不识字，但我能听明白政策的意思，我们对国家是拥护的。

土改工作队员有到我们家进行访贫问苦，交流哪些人是地主哪些不是地主这些情况。贫雇农串连我没有参加，我没有评到积极分子，我只能说是一般积极，完成了上面给我的任务。在执行过程中有的积极的人打地主打得凶，我对有的武装队员随便殴打地主有我的

---

[1] 摆龙门阵：聊天的意思。

看法，心里是觉得不对，但是那阵不敢说，说了就是包庇地主。

1949年开始成立农协会，我是农协会的成员，大家贫下中农都是农协会的成员。农协会成员条件只要不是地富反坏右都可以。我在农协会里面没负责什么工作，我那阵也不识字。我是1951年下半年开始正式当武装队员的，就是催罚款，收集地主富农的材料，夜晚上武装队查地主的夜，收集地主金银财宝放在哪里的信息。农协会的主要工作是组织这个村的工作，土改时候就组织土改的工作。

2. 划分阶级成分

（1）土改成分

土改时候我是中农成分，一家人是同一个成分。因为我们家农具齐全，家庭生活好起来了，经济也好些了，所以定下来是中农。我是完全认同给我们划的这个成分的，这是按照土改法规来划的，我们家农具齐全，做的地有那么宽，再加上解放后我们基本上生活好起来，在一般人以上了，而且既然我们准备买土地了，多多少少手里有积存的东西了。没有其他人对我家的成分提出反对意见，因为我们自身也没得土地，都是租到的，符合中农的规定。

（2）成分划分

划成分的标准像我们中农就是家具齐全，家庭收入也有这个样子了，一般贫农佃地窄，缺少农具；富农人多，自己有点田地，有点房子。这个成分是大家一起来评定的，然后工作组他们来通过。这个划地主里面还是有误差的，民愤大或者富裕的人户，其他人还是对他心怀不满。我们这个村地主大概有十八个，其他富农这些有多少我就搞不清楚了，出没出榜我也不清楚。

3. 挖苦根，斗地主

斗地主是肯定的，有开诉苦大会，挖穷根倒苦水那是经常有的事情，诉苦就是诉那个人如何剥削如何压迫他。斗地主斗得还严重，当场打死地主的情况没得，但是有的下去过后死了，有的是受伤了，有的是交不上罚款自杀了。我没有揭发地主的罪行，因为我对别人的情况不熟悉。没有人敢给地主讲好话同情地主的，私底下是有，但是都只是悄悄地说，这个是不公开的。

4. 没收和分配土地、财产

每个地主都收了财产的，前辈人给他的契约都要收了。土地没收了过后是全部分了的，家具农具这个东西究竟怎么分的我搞不清楚，是工作队和农协会的主要干部来负责做这个的。我当时是武装队员，参加了没收地主财产的工作，没有地主不配合，规规矩矩的还能少挨点打。

财产的标准是啥子我不清楚，分地就是先把全村的面积核准了，各村统计到一起，由乡政府核定下来，这个每个人一石三斗八的，产量全乡都是这样子的。按照产量来分面积，比如分的甲土产量高，那么面积就窄，产量低的话面积相应就宽一点。要开分配会，这些道理必须要给群众讲解清楚。

我家大概分到有十亩地的样子，那阵我添了一个妹妹，我们是五口人分的地。全村不同成分分到的土地总产量是一样的，只是一般说来那些产量估计得不准确的，那阵产量是估计的，不是丈出来的，那些产量估得不太够的首先是给了地主。我们不缺哪样家具农具，财产是一样都没分到。对分到的这些财产我们当然是满意的，原来我们是租地主的地来种，现在分到就是我自己的地了。我们这个分到的土地是外姓人的。祠堂分了的，分给别人住了。

有组织集体看田、插标，让每个人各自估计好土地面积插上牌子，在篾条上写上这块田叫做什么名字，有好多亩分，农协会要组织人每一块都检查。最后全村决定合理了，就把这个土地面积加起来，再拿全村人口来平均分这个田土，当时是按的产量分。有没有干部在分财产的时候贪污不清楚。分土地的时候没听到有吵架的。

5. 土改复查

土改是 1952 年 3 月 1 号开的庆功大会，开了庆功大会后就全面结束了。有进行土地复查，查出了一户漏网地主，还是没收了他的财产，只是没挨打了，因为人都发展生产去了。最后给我们发了土地管业证。后来没有组织查田定产，就按照土改时候分的产量来的，这个基本还是合理。要交公粮，那阵没得哪个说负担大不大的，喊的是爱国粮，都是积极完成了的。

（三）土改的结果和影响

1. 土改后的土地经营情况

土改后我们家分到的田地足够一家人生活了，吃是完全满足了。田里面还是以稻谷为主，土里面栽些豌豆，比土改前产量大增，至少是翻了一倍，原来收两百斤土改过后收四百斤。土改后我家的牛还在。公粮交多少具体我记不到，但是交完公粮后的粮食还有的剩，完全够我们家吃了。

土改后家里的劳动力够，有加入互助组，大家你帮我我帮你，这个互助小组进了合作社就不存在了。报酬就是等价交换。

土改后种地的热情比土改前高多了，在没成立合作社以前人的热情都高。土改后没再租别人的地来种，也没有土地买卖的情况，土改分了地之后国家规定土地房屋不准买卖，也不准租，一般人也没得租的，因为人人都有地了。

2. 土改后的家庭生活情况

土改后家里最明显的变化是生活改善了，有田地就不忧愁了，生活压力不大，吃不愁了。农户间的生活差距也还是大，搞生产还是有差距，偷懒的人做的地肯定要差一些了。土改后发家致富的信心比之前足，自己有田有地有房子住了，谁不积极种地呢？当时除了种地之外，我家没有其他收入了。

3. 土改后的社会交往情况

土改后我们家和其他农民的关系还是好。我家跟地主富农的关系还是和原来一样，因为他对我们的剥削性不强，原来是怎么样，过后还是怎样的。但那一阵贫雇农、中农这些一般是不允许和地主结亲的，国家不准这样的结亲，一般人也不愿意和地主结亲。土改后我们家和村干部关系不太好，因为土改中他们有些自私心，我母亲也见不得这些事情，多少有点隔阂。土改后村庄风气和之前有无变化我不了解。

4．土改后的观念变化情况

那阵说不清的传言多得很，但是我们家人都不信这些谣言。每家每户都分到一样多的土地我认为这是合理的。土改过后我们当然是要比地主富农的地位高一些了，去学校考试我们（的子女）都比他们那些地主富农子女要占优势一些，同等条件下是要优先录取贫下中农子女，家庭背景这个在政治审查上是要比地富子女占优势些的。土改后同一阶级的农民在大方向是一家人，小分歧不算数。

土改后有积极参加修水利活动，国家喊怎么做就怎么做的，每个人都很积极的。

土改后对党和政府我本人是没得啥子看法，只是土地改革是大丰收，但是合作化成立得太早了，如果一家一户多搞几年，那么 1958 年的大灾难也不会遭得那么恼火。

土改留给我最深刻的印象是分到有田地，有了落叶的地方，不再是浮着的人了。土地改革改得好，消灭了几千年的封建势力，贫下农民翻身，生产得到解放，生活得到改善，上不起学的人也上得起学了。

5．土改对农业集体化的影响

土改过后就有互助组了，1950 年就有了互助组，互相帮助。1953 年进的初级社，高级社是 1956 年，乐至县的第一个高级社就在石佛。入社农具这些东西归集体，我家入得晚，但是农具也还是都归了集体的，那个不交也不得行。从耕种效率来说，我认为还是一家一户的效率高些。入社对农业生产发展的好处体现在搞公共事业上要好办些，比如说修路修水库，想占哪个田就可以，这是集体的，不然一家一户的话，谁家地舍得让你们在上面修水库呢？不好的方面就是生产的发展多少有些障碍。入社以后我没有之前好不容易分到的土地又没了的感受。

DXM20160802PKY@S　蒲开余

一　受访者基本信息表

调研点	四川省资阳市乐至县石湍镇三教观村	调研员姓名	杜欣蔓
调研员单位	华中师范大学中国农村研究院		
受访者编号	DXM20160802PKY@S	受访者姓名	蒲开余

续表

受访者性别	男	首次采访时间	20160802	首访时受访者年龄		83	
受访者成分	中农	土改时是否土改干部或土改工作队队员			否	是否党员	否
干部经历	有	曾担任的干部具体职务			生产队队长		
现家庭人口	3	现承包地面积（亩）	0	现承包林地面积（亩）	0	现承包水塘面积（亩）	0
受访者基本情况	1933年出生，祖籍四川省资阳市乐至县石湍镇。有一儿一女，现在和儿子儿媳一起生活。现在自己会在家里编一些竹筐和背篓等东西，然后拿去集市上卖，访谈的时候老人正在编竹筐，除了编竹筐就不干其他事了。平时由儿媳妇照顾老人的生活，女儿偶尔会回家看望，晚年生活得很幸福。						
受访者职业简历或个人经历	土改的时候在村里当过武装队成员，帮助维持治安。学历为小学，土改后一直在家种地，没有去过外地打拼。1952年结婚，育有一儿一女。在人民公社时期当了三年生产队队长。老人自己是个木匠，偶尔会帮人做木工，赚取工钱，补贴家用，60多岁后就没去做木匠了，现在在家里用竹子编一些箩筐拿去集市上卖。						

二　分阶段整理

（一）土改的基础和背景

1. 土改前的家庭基本情况

我叫蒲开余，1933年生于资阳市乐至县石湍镇三教观村。土地改革之前我家里有婆婆、父亲、母亲、我和我的一个兄弟、一个妹妹，我的幺兄弟和幺妹是土改后生的。那时候我婆婆都老了，不能从事劳动，我父亲和母亲就种点地，地是租的别人的，我们都还小，都还做不得，农忙的时候劳动力肯定是不够用的。土地改革前的家庭负担很大的。

2. 土改前的家庭经济情况

土改前，父亲以干手艺为生，出去改料，是木匠。婆婆和我母亲两个种庄稼，就是这样的。我家的经济状况一般，反正差不多够吃，比起那些没得地的要好点，但比不过那些富户。在村里的地位差不多属于中等偏下。经济来源就是靠种地收粮食，自己家的地再加上租的地，其他就是我父亲有时候出去做木匠，那个时候工钱好像是一升五米一天。养鸡养鸭这个副业我家有做一点，这个的收入都不大，有的时候拿到集市上去卖，那个时候养的不多。那时候家里青黄不接，都没有吃的，只有去找别人借粮食，打了谷子之后就去还给他，还给他的时候还有利息，那时候一斗谷子是五升利。当时的生活开支不了，我父亲又没得（积蓄），穷得很，经常借账，只是借得不多。

3. 土改前的土地经营情况

我家里的田地有四分，还有个大田几家人分的七分，一共就是一亩一分，土地有七分，田和地大概有二亩多一点。那时候主要种高粱、红薯、绿豆、玉米、豌豆和胡豆；田里只有水稻，那时候不懂放水种油菜。大概只产一百四十多斤谷子，产量低。

租了一亩多到两亩的地，田有两亩多，总共租了四亩土地。主要租的谢合石的，就是我们村的，还有个蒲亨明的，租一点地就得到一点粮吃。谢合石有地没得劳力，就把地租了，我们交租，四亩地收的是四石，给他一石四，一石是三百斤，土里的土豆这些都不收，是我们自己的。

我家没有马，牛是和我们邻居合伙喂的，就是有半只牛，一个月一家喂十几天，轮流喂牛的，农忙的时候要犁就先犁，我们要用了去牵就是，够得到用了。农具有水车，有拌桶、秧桶，差不多就够了。像弄水、栽秧子和打谷子时就换工，你帮我种地，然后我帮你种地。帮哪个种地就在哪个人家里面吃饭，都是一样的。当时没有请工，我们只有帮人，因为我们请不起人，有些空时间大佃户会来请我们去做，那时候是一升半米一天。

4. 土改前的社会交往情况

（1）租佃关系

那时候我们和主人家的关系一般，租到哪个的地就要请他吃饭，过年过节给他送礼。如果他有活就帮他做，比如他挖菜土，喊我们就去做。我们和他们也有发生矛盾，有时遇到天干，田里没水了，他要收粮食，我们不给，就要和他们吵架。那时怕主人家总是这样，大家都帮忙出主意，不让他收，我们把还没熟的麦子收回家了，就不让他收，最后还是算了。有红白喜事还是要请他们来，他们家有事，我们要送礼，互相都会去。如果遭遇了灾荒那时候就借，遇到困难了只有向主人家借。

（2）农户关系

我们家和其他家农户的关系都差不多，以前的关系比现在还团结，现在是自己有地种自己的，那时候佃客如果不团结起来的话，有什么事都没有人来帮忙。我们家与富户的关系还是比较好，他自己要富裕点，比我们多点，但他不会出租地的。我们逢年过节都要送点礼给村长和保长，都要打交道的，屋里有事会请。

5．土改前的土地观念

我屋里没有买过土地，想都不敢想这个事情，因为家里只有这么点劳力，没得多余的钱来买土地，但是还是想拥有属于自己的地。那些土地多的人他有地，都是做生意或者帮工存到的钱买的。我们村还有一个完全没有地的人，他就去讨口[1]。我们去租地的时候还是有感觉地位低一等，因为要去租他的地，就得听他的，他有事得去帮他。

（二）土改的过程和经历

1．访贫问苦，扎根串连

（1）工作队进村

1949 年就开始土改，工作队来我们都当武装队了，来的有李光龙、郭部长，他们来我们都要去接，走的时候要去送。郭部长是去东北参加过抗日战争回来的，在石湍当区长；李光龙就不晓得从哪里来的，我没接触过。他们没住多久，后来正式土改了就是刘庚朝，回澜的，都是基层干部培养出来的工作组，土改来得多，有六七个人。

（2）土改宣传

当时村子里的人要参加土改宣传会议，我父母天天都要去学习，我就和我姊妹在屋里守夜。我从父母那里听说，那个时候喊大家都要积极点，要宣传土地改革、减租退押，连租户都喊退押，就是租地的押金，有宣传的来了，农民都积极拥护共产党了。政策听不懂的话有解释的人来宣传，告诉我们怎样土改，怎样退押，地主要怎样赔等，反正都是有条条款款的。那时候开会都是大家在一起的，也会给个别人培训要怎么发言、怎么做。

（3）扎根串连

土改工作人员有来我家里访贫问苦，他们一般来问对地主有什么看法，地主怎样压迫的，还有向我们宣传共产党。中农、贫农这些是要串连，当时父母亲有去参加，去讲地主是怎么压迫，现在要怎么组织起来这些。我们家没有土改积极分子，但都不反对土改，拥护得很。我们还是该学习那些积极分子，需要这些积极分子踊跃发言。

---

[1] 讨口：乞讨。

（4）成立农会

当时有成立农协会，农协会是贫苦农民组织的一个协会，那时候是郭明清的组长，组长就是最高的。我不是农协会的，我父亲是。只要不是反对共产党的人，没有地的人，都可以参加。参加农协会首先得拥护共产党，厌恨过去那种旧社会的人，农协会就喜欢那些人来参加。当时我父亲是农协会的小组代表，就是我们这个范围的小代表。农协会主要就是免费宣传，宣传共产党的好处，告诉我们土改要怎么做，哪些是地主。农协会商量准备才评得下来地主。另外，农协会还是发动群众，和现在一样有文件，按文件发动群众，组织群众。

2．划分阶级成分

（1）土改成分

我们家是中农成分，划成分的时候是大家组织起来一起讨论的，大家还是认同这个划分。家中没有地也没有房屋的就是贫农成分；像我们这种都有点的就是中农成分；富农就是什么都有，劳力、农具都有的，地也多但不租田，比其他人富裕点；地主就是家里地多，还有劳力，要把地出租的。上面都是有文件和条款的，不然怎么评下来。大家根据文件讨论，工作队来定成分。如果不同意就拿标准来框，把大家都说服了。

（2）划分结果

地主我们这边加起来有十几个，这个村只有一个富农，中农要占百分之四十，贫农要占百分之五十多，其他就不清楚了。划成分的时候要多次讨论，划了就出榜，大概是出了三次榜。后来有复查，我们村查出了一个漏网地主，后来划的，开始没划，他老婆还是农协会的副主任，是李光龙在开会的时候看到她太会说话了，就去查她，然后就查到霍连城是帮过法国人办事，他家的地又比较多，所以李光龙就组织贫下中农去查，最后就把霍连城划成地主。

3．挖苦根，斗地主

（1）挖苦根

当时有诉苦大会，我们这些人都参加过诉苦大会，有些人在农民当中使用了暴力或者是压迫或者是打农民和侮辱农民、剥削农民，就在大会上诉苦讲，下面有人记录。记录下来然后开斗争大会，都依诉苦大会为准。还有算剥削的，都是依条款，他剥削了什么就算什么，比如剥削了经济就算经济，剥削了粮食就算粮食，剥削了些什么东西就赔啥子东西回去。

（2）斗地主

斗地主的次数很多，斗地主的时候要打骂，地主隐瞒不承认，不承认他的罪恶就打，过程中有的农民被惹毛了，骂地主的也有，打地主的也有，打地主的打得还比较厉害。那时候我是武装队的，肯定去揭发了地主罪行。当时诉苦大会别人全部诉苦出来，了解他剥削了贫下中农哪些，都要去揭发，他怎样打骂群众，对群众恶劣别人都要诉，他都要讲，他不承认就斗。那时候土改好严肃，全是团结一致对敌，共同对敌，不同地主讲话，也不同地主子女结婚。

4. 没收和分配土地、财产

(1) 没收土地和财产

地主的土地是全部没收了的，财产就是他家有啥子财产工作队的人就都去给他没收了，但是还是要给他留一口锅，每个人还是要给他留一个碗，他本身换洗的衣服要留点，其他啥子都要没收完。工作队要来参加没收，贫农和中农这些听说要没收地主东西了全部都去了的。武装队就维持治安，贫下中农就把东西搬到大队保管室里。

(2) 分配土地和财产

土地是按人头分的，家里有多少人就分多少地，我们家大概分到有三亩多的地。财产就是分给贫下中农，中农少哪样就补哪样。我家那时候补了一个酒坛子，是拿票去兑，财产都在保管室贴了票的，他给了我们家票，就拿票去兑，哪样东西是哪个号，就是这样分的。

(3) 分配土地的过程

那时贫下中农组织起来参加，选择老贫农、中农代表去估产，估计这块田有好多，就插标写上，让大家来看，没有估计对的又重新估计，重新改正。那时候一天到黑都在搞这个，把土地量好分成甲、乙、丙三种，然后就按人头分土地。分土地是没有人争的。

5. 土改复查

土地改革结束之后有进行土地复查，大家有提出说你的面积不对，漏网的地主，就是霍地主是查出来的，查出来了还是按照土改的原则没收他的财产和土地，其他的划错成分的就没有了。查田定产那时候没有。有给我们大家颁发土地证。还规定了向国家交公粮的标准，我认为那个时候规定的公粮标准还是不怎么高，能够接受。

(三) 土改的结果和影响

1. 土改后的土地经营情况

当时我们家主要就是种水稻和油菜，做了水稻的没放干田，田里面只做了一季，土里面做的就是油菜、麦子、豌豆、胡豆，夏天的时候就是种玉米、红薯、绿豆和高粱。地里面具体的产量我记不清楚了，但总的来说还是可以，够得到家里面人吃，有时候还有些剩余的粮食。土改后的土地比之前多了两倍，因为我家原来的地很少，我屋的三弟兄，又有两姊妹，还有父亲母亲，那当然多了几倍了。

土改后我和我兄弟都成人了，都能做地了，就没再去请人来帮我们家种地了。后来参加了互助组，村里的人都合着做，你帮我做地然后我再去帮你，大家每家人的劳动力就都够用了。土地里面的产量具体有多少我记不清楚了，但还是可以，够得到吃，还有剩余的了。那时候交的不多，一年的余粮比一年多了，吃不完的还能剩下得到一部分粮食，后来1955年就是国家拿一个合理的价钱向农民买。

土地改革结束之后大家的生产热情都非常高，因为土地都是自己的了，种地的积极性肯定就都高了些，又没有人剥削你，钱不够的还可以向国家贷款。土改后没有土地买卖的情况，也没有人敢买和卖地了，做不完的地就送给别人做，但是就不收粮这些租了，收租国家是不允许的。

2. 土改后的家庭生活情况

土改后生活就变好了点，比过去租地的时候都还好，过得还富裕点，可以杀年猪了，吃不完的还可以卖了，就又可以办穿的了。那时候吃也吃得好，穿也穿得好了，生活就愉快了。除了种地的收入之外，我家还是木匠，我们有空就会出去帮人做工，那时候米才卖八分钱一斤，我做木匠一天工钱是一块二，反正是够吃了，不得去借粮了，够一家人的开销和生活了。

3. 土改后的社会交往情况

我们家在土地改革之后和村里其他农户的关系相处得还是很好的，大家都生活愉快了，划成地主的那些人土改后罚款也罚了，大家也就既往不咎了，还是比较团结的，他们也不剥削我们了，我们也不为难他们了，大家关系相处得也就还是好了，大家都一样的了。

土地改革之后我们家和村干部的关系也还是可以的，我们又不反对共产党，干部也就是执行共产党的政策，只要不反对共产党，村干部就不会为难我们，和村干之间就没得矛盾了，大家的关系都可以。

4. 土改后的观念变化情况

分到土地了大家就都很高兴的，就像千年铁树终于开花了这么高兴，大家分到一样的就好了，大家都一样了，就拥护共产党了。大家在村里的地位都是一样的，地主也不剥削了，和我们一样地干活，都是一样的。没有觉得别人高一等或者是低一等，农民也很团结。土改后对党和国家认识都是好了，比过去好得多，大家穿也有穿，吃也有吃，比对国民党看法要好得多，因为国民党要抓壮丁，保长也贪污欺负人，所以大家都积极拥护共产党。

5. 土改对农业集体化的影响

土改后只有两年就成立互助组了，互助组后两年就开始建设农业集体化了，大概是1954年开始的，大家都加入了初级社的，建社了都是大家的，你家也是集体的，我家还是集体的，自己没得地了，地都是一起做的，农具不拿来用能怎么办，不然哪里有地种。我觉得集体化的效率高些，因为大家一起种，集体化还是有助于农业发展的。我没有觉得土改白搞了，全村都建社了，都是一样的，自己种的粮食还是自己的，不交租。

DXM20160729YYF@Z 姚永发

一 受访者基本信息表

<table>
<tr><td>调研点</td><td colspan="5">四川省资阳市乐至县石湍镇三教观村</td><td colspan="2">调研员姓名</td><td colspan="2">杜欣蔓</td></tr>
<tr><td>调研员单位</td><td colspan="9">华中师范大学中国农村研究院</td></tr>
<tr><td>受访者编号</td><td colspan="5">DXM20160729YYF@Z</td><td colspan="2">受访者姓名</td><td colspan="2">姚永发</td></tr>
<tr><td>受访者性别</td><td>男</td><td colspan="2">首次采访时间</td><td colspan="2">20160729</td><td colspan="2">首访时受访者年龄</td><td colspan="2">85</td></tr>
<tr><td>受访者成分</td><td>贫农</td><td colspan="5">土改时是否土改干部或土改工作队队员</td><td>是</td><td>是否党员</td><td>是</td></tr>
<tr><td>干部经历</td><td>有</td><td colspan="5">曾担任的干部具体职务</td><td colspan="3">武装队队长、农协会主席、乡长</td></tr>
<tr><td>现家庭人口</td><td>5</td><td>现承包地面积（亩）</td><td colspan="2">9.6</td><td colspan="2">现承包林地面积（亩）</td><td>0</td><td>现承包水塘面积（亩）</td><td>0</td></tr>
<tr><td>受访者基本情况</td><td colspan="9">1931 年出生，现 85 岁高龄，祖籍四川省资阳市乐至县石湍镇三教观村。现在老人和老伴以及子女居住在村里，身体十分硬朗，信奉佛教，基本上每周多次前往庙宇烧香拜佛，还会自己亲自抄写经书，生活可以自理。老人以前当过工人，现在每个月能领取一定的退休金，晚年生活十分幸福。</td></tr>
<tr><td>受访者职业简历或个人经历</td><td colspan="9">1948 年，老人担任了村里武装队队长一职。1952 年，由群众选举担任农协会主席，并在同年参加了 40 天的党员特殊教育培训，正式加入中国共产党。1954 年，老人调任乡长一职，每月能领取七八块钱的工资。在“大跃进”时期，老人由于不认同浮夸风的做法，主动辞去乡长一职，提出想当工人的想法，正好那年国家大力发展工业，老人便趁此机会去到辽宁省一家由苏联创办的飞机公司当工人。在该公司工作三年之后，由于苏联和中国闹矛盾，那个飞机公司便迁到了成都，老人也因此得以回到四川。</td></tr>
</table>

二 分阶段整理

（一）土改的基础和背景

1．土改前的家庭基本情况

我叫姚永发，生于 1931 年，出生在资阳市乐至县石湍镇。土改前我家有七口人，有我爸妈、奶奶和我们四弟兄。当时我们家主要是种地为生，另外我父亲是塑菩萨的，我母

亲纺线卖，能卖点油盐巴钱。那个时候国民党要抓壮丁，我大哥 13 岁的时候就跑到贵阳躲壮丁去了，他去了之后我就在家里做点活路读点书，屋头就是父母还有我三个人可以劳动，劳动力勉强够用。

2. 土改前的家庭经济情况

（1）经济情况

土改前，我边读书边给人打小工，帮别人看牛割草，帮他干一年给一两百斤谷子。我家主要的收入来源是靠自己种地劳动，另外就是出去打小工。我父亲还在塑菩萨，那个时候的收入低得很，可能塑一尊菩萨以现在的收入价格来看就是几十块钱。母亲纺线也赚不到多少，一斤线只卖得到几块钱，自己还要出本钱，只能赚点油盐巴钱。我们那时候算是穷人家庭了。我们没有搞家庭副业，鸡鸭喂得少。

（3）生活压力

土改前我们算是穷人家庭，生活有压力，但也只能那么过下去。土改前我们家有欠款，欠了款就去打工来还，像我做小工一年有百多斤谷子，就拿这个去还账。我们家一般是欠粮食，我们家没得饭吃的时候，就找他们借，一般借一挑谷子，就是一百多斤，找熟人借没得利息，如果要借有钱人地主的，他就要收点利息，借了一百斤就要还他一百二三十斤。

3. 土改前的土地经营情况

（1）生产情况

土改前我们家有两亩多地，四分田。这是祖业，祖宗传下来这么点土地。田里面就种谷子，土里面就种苞谷，苞谷小得很，主要是种红薯，能挖到一二十挑红薯，就够吃一年了。当时亩产差得很，一亩地可能产得到四五百斤。田地还要交税，一年一亩地交两斗谷子，那个时候讲的是斗，就是接近六十多斤。

我们家土改前没有牛，农忙的时候租别人的牛来犁地，他帮忙犁，就招待他吃三顿饭，多少给一点钱。我们家没得农具，犁地的人要自己带农具来，我们家就只有些箩筐。

（2）生产合作

土改前我们家主要是帮人，没换过工，因为我们屋头地少，就没有和别人换工，但是我们要去帮别人做，去帮别人做要给我们工钱，只是少，做一天按现在这个水平可能有一块多钱，可以给粮食也可以给现金，要钱的话就给一块多钱，不要钱的话就拿给一升多米，一般情况下我们家没得吃的就要米。去帮他们做活要管饭，栽秧打谷要管三顿饭。工具他家里面有，我们手里面就拿个割谷子的镰刀。土改前我们没有类似互助小组的组织。

4. 土改前的社会交往情况

土改前我们家和村里其他农民的关系一般还是处得好，跟那些家庭富裕的农户关系也还是处得可以。我家和村长保长的关系一般，我们不惹他，我们家也穷，那个保长硬要把我父亲拉去当了两年兵，后来我父亲在贵阳偷跑了。土改前村里富裕农户和普通农户的生活差距是有的，富裕农户有地有粮必然生活就要比我们好。

村里面那时候有清明会，清明会就是上坟，我们这一个姓的有一个年龄最高的，由他来组织，每个人凑点钱买个猪，大家在一起吃一顿，吃不完分掉，这就叫做清明会。如果遇到灾荒的时候清明会不得救济大家，我没有听说过救济。

5. 土改前的土地观念

土改前内心是想要再买一块地，因为土地宽了就可以不用再去给别人打工了，但是家里面没有可以再买一块土地的钱。地主家有那么多的土地，这是他有钱他自己买的，买到就是他自己的。总的来说有钱有地的人尽量少惹，我们没得钱就这么过了。我没有觉得自己比那些完全没有土地的人地位要高一些。当时听说要土改了就拥护政府，我们村里有六七户旧社会在成都帮人的、拉黄包车的，他们听说土改了就说“不干了，回家分地去了哦”，就这么回来了，大家都很欢喜，老百姓都是拍手欢迎，有钱有势的就不高兴了。

（二）土改的过程和经历

1. 访贫问苦，扎根串连

（1）工作队进村

我们这里是1952年土改，土改工作队员1952年就来了，从1952年2月份搞到8月份才结束。我们这个村来了六个土改干部，他们六个在我们这里组织土改，都是政府派来的。那时候我参加宣传土改政策的会议，那阵会议上就是说新的政策，要宣传党的政策，为啥子要土改，为啥子要减租，为啥子有钱人地主要拿钱罚款。我还在会上讲过话，讲党的政策。一般不允许贫雇农私下搞串连，除非是政府，像我们农协会主席下来，我们这是宣传上级党的政策方针，私人搞串连就乱套了。我是土改的积极分子，选积极分子要你工作表现好，第一要家庭成分好，第二要社会关系好。

（2）成立农协会

贫下中农都可以入农协会，要求肯定是要成分好。农协会成立了就选个主席，然后划出各个生产队，选出各个队的队长，当主席的人就要主持会议，上面有啥子政策就要在开群众大会的时候讲解，要把上面的政策给老百姓讲清楚。我在 1952 年的时候当了这个村的农会主席，当时我是先进的武装队员，后来大家民主选举，还要举手，选的我当农会主席。我的工作就是像现在村干部差不多的，县上有啥子指示，我开完会回来之后，就把组上的干部请过来给他们交代传达，他们再下去做，也可以把所有村民喊到一起开群众大会讲解政策，会议有大的有小的。

2. 划分阶级成分

（1）土改成分

我是贫农成分，一家人都是同一个成分。因为我们家土地只有那么一点，没得农具，没得房屋，我们在姚家沟是拿谷草搭的房子，所以就是贫农。我们家的实际情况就是这样，划成分都是根据国家政策标准来的，对给我们划的这个成分我们当然是认同的。其他人没有提不同意见的。

（2）成分划分

划成分的标准是第一（有）没得土地，第二（有）没得房屋，第三（有）没得农具，第四（有）没得耕牛，第五（有）没得经济收入，划成分主要是根据这五大标准来考核，所以为什么有的人定的地主。地主有地有房有钱；小土地出租就是有地没得劳动力，农具少；富农成分的既有地也有农具，也有点房屋；中农有少量农具或者是有耕牛，自己还有一部分土地。我们家虽然有土地但是地很少，当时要求人均达到一亩六，我们没达到这个标准，所以就是贫农。中农超出了这个标准，富农超出这个标准还要多，雇农成分就是啥子都没得。

划成分是以农会为主，工作队是来主持这个工作的，因为他们清楚这个政策，经验办法也多。划成分只划了一次就结束了，划完成分之后有张贴一张告示出来，告示写出来就贴到三教观的墙上面让我们去看。至于具体划分了好多个地主和富农这些我就记不清楚了。

3. 挖苦根，斗地主

（1）挖苦根

斗地主一般开会都是有个目标，这个地主调皮不服气的话就要拿他去斗，不扯皮的地主站出来听就可以了。国家那时候有一条好政策是保护读书人，好比我们村的有个大地主，但是他在乐至读高中，是旧社会的读书人，就只是喊他回来听会议。首先宣布武装队和下面的群众都不能打他和欺负他，要保护他，所以国家的政策一直都是很好的，（地主）要是做了太可恶的事情肯定是要遭批斗。

还有一种办法是贫下中农和雇农组织一些诉苦大会，这也是一种形式。诉苦大会群众都来，举个例子，如果遭过地主恶霸的欺负，就出来讲自己受过的苦，有的人讲到还流泪，就激起大家对他这个阶层的同情，对地主的憎恨，然后就把群众的思想概念调动了起来。(算) 剥削账就像（对待）现在的贪污分子一样的，算他的经济收入为啥子有那么多钱，那他就是压榨到贫下中农的，那么就要喊他退回来。

(2) 斗地主

斗地主的时候有殴打辱骂地主的情况，但是严重的时候村干部要阻止，不能把他打死了，一般是群众要打他，拿篾条打。我没有上去揭发地主的罪行，一般还是让群众说话。公开给地主讲好话、同情地主的我还没有发现，他已经成分定了是地主了，也没得人给他说好话了。但是从内心讲，公开不敢讲，在下来之后有人说地主那么多家产还是积极劳动得来的，这就是讲了同情话了。

4. 没收和分配土地、财产

(1) 没收土地和财产

没收财产是村上组织老百姓去，村长、农会主席带队，还要去个工作队的同志，没收到的财产堆了一大坝子，工作队他们有办法分，最后连泡菜的坛子都是分了的。去没收财产的时候地主一般都还是服，他不敢反抗，一开始解放的时候镇压枪毙了好多，他再反抗的话他还是怕挨打，想到就还是算了。

(2) 分配土地和财产

分财产和分土地的时候要开分配大会，具体就是组织群众大会，大家都来，工作队来讲解，工作队的有能力把这些政策都讲得清清楚楚的，都明白了也没得人闹，就按照这么来做了。

农协会主席、村长加上工作队一起组织分配工作，把方案定出来之后就开始分。分财产的标准第一就要照顾雇农，他要多分点，因为雇农他啥子都没得，首先满足他。贫农比起雇农要稍微少分点，但是东西好坏都是搭配着来的，富农和中农不分财产，主要是分给贫农和雇农。

土地按照一个人一亩六的标准分，我家连田连土分到将近有十亩。农具分到个犁头，还分到四分之一的耕牛，意思就是四家人分一个耕牛，还分到三间房子，家具分到个柜子、桌子、凳子。对分到的这些财产当然很满意了。全村每家每户分到的地一样多的，我们这个村地多，分不完还留出了五六亩公地，这个公地就作为集体使用，若是谁家去做的话就只需要出国家的粮食，村上也不要他的钱。成分不一样分到的土地基本上是一样的，因为一个村有一个统一的标准，地主富农多余的地要拿出来，留够一亩六的标准，只是给他们分的地可能远一点稍微撇一点[1]。我家分到的土地和财产不是本姓人的。

(3) 分配土地的过程

分土地的时候有组织我们去看田插标，在一块篾条上把这块田的名字、等级写上，甲乙丙丁，这个不同等级的是搭配着分，然后插到土里，这个面积好宽是专门有人来估计了

[1] 撇一点：差一点。

的。干部在分配财产的时候我认为没有贪污的举动。分财产的时候吵架的情况很少，工作队的人都是给大家做通思想了。

5. 土改复查

我们这里是1952年8月份结束土改的。结束后进行了一次土地复查，复查出一户漏划的地主，没有批斗他，就是把财产土地没收分给大家就了事了。当时每家每户都发了土地证的。土地改革结束了之后我们村没有再搞查田定产了，但是交公粮的标准是定了的，至于具体要交多少公粮我不记得了，是自己把公粮送到粮站去，这个交公粮的负担土地改革之后我觉得不见得大，比起土改前轻松多了，毕竟每个人分了那么多地了。

（三）土改的结果和影响

1. 土改后的土地经营情况

土改后一个人有一亩六的地，我们家六个人还是有将近十亩地，分到的田地够一家人生活了。地里还是种谷子、种麦子、种豌豆。产量低得很，一亩地三百斤谷子，还要种得好才能收到三百斤，和土改前产量差不多，因为第一没得肥料，第二品种不好。土改过后我家劳动力够得到，自己还有耕牛农具，不用请人了。

我们家加入了互助小组的，相互帮助就是我们几个合得来，就自己组合，村上也不管你，这个是临时的，相当于大家换工这样子的。农业生产的困难也还是有，一个是缺技术嘛，种庄稼（我）人小技术要差一点，别人可以来指点下。

交公粮是交的稻谷，一家人大概交个两三百斤稻谷，交完公粮之后一年的收成自家还能够剩下个百分之八十，足够我们一家人吃。种地的热情比土改前肯定高了，自己的地自己肯定干活积极，想要吃得饱就必须要好好地去地里面做农业劳动。

土改后我们就没有租别人的地，自己有十亩地够种了。土改后没有土地买卖的情况，国家政策对这个也是不允许的，历来给我们都是宣传土地是国有的。

2. 土改后的家庭生活情况

土改后我家生活上最大的变化是吃得饱了。我感觉生活压力也不大，土改过后农户间的生活差距普遍反映没有以前那么大了，大家都有地种，发家致富的信心也比土改前更足。

我们家在土改后除了种地之外还打小工，农忙栽秧打谷的时候我父亲去帮别人做工来挣点钱，这个的收入跟土改前差不多的，另外我还去挑过东西，比如下面的农产品往县上挑，再在县上挑些工业品回来，挑一回一天能够挣得到五毛钱。

3. 土改后的社会交往情况

（1）农户关系

土改后我在村上当了农会主席、支部书记，后面调到乡上当了四年的乡长。土改后我们家和村里其他农民的关系还是很好的，对于我来讲，自从成分划了以后，对待那些富农地主，有些人要打地主或地主子女，在私下我还是要批评他们，只要地主富农他们没有违法乱纪，服从村上的管理，我们也还是不能伤害他们。普通村民根据一个人的成分来定亲疏远近的情况还是有，比如成分定了之后，哪个地主的子女要和贫农的子女谈婚事，这都是不允许的。

（2）村户关系

土改后我们家和村干部的关系基本上和谐。村庄的风气比土改前要好一些了，体现在人民的道德情操要好一点，思想观念也要好一点了，旧社会过来的那些老年人的思想也有所改变了。

4．土改后的观念变化情况

土地改革之后每家每户一样多的土地，这就公平了。大家都是一样多的地，若家里还是那么穷的话，干部就可以反过来给他做工作，喊他还要积极一点好好种地。

土改后我们没有想过还要去买土地之类的事情，老老实实种自己的那点地，足够一家人生活就够了。我们这一直都不存在什么宗族关系，土地改革以后也没得宗族关系。

土改后，觉得自己比那些成分是地主富农的人地位要高一些这种概念还是有，但是一般政府村上还是要教育他们，都是平等的，农民都是一家人。

土改后我积极参加过修路修水库这些活动，是村上政府安排我们去的。对党和政府新的认识就是中国共产党好，我是坚定跟着党的政策走，没有共产党我们农民就不会翻身当主人。

土改留给我最深刻的印象是人人平等，党就是为群众服务，为大家做事情的，所以我一直说我心目中一辈子只认识中国共产党，这是我的信仰，我的一举一动是为大家服务的，我年轻的时候每一样都是帮着大家干的。土地改革之后我们农民分到了土地，打倒了封建地主，给农民带来了新的好生活。

5．土改对农业集体化的影响

土改结束后，1952 年下半年就搞互助组，搞了两年多，初级社是 1955 年，高级社是 1956 年或者 1957 年。入社的时候把大型生产工具和土地交给集体，还是要给群众做工作才得行，有个别的人还是不愿意。我当然是自愿交的，因为我是总社长要带头。集体耕种主要是大家合在一起做地，看起来做活路的人多，实际上效益不得行，加上那个时候没有先进的农具和种子，没得科学性的种法，效益很低。

我觉得入社对农业发展没得啥子帮助，那个时候合作社的收入少，集体做活路的劲头不大，出工不出力，站一天算一天。入社之后我没有觉得之前土改好不容易分到的地又没有了（土改就白搞了），但是少数人会有这种概念，当干部的就要给他们做好这方面的思想工作。

DXM20160803PXZ@S 蒲兴祖

一 受访者基本信息表

<table>
<tr><td>调研点</td><td colspan="5">四川省资阳市乐至县石湍镇三教观村</td><td colspan="2">调研员姓名</td><td colspan="2">杜欣蔓</td></tr>
<tr><td>调研员单位</td><td colspan="9">华中师范大学中国农村研究院</td></tr>
<tr><td>受访者编号</td><td colspan="5">DXM20160803PXZ@S</td><td colspan="2">受访者姓名</td><td colspan="2">蒲兴祖</td></tr>
<tr><td>受访者性别</td><td>男</td><td colspan="2">首次采访时间</td><td colspan="2">20160803</td><td colspan="2">首访时受访者年龄</td><td colspan="2">78</td></tr>
<tr><td>受访者成分</td><td>中农</td><td colspan="5">土改时是否土改干部或土改工作队队员</td><td>否</td><td>是否党员</td><td>否</td></tr>
<tr><td>干部经历</td><td>有</td><td colspan="5">曾担任的干部具体职务</td><td colspan="3">村长</td></tr>
<tr><td>现家庭人口</td><td>1</td><td>现承包地面积（亩）</td><td colspan="2">0</td><td colspan="2">现承包林地面积（亩）</td><td>0</td><td>现承包水塘面积（亩）</td><td>0</td></tr>
<tr><td>受访者基本情况</td><td colspan="9">1938年出生，祖籍四川省资阳市乐至县石湍镇，小学毕业。自己现在在家养鸡养鸭，还种了些地，基本花销都是够的。儿女都在外面生活，偶尔会回来看望，老人自己有时也会去女儿家住一段时间。</td></tr>
<tr><td>受访者职业简历或个人经历</td><td colspan="9">老人土改的时候在镇上读小学，小学毕业后就没有去读书了。1951年与家里的两个哥哥分家了，开始种自己的地和去村里帮忙来挣点大米维持生活。1955年加入共青团，每天晚上在教识字班，一直到1958年结婚。婚后一直在家里务农。1980年被选举为村长，获得了村民的信任，当了15年的村长。1995年独自一人去北京菜园种菜，后因太冷，一年后就回来了，然后又去西昌干了几年杂活。2001年回家后就一直没有出去过了。</td></tr>
</table>

二 分阶段整理

（一）土改的基础和背景

1．土改前的家庭基本情况

我叫蒲兴祖，生于1938年，出生在资阳市乐至县石湍镇。土改前我家里有父亲、母亲、三哥、五哥和我，一共五个人。土改前除了我父亲是病人，没有办法劳动，家里其他人都在劳动。虽然我年纪小点，但还是要做点活，就是去土里拔草，另外我还专门养牛、看牛和割草。

当时家里负担大，生活够不到，谷子没老的时候就去向别人借点，或者谷子快老的时

候就拿簸箕去搓〔1〕，搓点晒回来吃。

2. 土改前的家庭经济情况

(1) 经济情况

因为我屋里没有多少的土地，所以都是自己做，没有请人。我家的经济状况不好，在村里面算是比较穷困的了，自己屋头都不怎么能够得到吃，主要还是因为我们屋头的小孩太多了，劳动力不够用。我家在土地改革以前就只有种地，没有其他收入来源，全是务农的。土里就种红薯、玉米，还有绿豆，那时候没有小麦种，田里就是谷子。那时候一亩地产不到好多，一亩地只能产得到四百多斤谷子，玉米就只有几十斤。当时就只有种地，没有其他的了，也没得其他的副业。

(2) 生活压力

我们家的生活压力大，开销不到，都够不到吃。一般找那些屋头条件稍微好一点的人借，他们才拿得出来，基本上是关系好的邻居朋友。那个时候青黄不接，只要借了半个月以上，借一斗谷子都要还一斗五的谷子，一升就要还一升半。利息不是按半个月算的，只要过了半个月或一个月没还都要收利了，三股要收一股的利。

3. 土改前的土地经营情况

(1) 自有土地

我们家自己的地除了租的地只是三亩多点，一亩多点土，一亩多田。地里面种红薯、玉米，还有绿豆，那时候没有小麦种。那时候一亩地产不到好多，一亩地只产得到四百多

〔1〕 搓：在四川方言中是舀的意思。

斤谷子，玉米就只有几十斤。收税多少记不清了，都是收的农业税，各个方面都要收税，国民党的要收，军阀的要收。收税都是收的大洋，不要粮食。

（2）租佃情况

我们家租了有四亩多地，田两亩多，地两亩多。原来的佃客要是没有土就不会租地，佃客只赚土里的，田里的谷子都被主人家都收走了。我们租的一个人的地，就是我们村里的乡长家的地。

以前租地要请一个中人作证明和担保，还是要带生活请的，意思就是要请他吃一顿饭。租地的时候要签一个约据，契约上写明白租好长[1]的时间。至于租期是租好长的时间这个问题，想做十年就写十年，想做五年就写五年。如果不想租了还是可以退租的，但是基本上没有想退的人，退了租地就没得饭吃了，但是主人家要想拿回去就能拿回去，比如庄稼种得差了，交不够他要的那点租谷，他就要收回去了。

每一年收谷子的时候，主人家就来收走了，就是他的两亩地里的谷子，土里面的他不收，我们就赚土里的。依我看来，我觉得这个地租收得当然是高的。

我们有牛，种庄稼的人必须要喂到牛，没有牛的话去租不到别人的牛的。我家的牛和我们姐夫家一起喂的，平时就是我来喂牛，农忙的时候我们的用了，我就马上给他家牵过去。农具有水车，犁有，打谷子的拌桶也有，那时候没有机器的。

（3）生产合作

换工反正都是和弟兄家，我们三个姐夫他们要来帮忙，一般在谁家干活就在谁家吃。没有请工，都是我们家去帮别人农忙时间打谷子，那时候我才十多岁，相当于一个大人，都喜欢请我去做，全村都晓得我是老实人肯干。我们家没有参加过帮扶小组。土地改革以前我们村有公田，公田是在观音会上的，我们没租到，蒲应良租到了。

4. 土改前的社会交往情况

土改前我们家与佃主关系还是可以，我父亲老实，过年过节就请他来吃一顿饭就可以了。我们这个保长不需要别人帮忙干活，他自己慢慢地干。我们有和主人家发生争吵，我们拿新米他不要，他要陈米，但是只有来收粮的时候，其他时候他不来的，他住在和兴街上，一般只有收谷子的时候会产生争执，但是都很少。红白喜事这些还是会互相走动的。灾荒救济是没有的，就是万一受灾了田没收到好多，他可以少收点。

我父亲老实，对任何人都还可以，所以我们家和村里其它农民之间的关系都还是很好。与村长、保长都要打交道，红白喜事要请他。我们家与富裕的农户的关系也还是可以。土地改革前富裕农户和我们这些的差距还是很大的。

5. 土改前的土地观念

土改前我们家没有想过再买一块土地，那也买不起的，没挣到钱哪里买得起。当时我们想都没敢想，屋里小孩太多了，吃饭已经都要搞不定了。至于土改前我是如何看待土地

[1] 好长：在四川方言中，在一定的情景下表达“多长”的意思。

多的人这个问题，我们村里只有一家人地很多，他们屋头买了很多地，那也是人家家里面的，我们也想不到。完全没得地的农民还没有，多多少少都有点老业，只是自己做不出来，那个时候只有这么穷了。大部分人都有点土地的，大家都想自己有的地越多越好。租地的时候肯定还是有自己比别人低一等的这种感觉。

当时我们听到土改的时候，大家都说土改好，毛泽东的政策好，我们那时候放学了在山顶广播帮到宣传政策，听说要土改了大家都很高兴。我对土地改革没得啥子疑惑和担忧的。我们家也没有转移财产，而且我们家没有可以转移和隐藏的财产。

（二）土改的过程和经历

1. 访贫问苦，扎根串连

（1）工作队进村

1950年都来办减租退押了，地主收到佃户的抵押金就退了。土改工作队来了有十几个人，武装队的人多，武装队都是本村的人发展起来的，土改工作队都是国家派来的人。我们还小，只有晚上在山上喊广播宣传政策，拿起文件喊，宣传党的政策。我记不清楚讲什么政策了，那个时候人小懂不起。

我们家没有参加过串连，反正只有武装队参加过。武装队就是农村里的积极分子，参加斗地主的，培养出来当干部的，都是十多岁、二十多岁的，一般是贫农。我们家没有积极分子。积极分子晚上不辞辛苦，要去地主家守到打探消息，不简单，就像地下共产党样，白天来回报消息，积极分子每晚上要巡查，要维持治安，要找他们（地主）活动的证状〔1〕。我们那头的哥老官〔2〕就是当积极分子，后来当官了。

（2）成立贫农协会

我们村有贫农会和贫农协会主任。评议员认为哪一家该是雇农、贫农，同工作队商量的，还要写材料报告上面，还得有县政府批改才得行。贫农和雇农就可以参加贫农会，中农愿意参加的也可以，只是地主、小土地主、富农不能参加，毛泽东的政策就是支持贫下中农。

2. 划分阶级成分

（1）土改成分

我们家是中农，成分是按照土地划分下来的，自己的土地有好多，耕牛有好多，房屋有好多点，就按照这个土地和财产的多少来定成分的高低，我们家的房屋有两间。划分成分不依本人同不同意或者认不认可，都是贫农协会定的。其他人对我家的成分没有不同意见的，因为这都是按照国家划分标准来给我们定的成分，大家都心服口服的。

---

〔1〕证状：证据。

〔2〕哥老官：在四川方言中是哥哥的意思。

（2）成分划分

划分标准就是看一个人有几分田有几分土，看家里的老业有好多，有好多人，应该评为什么成分就评。贫农协会来划分，都是他们商量决定的，土改工作队要来参加，土改工作队就像现在驻村干部样的。看家里有好多土地、好多耕牛、好多马和副业，那边有个人把地买到这边来了的，就评为富农，土地多的评为地主，没有劳力的把地租给别人做的就是小土地出租。

（3）划分结果

成分划分肯定是划了几次，有些没弄好的还要划二次，我那时还小，在学校里不清楚，只晓得那个霍起章屋里是后来划成地主的。国家还是搞得快，最多一年时间就划完了。我们全村有一个大地主，小地主有好几个，好像有四五个，反正中农占大部分，贫农很少，富农也少，雇农没有。

3. 挖苦根，斗地主

诉苦大会是要开的，我们没去过诉苦大会，公审大会去看过，是石湍区来公审的，公审了该坐牢的就坐牢。每一个地主都要被斗，不是一次两次就斗得完的，要打垮地主的威风，斗的次数多。后来还有管治安的来搞了好多年。把地主押到那里跪起，全家老少一起跪下，把当家人就拿去斗。武装队和贫农去斗，就是打，群众去揭发地主罪行和剥削了那些。那时候老师就带学生去围观，所有的学生都去。没有谁敢给地主说好话，阶级斗争谁都知道毛泽东要推翻地主。

4. 没收和分配土地、财产

（1）没收土地和财产

贫农协会全部丈量了地主的土地，全部统一按现有人口分的。地主的财产全部收了，连板凳都收了。这些都是武装队来负责收的，收了分给贫农，中农差哪样东西就给他补哪样，我们屋里分到个板凳。那个时候是武装队强行要收起走，不配合也不得行。地主该交好多罚款，必须交那么多银子出来。

（2）分配土地和财产

村里有一共有好多地按人口算下来每一个人好多，剩下的就是公地。一个人口那时候只有五分地，当时是老（标准）丈量，按现在的丈量有七八分地。我家水车、风车和拌桶都分得有，土地主要是分给那些贫农雇农去了。

（3）分配土地的过程

分配大会时统一决定分配土地，主要是村上工作队和村干部，还有村上积极分子决定的。一个人口那时候只有五分地，按现在的丈量有七八分地。我们家分到有一两亩地，那时候有五六个人，自己原来有两亩多地。当时弄了好多程序，周末都来插标立界，家家都埋了线的。把土地量好，插个牌子写上名字，这块地是谁的。分了地过后还发了土地证，上面还有毛主席像，钢印是盖了的。家里的地东靠哪里，西靠哪里，都是写得清清楚楚的。

5．土改复查

分了地就没有人来复查了，漏网地主我们全村只听到十一队有一个，我们村也没得划错成分的。查田定产定的田里就是四百五十斤谷子一亩。那时候只能产得到那么多粮食，不像现在有了科学技术可以产一千多斤一亩。

（三）土改的结果和影响

1．土改后的土地经营情况

土改后我们还是种谷子，土里就是玉米、红薯、大麦，土改后我们家的地大概多了一亩多，够得到吃了。土改后还是靠农家肥，没有化学肥料，庄稼（产量）没有增加好多，都差不多。农忙就是几个亲戚邻居你帮我然后我帮你。我屋里的劳动力够用，我农忙时间都在帮人，农忙时间哪个家里打谷子、栽秧子就去。一亩地的产量都差不多，一亩地只能生产得到四百多斤谷子。土改后给国家交的少了，一年能剩一千多斤谷子。分到地了大家都辛勤地劳动把地做好，因为大家都分到地了都喜欢，地就种得好，高兴得很。土地买卖一直到现在都没有，也没有租地。

2．土改后的家庭生活情况

土改后我们三弟兄都是光棍，变化就是生活搞得定了，反正够吃，还有点余粮，也能置穿了。土改后我还在读书，十三岁的时候我们三弟兄就分家了，把地分了的，自己种自己的，我们三个人本身有四个人的地，够种了。我有时候农忙就要去帮别人干活，那个时候一升米一天，做完就拿米走。收入比土改前多了，种的粮交了公粮，还有剩余的，可以担到乐至去卖，生活没有啥子负担了。

3．土改后的社会交往情况

我一个人还是干过不少事情的，比如伙食堂干过，啥子都干过。地位还是可以的，他们都相信我，搞夜战的时候我还带队了。和村里的人关系都好，都很好，与那些被划为地主富农的也有交流的，该打交道的还是要打交道。

4．土改后的观念变化情况

我认为每个人分到地都一样的政策好，农民就是靠土地，有了自己的地也高兴。天下农民一家人是毛主席早就把口号提出来的，大家互敬互爱。兴修水利全是土改后的，挑堰塘[1]我们都积极参加了的，那个时候只有拿点工分回家。1957年，我去修公路了。

在我的思想上一直都是支持党和国家的，再困难都是支持的，“大跃进”那么困难我都还去党校学习。土改就是毛泽东扶持农民，提拔农民。看到土改来了我喜欢得很。

---

〔1〕 堰塘：池塘。

5. 土改对农业集体化的影响

土改后没多久就是互助组，互助组搞得不久，一年多两年就进入合作社了。初级社是1956年开始的，统一自愿上交土地和农具，大家都喜欢统一做的，喊入社了都高兴。但我觉得实际还是各自耕种效率高，自己种自己的要好些，集体做起就有偷奸耍滑的，集体化是凭工分吃饭了，始终有人起私心，所以越做越没得，集体种地始终发展不走。我没有觉得土改白搞了，土地始终是农民做的，集体记工分要分粮的。

口述调查小记

从2015年进入中国农村研究院之后，我总共参与了4次口述史调研，其中有3次都是在四川地区进行的。第一次暑期调研之前，学院专门对我们进行了认真细致的培训，教我们调研的方法，培训我们如何高质量地进行口述史访谈。

我第一次的暑期调研是从2015年7月20日开始的，正是夏季最炎热的时候，调研地点在四川省宜宾市江安县怡乐镇新屋基村。由于此次的暑期调研任务不只有口述史访谈，还要做农户问卷调查，所以一进入村庄之后，我首先进行的是农户的问卷调查。我选择的调研地点是我们中国农村研究院的百村观察点，已经持续进行了将近8年的跟踪调查，村里的农户甚至比我还要了解这个调研的步骤，并且村民也十分配合我的调查，所以进行得非常顺利。可能最大的困难是寻找农户居住地与去到他们家里进行问卷调查，因为这个村庄的农户居住的地方比较分散，而且相互之间隔着大山，交通也不方便，大多时间都是只能靠自己步行。

在农户问卷调查完毕之后，我便开始着手进行80岁老人关于土地改革的口述史访谈。我第一次来到村庄，对村庄的农户情况不了解，因此我不得不向村主任和妇女主任寻求帮助，幸运的是我所调研的这个村庄村主任以及村民都十分热情，积极地向我提供了帮助。在与村主任和妇女主任一起筛选之后，我选择了蒋树诚老人和杨峻财老人作为此次口述史调研的访谈对象。

2015年7月31日，我在村主任的带领下来到了蒋树诚老人家中进行口述史访谈。老人出生于1935年，今年已经是80岁高龄，在土地改革的时候被评为贫农成分。我到达老人住所之后，老人热情地接待了我，还招呼我坐下来喝水，在简单的寒暄之后，便正式开始了口述史访谈。由于蒋树诚老人是我口述史访谈的第一位老人，刚开始的时候不是那么顺利，更多的是照着提纲上面的问题机械性地提问，针对回答内容中的细节挖掘不够。

2015年8月1日，在村主任的带领和引荐下，我对杨峻财老人进行了的口述史访谈。他出生于1937年，受访时候是78岁高龄。整体上来看，与杨峻财老人的访谈更顺利和尽兴一些，这位老人对土改时期的事情记忆更清晰一些，并且对于访谈问题更能向我表达一些自己的看法。但是可能是因为做口述史访谈的经验还不够丰富，对于挖掘老人聊天过程中提供的土改细节信息的能力还不够。

第一次的暑期调研算是顺利完成了，在结束了在校一学期的学习之后，寒假的口述史调研如期而至。我们寒假口述史调研的任务要完成10位老人的访谈，说实话，任务量十分大，一回到家便开始到处联系亲朋好友询问谁家有80岁左右的老人，甚至连我父母也跟着一块到处寻找合适的口述史访谈资源。功夫不负有心人，经过多方打听，总算是顺利找到了寒假调研的第一位访谈老人。吴云吉老人1936年出生，受访时候是80岁高龄，老人是贫农成分，土地改革前家中非常贫困，大哥还被拉了壮丁，之后便一直杳无音讯。在访谈过程中，说到之前艰辛的岁月，老人情绪很激动，甚至开始抹眼泪，这可把我吓坏了，立即停止访谈，安慰老人现在的日子都好起来了，不必再想之前的苦日子，老人的情绪才逐渐缓过来。在接下来的访谈中，我尽量斟酌提问的方式，生怕不小心又提及老人的伤心事。

寒假采访的好几位老人都是家人和朋友帮忙找到的，因为有家人或者朋友的带领，老人大都比较配合我的访谈，但是也会出现一些老人记忆模糊、言语表达不清的问题，会给访谈带来一定的困难。比如在对曾锡方老人进行访谈的时候，由于老人受访时已是85岁高龄，确实是年事已高，对土地改革时候的事情记忆不是那么清楚了，但是好不容易找到一个土改时候已经记事的老人，实在是不忍舍弃，便陪着老人慢慢回忆，访谈的时候尽量语速放慢一些，提问的方式尽量通俗易懂一些，好在对曾锡方老人进行访谈的时候旁边还有两位老人坐在一块聊天，相互提醒之下，老人对以往事情回忆起来的也就更多了一些。虽然磕磕绊绊，但访谈总算是完成了。

寒假口述史调研下来的整体感受是比暑假进行调研的时候更为得心应手，对于土改口述史提纲的内容掌握也更为熟悉，对整个土改的过程已经烂熟于心，甚至有时候可以脱离提纲进行提问，因此，在抓住老人谈话中的一些细节方面也有了进步。

第三次在四川进行口述史调研是2016年暑假的时候，经过在基地班一年的学习，以及前面几次口述史调研的实践，这次的暑期调研显得更为得心应手。这次的调研是在我的博士师兄的村庄中进行的，由于师兄对村中情况已经十分了解，所以我进村做口述史在找老人方面比较轻松。六位老人都是师兄帮忙引荐，每位老人对我的到来都十分热情，接受访谈时也很配合，整个口述史的调研过程十分顺利。不得不说的是蒲南章老人，受访时已是90岁高龄，但是思维和记忆都非常清晰，并且听力也很灵敏，由于老人之前念书一直到初中，言语表达也十分清楚，交流起来完全没有障碍，这可真是一个“大宝贝”，与老人的交谈足足进行了近三个小时，对于提纲中涉及的细节问题老人也非常细致地给我进行了解答，让我对这个地区的土地改革有了深入的认识。

另外，村中的蒲绍明老人也是极好的一个访谈对象，受访时是85岁高龄，曾经担任过农会主席，对于土地改革的情况比较了解，并且思维记忆以及言语表达能力都比较清晰。在对蒲绍明老人进行访谈的时候，师兄在旁边对我的访谈给出了建议和指导，因为师兄已在村中进行了差不多一个月的村调，对于村庄和老人的情况都比较了解，所以还能在访谈过程中为我进行一些细节方面的解释。我通过在四川地区的三次口述史调研，逐渐积累起进行口述史调研的经验，对于提高我们做学问的能力、交际能力等都是大有裨益的。

后　　记

2015年，华中师范大学中国农村研究院启动了“2015版中国农村调查”，旨在深度调查中国农村，深入研究和认识中国农村，《中国农村调查·口述类》正是该项目的系列成果之一。其中，围绕“农民与土地”开展的土改口述调查主要探查土地制度变革下的农民与农民眼中的土地制度变革，以研究中国农村社会变迁的历史规律与农民的行为规律。

本卷所收录的口述材料主要源自2015年到2018年夏、冬两季的四川土改口述史调查，经入户访谈、资料整理和筛选编排，前后一年有余。本卷一百万字左右的口述材料，正是从四川省众多土改口述成果中择优选编而成，依次收录了拜杰欣、杜飞燕、刘蓉芳、曾庆华、张小梅、刘海萍、刘思敏、何霞、张茜、李元祉、范玲、陈国明、郭春霞、何芳、柏静、杨婷、杜欣蔓等17位调查员对阿坝藏族羌族自治州、巴中市、成都市、达州市、广元市、南充市、凉山彝族自治州、泸州市、绵阳市、内江市、宜宾市、自贡市、资阳市的20个县（市、区）近百位老人的口述访谈。

在此，首先要对所有的受访老人表示衷心的感谢和崇高的敬意。调查之时，正值暑天或秋冬季节，天气恶劣，受访老人多已年过八旬，身体状况欠佳，言谈和行动十分不便，然而他们依然热情地接待了年轻来访者，敞开心扉回顾往事，声情并茂地讲述他们的土改经历，许多老人讲至动情之处不禁潸然泪下。老人们的慷慨支持，让调查员备受鼓舞和感动，面对这些颤颤巍巍的老人，调查员“抢救历史”的责任感、使命感和紧迫感进一步增强。其次，要对所有的调查员表示诚挚的谢意。调查之时，正值寒暑假日，大家牺牲十分难得的与家人亲友团聚的美好时光，头顶烈日或迎风冒雪走街串巷、入户访谈，有的为了找到合适的老人费尽周折，有的甚至饱受误解、委屈和指责，然而他们毅然坚持了下来。访谈完后，他们还要结合录音整理文稿，撰写日志，无法休息、加班熬夜成为他们假期的常态。

在本卷的编辑过程中，徐勇教授承担了总体指导和后期审定工作，邓大才教授全程参与并悉心督导，两位老师在百忙之中稍有闲暇便对材料整理和编排工作进行指导，有时候直到凌晨还在进行审阅，姚锐敏教授逐字逐句地审阅，并就出版规范和内容问题做了详细的批注，三位老师为本卷的出版倾注了极大的心血。正是他们的辛勤付出，本卷才能够迅速、高质量地完成。同时，正是数十名调研员深入扎实的调查、认真细致的整理，才使本卷有了翔实的材料可供选用。本卷入选的这些调查员反复修改口述材料，正是因为他们的负责态度和执着精神，本卷才得以顺利出版。

本卷的出版还得到了华中师范大学人文社会科学高等研究院石挺副院长、徐剑主任的大力支持；华中师范大学中国农村研究院刘义强教授、陈军亚教授、刘金海教授、熊彩云副教授、郝亚光副教授、张大维副教授、黄振华副教授、张晶晶老师、任路老师、肖盼晴老师、胡平江老师、万婷婷老师、张利明老师、李华胤老师等给予了许多指导和帮助，在此一并表示感谢。本卷的编辑工作主要由陈荃、王琦完成，从材料筛选、联系沟通到整理校对，他们承担了大量细致入微的工作。此外，非常感谢华中师范大学出版社的老师在材料的校对、编辑、排版与出版等方面所给予的耐心指导与大力支持，对出版社老师们的辛勤付出表示最诚挚的感谢。

由于编者的水平有限，错漏之处在所难免，敬请专家、学者批评指正，我们将在今后的编辑工作中不断改进和完善。

编者谨记

2019 年 3 月 17 日

授权说明

本卷所出版之土改口述相关成果（访谈材料、照片、资料等），获得了受访老人的书面或口头授权。经受访老人许可，华中师范大学中国农村研究院享有相关成果的占有、使用、出版等权利。在此，也对受访老人的慷慨支持表示衷心感谢！

教育部人文社会科学重点研究基地

华中师范大学中国农村研究院

新出图证（鄂）字 10 号

图书在版编目（CIP）数据

中国农村调查　总第 28 卷，口述类第 10 卷，农村变迁第 10 卷/徐勇　邓大才主编. —武汉：华中师范大学出版社，2019. 12

ISBN 978-7-5622-8921-0

Ⅰ. ①中…　Ⅱ. ①徐…　②邓…　Ⅲ. ①农村调查—研究报告—中国　Ⅳ. ①F32

中国版本图书馆 CIP 数据核字（2019）第 299242 号

中国农村调查　总第 28 卷·口述类第 10 卷·农村变迁第 10 卷

主　　编：	徐　勇　邓大才		
出 版 人：	周挥辉	项目统筹：	刘从德　冯会平
责任编辑：	王中宝　张　超	责任校对：	刘　峥
出　　版：	华中师范大学出版社	电　　话：	027－67863220/7792
社　　址：	湖北省武汉市洪山区珞喻路 152 号	邮　　编：	430079
网　　址：	http://press.ccnu.edu.cn	电子信箱：	press@mail.ccnu.edu.cn
出版发行：	华中师范大学出版社	电话：	027－67863426（发行部）027－67861321（邮购）
传　　真：	027－67863291	封面设计：	甘　英
编 辑 室：	学术出版中心		
开　　本：	787mm×1092mm　1/16	字　　数：	1062 千字
印　　刷：	湖北新华印务有限公司	督　　印：	刘　敏
版　　次：	2019 年 12 月第 1 版	印　　次：	2019 年 12 月第 1 次印刷
印　　张：	46	定　　价：	506.00 元